国家出版基金项目
NATIONAL PUBLICATION FOUNDATION

中国法学学术史丛书

中国民事诉讼法学术史

邵 明 康 健 欧元捷 著

Academic History of Chinese
Civil Procedure Law

中国人民大学出版社
·北京·

中国法学发达史丛书编委会

题 记

晚清名臣张之洞在其《劝学篇》中云："世运之明晦，人才之盛衰，其表在政，其里在学。"笔者的理解是，其"学"指"治学""教学""习学"。就"治学"而言，本书属于学术史研究。研究历史的目的是"资治"（包括治国和治学），即认识社会现象变迁进化的原因，就可以预测其结果，可以谋"改良""补救"的法子。[1]

本书试图对我国晚清变法至 21 世纪初我国民事诉讼法的主要学术成果和基本发展状况作出简要梳理，包括如下三部分内容：（1）民事诉讼总论，包含民事诉讼正当程序原理和基本理论等（第一～四章）；（2）民事诉讼总则，包含诉讼主体、诉讼证明等（第五、六章）；（3）民事诉讼程序法理，包含争讼、非讼和执行三大程序法理（第七～九章）。

我国民事诉讼法学术史的写作可以梁启超的《中国近三百年学术史》为榜样：一者讨论我国民事诉讼理论学术发展与政治、经济、社会等的关系，揭示民事诉讼理论学术发展的原因；二者梳理代表人物及其学术成就、治学经验和研究方法及师承渊源后学。我国民事诉讼法学术史的写作也可以学习《史记》《资治通鉴》：一者公允记述学者传记与学术思想及学术事件；二者仿照"太史公曰""臣光曰"作出评析、表达见解。本书只是对我国民事诉讼法学术史作出初步梳理，上述治史方法在以后完善本书时将得到充分适用。

本书在写作过程中，得到羊芙蓉、陈承哲、庄语滋、高帆、秦思和胡馨尹等同学的支持。在此，表示感谢！

---

[1] 参见吕思勉：《中国通史》，2-3 页，北京，中华书局，2015。

总　序

　　"中国法学发达史"是中国人民大学 2015 年立项的重大课题。此项目的初衷是梳理并总结百余年来中国法学知识体系的学术脉络演变，揭示中国法学发展过程中所呈现出的普遍规律与中国特色。这是一项通过深入梳理中国法学"家底"以推进中国特色社会主义法学学科体系、学术体系、话语体系完善和发展的基础性学术工程。课题组认为，高质量地完成这一研究项目，不仅将会为我们思考中国法学未来的发展方向提供充分可靠的智识支撑，而且可以促成法学"中国主体意识"的进一步发展与完善，推动中国法学在国际学界取得应有的话语权与地位。

　　"中国法学学术史丛书"是"中国法学发达史"课题的成果，它的研究起点，是 20 世纪初在西学东渐过程中所形成的现代意义上的中国法学。1911 年，沈家本在《法学会杂志》的序中写道：

　　　　近今十年来，始有参用西法之议。余从事斯役，访集明达诸君，分司编辑，并延东方博士，相与讲求。复创设法律学堂，造就司法人才，为他日审判之预备。规模略具，中国法学，于焉萌芽。①

　　从沈家本所言的中国法学之"萌芽"算起，中国法学迄今已经走过了百有余年的历程。这是历经坎坷的百有余年，也是中国法学逐渐摆脱"全盘西化"并形成自己特色的百有余年。

　　清末变法时，西方（主要是欧陆传统的）法学借助新式法政教育开始传播于华夏大地。在"欧风西雨"的涤荡下，"言必称希腊罗马"成为那一时期法学的时代特征。民国时期，不乏重建"中华法系"或者建设"中国本位新法系"的学术呼吁。例如在 20 世纪 30 年代中期，有学者主张在"新理念、新技术之下"建设"中国本位新法系"，亦即"当系依现代中国国家理念，用科学的方法，对中国固有及现有法律，施新的选择，产生新的生命，俾在世界法律文化领域，重占

---

　　① ［清］沈家本：《历代刑法考》（四），邓经元、骈宇骞点校，2244 页，北京，中华书局，1985。

一种新的位置之意"；并指出此虽然不是易事，但也并非至难而不可祈求之事，进而呼吁中国法学研究者"并力一心以赴之"①。但是，对西方法学的高度倚赖，依然是那一时期法学知识生产的典型特征，以至于当时甚至有学者感慨称：

> 今日中国法学之总体，直为一幅次殖民地风景图：在法哲学方面，留美学成回国者，例有一套 Pound 学说之转播；出身法国者，必对 Duguit 之学说服膺拳拳；德国回来者，则于新康德派之 Stammler 法哲学五体投地……②

中华人民共和国成立迄今已七十多年，中国法学的发展经历了曲折的过程：20 世纪五六十年代学习与仿效苏联法学；1978 年改革开放后，尤其是 90 年代以来，在对西方法学兼收并蓄的同时，日益注重对中国自身法律实践的经验提炼和理论概括；21 世纪以来法学研究中"中国主体意识"明确崛起。这个"崛起"表现在多个方面。

首先，"中国特色"在法学的发展过程中受到越来越多的关注，基础理论法学与各部门法学从各自领域对法学的"中国特色"进行了注释和阐发。自改革开放以来，在中国特色社会主义法律体系的形成过程中，中国法学逐渐摆脱了沈家本、梁启超时代"言必称希腊罗马"的"幼稚"，成为名副其实的"中国法学"——既是中国法律实践的指导，又是中国法律实践经验的总结和升华。古今中外的法律智慧，由此皆成为滋养中国法学的营养和基础。"中国特色"在当下已然成为中国法学的最强话语，涉及法学的方方面面③，基础理论、民主政治、市场经济、文化与社会治理、生态文明、程序、立法等方面的法学与法律研究，无不打上了"中国特色"的烙印。而"中国特色"正是近代以来我们所忽视的法学"中国主体意识"的一个重要方面。这个"中国主体意识"，极大地体现了"历史与现实相结合、理论与实际相结合、基本理论与部门法制相结合、中国特色与世界规律相结合的特点"④。

其次，法学"中国主体意识"的崛起，还表现在学者对国际学界"中国话语权"的重视。随着中国特色社会主义法律体系的形成，中国法学界在对西方法学

---

① 刘陆民：《建立中国本位新法系的两个根本问题》，载《中华法学杂志》新编第 1 卷第 1 号（1936年），第 48 页。

② 蔡枢衡：《中国法理自觉的发展》，122 页，1947 年作者自印。

③ 参见朱景文、韩大元主编：《中国特色社会主义法律体系研究报告》，北京，中国人民大学出版社，2010。

④ 孙国华：《深化法律体系研究，全面推进依法治国》，载冯玉军主编：《完善以宪法为核心的中国特色社会主义法律体系研究》（上册），序 2 页，北京，中国人民大学出版社，2018。

的态度上有了新的转变，这就是从了解、介绍西方法学并以其指导中国法律近代化转型，到当下将具有中国特色的法律理论与实践介绍到国际学界，让世界了解中国。具有"中国主体意识"的法学，是中国法学在国际法学界具有话语权的基础，法学界的同人已然感受到了这一时期的新使命。改革开放以来，随着党和国家工作中心的转移，中国法学界出现了对法的阶级性、继承性，以及人治、法治等问题的争论。一方面，这是对"文化大革命"、对"以阶级斗争为纲"等在法学界之影响的反思；另一方面，在一部分人中也确实出现了对马克思主义法学基本原理的信心动摇甚至怀疑。西方法学的引进，一方面促进了以自由主义为特征的西方法律思想的传播和对封建特权思想的批判，另一方面也带来了对中国传统法律思想的自信的严重冲击。在一部分学者的观念中，似乎只有按照西方的法学模式改造马克思主义法学，改造中国传统法律文化，才是中国法学未来发展的愿景。和国际学界的交流是改革开放以来中国学界的一大特点，但也正是这种交流唤起了一代学者对学术的自觉。当中国法学界面对世界舞台时，我们应当讲什么呢？难道还是哈特、哈耶克、哈贝马斯？国际学界希望听到中国的理论、中国的声音。①

党的十八大以来，习近平总书记高度重视包括法学在内的中国学术的发展。他提出"不忘本来、吸收外来、面向未来"的学术研究指导方针。中国共产党成立一百多年来，积累了丰富的法治经验，形成了中国化的马克思主义法治理论，包括毛泽东思想中的人民民主专政理论、邓小平理论中的民主法制思想、"三个代表"重要思想中的依法治国理论、科学发展观中的社会主义法治理念和习近平法治思想。它们一脉相承，是中国共产党人在革命、建设和改革时期坚持马克思主义法治理论与中国治国理政的实践相结合、与中华优秀传统法律文化相结合所取得的理论成果。中国化的马克思主义法治理论包括方方面面，就其核心内容而言，包括法治建设举什么旗、走什么路、谁领导、依靠谁的问题，经过几代人的探索，作出了坚持中国特色社会主义法治理论、坚持中国特色社会主义法治道路、坚持中国共产党对法治建设的领导和坚持以人民为中心的回答；制定了依法治国的方略，开辟了党的领导、人民当家作主、依法治国有机统一的政治发展道路，把全面依法治国纳入关系全局的"四个全面"战略布局。总结从革命根据地时期的法制建设到全面依法治国实践的历史经验，是摆在中国法学界面前的重要任务。

党的十八届四中全会通过的《中共中央关于全面推进依法治国若干重大问题

---

① 参见朱景文：《中国法理学的探索》，序3页，北京，法律出版社，2018。

的决定》强调，要"加强法学基础理论研究，形成完善的中国特色社会主义法学理论体系、学科体系、课程体系"。习近平总书记在 2022 年 4 月 25 日到中国人民大学考察时指出，"加快构建中国特色哲学社会科学，归根结底是建构中国自主的知识体系"①。2023 年 2 月，中共中央办公厅、国务院办公厅印发了《关于加强新时代法学教育和法学理论研究的意见》，提出要"加强中国特色社会主义法治理论研究，提升法学研究能力和水平，加快构建中国特色法学学科体系、学术体系、话语体系"。

我们的这个课题，正是在法学"中国主体意识"崛起的背景下立项的：致敬兼采西法而又不忘坚守传统的先哲，深入进行学术史的梳理，细致分析中国法学学术脉络演变所基于发生的不同历史背景和社会背景，考察从晚清变法时期的西方法学知识引入直到当代法学中"中国主体意识"的崛起，最终形成一套名为"中国法学学术史丛书"的大型学术丛书。这一课题不仅旨在为国内学界提供一套回顾、梳理百余年来中国法学之发展历程的新成果，致敬前辈与同行在法学领域所作出的学术贡献，而且致力于将中国法学的研究成果介绍给国际学界，使国际学界的同行更多地了解中国法学。确立中国法学在国际法学界应有的话语权，是我们立项时的目标，也是我们在本项目研究开展的过程中所努力践行的宗旨之一。

唯愿本套学术丛书的出版，能为建构中国自主法学知识体系尽到一份绵薄之力。

朱景文　马小红　尤陈俊

2023 年 7 月

---

① 《习近平在中国人民大学考察时强调 坚持党的领导传承红色基因扎根中国大地 走出一条建设中国特色世界一流大学新路》，载《人民日报》2022－04－26（1）。

前　言

一、本书编写的指导思想和积极意义

"法治兴则国兴，法治强则国强。"习近平总书记在《高举中国特色社会主义伟大旗帜 为全面建设社会主义现代化国家而团结奋斗——在中国共产党第二十次全国代表大会上的报告》中，明确指出："全面依法治国是国家治理的一场深刻革命，关系党执政兴国，关系人民幸福安康，关系党和国家长治久安。"

依法治国是实现国家治理体系和治理能力现代化的必然要求。① 党的十八届三中全会以来，党和国家积极"推进国家治理体系和治理能力现代化"。② 发挥法治在国家治理体系和治理能力能现代化中的积极作用的应有之义是，坚持和完善中国特色社会主义法治体系，更好发挥法治对改革发展稳定的引领、规范、保障作用。③

全面推进依法治国的总目标是建设中国特色社会主义法治体系，建设社会主义法治国家。《中共中央关于党的百年奋斗重大成就和历史经验的决议》（2021年11月11日中国共产党第十九届中央委员会第六次全体会议通过）明确指出："坚持依法治国、依法执政、依法行政共同推进，坚持法治国家、法治政府、法治社会一体建设，全面增强全社会尊法学法守法用法意识和能力。"

党的二十大报告明确提出："以良法促进发展、保障善治。"在现代社会，国家治理的正常途径是"法治"，即"良法善治"。其具体方式有二：（1）一般性治理，主要是通过立法制定法律规则。所谓"法立于上则俗成于下"。《商君书·定分》载："为治而去法令，犹欲无饥而去食也，欲无寒而去衣也，欲东而西行也，其不几亦明矣。"《吕氏春秋·览·慎大览》云："治国无法则乱。"（2）具体性治理，比如司法或诉讼通过解决个案来保护具体权益、解决具体纠纷。自20世纪后半叶以来，民事诉讼的治理功能不断扩展，诸多社会、经济、政治问题可以通

---

① 参见《习近平关于全面依法治国论述摘编》，4页，北京，中央文献出版社，2015。

② 参见《中国共产党第十九届中央委员会第四次全体会议文件汇编》，71页，北京，人民出版社，2019。

③ 参见中共中央党史和文献研究院编：《十九大以来重要文献选编》（中），418页，北京，中央文献出版社，2021。

过民事诉讼解决，比如国家可以通过民事诉讼来实现其保护平等就业权和促进就业的政策 [参见本书第二章一 (三)]。①

民事诉讼法学是关于国家治理的学科，应当在国家依法治理体系中或者运用国家治理之道，对我国民事诉讼法理进行"治学""教学""习学"。党的二十大报告明确提出："必须坚持胸怀天下。"我们还应当在国际治理和世界治理的"框架"中，对民事诉讼法理进行"治学""教学""习学"②，"以海纳百川的宽阔胸襟借鉴吸收人类一切优秀文明成果，推动建设更加美好的世界"③。

就国家治理与诚信原则来说，在民事诉讼领域，将诚信原则具体法律化并予遵行，应当说是建成诚信社会的一个不可或缺的环节和步骤，也是国家治理和社会治理的有机内容 [参见本书第一章二 (三) 3 (2) 1)]。就证人出庭来说，证人出庭作证义务的理念形成与纳税义务相类似，均可看作法治社会、法治国家建构过程的一个环节。在这一点上，确实能够说证人出庭作证的义务不仅与社会公益而且同国家紧密相关。包含证人履行出庭作证的义务在内，审判制度的完善也能被理解为一种有待继续努力的国家建设过程。④

党的二十大报告指出："马克思主义是我们立党立国、兴党兴国的根本指导思想。""坚持和发展马克思主义，必须同中华优秀传统文化相结合"；"坚持和发展马克思主义，必须同中国具体实际相结合"。"同中华优秀传统文化相结合"与"同中国具体实际相结合"体现了历史与现实之间的内在关联。

在中华优秀传统文化中，信奉"大道至简"，比如仅以一"疏"字就表达了"治理之道"的要义。按照规律治理国家、治理社会，如同"治水""理玉"⑤，因水之性而"治水"，顺璞之文而"理玉"，以至于"万物并育而不相害"（《中庸·第三十章》)。在我国，常常将"民"比喻为"水"，例如"民如水""水能载

---

① 当然，民事诉讼还具有创造民事实体法规范的功能，这属于一般性治理的范畴。我国民国时期学者邵勋法官著文道：最初，不问实体法上有什么样的权利义务，只以能够提起诉讼为目标，然后由判例衍生出各种法则，归纳出原则与例外的情形，经过学者的大加倡导，制定为实体法典，所以"诉讼法乃是实体法之母也"。参见邵勋：《民事诉讼法与民事实体法》，载《法律评论》，1928 (235)。

日本学者兼子一经研究认为，在实体权利产生之前就存在解决纠纷的诉讼制度，近代实体法不过是诉讼和民事审判经验的总结。[日] 兼子一『実体法と訴訟法』(有斐閣，1957 年) 12 頁以下参照。

日本学者谷口安平认为："诉讼法是实体法发展的母体。"[日] 谷口安平：《程序的正义与诉讼》，增补本，王亚新、刘荣军译，64-66 页，北京，中国政法大学出版社，2002。

② 治学者、教育者当有大见识。曾国藩曾曰："凡办大事，以识为主，以才为辅。"治学者、教育者当有大境界。王国维曾曰："有境界者，则自成高格，自有名句。"

③ 习近平：《高举中国特色社会主义伟大旗帜 为全面建设社会主义现代化国家而团结奋斗：在中国共产党第二十次全国代表大会上的报告》，21 页，北京，人民出版社，2022。

④ 参见王亚新：《民事诉讼中的证人出庭作证》，载《中外法学》，2005 (2)。

⑤ 《说文解字》释："理，治玉也。"

舟、亦能覆舟""军民鱼水情"等。

作为具体治理之方式和国家保护国民之责任，"司法为民"实为"司法保民"（运用司法保护当事人合法权益）。那么，司法如何"为民""保民"？当如"治水"，以"疏"为法；当如"水"，以"平"为要，所谓"中听则民安"（《晏子春秋》卷四·内篇·篇七）。此既为治理之道，又是司法诉讼之理。就民事诉讼而言，应当适用正当诉讼程序来保护民事权益，解决民事纠纷，维护自由、公平和安定的生活秩序与社会秩序。

就民事司法救济权来说，一方面，作为民事诉讼程序启动性权利或者说进入民事诉讼程序的权利（包括民事诉权、非讼申请权和执行申请权），其行使条件（起诉条件、非讼申请条件、执行申请条件）不应严格；同时，按照先程序后实体的原理，其行使条件应当是程序性的。另一方面，滥用司法救济权的构成要件应当严格明确，否则会阻碍当事人正常行使司法救济权［参见本书第三章三（三）（四）］。

在我国，曾有种主张是提高当事人进入法院的"门槛"（主要是指提高"起诉要件"），防止大量案件涌入法院，以减轻法院的负担。对此，笔者向来认为，把当事人进入法院的"门槛"抬得很高，实际上是把需要民事诉讼保护的当事人堵在法院的"门外"，这种主张既违背国家治理之道，也违背民事诉讼之理。

在中华优秀传统文化中，"经权之法"是有关"常道与权变"的法则，其基本内容是"权不离经"或者"持经达变"，即把握"常道"随机应变以达合理化或者恰到好处。陆贾曰："《大学》以经之，《中庸》以纬之。"熊十力释道："经，常道；权者，趣时应变，无往而可离于经也。"《周易》有云："变通者，趣时者也。"

荀子云："人莫贵乎生，莫乐乎安。"所谓"安"，既包括"过程之安"又包括"结果之安"。司法或者诉讼具有过程与结果的一体性［参见本书第七章一（二）3（3）］，即通过适用正当程序审判案件和执行案件来实现其治理功能。司法管理既是"过程管理"又是"目标管理"，司法的过程管理即要求严格适用正当程序维护程序价值（属于"过程之安"的范畴），司法的目标管理即通过实现实体价值来实现诉讼目的（属于"结果之安"的范畴），这实际上就是现代民事诉讼正当程序（保障原理）的有机内容［参见本书第一章二（二）］。适用民事诉讼正当程序保障当事人享有"过程之安"和"结果之安"，此为民事诉讼之"经"、"常道"或称"原则"。因此，可以说，民事诉讼法学也是关于正当程序的学科。

党的十八大以来，在习近平总书记关于网络强国的重要思想的指导下，建成支持全国四级法院"全业务网上办理、全流程依法公开、全方位智能服务"的智慧法院信息系统，创新纠纷解决和诉讼服务模式，促进审判、执行工作高质量发展，构建互联网司法新模式，有力推进了审判体系和审判能力现代化。网络与信息科技及其纠纷解决的发展趋势和现实需要在一定程度上冲击或者突破了传统的诉讼观念或者现行的诉讼原则、制度，正在或者将会产生诸多亟待解决的富有挑战性的新兴问题。

党的二十大报告明确指出："实践没有止境，理论创新也没有止境。"应当适时"推进民事诉讼实践基础上的理论创新"。我们应当根据"经权之法"或者"持经达变"，探求互联网司法新模式对民事诉讼制度与理论产生怎样的变通和发展。一方面，应当遵循民事诉讼之"经"；另一方面，应当根据互联网司法新模式研究民事诉讼之"权"，建构我国完善的民事诉讼理论体系和学科体系。

党的二十大报告指出，"我们必须坚定历史自信、文化自信，坚持古为今用、推陈出新"。晚清名臣张之洞在其《劝学篇》中云："世运之明晦，人才之盛衰，其表在政，其里在学。"对此，笔者的理解是，其"学"指"治学""教学""习学"。就"治学"而言，本书属于学术史研究。研究历史的目的是"资治"（包括治国和治学），即认识社会现象变迁进化的原因，就可以预测其结果，可以谋"改良""补救"的法子。①

本书对我国晚清变法至 21 世纪初我国民事诉讼的理论发展状况作出简要梳理，试图揭示我国民事诉讼研究的主要学术成就及其对民事诉讼立法和司法的积极作用，树立和坚定历史自信、制度自信、文化自信和理论自信，继往开来，推陈出新，为进一步全面深化改革，推进我国现代民事诉讼立法和司法提供历史智慧和理论根据。

二、编写本书的两点说明

（一）学术为天下之公器

本书属于学术史编写（撰史），试图对我国晚清变法至 21 世纪初我国民事诉讼的主要学术成果和基本发展状况作出简要梳理，包括如下三部分内容：（1）民事诉讼总论，包含民事诉讼正当程序原理和基本理论等（第一～四章）；（2）民事诉讼总则，包含诉讼主体、诉讼证明等（第五、六章）；（3）民事诉讼程序法理，包含争讼、非讼和执行三大程序法理（第七～九章）。

本书效仿《史记》《资治通鉴》，一者对我国晚清变法至 21 世纪初有关我国民事诉讼（法）的研究成果或者学术观点作出简要叙述；二者仿照"太史公曰""臣光曰"，对有关我国民事诉讼（法）的研究成果或理论观点作出适当评价。②

"史，乃求真实之学。"③ 本书谨守"学术为天下之公器"的信条，以"研究

---

① 参见吕思勉：《中国通史》，2-3 页，北京，中华书局，2015。

② 叙述历史和评价历史是"治史"的两项基本内容。史家治史应当两者并重，不应在价值观念上心存轩轾或者区分畛域，不过不同时期或者不同史家治史有所侧重，形成"据事直书"和"予夺褒贬"两种治史理念。参见罗炳良：《"予夺褒贬"与"据事直书"——中国传统史学的两种治史理念及其演变趋势》，载《学术研究》，2006（6）。

治史虽有考史、论史与撰史的不同但相辅为用；考史是找出历史事实，论史是评论、解释历史事实，撰史则是对考史成果和论史成果作出综合撰述。参见严耕望：《治史三书》，8 页，上海，上海人民出版社，2016。

③ 王永兴：《关于读〈资治通鉴〉的一些意见》，载《文史知识》，2002（1）。

成果"之学术价值或者学术贡献为取舍标准，"叙述"或者"梳理"我国民事诉讼法学术史，不受限于作者之"偏好"和学者之"专业"。

将来当以梁启超的《中国近三百年学术史》为榜样完善本书：一者讨论我国民事诉讼理论学术发展与政治、经济、社会等的关系，揭示民事诉讼理论学术发展的原因；二者梳理民事诉讼法学代表人物及其学术成就、治学经验和研究方法与师承渊源后学等。

（二）注重梳理体系性研究成果

2016年5月17日，习近平总书记在哲学社会科学工作座谈会上明确指出："只有以我国实际为研究起点，提出具有主体性、原创性的理论观点，构建具有自身特质的学科体系、学术体系、话语体系，我国哲学社会科学才能形成自己的特色和优势。"党的二十大报告指出"必须坚持系统观念"，不断提高"系统思维"。《中共中央关于进一步全面深化改革、推进中国式现代化的决定》（中国共产党第二十届中央委员会第三次全体会议通过）强调坚持系统观念原则。据此，本书注重梳理有关我国民事诉讼的体系性研究成果。

我国民事诉讼体系性研究成果首先体现在民事诉讼法学教材方面。对此，以马克思主义理论研究和建设工程重点教材《民事诉讼法学》（第三版）（高等教育出版社，2022）为例，作出阐释。作为法学教材，该书主要是按照《民事诉讼法》的结构和内容来编写，并增加民事诉讼基本理论。该书的结构体系如下：（1）绪论①；（2）阐释民事诉讼的基本原理与原则②；（3）阐释民事诉讼的基本制度③；（4）阐释审判程序④；（5）阐释执行程序⑤；（6）阐释涉外民事诉讼程序⑥。但是，该书没有阐

---

① 阐释民事诉讼法学的研究对象、中国民事诉讼法学的发展历程、马克思主义关于民事诉讼法学的基本理论及其指导意义、学习民事诉讼法学的方法与意义和本教材的编写指导思想及其特色，同时具有研究方法论和学习方法论两方面的意义。

② 包括如下三部分内容：（1）民事诉讼法概述。主要阐释民事纠纷的属性和其解决机制、民事诉讼法与宪法等相关法的关系、民事诉讼法的任务与适用范围等。（2）民事诉讼基本理论。主要阐释诉与诉权、诉讼标的、民事诉讼法律关系、民事诉讼价值、民事诉讼模式、既判力。（3）民事诉讼法基本原则。主要阐释平等原则、辩论原则、诚信原则、处分原则和自愿合法调解原则。

③ 包括如下六部分内容：（1）民事审判的基本制度（合议制度、回避制度、公开审判制度和两审终审制度）；（2）诉讼参加人；（3）法院管辖；（4）民事诉讼证据和证明；（5）法院调解与诉讼和解；（6）民事诉讼保障制度（期限、送达、保全、先予执行、对妨害民事诉讼的强制措施和诉讼费用）。

④ 包括如下两部分内容：（1）通常审判程序，主要阐释民事争讼程序（第一审普通程序、简易程序、第二审程序和再审程序）。（2）特殊审判程序，主要阐释特别程序、督促程序和公示催告程序；除选民资格案件审判程序外，其他特殊审判程序均为非讼程序。

⑤ 包括如下两部分内容：（1）总论，主要阐释民事执行等基本原理、民事执行主体、执行根据、执行标的和执行救济等；（2）分论，主要阐释民事执行措施，包括实现金钱债权的执行措施、实现物的交付请求权的执行措施、实现行为请求权的执行措施和执行威慑机制。

⑥ 包括如下两部分内容：（1）涉外民事诉讼程序的特别规定，主要阐释涉外民事诉讼程序的基本原则、涉外民事诉讼管辖和期间；（2）国际民事司法协助，主要阐释国际民事司法协助的根据、条件和程序。

释我国区际民事司法协助。

我国民事诉讼体系性研究成果其次体现在民事诉讼基本理论的体系性探讨方面。在传统民事诉讼法学视阈中，民事诉讼基本理论主要由民事诉讼目的论、民事诉权论和判决既判力论构成，主要涉及民事审判或民事争讼领域。[①] 有学者认为，民事诉讼基本理论体系包括民事诉讼的价值论和目的论、民事诉权论、民事诉讼标的论和既判力论。[②]

笔者在《现代民事诉讼基础理论》（法律出版社，2011）一书中，对民事诉讼基本理论作出初步体系化研究，认为现代民事诉讼基本理论体系如下：（1）"基石"理论，包括目的论和价值论。民事诉讼目的与价值在程序制度及其适用方面应当符合比例性要求。（2）"客体"和"启动"理论，包括诉论、诉讼标的论和诉权论。（3）"过程"理论，包括诉讼安定论、关系论和行为论。（4）"终结"理论：既判力论。

三、我国民事诉讼法与民法典协调研究

民事诉讼法与民法典协调或对接问题是建设中国特色社会主义法治体系、推进国家治理体系和治理能力现代化的重要课题。相关研究专著主要有：

（一）王德新著的《民法典与民事诉讼法协同实施研究》（中国社会科学出版社，2022）

该书指出：民法典与民事诉讼法的关系呈现四重属性，即衔接性、交融性、竞争性、互补性。基于前述四重属性，围绕民事主体与诉讼当事人的统一与分离，民法典与民事诉讼法中的证据规范配置，诉讼债权的证成及其法律适用，请求权竞合问题的解决以及非讼事件与非讼程序立法等五个议题，从实体法与程序法交互的视角深入研讨民法典与民事诉讼法实施中彼此脱节或冲突的问题，将助力民法典时代良法善治的治理效果的达成。

（二）马强主编的《民事诉讼法与民法典的协调对接》（法律出版社，2023）

该书以作为实体与程序连接桥梁的"诉的制度"为中心，对如下问题作出探讨：（1）诉的主体与《民法典》规定的主体制度衔接问题，主要探讨非法人组织、业主委员会、遗产管理人、民事行为能力等如何与民事诉讼主体、诉讼行为能力等合理衔接问题。（2）诉的合并与民事实体权利保护衔接问题，主要探讨诉的主观合并与多数人之债规则之间的内在关联性和诉的客观合并类型。（3）综合

[①] 参见陈荣宗：《举证责任分配与民事程序法》，153 页，台北，三民书局，1984；[日] 兼子一『民事訴訟法概論』（岩波书店，1938 年）1 頁参照。

[②] 参见江伟、刘学在：《中国民事诉讼基本理论体系的建构、阐释与重塑》，载樊崇义主编：《诉讼法学研究》，第 5 卷，北京，中国检察出版社，2003。

运用实体法理与程序法理，分析合同解除纠纷、居住权纠纷、债权人代位析产纠纷、不当得利纠纷、离婚纠纷、公司决议纠纷等。

（三）郭伟清主编的《民事诉讼法与民法典衔接问题研究》（法律出版社，2024）

该书以民事程序法主要制度为经，以民事实体法重要规则为纬，经纬相续，构建衔接研究框架。在具体内容上，采用专题研究的体例，选取基本原则、诉讼主体、诉讼客体、证明制度、家事领域、执行程序、特别程序、代位权制度等民事诉讼法与民法典衔接的八个重点领域，在每一专题下均选取兼具理论性与实践性的具体问题作为研究对象，以期实现民事诉讼法与民法典在宏观、中观、微观层面的全方位衔接。

法律等规范性文件缩略语说明

一、法律、法规名称省去"中华人民共和国",比如《中华人民共和国民事诉讼法》(2023 年修改)在本书中简称《民事诉讼法》。

二、司法解释和司法文件名称省去"最高人民法院""最高人民检察院"。

三、《解释》:《关于适用〈中华人民共和国民事诉讼法〉的解释》(法释〔2015〕5 号)。

四、《新解释》:《关于适用〈中华人民共和国民事诉讼法〉的解释》(法释〔2022〕11 号)。

五、《证据规定》:《关于民事诉讼证据的若干规定》(法释〔2001〕33 号)。

六、《新证据规定》:《关于民事诉讼证据的若干规定》(法释〔2019〕19 号)。

目　录

第一章

我国民事诉讼制度理论发展概要

一、我国民事诉讼观念与制度史和学术史概要

(一) 我国古代民事诉讼观念与制度史概要

1. 我国古代民事诉讼观念研究

(1) 讼卦的解释

《易经》为我国群经之首，历代诸多圣贤按照自己对社会自然的理解，对其作过注解和评析，所以笔者认为，《易经》中"讼"的卦辞和爻辞能够表达我国古代对"争讼"或者"诉讼"的基本观念和主要态度。①

在《易经》六十四卦中，需卦之后是讼卦，需卦与讼卦互为综卦，即讼卦的下卦与上卦交换位置则为需卦。因供"需"不足而生争端或争讼，故《易经·序卦传》云"饮食必有讼，故受之以讼"。

天水讼卦（见图1-1），上卦（天、乾）刚强，下卦（水、坎）阴险，必有争讼。《说文解字》释："讼，争也，公言之也。"中国制易圣人仰观天文，发现天（太阳）自东向西转动，又俯察地理，发现水（江河）从西向东流淌，天与水逆向而行（天与水违行）则成讼之象，以物象喻人事。

讼卦卦辞曰："讼，有孚，窒。惕中吉。终凶。利见大人，不利涉大川。"意思是，诚信（有孚）被阻塞后，当事人（原告）应当心存警惕②，守持中道就会

---

① 参见邵明：《现代民事诉讼基础理论——以现代正当程序和现代诉讼观为研究视角》，145页，北京，法律出版社，2011。

② 人与人之间不讲诚信后，就可能发生争端。对于能否获得胜诉、是否得不偿失等，在提起诉讼前，原告应当充分警觉，权衡利弊后再决定是否提起诉讼。

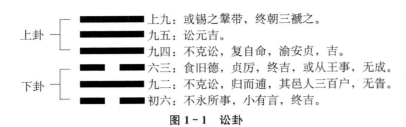

上卦 ┤ 上九：或锡之鞶带，终朝三褫之。
九五：讼元吉。
九四：不克讼，复自命，渝安贞，吉。

下卦 ┤ 六三：食旧德，贞厉，终吉，或从王事，无成。
九二：不克讼，归而逋，其邑人三百户，无眚。
初六：不永所事，小有言，终吉。

图 1-1 讼卦

吉利，但将诉讼进行到底就有凶险①；出现"中正"的大人是有利于当事人的②，但是当事人"涉大川"（喻为进行诉讼）是不利的，因为当事人可能"入于渊"（喻为陷于危险）。

初六："不永所事，小有言，终吉。"意思是，（初六为开始阶段）不要久缠拖延争讼（讼不可长），作些陈述能够辨明是非即可（适可而止），最后（可以因无讼而）吉祥。

九二："不克讼，归而逋，其邑人三百户，无眚。"意思是，（九二）在争讼中失利，归退到有三百户人家的村子居住，则可避免灾难。因为"自下讼上，患至掇也"，即是说，下位者（九二）讼上位者（九五），两者"同性相斥"（都是阳爻），败诉的风险很大且可能遭遇灾祸，不如"走为上"以避灾祸，故"下不讼上"。

六三："食旧德，贞厉，终吉，或从王事，无成。"意思是，继承安享先辈的德业，坚贞正直，虽有危殆，最后吉祥；或辅佐君王建功立业，没有功绩（也是吉祥的）。所谓六三"食旧德"，即"从上，吉也"，亦即"六三从上九，吉"。因为六三为阴爻却居阳位（不当位），不会太强势，并且有上九正应，等于"享用祖先的余荫"，最后是吉祥的。

下卦中，三爻均不当位，即初六为阴爻却居阳位（第一位）、九二为阳爻却居阴位（第二位）、六三为阴爻却居阳位（第三位）。凡不当位的爻则应收敛而不得张扬，所以初六"小有言"，九二"归而逋"，六三"食旧德"，其结果是好的（吉），至少没有灾祸（无眚）。

是否居上位者提起诉讼，就一定会胜诉？讼卦的九四爻是："不克讼，复自命，渝安贞，吉。"意思是，在争讼中失利，返回到正常的生活，改变（争讼的）

---

① 只有"中"才能得"吉"。如果不懂得"中吉"的道理，一意孤行，要把诉讼进行到底，就会由"吉"至"凶"，所以象曰："'终凶'，讼不可成也。"换言之，当事人（原告）不要提出过分的要求（不要"得理不饶人"），应当提出合理的要求（中庸之道），尽可能以和解、调解的方式化解纠纷，获得双赢。制度经济学早已证明：对合作各方来说，"合作比不合作能够产生更多的利益"。

② 讼卦中，"中正"的大人指向"九五"，可指包青天这样的公正的法官，因为他们能够公正审判，所以对于当事人来说是有利的。

初衷①，安于正道，则吉祥（没有什么损失）。九四虽居高位也会败诉（不克讼），因为九四为阳爻却居阴位（第四位）而不当位，更重要的是社会总有公义。

九五爻辞让人惊讶，即"讼元吉"。讼卦是如何元吉的呢？关键在于"九五"。九五"中正"，即九五在上卦中居中位且为阳爻居阳位（第五位）而当位。九五中正且居君位，能够公正审判。在有争讼的社会中，有九五这样公正的大人或司法机关，不是最为吉祥的吗？由此可知《易经》的务实性。

上九："或锡之鞶带，终朝三褫之。"意思是，（因胜诉）或许受赐官服大带，但是一天之内被剥夺三次。象曰："以讼受服，亦不足敬也。"

讼卦卦辞中有"终凶"之言，对此象辞解释为"讼不可成"。讼卦经儒家的发挥而成"无讼为贵"。孔子云："听讼，吾犹人也。必也使无讼！"《朱熹论语集注》引杨氏曰："以见圣人不以听讼为难，而以使民无讼为贵。"

在我国古代社会和传统文化中，"无讼为贵"体现"人与人合"，以此实现"人与天合"。讼"终凶"还因为诉讼耗费资源和精力。② 就讼卦来看，诉讼虽无法回避（"天与水违行""饮食必有讼"）但也没有多少可怕。争端若未得到妥善化解则会演变为斗争甚至战争，诉讼并非全"凶"③，反而是化解争端、追求公正的手段。

讼卦从初六到上九，一方面提醒并告诫人们不要任意争讼，即便争讼也应提出合理的诉求或适时终结诉讼；另一方面为了正义则应当争讼，依靠中正的九五或公正的司法机关，获得公正审判，以讼止讼。

由《周易》经传可知，讼的意义非止于审判、诉讼，实为人主动"化性起伪"参与世界，经历"私→欲→争→讼→理讼→无讼"，最终公断辩理而自觉以知止于理的证道历程。核心为"争"与"公断"二义：争是人健动参与世界的基本方式之一，意味着"人化"世界并为之赋予价值。但讼起于为"私"之争与造作，自我意义与价值彰显是与讼者的目标。任其发展至穷极势必终无所"成"，因此必须"公断"。"无讼"是公断的追求，意味着消解而非压抑争讼，意在使人的自我成就由自我之私利最大化转向明理和知止的自觉，实现由求利向合道的转化。④

① 另一种解释是，"命渝"即命谕，指判决，故"复即命渝"是指服从判决。

② 现代人之所以将诉权纳入"消极"司法受益权的范畴，是因为诉权不是增加其权益的权利，而是消极（避免侵害）的权利。

③ 讼卦六爻有四爻的爻辞出现了"吉"字，只有到了上六的《小象传》才补充一句："以讼受服，亦不足敬也。"

④ 参见李平：《重估中国法文化中的"讼"——以〈周易·讼〉卦为中心》，载《苏州大学学报（法学版）》，2021（2）。

（2）"无讼""厌讼"与权利意识和诉权行使

传统文化像潜流一样影响着现代人的思维和行动。我国传统文化主要缘起于古代农耕经济及其所依存的自然环境。农耕经济必须"因天之序"，即按照（我国农历的）一年四季或二十四节气，来春种、夏长、秋收和冬藏。由此决定了我国传统社会"依天道以立人道"，即以"天人合一"为基本行为规范。破坏社会秩序即损害自然秩序或宇宙秩序。

我国古代社会讲求"礼仪伦理教化"，倡导"无讼为贵""以讼去讼"，追求"无讼""和谐""大同"的理想世界。在"天人合一"的宇宙观中，争端和争讼虽是人与人之间关于利益的冲突，但在观念中这种冲突与有序和谐的自然秩序是相背离的。

诸多人士将中国传统社会"无讼"归因于没有权利意识，并把诉讼案件数量的增长作为公民权利意识提高的标志。不可否认，权利意识或者法律意识的有无和高低，与是否诉讼或者诉讼率的高低存在一定的关系，但是由于影响诉讼率高低的因素众多且复杂，不能简单地断言权利意识与诉讼率之间存在正相关关系。对此，有学者以日本为例作出解释和分析。[①]

在 20 世纪 60 年代的现代化运动热潮中，日本有学者提出了现代与传统的二元对立和文化滞后的理论模式，即传统文化发生变化，传统法律意识与权利意识也发生变化；制度层面的调整比较容易，而传统文化的发展要落后于制度的调整；权利意识与诉讼行为之间必然存在正比例的相关关系，诉讼率可以作为法和权利意识发达程度的衡量指标。

针对上述观点——日本国民的法意识和诉讼意识的短缺是日本国民很少运用诉讼的重要原因，日本另有学者认为国民对审判的不信任是日本国民很少运用诉讼的重要原因，并且认为国民对审判的信任促进了国民利用审判。[②] 事实是，日本社会以后的发展并没有以诉讼率的提高来证实川岛武宜的命题。

1978 年，美国学者认为：造成诉讼变化的原因不是文化传统，而是政府政策、律师和法官等因素；任何人在其权利受到侵害时是否积极利用诉讼，其关键在于国家能否为国民利用诉讼提供制度上的保证，日本诉讼率的低下不是"厌

---

① 参见范愉：《诉讼的价值、运行机制与社会效应——读奥尔森的〈诉讼爆炸〉》，载《北大法律评论》，1998（第 1 卷第 1 辑）；季卫东：《权利意识与诉讼行为》，载北大法律信息网，http://article.chinalawinfo.com/Space/SpaceArticleDetail.aspx? AID=2414&AuthorId=131255&Type=1；〔日〕川岛武宜：《现代化与法》，王志安等译，北京，中国政法大学出版社，2004；等等。

② 参见〔日〕棚濑孝雄：《纠纷的解决与审判制度》，王亚新译，205-207 页，北京，中国政法大学出版社，2004。

讼"心理使然，而是其司法诉讼制度上的障碍所造成的。

日本有学者对上述美国学者的观点提出了如下疑问：如果由制度安排造成诉讼行为的变化，统治阶级通过制度压制人民主张权利，人民却可以接受这种压制而不反抗，这难道不是与日本人的权利意识有关吗？该日本学者提出了功能等价、功能替代的观点，即权利的主张是否越来越多地通过诉讼外的其他形式来表现，以此解释了为什么人民的权利意识增强、诉讼案件反而减少的现象。

在现实中，影响或阻碍行使诉权或提起诉讼的因素是众多且相互作用的，除了权利意识、传统文化等因素，还有其他诸多重要因素。限于篇幅，仅作如下阐释。

1）就可诉性或可司法性而言，民事诉讼处理的事项通常应当同时具备事件性和法律性。虽然有些民事纠纷同时具备事件性和法律性，但是立法者往往根据当时的社会发展状况或者民事纠纷的特殊性等而制定相应的政策，适当阻断某些特殊民事纠纷的可诉性。①

2）法律制度越完备、司法越公正有效，公民就越愿意选择诉讼。日本中国法制史学家夫马进通过对明清时代文献的研究，得出如下结论：尽管当时社会价值取向和国家政策措施对诉讼持否定态度，但是社会中确实存在"健讼之风"，其根本原因是明清时代的诉讼制度本身是一种向千百万民众开放的制度。②

3）纠纷解决机制多元的社会中，当事人可以根据法律的规定按照自身利益的需求，选择相应的民事纠纷解决方式。比如，当事人希望其法律权益得到充分保护则可选择诉讼，不过，诉讼本身所固有的局限性（如程序复杂、成本高昂等）往往导致当事人拒绝诉讼。③ 如今，诸多电商也已构建起纠纷解决平台，利用其化解大量的相关纠纷而无须诉讼解决。④

4）当事人是否选择法院与法院的公信力有密切的关系，而法院的公信力当

---

① 比如，对于具有高度专业性的有关专利、商标等特定的民事纠纷，现行《专利法》（第 60 条）和《商标法》（第 45 条）规定由相关职能部门解决，较能满足纠纷解决的专业性的要求；破产案件不具有可诉性，只能适用破产程序；在我国，劳动争议没有走完仲裁程序的，通常不具有可诉性。

② 参见［日］滋贺秀三等：《明清时期的民事审判与民间契约》，王亚新等译，389－421 页，北京，法律出版社，1998。

③ 参见邵明：《民事纠纷及其解决机制论略》，载《法学家》，2002（5）。

④ 《电子商务法》第 63 条规定："电子商务平台经营者可以建立争议在线解决机制，制定并公示争议解决规则，根据自愿原则，公平、公正地解决当事人的争议。"在线解决机制中，电子商务平台经营者（电商）依据争议解决规则，裁决当事人的争议，虽不具有国家强制执行力但能够起到实际效果（比如能够及时如数退款、退货、换货等），发挥着民间执法者的作用。

有学者主张，纠纷解决机制结构是国家干预、社会自治及其与各种机制互动的结果。参见彭小龙：《"枫桥经验"与当代中国纠纷解决机制结构变迁》，载《中国法学》，2023（6）。

前直接表现在法院判决是否公正、法院判决的执行是否困难上。一旦司法或诉讼成为牟利的手段，势必导致司法的不公正及其公信力的降低。如果司法腐败严重、司法判决执行难，那么当事人自然远离法院，选择其他解决纠纷方式。[①]

5）有学者认为，当事人往往会"逆向选择"，胜诉率高的纠纷，其原告往往选择诉讼。如果案件很清楚地对原告不利，原告就不会选择诉讼；如果案件本身清楚地对被告不利，由于被告害怕最终在官司后吃更大的亏而宁愿与原告合作，因而避免或退出官司。[②]

6）社会分层、社会形态、社会控制和组织性等社会因素不可避免地影响或阻碍当事人选择诉讼。比如，一般说，组织和群体比个人热衷于诉讼，而个人起诉组织和群体的可能性较小，而且组织性越高，诉讼性越强；关系密切的人之间进行诉讼的可能性比较小，但是这种可能性随着其间关系距离的增大而增大。[③]

2. 我国古代民事诉讼制度史

（1）我国古代民事诉讼制度发展阶段

在中国古代，法典的编纂体例是"诸法合体，民刑不分"的，直到晚清修律前也没有制定过单一的诉讼法，有关诉讼的法律规定或散见于律典或见于条例，在立法体例上刑事诉讼与民事诉讼没有明显的区分。

就现有文献来看，中国最早的民事诉讼案例见于西周青铜铭文。唐以后，纯属民事的案件不断增多。清代已有大量保存完好的民事诉讼档案，从中可以证明清代"系属官府中的民事案件"，并不"都当刑事办"，其"最终的判决"也不"属于刑事裁判性质"。

中国从西周起便形成了礼乐政刑综合治国的政治制度和明德慎罚的法制建设原则，并且在司法实践中开始了民事诉讼与刑事诉讼的初步分野，中国古代民事诉讼制度是与社会经济的发展，尤其是与民事法律关系的发展密切联系在一起的。张晋藩先生将中国古代民事诉讼制度的发展过程划分为以下几个阶段[④]：

1）民事诉讼与刑诉的初步划分——两周。根据文献记载，从西周起，刑事诉讼与民事诉讼便有了初步分野。《周礼·秋官·大司寇》提出"争罪曰狱""争财曰讼"。郑氏注曰："讼，谓以财货相告者；狱，谓相告以罪名者。"刑事案件审理称为"断狱"，民事案件的审理称为"弊讼"。此外，作为所有权关系转移凭

---

① 参见朱景文：《中国诉讼分流的数据分析》，载《中国社会科学》，2008（3）。

② 参见张维迎、柯荣住：《诉讼过程中的逆向选择及其解释》，载《中国社会科学》，2002（2）；贺欣：《中国民事诉讼的确存在逆向选择效应吗》，载《法学》，2005（7）。

③ 参见江伟、邵明、陈刚：《民事诉权研究》，312-316页，北京，法律出版社，2002。

④ 参见张晋藩：《中国古代民事诉讼制度》，导言，北京，中国法制出版社，2018。

证的"傅别""约剂"，成为司法官审判民事案件的根据。

如果说古文献记载尚不足证，那么地下文物的发现提供了确切的物证。著名的《曶鼎》《牆生簋》《亯攸从鼎》等都在铭文中记录了民事案件审理的全过程，包括起诉、受理、调解、代理、判决与执行、誓审等。尽管尚不完备，但确实是民事诉讼的原型。其证明了中华法文化不仅起源早，且具有东方文明古国的典型意义。

由于两周时期刑事诉讼与民事诉讼还没有严格意义上的区分，侵权与犯罪也没有明确的界定，因此民事诉讼中的民事责任是惩罚性的，败诉的一方如不履行则与背誓同罪，将被处以刑罚。随着社会经济的发展与土地由"王有"向私有过渡，涉及田土所有权与债权的民事争讼一天天增多，从而推动了民事诉讼制度的进步。可以说，两周时期民事诉讼与刑事诉讼已经从混沌中见泾渭，汇合中显支流。

2）民事诉讼制度的奠基——秦汉隋唐。由秦汉至隋唐是中国古代法制趋于成熟和定型的时期，司法制度同样达到了相应的发展程度。但是过去的研究者只注重研究秦、汉、唐的刑事诉讼制度，而忽略了这一时期民事诉讼制度的发展。从现有的律、典、竹简、木牍以及敦煌文书中可以发现，这一时期，民事诉讼无论是程序还是审判制度，都已达到某种规范化的程度，出土的汉代简册和敦煌唐文书就证明了这一点。

由于中国古代重公权轻私权，国家的基本大法是刑法，民事诉讼经常是依附于刑事诉讼，民事权利也主要是通过刑事附带民事诉讼的方式被加以保护。这在汉简《候粟君所责寇恩事》的案例中得到确切的证明。不仅如此，《候粟君所责寇恩事》还显示了民事案件由被告居住地司法机关受理，其审理权由县廷行使，被告须针对原告起诉的事项进行答辩，以及民事案件中重调查程序等内容。

标志着封建法制成熟与定型的《唐律疏议》对于民事诉讼的管辖与受理已有专门的规定。此外，其对于民事案件的起诉、期间、越诉、终审、官司应受理而不受理的责任等，也作出了明确的规定。出土的吐鲁番唐文书保留了唐代民事诉讼制度方面的珍贵史料，如民事诉讼的判决不限于原告当事人的请求，而是综合与本案有关的事实与法律关系，有的也涉及终判的法律效力等。

3）民事诉讼制度的发展——宋元明清。由宋至清是中国封建经济的发展时期。与此相联系的民事法律关系不断扩大，民事诉讼所调整的对象更为复杂，程序也日益完善和定型。清代保留下来的完整的民事诉讼档案，雄辩地说明了这一点。

宋朝基于商品经济的发展和民事诉讼案件的增多，在管辖上明确划分为级别管辖、地区管辖和移送管辖。随着土地所有权的广泛确立和所有权观念对传统"重义轻利"伦理意识的冲击，在财产问题上如分产不公允许卑属控告直系尊属和旁系尊属。为了保护当事人的私权益，允许老、幼、残疾及妇人委人代理诉讼；宋朝不定审级限制，"人户讼诉，在法：先经所属，次本州，次转使，次提点刑狱，次尚书本部，次御史名，次尚书省"，直到诣登闻鼓院，进御状。在审理时重视书证，凡"交易有争，官司定夺，止凭契约""考察虚实，则凭文书"。宋朝"鞫谳分司"制度也适用于民事诉讼，审与判各有专司互相制约。为保证迅速执行民事判决，组成专门的执行机构。总之，宋朝民事诉讼制度建树颇多，是中国古代民事诉讼制度史上的重要发展阶段，其创设的新原则、新制度和新经验对于元明清各朝都有直接渊源意义。

元朝统一中国以后，为了适应统治全国的需要，在汉民族先进法律文化的影响下，开始注意运用法律手段调整社会关系，建立秩序。元朝在法典中专列"诉讼"门，在立法体例上区分实体法与程序法。由于元朝是以蒙古贵族为主体的政权，因此不同的民族各有专属管辖，并通过"约会"制度，联合审理不同户籍之间的民事案件。提起民事诉讼条件之一的诉状必须明确记载诉讼请求并应提供证据，否则不予受理。采取原告就被告原则，而不论民族与身份，这起了开先例、启后世的作用。为了便于群众提起诉讼，元朝在全国建立"书铺"，负责代写诉状，并对代写诉状的书状人，提出了严格的责任要求，不得拖沓刁难、敲诈勒索，否则予以治罪。扩大了民事代理的范围，致仕官与现任官均许令其家人代理民事诉讼，有关其他老幼、残疾、妇女的代理规定也基本定型。在调处制度上，强调凡经调处结案之诉，当事人不得重新起诉，以示调处结案所具有的法律效力。但是，终元之世，司法黑暗，狱讼淹滞，许多规定仅为具文。

明朝加强了专制主义统治，调整了中央与地方的国家机关，强化了监察机关的职能和作用，由此带来了民事审判机构的某些变化。例如，里长可于申明亭剖决民事纠纷，以发挥基层乡里组织的积极作用和在解决民事纠纷中的优越性。在起诉的形式上，除书面词状外，允许"口告"（口头陈述），但司法机关须记录清楚。为了保护当事人的利益，对于赦宥以前的民事判决，如需改正，仍可诉究。判决经常附带刑罚，但也注意区分诉讼标的物是不动产还是动产、是官物还是私物；主观上是故意还是过失等。在执行时，虽然提倡从速，但禁止当事人私自动用败诉方的财物，更不准役身折酬。

清朝虽然仍无单行的刑事与民事诉讼法，但是随着民事案件的增多，民事诉讼逐渐从民事依附于刑事的状态走向相对独立。清朝进一步规范了官吏违反民事诉讼程序的法律责任，比如无故不受理之罚高至杖 80，若受财则计赃以枉法从重论处。州县审理民事案件，必须置立"循环簿"，填写当月已结、未结案件及其缘由，以便上级司法机关和监察机关检察监督。清朝对民事案件实行州县自理原则，习惯上称为州县自理案件，而且限定于事犯当地告理。州县官受理案件以后，根据案情可批令亲族、绅耆、邻右调处。清朝在1840年鸦片战争以后，海禁大开，进行政治改革和律法修订，开始重视程序法的作用（详见下文）。

（2）我国古代民事诉讼制度特点和基本原理

张晋藩先生认为，我国古代的民事诉讼制度受特定国情的影响，形成了以下的特点。①

1）民事诉讼与刑事诉讼分中有合，合中有分。从西周起，民事诉讼与刑事诉讼有了初步区分。但是，在此后三千多年的历史发展过程中，刑事诉讼与民事诉讼一直缺乏明确的概念界定与划分。民事诉讼在某些具体情况下是依附于刑事诉讼的，两者分中有合。譬如，在刑事诉讼附带民事诉讼中，当事人无须对民事部分专门起诉，因为司法机关在对被告进行刑事制裁的同时，也判决其应当承担的民事责任。但是，民事诉讼与刑事诉讼审判的案件毕竟不同，随着民事法律关系的发展与民事案件的增多，要求有相应的民事诉讼程序作为调节手段，因此在宋明清法律中逐渐形成了民事诉讼的专门条款。在司法实践中，民事诉讼也从依附于刑事诉讼的状态中逐渐分离出来。从宋朝起，这种分离的趋势明显加快，到晚清修律时从法理上分清了刑事诉讼与民事诉讼，而且分别制定了刑事诉讼律与民事诉讼律。

2）民事纠纷被视为"细故""细事"。中国古代民事诉讼案件大都有关民间的田土、债务、婚姻、继承，在中国古代重视公权的专制主义统治者视阈中，此类纠纷案件对于国家统治并无重大影响，因而被视为"细故""细事"，其受重视程度远不及有关国家统治和社会安定以及人身伤害的刑事案件。譬如，虽然规定了上诉程序，但是在实际执行中常常是一审终审。不过，统治者深知"细事"不决也会酿成大事，所以也要求认真对待、及时审判。宋以后，特别是清朝，相关司法档案揭示出民事案件数在诸多地方超过了刑事案件。②

3）伦常礼俗是解决民事纠纷的重要依据。在中国古代社会，宗族、家族组织与国家基层行政组织相辅相成，宗法伦常观念广泛渗透于社会诸多方面，具有强大的约束力。在儒家思想被奉为正统以后，伦理秩序又成为国家极力维护的一种重要社会秩序。礼法共同作用，依礼裁判与依法审判具有一致性。官府既承认

---

① 参见张晋藩：《中国古代民事诉讼制度》，导言，北京，中国法制出版社，2018。

② 参见李青：《清代档案与民事诉讼制度研究》，北京，中国政法大学出版社，2012；[美]黄宗智：《民事审判与民间调解——清代的表达与实践》，北京，中国社会科学出版社，1998；郑秦：《清代司法审判制度研究》，长沙，湖南教育出版社，1988；[日]滋贺秀三等：《明清时期的民事审判与民间契约》，王亚新等译，北京，法律出版社，1998；等等。

家法族规对于调整家族内部关系的法律效力，也认可族长对族内民事纠纷的裁决。①

4）调解结案体现了民事诉讼的特殊性。运用调解解决民事纠纷，在中国古代由来已久，两周青铜器铭文中便记录了不少调解结案的案例。发展至汉以后，调解逐渐成为常用手段，调解的方式已经多种多样（比如官府调解、宗族调解、邻里调解等），调解的依据有法律也有礼俗，调解的结果具有强制性（"遵命和息"并须呈具甘结）。调解是适应封闭的小农经济基础与悠久的血缘地缘关系的产物，并以儒家"无讼"理论为指导，从而达到息事宁人、巩固国家统治的目的，但这也带来了民众普遍缺乏依法保护私权益的诉讼权利观念的负面影响。

5）贯穿等级特权原则。《周礼》中规定："凡命夫命妇不躬坐狱讼。"按郑氏注："命夫者，其男子之为大夫者；命妇者，其妇人之为大夫之妻者。"另据贾公彦疏："古者取囚要辞者，皆对坐，治狱之吏皆有严威，恐狱吏褒尊，故不使命夫命妇亲坐。若取辞之时，不得坐，当使其属或子弟代坐也。"凡涉及王公贵族的民事案件，为"事重"之案，一般司法机关不得受理，而需奏闻取旨，获准后方可审理，以区别于"常事"。

另有学者主要借助有关清代法制史的研究成果，从四个方面阐述中国古代民事诉讼基本原理或一般性原理。②

1）司法资源在法官与当事人之间的配置状况，决定着一种诉讼程序的基本

---

① 大致而言，中国传统司法者在处理案件时，遇到法有明文规定的事件都依法办理；在没有法或法的规定不明确时，则寻找成案，如有成案，便依照它来处理同类案件。理由很简单：司法者和任何公职人员一样，乐于使用最方便的程序处理事务。在有法条或成例可循的情形下，为其判决另找依据，不仅自找麻烦，而且可能导致上控，使自己受到责难甚至参劾。在正常情形下，一般司法者不会这么做。所以说中国传统的司法者不遵循规则，不将同样的事情同样地对待，是与事实不符的。

中国古代社会多种规范构成上下层级，"道"（"天道"或"大道"）出于人们共识的理则和共有的情感，适用于人们的一切行为，处于最宽广的顶层；"法"是最狭窄的基层；德、礼、习俗、乡约、家乘、行规等分别构成了中间的层次。司法者在作判决时先看法律，因为那是最低的准则，倘若这个准则不能妥当地适用于案情，便逐步探究较高层次的规范以谋求解决，如《荀子·王制》所云："有法者以法行，无法者以类举。"传统的"比附援引"和"经义决狱"都是因为现有法条不当或不能适用所作出的补救办法，实例繁多，不必枚举。参见张伟仁：《中国传统的司法和法学》，载《现代法学》，2006（5）。

相关分析，可参见尤陈俊：《聚讼纷纭》，85－97页，北京，法律出版社，2022。

② 该学者认为：我国古代各朝民事诉讼制度均有所不同，但古代民事诉讼程序的基本模式或者基本制度原理几千年维持不变，所以只要选择一个代表性朝代的民事诉讼程序作为范本来分析即可；清代民事诉讼程序是一个合适的范本，一方面这是中国古代诉讼程序最完善最成熟的一个朝代，另一方面关于清代民事审判的法史学研究成果也是各朝中相对丰富的。参见吴泽勇：《诉讼程序与法律自治——中国古代民事诉讼程序与古罗马民事诉讼程序的比较分析》，载《中外法学》，2003（3）。

结构。比如，就像我们下文将要谈到的，在古罗马诉讼程序中，法官掌握的司法资源相当有限，当事人在诉讼进程的推动方面居于主导地位，而当事人在诉讼中又是平等的。这样，当事人的平等对抗就成为古罗马诉讼程序的主要结构特点。

在古代中国，天平完全倾向于地方官一方。这首先体现在法庭的设计和诉讼主体空间位置的安排上。地方官的座位是高高在上的，他的头顶上方是用大字书写着"明镜高悬"等的匾额。地方官座位的下面，左右两侧是一字排开的衙役，他们的手中拿着作为刑具使用的竹板。而当事人和证人是不能坐的，他们要跪在地上——原告和被告跪在两边，证人跪在中间，听候地方官的训斥和发落。这样的场面对中国人来说是非常熟悉的。"法庭的设计是为维护法律的尊严，维护州县官作为皇帝代表的地位，也是为了强调所有其他的人都微不足道。"① 当事人空间位置的安排除了强化了这一点，还隐含着这样的判断：诉讼本来就是不应该的事情，将官司打到衙门，受到这样的屈辱是理所应当的。

其次体现在司法权力与诉讼权利的对比关系上。如果说法庭的设计和当事人位置的空间安排只是制造了一种"在这里一切官员说了算"的外观，那么司法权力与当事人诉讼权利之间的对比关系在实质上确认了这种"一边倒"的局面。地方官可以在任何时候向当事人以及有关证人进行调查、询问。为了获得心目中的纠纷解决，他甚至可以使用刑讯手段来获得口供。与此相对，几乎没有关于当事人诉讼权利的规定。

最后体现在判决的依据方面。地方官审案时，虽然也要传唤证人，调取证据，但这只是为了使他本人对案件真相有一个清楚的认识，因为在清朝，在法律适用方面，与重罪案件的严格依法判决相比，在民事诉讼中地方官有着更大的自由裁量权。这一方面是因为有关民事的法律条文在朝廷的律例中极其缺乏；另一方面也是因为，在这类案件中，"根据情理，通融无碍地寻求具体妥当的结局就是地方官的职分"②。

2）一般认为，清代地方官解决民间纠纷的主要方法是"调处"和"判决"，但这是一种相当模糊的划分方法。在清代民事诉讼中，不存在现代意义上的由法官严格适法作出的"非黑即白"的裁判。虽然州县官开庭审理后都会作出某种裁定（堂谕），但是只有在"各当事人提交了称作'遵依结状'的誓约书，表示对裁定的认可后，一个案件才算大致解决了"。由此出发，日本有学者将清代民事

① ［英］S. 斯普林克尔：《清代法制导论——从社会学角度加以分析》，张守东译，84 页，北京，中国政法大学出版社，2000。
② ［英］S. 斯普林克尔：《清代法制导论——从社会学角度加以分析》，张守东译，84 页，北京，中国政法大学出版社，2000。

审判看作一种"教谕式的调解"①。

"这种具结不过是形式性的东西。知县一旦作出判决，当事人是没有选择余地的，不然是会受刑或被押不放的。"② 从这个意义上讲，将这种结案方式看作"调解"是容易产生误解的。因为在现代法律中，"调解"总是与合意、当事人自愿这类正当化基础相联系，而在上述的具体结案中，法官事实上是单方面作出了判断。③ 因此，在清代民事诉讼中，很难说存在着"调处"和"判决"这两种对立的纠纷处理方式。

3）审级和既判力这两种在现代诉讼程序中居于基础性位置的诉讼制度，在清代根本就不存在。就审级制度而言，"如果感到州县的审理不能令自己满意，当事者任何时候都可以上诉"④，并且"上诉可以说是被允许无限制地提到官府的等级构造的任何级别上去"。不过，这类上诉大多都被批回州县重审，只有极少数牵涉到原州县官曲法枉断的案件，才由府、道、省提审。⑤ 这说明，起码在制度的层面，上诉是没有任何审级限制的。

与此相联系，古代中国人对既判力的观念也是陌生的。在国家法律上，并没有诉讼进行到某个时刻即告终结的规定；从理论上讲，当事人在任何时候都可以翻案。如果我们把在诉讼进行到某个环节作出一个不容争论的裁判作为法院的一个特征，那么在古代中国是不存在这样的法院的。

4）实体法适用。日本有学者认为，清代地方官在处理民事纠纷时，更多的是依据情理来对当事人之间的关系进行全面的调整，而非运用法律对事实作单方面的判断。但这并不意味着法律就被轻视或无视，因为法律本是基于情理而定的；而在法律条文的适用中，还要通过情理加以解释或变通。总而言之，情理与国法的关系就好比大海与冰山——"由情理之水的一部分所凝结成形的冰山，恰

---

① ［日］滋贺秀三等：《明清时期的民事审判与民间契约》，王亚新等译，21页，北京，法律出版社，1998。

② ［美］黄宗智：《中国法律制度的经济史、社会史、文化史研究》，载《北大法律评论》，1999（1）。

③ 不过也确实有少数精明的当事人利用这一点来对法庭进行纠缠。参见［美］黄宗智：《民事审判与民间调解——清代的表达与实践》，155页，北京，中国社会科学出版社，1998。

④ ［日］滋贺秀三等：《明清时期的民事审判与民间契约》，王亚新等译，15页，北京，法律出版社，1998。

但是，越级上诉是不允许的。参见张晋藩：《中国古代民事诉讼制度》，385页，北京，中国法制出版社，2018。

⑤ 参见张晋藩：《中国古代民事诉讼制度》，385页，北京，中国法制出版社，2018。

恰是法律"①。

通过对四川巴县、河北宝坻、台湾淡水三地清代法庭档案的实证研究，黄宗智先生发现，"清代的审判制度是根据法律而频繁地并且有规则地处理民事纠纷的"②。黄宗智指出，过去学者对清朝法律的研究，往往为其"官方的表达"所迷惑，认为清朝是一个不关心民事纠纷的朝代，大清律例有关民事方面的规定不仅少而且粗略，远不足以为具体的审判活动提供规范。通过对州县衙门实际审判记录的研究，黄宗智认为，在实际运作中，大清律例中最重要的部分正是后来不断修改和增补的部分"例"文。这些例文中包含了大量的民事规定，而官府审判民事纠纷时，在绝大多数情况下就是依据这些规定对案件作出了明确的胜负判决。"只要可能，他们确实乐于按照官方统治思想的要求采用庭外的社区和宗族调解。但是，一旦诉讼案件无法在庭外和解而进入正式的法庭审理，他们总是毫不犹豫地按照《大清律例》来审断。换言之，他们以法官而非调停者的身份来行事。"③

假如黄宗智的观点成立，那么我们过去关于中国古代法律的许多基本论断都将受到挑战。但从黄著用来证明官府依例裁断的例子中，我们看不到这种"颠覆性"的力量。黄著并没有举出一件官府明确遵照某一律例作出判决的案例，相反，所有的断案依据都是在黄宗智看来"虽未言明但是显而易见"地体现于律例中的某种原则。比如，从关于"盗卖田宅"的禁止性规定中看出"维持和保护合法的土地所有权"的民法原则；从关于拖欠地租的禁止性规定中看出"维护田主收租权利"的原则；从关于拖欠私债的禁止性规定中看出"维护一方当事人追还债款的权利"的原则；等等。

正如另一学者所言，且不论对这些原则的表述是否恰当，我们至少可以肯定，这类"原则"并非清代法典所独有，它们是私有制度的一般原则。④ 通过这样的比附断定清代州县长官是在依例断案，似乎缺乏说服力。黄宗智认为大清律例中包含了大量具有操作性的民事规定，因为，一方面，这些规定对民事案件的审断确实产生了影响；另一方面，律例中的惩罚措施在案件审理中极少被运用，因此它们只是具有"刑事"的假象。对这种现象，日本学者滋贺季三将其看作主

① ［日］滋贺秀三等：《明清时期的民事审判与民间契约》，王亚新等译，40 页，北京，法律出版社，1998。

② ［美］黄宗智：《民事审判与民间调解——清代的表达与实践》，107 页，北京，中国社会科学出版社，1998。

③ ［美］黄宗智：《民事审判与民间调解——清代的表达与实践》，12 页，北京，中国社会科学出版社，1998。

④ 参见梁治平：《清代习惯法、国家与社会》，136 页，北京，中国政法大学出版社，1996。

要是与国法有着共同的道德基础的"情理"在发挥作用。

事实上，对于民事审判而言，大清律例的有关规定只是对各种民事违法行为表明了一种态度，这种态度在滋贺秀三那里是"情理法"一体化的民事法源中的组成部分，而在黄宗智那里变成了"民法原则"。由于实证研究所能提供的支持远不足以证明其论点，黄宗智提出了若干"抽象度颇高的理论观点"。日本另有学者指出，这些理论相当勉强：这种勉强"归根结底来自越过听讼与民事习惯的大致对应的这种事实性关系，而直接得出了'依法保护权利'这一规范性命题"①。

基于以上分析，可以认为：在清代民事诉讼中，州县官并不是严格按照制定法来断案的。那么他们是依据什么断案的呢？除了一般意义上的"情理"，还有没有其他的法律渊源？这无疑是一个重要的问题，并且同样是存在争议的。但本文讨论就到此为止。就本文的主题而言，只要明白中国古代民事诉讼并不是一个严格适法判决的过程，就足够了。

有学者通过比较分析中国古代诉讼与古罗马诉讼，认为：诉讼过程的形式化在古代中国受到了公然的抵制；中国古代诉讼缺乏一种保障当事人公平对抗并在这种对抗中形成判决的程序机制；中国古代诉讼活动就其基本精神而言是非专业化的。②

1）程序的"反形式化"特征。构成中国古代诉讼程序的根基主要是情理，而不是制定法；况且，即便是制定法，也是一种道德化的法律，它与"情理"分享着共同的伦理精神和道德基础。在这样的诉讼文化中，司法的形式化不可能被提倡。所谓司法的形式化，意味着法律事务与一般社会事务在逻辑上和技术上相对独立，而诉诸情理的司法活动不可能导致这种独立——因为它的目的是要对纠纷作一种道德判断，而不是严格意义上、"非黑即白"的"法律判断"。道德判断的特征是因人而异、因事而异的，为此，地方官只有结合每一个案件的具体情况，斟酌各方当事人的具体情形，才能对纠纷作出道德上正确的决断。清官海瑞曾提道，他判断疑难案件的标准是："凡讼之可疑者，与其屈兄，宁屈其弟；与其屈叔伯，宁屈其侄。与其屈贫民，宁屈富民；与其屈愚直，宁屈刁顽。事在争产业，与其屈小民，宁屈乡宦，以救弊也。事在争言貌，与其屈乡宦，宁屈小

---

① ［日］寺田浩明：《清代民事审判：性质及其意义——日美两国学者之间的争论》，王亚新译，载《北大法律评论》，1998（2）。

② 参见吴泽勇：《诉讼程序与法律自治——中国古代民事诉讼程序与古罗马民事诉讼程序的比较分析》，载《中外法学》，2003（3）。

民，以存体也。"① 在这里，发挥着类似现代诉讼程序中举证责任制度功能的，仍是儒家的伦理观念。但这与所谓的举证责任又明显不同：它不是在真伪不明时的事实判定方法，而是在忽略事实争议的前提下，对破坏了的秩序所作的一种道德上的补救。在这里，事实判断不是最重要的，因为在这样一种诉讼程序里，事实与规范本来就是混淆不分的——或者说，事实判断本来就是从属于道德判断的。也正因为事实调查不具有它在西方民事诉讼程序中所具有的那种独立地位，所以中国古代虽然积累了大量的司法调查经验，却不可能形成一套严谨的证据调查规则。

2）缺乏对抗式的判决形成方式。强调当事人的对抗，这是西方民事诉讼程序的一个基本的传统，而所谓的"诉讼竞技理论"正是对这一传统的准确说明。正是通过这种方式，诉讼才能经常地保持与社会现实之间的交流和互动，从而在坚持了自身独立地位的同时，又能伴随着时代的发展而与时俱进。中国古代民事诉讼程序则完全缺乏这样的机制。地方官的中心任务不是认清事实和保护权利，而是恢复一种被破坏了的秩序，这种秩序是建立在伦理基础上的，因此他判案的依据是伦理规范而不是权利义务规则。伦理规范存在于他的心中，无须通过当事人的对抗来确定。虽然为了恢复秩序，对纠纷事实做些调查总还是必要的，但这种调查无论从何种意义上看都是官员自己的事务，其目的仅仅是帮助官员在内心形成对案件的伦理判断。

3）诉讼的非法律专业化。地方官都是通过科举走上仕途的，而科举是一种非法律专业化考试。韦伯曾写道："考试是一种文化的考试，确定有关应考者是不是一个君子，而不是看他是否拥有专业知识。儒学的基本原则是：高尚的人并非工具，也就是普遍的人格自我完善的理想，同西方的客观业务的职业思想针锋相对，这条原则妨碍着专业培训和专业业务权限的划分，而且一再阻止它们的实行。其中深藏着这种行政管理的特别反官僚体制的和世袭主义的基本倾向，它制约着他们的扩展性和技术的局限性。"② 这样一个由君子组成的群体，不可能担负起从逻辑

---

① 黄仁宇以此为证说明传统中国"以熟读诗书的文人治理农民"，法律的解释和执行都以儒家伦理为圭臬，但缺乏数目字的管理传统，因此中国没有发展起来现代的资本主义。参见黄仁宇：《万历十五年》，139页，北京，三联书店，1997。

有学者认为，海瑞使用伦理的具象语言表明社会科学的定理。通过全面考察海瑞的文献，会发现：海瑞主张对所有案件都须以是非曲直为基础依法处理，息讼不等于"畏讼"，也不能"和稀泥"，只有公正的司法才会真有效率才会减少机会型诉讼——"虽止讼于一时，实动争讼于后"；海瑞不但追求过和实践过对私人产权的司法保护而且追求的是有系统效率的保护，不但保护经济资产而且保护文化资产。参见苏力：《"海瑞定理"的经济学解读》，载《中国社会科学》，2006（6）。

② ［德］马克斯·韦伯：《经济与社会》，下卷，林荣远译，373页，北京，商务印书馆，1997。

上和体系上完善法律的职责；当然他们也没有这样做的必要——"道德化的法律不需要严密的逻辑结构，因为道德判断本身不是根据逻辑得出的"①。

在中国古代，从事与法律有关的事务的还有幕友和讼师。前者之所以会存在，是因为地方官对律例知之甚少，为了减少判决的风险，就得依靠这些专门研习法律的人襄助。但应该注意的是：一方面，幕友只是幕后的帮助者，他们不用对判决承担责任，社会地位也相当低下；另一方面，幕友大多也都是读书人，很多是功名不达才转而习幕的，因此他们断案的逻辑与官员并无二致。至于讼师，则一直是官方打击和压制的对象——并且就有关资料来看，他们对社会的消极作用确实大于积极作用。② 总之，无论官员、幕友还是讼师，都不是严格意义上的法律专业人员，也都不大可能对法律和法学的发展产生什么积极的影响。

不过，张伟仁通过考证，指出中国传统法学自成一个体系，有无数知识分子自古至今在探讨着各种基本的问题，提出了精辟的理论。③ 中国古代知识分子对法学的研究并没有断绝，现有大量资料记载着许多法学家的言行和著述。④ 中国历代司法官的幕友及属员也留下不少法学著作，详细阐述司法实务及许多在理论上和实践上的问题。⑤

3. 我国古代民事诉讼制度特点的成因分析

有学者从以下三个方面分析中国古代民事诉讼制度特点形成的原因。⑥

---

① 梁治平：《寻求自然秩序中的和谐》，315 页，北京，中国政法大学出版社，1997。

有学者从"道德""经验""辩证法"三个维度阐释了古代司法的实践智慧：司法的道德化不仅为一个具体的纠纷找到了合理的解纷方式，而且在深层的意义上解决了司法纠纷的前提问题，促进"人类善"的实现；经验主义哲学是古代中国司法的根基，更关注探求生活世界本身而不是其外的抽象世界；辩证法的运演过程内含于作为法律生活中心的司法过程。参见武建敏：《古代司法中的实践智慧——以兼及法作为实践智慧的基本立场》，载《人大法律评论》，2018（1）。

② 关于讼师和幕友，参见梁治平：《寻求自然秩序中的和谐》，301－306 页，北京，中国政法大学出版社，1997。

③ 滋贺秀三用西方人熟悉的语言和表达方式畅论西方法学之后，以同样的语言和方式来谈中国法学，觉得"无话可说"了。滋贺秀三之所以觉得"无话可说"，另有原因：他认为中国关于法的研究不是经由"理性探索而得的学问"。中国有许多人像滋贺秀三一样，用西方的语言和思考方式提出问题，然后在中国的资料里去找寻类似西方对那些问题所作的答案。因为找不到，失望之余，得出了和他相同的结论。将"法"看作是一种纯理性的产物（一套从某些前提出发，循着严密的逻辑规则演绎出的原理和准则）是西方受了自然科学研究方法的影响而生的一种法学理论。应当看到的是，凯尔逊承认法律行为并非全由法律决定；霍姆斯在讨论法的本质时说"法的生命不在逻辑而在经验"，庞德、德沃金等人也有类似看法。参见张伟仁：《中国传统的司法和法学》，载《现代法学》，2006（5）。

④ 参见张伟仁：《中国法制史书目》，台北，中国台湾地区"中央研究院"历史语言研究所，1976。

⑤ 比如，汪辉祖的《佐治药言》《续佐治药言》、万维翰的《幕学举要》、王又槐的《办案要略》、张廷骧的《入幕须知》、宗稷辰的《幕学说》、胡志伊的《幕职问答》、陈天锡的《迟庄回忆录》等。

⑥ 参见吴泽勇：《诉讼程序与法律自治——中国古代民事诉讼程序与古罗马民事诉讼程序的比较分析》，载《中外法学》，2003（3）。

（1）泛化的家族观念。早在上古时代，"家国合一"的观念就已形成，在其后几千年的治乱相循中从没被打破。家族观念在中国文化中的重要位置，体现在本来是家庭内部规范的伦理道德，被泛化为一般的社会行为规范，结果是以"五伦"为核心的儒家伦理成为大至国家组织，小至人与人交往的基本规则。其强调按照血缘亲疏远近和具体情势的个体差异来对事件采取不同的措施，以实现对社会关系"因人而异""因地制宜"的调整。中国社会由此成为一个"伦理本位"的社会（梁漱溟语），而中国法律也成了伦理化的法律。

这种家族观念在诉讼制度上的反映，便是中国式"父母官"的断案方式。法庭上的州县官就像家庭中的父亲一样，他们对待当事人的方式也就像严父对待不听话的子女一般。在这种情况下，不需要什么程序来规定双方的权利，而只要各方认识并履行自己的义务就够了。在诉讼中，州县官首先要明断是非；在此基础上，他还要对当事人宣讲做人的道理，让他们认识到自己的错误。对当事人来说，应该时时自省，而不是为"一己之利"一味缠讼。

（2）小农经济的生产方式。在中国，小农经济长期占据统治地位，商业经济一直得不到发展，而大贵族的农庄经济也从未成为主导性的生产方式。小农经济使古代中国人世代生活在一个地方，很少迁徙，而这正导致了家族制度的发达以及儒家思想的盛行。

在小农社会里，人们社交的范围通常以村子为边界。在一个封闭的熟人社会里，以"五伦"为核心的儒家伦理很容易找到生存的空间，而对所有人所有事"一视同仁"的法治精神是陌生的。由于大家都是亲戚、邻居、朋友——至少是熟人，偶尔有了什么纠纷，自然也要以和气为重。可以说，儒家的"无讼"观念、"和为贵"的思想与小农社会的封闭性之间是互为依托的：前者在后者的土壤上发展起来，反过来又维持了这样一种封闭性。

（3）中央集权的政治结构。中国古代社会在中央集权的政治体制中，以皇帝一人的力量来统治这么大的一个帝国，中间又没有地方的自治作为缓冲，这在信息上和技术上几乎是不可能的。在长期的治乱相循中，统治者发展出了解决这一矛盾的两种机制：

1）地方的宗族和乡党自治。事实上，官府对乡村的影响到县一级基本就算结束了。乡保之类的半官方职务通常由地方真正的领导人物所操纵，并成为他们与国家权力之间的缓冲工具。

2）科举。科举提供了进入社会上层的机会，国家政权换取了村庄领导阶层对这个制度的效忠，从而实现了对村庄的间接统治。科举考试的基本内容是儒家经典，官员几乎都是科举考试的成功者，在取得这种成功的过程中，儒家伦理思想规范被他们理解和认同，并作为审判案件的根据。

（二）我国近代民事诉讼制度史与学术史概要

1. 我国近代民事诉讼制度修订与研究概要

（1）我国清末民事诉讼制度修订概要

1840 年鸦片战争以后，至 1911 年辛亥革命推倒清朝统治之前，是中国历史上的晚清时期，也是中国法制走向文明与民事诉讼制度的转型时期。在这一时期，中国的海禁大开，社会经济结构、政治结构、政治法律制度与文化意识，都发生了重大的变化。经过晚清的政治改革与修律，固有的中华法系解体了，西方资产阶级的法律文化广泛输入，并逐步取得了决定中国法制改革方向的主导地位。在修订法律大臣沈家本主持下，新修订的各种法律草案，无论体系、内涵、制度、原则，都别开生面，反映了大陆法系的影响。

在清末变法修律中，民事诉讼制度一直是一个重要的领域。简单来说，就立法而言，1906 年，清朝修律大臣沈家本[①]、伍廷芳提出了《诉讼律草案》，但这一草案民、刑不分。1910 年，清政府制定的《民事诉讼律草案》，成为中国第一部独立的民事诉讼法。

在《进呈诉讼法拟请先行试办折》［光绪三十二年（1906 年）四月初二日］中，沈家本和伍廷芳对改革"诸法合一"的旧制和颁行刑事、民事诉讼法进行了论证，大体上可归为以下几点。

1）从"体与用"关系的角度，分析诉讼法与实体法分立的积极意义。"窃维法律一道，因时制宜，大致以刑法为体，以诉讼法为用。体不全无以标立法之宗旨，用不备无以收行法之实功，两者相因，不容偏废。"

2）从比较法的角度，分析刑事诉讼法与民事诉讼法分立的积极意义。"泰西各国诉讼之法，均系另辑专书，复析为民事、刑事二项，凡关于钱债、房屋、地亩、契约及索取赔偿者，隶诸民事裁判；关于叛逆、伪造货币官印、谋杀、故杀、强劫、窃盗、诈欺、恐吓取财及他项应遵刑律拟定者，隶诸刑事裁判，以故断弊之制秩序井然，平理之功如执符契。日本旧行中律，维新而后踵武泰西，于明治二十三年间先后颁行民事、刑事诉讼等法，卒使各国侨民归其钤束，借以挽

---

① 沈家本非常重视诉讼法的作用，认为诉讼法不完备，实体法也无以观其成；曾在《进呈诉讼法拟请先行试办折》中曰："刑律不善不足以害良民，刑事诉讼律不备，则良民亦罹其害。"

有关沈家本法治思想（包括民事诉讼见解）的文献，参见《沈家本全集》，第 1－4 卷，北京，中国政法大学出版社，2010；李欣荣编：《中国近代思想家文库·沈家本卷》，北京，中国人民大学出版社，2015；李贵连：《沈家本传》，修订本，桂林，广西师范大学出版社，2017；沈小兰、蔡小雪：《修律大臣沈家本》，北京，人民法院出版社，2012；等等。

回法权。推原其故，未始不由于裁判、诉讼咸得其宜。"

3) 分析在中国刑事诉讼法与民事诉讼法分立的积极意义。"中国华洋讼案日益繁多，外人以我审判与彼不同，时存歧视；商民又不谙外国法制，往往疑为偏袒，积不能平，每因寻常争讼细故酿成交涉问题，比年以来更仆难数。若不变通诉讼之法，纵令事事规仿，极力追步，真体虽充，大用未妙，于法政仍无济也。"随后，写道："中国旧制，刑部专理刑名，户部专理钱债、田产，微有分析刑事、民事之意。"

随后，沈家本等提交了《刑事民事诉讼法草案》。这部草案第一次将诉讼法单独起草，并将刑事、民事诉讼规则分别拟定，开创了近代中国民事诉讼法单独立法之先河。由于受到各地大臣的反对，该草案未能颁行。张之洞在《遵旨核议新编刑事民事诉讼法折》中对该草案主要从三个方面进行了批驳。[①]

1) 新法与"中法本原似有乖违"。一方面，该法"袭西俗财产之制，坏中国名教之防，训男女平等之风，悖圣贤修齐之教，纲伦法斁，隐患实深"。根据新法，则"父子必异财，兄弟必析产，夫妇必分资；甚至妇人女子，责令到堂作证"。另一方面，关于"家室婚姻""子孙嗣续"这类旧律中头等大事，新法却语焉不详。假如该法"勉强骤行"，必定"人情惶惑，且非圣朝明刑弼教之本意"。

2) 新法"难挽法权"而只会"转滋狱讼"。靠制订通行中外的法律来收回治外法权是《进呈诉讼法拟请先行试办折》论证的重心。张之洞认为，"纵使所定诉讼法条理完密，体例精详"，列强仍会"指瑕索瘢，借端责难"；因为列强与中国订立的商约中明确提出，只有"查悉中国律例情形、审断办法及一切相关事宜皆臻完善"，才会放弃治外法权。

3) 诉讼法不应先于实体法制定。"西洋各国，皆先有刑法、民法，然后有刑事、民事诉讼法"，而中国先制订诉讼法不仅"大碍民情风俗"也"于法律原理枘凿不合"，所以张之洞主张从草案中选出与民情风俗相宜的条文先行修订试办章程，而将《刑事民事诉讼法》暂且搁置，待各实体法修订完成后再作讨论。

下文介绍《进呈诉讼法拟请先行试办折》中有关亟应施行陪审员制和律师制度的理由。一方面，"宜设陪审员也，考《周礼·秋官》：'司刺掌三刺之法，曰讯万民，万民必皆以为可杀也，然后施上服下服之刑。'此法与孟子'国人杀之'之旨隐相吻合，实为陪审员之权舆"。另一方面，"司法者一人，知识有限，未易周知，宜赖众人为之听察，斯真伪易明。若不肖刑官或有贿纵曲庇、任情判断及

---

① 参见李贵连：《沈家本传》，修订本，第十一章——四，桂林，广西师范大学出版社，2017；吴泽勇：《清末修律中的民事诉讼制度变革》，载《比较法研究》，2003（3）；等等。

舞文诬陷等弊，尤宜纠察其是非"。因此，"应延访绅富商民人等"作为陪审员，以"庶裁判悉秉公理，轻重胥协，舆评自无枉纵深故之虞矣"。

"宜用律师也……盖人因讼对簿出庭，惶悚之下，言语每多失措，故用律师代理一切质问、对诘、复问各事宜。"在各通商口岸的华洋诉讼中，外国律师已被准许进入公堂辩论，而由于中国没有这类人才，华人常常不得不聘请外国人代理。沈家本认为这不但不利于中国人在审判中受到平等对待，也使治外法权得以进一步蔓延。因此，建议各省法律学堂培养律师人才，从中挑选品学兼优者发给文凭，然后"分拨各省，以备辩案之用"。总之，"国家多一公正之律师，即异日多一习练之承审官也"。

在清末修律的历史过程中，诸多有识之士还提出了司法独立、司法专业化等建议。① 比如，沈家本在考察欧美诸国宪政的基础上，得出"东西各国宪政之萌芽，俱本于司法之独立"的结论。在调查日本裁判监狱后所进呈的奏折中，他强调："伏查司法独立与立宪关系至为密切"。沈家本认为，专掌审判的大理院显然应与法部截然分立，审判权则应按级划分，只有如此才符合立宪之目的："中国行政司法二权，向合为一。今者仰承明诏，以臣院专司审判，与法部截然分离，自应将裁判之权限等级，区划分明，次第建设，方合各国宪政之制度。"沈家本在其拟定的《大理院审判编制法》中指出，"自大理院以下及本院直辖各审判厅司，关于司法裁判，全不受行政衙门干涉，以重国家司法独立大权，而保人民身体财产"。

沈家本在改革中力主司法与行政分离，司法运行应专业化。在沈家本看来，司法专业化在我国有旧制可寻，自有其合理之处，旧时周朝官制与晚近西方制度异曲同工："成周官制，政刑权分，教官之属。如乡师、乡大夫、州长、党正，各掌其所属之政教禁令，此持政权者也。刑官之属，如乡士、遂士、县士、方士，各掌其所属之讼狱，此持刑权者也。……近日欧洲制度，政刑分离，颇与周官相合"。"政行丛于一人之身，虽兼人之资，常有不及之势，况乎人各有能有不能。长于政教者未必能深通法律，长于治狱者未必为政事之才，一心兼营，转致两无成就"。在光绪三十一年（1905 年）三月十三日所奏《删除律例内重法折》之后，沈家本附言："新律修订，亟应储备裁判人才。宜在京师设一法律学堂，考取各部属员入堂肄业，毕业后派往各省，为佐理新政、分治地方之用。"

（2）清末民事诉讼制度改革的若干反思

清末民事诉讼制度改革，拉开了中国民事诉讼制度现代化的序幕，但这次改

---

① 有关沈家本的司法观，参见江国华、王一著：《沈家本的司法观》，载《时代法学》，2014（2）。

革进展得并不顺利。对此次民事诉讼制度改革的利弊得失，有必要加以考察和反思，以资借鉴。[①]

1）对诉讼制度的改革不可能超出一种政治体制的容忍度。对清廷而言，新政和修律均属不得已而为之，其直接目的，一为收回治外法权，一为变法以强国，但最终目的都是巩固清政府统治，使皇权永固。因此在修律过程中，一切看起来可能动摇清廷统治的改革方案，都必然要遭受挫折。《刑事民事诉讼法》是这样，《大清新刑律》亦是如此。而守旧派抵制这些新律的主要理由便是"于礼教不合"。可以断定的是，只要清政府不愿放弃封建集权的政治体制，资产阶级性质的近代诉讼制度就不可能在中国真正地建立。

2）新的民事诉讼制度能否真正地推行，取决于它与传统文化的契合程度。《民事诉讼律》实际上是日本 1890 年民事诉讼法的翻版。中国人讲"情理"、求"和气"、重"调处"，在此种观念、做法没有根本变化的情况下，按照西方大陆法系国家严格划分权利义务的"判决式"审判理念建立的诉讼制度能否在当时中国广泛地推行，值得怀疑。《民事诉讼律》未及颁布，清朝便灭亡了，因此它失去了证明自己的机会。直到民国时期，各种调解仍是广大农村解决民事纠纷的主要方式，却是不争的事实。

3）民事诉讼法的移植不能过分超前于时代。在清末的社会经济条件下，由《民事诉讼律》确定的民事审判制度几乎没有普遍实行的可能。因为这种制度是与已经完成近代化改革的资本主义国家的生产方式和社会经济状况相适应的，而在当时的中国，类似的变革才刚刚开始，小农经济仍然是主要的经济形态。农耕的生产方式，以及由此决定的亲伦观念、宗族观念，都难以为近代民事诉讼法典的生长提供适合的土壤。因此，即使制度建立起来了，它对社会生活所能产生的影响也是有限的。

（3）民国时期民事诉讼制度修订及其研究概要

民国时期，民事诉讼制度建设以 1931 年制定《民事诉讼法》（1935 年修订）为最高成就，其是我国第一部在全国范围内公布施行的民事诉讼法典。此部法典以清末修订的《民事诉讼律》和北洋政府制定的《民事诉讼条例》为基础，但有诸多改进。[②]

到 20 世纪 30 年代中期，随着国民政府"六法全书"编纂告成，民事诉讼法

---

① 参见吴泽勇：《清末修律中的民事诉讼制度变革》，载《比较法研究》，2003（3）。

② 有关民国时期民事诉讼制度的系统研究，参见刘玉华：《民国民事诉讼制度述论》，北京，中国政法大学出版社，2015。

在民国法律体系中的地位已基本奠定。尤其是 20 世纪 30 年代以后的各次立法，均广泛参考各国最新立法和学理，于中国具体国情亦有一定的考虑，有利于中国民事诉讼制度逐渐走向成熟。立法上取得如此成就的主要原因，有学者分析如下。

1）民国时期立法乃是清末修律的延续，清末已打下的基础是一个有利的条件。这种基础不仅体现在已有现存的《民事诉讼律》《各级审判厅试办章程》可以援引，而且体现在清末修律开启民意、培养法律人才的后续影响方面。

2）政治体制的转变为法律变革提供了更大的空间。民国政府在性质上是资产阶级的，在这种政体下，进行引进西方法制的改革乃是顺理成章的，不会遭到太大的反对。封建礼教起码在国家政权这一层面已被推翻，清末修律的最大敌人也就不复存在。

3）当时的历史背景也使法律修订进行得更为从容和理性。民国建立到抗战之前的 20 多年里，中国的社会矛盾主要表现为各种国内矛盾，中外矛盾退居次位，被列强瓜分的危险大大减轻，民国政府可以在广泛研究西法的同时，比较充分地考虑现实问题，立法的针对性、务实性远胜于清末。

黄宗智通过其对一些州县审判档案的研究，指出："在民国时期，法律制度的变化主要在城市而不在农村，主要在其表达而不在其实践。"[①] 根据民国时期的一些调查资料，村庄纠纷中的大多数最后并未演变为诉讼，而是在社区内部以调解的方式解决的。之所以会出现这样的情形，农村生活方式未变，农民法律观念依旧是重要的原因。

有学者推断，民国时期官方民事诉讼制度相当有限地介入广大农村百姓生活，即便是这有限的介入也是在国家法与村庄固有习惯之间的摩擦和碰撞之中发生的。自清末开始，中国法律的改造以学习、继受西方法为基本取向，这种法律的改造即便没有了政治上的压力，也会受到民间法律传统的抵制，此类问题依然存在而需要解决。[②]

2. 我国近代民事诉讼法学

（1）我国近代民事诉讼法学的诞生与成长

我国近代民事诉讼法学，萌芽于 19 世纪 80 年代法国民事诉讼法首次进入中国，诞生于 20 世纪初叶的清末修律，成长于 20 世纪 30 年代中华民国南京政府时期民事诉讼立法的基本完成。

---

① ［美］黄宗智：《民事审判与民间调解——清代的表达与实践》，4 页，北京，中国社会科学出版社，1998。

② 参见吴泽勇：《动荡与发展：民国时期民事诉讼制度述略》，载《现代法学》，2003（1）。

输入西方法律法学是 20 世纪初年法律改革者手中的理论武器。① 从法系的角度来看，我国近代民事诉讼法（学）的基本概念、术语、原理、原则、制度与理论主要源于日本、德国和法国等大陆法系国家。

清末修律中，沈家本、伍廷芳等法律改革家有关民事诉讼的观点、看法当然构成我国近代民事诉讼法学的内容。在中国近代民事诉讼法学的诞生与成长过程中，熊元襄、石志泉、邵勋、邵锋、郭卫、施霖、戴修瓚、王去非等先生的作品也作出了突出的贡献。据初步统计，自清末至 1949 年，中国共出版了 600 余部民事诉讼法的专著、译著和教材。民国时期还发表了许多民事诉讼法的论文和译文，总数约 450 余篇。②

在 20 世纪 30 年代，民事诉讼基本问题或者主要原理受到中国学术界的关注，并出现了许多研究成果。以石志泉著的《民事诉讼法释义》（1937 年）为例说明如下。

此书以《民事诉讼法》（1935 年修订）的编章节为结构顺序，逐条解释，推阐入微。此书共分九编：第一编总则，包括法院、当事人、诉讼费用和诉讼程序四章；第二编第一审程序，包括通常诉讼程序（起诉、言词辩论之准备、证据、和解和判决等五节）、调解程序和简易诉讼程序三章；第三编上诉审程序，包括第二审程序和第三审程序；第四编抗告程序；第五编再审程序；第六编督促程序；第七编保全程序；第八编公示催告程序；第九编人事诉讼程序，包括婚姻事件程序、亲子关系事件程序、禁治产事件程序和宣告死亡事件程序四章。民事诉讼原理在《民事诉讼法》（1935 年）和《民事诉讼法释义》中已经得到比较准确和全面的体现和阐释。此书在今天仍然具有积极的学术意义和实践价值。③

《法律评论》（朝阳大学校刊）④ 上有关于民事诉讼领域的消息、专论、司法解释等，从中可以了解民国时期民事诉讼立法和研究的情况。《法律评论》所刊文章大致可分为两类：一类是从宏观层面上对民事司法制度的论述，涉及民事立法、司法、民事实体法与程序法之间的关系等方面；另一类是从微观入手，对民事诉讼的具体制度结合中国国情进行了分析和论证，提出了很多富有建设性的立法和司法建议，这些建议既具有中国本土特色，同时又吸收了外国民事诉讼法的

① 参见李贵连：《新民说 1902：中国法的转型》，209 页，桂林，广西师范大学出版社，2018。
② 参见何勤华：《中国近代民事诉讼法学的诞生与成长》，载《法律科学》，2004（2）；何勤华、李秀清主编：《民国法学论文精萃——诉讼法律篇》，北京，法律出版社，2004；等等。
③ 参见石志泉：《石志泉法学文集》，邵明、周文、曹文华点校，北京，法律出版社，2014。
④ 《法律评论》自 1923 年 6 月创刊，是中国历史最悠久的法学期刊，在国际上卓有影响，是当时国际社会全面了解中国法律状况和法学研究的重要文献资料，现美国国会图书馆还保存着该杂志自创刊以来发行的各期刊物。

精华。具体说，主要包含以下方面内容①：

1）研讨民事诉讼立法问题。民国时期，民事诉讼的相关立法经历了三个阶段。每当立法机关决议修正某项法律之前后，总是相关言论最为勃发之时。在此之前，书报期刊上总会积聚很多改良建议，司法工作人员、专家学者就理论与实践两方面进策献言；待新法颁布后，自又有一番"清议"对新法进行评论，赞扬其改进之处、指出其不足之处。

针对当时社会的发展情况和日益增多的纠纷类型，陈瑾昆在《就改进司法计划略陈鄙见》一文中提出：各行业应有专门的立法，如强制执行法、破产法、公断法等应从速制定，而民刑事诉讼条例也应从速法典化，以统一法律的适用。②

2）研讨司法改良问题。清朝末年，国土为列强所瓜分，外国在中国设立领事裁判权的借口便是清朝的法制落后，那时我国的司法权屡屡遭受他国侵犯，至民国时期外国人还经常以司法改良为要挟。与此同时，民众对于司法改良的期待也越来越强烈。

1925年间，改良司法的呼声透过《法律评论》明显高涨起来，司法机关、法学界学者撰文呼吁改良司法的文章几乎每期可见，讨论得非常深入和尖锐。比如，王树荣在《改良司法意见书》中提出，"司法欲有独立之精神，必先使司法有独立之经费"③。王树荣在上文中直言行政长官监督司法有碍司法独立，对于这种制度设计应该予以撤销和改革，使司法摆脱行政权力的干涉，真正做到独立审判。

3）研讨民事诉讼法与民事实体法之间的关系。时任大理院推事的邵勋发表文章指出，考察各国法律的沿革，则是与我国民众的通常想法相反。各国都是因为有争讼事件的发生，要求国家公权力进行裁判，国家针对各个事件进行相应的裁判，日积月累，这些裁判的成例为以后发生的同类事件的裁判所沿用。这便是国外判例的形成过程。

对于同一的事件，采用同一的救济方法，渐渐趋于概括的、抽象的、可以认识的程度，至此才出现了实体法的萌芽。最初，不问实体法上有什么样的权利义务，只以能够提起诉讼为目标；然后由判例衍生出各种法则，归纳出原则与例外的情形，经过学者的大加倡导，制定为实体法典。因此，"诉讼法乃是实体法之母也"④。

---

① 参见张鹏、苏亮、韩香：《后之来者，刮目而视——朝阳〈法律评论〉有关民事诉讼问题研讨和刊发之述评》，载《朝阳法律评论》，2009（2）。
② 参见陈瑾昆：《就改进司法计划略陈鄙见》，载《法律评论》，1925（82，83）。
③ 王树荣：《改良司法意见书》，载《法律评论》，1925（90）。
④ 邵勋：《民事诉讼法与民事实体法》，载《法律评论》，1928（235）。

（2）对我国近代民事诉讼法学的评价

何勤华在《中国近代民事诉讼法学的诞生与成长》一文中，总结了中国近代民事诉讼法学独特的内容并对中国近代民事诉讼法学作出如下评价。

1）中国近代民事诉讼法学基本上是在学习日本民事诉讼法学的基础上形成的。《大清刑事民事诉讼法草案》（1906 年）、《各级审判厅试办章程》（1907 年）和《大清民事诉讼律草案》（1911 年）等吸收的都是国外，尤其是日本民事诉讼法的相关经验。特别是《民事诉讼法》（1935 年修订），几乎就是《日本民事诉讼法》（1926 年）的翻版。在这种立法背景之下，作为以法典解释学为特征的民事诉讼法学，以外国，特别是日本的民事诉讼法学为蓝本就是很正常的事了。

2）解释条文者多，理论分析作品少。有关民事诉讼法的专业书籍中，比如郑爰诹的《民事诉讼条例集解》（浙江书局，1922 年）、金绥的《民事诉讼条例详解》（北平中华印刷局，1923 年）、周东白的《民事诉讼条例集解》（上海世界书局，1928 年）、张虚白的《民事诉讼法详解》（上海法政学社，1931 年）、朱鸿达的《民事诉讼法集解》（上海世界书局，1931 年）、石志泉的《民事诉讼法释义》（北平好望书局，1937 年）、郭卫的《民事诉讼法释义》（上海法学编译社，1937 年）等，多运用德日民事诉讼法理解释民事诉讼条文。

3）由于依据民事诉讼条例或民事诉讼法而编写，加上在解释法条时所依据的学理又都源自国外学者的学说，故该时期的民事诉讼条例和民事诉讼法的著作或教材，在体系结构上基本大同小异，变化不大。如石志泉的作品，和邵勋、邵锋的作品，以及郭卫等人的作品，在结构体系、内容阐述上，都非常接近。尤其是关于程序方面的问题的论述，几乎都是重合的。这既是中国近代民事诉讼法学科比较幼稚的表现，也是作为法律派生之东方国家，其法学学科诞生与成长过程中不可避免的现象。

4）从事民事诉讼法的教学与研究者，以留学生和法院的法官为主体，使其带有或编译或实务的特点。这一点，从民国时期出版的民事诉讼法作品的作者背景中就可以看到。如民国时期最为著名的民事诉讼法学家石志泉和陈瑾昆，既是留日的法科学生，又是大法官；熊元襄是对中国近代法学发展贡献巨大的学者，是法官出身和有留学日本的背景；邵勋父子，一位是资深法官，一位是日本法科留学生；对强制执行法颇有研究的丁元普，也是一位留学日本的法科学生；在诉讼法学上颇有造诣的戴修瓒，既是留日的法科学生，也是一位著名的法官与检察官。这些情况说明，中国近代民事诉讼法学，作为一门既与司法实务有着密切联系，又在继受外国民事诉讼法学成果之基础上诞生的学科，不可避免地要受到司法实践和外国法学的影响，法官和留学生成为该学科的创始人和奠基者是顺理成章的。

中国近代民事诉讼法学成果对民事诉讼法的一些基本问题作出梳理和研究，对中华人民共和国民事诉讼法学的起步与发展还是具有重要的理论和史料价值的。中华人民共和国成立之后，在相当长的时间内，民事诉讼法学并没有受到应有的重视。这不仅使民事诉讼立法滞后——至 1982 年才颁行《民事诉讼法（试行）》，而且民事诉讼法领域中的许多问题都未能很好地展开讨论。中国对民事诉讼法展开比较系统的研究是《民事诉讼法》（1991 年）制定前后的事情。这种法制背景，决定了中国现代民事诉讼法学科还是比较幼稚的，它迫切需要吸收更多的养料，包括国外的和中国历史上的，而我国近代民事诉讼法学发展的知识积累，应当成为其重要的历史渊源。事实上，自 20 世纪 90 年代以来，我国民事诉讼学界比较重视发达国家和地区的民事诉讼制度、理论，相对忽视了我国近代民事诉讼制度和民事诉讼法学在其发展过程所产生的经验、教训、理论、智慧。

（三）我国现代民事诉讼制度史与学术史概要

我国现代民事诉讼学术发展大体上与我国民事诉讼制度发展呈同步状态。

1. 我国现代民事诉讼制度史

中国共产党在新民主主义革命时期，在革命根据地建立和施行民事诉讼制度来解决民事纠纷或者民间纠纷。[①] 中华人民共和国成立初期，立法上还未制定出一部民事诉讼法典，司法上民事诉讼基本上沿袭新民主主义革命时期革命根据地的做法。

我国民事诉讼法典的文本变化反映了人们对民事诉讼规律认识的变化过程。每一次修改也都直接或间接地反映了社会发展的状态，较为集中地体现了我国民事诉讼法的发展和演变。2018 年，有学者回顾了我国改革开放 40 年以来民事诉讼法立法的历程，通过回顾描述和揭示民事诉讼法立法在不同时期的理念、思路和基本考量因素，清晰地反映了我国民事诉讼各项制度的演变过程。[②]

1982 年 3 月 8 日，第五届全国人民代表大会常务委员会第二十二次会议讨论通过了《民事诉讼法（试行）》，这是我国第一部正式公布的社会主义民事诉讼法典。《民事诉讼法（试行）》（1982 年）施行后，由于制定环境的局限，该民事诉讼法已经不能再适应我国民事纠纷解决的需要。因此，制定一部正式的适应现时我国社会发展和纠纷解决需要的民事诉讼法典就自然提上了日程。

《民事诉讼法》（1991 年）是中华人民共和国第一部正式实施的民事诉讼法法典，是我国改革开放之后重要的程序法制成果。在市场经济体制转型过程中，

---

① 相关文献，参见张希坡编：《革命根据地法律文献选辑》，北京，中国人民大学出版社，2017—2019；李喜莲：《陕甘宁边区司法便民理念与民事诉讼制度研究》，湘潭，湘潭大学出版社，2012。

② 参见张卫平：《中国民事诉讼法立法四十年》，载《法学》，2018（7）。

必然逐渐强调经济主体的主体性与对自己行为的自由支配和处分。这一社会转型特点也必然反映在法律领域。在民事实体法领域必然强调民事实体法律关系中当事人对自己实体权利的自由支配，即处分自由。相应地，在强调民事主体对自己诉讼权利和实体权利自由处分的同时，在客观上就要求减少国家干预——弱化法官和法院对当事人诉讼行为的职权干预，强化当事人在诉讼中的自我责任——主张责任、证明责任等。

随着我国经济、政治、文化等事业的发展，社会各方面改革的深化，21 世纪初，民事诉讼法的修改再次提上日程，并成为学界关注的热点问题。学界普遍认为本次修改应当是全面修改，并且从全盘修改的角度探讨如何完善民事诉讼法。不过，2007 年仅修改了再审制度和执行制度，以回应社会对于解决"再审难""执行难"问题的强烈诉求。

"再审难""执行难"并非仅仅因民事诉讼制度本身存在的问题所产生的，实际上有着经济、社会、文化、思想、法制等方面综合性因素。因此，从《民事诉讼法》（2007 年）修改后的实施情形来看，"两难"问题的解决似乎并没有达到预想的结果。另有学者认为，《民事诉讼法》（1991 年）是在中国从"计划经济"向"社会主义市场经济"转型的初期颁行的，十多年后在诸多方面已呈现出严重的整体滞后，《民事诉讼法》（2007 年）的修正无法解决这一结构性问题。[①]

《民事诉讼法》（2012 年）修改思路是尽可能满足人们的诉求，解决我国民事诉讼中的实际问题，不动大的结构，不过多地增加新法实施的负担。可以称道的修正内容主要有：规定诚实信用、裁判文书公开、公益诉讼、执行检察监督、举证时限等原则和制度等。[②]

《民事诉讼法》（2017 年）第 55 条中增加了第 2 款，即赋予了检察机关提起公益诉讼的权力。本次修改反映了法律调整的适时性。第 2 款的内容在基本结构方面吸收了以下文件的基本内容和试点做法：全国人民代表大会常务委员会《关于授权最高人民检察院在部分地区开展公益诉讼试点工作的决定》（2015 年）和最高人民检察院《检察机关提起公益诉讼改革试点方案》（2015 年）。

《民事诉讼法》（2021 年）第 16 条增加规定："经当事人同意，民事诉讼活动可以通过信息网络平台在线进行。民事诉讼活动通过信息网络平台在线进行的，与线下诉讼活动具有同等法律效力。"智能化技术在民事诉讼领域的应用，对传统的民

①　参见江伟、邵明：《〈关于修改《中华人民共和国民事诉讼法》的决定〉述评》，载日本《国际商事法务》，2008（9）。

②　参见《全国人民代表大会常务委员会关于修改〈中华人民共和国民事诉讼法〉的决定》（2012 年 8 月 31 日第十一届全国人民代表大会常务委员会第二十八次会议通过）。

事诉讼方式乃至诉讼观念、诉讼文化、法庭文化等都产生了极大的影响。①

《民事诉讼法》（2023 年）为统筹发展国内法治和涉外法治，主要对涉外民事诉讼程序作出修改完善：扩大我国人民法院对涉外民事案件的管辖权；增加规定平行诉讼、不方便法院原则；修改涉外送达规定；增设域外调查取证相关规定；完善承认与执行外国司法文书规则。

张卫平等著的《改革开放 40 年法律制度变迁·民事诉讼法卷》（厦门大学出版社，2019）全面回顾总结改革开放 40 年来我国民事诉讼法的制度变迁，系统梳理中国特色社会主义法律体系在中国特色社会主义事业的发展进程中的变迁逻辑、生成规律和实现路径。

我国应当建构完善的民事诉讼程序制度体系，根据解决的事项，其基本构成如下：争讼（审判）程序，非讼（审判）程序，执行程序，国际民事诉讼程序、中国区际民事司法协助。② 同时，还应当适时制定未成年特别程序③、人事诉讼程序④、家事诉讼程序⑤、民事公益诉讼特别程序⑥、票据诉讼程序⑦、电子诉讼程序或者互联网诉讼程序等。

最高人民法院颁行了诸多有关民事诉讼程序的司法解释。有学者根据程序法

---

① 在"网络强国"思想的指导下，全国法院建成支持全国四级法院"全业务网上办理、全流程依法公开、全方位智能服务"的智慧法院信息系统，创新纠纷解决和诉讼服务模式，促进审判执行工作高质量发展，构建起互联网司法新模式。参见中华人民共和国最高人民法院编：《中国法院的互联网司法》，北京，人民法院出版社，2019。

《国家信息化发展战略纲要》《"十三五"国家信息化规划》《人民法院信息化建设五年发展规划(2016—2020)》提出 2017 年总体建成、2020 年深化完善人民法院信息化 3.0 版的建设任务。《人民法院信息化建设五年发展规划（2021—2025）》，提出建设以知识为中心、智慧法院大脑为内核、司法数据中台为驱动的人民法院信息化 4.0 版，努力创造更高水平的数字正义。

最高人民法院颁行了《关于全面推进人民法院电子卷宗随案同步生成和深度应用的指导意见》（法〔2016〕264 号）、《关于加快建设智慧法院的意见》（法发〔2017〕12 号）、《关于互联网法院审理案件若干问题的规定》（法释〔2018〕16 号）、《关于为跨境诉讼当事人提供网上立案服务的若干规定》（2021 年）、《关于加强区块链司法应用的意见》（法发〔2022〕16 号）、《人民法院在线诉讼规则》（法释〔2021〕12 号）、《人民法院在线调解规则》（法释〔2021〕23 号）、《人民法院在线运行规则》（法发〔2022〕8 号），推动构建互联网司法新模式。

② 参见张旭东：《民事诉讼程序类型化研究》，厦门，厦门大学出版社，2012；肖建华、唐玉富：《新型民事诉讼程序问题研讨》，北京，中国人民公安大学出版社，2018；等等。

③ 参见俞亮：《未成年人民事诉讼专门程序研究》，北京，法律出版社，2018；周文：《我国涉未成年人家事事件程序研究》，中国人民大学博士学位论文，2017；等等。

④ 参见陈爱武：《人事诉讼程序研究》，北京，法律出版社，2008。

⑤ 参见张晓茹：《家事裁判制度研究》，北京，中国法制出版社，2011。

⑥ 参见刘学在：《民事公益诉讼制度研究》，北京，中国政法大学出版社，2015；颜运秋：《公益诉讼理念与实践研究》，北京，法律出版社，2019；张旭东：《环境民事公益诉讼特别程序研究》，北京，法律出版社，2018；等等。

⑦ 参见叶永禄：《票据诉讼制度研究》，北京，法律出版社，2008。

定原则作出如下评论：一方面，司法解释在我国具有积极意义，特别是通过司法解释的形式保全司法改革的成果，并在实务中予以普遍试行，可以为司法改革成果的法律化及顺利施行提供现实的基础；另一方面，诸多司法解释超越或改变民事诉讼法的内容，具有立法或立法解释的性质和作用[1]，有违程序法定原则和现代法治原则。应当适时地将司法解释的合理内容上升为民事诉讼法典的内容，或者通过"立法解释"来弥补民事诉讼法典的漏洞。[2]

2. 我国现代民事诉讼学术史概要

中华人民共和国成立初期，立法上还未制定出一部民事诉讼法典。司法上，民事诉讼基本上沿袭新民主主义革命时期革命根据地的做法，响应和强调"走群众路线"的方针而采用"依靠群众办案"的做法，调解被社会普遍接受。其间，虽有一些学者论及我国民事诉讼中的现实和理论问题，但在很大程度上以苏联民事诉讼理论和制度为圭臬。

在党的十一届三中全会之后，民事诉讼法学者的研究视野转到了市场经济中民事诉讼法学的使命问题上来，从而对民事诉讼法制的结构性问题进行了探讨，并加强了对民事诉讼的价值和理念等基本问题的研究。[3] 为建构我国民事诉讼法学的理论体系，在研究方法上开始超脱概念主义方法论而渐趋多元化。

现代民事诉讼法学的主要成就，大致表现在：（1）为修改民事诉讼法提供理论准备并作出解释；（2）采用了多元和先进的研究方法，初步建立了现代意义上的民事诉讼法学；（3）通过历史分析和比较法研究，促进现代诉讼理念在我国的形成。[4]

网络与信息科技及其纠纷解决的发展趋势和现实需要在一定程度上冲击或者

---

[1] 比如，《证据规定》对"举证时限"的规定，突破《民事诉讼法》（1991年）确定的"证据随时提出主义"而确立了"证据适时提出主义"。《民事诉讼法》（2012年）第65条才规定举证时限制度，确立"证据适时提出主义"。再如，《关于人民法院执行工作若干问题的规定（试行）》（法释〔1998〕15号，现为法释〔2020〕21号）确立了参与分配制度；《关于限制被执行人高消费的若干规定》（法释〔2010〕8号，现为法释〔2015〕17号）等均有"造法"的内容。

有关讨论，参见李浩：《司法解释与民事诉讼法的修订》，载《法学家》，2004（3）；赵钢、刘学在：《关于修订〈民事诉讼法〉的几个基本问题》，载《法学评论》，2004（2）；潘剑锋、刘哲玮：《从司法解释再论民事诉讼法的修改》，载陈光中主编：《诉讼法理论与实践——司法理念与三大诉讼法修改》（2006年卷），北京，北京大学出版社，2006；邓汉德：《论最高人民法院民事诉讼司法解释的"合理性"》，载《河南师范大学学报（哲学社会科学版）》，2008（5）；等等。

[2] 参见邵明：《现代民事诉讼基础理论——以现代正当程序和现代诉讼观为研究视角》，191页，北京，法律出版社，2011。

[3] 参见江伟：《市场经济与民事诉讼法学的使命》，载《现代法学》，1996（3）。

[4] 但是，在国际社会，特别是在形成有关民事诉讼程序的国际条约方面，我国民事诉讼法学并未提出有决定性或者有重大意义的新理念和新标准。

突破传统的诉讼观念或者现行的诉讼原则、制度，正在或者将会产生诸多亟待解决的富有挑战性的新兴问题。对此，我们应当根据"经权之法"或者"持经达变"，探求、顺应新科技对诉讼法理产生的合理变通，促成民事诉讼法（学）与时俱进。

比如，立法者在制定和司法者在适用电子证据规则时，一方面，应当遵循现代诉讼证明的"经"，主要是"实现真实"和遵循"证据裁判原则"等；另一方面，电子证据的特点决定其应当适用相应的新规则而不适用其他种类证据的规则，对其证据能力有无和证明力大小的质证和判断须运用相应的新方法。

在线诉讼应当遵循民事诉讼基本原则。比如，在线诉讼应遵循公开审判原则。依据《人民法院在线运行规则》第 27 条的规定，在线庭审的案件，应当按照法律和司法解释的相关规定公开庭审活动。但是，对涉及国家安全、国家秘密、个人隐私的案件，庭审过程不得在互联网上公开；对涉及未成年人、商业秘密、离婚等民事案件，当事人申请不公开审理的，在线庭审过程可以不在互联网上公开。再如，在线诉讼也应遵循直接言词原则，即"让审理者裁判"，并应以言词陈述的方式举证、质证、辩论，所不同的是在线诉讼从物理意义上的"面对面"转化到"屏对屏"。①

3. 新中国民事诉讼法学术史专著

新中国第一本民事诉讼法学术史专著是：常怡主编的《新中国民事诉讼法学研究综述（1949—1989）》（长春出版社，1991）。该书对新中国成立以来至 1989 年间民事诉讼法学研究状况作出比较全面的综述。全书分为四个部分三十个专题，梳理了有关民事诉讼的主要观点和主要成就，剖析了所存在的主要问题，指出了应研究的主要方向。该书有观点、有依据，在我国民事诉讼法学术史上，具有不可替代的史学价值。

新中国第二本民事诉讼法学术史专著是：田平安和肖晖编著的《民事诉讼法学改革开放三十年》（法律出版社，2010）。全书分为三编，分别是"回顾·展望篇"、"学术·思想篇"和"访谈·寄语篇"；既分专题梳理了有关民事诉讼的主要研究成果，又通过访谈录揭示有代表性学者有关民事诉讼研究的经历、经验和看法，还对民事诉讼法学发展提出建言和展望。可以说，该书是上一本书的继续。

新中国第三本民事诉讼法学术史专著是：徐卉著的《民事诉讼法学的新发

---

① 参见刘峥、何帆、李承运：《〈人民法院在线诉讼规则〉的理解与适用》，载《人民司法》，2021（19）。

展》（中国社会科学出版社，2015）。该书对 2000—2012 年间我国民事诉讼法学术理论发展分专题作出了梳理；在此基础上从方法论方面对我国民事诉讼法学研究如何适应国家发展和社会进步提出了若干建议，比如民事诉讼法学研究应当密切结合实务和联系实体法、注重研究方法的多元递进、确立法系意识的研究地位、追求价值功能与技术逻辑自洽的比较研究等。

新中国第四本民事诉讼法学术史专著是：韩波著的《当代中国民事诉讼思潮探究》（华中科技大学出版社，2015）。该书主要对自 2000—2014 年间民事审判的正当性，民事诉讼的人性论、本质论、目的论、形式论、诚信论和公益论作出梳理。在此基础上该书作者致力于探究民事诉讼的正当性、本质与形式、目的、人性假设等民事诉讼法哲理命题，以拓宽、疏浚民事诉讼社会关联度视角的思考。

二、民事诉讼法学是关于民事诉讼正当程序的学科

（一）民事诉讼法学·民事诉讼观·基本思维方式

1. 民事诉讼法学与民事诉讼观

在法制史和学术史上，先后出现了如下三种"民事诉讼观"（Prozessanschaung）：（1）（民事）实体法一元观或称私法一元观；（2）（民事）诉讼法一元观或称公法一元观；（3）（民事实体法和民事诉讼法）二元诉讼观。这三种诉讼观是当时人们对民事诉讼法和民事实体法关系的三种看法，也是思考和认识民事诉讼理论制度的三种角度。[①]

（1）民事诉讼法学与实体法一元观

在自由资本主义时期，由于尊崇私法自治和强调私法至上，人们普遍认为，民事诉讼无非是借助法院的力量实现民事实体权利的单纯技术程序而已。民事诉讼法仅被作为民事实体法的一个组成部分，或者将民事诉讼法作为民事实体法的助法或者实现法。因此，当时的诉讼观是"实体法一元观"或者"私法一元观"，即仅从实体法的立场来认识和处理诉讼问题。私法一元观漠视了民事诉讼（法）的独立价值及公法性，严重扭曲了民事诉讼法和民事实体法之间的关系。

按照"私法一元观"建立起来的民事诉讼理论，被称作私法一元论的民事诉讼法学。在民事诉讼目的方面，其过分强调民事诉讼（法）对实体法权利的保护（私权保护说）。在民事诉讼价值方面，其单纯强调民事诉讼（法）实现实体公正的价值而漠视其独立的价值。在民事诉权方面，其主张民事诉权是一种私权（私法诉权说）。在民事诉讼法律关系方面，其将法院与当事人之间的民事诉讼法律

[①]　参见江伟、邵明、陈刚：《民事诉权研究》，67-107 页，北京，法律出版社，2002。

关系视为私法上的权利义务关系。在民事诉讼行为方面，其认为诉讼行为不具有本质上的独立性，或者从属于私法行为或者等同于私法行为。在诉讼标的和既判力方面，其采取旧实体法说。

（2）民事诉讼法学与诉讼法一元观

19世纪中叶以后，随着社会、政治和法律的发展，人们注意到应当加强公共利益的保护；同时，包括司法权在内的国家权力逐渐强大并开始向私人领域和公共领域扩张，与之相伴的是公法及其观念和理论的发展。于是，民事诉讼也被人们看作是解决私权纠纷的公力救济方式或者机制，认为民事诉讼法是独立于私法的国家法和公法；人们开始接受"诉讼法一元观"，即从诉讼法的角度理解和把握民事诉讼的理论、制度和具体概念问题。诉讼法一元论的诉讼观及建立在此基础上的民事诉讼法学，只强调民事诉讼法的公法性，忽略了民事诉讼法与民事实体法之间的合理关系，没有从民事诉讼法与民事实体法的联结点上来认识和考察民事诉讼问题，从而不能合理解释保护私权和解决民事纠纷为什么是民事诉讼的目的、为什么一些诉讼行为（如合法起诉行为等）可以产生实体法上的效果等问题。

按照"诉讼法一元观"建立起来的民事诉讼理论，被称作诉讼法一元论的民事诉讼法学。在民事诉讼目的方面，其强调民事诉讼（法）解决民事纠纷等目的（纠纷解决说等）。在民事诉讼价值方面，其突出民事诉讼程序公正的独立价值。在民事诉权方面，其主张公法诉权说，其中抽象公法诉权说、本案判决请求说和司法行为请求说主要是从诉讼法一元观立场来理解和把握民事诉讼法与民事实体法的关系。在民事诉讼法律关系和民事诉讼行为方面，其主张法院与当事人之间的民事诉讼法律关系具有公法性，公法诉权说强调诉讼法的独立性进而为独立的诉讼行为及其理论的生成创造了契机，自此私法行为和诉讼行为成为两个性质不同的概念。在诉讼标的和既判力方面，其采取诉讼法说。

（3）民事诉讼法学与二元诉讼观

仅从诉讼法立场分析诉讼问题也是不合理的，而且人们认识到民事诉讼具有严格规范性，即民事诉讼一方面必须严格按照法定的诉讼程序有序进行，另一方面必须根据民事实体规范等作出裁判，亦即民事诉讼作为公力救济是用来处理民事纠纷和其他实体事项的，是民事诉讼法与民事实体法共同作用的"场"。

摆正民事诉讼（法）与民事实体法的关系，是合理建构民事诉讼制度和理论体系的前提。那么，根据"二元诉讼观"，一方面从民事实体法与民事诉讼法关联性的立场上，运用民事实体法原理并结合民事实体规范，在正当程序的框架下，研讨民事诉讼基本理论。这样的研究立场，既能够消除"从程序到程序"式的研究所具有的局限，又能够实现民事诉讼法学理论制度之间和谐统一。另一方面从民事诉讼独立价值或者独立品质的角度来理解民事诉讼理论制度。民事诉讼（法）具有自身独特的原理，这些基本原理在现代社会和现代诉讼中的表现，则应被纳入民事诉讼基本理论问题的研究视阈。如何从民事诉讼（法）独立价值的角度来考察民事诉讼基本理论问题，或者说如何通过对民事诉讼基本理论问题的探讨来揭示和张扬民事诉讼（法）的独立价值，则是我们应当明确和坚持的思维基点。

（4）中国民事诉讼法学体系

在大陆法系民事诉讼法学最为发达的是德国和日本，其学术领袖或者著名学者均经过专题性研究而实现自身理论的体系化。[1]

我国民事诉讼法学体系之构建始于 20 世纪末、21 世纪初。有学者认为，民事诉讼法学是关于国家治理和民事诉讼正当程序的学科，其体系构成是[2]：

1）"总论"：包括民事诉讼制度史、学术史、方法论、正当程序（保障）原理、基本理论、民事诉讼法属性和效力等。

2）"总则"：包括《民事诉讼法》第一编"总则"的主要内容等，比如民事诉讼适用范围、基本原则、诉讼主体、管辖、保全程序、诉讼费用和强制措施等。

3）"证明"：民事诉讼证明的内容丰富且已成体系，所以从《民事诉讼法》第一编"总则"中独立出来成为第三部分。

4）"程序"：主要阐释民事诉讼争讼程序、非讼程序、执行程序、国际民事诉讼程序和区际民事司法协助程序。

2. 民事诉讼法学与基本思维方式

大陆法系和英美法系民事诉讼本就有诸多相同原理规则，比如都遵循法官中立原则、当事人程序参与原则和平等原则、公开审判主义、直接言词主义、辩论主义和处分主义等。在全球化背景之下，国际社会在积极探索民事诉讼制度的统一化问题，这首先体现为民事诉讼法的国际化。

但是，这并不意味着将消除两大法系民事诉讼制度构造和理论理念间的差异。对此差异形成的原因，中村英郎归结为法的渊源是否属于成文法，或者归结

---

[1] 比如，日本著名学者新堂幸司先后出版了《诉讼物与争点效》（有斐阁 1988 年）、《民事诉讼制度的作用》（有斐阁 1993 年）、《民事执行·民事保全法》（有斐阁 1995 年）、《民事诉讼法学的基础》（有斐阁 1998 年）、《民事诉讼法学的展开》（有斐阁 2000 年）、《权利实现法的基础》（有斐阁 2001 年）等专著；在前述研究成果的基础上，写作了体系教科书《新民事诉讼法》（弘文堂，2005 年出版了第三版补正版），借此构建起自己的民事诉讼法学体系。

[2] 参见邵明：《民事诉讼法学》，2 版，18-19 页，北京，中国人民大学出版社，2016。

为对诉讼的认识是以规范为出发点还是以事实为出发点。①

大陆法系民事诉讼制度的源头是古罗马民事诉讼，其民事诉讼基本思维或者基本逻辑是"规范出发型"诉讼。"规范出发型"诉讼形成于实体成文法主义的国家和地区，主要是从"实体法规范"出发，以三段论来构造民事诉讼，即民事诉讼主要处理大前提、小前提与结论问题。三段论式民事诉讼可被描述为：根据大前提（实体法规范）和小前提（符合实体法规范构成要件的案件事实），推导出结论（法院判决主文）。

英美法系民事诉讼制度的源头是古日耳曼民事诉讼，其民事诉讼基本思维或者基本逻辑是"事实出发型"诉讼。与古罗马大体同期的古日耳曼社会，处于原始社会末期，诉讼之前不存在明确的成文法规范，裁判所适用的"法"是内含于案件事实中的传统和规范。判例法主义是以事实为思考出发点来构造民事诉讼的，主要表现为：从众多以往判例（先例）中寻找出与当下审理案件的事实相同或者类似的先例，将先例中存在的法律规范适用于当下审理的案件。

比如，"规范出发型"诉讼中，从实体法规范构成要件来确定诉讼标的，即原告在诉讼中提出的具体的民事实体权利义务关系（或者实体权利主张）。"事实出发型"诉讼中，从事实的角度来把握和界定诉讼标的，诉讼标的并非原告理解的那种法律事件，而是发生的自然事实本身或者发生的纠纷本身。

由于法律制度（包括诉讼制度）是历史发展的产物，制度、思维存在着历史延续性，所以，笔者认为，从规范和事实出发，理解和建构民事诉讼程序制度和民事诉讼法学理论，是合理的也是必要的。②

在法律发展史上，大陆法系分别制定了民事实体法典和民事诉讼法典。民事诉讼法学成为一门系统和独立的法学理论学科，始于近代西方大规模法典编纂运动。18世纪末叶，在民事诉讼法被制定为独立的法典后，始有学者进行有关民事诉讼的专门性研究，构建起民事诉讼法学体系。但是，英美法系不甚追求民事诉讼理论的体系化，而是着眼于探讨民事诉讼中出现的具体问题及其解决方法。

（二）民事诉讼正当程序

民事诉讼法学是关于民事诉讼正当程序的学科。所谓司法"让人民满意""胜败皆服"（胜诉的当事人和败诉的当事人均信服法院判决）等，实际上都包含了"正当性"的含义。在民事诉讼领域，通过民事诉讼的"正当化"（legitima-

---

① 参见［日］中村宗雄、中村英郎：《诉讼法学方法论》，陈刚、段文波译，168-219页，北京，中国法制出版社，2009。

② 我国学者中有些也从规范和事实出发，思考民事诉讼问题。比如，段文波：《规范出发型民事判决构造论》，北京，法律出版社，2012；等等。

tize）来实现民事诉讼的"正当性"。正当性和正当化意味着民事案件的审判在整体上为当事人以及社会上一般人所承认、接受和信任的性质及其制度性过程。①

诉讼程序由开始、过程和终结三阶段构成，据此民事诉讼正当性和程序保障是"三位一体"的："开始·过程·结果"的正当性和正当程序保障（如图1-2）。②

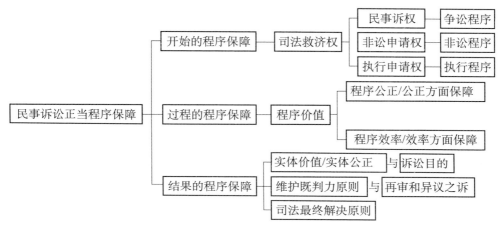

图1-2　民事诉讼正当程序保障原理的主要内容

（1）民事诉讼开始的正当性和正当程序保障是民事诉讼正当程序保障的第一方面内容，即从程序上充分保障当事人行使民事司法救济权。

民事司法救济权或称民事司法请求权主要包括民事诉权、非讼程序申请权和执行申请权，是向国家请求司法救济或诉讼保护的权利。法谚云："有权利必有救济。"法谚又云："没有救济的权利不是权利。"在法律效力层次上，司法救济权与生命权、自由权和财产权等基本权是同等的。

根据"先程序后实体"原理，民事诉讼程序的启动要件（起诉要件、非讼程序申请要件、执行申请要件）主要是程序性的，以方便当事人获得诉讼救济。只要符合法定的民事诉讼程序的启动要件，法院就得及时受理当事人的起诉或者申请。法院等侵害民事司法救济权的，当事人应当拥有充分的救济途径（比如上诉、异议等）。

法院主动寻找案件违反司法的消极性，其弊是害及司法公正，也侵犯当事人

---

① 参见王亚新：《民事诉讼与发现真实——基于一种法社会学视角的分析》，载《清华法律评论》，第1辑，北京，清华大学出版社，1998。

② 参见邵明：《宪法视野中的民事诉讼正当程序》，载《中国人民大学学报》，2009（6）。

民事司法救济权（因为当事人拥有是否行使民事司法救济权的自由）。① 在当事人没有起诉或者没有上诉的情况下，或者在当事人合法撤回起诉或者撤回上诉后，法院所作出的判决为"诉外判决"，属于无效判决。在当事人没有申请非讼案件的情况下，或者在当事人合法撤回申请后，法院作出的非讼裁判为无效裁判。当事人没有申请执行或者合法撤回申请后，法院主动强制执行的（法律另有规定的除外），当事人可以提出执行异议。

（2）民事诉讼正当程序保障第二方面的内容是民事诉讼"过程"的正当程序保障，包括审判过程的正当程序保障和执行过程的正当程序保障。

当事人合法行使民事司法救济权而进入诉讼程序后，在诉讼过程中还应当能够获得充分的正当程序保障，即获得"公正"方面的程序保障和"效率"方面的程序保障，分别对应"程序公正"和"程序效率"两个基本程序价值。当今国际社会的共识是，当事人获得公正和效率方面的程序保障属于"程序性人权""宪法基本权"或者"程序基本权"的范畴。

民事诉讼过程方面的正当程序保障首先体现为"程序公正及其制度化"。在保证诉讼公正的前提下，程序效率或者诉讼效率追求的是及时进行诉讼、节约诉讼成本。从当事人角度来说，程序效率或者诉讼效率属于当事人程序利益的范畴。因此，民事诉讼"过程"的正当程序保障包括如下两个方面：1）诉讼公正或者慎重判决、慎重执行方面的程序保障；2）诉讼效率或者适时判决、及时执行方面的程序保障。

（3）民事诉讼正当程序保障第三方面的内容是民事诉讼结果的正当程序保障，主要保障"实体公正"与实现"诉讼目的"。

民事诉讼实体价值或者实体公正体现了诉讼价值与诉讼目的之间的关联性，即在民事诉讼正当程序中，通过维护实体价值来实现民事诉讼目的。民事诉讼实体价值主要是指实体公正，除包括判决结果公正外，还包括法院判决等执行依据能够得到合法、及时执行。

民事诉讼正当程序能够促成诉讼结果最大限度地从程序本身获取正当性资源。在民事诉讼中，经过正当程序审理所获得的诉讼结果、实体价值和诉讼目的尚需通过"既判力"来稳定。在这个意义上，"既判力"程序原则也属于正当程序保障的范畴。

在现代法治社会，只有经过正当法律程序才能剥夺当事人的人身权和财产权。正当法律程序具有保障当事人程序权利和限制法官恣意的作用，从而在程序

---

① 为实现司法公正，应当维护司法的消极性，其体现为"有告诉才受理"和"不告不理"。

方面赋予法院裁判以正当性；程序的正当性在很大程度上保证了判决所依据的事实是真实的，从而在实体方面赋予法院裁判以正当性。因此，可以将"程序保障"理解为：一方面保障当事人的诉讼权利，或者说保障当事人在这些权利中体现出来的主体性和自律性；另一方面又保障诉讼、审判本身的正当性，或者说是保障法官的审判活动和作出的裁判本身的正当性。①

民事诉讼是民事诉讼法和民事实体法相辅相成、共同作用的领域。在此领域，当事人之间、当事人与法官之间充分对话和相互说服，然后法官利用判决将对话的结果或者说服的内容固定起来并表达出来。正因为法院判决是在正当程序中当事人与法院共同作用的结果，所以才具有正当的法律效力，即通过程序获得正当。"过程与结果的一体性"是民事诉讼的本性，我们既应尊重正当程序本身及其独立价值，又须通过正当程序得到正当的结果。

民事诉讼"开始""过程""结果"的正当性和正当程序保障一体化为"民事诉讼的正当性和正当程序保障"，体现了民事诉讼的"道德性"要求。在现代法治社会，当民事权益受到侵害或者发生争议时，当事人能够平等和便利地进入诉讼程序，经过正当程序的审理，得到正当的诉讼结果，并能得到执行。因此，民事诉讼具有正当性则意味着当事人的民事诉权与诉讼价值、诉讼目的、既判力之共同实现。

（4）民事诉讼正当程序与民事诉讼法的宪法化。

宪法有关民事诉讼程序的规定即民事诉讼法的宪法渊源。民事诉讼法理当遵行宪法，是对宪法的具体实践，因而民事诉讼法被称为"被适用的宪法"或者称民事诉讼法的"宪法化"。具体体现摘其要列举如下②：

1）民事诉讼目的之宪法化——宪法是确立民事诉讼（法）目的之根本法律依据。宪法保障国民享有自由权、人身权和财产权等基本权利。民事诉讼目的则在于极力保障宪法所确立的法目的之实现，或者说民事诉讼目的应限于宪法所确立的目的之框架内。

2）民事诉讼价值和原则之宪法化——民事诉讼价值多具体化为民事诉讼原则，如独立审判原则、法官中立原则、公开审判原则、当事人平等原则、促进诉讼原则、比例原则等，其中有的直接为宪法所规定，有的则是宪法原则的具体化或者衍生。

---

① 参见王亚新：《社会变革中的民事诉讼》，增订版，35 页，北京，北京大学出版社，2014。
② 参见江伟、刘荣军：《民事诉讼程序保障的制度基础》，载《中国法学》，1997（3）；江伟、邵明：《民事诉讼法的宪法化》，载《民商法前沿》，长春，吉林人民出版社，2002；等等。

3）当事人的诉权、程序基本权和法院的审判权之宪法化——当事人诉权和程序基本权的宪法化，是现代宪治发展趋势之一。① 法院审判权应当依循宪法来行使，以保障当事人的诉权、程序基本权和实体权益。

4）诉讼安定性之宪法化——许多国家的宪法就诉讼安定性作出了保障性的要求。法治国家原理要求以判决确定力制度来实现法律、诉讼和判决的安定性。我国也应当从法治国家原理的角度，在宪法层面保障法的安定性和诉讼的安定性。

(三) 正当程序·司法规律·基本理论·基本原则

1. 正当程序与司法规律

民事诉讼正当程序、司法规律、基本理论和基本原则之间是相通的。如上所述，民事诉讼正当程序的主要内容包括保障当事人行使民事司法救济权（民事诉权、非讼申请权和执行申请权），实现程序公正和程序效率，实现实体价值和诉讼目的并保障判决的确定性。

如上所述，民事纠纷发生后，当事人能够平等和便利地进入诉讼程序，经过正当程序的审理，得到正当的审判结果，并能得到执行，所以民事诉讼的正当性即当事人的民事诉权与民事诉讼的价值、目的和判决的既判力之共同实现，亦即当事人获得了正当程序的保障。

民事司法基本规律与民事诉讼程序的基本属性或者基本原理是相通的（体现在制度层面即基本原则），主要有消极性、独立性、中立性，参与性、平等性、公开性、比例性和安定性等，各有其内涵和功能，一并构成现代司法规律体系或者民事诉讼原则体系。②

"消极性"规范的是诉讼程序的启动主体、审判范围和执行范围，"独立性"保障的是法院法官依其对事实的认定和对法律的理解作出裁判，"中立性"规范的是法官同案件及其当事人等没有利益关系；"参与性"和"平等性"保障当事人等享有平等参与诉讼的权利或者机会；"公开性"规范的是司法的形式要求（公开司法），"比例性"的本质是运用利益衡量方法在程序制度及其适用方面谋求目的与价值之统一；"安定性"主要是从技术层面要求法官和当事人等严格遵守司法的消极性、独立性、中立性、参与性、平等性、公开性和比例性，并且通

---

① 当事人获得正当程序保障，从基本权利的角度来说，即享有获得正当程序诉讼权，主要包括民事司法救济权、获得公正诉讼权和获得适时诉讼权。参见邵明、曹文华：《论民事诉讼当事人程序基本权》，载《中国人民大学学报》，2017（5）。

② 参见邵明、欧元捷：《论现代司法基本规律——以民事诉讼为研究视阈》，载《中国人民大学学报》，2015（4）。

过保障法院确定判决的稳定来维护法律的安定和社会的安宁。

2. 民事诉讼基本理论体系

在传统民事诉讼法学视阈中，民事诉讼基本理论主要是由民事诉讼目的论、民事诉权论和判决既判力论构成的，并且主要涉及民事审判或者民事争讼领域。① 有学者认为，民事诉讼基本理论体系包括价值论、目的论、诉权论、标的论和既判力论。②

现代民事诉讼基本理论包括：（1）"基石"理论：目的论和价值论；（2）诉讼"客体"和程序"启动"理论：诉论、标的论和诉权论；（3）程序"过程"理论：安定论、关系论和行为论；（4）程序"终结"理论：既判力论。③

在民事诉讼基本理论中，"目的论"与"价值论"具有基础性地位。民事诉讼价值包含消极性、独立性、中立性、参与性、平等性、公开性等。民事诉讼目的与价值在程序制度及其适用方面应当符合比例性要求。民事诉讼目的与价值之间的关系可概括为：在正当程序中实现诉讼目的，或者说现代民事诉讼正当程序包含实现实体价值和诉讼目的之内容。

原告合法"行使诉权"（其方式是"起诉"）以启动初审诉讼程序（形成"诉讼系属"），从而将"民事纠纷"引入"争讼程序"以接受法院的审判。原告"起诉"时，在诉状中必须明确请求法院保护的具体对象或者具体范围——诉讼标的和诉讼请求，两者共同构成民事审判的对象或者范围。诉讼标的是"诉"的"质"的规定性，构成判决"既判力"的客观范围。

在诉讼进行中，法官和当事人等按照民事诉讼法的规定享有诉讼权利和承担诉讼义务，从而形成"诉讼关系"并实施相应的"诉讼行为"。根据民事诉讼"安定性"原理，法官和当事人必须按照法定的程序序位和行为要件实施相应的诉讼行为，禁止法官和当事人任意变更诉讼程序（"禁止任意诉讼"）。

经过正当程序的审理，到"适合于裁判时"（审理到了可作终局判决的状态），法院就可宣告终结口头辩论并作出终局判决。终局判决一旦"确定"（此时的终局判决可称为"确定判决"）就产生"既判力"，那么该案的审级程序就全部

---

①　参见陈荣宗：《举证责任分配与民事程序法》，153 页，台北，三民书局有限公司，1984；［日］兼子一：《民事诉讼法概论》，1 页，东京，岩波书店，1938。

②　参见江伟、刘学在：《中国民事诉讼基本理论体系的建构、阐释与重塑》，载樊崇义主编：《诉讼法学研究》，第 5 卷，北京，中国检察出版社，2003。

③　参见邵明：《现代民事诉讼基础理论——以现代正当程序和现代诉讼观为研究视角》，1-3 页，北京，法律出版社，2011。

走完了，法官和当事人等之间就该案的诉讼关系也随之消灭。所以"既判力论"是民事争讼程序"终结点"的理论。

总之，经过正当程序审判，既实现诉讼过程的安定性又实现诉讼结果的安定性，即通过正当的民事诉讼程序来达"安人"（维护民事权益，化解民事纠纷，形成并维护自由、公平和安定的社会秩序与生活环境）的效果。

3. 民事诉讼基本原则

（1）民事诉讼基本原则的构成

民事诉讼基本原则是正当程序保障原理、司法基本规律和基本理论在民事诉讼中的程序化或者制度化，所以具有基础性（是民事诉讼程序制度的基础）和普遍适用性。

有学者认为，民事诉讼程序参与原则、诉讼比例原则、诚实信用原则和诉讼安定原则，普遍适用于民事审判和执行程序；在遵循前述"四项基本原则"的基础上，争讼程序、非讼程序和执行程序因其处理的案件不同还有各自的基本原理和基本原则。[①]

有关民事诉讼程序参与原则，详见本书第二章二（三）1（2）；有关民事诉讼比例原则，详见本书第二章三；有关民事诉讼安定原则，详见本书第四章一。下文梳理有关民事诉讼诚实信用原则的研究成果。

（2）民事诉讼诚实信用原则

1）诚实信用原则的历史发展及可适用性。

我国自西周时起诉讼中就有关于诚实信用的制度，如当事人的盟誓制度，要求当事人在陈述前，必须宣誓，以证明其陈述的真实性。[②] 20 世纪以来，诚实信用原则（或者诚信原则）在我国民事诉讼法律条文中有所体现。比如，《民事诉讼条例》（1922 年）借鉴了西方国家的民事诉讼立法体例，规定"当事人故意陈述虚伪之事实，或对他造提出之事实或证据故意妄为争执者，法院得科以 300 元以下之罚锾"[③]；《诉讼程序试行通则（草案）》（1950 年）第 43 条对证据和鉴定人的如实陈述或鉴定的义务作出了规定。

20 世纪 80 年代末以来，随着我国市场经济体制的发展，诉讼案件急剧增多，我国民事诉讼体制、诉讼观念和民事审判方式进行了变革，强职权干预思想逐渐淡化，当事人的诉讼主体地位得到提高。在此背景下，为了促进当事人诉讼

---

① 参见邵明：《民事诉讼法学》，2 版，26 页，北京，中国人民大学出版社，2016。

② 参见柴发邦：《民事诉讼法教程》，31 页，北京，法律出版社，1983。

③ 石志泉：《诚实信用原则在诉讼上之适用》，见《民事诉讼法论文选辑》（上册），台北，台湾五南出版公司，1974。

权利的正当行使，约束法官的审判行为和当事人的诉讼行为，诚实信用原则的重要性逐渐凸显。我国民事诉讼法学理论界开始呼吁应当明确诚实信用原则在我国民事诉讼法上的地位，将其作为一项基本原则在立法上予以规定，并就该原则在我国民事诉讼中的适用问题展开了讨论。

有学者从三个方面来论证诚实信用原则的适用根据：第一，公法与私法的相互弥补。随着社会的发展，公法与私法趋同趋势加强，公法逐渐借助私法确立的诚实信用原则来弥补自身的某些不足。第二，扩大法官的审判裁量权。在道德规范法律化的过程中，固然需要操作性很强的具体条文，也需要伸缩性很大且适应性更强的原则性条款为扩大法官的裁量权提供支撑。第三，确保判决效力的需要。诚实信用原则能直接约束当事人在程序中行使诉讼权利的时间、方式以及内容。若是当事人不能遵守诚实信用原则，则可能招致败诉的结果，当事人当然须对此承担责任，这表现了对判决既判力的尊重。①

有学者将诚实信用原则或诚信问题放大到"治理"的场域中来讨论。就"法律治理"与"诚实信用"而言，首先必须存在这样的维护诚实信用的平等法律制度——既能够使"违反诚信"产生的成本远远大于其收益，又能够使"遵守诚信"产生的收益远远大于其成本；其次这种法律制度应当能够得到平等执行，包括行政性的执行、司法性的执行等。（别国的经验是）这样在很大程度上能够使人们尊重和遵行诚实信用及其法律制度。一个信誉社会或诚信社会"不是一天建成的"，切实的做法是各个社会生活领域根据法治原则遵行诚信。在民事诉讼或诉讼证明领域，将诚实信用具体法律化并予遵行，应当说是建成诚信社会的一个不可或缺的环节和步骤，也是国家治理和社会治理的有机内容。②

关于诚实信用原则能否成为民事诉讼法上一项独立的基本原则，有学者从该原则的独立价值角度展开了论证。首先，诚实信用原则在民事诉讼中的功能是独特的。这表现在以下两个方面：第一，诚实信用原则是对诉讼行为和审判行为进行合法性及有效性判断的标准，能够规制诉讼主体的诉讼行为，防止诉权、审判权和诉讼辅助权的滥用；第二，弥补民事诉讼之立法空白，如果在诉讼中出现了民事诉讼法中没有规定的程序问题，那么法院可以根据诚实信用原则行使公平裁量权，直接对当事人的诉讼权利义务进行调整。其次，诚实信用原则的功能不能为其他诉讼原则所代替。诚实信用原则既体现了对当事人自主性和自治性的限

---

① 参见刘荣军：《诚实信用原则在民事诉讼中的适用》，载《法学研究》，1998（4）。
② 参见邵明：《论民事诉讼诚实信用原则——兼论我国民事诉讼基本原则的建构》，载《判解研究》，2011（2）。

制，又要求法官对当事人不正当的诉讼行为进行必要的干预，而这种限制和干预功能只能由诚实信用原则来完成。①

在提倡将诚实信用原则引入民事诉讼法的大片呼声之外，也有个别学者对此提出了冷思考。该学者指出：诚实信用原则是以现代诉讼制度的建立为前提的，有其特定的历史语境，是一种对当事人主义诉讼模式的修正或补充，且只有在"权利主导"型诉讼结构中才能真正发挥作用。而我国现今的民事诉讼制度正处于过渡期，尚未完成向当事人主义诉讼模式的彻底转变。若是盲目引入诚实信用原则，一方面可能增加审判的随意性以及裁判的不确定性因素，并且极易为某些法官的随意性裁判行为提供开脱的理由；另一方面从实际效果来看，当事人的诉讼权利面临着被进一步"架空"和剥夺的危险。因此，基于相应的文化传统以及制度资源的差异性，我国对诚信原则的移植必须持谨慎态度。②

对此，有学者认为前述否定诚实信用原则的观点无异于因噎废食。该学者指出：法律移植的风险通常发生在该规则有害的时候，而不是仅因为被移植的法律内容与后起国家的通常环境不尽相同。尽管我国现代民事诉讼制度尚未完全建立起来，但仍不影响诚信原则在我国民事诉讼中发挥积极作用。况且，随着我国民事审判方式改革的进行，当事人诉讼权利会得到更好的保护，法官的随意裁判行为也会被约束。③

在21世纪初期，我国学界对于民事诉讼法引入诚实信用原则总体上还是持积极肯定态度的，相关成果也颇为丰富。如杜丹的《诉讼诚信论——民事诉讼诚实信用原则之理论及制度构建》和唐东楚的《诉讼主体诚信论——以民事诉讼诚信原则立法为中心》，就是系统研究民事诉讼诚实信用原则的两部专著。学者们根据诚实信用原则在域外理论和立法实践中的发展轨迹，并结合我国的司法实践，对我国民事诉讼中适用诚实信用原则的缘由和规则作出了探讨和论证。这为推动诚实信用原则在我国的立法确实提供了助益。

2）诚实信用原则的适用主体。

我国民事诉讼法要求民事诉讼应当遵循诚实信用原则。但是，诚实信用原则到底适用于哪些主体，学界存在较大的争议。争论焦点主要体现为法院是否也须受到诚实信用原则的约束。对此，可归纳为"否定说""肯定说""例外说"。

---

① 参见王福华：《民事诉讼诚实信用原则论》，载《法商研究》，1999（4）。
② 参见黄娟：《对在我国民事诉讼法中确立诚实信用原则的冷思考》，载《法商研究（中南政法学院学报）》，2001（6）。
③ 参见杨春华：《对在我国民事诉讼法中确立诚实信用原则的思考》，载《西南政法大学学报》，2003（2）。

持"否定说"的学者认为：首先，民事诉讼法确立诚信原则不是为了规制法院的失范行为，而是为了抑制、消除当事人的诉讼不端行为；其次，法官法定职责本就远远高于诚信的道德要求，怠于履行法定职责的后果也重于背离诚信的后果；最后，在整体层面上对法官道德无争议假设的成立正是民事诉讼正当性的基础。此外，从司法实践的角度看，即便法官存在有悖诚信的言行，对此也难以识别。用诚信原则来规制法官行为缺乏有效性和可行性，反而容易贬损该原则自身的价值，同时损及立法机关的权威。①

持"肯定说"的学者提出诚实信用原则不仅适用于当事人及其诉讼代理人，同样也适用于法院。理由在于：法院既是民事诉讼法律关系的主体，也是诉讼主体，作为一项贯穿于整个民事诉讼过程的基本准则，诚实信用原则也应当适用于法院。同时，在我国的特殊语境下，作为一种教化性、指引性很强的原则，将法院纳入诚实信用原则规范的范围有助于回应社会对司法品质提升的诉求，有其重要的社会意义或政治意义。至于如何落实以及制度化，则是另一个问题。② 对此，还有学者指出，一般而言，法院及法官对当事人的诚信主要反映在不得"诉讼突袭"方面。③

"例外说"则主张在通常情况下法院行使审判权所实施的诉讼行为，应当遵循法院职责以及法官职业的相关法律规定，而不适用诚实信用原则，否则便可能淡化法院以及法官的责任承担，甚至会因法官的道德与职业素养不同而产生"感情司法"的风险。④ 但是，相关司法解释明确规定法院依据诚实信用原则实施的诉讼行为除外，比如《证据规定》第 7 条⑤将诚实信用原则作为补充原则，用于约束法院确定举证责任承担的诉讼行为。

当前，民事诉讼法上诚实信用原则的适用主体应包括法院、检察院、当事人及证人等诉讼参与人。上述主体在民事诉讼活动中均应诚实信用地实施诉讼行为。⑥

3）诚实信用原则的适用方式。

仅就立法而言，诚实信用原则的入法似乎有些生不逢时。诞生之初就既遭遇

---

① 参见韩波：《错觉抑或幻象：民事诉讼法诚信原则再省思》，载《暨南学报（哲学社会科学版）》，2014（3）。

② 参见张卫平：《民事诉讼中的诚实信用原则》，载《法律科学》，2012（6）。

③ 参见王亚新：《我国新民事诉讼法与诚实信用原则——以日本民事诉讼立法经过及司法实务为参照》，载《比较法研究》，2012（5）。

④ 参见杨秀清：《民事诉讼中诚实信用原则的空洞化及其克服》，载《法学评论》，2013（3）。

⑤ 该条规定："在法律没有具体规定，依本规定及其他司法解释无法确定举证责任承担时，人民法院可以根据公平原则和诚实信用原则，综合当事人举证能力等因素确定举证责任的承担。"《新证据规定》已删除该条。

⑥ 参见邵明：《民事诉讼法学》，2 版，31 页，北京，中国人民大学出版社，2016。

到了具体条款在适用上的逆袭，又受到了来自其他诉讼原则，如辩论原则和处分原则的"挤压"。由此造成了一种在"夹心化"状态下适用的情势。法律原则的适用本身就是一个疑难问题，而这种上挤下压的状态，更让诚实信用原则的适用变得疑难。① 因此，如何从解释论的角度探讨诚实信用原则的具体适用方式成了当时学术界的研究重点。

有学者提出，诚实信用原则的正确适用，必须处理好与具体条款及与其他诉讼原则的关系。就与具体条款的关系而言，两者在适用上须遵循先后次序。一方面，在有明确的程序规则且根据该程序规则与诚实信用原则都能得出同一个判断结论时，应当直接适用具体的程序规则，而不得置程序规则于不顾，"逃逸"至诚实信用原则。另一方面，在民事诉讼法具体条款缺失，对诉讼行为的有效性失去判断根据的情况下，诚信原则就该一展身手来弥补成文法的不足以实现程序正义。至于诚信原则与其他诉讼原则的关系，它真正起作用的地方同样是在不适用它就无法解决问题的情形。在民事诉讼中，辩论原则和处分原则具有一般规制的意义，决定了民事诉讼的本质特点和基本规律。而诚实信用原则属于个别化的调整，依托于具体的案件发挥作用。因此，诚实信用原则主要扮演着牵制当事人主义过度实施和价值平衡的角色，以补充辩论原则和处分原则之不足。②

同时，一个明显的研究特点是，相比于学界之前对大陆法系和英美法系国家民事诉讼诚信原则的宽泛介绍，不少具备海外留学背景的民诉学者依托于比较法的研究方法，分别聚焦于德国、日本、法国等特定国家关于诚实信用原则的立法实践和司法实务，进行深入的研究和阐述，由此来探讨诚实信用原则在我国语境下的具体适用问题。③

比如，有学者指出德国民事诉讼诚实信用原则的具体适用规则来源于司法实务，经过长期的司法实践，积累了一定数量的同类裁判。学界通过总结，形成了较为稳定的案例组，如禁止制造恶意诉讼状态、禁止自相矛盾的行为、诉讼失权以及禁止滥用诉讼权利，成为诚实信用原则在德国民事诉讼中具体适用的概括。该学者通过分析归纳诚实信用原则在德国民事诉讼中的规范特点和具体操作，发

---

① 参见王福华：《民事诉讼诚信原则的可适用性》，载《中国法学》，2013（5）。
② 参见王福华：《民事诉讼诚信原则的可适用性》，载《中国法学》，2013（5）。
③ 相关成果主要有：陈刚：《日本民事诉讼法上诚实信义原则之解读》，载《清华法学》，2012（6）；王亚新：《我国新民事诉讼法与诚实信用原则——以日本民事诉讼立法经过及司法实务为参照》，载《比较法研究》，2012（5）；赵秀举：《德国民事诉讼中的诚实信用原则》，载《华东政法大学学报》，2013（2）；任重：《民事诉讼诚实信用原则的实施——德国的认知与实践》，载《法学家》，2014（4）；巢志雄：《我国民事诉讼诚实信用原则的适用现象、问题与完善——兼以法国民事诉讼的理论争论与实务判例为参照》，载《比较法研究》，2015（3）。

现该原则在德国被定位为辅助性和补充性的一般条款。该学者进而提出，与德国相比，诚实信用原则在我国有更广阔的适用范围和作用空间，在此背景下，强调我国民事诉讼诚实信用原则的辅助性和补充性，在具体适用中对法官的诚实信用审查采取克制态度，具有重要的现实意义。①

有学者通过考察诚实信用原则在日本民事司法实务中的运用状况，发现诚实信用原则在民事程序中的适用具体表现在权利滥用的禁止、诉权滥用的禁止、禁反言和对通谋侵害他人利益等行为的制裁领域。该学者提出若是像日本学界主张的那样不把当事人的诚信义务泛化或一般化，而将其限定在对具体程序场景的解释中并强调只是辅助和例外性地发挥作用的话，可以打消关于诚实信用原则可能造成对当事人权利过分或随意限制的担心。② 另有学者通过考察日本最高法院的判例制度，建议我国建立法律审或类似法律审机构以发挥最高人民法院的法律适用解释之功能，以构建起我国的判例体系，为民事诉讼诚实信用原则的适用提供规范化、类型化的条件。③

深化研究诚实信用原则主要在于加强探讨其具体化制度，以及链接到其他关联制度的适用问题上加以研究。比如，有学者专门对当事人真实义务、禁反言原则撰文进行了探讨。④ 关于诚实信用原则在其他相关制度中的解释适用，比如应诉管辖制度，有学者提出向法院及时提出管辖异议的被告却因曾参加诉讼活动而可能被受诉法院强制适用应诉管辖制度，这显然是违背了诚实信用原则。⑤

有学者将诚信原则作为民事诉讼程序性制裁的一项法律根据。该学者主张，在诚信原则下，"诉讼失权"可被解读为"针对违法者剥夺了相对方的正当期待而自由决定的机会而采取的一种惩罚手段"；"不利推定"可被解读为"针对当事人违反协力义务而采取的一种与违法者利益相反的推定"；"非法证据排除规则"可被解读为"针对违反真实义务的当事人所采取否定非法证据的证据能力的惩罚手段"。⑥

---

① 参见任重：《民事诉讼诚实信用原则的实施——德国的认知与实践》，载《法学家》，2014（4）。
② 参见王亚新：《我国新民事诉讼法与诚实信用原则——以日本民事诉讼立法经过及司法实务为参照》，载《比较法研究》，2012（5）。
③ 参见陈刚：《日本民事诉讼法上诚实信义原则之解读》，载《清华法学》，2012（6）。
④ 参见纪格非：《民事诉讼禁反言原则的中国语境与困境》，载《华东政法大学学报》，2014（5）；纪格非：《我国民事诉讼中当事人真实陈述义务之重构》，载《法律科学》，2016（1）。
⑤ 参见黄忠顺：《论应诉管辖制度的司法嬗变及其规则构建》，载《中国法学》，2016（5）。
⑥ 参见徐德臣：《民事诉讼程序性制裁机制研究》，104-114页，北京，中国政法大学出版社，2018。

三、我国民事审判改革论和民事诉讼基本模式论

(一) 我国民事审判改革论

1. 马锡五审判方式

自 20 世纪 80 年代以来，我国理论界和实务界对马锡五审判方式产生了极大的热情。在《马锡五审判方式》(法律出版社，1983) 和《马锡五与马锡五审判方式》(法律出版社，2013) 中，张希坡先生采取史源学方法，以文献、档案、口述资料等形式分析和阐释了马锡五审判方式的基本内容。[①]

马锡五审判方式的基本内容有：(1) 一切从实际出发，客观、全面、深入进行调查研究，反对主观主义的审判作风，重证据、不轻信口供——将审判工作牢牢建立在科学的基础上；(2) 认真贯彻群众路线，依靠群众讲理说法，实行审判与调解相结合——要在审判工作中贯彻民主的精神；(3) 坚持原则，严格依法办事——要在审判工作中始终坚持法制的原则；(4) 实行简便利民的诉讼手续——要在审判工作中执行便民的方针。张希坡认为，马锡五审判方式虽已成历史，但其司法为民、司法便民等思想仍然值得借鉴。

马锡五审判方式的产生具有如下社会历史根源：(1) 抗日根据地的新民主主义的社会制度必然要求产生与之相适应的人民司法制度和新的审判作风；(2) 马锡五审判方式是党的群众路线在审判工作上的具体体现；(3) 抗日战争时期党的整风运动为马锡五审判方式的产生打下了牢固的思想基础；(4) 马锡五是在陕北老苏区成长的革命干部，熟悉陕北的风土人情，了解人民群众的疾苦和要求。

有学者分析认为，马锡五审判方式并不是马锡五个人的发明，而是在当时的司法理念、制度和经验的基础上总结、提炼和发展出来的较系统的民事诉讼模式或其雏形。其主要特征是非形式主义的常识化运作，与其他社会规范相配合的个别主义的解纷方式，人格化的家长式的法官。在当代，为了兼顾不同的法律需求和利益，或许两种相互对立的民事诉讼模式在相当长的一个时期内并行；或许，通过两者相互作用可以形成一种兼收并蓄的新模式。[②]

另有学者从司法与政治的关系角度解析了马锡五审判方式出现的内在逻辑。他认为马锡五审判方式被理解或阐释为民主原则的运用，被理解或阐释为共产党"从群众中来，到群众中去"的群众路线在司法中的具体体现，成为批判旧司法、

---

① 参见韩伟：《始终坚持司法为民司法便民——〈马锡五与马锡五审判方式〉简评》，载《人民日报》，2014 - 08 - 22。

② 参见范愉：《简论马锡五审判方式——一种民事诉讼模式的形成及其历史命运》，载《清华法律评论》，第二辑，北京，清华大学出版社，1999。

确立新司法的象征，成为新司法制度决裂于旧司法制度的标志。尽管马锡五审判方式所使用的调解技术类似于中国传统的司法技术（比如都为了"息事宁人"），但是它并没有被理解为传统司法技术的自然延伸，而是被塑造为新司法的形象，它所反对的恰恰是西方化的旧司法："程序至上""独立审判""依法审判"。①

有学者认为党的群众路线属于唯物史观范畴，体现的是马克思主义关于人民群众是历史的创造者这一基本原理，而司法民主和能动司法的法哲学理念，发挥了将群众路线运用到司法审判工作中的媒介作用。指导马锡五审判方式的是一种不同于西方司法民主理论的司法全过程民主理念，贯穿马锡五审判方式的能动司法理念是一种不同于西方能动司法理念的全过程能动司法理念。②

马锡五审判方式具有重大的历史性意义。不过，其产生的社会历史背景使其具有一定的局限性。比如，马锡五审判方式因简易化而难以应对复杂纠纷，马锡五本人也指出："对于重大而复杂的案件，还是不采用这种方式，必须在法院进行较严密的处理"③。

2. 我国民事审判改革

在由计划经济转向市场经济的历史时期，以发端于 20 世纪 80 年代后期的审判方式改革为契机，我国民事诉讼法学界于 20 世纪 90 年代初开始关注诉讼模式问题。④

至于我国原有民事诉讼模式，众说纷纭，主要有两类：职权主义模式；当事人主义和职权主义的折中。美国有学者认为，中国是"法官审理制"，但单纯认为中国民事诉讼模式属于职权主义模式也是不妥当的，因为"现代社会主义国家民事诉讼程序的某些特性，对于另外两大法系来说，是完全陌生的"⑤。

有学者指出，当事人主义和职权主义的制度前提是以达到判决为目标。我国原有审判方式（"马锡五审判方式"之沿用）却是以获得当事人和解为诉讼的首要目标和把调解作为审理的基本方法。这可能意味着"当事人主义—职权主义"这一理论框架在用来讨论我国民事审判问题时有很大的局限。⑥

关于民事审判改革的指导思想或原则，有学者提出了以下意见：借鉴外国经验和立足于中国、公正、效率和效益、保障诉讼权利、依法改革。⑦ 还有学者认

---

① 参见强世功：《权力的组织网络与法律的治理化——马锡五审判方式与中国法律的新传统》，载《北大法律评论》，2000（6）。

② 参见郝铁川：《正确认识和评价马锡五审判方式》，载《中国法学》，2023（6）。

③ 张姝：《司法为民：马锡五审判方式的精髓》，载《光明日报》，2014-08-13。

④ 参见韩波：《民事诉讼模式论：争鸣与选择》，载《当代法学》，2009（5）。

⑤ ［美］格伦顿等：《比较法律传统》，米健等译，219 页，北京，中国政法大学出版社，1993。

⑥ 参见王亚新在"民事审判制度改革研讨会"上的发言，载《法学研究》，1998（5）。

⑦ 参见景汉朝、卢子娟：《经济审判方式改革若干问题》，载《法学研究》，1997（5）。

为，改革应由合议中心型向裁判中心型转变、由职权保障型向权利保障型转变、由自由裁量型向规范裁量型转变、由先定后审型向先审后判型转变、由黑箱操作型向公开操作型转变。[①]

民事审判领域的改革是一项艰巨而复杂的系统工程，准确、完整地界定它只能是民事审判改革，不能也不应是民事审判方式改革。[②] 民事审判方式的改革实际上是诉讼体制的改革，是一种结构性变革，其基本点和核心应是诉讼基本模式的转换。[③] 我国审判方式改革的基本轨迹是，强化当事人的举证责任→庭审方式改革→审判方式改革→审判制度改革→诉讼制度改革→司法制度改革。[④]

对民事、经济审判方式的改革背景在于审判工作的功能转移和法院在社会体系内的地位变化，改革是法院在社会发展带来的种种新的条件下对民事、经济审判中效率性问题和正当性问题作出的一种反应。有学者运用"调解型"和"判决型"这两种关于程序结构的理论模式来分析审判方式改革所具有的含义和面临的困难。在此基础上，该学者指出：改革的一个基本思路在于调解过程和判决过程的分离及重新有机地结合。[⑤]

在我国民事诉讼模式的选择上，学界大致有如下观点：（1）转向当事人主义。[⑥]（2）当事人主义为主兼采职权主义。[⑦]（3）采取协同主义。（4）民事私益诉讼适用当事人主义，民事公益案件适用职权主义（参见下文）。

（二）民事诉讼基本模式的基本内涵·基本类型·适用范围

1. 民事诉讼基本模式的基本内涵

自20世纪90年代始，我国法学界和法律界开始对民事诉讼模式展开介绍和讨论。首先，对于何谓民事诉讼模式，主要有以下看法：

（1）民事诉讼基本模式是对特定民事诉讼体制所表现出来的基本特征的概

---

① 参见杨荣新：《当前民事诉讼法理论与实践的几个重要问题》，载《政法论坛》，1996（1）。

② 参见田平安：《民事审判改革探略》，载《现代法学》，1996（4）。

③ 参见张卫平：《民事诉讼基本模式：转换与选择之根据》，载《现代法学》，1996（6）。

④ 参见景汉朝、卢子娟：《经济审判方式改革若干问题》，载《法学研究》，1997（5）。

⑤ 参见王亚新：《论民事、经济审判方式的改革》，载《中国社会科学》，1994（1）。

⑥ 参见张卫平：《民事诉讼基本模式：转换与选择之根据》，载《现代法学》，1996（6）；李浩：《法官素质与民事诉讼模式的选择》，载《法学研究》，1998（3）；等等。

有学者虽未从维护公益的立场，但运用实证分析法，探讨了当事人举证制度取代以前的法院取证制度后，对离婚诉讼和婚姻法运作造成的影响，比如有不合理的官僚主义化的只重程序不顾实质后果而对弱者保护不够、也有合理的符合新社会经济现实的书面取证。参见黄宗智、巫若枝：《取证程序的改革：离婚法的合理与不合理实践》，载《政法论坛》，2008（1）。

⑦ 参见王韶华：《试析民事诉讼中超职权主义现象》，载《中外法学》，1991（2）；陈桂明：《诉讼公正与程序保障：民事诉讼程序之优化》，183-186页，北京，中国法制出版社，1996；等等。

括，用来阐明此民事诉讼体制与彼民事诉讼体制的主要异同，分析民事诉讼基本模式与特定民事诉讼体制中各具体诉讼制度的相互关系，分析同类模式民事诉讼体制的形成中各外部因素的影响和作用。所谓民事诉讼体制，是指整个特定的子系统或诉讼制度构成的大系统和复合体系，是一个相对稳定的诉讼整体结构。①

（2）民事诉讼模式是支持民事诉讼制度和程序运作所形成的结构中各种基本要素及其关系的抽象形式。这一定义可以分解为如下内容：1）民事诉讼模式是对民事诉讼程序及制度结构的抽象和概括。这是对民事诉讼模式涉及范围的限定。2）民事诉讼模式是对民事诉讼结构的构成要素及各要素之间的基本关系的抽象和概括。3）民事诉讼模式表现为一种形式，即模式是载体，有关模式的民事诉讼制度的要素及关系才是其内容。②

（3）民事诉讼模式以有关法院和当事人等诉讼权利（力）分配为基本内容。有学者认为，关于法院审判行为（职权行为）与当事人诉讼行为之间的关系，即法院与当事人之间诉讼权限的分配，不同的时代和不同的国家，采取了不同的态度，因而形成不同的诉讼模式。③ 另有学者认为：民事诉讼模式是对支撑民事诉讼活动整个过程的审判权、处分权和检察权的配置关系的理论抽象与概括；立法者对"三权"，尤其是处分权与审判权的配置方法、形式不同，铸就的民事诉讼模式就不一样。④

（4）民事诉讼中必须解决以下三类事项：1）当事人的民事实体请求或者民事权益主张。比如，诉讼标的和诉讼请求、申请认定财产无主、债权人执行请求等。2）民事实体要件事实或者直接事实和证据。要件事实或者直接事实用来直接支持或者直接推翻实体请求或者权益主张。根据证据裁判原则，要件事实或者直接事实应当运用证据来证明。⑤ 3）诉讼程序事项。前两类事项在诉讼程序中解决。此三者也是民事诉讼法律关系的客体，即诉讼权利和诉讼义务所指向的对象。解决这三类事项的基本方式和基本规范构成"民事诉讼基本模式"，体现法院与当事人之间民事诉讼法律关系的基本内容。⑥

---

① 参见张卫平：《诉讼构架与程式》，3页，北京，清华大学出版社，2000。
② 参见江伟、刘荣军：《民事诉讼制度中当事人与法院的作用分担》，载《法学家》，1999（3）。
③ 参见陈桂明：《诉讼公正与程序保障——民事诉讼程序之优化》，158页，北京，中国法制出版社，1996。
④ 参见汪汉斌：《权力与权利的配置：民事诉讼模式的新视角》，载《江苏社会科学》，2002（5）。
⑤ 参见邵明：《正当程序中的实现真实——民事诉讼证明法理之现代阐释》，144-151页，北京，法律出版社，2011。
⑥ 参见邵明、常洁：《民事诉讼模式重述——以公益和私益为论述角度》，载《中国人民大学学报》，2019（6）。

2. 民事诉讼模式的基本类型和适用范围

民事诉讼模式的基本类型大体分为两类：当事人主义诉讼模式和（法院）职权主义诉讼模式。此外，尚有主张协同主义或者协动主义的。

民国时期有学者认为，广义上的处分权主义（与当事人主义同义）和职权主义是关于处理诉讼开始、进行及诉讼材料提出的方式。广义上的处分权主义具体包括三方面的内容：狭义的处分权主义、辩论主义及当事人进行主义。狭义的处分权主义是指诉讼标的由当事人提出并处分；辩论主义是指裁判的基础事实和证据，由当事人主张并提出；当事人进行主义是指诉讼开始及进行，由当事人决定。① 此为我国较早对当事人主义和职权主义基本内涵所作出的系统界定。②

有学者认为，当事人主义诉讼模式即"当事人的民事实体请求""要件事实和证据""诉讼程序事项"均由当事人决定，从而包括三方面内容：（当事人）处分主义、（当事人）辩论主义和当事人进行主义。（法院）职权主义诉讼模式即"当事人的民事实体请求""要件事实和证据""诉讼程序事项"均由法院依职权主动决定，从而包括三方面内容：（法院）职权干预主义、（法院）职权探知主义和（法院）职权进行主义（如图1-3）。③

民国时期学者通常以民事诉讼目的为视角来分析当事人主义和职权主义的适用范围，以保护私权为目的民事诉讼案件应当采取当事人主义，若关系公益的人事诉讼则应采取职权主义。④

在自由资本主义或者私法至上的历史阶段，由于民事案件基本上是民事私益案件，以至于当时普遍的看法和做法是当事人主义是原则而法院职权主义是例外。⑤ 19世纪中叶以后，由于民事行为越来越多地包含公益内容，国家有必要适

---

① 参见邵勋、邵锋：《中国民事诉讼法论》，上卷，高珣，刘志欣，林虹勘校，50页，北京，中国方正出版社，2004。

② 在此之前或同期的研究中，虽然也有学者研讨能够被当事人主义和职权主义内涵所涵摄的内容，但这些研究并未将零散的内容进行整合，也没能对相关概念作出明晰的界定。例如，清朝末年的著作在对"诉讼之主义"的研究中，就对"不干涉审理主义及干涉审理主义""当事者诉讼进行主义及职权诉讼进行主义""当事者处分主义及裁判所职权主义"分别进行了介绍。参见熊元襄编：《民事诉讼法》，松冈义正口述，李凤鸣点校，163-164页，上海，上海人民出版社，2013；左德敏：《诉讼法上诸主义》，载何勤华，李秀清主编：《民国法学论文精粹》，第5卷，107-121页，北京，法律出版社，2004；魏冀征：《我国诉讼法主义之研究》，载何勤华，李秀清主编：《民国法学论文精粹》，第5卷，122-135页，北京，法律出版社，2004。

③ 参见邵明、常洁：《民事诉讼模式重述——以公益和私益为论述角度》，载《中国人民大学学报》，2019（6）。

④ 参见邵勋、邵锋：《中国民事诉讼法论》，上卷，高珣，刘志欣，林虹勘校，50-53页，北京，中国方正出版社，2004；熊元襄：《民事诉讼法》，166页，上海，上海人民出版社，2013。

⑤ 参见石志泉：《石志泉法学文集》，邵明、周文、曹文华点校，315-316页，北京，法律出版社，2014。

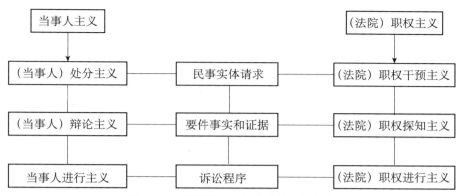

图 1 - 3　民事诉讼基本模式的主要内容

度适时地干预此类民事行为，在民事诉讼中则体现为适度适时地适用法院职权主义。法律仅要求公民个人处理自己私事时不得侵害公共利益和他人合法权益（所谓"利己不损人"），不应将"维护公益"作为积极的法律义务付诸公民个人。但是，作为国家机关，法院的基本职责是通过诉讼保护合法私益和公共利益——"维护公益"也是其存在的基础。

处分主义和辩论主义适用于民事私益案件及其诉讼程序（包括争讼程序、非讼程序和执行程序）。民事私益案件适用处分主义，即当事人在诉讼中可以处分其民事权益；在当事人处分民事权益的逻辑"延长线"上，辩论主义实际上是当事人有权处分判决资料（要件事实和证据资料），即意味着在程序上尊重当事人间接处分民事权益的自由。[①]

职权干预主义和职权探知主义适用于民事公益案件及其诉讼程序（包括争讼程序、非讼程序和执行程序）；不过，传统公益案件和现代公益案件在职权探知主义的适用方面有所不同（详见下文分析）。

当事人进行主义与职权进行主义可以合称为"程序进行主义"。当事人进行主义和职权进行主义合并适用于民事诉讼程序，只是在公益诉讼中职权进行主义内容更多些（比如原告申请撤回公益诉讼受到限制）。

因此，从保护私益和维护公益的角度来说，当事人主义与职权主义各有其存在的根据和适用的范围，不应有原则与例外之别。

3. 协动主义或者协同主义

德国法官瓦塞曼（Rudolf Wassermann）在《社会的民事诉讼——社会法治国家的民事诉讼理论与实务》（1978 年）一书中，主张当事人主义与职权主义的

---

① 参见［日］谷口安平：《程序的正义与诉讼》，141 页，北京，中国政法大学出版社，2002。

结合，即诉讼由当事人双方和法院构成的共同体来协作运作，通过对话促进纠纷的早日解决。这种模式被称为协动主义（Kooperationsmaxime）。其特点是各种力量在诉讼程序的集结，而且为了这种集结，诉讼程序应该是面向社会，求得实现社会公正和法律公正。①

协动主义说在德国为少数说，通说认为协动主义仅为对辩论主义有所修正或者辩论主义在诉讼模式中的规制有所缓和而已。我国有学者指出，协同主义其实是"协动主义"的误译。"协同"二字强调的是"同"，意指当事人与法官在诉讼中要在共同的目标指引下进行共同的行为，这在诉讼实践中很难做到；"协动"二字强调的是"动"，在诉讼中不仅当事人要行动，法官也要有相应的行动。基于对"协动主义"学说史的分析，该学者对"协动主义"的定论是：所谓"协动主义"不过是辩论主义的修正主义者，而并非辩论主义的"革命者"②。

21 世纪初期，我国民事诉讼法学界在议论民事诉讼法修法时，涉及民事诉讼法的走向问题。其中，有学者提出构建协同主义诉讼模式的观点。该学者认为，协同型民事诉讼模式是在民事诉讼中应最大值地充分发挥法官与当事人的主观能动性及作用，法官与当事人协同推进民事诉讼程序的一种诉讼模式。③

有学者认为，协同主义是民事诉讼中法院（法官）运用职权发挥能动作用，与当事人实现充分地相互沟通与协作，从而使法官和当事人在事实发现、程序促进等方面共同推进民事诉讼程序的一种模式。协同主义是针对传统辩论主义的不足，通过确保法官权力运用与责任强化，促进法官与当事人在诉讼中的互动。主要因素包括：（1）法官有释明权（义务）；（2）法官为形成心证、发现真实所必要的一些权力，如德、日民事诉讼法中规定法官可以询问当事人、可以依职权勘验等权力；（3）法官有指出要适用的法律的义务；（4）当事人有真实陈述的义务；（5）当事人有诉讼促进义务等。④

还有学者认为，协同主义与辩论主义一样，都涉及在诉讼资料即事实与证据层面上当事人与法院的作用分担。协同主义的第一层含义，是关于事实关系的解明的主要责任或者说第一次责任，仍是由当事人来承担。协同主义的第二层含义，是法官对案件事实的解明负第二次责任，或者称为辅助责任。与法官对案件事实解明所负责任相对应，导入了法官的释明权（义务）和法官的讨论义务，这

---

① 日本学者将"协同主义"译为"协动主义"。参见［德］瓦塞曼：《社会的民事诉讼——社会法治国家的民事诉讼理论与实务》，森勇译，116－118 页，东京，成文堂，1990。
② 张卫平：《诉讼构架与程式》，71－77 页，北京，清华大学出版社，2000。
③ 参见田平安、刘春梅：《试论协同型民事诉讼模式的建立》，载《现代法学》，2003（1）。
④ 参见肖建华：《构建协同主义的民事诉讼模式》，载《政法论坛》，2006（5）。

是协同主义区别于辩论主义的关键所在，也是协同主义的核心内容。①

协同主义能否成为一个独立的诉讼模式受到了一些学者的质疑。有学者认为，在私法领域，国家权力的干预和反干预的矛盾斗争一直都存在，协同主义是对辩论主义的修正，而且其修正的对象是古典辩论主义。据此，协同主义可以被当事人主义诉讼模式吸纳，其作为一种独立的诉讼模式存在缺乏充分的依据。②

还有学者认为，协同主义并非一种独立的诉讼模式，而是协调各方诉讼行为的一种诉讼理想，其作用在于协调法院、当事人和其他诉讼参与人之间的整体关系。在我国构建协同主义，必须兼顾其周边制度要素。在民事诉讼程序系统尚不完备、不健全之时，如果超前地推行协同主义对于民事诉讼程序的改革却未必就有益。③

笔者认为，协动主义不能成为独立于当事人主义和职权主义的一类诉讼模式。因为协同主义所主张的法院与当事人在事实发现和程序促进方面的相互合作，在当事人主义和职权主义中均有体现，仅仅是协作的具体内容、具体方式和具体程度有着差异，对于法院和当事人在民事私益诉讼和民事公益诉讼中的基本权限（或权能）和职责没有实质改变。

（三）当事人主义与（法院）职权主义的具体内涵

1. 关于当事人民事实体请求：（当事人）处分主义与（法院）职权干预主义

（1）（当事人）处分主义

关于处分主义的内涵，有学者采用"广义说"。最广义的处分权主义等同于当事人主义。广义的处分主义包括当事人可以处分自己的民事权利和诉讼权利。④ 我国民事诉讼处分原则采用广义，即当事人有权在法律规定的范围内处分自己的民事权利和诉讼权利（《民事诉讼法》第13条第2款）。

有学者认为，广义的处分主义具体体现为：1）民事诉讼只能因当事人行使诉权而开始，因当事人自主的撤诉行为而结束。2）诉讼程序开始后，原告可以放弃诉讼请求或者变更诉讼请求，被告可以承认、反驳诉讼请求，有权提起反诉；双方可以自行和解，也可以提请调解，并在人民法院的主持下达成调解协议。3）提出什么样的诉讼请求及请求的范围由当事人决定。该见解特别指出，当事人对诉讼程序的启动、发展和终止具有主动权是处分原则的基本要求，是当

---

① 参见唐力：《辩论主义的嬗变与协同主义的兴起》，载《现代法学》，2005（6）。

② 参见张卫平：《转换的逻辑——民事诉讼体制转型分析》，90-92页，北京，清华大学出版社，2004。

③ 参见王福华：《民事诉讼协同主义：在理想和现实之间》，载《现代法学》，2006（6）。

④ 参见陈桂明：《诉讼公正与程序保障——民事诉讼程序之优化》，56-57页，北京，中国法制出版社，1996。

事人权利自由支配的前提。如果没有考虑当事人对诉讼程序的能动作用，单纯规定当事人对权利的自由支配显然是无本之木。①

"狭义说"主张处分主义为实体处分原则。根据私权自治原则，在民事私益案件中，当事人有权合法处分其民事权益，法院应当在当事人民事实体请求范围内作出裁判或者采取执行措施。至于当事人依法处分诉讼权利，则属于程序处分权或者程序选择权，纳入当事人进行主义的范畴。当事人直接处分民事权益的诉讼行为应当采用明示方式；并且，应当采用书面形式，对此《民事诉讼法》虽未规定但实务中要求当事人填写"声明书"②，或者记录在审理笔录（包括音像记录）中并由当事人签名。③

在民事诉讼中，有关当事人处分民事权益的任意规范，主要有两种类型：1）当事人单方处分民事权益的任意规范。比如，原告通过诉讼标的、诉讼请求或者执行请求等来决定请求法院保护其民事权益的范围（如当事人可以提出全部实体请求或者部分实体请求）；原告可以放弃或者变更实体请求（《民事诉讼法》第 54 条）等。2）当事人双方协商处分民事权益的任意规范。比如，双方当事人可以达成诉讼和解、执行和解来处分民事权益（《民事诉讼法》第 53 条和第 241 条）等。当事人直接处分民事权益的诉讼行为应当遵循意思真实主义。④

（2）职权干预主义

有学者曾认为：我国于计划经济体制时期制定的两部民事诉讼法典，将职权干预主义作为一项与处分原则相对应的基本原则加以贯彻，并在各个方面限制了处分主义。这种做法应当摒弃。⑤ 但是，民国时期学者主张，职权干预主义适用于人事诉讼等关系公益的诉讼。⑥ 这一观点被现代学者所认可。⑦ 有学者主张，民事公益案件中，当事人对实体权益的处分权受到限制而采行职权干预主义。⑧

至于现代民事公益案件，我国现行法没有明确规定采取职权干预主义。依据现行司法解释的相关规定，主要有如下做法：

---

① 参见张卫平：《民事诉讼处分原则重述》，载《现代法学》，2001（6）。
② 最高人民法院《民事诉讼文书样式》（法〔2016〕221 号）（放弃诉讼请求用）"声明书"。
③ 参见邵明：《现代民事之诉与争讼程序法理——"诉·审·判"关系原理》，207 页，北京，中国人民大学出版社，2018。
④ 参见邵明：《现代民事诉讼安定性原理》，载《中国人民大学学报》，2011（3）。
⑤ 参见刘学在：《我国民事诉讼处分原则之检讨》，载《现代法学》，2000（6）。
⑥ 参见熊元襄：《民事诉讼法》，松冈义正口述，李凤鸣点校，163-164 页，上海，上海人民出版社，2013。
⑦ 参见张卫平：《民事诉讼处分原则重述》，载《现代法学》，2001（6）。
⑧ 参见邵明：《现代民事之诉与争讼程序法理——"诉·审·判"关系原理》，210 页，北京，中国人民大学出版社，2018。

1) 在"原告请求恢复原状"的前提下，法院可以在判决被告修复生态环境的同时，确定被告不履行修复义务时应承担的生态环境修复费用；也可以直接判决被告承担生态环境修复费用。①

2) 法院认为公益诉讼原告提出的诉讼请求不足以保护社会公共利益的，可以向其释明变更或者增加停止侵害、恢复原状等诉讼请求。② 问题是：法院释明后，公益诉讼原告没有变更或者增加诉讼请求，无法维护公益的，怎么办？

3) 依据《关于审理生态环境损害赔偿案件的若干规定（试行）》（法释〔2020〕17 号）第 11 条的规定③，法院应当根据具体案情合理作出判决。有学者认为此条规定实际上包含法院职权干预主义的内容而不是法院的"释明"。

在民事公益案件中，如果法院没有依职权作出合理干预，那么一方面按照正常的上诉程序和再审程序予以纠正；另一方面进行检察监督，即检察机关应当提起抗诉，按照再审程序纠正法院没有依职权维护公益的行为。④

2. 关于要件事实和证据：辩论主义与职权探知主义

（1）辩论主义与职权探知主义的适用对象

在大陆法系，作为法院判决基础的资料（"判决资料"）主要包括"诉讼资料"（从当事人法庭言词辩论中所获得的事实）和"证据资料"（经法庭质证程序所获得的证据资料）。判决资料是由法院收集提供还是由当事人主张提供？对此，有两种做法：（当事人）辩论主义和（法院）职权探知主义。

传统观点认为，辩论主义的适用对象是"要件事实"或者"直接事实"（确定存在争议的实体法律效果的案件事实），而不是"间接事实"（根据经验规则和理论原理能够推定主要事实存在与否的事实）和"辅助事实"（能够明确证明力和证明能力的事实）。⑤

问题是，对当事人没有主张的间接事实，法院可以根据举证过程中所呈现出来

---

① 参见《关于审理环境民事公益诉讼案件适用法律若干问题的解释》（法释〔2020〕20 号）第 20 条。

② 参见《关于审理环境民事公益诉讼案件适用法律若干问题的解释》第 9 条、《关于审理消费民事公益诉讼案件适用法律若干问题的解释》（法释〔2020〕20 号）第 5 条、《关于检察公益诉讼案件适用法律若干问题的解释》（法释〔2020〕20 号）第 18 条等。

③ 该条规定："被告违反国家规定造成生态环境损害的，人民法院应当根据原告的诉讼请求以及具体案情，合理判决被告承担修复生态环境、赔偿损失、停止侵害、排除妨碍、消除危险、赔礼道歉等民事责任。"

④ 参见邵明、常洁：《民事诉讼模式重述——以公益和私益为论述角度》，载《中国人民大学学报》，2019（6）。

⑤ 参见张卫平：《诉讼构架与程式——民事诉讼的法理分析》，156-157 页，北京，清华大学出版社，2000。

的情况进行审理和作出判断，这样可能对当事人造成突然袭击从而背离了正当程序保障原理，所以，诸多学者主张，将间接事实纳入当事人主张责任的适用范围。[1]

笔者认为，当事人主张责任和证明责任的适用范围仍然是要件事实或者直接事实［参见本书第六章三（一）］；由于间接事实的主要作用是证明直接事实，所以将间接事实作为证据对待，接受当事人质证，如此则遵行了正当程序保障原理，对当事人不会造成突然袭击。

（2）辩论主义

在大陆法系和英美法系民事诉讼中，辩论主义不同于我国《民事诉讼法》第12条规定的辩论原则或者辩论权主义[2]，是指当事人对判决资料的处分，即主张事实和提供证据是当事人的权利或者责任，当事人无争议的实体要件事实应为判决的根据。[3]

通说认为，传统辩论主义的具体内涵有：1）当事人没有主张的事实，不能作为法院判决的依据。2）原则上，法院只能对当事人提出的证据进行审查。3）当事人之间没有争议的实体事实，法院应当作为判决的依据。[4] 现有学者对上述内容作出重述并如图1-4所示[5]：

1）辩论主义的具体内涵之一是当事人对利己要件事实或者直接事实享有"主张权"或者承担"主张责任"[6]，法院只能对当事人主张的没有撤回的要件事

---

① 参见张卫平：《诉讼构架与程式》，181页，北京，清华大学出版社，2000；王亚新：《对抗与判定》，109-111页，北京，清华大学出版社，2010；［日］高桥宏志：《民事诉讼法——制度与理论的深层分析》，林剑锋译，340-357页，北京，法律出版社，2003；刘学在：《论辩论原则适用的事实范围》，载《法学家》，2005（5）。

② 有学者将其作为程序参与原则或者对审原则的内容。参见邵明：《论民事诉讼程序参与原则》，载《法学家》，2009（3）。

③ 从权利或者权能的角度来说，辩论主义体现了当事人对作为判决基础的诉讼资料和证据资料的处分权；根据"权责一致性原理"，法律又将主张事实和提供证据作为责任赋予当事人。因此，与当事人"主张权"和"证明权"相一致，当事人分别负担"主张责任"和"证明责任"，从而构成了辩论主义的基本内涵。

④ 参见张卫平：《诉讼构架与程式——民事诉讼的法理分析》，154-155页，北京，清华大学出版社，2000；张卫平：《我国民事诉讼辩论原则重述》，载《法学研究》，1996（6）；刘荣军：《程序保障的理论视角》，180-182页，北京，法律出版社，1999。

⑤ 参见邵明、常洁：《民事诉讼模式重述——以公益和私益为论述角度》，载《中国人民大学学报》，2019（6）。

⑥ 主张责任（又称陈述责任）是指当事人负责主张利己要件事实或者直接事实，否则承担实体不利后果（比如败诉）。主张责任（和证明责任）虽然由因某项法律事实的法律效果发生而受益的当事人承担，但是，不论是负主张责任的当事人主张利己事实，还是对方当事人提出该事实，都符合主张责任的要求，法院可以将该事实作为判决的根据，此为主张的共通性（属于事实共通性的范畴）。参见邵明、欧元捷：《论现代民事诉讼当事人的主张责任》，载《武汉大学学报（哲学社会科学版）》，2015（2）。

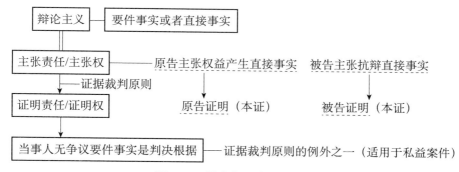

图 1-4　辩论主义的具体内涵

实或者直接事实决定是否采信，不得调查和采用其他要件事实或者直接事实。

2）辩论主义的具体内涵之二是根据证据裁判原则，当事人对利己的有争议的要件事实或者直接事实（证明对象）享有证明权或者负担证明责任；当事人没有提供或者自愿撤回的证据，法院不得将其作为认定事实的根据，只能对当事人提供的证据决定是否采用。

前述辩论主义两项具体内涵（主张责任与证明责任）之间的法律逻辑关系是：其一，根据"证据裁判原则"，从责任的角度来说，当事人对其主张的利己的、有争议的要件事实或者直接事实，应当负担证明责任（提供本证作出证明）。其二，主张责任与证明责任的分配规范通常是一致的，两者间的通常关系是"谁主张谁证明"（He who asserts must prove）。根据民事实体法律规范构成要件的原理，原告首先应当主张权益产生的要件事实或者直接事实（用来直接支持其民事实体请求）并承担证明责任；然后，被告主张权益妨碍、阻却或消灭的要件事实或者直接事实（用来直接推翻原告民事实体请求）并承担证明责任。①

3）辩论主义的具体内涵之三是作为证据裁判原则的例外（免证事实），当事人没有争议的要件事实或者直接事实（包括诉讼上自认的事实，下文同）应被作为判决资料，并且法院和当事人不得作出与该事实不一致的判断和陈述。

辩论主义具体内涵之二实际上体现的是遵行证据裁判原则的内容，辩论主义基本内涵之三则属证据裁判原则的例外情形。问题是：从证据裁判原则例外的角度来说，为什么仅当事人没有争议的直接事实构成辩论主义的具体内涵呢？笔者的理解是：作为证据裁判原则的法定例外，法院司法认知的事实、推定的事实和

---

①　在少数情形中，主张责任和证明责任的分配是不一致的。比如，在证明责任倒置的情形中，虽然原告主张权益产生的要件事实，但是法律将部分要件事实倒置给被告来证伪；虽然众所周知的事实、公证的事实、预决的事实、推定的事实和诉讼上自认的事实等相对免证事实不作为证明责任的适用对象，但是当事人应当负担主张此类事实的责任。

已决的事实在公益案件和私益案件中均可适用并有着相同的免证效力。但是，当事人没有争议的直接事实作为免证事实仅适用于私益案件，而在公益案件中不具有免证的效力（详见下文），从而形成辩论主义与职权探知主义第三项内涵的区别。

采行辩论主义并非放弃真实①，事实上辩论主义也是发现真实的手段之一。在民事争讼程序中，存在着相互对立的双方当事人，最能体会利害关系者莫如当事人本人，为维护自己的民事权益，通常会积极主张利己事实和提供利己证据并进行相互对抗，从而在法官面前能够比较全面地展示案情，使法官兼听则明。

现代辩论主义在保留传统辩论主义基本内涵的基础上，为弥补当事人能力不足和实现诉讼公正，对传统辩论主义作出如下补充规定。

1）法官释明，即当事人在事实主张和证据提供等方面出现不明了、不完足或者前后矛盾等情况时，法官通过发问、告知、说明等方式，促使当事人补正，以弥补当事人在主张事实和提供证据的能力方面的不足，以实现真实和诉讼公正。②

2）当事人基于客观原因或者正当事由可以申请法院收集证据。根据《民事诉讼法》第 67 条第 2 款和第 211 条第 5 项、《新解释》第 94 条和第 95 条等规定，民事私益案件中，对本案主要证据，当事人及其诉讼代理人因客观原因不能自行收集的，有权书面申请法院收集；法院未依法收集的，作为法定的再审理由。

3）法官询问当事人。依据《新解释》第 110 条、《新证据规定》第 63～66 条，法院认为有必要的，可以要求当事人本人到场，就案件的有关事实接受询

---

① 就诉讼上自认来说，也未放弃真实。比如，已被证明为真实或者虚假的事实不能自认为虚假或者真实；根据相关经验法则，精神智力正常的自认人对不利己事实的自愿承认，往往是真实的；自认人证明自己因受诈欺、受胁迫或者意思表示错误而作出自认，可以向法院请求撤销该自认。参见《新证据规定》第 8 条和第 9 条。

② 如今，在我国，法官释明范围还包括诉讼请求和程序事项。比如，依据《新解释》，诉讼标的物是房屋、土地、林木、车辆、船舶、文物等特定物或者知识产权，起诉时价值难以确定的，法院应当向原告释明主张过高或者过低的诉讼风险，以原告主张的价值确定诉讼标的金额（参见第 198 条）；对当事人的起诉，需要补充必要相关材料的，法院应当及时告知当事人（参见第 208 条）；起诉状列被告信息不足以认定明确的被告的，法院可以告知原告补正（参见第 209 条）；适用简易程序的，法院应当将举证期限和开庭日期告知双方当事人，并向当事人说明逾期举证以及拒不到庭的法律后果（参见第 266 条）；失踪人的其他利害关系人申请变更代管的，法院应当告知其以原指定的代管人为被告起诉，并按普通程序进行审理（参见第 342 条）；当事人的再审请求超出原审诉讼请求的，不予审理；符合另案诉讼条件的，告知当事人可以另行起诉（参见第 403 条）。

问。此前，有观点是法院应当在询问前责令当事人签署保证书并宣读保证书的内容。[1]

4）当事人承担真实义务和禁反言义务。当事人真实义务和禁反言义务均为诚实信用原则的内容，旨在防止当事人操纵事实真相，以实现事实真实。[2] 依据《新解释》第110条和《新证据规定》第63条，当事人故意作虚假陈述妨碍法院审理的，法院应当根据情节，依照《民事诉讼法》第114条处罚。

（3）职权探知主义

职权探知主义（职权调查主义）的基本内涵有三：1）法院依职权主动调查当事人没有主张的要件事实或者直接事实并作为判决资料；2）法院依职权主动收集或者采用当事人没有提供的证据；3）当事人没有争议的事实没有免证的效力，法院应当调查其真伪以决定是否采用。

因为受到苏联民事诉讼模式的影响，在民事审判方式改革之前，我国民事诉讼立法和理论不否认法官享有主动收集证据的权力。针对这一有违举证责任的制度，诸多有识之士提出了改造的建议。比如，有学者指出，即使是当事人客观上不能收集的证据，也必须由当事人主动提出请求法院收集该证据，当事人在提出申请的时候必须要详细说明不能收集的理由，如涉及商业秘密、银行存款账户等。法院要认真审查其理由，在一方请求法院收集证据以后，也应当允许另一方对此提出异议，如果另一方所提出的异议合理，法院应当拒绝一方请求收集证据的申请。[3]

有学者对那种倡导完全由当事人举证的观点提出了质疑，认为当事人举证或者法官查证的比重本身并不足以说明一种民事诉讼制度的优劣。而法院查证的范围，一般应以不违反辩论主义原则为限，主要包括以下三个方面：1）需要鉴定和勘验的事项；2）涉及国家机密或商业秘密的事项；3）法院的职权调查事项，这既包括某些诉讼程序事项、既判力事项，又包括那些经法官释明当事人仍无法正确举证的事项，如果确实为认定案件事实所必需，法官可酌情进行职权

---

① 在大陆法系的一些国家和地区，法官通过询问当事人，使当事人对案件事实作出的陈述被当作证据，不过在辩论主义诉讼中具有补充性，即法庭言词辩论终结时现有证据不足以使法官心证形成确信的，才能以询问当事人的方式了解事实真相（法官在私益案件中不负职权探知责任）。但是，在职权探知主义诉讼程序中，为查明涉及公益的案件事实，询问当事人不具有补充性且被作为第一层次的证据，法院可以随时询问当事人。参见邵明：《我国民事诉讼当事人陈述制度之"治"》，载《中外法学》，2009（2）。

② 有关我国如何构建当事人真实义务制度，参见纪格非：《我国民事诉讼中当事人真实陈述义务之重构》，载《法律科学》，2016（1）。

③ 参见王利明：《审判方式改革中的民事证据立法问题探讨》，载《中国法学》，2000（4）。

调查。①

民事公益案件采取实体真实主义，对于案件事实和证据既不能任由当事人处分，又不能任由当事人虚假提出或虚假自认，也不能任由当事人提供虚假证据来"证明"。根据虚假的事实、自认和证据所作出的判决必然不能保护公益，而法院以公益维护者身份依职权探知事实较能发现真实和维护公益。②

因此，职权探知主义适用于包含公共利益的民事案件或其他事项。根据《民事诉讼法》第 67 条第 2 款，《新解释》第 92 条和第 96 条，《关于审理环境民事公益诉讼案件适用法律若干问题的解释》（法释〔2020〕20 号）第 14 条和第 16 条，《关于审理消费民事公益诉讼案件适用法律若干问题的解释》（法释〔2020〕20 号）第 12 条等相关规定，我国法院职权探知的内容仅包括职权探知主义第 2、3 项基本内涵。有学者认为，由于要件事实或者直接事实直接决定民事权益的产生、妨碍、阻却或者消灭，即能够直接支持或者直接推翻原告"民事实体请求"，所以，若当事人没有主张完整的要件事实或者直接事实，法院为维护公益应当依职权主动补充，应当将职权探知主义第 1）项基本内涵纳入相关制度中。

传统民事公益案件与现代民事公益案件在职权探知方面应当有所不同。在传统民事公益案件中，通常是由自然人个人作为原告，故应适用职权探知（但是鼓励原告积极提供证据）。在现代民事公益案件中，从专业性等角度来看，作为原告的消费者保护组织、环境保护组织、检察机关等，主张事实和收集证据的能力不弱于甚至强于法院，故应由其承担主张责任和证明责任，法院职权探知主要起补充作用，即原告提供的证据不足以证明事实真相的，法院依职权探知。③

有种观点是适用职权探知主义违背正当程序保障原理，理由是法院依职权调查收集的事实和证据无须经过当事人质证和辩论而直接作为判决的根据。该学者认为，前述观点不成立，理由不符合法律逻辑。根据正当程序保障原理或者程序参与原则，凡是作为判决根据的事实和证据，不管是当事人还是法院等收集或者提供的，都应当经过当事人的质证和辩论（经过法庭调查和法庭辩论）后，才能作为裁判的根据。当然，为避免先入为主所产生的偏见，收集事实、证据的人员不应是本案的审判法官，而应是法院的其他公务人员。

为有效维护公共利益，在民事公益诉讼中有关职权探知主义的诉讼规范应为强行规范。所以，我国立法上应当将"法院因没有依职权探知而作出错误判决

---

① 参见江伟、吴泽勇：《证据法若干基本问题的法哲学分析》，载《中国法学》，2002（1）。

② 参见邵明：《析法院职权探知主义》，载《政法论坛》，2009（6）。

③ 参见邵明、常洁：《民事诉讼模式重述——以公益和私益为论述角度》，载《中国人民大学学报》，2019（6）。

的"，明确规定为上诉和再审的法定理由。

3. 关于诉讼程序事项：当事人进行主义与职权进行主义

（1）当事人进行主义与职权进行主义的内涵和表现

程序进行主义包括当事人进行主义和职权进行主义。对于民事诉讼程序事项，由当事人来决定或者完成的属当事人进行主义，由法院来决定或者完成的为职权进行主义，有些民事诉讼程序事项（比如《民事诉讼法》第55条规定的适用普通共同诉讼等）应当由法院与当事人共同决定或者共同完成。

当事人进行主义主要表现为当事人行使程序权利的诉讼行为（比如起诉）和履行程序义务的诉讼行为（比如债务人申报财产），既有单方行为（比如起诉或上诉、撤回起诉或撤回上诉）又有双方行为（比如合意适用简易程序）。

职权进行主义主要表现为法院对程序事项的裁定和执行等，比如法院裁定驳回起诉、决定回避、主持或者维持审理程序和执行程序合法有序及时进行（相关权力被称为诉讼指挥权）、裁定采取执行措施等。

由于法院和当事人是民事诉讼的基本主体，无法院和当事人则构不成诉讼；同时，根据司法消极原则和程序参与原则等司法或诉讼的基本原理或者基本原则，各国民事诉讼法对于诉讼程序事项均采折中主义，即由法院和当事人对相应的程序事项拥有决定权。

比如，就初审程序而言，其开始阶段通常包括原告起诉、法院受理、被告答辩等内容；其续行阶段通常包括当事人交换证据、质证辩论和法院主持诉讼程序等内容；其终结情形包括法院裁判终结和当事人撤诉等。

职权进行主义的因素在民事公益案件中比在民事私益案件中更多些。比如，在民事公益案件中，法院为维护公益不同意撤诉[①]；人事诉讼案件因涉及公益而不适用协议管辖等。[②]

（2）程序进行主义与民事诉讼安定性

根据民事诉讼安定性原理，法官和当事人应当按照法定的程序序位和行为要件实施诉讼行为，旨在避免程序混乱、保障程序有序顺畅进行。

民事诉讼安定性原理决定了民事诉讼法律规范主要是强行规范，旨在严格约束法院和当事人遵行法定的程序序位和行为要件，不得随意变更适用和排除适用，否则属重大程序违法。法院违反司法中立性、公开性、参与性、平等性等强

---

① 参见《新解释》第288、335、336、408条，《关于审理环境民事公益诉讼案件适用法律若干问题的解释》第27条等。

② 参见姜世明：《民事程序法之发展与宪法原则》，392页，台北，元照出版有限公司，2009。

行规范，属于重大程序违法的情形，构成上诉或者再审的理由。当事人违背强行规范的，其行为通常无效或者不产生行为人预期的法律效果，比如对于不符合起诉条件的起诉，法院应当裁定驳回起诉。

根据民事诉讼安定性原理，对民事诉讼法明文允许选择的程序事项，法院和当事人才可作出选择（有关规范属任意规范），否则其选择行为通常无效。其情形主要有：1）允许法院自由裁量的程序事项（比如上诉法院可以决定在本院、案件发生地或者原审法院所在地审理上诉案件等）；2）允许当事人选择的程序事项（例如当事人可以选择是否上诉、是否签订管辖协议等）；3）允许法院与当事人共同选择的程序事项（比如《民事诉讼法》第55条规定的程序事项等）。

根据民事诉讼安定性原理，当事人诉讼行为以"取效性"为常态。当事人取效性诉讼行为，比如当事人申请回避等，应当经法院同意才能产生当事人预期的法律效果。管辖协议签订等与效性诉讼行为，只要符合法定要件或者法律规定，无须法院同意就可产生行为人预期的法律效果，法院相关裁判只是对其法律效果的确认。

根据民事诉讼安定性原理，有关民事诉讼程序的单方诉讼行为采取表示主义，比如只要存在法官应当回避的法定情形，当事人就可申请回避，不以申请人的意思真实为申请回避的合法要件。至于有关民事诉讼程序的合意诉讼行为，比如双方当事人在诉前达成管辖协议，《民事诉讼法》并未采用意思真实主义（未以当事人的意思真实为合法要件），笔者认为此类行为虽是诉讼行为但因其是合意行为，宜适用意思真实主义。①

---

① 参见邵明：《论民事诉讼安定性原理》，载《中国人民大学学报》，2011（2）。

第二章

民事诉讼目的论和价值论的发展

在民事诉讼基本理论中，"目的论"与"价值论"具有基础性地位。顺应时代发展的目的论和价值论能够为民事诉讼其他理论的发展提供更高层次的理念和品质，能够完善民事诉讼法学理论体系。顺应时代发展的目的论和价值论能够指导我国建构正当的民事诉讼程序制度，指导法院和当事人及律师合理处理民事司法或民事诉讼问题。[①]

关于民事诉讼目的与价值的关系，或认为以价值追求为路径是民事诉讼目的论的构造形式之一[②]；或认为民事诉讼的价值是从民事诉讼的目的中衍生出来的，并由它所决定，又落实到民事诉讼模式中去[③]；或认为一个国家特定时期的程序价值观是该国特定时期民事诉讼目的的决定性因素[④]；或认为通过维护实体价值来实现民事诉讼目的。[⑤]

一、民事诉讼目的论

（一）民事诉讼目的论发展概要

"人在进行任何一种活动、从事任何一项事业的时候，自始至终都有一个自觉的目的在驱使、支配"[⑥]，法律的创造也不例外。新功利法学派创始人鲁道

---

① 参见邵明：《现代民事诉讼基础理论——以现代正当程序和现代诉讼观为研究视角》，2 页，北京，法律出版社，2011。

② 参见韩波：《当代中国民事诉讼思潮探究》，103 - 105 页，武汉，华中科技大学出版社，2015。

③ 参见汤维建：《市场经济与民事诉讼法学的展望》（上），载《政法论坛》，1997（1）。

④ 参见肖建国：《民事诉讼程序价值论》，107 - 108 页，北京，中国人民大学出版社，2000。

⑤ 参见邵明：《民事诉讼法学》，2 版，25 页，北京，中国人民大学出版社，2016。

⑥ 夏甄陶：《关于目的的哲学》，186 页，北京，中国人民大学出版社，2011。

夫·冯·耶林（Rudolph von Jhering）曾精辟论道："目的是全部法律的创造者。每条法律规则的产生都源于一种目的，即一种实际的动机。"①

"功能"是客观存在的范畴，而"目的"是主观反映的范畴。民事诉讼目的是从主观意志的角度来看待民事诉讼作用或功能的，而民事诉讼功能是民事诉讼本身所固有的、客观存在的作用。民事诉讼目的是民事诉讼功能的主观反映，根据民事诉讼功能所确立的目的才能实现。

民事诉讼目的论所讨论的问题是民事诉讼为了什么而存在或设立，换言之，民事诉讼要达到什么样的效果。应当注意，讨论民事诉讼目的实际上是对合法诉讼或者合法裁判所能或所要实现目的之讨论。

大陆法系自古罗马时始，实体权利义务由成文民事实体法作出明文规定，原告的实体权利因被告违反实体法而受到侵害，原告通过民事诉讼来维护自己的实体权利。因此，民事诉讼的目的在于保护当事人权利。英美法系自古日耳曼时始，遵循习惯法，在"事实出发型"诉讼思维框架中，诉讼是为了恢复因侵权或纠纷而被破坏的秩序。

比较而言，大陆法系学者更偏爱民事诉讼目的研究，而英美法系学者更注重民事诉讼价值问题。在国外，把民事诉讼目的作为民事诉讼基本课题来研究并形成学说体系的是德国和日本等。我国民国时期，学界已经开始从民事诉讼目的的原理和精神高度来阐述民事诉讼法学理论，并逐步建立独立的民事诉讼法学理论体系。

1935年，民国学者邵勋与其子邵锋合著的《中国民事诉讼法论》专门用一章的篇幅对民事诉讼的目的进行探讨，并将"目的论"作为"民事诉讼之标的"和"民事诉讼之手段"理论构建的基础原理。②

20世纪90年代后半期，我国民事诉讼法学者开始引进国外民事诉讼目的学说，将民事诉讼目的论作为理论课题进行探讨。此前，理论界主要阐释民事诉讼法所规定的任务，没有论证民事诉讼目的与民事诉权、程序构建等问题之间内在关系。③

20世纪末、21世纪初，我国理论界开始广泛探讨民事诉讼目的，在介绍国外民事诉讼目的论的基础上，根据我国实情作出了选择，大致可分为一元论和多

---

① Jhering, *In the English Philosophers from Bacon to Mill*, p. 380. 转引自［美］博登海默：《法理学法律哲学与法律方法》，邓正来译，114页，北京，中国政法大学出版社，2004。
② 参见邵勋、邵锋：《中国民事诉讼法论》，上卷，高珣、刘志欣、林虹勘校，11-16页，北京，中国方正出版社，2005。
③ 参见刘荣军：《论民事诉讼的目的》，载《政法论坛》，1997（5）。

元论。21 世纪之后，我国学者开始重视民事诉讼目的之立法论和解释论方面的意义。

（二）民事诉讼目的一元论

1. 私权保护说

私权保护说产生于私法至上的历史时期，以民事实体法规范的实现为着眼点，强调民事诉讼目的在于保护民事私权。私权保护说是我国最早出现的民事诉讼目的的学说。

民国时期，在实体法一元观的诉讼观影响之下，学界普遍强调民事诉讼对实体权利的保护。① 邵勋、邵锋先生认为，民事诉讼既然是依赖国家公权力实行私法规范，那么将保护实体法规定的私权作为民事诉讼的目的是显而易见的结果。

与大陆法系私权保护说的论证角度不同，邵勋、邵锋先生从"国家自存"的角度出发，认为"国家赖私权之保护，以完成其法之遵守，并因以维持其国家自身之存在"，将民事诉讼的目的定位为私权保护是维持国家自存的要求。在此基础之上，邵勋、邵锋先生提出民事诉讼"不由当事人一方主观观察，定其保护方法，必须由国家对于当事人双方尽其保护之任务"。邵勋、邵锋先生还将当事人实施诉讼的目的与国家保护私权的目的加以区别，当事人常"持利己主义"，以"获得利益之结果"为诉讼的目的，而"国家对于民事诉讼，不为当事人利己之主张所拘束，须就其主张公平判断"②。

在中华人民共和国成立之初，我国民事诉讼理论承袭苏联，认为民事诉讼以发现客观真实为唯一目的。③ "任何审判权，按其观念和实质来说，都应该是探求真理，恢复真实和保护真实。只有以保护真实的，即存在于诉讼程序以外并且不以诉讼程序为转移的实体权利作为自己任务的审判权，才可能是真实的和公正的。"④

在《民事诉讼法》（1991 年）颁布前后，不少学者认为客观真实在事实发生之后就已经消逝，在民事诉讼中形成的案件事实是法律意义上的事实，是通过法律评价后形成的"真实"，民事诉讼程序依赖诉讼过程中形成的真实来实现公正。

---

① 参见石志泉：《石志泉法学文集》，邵明、周文、曹文华点校，15－17 页，北京，法律出版社，2014。

② 邵勋、邵锋：《中国民事诉讼法论》，上卷，高珣、刘志欣、林虹勘校，11 页，北京，中国方正出版社，2005。

③ 参见江伟：《市场经济与民事诉讼法学的使命》，载《现代法学》，1996 (3)。

④ ［苏联］M. A. 顾尔维奇：《诉权》，康宝田、沈其昌译，21 页，北京，中国人民大学出版社，1958。

因此，"审判上所能达到的只能是形式真实，而不可能是实质真实"①。

有学者认为：依私权保护说设计的诉讼制度存在以无视诉讼经济、违背诉讼自身规律之虞。私权保护说从保护私权出发，在事实审理上，片面追求发现客观真实，容易造成程序上利益之损耗。② 在现代诉讼观影响之下，民事诉讼不再是民事实体法的实现工具，我国新近的民事诉讼目的学说也不倾向于将保护私权作为民事诉讼的唯一目的。

2. 利益保障说

该说认为：宪法在赋予人民主权时，也同时赋予人民以自由权、财产权及生存权等基本权利。为保障和实现上述基本权利，宪法又赋予人民以诉权，并设立司法机关，尤其是行使审判权的人民法院，使其依法确保人民以权利主体的资格获取精神性和物质性利益的愿望得以实现；为发挥此项司法作用，依照宪法规定精神，国家设立民事诉讼制度，并授权人民法院负责实施和运作。在此意义上，当事人就某项特定利益（法律所认可并保护的利益）发生争议而向法院提出，人民法院以诉讼的方式在当事人的参加下进行事实认定和法律适用，从而发现利益的归属并以判决予以确认，以强制力保证其得以实现。据此，民事诉讼制度的目的应是利益的提出、寻求、确认和实现，即利益保障。③

该说中的"利益"指的是实体利益和程序利益。按利益保障说的观点，民事诉讼制度的目的，不仅应依照实体法的规定，廓清民事法律关系和确定民事权利状况，从而贯彻宪法关于保障实体权利的规定，还应依程序法的规定，以追求程序利益为己任，与宪法关于平行保护诉讼标的外各项基本权利的宗旨相一致。因此，人民法院在诉讼中运用司法权以保障之利益，由实体利益再融入程序利益。其已不再与诉讼前或纠纷发生时之利益完全相同。法院保障此等利益所适用的法律规范不只是确定民事权益的实体法律规范，而应是融程序法与实体法于一体的法律规范体系。

利益保障说所持的依据首先是程序的独立意义。程序是独立的，程序法有其独立的价值，程序利益应当得到承认、尊重和保护。民事实体法与民事程序法相互依赖和保障，互为手段和目的，两者在民事诉讼过程中相互渗透、共同作用，共同决定着双方当事人的法律地位和法院的裁判结果。正因为如此，民事诉讼制度目的论以利益保障涵盖诉讼过程中的实体利益和程序利益，并促进当事人双方

---

① 徐国栋：《论我国民法典的认识论基础》，载《法学研究》，1992（6）。
② 参见李祖军：《民事诉讼目的论评述》，载《现代法学》，1999（1）。
③ 参见李祖军：《利益保障目的论解说》，载《现代法学》，2000（2）。

平行追求之，法院平行保护之。

其次是解决大量现代型诉讼的必然要求。在现代型诉讼中，原告当事人（权益受到侵害的多数平民）及潜存的实质性利益主体常缺乏独立进行诉讼的能力，无法提出和收集证明利益存在的必要的事实和证据；更多的受害者迫于程序利用的风险，为避免蒙受额外的程序及实体利益的损害而不得不放弃使用诉讼救济手段。对此，在国民主权原则及程序主体性原则得到确立的前提下，可依照利益保障说的观点设计、完善、解释和运作程序制度。

最后，民事诉讼目的应当适应程序主体对程序利用的犹豫、怀疑和对抗的现实。程序使用者对程序制度设计及运作所抱的心理态度是影响程序利用频率高低的根本和直接原因。为改变这一现实，应当树立利益保障的目的观，强调程序制度应切实保障程序主体直接参与涉及自己利益的诉讼程序并以自己的行为直接影响裁判结果形成，以促进程序主体对程序制度内容及其运作的信赖、信服和接纳，提高裁判得以顺利执行的概率。

总之，利益保障说平等保障当事人的实体利益和程序利益，符合宪法致力于保护国民基本权利的宗旨，符合尊重人的尊严及法治国家基本原理的要求，符合维护当事人程序利益和诉讼经济的需求。①

3. 解决纠纷说

在古日耳曼法中，诉讼的目的在于解决纠纷以恢复被侵害的社会生活秩序。这种目的观从古日耳曼进入了英国，并普及到受英国法影响的地区和民族。② 第二次世界大战后，日本学界受英美法的影响，"解决纠纷说"目的论发展成为日本的有力说。在 20 世纪 90 年代后期，我国学者结合我国司法制度现状，引入了解决纠纷说。

有学者通过分析民事诉讼目的与司法制度目的的关系，认为民事诉讼制度属于国家司法制度的一个组成部分，因此，民事诉讼目的具体体现司法制度总目的。该学者将司法制度的总目的（根本目的）概括为"维护社会秩序和保护国家、社会和人民的利益"。民事诉讼目的应当服从并体现这一总目的。一方面，人民法院要通过民事审判实现保护国家、社会和公民个人的总目的，必须首先实现在民事审判中解决当事人之间所存在的纠纷这一特定的具体目的。另一方面，人民法院的民事审判权必须通过民事诉讼的形式才能行使，而民事诉讼程序的启

---

① 参见邱联恭：《程序利益保护论》，69 - 80 页，台北，三民书局，2005；李祖军：《民事诉讼目的论》，153 - 200 页，北京，法律出版社，2000。

② 参见［日］中村英郎：《民事诉讼制度及其理论的法系考察》，载陈刚主编：《比较民事诉讼法》，2003 年卷，28 - 30 页，北京，中国人民大学出版社，2004。

动和运行有赖于法院对审判权和当事人对请求权的行使。因此，国家确立的民事诉讼目的应该体现民事审判权和民事请求权所追求的诉讼目的的结合。当今世界，职权主义与当事人主义交错的民事诉讼构造的重要特征也是对上述结论的重要验证。

在这一重要结论的基础上，该学者论证了民事请求权和民事审判权所追求的目的，并试图寻求一个统一的目的将以上两目的进行融合，进而形成民事诉讼的目的。该学者认为，虽然当事人为获得权利的满足选择民事诉讼，可是这种权利的满足必定以纠纷解决为目的。法院以审判方式确认当事人之间存在的权利义务关系，并根据法律作出裁决，也就意味着以国家强制力宣布纠纷的终结，所以，当事人请求权和法院审判权的共同指向，即民事诉讼制度的指向，是民事纠纷。因此，解决民事纠纷应是民事诉讼制度的目的。①

4. 程序保障说

程序保障说认为，国家设立民事诉讼制度是为了保障当事人在诉讼中的平等地位，能够平等地进行攻击防御，因此不应把诉讼过程只是作为达到判决的准备阶段，而应把诉讼过程作为诉讼目的来把握。该说以程序保障为起点，进一步认为，法院不应该把诉讼过程只是作为达到判决或和解而必需的准备阶段，而应当把这一过程作为诉讼应有的目的来把握，只有正当的程序才是使判决或和解获得正当性的源泉。因此，法院应从"以判决为中心"转向"以诉讼的过程本身为中心"。

日本学者井上治典先生倾其全力提倡程序保障说，认为此前（日本学界）诉讼目的论是为了进行诉讼法理论的体系化而予以构建的，其中具有强烈的"表现倡导者自身哲学论"的倾向，这种目的论对于具体性诉讼程序的运用及解释论几乎没有施加影响；至于多元论（详见下文），则导致了目的论的扩散化，进而丧失了其应有的核心作用。井上治典从发挥目的论实践性作用的角度，构造了程序保障说。诸如"不是从判决的结果而应当从程序之过程来看待民事诉讼""应当承认诉讼中的对论规则与诉讼外社会中的规则是同质的事物""应当从作为自律性程序主体之当事人的视角出发来考虑（诉讼中问题），而且应当重视纠纷或程序的具体性"等具体主张，均可纳入程序保障说的具体内容。②

与其他纠纷解决机制相比，民事诉讼更加重视程序保障。从经验层次来看，

---

① 参见刘荣军：《论民事诉讼的目的》，载《政法论坛》，1997（5）。

② 参见［日］高桥宏志：《民事诉讼法——制度与理论的深层分析》，林剑锋译，11-13页，北京，法律出版社，2003。

在具体案件中，只有经过对事实的认定，才能援引相关实体法律规范作出判决，从而实现法律从一般到具体的转化。因此，"权利保护"必须经过"认定事实"的阶段，而认定事实阶段即通过相关诉讼程序（举证、辩论等）进行而完成。可见，程序对判决的形成以及判决内容的确定都有直接影响。从心理学意义上说，当事人接受判决是否因为其权利受到保护？若然，则得出"只有胜诉当事人才会接受判决"，但现实中败诉当事人也接受了判决。其中缘由离不了程序本身的正当性，这正反映出程序的独立价值，而这种价值内涵被私权保护说忽视了。从法的价值论角度，诉讼所能提供的价值内涵是程序正义。程序正义一方面体现了程序的独立价值，另一方面具有"通过程序的正当化"功能。程序正义和实体正义共同构成了诉讼正义的全部内涵，两者相辅相成，最终目的是实现法律的正义价值。基于以上认识，我国有学者赞成"程序保障说"。①

5. 评析

我国民事诉讼目的的多种观点，各有一定的根据，但强调一元论也有不足之处。

在民事实体法日益完备的今天，根据维护合法权益和法院依法审判的法治原则，民事诉讼仍然应当保护受到侵害的合法权益，这依然是受害者或民事诉讼利用者的正当诉求。民事实体法是私法，民事诉讼法是公法，如法谚云："私法处于公法的保护之下。"在目的方面，民事实体法和民事诉讼法是一致的。比如，"保护民事主体的合法权益"是民法的基本目的（参见《民法典》第1条），那么民事诉讼法当然以此为基本目的。况且，如今诸多人权公约将保护权利作为诉讼目的。②

在现代成文法体系中，解决纠纷说与私权保护说实际上是一体两面的关系，并且均着眼于当事人的立场。民事诉讼能够起到"定分止争"的作用，即明确当事人之间的具体民事法律关系，保护当事人合法的民事权益，结束当事人之间的民事纠纷。在法律层面，保护民事权益与解决民事纠纷是一致的，即保护了民事权益就解决了民事纠纷，解决了民事纠纷就保护了民事权益，所以可将两者统一纳入民事诉讼制度体系中。

程序保障说和利益保障说均立足于当事人的立场来考察民事诉讼目的问题，强调在诉讼中保障当事人的程序主体地位和正当权益，突出正当程序的独立价

---

① 参见章武生、吴泽勇：《论民事诉讼目的》，载《中国法学》，1998（6）。

② 比如，《世界人权宣言》第8条规定："当宪法或者法律赋予的基本权利遭受侵犯时，人们有权向有管辖权的法院请求有效的救济。"

值。这是其可嘉之处。但是，程序保障说过于强调程序本位也饱受诟病。[①] 当发生侵权或违约时，当事人提起或参与诉讼的目的是保护权益或解决纠纷，并不是"获得程序保障"或"实现程序利益"。可见，程序保障说和利益保障说偏离"目的论"的轨道。不过，利益保障说将保障当事人的实体利益纳入民事诉讼目的之范畴，比程序保障说要合理一些。程序保障说和利益保障说关于程序保障的内容，放入"价值论"之中更为合理。[②]

一元论的支持者认为，虽然多元论在表面上看似完美，但作为一个基础理论，其难以在具体问题中进行适用。有学者指出，多元论与探求民事诉讼制度设计的基本理念的出发点大异其趣。多元论在追求论点的"全面""中肯"的同时，将问题简单化、肤浅化。[③] 社会生活千变万化，日新月异，立法及司法过程中如何依个别具体问题之不同，分别择定各价值所应占之比重，其结果只会是时此时彼，无所依从。[④]

(三) 民事诉讼目的多元论

《民事诉讼法》第 2 条明确规定其任务是多层次的：（1）保护当事人行使诉讼权利；（2）保证法院查明事实，分清是非，正确适用法律，及时审理民事案件；（3）确认民事权利义务关系，制裁民事违法行为，保护当事人的合法权益；（4）教育公民自觉遵守法律；（5）维护社会秩序、经济秩序，保障社会主义建设事业顺利进行。有学者认为，第（1）和（2）项主要是民事诉讼法的程序性任务，应当纳入价值范畴；第（3）～（5）项主要是民事诉讼法的实体性任务，应当构成民事诉讼目的。[⑤]

有学者认为，民事诉讼制度是随着国家的出现而出现的，所以，一方面，国家设置民事诉讼制度是为了实现社会统治职能，即通过对民事纠纷的解决实现社会秩序正常化；另一方面，民事纠纷是因民事权益不明引起的，不对民事权益加以归属上的明确，则无法解决纠纷，使个人意志下的权益符合国家意志下的权益并加以保护是国家的责任。因此，民事诉讼有双重目的：（1）解决纠纷，维护社会秩序；（2）保护民事权益，确定权利义务关系。此外，由于现代国家制定法的发达，"诉讼形成法"的现象已日渐稀少，但是通过诉讼来完善制定法屡见不

---

① 参见李祖军：《民事诉讼目的论评述》，载《现代法学》，1999（1）。

② 参见邵明：《现代民事诉讼基础理论——以现代正当程序和现代诉讼观为研究视角》，30 页，北京，法律出版社，2011。

③ 参见章武生、吴泽勇：《论民事诉讼的目的》，载《中国法学》，1998（6）。

④ 参见李祖军、田毅平：《民事诉讼目的论纲》，载《现代法学》，1998（5）。

⑤ 参见邵明：《民事诉讼法学》，2 版，19 页，北京，中国人民大学出版社，2016。

鲜，这在现代型诉讼中表现得尤为突出。

在不同的社会历史条件下，国家对民事诉讼双重目的的取舍有不同的偏重。在专制社会里，民事诉讼制度作为国家制度的组成部分，其设置目的偏重于解决纠纷，维护专制统治秩序。在民主社会中，由于民事诉讼的设置者与利用者合二为一，民事诉讼双重目的实现了有机统一。从各国民事诉讼体制改革的现状来看，强调社会利益和当事人利益的统一是共同趋势，由此而强调在诉讼中充分发挥当事人和法官的能动性和协调作用。①

有学者认为，民事诉讼目的之多重性是由民事诉讼的程序性和主体多元性所决定的，民事诉讼目的之层次性是由社会价值取向的多元化所决定的。法院代表国家行使民事审判权，其诉讼活动的目的自然要与国家设立民事诉讼制度的目的相一致，而在解决纠纷、保护民事权益方面要与当事人诉讼目的相一致，也可以说合乎当事人目的。唯有如此，在民事诉讼中人民法院的审判行为与当事人的诉讼行为才可能具有同向性，才可能相互作用，共同推进民事诉讼的运行和发展。该学者认为，民事诉讼目的的设定取决于众多因素，主要有：

（1）国家和社会的特定需要是民事诉讼目的的事实依据。民事诉讼目的作为国家对民事诉讼活动所预设的一种主观追求，同样是国家和社会化解民事纠纷、维护社会秩序的需要，又包括当事人维护自身合法权益的需要。在社会生活中，民事主体利益愿望及其实现方式的失当，以及对某些法律或事实过程认识的偏误等，往往不可避免地会导致民事冲突与纠纷的产生。而纠纷的产生，不仅困扰纠纷当事人，而且会影响社会秩序的正常运转。因此，纠纷的解决，不但与当事人的利益不可分割，而且与国家以及社会的生产生活秩序息息相关。

（2）宪法是确立民事诉讼目的的根本法律依据。宪法作为国家的根本大法，是确立民事诉讼目的、制定和实施民事诉讼法的根据。首先，宪法提出的四项基本原则是确立民事诉讼目的的指导思想。其次，宪法关于保护国民和组织团体正当权益的规定，是民事诉讼保护民事权益目的确立的基础。最后，宪法关于法院依法独立行使审判权以及有关审判原则与制度的规定是民事诉讼确立以"保障人民法院充分行使审判权"为目的的基础。在近代立宪主义时代，法院独立充分行使审判权是主张"纠纷解决"正统性的基本要求。

（3）民事诉讼的本质及规律是确立民事诉讼目的的理论依据。首先，运用国家权力解决平等主体之间的财产关系和人身关系的争议，是民事诉讼的本质特征。其次，审判权与民事诉权的特殊性和相互间的同步制约关系也是确立民事诉讼

---

① 参见陈刚、翁晓斌：《论民事诉讼制度的目的》，载《南京大学法律评论》，1997（春季号）。

目的的重要依据。需要补充说明的是，还必须把民事诉讼制度与国情联系起来，并对民事诉讼与相关的民事程序制度进行关联性考察，才有可能深入理解民事诉讼目的，并且才能够在此基础上构建一个科学合理的民事诉讼目的理论体系。

通过以上分析，我国现阶段民事诉讼目的可分为下列三个层次：（1）实现权利保障。民事诉讼既包括保障当事人的实体权利，又包括保障其程序权利，而且只有实现了对程序权利的保障，才能实现对实体权利的保障。这一目的的具体内容包括保障当事人民事诉权、民事权益和法院民事审判权的实现。（2）解决民事纠纷。国家之所以设立民事诉讼制度，其决定因素之一是认识到民事纠纷所危及的不仅仅是当事人本身的权益，而且危及或可能危及统治阶级的秩序和利益。纠纷解决的内在实质方面是通过确认民事权利义务关系，使非正常状态的法律关系恢复正常，使不确定的法律事实得以确定。（3）维护社会秩序和经济秩序。最大限度地发挥民事诉讼的各项功能，维护社会秩序和经济秩序是民事诉讼的最终目的，实际上是国家设立民事诉讼制度的内在动因，也是民事诉讼各项具体目的的综合体现。①

有学者认为，在现代国家权力分立的框架中，基于维护民主政治原则，民事诉讼目的应当在于"实现"实体法，即民事诉讼主要属于具体性治理（属于司法限制主义的内容），通过对具体民事案件的事后性审判和执行来保护民事权益、解决民事纠纷与维护民事实体法律秩序。司法限制主义认为，基于国家权力的分立与制衡，法院作为法律的解释者和适用者，与立法机关不同，其主要职责是"依法审判"，即通过诉讼适用法律、公正而及时地处理个案，以保护私权和解决纠纷；其基本思维模式是"三段论"，即根据大前提（明确的法律规范）和小前提（案件的实体事实）而得出结论（判决）。这种思维模式实际上是理性主义、法条主义的产物，也是法教义学、形式主义司法观的内容，亦属于"包含性"判决模式和"规范出发型"诉讼的范畴。②

同时，民事诉讼还有一般性治理的功能（属于司法能动主义的内容），比如创造民事实体法规范（或称法官造法）。③ 民事诉讼创造民事实体法规范或促成民

---

① 参见何文燕、廖永安：《民事诉讼目的之界定》，载《法学评论》，1998（5）。

② 参见苏力：《经验地理解法官的思维和行为》，载《北方法学》，2009（1）；邵明：《正当程序中的实现真实——民事诉讼证明法理之现代阐释》，6-7页，北京，法律出版社，2009。

③ 我国民国学者邵勋法官著文道：最初，不同实体法上有什么样的权利义务，只以能够提起诉讼为目标，然后由判例衍生出各种法则，归纳出原则与例外的情形，经过学者的大加倡导，制定为实体法典，所以"诉讼法乃是实体法之母也"。随着时代的发展，实体法规定私权，诉讼法规定权利的救济方法，两者渐趋分离，到了当代，则形成了一般观念中的诉讼法乃是实体法之附属法的认识。参见邵勋：《民事诉讼法与民事实体法》，载《法律评论》，1928（235）。

事实体法发展，即民事诉讼的"造法"功能。在司法限制主义者看来，只有在维护国家权力分立原理和民主政治原则的前提下，才能在一定程度上肯定司法的能动性、司法的立法功能或法官的造法作用。司法能动主义主张，法官应更多地把自己看作社会工程师而不是单纯适用规则的法官，法官为了推动社会进步，通过司法程序或诉讼程序创造实体法规则，确定新的社会政策。① 我国最高人民法院颁行的诸多司法解释和发布的一些指导性案例，实际上成为立法的重要补充和参考。②

　　自 20 世纪后半叶以来，民事诉讼被用来解决诸多社会、经济、政治问题，从而形成公共政策，维护公共秩序。民事诉讼是通过解决个案实现其治理功能的。比如，实施就业歧视的，劳动者可以根据《劳动法》第 3 条、《就业促进法》第 62 条、《妇女权益保障法》第 41～49 条向法院起诉（案由是平等就业权纠纷），国家可以通过民事诉讼来保护平等就业权并借此实现平等就业政策。民事诉讼现代治理功能在解决现代公益纠纷方面体现得尤为明显，即民事诉讼解决现代公益纠纷，以分配公共资源或形成公共政策。这类诉讼被称为"政策形成型诉讼"③。我国仍处于社会转型期，可以通过诉讼案件测定社会不满的程度和原因，及时解决④；并且通过新型案例弥补制度漏洞，以保障社会改革顺利进行，推进社会良性运行。⑤《民事诉讼法》第（5）项任务体现了民事诉讼形成公共政策和维护公共秩序的功能和目的，对此最高人民法院相关司法解释有直接体现。⑥

---

　　①　参见［意］莫诺·卡佩莱蒂：《比较法视野中的司法程序》，徐昕、王奕译，3－75 页，北京，清华大学出版社，2005。

　　②　《最高人民法院公报》公布的不少案例不仅弥补了立法和司法解释的不足，而且通过某一具体案例创设出了新的法律原则或者判案规则。参见最高人民法院公报编辑部：《最高人民法院公报全集 1995—1999》，出版说明，北京，人民法院出版社，2000。

　　依据《关于案例指导工作的规定》（法发〔2010〕51 号）及其实施细则，最高人民法院发布的"指导性案例"包括法律规定比较原则、新类型等案例。

　　"法官释法"和"法官造法"的界限往往是很难划分清楚的。毕竟司法解释的制定和指导性案例的确定没有经过立法民主程序，解释者的个人观点、知识结构和对案件认识的偏差都可能导致司法不公。对此，解释的原则和技术规则是十分重要的，如同类案件司法解释的一致性，司法解释与宪法原则的一致性等。参见信春鹰：《中国是否需要司法能动主义》，载《人民法院报》，2002－10－18。

　　③　邵明：《现代民事诉讼基础理论——以现代正当程序和现代诉讼观为研究视角》，41－42 页，北京，法律出版社，2011。

　　④　参见季卫东：《法治秩序的建构》，223 页，北京，中国政法大学出版社，1999。

　　⑤　参见刘风景：《判例的法理》，86－89 页，北京，法律出版社，2009。

　　⑥　比如，《关于人民法院为"一带一路"建设提供司法服务和保障的若干意见》（法发〔2015〕9 号）、《关于充分发挥审判职能作用切实加强产权司法保护的意见》（法发〔2016〕27 号）、《关于为自由贸易试验区建设提供司法保障的意见》（法发〔2016〕34 号）、《关于全面加强长江流域生态文明建设与绿色发展司法保障的意见》（法发〔2017〕30 号）、《关于为海南全面深化改革开放提供司法服务和保障的意见》（法发〔2018〕16 号）、《关于为实施乡村振兴战略提供司法服务和保障的意见》（法发〔2018〕19 号）等。

对当事人而言，保护民事权益和解决民事纠纷是其直接目的。"司法为民"决定了保护民事权益和解决民事纠纷是民事诉讼基本目的。至于维护民事实体法律秩序、促成民事实体法发展、形成或者实现公共政策、推动社会改革等公益性目的，多由国家来考虑。通常，在基层法院初审中，保护民事权益和解决民事纠纷等私益性目的更为重要；上诉审法院，特别是最高人民法院，更重视统一法律适用、阐明并发展法律、形成公共政策等公益性目的。[①]

有学者认为：首先，民事诉讼的直接功能是解决纠纷，调整利益冲突，保护社会主体的合法权益；其次，诉讼是一个法律适用的过程，在这个过程中，诉讼具有确认、实现或发展法律规范，保证法律调整机制的有效和正常运转，从而建立和维护稳定的法律秩序的功能；最后，诉讼的建立与运作，是国家司法权行使和法律实现的重要环节，所以诉讼最深刻的功能在于维护整个社会的政治秩序和国家权力的合法性。[②]

(四) 民事诉讼目的之意义

民事诉讼目的论绝非"一个距离现实很远的空论"，其研究具有理论意义和实践意义，这在学界基本达成共识。[③] 我国学者对目的论的研究并未仅仅停留在抽象的理论推演层面，还对目的论在民事诉讼理论与实践领域的适用问题进行了一定程度的讨论，后者涉及民事诉讼目的之实现。

比如，有学者认为，民事诉讼目的论为民事诉讼制度设计提供基本理念或曰指导方向。基于不同的目的论，定会有不同的民事诉讼制度设计。同时，目的论对司法实践也具有指导作用。目的论可以为法官的法律解释提供方向性的指导，而在成文法不甚完善的国家，这种指导在某些时候显得更为重要。[④]

有学者认为民事诉讼目的具有立法论意义。比如，民事执行的目的是实现债权人的债权，应当按照债权（请求权）的类型（如给付金钱、交付物、履行行为等债权）来设置相应的执行程序和采取相应的执行措施。民事诉讼目的之解释论意义主要是根据民事诉讼目的来解决实务中程序适用疑难问题。比如，对于后发性损害赔偿请求，应当根据民事诉讼目的，允许受害人再行起诉。[⑤]

---

① 比如，德国上告程序（第三审程序）的首要目的是维护法律统一和为法官造法提供条件。只有当上诉案件具有根本意义（包括能够起到维护法律统一、法官造法的作用）而需要由上告法院审判时，才允许提起上告。参见李大雪：《德国民事诉讼法的历史嬗变》，载《西南政法大学学报》，2005（2）。

② 参见范愉：《非诉讼纠纷解决机制研究》，31-35 页，北京，中国人民大学出版社，2000。

③ 参见何文燕、廖永安：《民事诉讼目的之界定》，载《法学评论》，1998（5）；章武生、吴泽勇：《论民事诉讼的目的》，载《中国法学》，1998（6）；等等。

④ 参见章武生、吴泽勇：《论民事诉讼的目的》，载《中国法学》，1998（6）。

⑤ 参见邵明：《民事诉讼法学》，2 版，19 页，北京，中国人民大学出版社，2016。

自进入 21 世纪以来，人们开始根据目的来探讨民事诉讼其他理论。例如，有学者认为成文法体系中的法规出发型诉讼是以权利保护为其首要目的，由此其基本思维结构是司法三段论，同时将此项民事诉讼目的作为要件事实理论的基础之一。①

二、民事诉讼价值论

法律价值的基础关系为人与法之间的关系，法对于人所具有的意义，是法对人的需要的满足。② 民事诉讼价值是当事人、社会和国家合理需要在民事诉讼中的体现，是民事诉讼对合理需要的积极满足。民事诉讼价值大体上包括观念性价值（人们对价值的主观认识和倡导）、制度性价值（观念性价值在立法中的体现或者实现）和司法性价值（观念性和制度性价值在个案司法中的体现或者实现）。民事诉讼价值论既要讨论、阐释诸价值的具体内容，又要讨论诸价值间发生冲突时如何平衡的问题。③

（一）民事诉讼价值论发展概要

程序价值（论）或诉讼价值（论）包含了对程序价值与实体价值之间关系的讨论、认识或界定。程序价值与实体价值之间的关系，实际上就是程序（法）与实体（法）之间的关系。自民事诉讼法与民事实体法分离以来，诉讼程序的意义和价值问题就成为许多学者关注的对象，第二次世界大战后西方诸多法哲学学者开始以价值研究为中心构筑自己的学说。在制度史和学术史中，大体上存在"程序工具主义"和"程序本位主义"。程序工具主义（结果本位主义）又包括绝对工具主义、相对工具主义和经济效益主义。④

绝对工具主义，属于功利主义的范畴，其主要观点是：程序法唯一的正当目的在于最大限度地实现实体法，程序法的最终有用性取决于实体法的有用性。相对于实体法，程序只是工具，程序法只是"附从法"（subsidiary law，adjective law），本身不具有任何独立的内在价值。因此，实体法应当（首先）被制定出来，否则程序法将毫无意义。

相对工具主义主张，在追求程序工具性价值目标的同时，还得兼顾一些独立的价值。绝对工具主义将确保实体法的实施作为法律程序的唯一价值目标，无异

---

① 参见段文波：《民事诉讼制度目的视角下的裁判构造论》，载《南京社会科学》，2010（9）。

② 参见卓泽渊：《论法的价值》，载《中国法学》，2000（6）。

③ 参见邵明：《民事诉讼法学》，2 版，21 页，北京，中国人民大学出版社，2016；汤维建：《市场经济与民事诉讼法学的展望》（上），载《政法论坛》，1997（1）。

④ 参见陈瑞华：《程序价值理论的四个模式》，载《中外法学》，1996（2）。

于承认法院裁判可以通过刑讯及其他非人道手段而形成并具有正当性。然而，在被告没有获得公正程序保障的情况下，法院即使作出正确的判决，在现代法治社会也不具有正当性。

经济效益主义主张，审判程序不过是最大限度地实现某一外在价值目标的工具。所谓"外在价值目标"，是指最大限度地增加公共福利或提高经济效益。审判活动的主要目的就在于最大限度地减少法律程序运作过程中的"错误耗费"和"直接耗费"①。

程序本位主义强调程序自身的独立价值，认为评价法律程序的价值标准在于法律程序本身是否具有一些内在的优秀品质，而不在于其在实现实体法目的方面的有用性。在程序本位主义者看来，审判是一个理性的论证和辩论过程，获得公正审判的权利具有其独立的内在价值。这种内在价值表现为，公正程序能够营造出当事人之间、当事人与法官之间顺畅对话的制度空间，同时使当事人充分参与诉讼而成为真正意义上的程序主体。

我国关于民事诉讼价值论的学说大体存在程序工具主义、程序本位主义及折中说。从我国学术思潮发展的历史脉络来看，民事诉讼价值论的主流学说逐渐由程序工具主义走向程序本位主义；折中说通过对程序工具主义与程序本位主义的反思，认为两者均走向了极端，由此认为民事诉讼价值论兼具实体价值和程序价值。

我国历史上也有人强调诉讼法的重要性。比如，沈家本在《刑事诉讼律草案》完成的奏折中写道："西人有言曰：刑律不善，不足以害良民；刑事诉讼律不备，即良民亦罹其害。盖刑律为体，而刑诉为用，两者相为维系，固不容偏废也。"不过更多人认为，诉讼法是主法（实体法）的助法。② 邵勋先生认为"诉讼法乃实体法之母"③；不过，也承认在私法发达的时代，诉讼法乃是实体法之

---

① 按照经济分析法学的观点，司法活动中的经济耗费主要有两种形式：（1）由于法院作出了错误的裁判而带来的"错误耗费"（error costs）；（2）司法过程中直接产生的耗费，简称为"直接耗费"（direct costs）。人们应当致力于最大限度地降低"错误耗费"和"直接耗费"的总和，不能单独减少其中任何一项，否则会破坏两者间的相对平衡。例如，如果将减少"直接耗费"作为提高经济效益的唯一途径，将最少的人力、物力和财力投入审判活动之中，从而无法满足法院查明案件事实真相所需要的资源耗费量，那么判决的错误率势必会有所提高，由此导致"错误耗费"畸形地增加。同样，如果为确保判决的正确性而无节制地增加对审判过程的资源投入，那么"直接耗费"就会过度地增加，以致于大大高于法院因为减少判决错误而节省下来的"错误耗费"，结果得不偿失。参见肖建国：《民事诉讼程序价值论》，208-210页，北京，中国人民大学出版社，2000。

② 参见梁启超：《梁启超法学文集》，178页，北京，中国政法大学出版社，2000；石志泉：《石志泉法学文集》，邵明、周文、曹文华点校，15-17页，北京，法律出版社，2014；等等。

③ 邵勋：《民事诉讼法与民事实体法》，1-2页，载《法律评论》，1928（235）。

附属法。①

　　有学者评价道，在考虑法制建设的时候，我国的法律家更侧重于强调令行禁止、正名定分的实体合法性方面，而对在现代政治、法律系统中理应占枢纽位置的程序问题语焉不详，偶有论及者也未明确论述程序所具有的独立价值。②

　　马克思关于实体法与程序法的论述③，对我国民事诉讼法学关于实体（法）与程序（法）的认识有着重大的影响。④ 在 20 世纪 80 年代，民事诉讼法教材普遍认为，民事诉讼程序的功能在于保障实体法的实现，实体法是程序法存在的前提。⑤

　　20 世纪 90 年代，市场经济为程序价值论研究的发端和程序独立价值的觉醒带来了契机。市场经济的建立和发展催生了程序正义理念在我国的逐步树立。⑥市场经济是法治经济，法治经济又是规范化的程序性经济。它通过完备的法律手段和良好的社会法治环境有效地保障和维护正常的经济秩序，保证平等、公开、公正、公平的竞争环境和发展机遇。这有利于给经济发展创设和维系一个民主、自由、宽松、和谐的空间氛围，保护公民和法人的正当权益，促进经济的有序增长和繁荣。⑦ 同时，市场经济强调人的主体地位，与此相应，也要保障当事人的诉讼主体地位，最大限度地满足主体的诉讼需要，即诉讼程序的价值。⑧

　　在此背景下，程序价值作为一个法学基础理论被正式提出⑨，程序价值观开始向程序本位主义转变。程序的独立价值被重视后，程序工具主义被贴上贬义词

---

①　参见邵勋、邵锋：《中国民事诉讼法论》，上卷，高珣、刘志欣、林虹勘校，9 页，北京，中国方正出版社，2005。

②　参见季卫东：《法治秩序的构建》，增补版，10 页，北京，商务印书馆，2014。

③　如果审判程序只归结为一种毫无内容的形式，那么这样空洞的形式就没有任何独立的价值了，实体法却具有本身特有的必要的诉讼形式，审判程序和法两者之间的联系如此密切，就像植物的外形和植物的联系，动物的外形和血肉的联系一样。审判程序和法律应该具有同样的精神，因为审判程序只是法律的生命形式，因而也是法律的内部生命的表现。参见《马克思恩格斯全集》，第 1 卷，178 页，北京，人民出版社，1956。

④　参见张卫平：《对民事诉讼法学贫困化的思索》，载《清华法学》，2014（2）。

⑤　参见柴发邦主编：《民事诉讼法教程》，4 页，北京，法律出版社，1983；常怡主编：《民事诉讼法教程》，2-3 页，重庆，重庆出版社，1982。

⑥　参见江伟、崔蕴涛：《中国民事诉讼法学的回顾与展望》，载《朝阳法律评论》，2009（2）。

⑦　参见文正邦：《论现代市场经济是法治经济》，载《法学研究》，1994（1）。

⑧　参见肖建国：《民事诉讼程序价值论》，8 页，北京，中国人民大学出版社，2000。

⑨　这一时期涌现出诸多有关程序价值论的著述。其中，季卫东先生的《程序比较论》［载《比较法研究》，1993（1）］、《法律程序的意义——对中国法制建设的另一种思考》［载《中国社会科学》，1993（1）］具有开创性的意义。

的标签。对此，有学者认为，程序工具主义所产生的足以贬降程序法地位，尤其是轻视程序法的思维因素故应被排除，但又要防止对程序本位主义作绝对化、单一性的理解与恪守。

该学者认为，程序工具主义要求司法者精准认定案件事实并严格适用实体法律，从而作出正确的裁判，由此形成了较为合理的司法三段论，甚至积淀成大陆法系司法传统。在我国，程序工具主义对人们在司法中树立实体法的权威、尊重诉讼事实的真实判定、强调结果正义的不可偏废性等，均具有不容忽视的价值。符合我国国情以及发展趋势的做法应当是将程序工具主义与程序本位主义有机结合起来，而不是各持一个极端。[①] 此种看法实际上认可民事诉讼价值包括程序价值和实体价值。

（二）民事诉讼价值的构成

在自由资本主义时期，由于尊崇私法自治和强调私法至上，所以人们普遍认为，民事诉讼无非是借助法院的力量实现民事实体权利的单纯技术程序而已，民事诉讼法仅被作为民事实体法的一个组成部分，或者将民事诉讼法作为民事实体法的助法或实现法。因此，当时的诉讼观是"实体法一元观"或"私法一元观"，即仅从实体法的立场来认识和处理诉讼问题。"私法一元观"过分强调民事诉讼（法）对实体法权利的保护（私权保护说），单纯强调民事诉讼（法）实现实体公正的价值而漠视其独立的价值。

19 世纪中叶以后，国家加强保护公共利益，同时，包括司法权在内的国家权力逐渐强大并开始向私人领域和公共领域扩张，公法及其观念和理论得到发展。民事诉讼也被看作是解决私权纠纷的公力救济方式，民事诉讼法也被看作独立于私法的国家法和公法，人们开始接受"诉讼法一元观"，即从诉讼法的角度理解和把握民事诉讼的理论、制度和具体概念问题。"诉讼法一元观"更强调民事诉讼（法）解决民事纠纷等目的（纠纷解决说等），更突出民事诉讼程序公正的独立价值。

然而，仅从诉讼法立场分析诉讼问题也是不合理的：没有从民事诉讼法与民事实体法的联结点上来认识和考察民事诉讼问题，从而不能合理解释保护私权和解决民事纠纷为什么是民事诉讼的目的、为什么合法起诉行为等诉讼行为可以产生实体法上的效果等问题。

民事诉讼一方面必须严格按照法定的民事诉讼正当程序有序进行，另一方面必须根据民事实体规范等作出裁判。因此，应当遵行"二元诉讼观"，即：一方

---

① 参见汤维建：《我国民事诉讼法学的现代化转向》，载《清华法学》，2013（5）。

面运用民事实体法原理并结合民事实体规范，研讨民事诉讼基本理论；另一方面从民事诉讼独立价值或独立品质的角度来理解民事诉讼基本理论。①

据此，在我国，普遍认为民事诉讼价值包括程序价值和实体价值。不过，有关程序价值和实体价值的具体构成或者主要内容，存在不同的见解。或认为，法律程序的价值大致可以划分为两类：（1）对诉讼结果有主要影响的价值，为实体价值，例如真实、效益等；（2）对诉讼过程有主要影响的价值，为程序价值，例如公平、民主等。民事诉讼价值便是两者的统一。② 或认为，民事诉讼价值包括：（1）目的性价值（内在价值），即程序自由③、程序公正和程序效率；（2）工具性价值（外在价值），即诉讼程序是实现民事诉讼实体目的之手段或工具，包括实体公正和秩序等价值类型。④ 或认为，民事诉讼程序价值，即民事诉讼"过程"的正当程序保障，主要有程序公正和程序效率等；民事诉讼实体价值，即民事诉讼"结果"的正当程序保障，主要是指实体公正，通过维护实体价值来实现民事诉讼目的。⑤

有学者不采"实体价值"与"程序价值"的说法，认为公正和经济是民事诉讼价值的基本构成内容。该学者在对公正性的论述中，同样强调公正性应具有程序正义和实体正义两方面的内涵，两者分别体现了人们对程序过程和实体结果的价值要求。⑥

民事诉讼诸价值应当且能够具体化为制度性价值和司法性价值。比如，将"法官中立"具体化为回避制度；将"程序参与"具体化为送达制度、质证权和辩论权等。法院裁判显著违背诉讼价值及相应原则制度的，往往属于严重的程序违法（违背程序价值）或严重的实体错误（违背实体价值），为上诉理由或再审理由。⑦

（三）民事诉讼的程序价值

关于民事诉讼程序价值的具体构成或者主要内容，学界向来存在多种见解。比如，有学者认为包括程序自由、程序公正、程序效率；有学者认为包括程序的

---

① 参见邵明：《现代民事诉讼基础理论——以现代正当程序和现代诉讼观为研究视角》，10-12页，北京，法律出版社，2011。

② 参见汤维建：《市场经济与民事诉讼法学的展望（上）》，载《政法论坛》，1997（1）。

③ 自由价值主要表现为：保障法院的审判权不受外在压力的干预；保障当事人的诉权和诉讼权利不受审判权的压制和侵犯；保障程序主体选择的自由。

④ 参见肖建国：《民事诉讼程序价值论》，153-477页，北京，中国人民大学出版社，2000。

⑤ 参见邵明：《现代民事诉讼基础理论——以现代正当程序和现代诉讼观为研究视角》，57-58页，北京，法律出版社，2011。

⑥ 参见张卫平：《民事诉讼法教程》，12-14页，北京，法律出版社，1998。

⑦ 参见邵明：《民事诉讼法学》，2版，22页，北京，中国人民大学出版社，2016。

公正（安定性和公开性）、正当、对话和迅速①；另有学者认为程序安全是第一层次的程序价值，其下是程序公正、程序自由等价值②等等。限于篇幅，此处仅梳理有关程序公正和程序效益（或效率）两大基本程序价值的看法或观点。

有学者认为，民事诉讼正当程序保障包括民事诉讼过程的正当性保障，主要包括获得公正方面的程序保障和获得效率方面的程序保障，分别对应于"程序公正"和"程序效率"两个基本程序价值。当今国际社会的共识是，当事人获得公正和效率方面的程序保障属于"程序性人权"、"宪法基本权"或者"程序基本权"的范畴。③

1. 程序公正

（1）程序公正的基本内容或者主要标准

有关程序公正的基本内容或者主要标准应当包含哪些，在我国仁者见仁，智者见智。下面按照时间顺序将代表性观点介绍如下：

1）程序公正的标准和要素包括程序规则科学性、法官中立性、当事人双方平等性、诉讼程序透明性、制约与监督性。程序公正的实现有赖于确保利害关系人参加的程序，以及程序主体性地位的建立。④

2）程序公正包括如下内容：裁判者中立，确保利害关系人参加，当事人平等对话，保障当事人充分地陈述主张，平等对待当事人，程序能为当事人所理解，充分尊重当事人处分权，维护当事人人格尊严，当事人不致受到突袭裁判。⑤

3）程序公正是对当事人作为程序主体的充分尊重，具体可以包括程序主体的参与、平等对话、提供陈述机会、维护当事人应有的尊严等独立价值。以程序与结果的逻辑为视角，可以认为没有程序正义就不可能有实体正义。⑥

4）确定民事诉讼程序公正的最低标准应从两个方面入手：实现一般公正的诉讼构造，这方面的标准有法官中立原则和当事人平等原则；实现一般公正的动态过程，这方面的标准主要有程序参与原则、程序公开原则和程序维持原则。⑦

5）在现代正当程序中，程序公正的衡量标准或者主要内容有司法的消极性、独立性、中立性，程序的公开性，当事人的参与性、平等性等。其中，当事人的

---

① 参见刘荣军：《程序保障的理论视角》，145－156 页，北京，法律出版社，1999。

② 参见胡亚球：《程序安全：程序价值的新视角》，载《中国法学》，2004（5）。

③ 参见邵明、曹文华：《论民事诉讼当事人程序基本权》，载《中国人民大学学报》，2017（5）。

④ 参见陈桂明：《诉讼公正与程序保障——民事诉讼程序之优化》，12－15 页，北京，中国法制出版社，1996。

⑤ 参见张卫平：《民事诉讼基本模式：转换与选择之根据》，载《现代法学》，1996（6）。

⑥ 参见张卫平：《民事诉讼法教程》，14－15 页，北京，法律出版社，1998。

⑦ 参见肖建国：《民事诉讼程序价值论》，172－177 页，北京，中国人民大学出版社，2000。

参与性是程序公正的基本标准或者基本内容。[1]

（2）程序公正的基本内容：程序参与原则

程序公正或者程序正义的基本标准或者基本内容是程序参与原则。简易程序不管怎样简易，也不得简掉程序参与权。比如，《民事诉讼法》第 162 条规定："基层人民法院和它派出的法庭审理简单的民事案件，可以用简便方式传唤当事人和证人、送达诉讼文书、审理案件，但应当保障当事人陈述意见的权利。"

民事诉讼程序参与原则既是民事诉讼的基本原则，又是其基本属性和基本原理（诉讼参与性或者司法参与性）；从权利的角度来说，也是当事人程序基本权（诉讼参与权）。[2] 在国际社会，通常认为，诉讼参与权大体上包括如下两类权利：

1）诉讼知情权（获得程序通知权），是指当事人及相关第三人有权充分适时地知悉与己相关诉讼的进行情况。此权要求法院承担告知的义务，保障此权的是送达制度。法院告知包括：事前告知，即作出裁判前所为的告知（如送达开庭通知等）；事后告知，即作出裁判后告知裁判的内容；救济告知，即在裁判中载明救济途径（如复议或者异议、上诉等）。

2）诉讼听审权（听审请求权），是当事人及相关第三人在诉讼中对程序事项和实体事项获得听审或者表达意见的权利，包括程序异议权[3]、事实主张权[4]、举证权、质证权、辩论权[5]、"面对面"的权利[6]、法庭笔录阅读权和补正权[7]、

---

[1]　参见邵明：《民事诉讼法学》，2 版，22 - 23 页，北京，中国人民大学出版社，2016。

[2]　专门性研究成果主要有：邵明：《论民事诉讼程序参与原则》，载《法学家》，2009（3）；任凡：《听审请求权研究》，北京，法律出版社，2011；等等。

[3]　比如管辖异议权、保全异议权、简易程序适用异议权等。参见占善刚：《民事诉讼中的程序异议权研究》，载《法学研究》，2017（2）。

[4]　就民事争讼程序来说，原告首先应当主张民事权益产生的要件事实或者直接事实（用来直接支持其民事实体请求）；然后，被告进行抗辩，即主张民事权益妨碍、阻却或消灭的要件事实或者直接事实（用来直接推翻原告的民事实体请求）；对于被告的抗辩，原告可以再抗辩（比如被告主张消灭时效已经届满，对此原告可以主张消灭时效中止事由或者中断事由）。有关当事人主张权或者主张责任，参见闫庆霞：《当事人民事诉讼主张研究》，北京，法律出版社，2013；邵明、欧元捷：《论现代民事诉讼当事人的主张责任》，载《武汉大学学报（哲学社会科学版）》，2015（2）；等等。

[5]　笔者认为，如果我国民事诉讼法确立了程序参与原则，那么我国现行辩论原则（主要内容是保护双方当事人的辩论权）可被程序参与原则或对审原则吸收。

[6]　当事人在审判中有权"面对面"地质询证人及鉴定人。在美国，当事人有权于审判中在场目视证人（事实证人和专家证人），也有权使证人目视自己。这种"'面对面'的权利"（right of "seeing the witness face to face"）属于宪法所保障的基本人权，其目的在于维护诉讼程序的公正及发现真实。See *Black's Law Dictionary*, Confrontation Clause. tenth edition. Thomson Reuters, 2014.

[7]　法庭笔录之所以能够作为判断法院是否依照法定程序审判的主要证据，其缘由之一正是"当事人有权阅读和补正法庭笔录"（《民事诉讼法》第 150 条）。

本案诉讼资料查阅权和复制权（《民事诉讼法》第 52 条）、获得审级救济权等。

当事人及相关第三人程序参与属于程序公正和正当程序的范畴，属于"程序基本权"的范畴。国际社会普遍认为，为使法院裁判具有正当性，必须对诉讼当事人等作出有效的程序告知。诉讼听审原则或者诉讼听审权集中体现在《世界人权宣言》第 10 条、《公民权利和政治权利国际公约》第 14 条第 1 款等之中。德国、瑞士和美国等国主张，程序参与权是一项宪法上的权利。比如，《德国联邦宪法》第 103 条第 1 款规定："每个人都可以要求在法庭上进行法定听审。"瑞士则从其宪法第 24 条第 1 款（法律面前一律平等）中引申出当事人双方的听审权。在美国，诉讼听审权则来自宪法的正当程序条款。

民事诉讼程序参与原则普遍适用于争讼（审判）程序、非讼（审判）程序、执行程序及裁定程序，但其适用情形和具体要求各有不同。

在民事争讼程序中，诉讼参与性或者程序参与原则体现为对审性或者对审原则（或双方审理主义），是民事争讼程序首要的正当性原理。缺席审判是对审原则的法定例外。民事争讼程序解决的是民事争讼案件，其实体争议性（民事争讼性）在制度上体现为对审原则，即保障双方当事人的程序参与权。

在民事非讼程序中，虽然不必遵循对审原则，但是也须遵行程序参与原则（法官在作出裁判之前应当保障申请人对作为裁判基础的事实证据表达意见的机会）。民事非讼程序解决的是非讼案件，因其不具有实体争议，参加程序的只有申请人一方，故不存在双方当事人的言词质证程序和言词辩论程序，对审原则也就没有适用的可能性和必要性。

在民事执行程序中，程序参与原则具体表现为：法院及时告知，比如及时向当事人书面告知立案情况、执行情况等；法院对于变更被执行人、变更执行标的、终结执行等重要执行事项，在作出裁定之前，应当保障当事人等表达意见的机会；对法院的违法执行行为，当事人及相关第三人有权提出执行异议，请求法院撤销或者重作。①

民事裁定程序不以对审为原则（但并不排除适用）。程序参与原则在裁定程序中受到限制是有正当根据的。对程序事项的证明，无须遵行言词质证程序和言词辩论程序，旨在迅速处理程序问题以避免诉讼迟延。及时救济事项或者亟须处理事项（如保全）具有紧迫性，为实现保全目的，只根据申请人提供的事实、证

---

① 当然，基于顺利执行的考虑，应当适当限制义务人的程序参与权。这种限制性的做法并不违反程序参与原则，因为法院裁定执行措施前，通知义务人或者保护其程序参与权，则可能为其提供转移或者隐匿财产之机而致执行不能；同时在随后的程序中，义务人可以行使执行异议权以纠正法院的违法执行行为。

据作出是否保全的裁定。虽在事前（裁定作出前）限制被告或被申请人的程序参与权，但在事后（裁定作出后）应当保障其程序参与权，将保全情况告知被告或被申请人，并且被告或被申请人对违法裁定通常有程序异议权（在我国被申请人可以申请复议）。在这种情形下，被申请人的程序参与权被推迟到事后行使。

保障当事人程序参与权，一方面通过保障其以母语进行诉讼的权利、委托诉讼代理人的权利（包括获得律师帮助权）等来实现；另一方面对于法院非法限制或者剥夺程序参与权，当事人等应有相应的救济途径。下文对后一方面，简要阐释如下：

为充分保障诉讼知情权，送达以直接送达为原则，采取到达主义。法院非法限制或者剥夺诉讼知情权的情形主要是无效送达。法院应当按照法定期限和法定方式，就诉讼情况向本案当事人等作出送达，否则为无效送达，通常不能产生相应的或者预期的法律效果。对于无效送达，当事人等有权要求法院重新送达。

法院非法限制或者剥夺诉讼听审权属于严重违法行为。对此，当事人等有权提出异议，请求法院纠正，允许其再次行使诉讼听审权。对法院非法限制或者剥夺诉讼听审权所作出的裁判，若是争讼判决，可以通过上诉或者再审予以撤销或者变更[1]；若是非讼裁判，当事人可以直接申请法院撤销[2]；若是执行裁定，可以通过"执行异议"请求法院撤销。

关于法院非法限制或者剥夺程序参与权的事实，当事人等往往无力举证，应由法院负责提供相关证据。法院通常以送达回证来证明送达合法、没有非法限制或者剥夺诉讼知情权，以审理笔录来证明程序合法、没有非法限制或者剥夺诉讼听审权。

2. 程序效益（或效率）

传统法理学几乎都将公正（正义）作为法律的唯一价值目标。[3] 效益是随着法经济学的兴起和发展而被重视起来的。我国学界对程序公正和程序效益的关注并未有明显的先后顺序区分，均是随着程序独立价值的觉醒而被提起的。在保证诉讼公正的前提下，程序效益追求的是适时审判和及时执行以节约诉讼成本。我国曾对程序效益是否属于价值范畴产生过争议。有学者认为，诉讼经济不是独立的基本价值范畴，诉讼的经济性要求是从属于公正性的，即公正性本身就包含了

---

① 《民事诉讼法》第211条将法院严重违反诉讼听审权的情形作为再审的理由，即"原判决、裁定认定事实的主要证据未经质证的""无诉讼行为能力人未经法定代理人代为诉讼或者应当参加诉讼的当事人，因不能归责于本人或者其诉讼代理人的事由，未参加诉讼的""违反法律规定，剥夺当事人辩论权利的""未经传票传唤，缺席判决的"。相关第三人不是本诉当事人，所以无资格对本诉判决提起上诉或者申请再审。对于法院侵害第三人诉讼听审权的，第三人可以"第三人异议之诉"的方式请求撤销裁判，使该裁判对第三人失去效力。

② 根据《民事诉讼法》第234条，对于除权判决通过提起撤销除权判决之诉撤销。

③ 参见顾培东：《效益：当代法律的一个基本目标》，载《中国法学》，1992（3）。

诉讼的经济性，经济性是公正性的"第二种意义"①。有学者则认为，"在被用于分析法律问题时，绝不是仅仅解释'法律是什么'，而且更重要的是指出'法律应该是什么'，当人们说'法律应该有利于经济效益最大化'时，如同说'法律应该符合正义原则一样'，无疑是做出一种价值判断"②。后者观点为学界目前的主流学说，即认可将程序效益作为诉讼价值的基本范畴。

我国学者在论证程序效益的重要性时，往往引用理查德·A. 波斯纳的著名法谚："对于公平正义的追求不能无视代价。"③ 但理查德·A. 波斯纳将经济效益同判决结果的正确和错误相联系，其特别强调程序在实现客观真实目标上的作用，因此其观点具有浓厚的程序工具主义色彩。④ 受此影响，有学者曾刻意强调程序效益对程序结果及裁判结果的工具性意义，其认为，诉讼价值具有三个层次的内容：内在价值（程序公正）、外在价值（实体公正）和次级价值（程序效益）。适当的程序经济效益能够促进程序内在价值和外在价值的实现。⑤ 该学者将程序效益作为与程序公正、实体公正相并列的概念，换言之，其从侧面否定了程序效益为程序内在价值的观点。有学者则主张，程序效益与程序公正一起构成了民事诉讼的内在价值。⑥ 由于任何民事诉讼程序的运作必然耗费一定的经济成本，因此，程序效益本身就能够构成判断程序是否具有善的品质的标准。因此，为表示与理查德·A. 波斯纳提出的经济效益存在着根本区别，凸显程序效益的独立价值，笔者亦认为程序效益与程序公正共同构成民事诉讼的内在价值。

关于程序效益包含的具体内容，学界也曾有争议。有学者认为，民事诉讼是一个运动的过程，不仅是一个物资消耗的过程，也是一个时间消耗的过程。所以，民事诉讼的程序效益就必然包括最低的物资消耗和时间消耗。⑦ 还有学者认为，程序效益有两个重要因素：经济成本和经济收益。程序效益反映的是经济成本与经济收益之间的函数比值关系。一般来说，以较少的经济成本投入获得既定水平的经济收益，或者既定的经济成本投入达到较大的经济收益，都意味着程序效益的提高。其认为，经济成本包括人力资源、物力资源、财力资源和时间资源四个方面。在此意义上，程序效益不同于程序效率。程序效率强调以最少的时间耗费解决纠纷，即诉讼及时，其更多关注的是时间方面，而未涉及程序效益所包

① 王洪俊主编：《中国审判理论研究》，298 页，重庆，重庆出版社，1993。
② 张乃根：《经济学分析法学》，16 页，上海，上海三联书店，1995。
③ 熊秉元：《正义的成本》，31 页，北京，东方出版社，2014。
④ 参见肖建国：《民事诉讼程序价值论》，214 页，北京，中国人民大学出版社，2000。
⑤ 参见陈瑞华：《程序正义理论》，134 - 219 页，北京，中国法制出版社，2010。
⑥ 参见肖建国：《民事诉讼程序价值论》，214 页，北京，中国人民大学出版社，2000。
⑦ 参见张卫平：《民事诉讼法教程》，15 页，北京，法律出版社，1998。

含的人力、物力、财力等方面。概言之，程序效率只是程序效益的有机组成部分。[①] 也有学者主张，将民事诉讼运行时间的最低消耗与程序效益分开，把时间的必要消耗作为一个独立的民事诉讼正当性与合理性的坐标，概括为诉讼的"迅捷性"[②]。毋庸置疑，诉讼及时是衡量民事诉讼程序的重要价值，目前学界主流学说认为民事诉讼运行时间的最低消耗是程序效益的主要方面之一。

有学者认为，在保证诉讼公正的前提下，程序效率追求的是适时审判和及时执行以节约诉讼成本。"诉讼成本"被喻为"生产正义的成本"，包括有关民事诉讼的立法成本和司法成本。就民事诉讼的司法成本而言，包括：（1）国家维护民事诉讼正常运行所付出的财力、人力及机会成本等公共成本；（2）当事人参加民事诉讼所付出的财力、人力及机会成本等私人成本。[③] 适时诉讼、促进诉讼或者提高诉讼效率的要求为《公民权利和政治权利国际公约》（第 14 条第 3 款）和世界贸易组织诸协议等国际条约所肯定。诸多国家已将促进诉讼或者避免诉讼迟延作为宪法上的要求或者法治原理、正当程序的内容，比如《西班牙宪法》第 24 条明文规定了促进诉讼原则。

如何提高程序效率或者降低诉讼成本？首先，在民事诉讼程序制度的设计方面，应当体现降低诉讼成本或者提高程序效率的价值或者理念。比如，根据案件的性质和繁简而设置相应的繁简程序；建构诚信原则及相应的具体制度[④]；建构合理的诉的合并和变更制度等。其次，对延迟诉讼行为设置相应的纠正或者救济程序。比如，根据《奥地利法院组织法》，当事人对于法院延迟采取程序的做法，可以向上级法院提出预防迟延的抗告；当事人可以向上级法院申请，命令原审法院于适当期间进行必要的诉讼程序。《德国法院组织法》规定：因法院不适当冗长程序而遭受不利益的程序关系人，应获得补偿。[⑤]

---

① 参见肖建国：《民事诉讼程序价值论》，206-215 页，北京，中国人民大学出版社，2000。

② 文正邦主编：《走向 21 世纪的中国法学》，479 页，重庆，重庆出版社，1993。

③ 程序效率或者适时判决、及时执行方面的程序保障，从当事人的角度来说，属于当事人程序利益的范畴。当事人程序利益既包括审级利益等程序利益，又包括节约当事人的诉讼成本。参见邵明：《民事诉讼法学》，2 版，24 页，北京，中国人民大学出版社，2016。

④ 诚信原则要求当事人应当在法定期间或者约定期间内"尽其所能"地"及时"行使权利和"及时"履行义务。若无正当理由不在期限内行使诉讼权利，则该权利失效，即产生失权的法律后果（失权效）。参见张卫平：《论民事诉讼中失权的正义性》，载《法学研究》，1999（6）。

同时，诚信原则还要求法官承担促进诉讼的职责，与当事人所承担的促进诉讼义务一起，共同推动诉讼程序尽快顺畅运行。

⑤ 有学者认为，诉讼迟延对当事人适时审判请求权侵害的救济，应以当事人在原程序中提出迟延异议为必要条件，异议前置具有警告、预防迟延以促进程序的功能，并可避免赔偿请求权的滥用。参见韩红俊：《论适时审判请求权》，载《法律科学》，2011（5）。

3. 程序公正与程序效益的关系

我国对程序公正与程序效益关系的理解，经历了从相互矛盾到既存在一致性又存在冲突的转变。但是，无论哪一种理解，都认为如果两者发生冲突，程序效益应当让位于程序公正。虽然各种学说的结论相同，但是仔细观察，仍会发现各学说间存在程序价值观的根本不同。

在程序工具主义价值观下，诉讼效益是实现诉讼公正的手段和工具。有学者认为程序公正和程序效益是相互矛盾的。在多数情况下，民事诉讼的公正性和经济性是难以达到高度统一的，而是形成两种相互牵制和相互制约的价值范畴。诉讼制度的最高价值是公正，在此意义下，经济性依附于诉讼的公正性，没有公正性或者不能实现公正的诉讼谈不上程序效益。因此，如果两者必取其一，原则上应当选择公正性。[1]

在强调程序独立价值的价值观下，学者一般认为程序公正与程序效益同时存在一致性和冲突性。有学者认为，作为民事诉讼程序的内在价值，程序公正和程序效益存在一致性。首先，两者是相互包含、相互制约的，程序效益作为满足程序主体需求的一种价值，其内含公正的精神，而程序公正对程序效益也存在一定的涵摄力。其次，程序公正与程序效益是相互依存、相互支持的。同时，有学者还承认程序公正和程序效益存在的冲突，即：一方面，对程序效益的注重在一定程度上限制了程序公正的实现；另一方面，民事诉讼公正性的增强会直接导致程序效益的降低。该学者特别指出，诉讼程序只有在满足了最低限度的程序公正要求时，才能为当事人诉讼权利的行使提供可靠的程序保障。在此基础上，程序效益价值方有实现的可能。[2] 因此，可见其也认为程序公正优先于程序效益。

还有学者认为，程序公正与程序效率之间的一致性是主要方面。同时符合公正与效率要求的诉讼程序才是正当程序。当然，程序公正与程序效率之间也存在冲突，偏重慎重的程序和多审级的程序，在满足诉讼公正的同时，却往往要付出更多的诉讼成本；偏重简捷的程序，在满足程序效率的同时，却可能有失诉讼公正。应当在实现诉讼公正的前提下追求诉讼效率。通常，对于诉讼标的额越大或案情越复杂的案件，当事人和国家愿意适用公正保障越充分的程序，从而判决正确的可能性就越高。历史经验是，一个过分重视效率的社会必将损害公正、降低效率，出现恶性循环。[3]

---

① 参见张卫平：《民事诉讼法教程》，17 页，北京，法律出版社，1998。
② 参见肖建国：《民事诉讼程序价值论》，455－462 页，北京，中国人民大学出版社，2000。
③ 参见邵明：《民事诉讼法学》，2 版，25 页，北京，中国人民大学出版社，2016。

（四）民事诉讼的实体价值及其与程序价值之间的关系

纵观我国的民事诉讼价值学说史，民事诉讼的实体价值从民事诉讼的唯一价值逐渐演变成为民事诉讼的外在价值或工具价值。这一变化，也体现了我国民事诉讼由程序工具主义价值观向凸显程序独立价值的程序本位主义价值观蜕变。程序工具主义价值观的核心观点为，程序是实现实体公正的工具与手段，民事诉讼的价值判断的标准只在于实现实体正义的能力。而程序本位主义价值观与之相反，认为评价民事诉讼程序的唯一价值标准是程序本身是否具有一些内在的品质，而不在于实现实体价值的有用性。[①] 可见，程序工具主义价值观将实体公正视为程序的绝对价值，而程序本位主义价值观将实体公正排除于程序价值的范畴。在民事诉讼价值折中说下，程序价值包含程序价值和实体价值两个要素，于是便产生了一个重要议题，即在程序价值与实体价值存在冲突时如何进行选择。

通说认为，实体价值属于民事诉讼的外在价值或工具价值，具体指民事诉讼程序是实现民事诉讼外在目的之手段或工具，而这一外在目的重要内涵之一就是实体价值。[②] 一般认为，民事诉讼的实体价值主要是指实体公正。比如，有学者认为，实体公正表现为裁判结果的公正，属于结果主义价值论。真实地再现争执的事实和正确适用法律构成了裁判结果公正性的标准。[③] 有学者则提出了判断实体公正的四项标准：裁决必须是客观或准确的；裁决结果不得违背形式正义原则的要求；裁判结果必须在严格适用法律规则与适当行使自由裁量权之间保持平衡；裁判结果必须在个别正义和社会目标之间保持平衡。[④] 有学者认为，民事诉讼的实体价值主要是指实体公正，即判决结果公正和执行依据得到执行，这体现了民事诉讼价值与民事诉讼目的之间的关联性，即通过维护实体价值来实现民事诉讼目的。判决结果公正主要指法院判决认定事实真实（真实性）和适用法律正确（合法性）。执行依据得到执行是指通过采取执行措施实现法院判决等执行依据所确定的实体权利。[⑤]

人们大都承认程序价值与实体价值存在一致性。有学者认为，公正的程序在一定程度上的确可以促进公正结果产生，并具有一定的工具性。[⑥] 有学者认为，

①　参见陈瑞华：《程序价值理论的四个模式》，载《中外法学》，1996（2）。

②　参见孙笑侠：《程序的法理》，99页，北京，社会科学文献出版社，2017；常怡：《民事程序价值之管见》，载《现代法学》，1999（2）；陈瑞华：《程序价值理论的四个模式》，载《中外法学》，1996（2）；肖建国：《民事诉讼程序价值论》，325－326页，北京，中国人民大学出版社，2000。

③　参见肖建国：《民事诉讼程序价值论》，327－353页，北京，中国人民大学出版社，2000。

④　参见陈瑞华：《程序正义理论》，173－180页，北京，中国法制出版社，2010。

⑤　参见邵明：《民事诉讼法学》，2版，25页，北京，中国人民大学出版社，2016。

⑥　参见陈瑞华：《程序正义理论》，202－209页，北京，中国法制出版社，2010。

程序公正和实体公正的关系可以在三个层面上理解：程序正义和实体正义是并存的，具有各自独立的对公正的判断标准；从运作的逻辑上来看，程序公正对实体公正具有决定性的意义；在日常观念中，人们更加重视实体公正，认为实体公正优越于程序公正。① 有学者认为程序价值与实体价值的一致性可以从两个方面说明：民事诉讼程序的公正性能够保证裁判结果的权威性；民事诉讼程序的公正性有助于维护社会秩序。② 有学者同样认为，程序价值与实体价值相辅相成，存在关联性。通常符合程序价值的诉讼程序更能产生符合实体价值的诉讼结果。在正当程序中，当事人平等而充分地陈述诉讼请求、主张事实、提供证据、质证辩论，能够最大限度地再现案件真实，法官也能公正适时地作出判决。③

有学者认为，内在价值与外在价值的冲突性表现为程序公正与结果公正、程序公正与秩序在一定程度上存在着冲突；注重于具体条件和个案情况的不同，从符合现实最迫切需要的角度，来确定两方面价值的实现程度。④

有学者认为，程序价值和实体价值的冲突可能表现为三个方面：坚持程序公正标准而作出不公正的裁决；适用不公正、不合理的程序进行审判有时也可能会作出公正的裁判（但是这不具有普遍意义）；公正的程序与公正的结果没有任何内在的联系。换言之，程序本身尽管符合公正标准，但在产生公正的结果方面徒具形式，没有任何实际意义。⑤ 虽然该学者将程序价值和实体价值产生冲突的表现形式进行了类型化分析，并且深入解释了种种冲突产生的原因，但是其并未给出产生冲突时的解决方案。

有学者认为，程序价值与实体价值存在冲突时，通常是优先维护程序价值。因为正是程序决定了法治与任意之治的分野，并且根据程序安定性原理也得优先维护程序价值。当然，可以通过设置合理例外（如再审程序）来实现个案实体公正。⑥

三、民事诉讼比例原则

（一）比例原则的内涵及在民事诉讼中的可适用性

比例原则是指目的和手段之间的关系必须具有客观的对称性。广义的比例原

---

① 参见汤维建主编：《民事诉讼法学》，2 版，22 - 23 页，北京，北京大学出版社，2014。
② 参见肖建国：《民事诉讼程序价值论》，463 - 467 页，北京，中国人民大学出版社，2000。
③ 参见邵明：《民事诉讼法学》，2 版，25 页，北京，中国人民大学出版社，2016。
④ 参见肖建国：《民事诉讼程序价值论》，153 - 477 页，北京，中国人民大学出版社，2000。
⑤ 参见陈瑞华：《程序正义理论》，202 - 209 页，北京，中国法制出版社，2010。
⑥ 程序价值与实体价值之冲突和权衡可以用下例说明：看病应当"排队"（相当于程序价值），排在后面的王某病情严重（与前者发生严重冲突）则可"加塞"（特殊情形中实现个案实体公正）。参见邵明：《民事诉讼法学》，2 版，25 页，北京，中国人民大学出版社，2016。

则包括适当性原则、必要性原则及相称性原则（狭义比例原则）。

适当性原则又称合目的性原则，其主要内容是指采用的措施或手段必须能够实现预定的目的。即使采用的措施或手段只能部分实现预定的目的，也算是符合该原则的要求。适当性原则要求手段有助于实现目的，调整的是"目的与手段"之间比较与选择的关系。适当性原则是"目的导向"的要求，即根据预定目的来选择采用能够实现该目的之措施或手段。

必要性原则是指在适当性原则已获肯定后，在能够实现预定目的之诸多措施或手段中，应当选择采用对公民、社会和国家产生最小损害的措施或方式。必要性原则要求实现目的之手段产生的损害应是最小的，调整的是"手段与手段"之间比较与选择的关系。

相称性原则从价值取向的角度，运用利益衡量方法，对"采取的手段及其所追求的目的"与"因此而产生的弊害后果"进行比较，若前者获得的利益大于其弊害则予以采取，反之则不予采取。相称性原则通过对手段负面影响的考量而要求目的本身的适当或不过分，调整的是"目的与目的"之间比较与选择的关系。

目的与手段之间仅符合适当性、必要性的要求还不够，尚需遵守相称性原则。因为符合适当性、必要性要求的目的之实现、手段之采用，可能会产生其他更大的损害。比如，国家限制公民言论自由，虽可达到某项必要之目的，但该限制行为及其所达到的目的必然违背自由、民主和法治的基本原则。相称性原则的适用，往往需要考虑：为实现某项目的及所采用的措施，是否侵害公民基本权利、公共利益等更高层级的正当利益或积极价值。

如今，比例原则在诸多国家和地区被作为宪法中的原则，普遍适用于行政法和刑事法[1]等公法领域。由于比例原则的本质在于运用利益衡量方法处理法律问题，运用比例原则的过程实质就是通过权衡而达致平衡的过程，所以比例原则在诉讼法、民事私法领域也有可适用性。[2]

---

[1]　德国学者约阿希姆·赫本指出：相应性原则、禁止过度原则是德国刑事诉讼法的指导原则，该原则要求，刑事追究措施，特别是侵犯基本权利的措施在其种类、措施的轻重上，应当与所追究的违法行为的轻重相适应。参见《德国刑事诉讼法典》，李昌珂译，引言部分，北京，中国政法大学出版社，1995。
我国学者也比较关注我国刑事法领域如何适用比例原则问题。比如，周长军在其《刑事裁量权论》（中国人民公安大学出版社，2006）中将比例原则作为刑事裁量权中的原则加以论述（213－217页）；陈永生在其《侦查程序原理论》（中国人民公安大学出版社，2003）中论述了刑事诉讼中的比例原则（146－153页）；谢佑平、万毅在其《刑事程序法原则：程序正义的基石》（法律出版社，2002）中论述了相应性原则（比例原则）（375－389页）；劳东燕在其《刑事政策与功能主义的刑法体系》［载《中国法学》，2020（1）］中论述了比例原则对刑法体系进行合宪性控制问题。
[2]　参见刘权、应亮亮：《比例原则适用的跨学科审视与反思》，载《财经法学》，2017（5）；刘凯湘：《论违反强制性规范的合同效力——历史考察与原因分析》，载《中国法学》，2011（1）。

民事诉讼比例原则的基本含义是民事诉讼及其具体程序制度的目的与实现手段之间必须具有客观的对称性，其主要内涵包括程序的适当性要求（手段有助于实现目的）、程序的必要性要求（采用对当事人损害最小的手段）和程序的相称性要求（采用诉讼手段获得的利益大于其弊害）。①

我国有学者倡导比例原则在民事诉讼中的可适用性，并将此原则与程序参与原则、诉讼安定原则和诚实信用原则并列为民事诉讼四项基本原则（普遍适用于民事审判程序和民事执行程序）。② 另有学者认为，比例原则在民事诉讼各阶段（立法、司法、执行阶段）都可适用。③ 从本质上说，比例原则是运用利益衡量方法来处理法律问题，换言之，利益衡量方法被法律化为比例原则。利益衡量方法在民事诉讼领域有其可适用性，比例原则的价值和功能在民事诉讼领域亦应得到体现。

（二）民事诉讼比例原则与目的和价值

根据现代民事诉讼程序比例性的要求，当民事权益受到侵害或者发生争议时，当事人能够平等和便利地进入诉讼程序，经过正当程序的审理，得到正当的诉讼结果并能得到执行。简言之，即"在正当程序中实现诉讼目的"。所谓"好的诉讼程序有利于公正、迅速地解决纠纷，保障社会安宁"④，否则，会使当事人抛弃诉讼救济。

按照程序合目的性（适当性）的要求，民事诉讼程序应当能够实现保护民事权益和解决民事纠纷及其他目的，或者说民事诉讼程序应当按照民事诉讼目的来设置和运作。比如，民事执行目的是实现债权人的债权，应当按照债权（请求权）的类型（如给付金钱、交付物、履行行为等债权）来设置相应的执行程序和采取相应的执行措施。

按照程序必要性的要求，在能够实现民事诉讼具体程序制度目的之诸多措施或手段中，应当选择采用对当事人、社会和国家产生最小损害的措施或方式。比如，对于不同的证明对象，基于不同的价值追求（慎重或者快捷），往往采用不同的证明程序和证明标准：对于争讼案件实体事实，适用严格证明程序和完全证明标准，而对于法院裁定事项等，适用自由证明程序和疏明标准。再如，为实现债权人的金钱债权，债务人有金钱的则执行其金钱，没有金钱或者其金钱不足以清偿债务的才执行其债权、动产或者不动产。

---

① 参见邵明：《论民事诉讼的比例性》，载《贵州民族大学学报（哲学社会科学版）》，2016（5）。

② 参见邵明：《民事诉讼法学》，2 版，80 - 83 页，北京，中国人民大学出版社，2016。

③ 参见莫邪：《比例原则研究——以民事诉讼为视角》，中国人民大学法学院硕士学位论文，2008。

④ ［法］让·文森、塞尔日·金沙尔：《法国民事诉讼法要义》，罗结珍译，17 页，北京，中国法制出版社，2001。

　　根据程序相称性的要求，与民事诉讼目的相比，民事诉讼程序制度的设置和运作不得产生更大的弊害，否则该项程序制度应被废弃。申言之，民事诉讼程序制度的设置和运作应当符合正当程序保障原理，以保证实现民事诉讼目的之民事诉讼程序不给当事人和国家等造成不必要的损害，以较低的诉讼成本实现民事诉讼目的。有时胜诉当事人获得的赔偿不足以补偿其付出的诉讼费用，对此应当按照比例原则来剖析相关制度是否存在缺陷。

　　满足合目的性和必要性的手段也会产生更大的损害（比如限制公民言论自由），故还应符合相称性。就诉讼保全、证据保全、对妨害民事诉讼等采取的强制措施而言，应当是适当的，即能够实现相关目的，如诉讼保全措施须能实现诉讼保全的目的；应当是必要的，即选择适用对当事人损害最小的措施，如妨害民事诉讼情节轻微，则无须对行为人处以拘留；应当是相称的，即采取强制措施不得产生弊大于利的后果，否则应取消此种强制措施。

　　有学者认为，按照比例原则的适当性、必要性和均衡性，在设置程序权利救济机制时应当确保救济力度与权利的重要性相适应、救济方式与救济对象相适应、救济方案与当事人意思相协调，并理顺救济机制体系内部的适用顺位。①

---

　　① 参见潘剑锋：《论建构民事程序权利救济机制的基本原则》，载《中国法学》，2015（2）。

第三章

民事诉讼"客体""启动"
理论的发展

民事诉讼客体是指民事案件，包括民事争讼案件（民事之诉）、民事非讼案件和民事执行案件，而狭义的客体主要是指民事之诉和诉讼标的。民事诉讼"启动"理论是指民事诉权论。民事诉权是关于民事之诉的权利。

在民事诉讼领域，诉论包括诉的概念、构成要素（包括诉讼标的）、识别、合并和变更等问题。在诉的构成要素中，诉的主体通常在当事人部分规定或阐论；诉的原因（事实）在民事实体法中规定，通常在证明对象或者主张责任和证明责任部分阐论；诉讼标的因其重要作用，理论上通常将其作为民事诉讼基本理论而单独阐论。

民事之诉的主要内涵构成了民事诉权的主要内涵，民事之诉的合法要件即民事诉权的合法要件。解决民事之诉的程序是民事争讼程序（包括初审程序、上诉审程序和再审程序）。民事诉权的行使方式是起诉，当事人起诉启动的是初审程序。

一、民事之诉论

（一）民事之诉的概念和构成要素

1. 民事之诉的概念

晚清和民国时期，我国理论上接受德日等国相关法理学说。或认为："诉者，当事人求为利己判决之声明。""起诉之当事人为原告，其相对人为被告，原告以诉所为应受判决事项之声明为诉之声明，其请求法院加以判决之法律关系为诉之标的；原告被告与诉之声明及诉之标的，皆为诉之要素，诉即以此而相区别，诉之同一与否，以其要素之同一与否为断。"诉依原告所求判决之内容，可分为三种：给付之诉、确认之诉和形成之诉。①

或认为，"诉者，由原告对于被告，宜一定之形式，向司法法院主张其有实质的诉权存在，就一定之权利或法律关系，要求其为判决之诉讼行为，以开启其判决程序，而有诉讼的法律关系存在也"。据此，诉之本质主要是：诉是由原告对于法院要求裁判之行为；原告对于被告要求判决之行为；原告主张其有实质的诉权存在，求利己判决之行为；就一定之权利或法律关系，要求判决之行为；依诉讼法上之一定形式，要求判决之行为；开始诉讼的法律关系之诉讼行为。诉以其内容（原告要求判决之内容）为标准，可分为给付之诉、确认之诉和形成之诉。②

中华人民共和国成立至今，对于民事之诉的概念，学者在认识上多有不同。有学者认为，诉就是某原告以某被告为相对方，就特定的权利或法律关系存在/不存在的主张，要求特定的法院审判的请求；诉是请求的形式，请求是诉的内容；受诉法院的判决程序，一般因为起诉而开始，因为判决而终结。诉，可以依各种不同的标准，分成各种不同类型的诉：如果以主体为标准，诉可以分为共同诉讼和单一的诉讼；如果以请求为标准，诉可以分为合并诉讼、反诉、预备诉讼、选择诉讼和诉的变更；如果以内容和目的为标准，诉可以分为给付之诉、确认之诉和变更之诉。③

有学者认为，诉是指当事人向法院提出的，请求特定的法院就特定的法律主张或者权利主张（诉讼上的请求）进行裁判的诉讼行为。诉具有使诉讼程序开始、法院行使审判权的功能。诉是向法院提出的诉讼上的请求，其目的是要求实现自己的权利。根据诉讼请求的性质和内容，可以将诉分为确认之诉、给付之诉和形成之诉。④

另有学者认为，民事之诉的主要内涵是具体（或者特定）原告对具体（或者特定）被告向法院请求审判具体的民事权益主张。具体有如下两种情况：（1）为名词时，民事之诉又称民事争讼案件，有给付之诉、形成之诉和确认之诉，实际上是（通过原告起诉和法院受理而）进入审判程序（争讼程序）的民事纠纷。一个诉即

① 参见石志泉：《石志泉法学文集》，邵明、周文、曹文华点校，253-259页，北京，法律出版社，2014。

② 参见邵勋、邵锋：《中国民事诉讼法论》，下卷，高珣、刘志欣、林虹勘校，374-392页，北京，中国方正出版社，2004。

③ 参见王锡三：《民事诉讼法研究》，第四章第二节，重庆，重庆大学出版社，1996。

④ 参见张卫平：《民事诉讼法》，6版，204-205页，北京，法律出版社，2023。

一个民事争讼案件，如侵权之诉可称为侵权案件。（2）为动词时，如"甲诉乙商品房销售合同纠纷案"①，民事诉权的行使方式是原告起诉，启动的是争讼程序。②

2. 民事之诉的构成要素

诉的构成要素是指一个完整的诉所必要的内容或者因素。至于诉的构成要素包括哪些，分歧较大。有关诉的构成要素，长期存在二要素说和三要素说之间的争论。这两种观点的主要区别在于是否将诉讼理由作为诉的构成要素。

我国早期的民事诉讼理论接受苏联的通说，认为诉的要素有两个：诉讼标的和诉讼理由。③ 此后，主张二要素说的学者中，有的将诉的要素划分为主观要素（当事人）和客观要素（诉讼标的）；并认为，诉讼理由不能使一个诉讼特定化，不能形成此诉与彼诉最本质的区别，所以不能将诉讼理由作为诉的构成要素。④ 主张二要素说的其他学者认为，诉讼理由指的是原因事实，属于诉讼标的之组成部分。⑤

三要素说中，一种看法是，诉的构成要素包括当事人、诉讼标的和诉的理由，并认为诉的理由是指当事人提出的诉讼请求得以成立的根据，包括事实根据和法律根据。诉的理由是任何一个诉都必须具备的要素之一。当事人向法院提出保护自己合法权益的请求，若没有理由，请求就不能实现。没有诉讼理由的诉，是不完整的诉，法院不能受理。即使法院受理，当事人的请求也不受保护。⑥

三要素说中，另一种看法是，诉的构成要素包括：（1）诉的主体（双方当事人）。"诉"是原告的"诉"，故应将法院（诉的审判者）排除在诉的主体之外。争讼的实体（法）法律关系或者实体具体效果存在于纠纷双方主体之间，原告针

---

① "甲诉乙商品房销售合同纠纷案"是案件名称，其中，"甲诉乙"表明了本诉的主体或者本案的当事人（原告甲与被告乙）；"商品房销售合同纠纷"是案由（包含诉讼标的）；"商品房销售合同纠纷"起诉到法院并被法院立案则成为案件。案由是民事案件名称的组成部分，反映讼争的民事法律关系的性质。

② 参见邵明：《民事诉讼法理研究》，199－200页，北京，中国人民大学出版社，2004；邵明：《现代民事之诉与争讼程序法理——"诉·审·判"关系原理》，10－11页，北京，中国人民大学出版社，2018。

③ 其主要理由是，当事人是诉的主体之一，而非诉的要素，若将诉的主体作为诉的要素，那么法院也应该作为诉的主体，而这显然不符合诉的要素理论。参见［苏联］A. A. 多勃罗沃里斯基：《苏维埃民事诉讼》，186页，北京，法律出版社，1983；柴发邦主编：《民事诉讼法教程》，184－186页，北京，法律出版社，1983；王力生：《对诉的三要说之异议》，载《天津师大学报》，1986（3）。

④ 参见段厚省：《民事诉讼标的论》，1页，北京，中国人民公安大学出版社，2004；李龙：《民事诉讼标的理论研究》，231－232页，北京，法律出版社，2003。

⑤ 参见李浩：《民事诉讼法学》，2版，141页，北京，法律出版社，2014。

⑥ 参见宋朝武主编：《民事诉讼法学》（马克思主义理论研究和建设工程重点教材），3版，34－35页，北京，高等教育出版社，2022；赵钢等：《民事诉讼法》，3版，18－20页，武汉，武汉大学出版社，2015；等等。

对被告提起诉讼（原告诉被告），故此诉的主体是原告与被告。（2）诉的客体
（诉讼标的和诉讼请求）。诉讼标的决定诉讼请求①，二者共同体现原告起诉的目
的，共同构成法院的主要审判对象和判决主文。（3）诉的原因（简称诉因，通常是
权益产生要件事实）。权益产生的要件事实或者直接事实是原告直接支持诉讼标的
和诉讼请求的事实根据，同时又能使原告所提之"诉"得以特定或者具体。②

至于诉的构成要素之作用或者意义，有学者认为有三：使诉特定化、各种诉相互
区别各自独立的标准、决定诉讼案件是不是同一事件的标准。③ 还有学者认为④：

（1）诉的构成要素是设置诉的合法要件之主要根据。诉的构成要素（和其他
必要诉讼事项），经由立法相应地构成了民事之诉的合法要件。诉的构成要素使
"诉"特定化，根据诉的构成要素，"识别诉"，判断当事人所提的"诉"是不是
一个完整的"诉"。

（2）诉的构成要素构成了诉权的主要内容和法院的主要审判范围。原告为诉
权的主体，诉讼标的和诉讼请求共同构成了诉权的实体内容和法院的主要审判范
围。诉的构成要素决定了判决既判力的范围。比如，既判力的主观范围包括诉的
主体（双方当事人），诉讼标的构成既判力的客观范围。

（3）诉的构成要素是决定诉的合并和变更之主要因素。原告或者被告是二人
以上或者发生变更，则分别构成诉的"主观合并"（当事人合并）或者"主观变
更"（当事人变更）。同一个诉讼程序中存在两个以上的诉讼标的，则为两个以上
的诉，即诉的"客观合并"；若诉讼标的发生变更，则诉发生了质的变更，变成
另一诉，发生诉的"客观变更"。

（4）诉的构成要素是确定其他重要程序事项的主要根据。比如，依据《民事
案件案由规定》（法〔2020〕346 号），法院主要是根据诉讼标的来确定案由；一
般地域管辖法院通常是根据诉的主体住所地来确定，特殊地域管辖法院往往需要
根据诉讼标的或者原因事实来确定。

---

① 当诉讼请求包含数项可以分割的组成部分时，当事人依法减少或者增加诉讼请求，即诉讼请求在
"量"上发生变更，本诉仅发生了"量变"，并未改变本诉的诉讼标的或者"质"的规定性而依然是原诉。
因此，就识别诉而言，在客体方面，不能依靠诉讼请求，而应根据诉讼标的来识别。

② 支持诉讼标的和诉讼请求的实体法律根据不应作为诉的构成要素，因为实体法律根据专属于本案
审判法官的审判权（法谚云："当事人负责事实，法官负责法律。"），并且待到案件审理终结时才能决定实
体法律规范的适用，既然诉是由原告提起的就不应由原告在起诉时就确定实体法律规范的具体适用（但并
不妨碍原告在起诉状中援用实体法律根据）。参见邵明：《民事诉讼法学》，2 版，44 页，北京，中国人民
大学出版社，2016。

③ 参见王锡三：《诉的要件与诉的要素是两个不同的概念》，载《现代法学》，1986（4）。

④ 参见邵明：《现代民事之诉与争讼程序法理——"诉·审·判"关系原理》，16-17 页，北京，中
国人民大学出版社，2018。

（二）民事之诉的合法要件与诉的利益

1. 民事之诉的合法要件

有学者指出，民事之诉的合法要件通常是根据诉的构成要素并结合其他必要诉讼事项来设立，并且还得遵循诉（的构成要素）的具体化要求。[①] 有关诉的合法要件，大陆法系民事诉讼中有起诉要件（起诉条件）、诉讼要件和胜诉要件（实体性要件或者本案判决要件）。

（1）起诉要件：程序性要件

民事之诉第一方面的合法要件是起诉要件或者起诉条件。我国起诉要件基本上是根据诉的构成要素来确立的（《民事诉讼法》第122、124条），见图3-1。

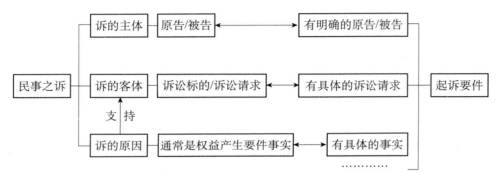

图3-1　民事之诉的构成要素与起诉要件之间的关系

根据纠纷的可诉性或者诉的具体化要求，特定的诉中，其构成要素应当是具体的或者明确的（否则不符合诉的合法要件）。诉的主体即双方当事人应当具体化。诉讼标的和诉讼请求应当具体化或者明确化。诉因应当具体化，通常是权益产生的要件事实在特定诉或者具体案件中具体化为直接事实。

同时，原告主张权益产生直接事实应当遵循主张一贯性，即原告主张的权益产生直接事实能够合法合理地推导出本诉的诉讼请求。比如，原告请求法院确认合同无效，在诉状中应当主张合同无效的事实，而不应主张合同违约或者可撤销等其他事实。

受理阶段，法院只是从形式上审查有无双方当事人及其是否具体、有无诉讼请求及其是否具体、有无原因事实及其是否具体，即审查裁定是否具备起诉要件。

（2）诉讼要件：程序性与实体性交错要件

民事之诉第二方面的合法要件是诉讼要件。根据诉的构成要素，诉讼要件包

---

①　以下内容，主要参见邵明：《论民事之诉的合法要件》，载《中国人民大学学报》，2014（4）；邵明：《现代民事之诉与争讼程序法理——"诉·审·判"关系原理》，11-16、79-176页，北京，中国人民大学出版社，2018；等等。

括诉的主体要件和客体要件（但仅指有关诉讼标的之要件）。"诉"的本质是当事人请求法院行使审判权以保护实体权益和解决民事纠纷，因此原告所提之诉应当符合有关审判法院的合法性规定（具备审判者方面的诉讼要件）才可继续审理。因此，在大陆法系，通常的诉讼要件见图 3-2。

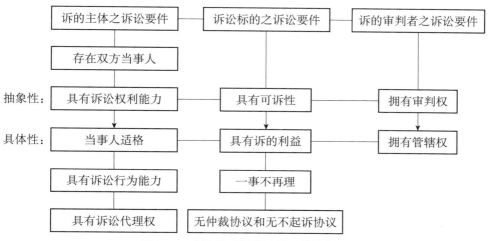

图 3-2 大陆法系通常诉讼要件的构成

关于诉讼标的之诉讼要件，通常纳入"客观要件"的范畴，主要包括具有可诉性、诉的利益、不受"一事不再理"或者既判力的约束、无合法仲裁协议、无不起诉协议等。因诉讼标的是诉的"质"的规定性，立法上和理论上多据此设置客观要件。

关于诉的主体之诉讼要件，即关于当事人的诉讼要件，为"主观要件"，主要有存在双方当事人、具有当事人能力、当事人适格、具有诉讼行为能力和合法诉讼代理权等。

关于诉的裁判者之诉讼要件，在大陆法系主要包括法院拥有民事审判权和民事管辖权等。《民事诉讼法》第 122 条将两者纳入起诉条件。

此外，法律对上诉、再审、异议之诉、诉的合并与变更等还规定了相应的特殊要件。

大陆法系中，"诉讼要件"是法院作出本案判决（实体判决）的前提条件，若全部具备，则诉讼程序继续进行，直至作出本案判决；若不具备，则诉讼程序没有必要继续进行，德日等国的法院以诉讼判决（其他国家和地区以裁定）驳回诉讼，以避免无益的诉讼，从而节约审判资源和降低诉讼成本，所以普遍认为诉讼要件多包含公益因素。

（3）胜诉要件：实体性要件

民事之诉第三方面的合法要件是本案判决要件（实体要件），通常是指原告胜诉要件，主要包括如下两方面要件：

1）诉的实体事实方面要件（存在实体要件事实根据）：权益产生要件事实是真实的，并且被告抗辩事实不存在（不真实）或者真伪不明。

2）诉的实体法律方面要件：存在与本诉原告权益产生要件事实相应的民事实体法律规范（或者通过法律解释方法寻找到可予适用的实体法律规范）。

本案判决要件中，实体事实出现（显著）虚假或者实体法律适用（严重）错误，为上诉理由和再审理由。

（4）关于起诉要件的改造

有学者分析认为，我国现行起诉要件包括了外国法律中的诉讼要件（比如要求"原告是与本案有直接利害关系"实际上属于当事人适格要件，"属于人民法院受理民事诉讼的范围和受诉人民法院管辖"则分别为有关审判权和管辖权诉讼要件），实际上起诉要件中包含了实体内容，从而使起诉要件过于严格而不利于当事人行使诉权和提起诉讼。

因此，应当借鉴外国的合理做法，将起诉要件和诉讼要件划分出来，在制度上设置合理的起诉要件，主要包括提交合法的起诉状，至于诉讼要件则在法院立案后调查。① 该学者后来主张，对于民事之诉的合法要件，我国可选方案有二：1）沿用起诉要件和实体要件的做法；2）采用大陆法系起诉要件、诉讼要件和实体要件的做法。我国目前宜维持现状，将来可采取第二个方案。不过，均应将实质当事人适格和诉的利益纳入实体要件，将形式当事人适格归为起诉要件。②

我国现行起诉条件过高，将实体判决要件等同于起诉条件以及诉讼开始的条件。应当将起诉条件与实体判决要件相剥离，并实行实体判决要件审理与实体争议审理并行的"二元复式结构"③。我国现行立案登记制度〔详见本书第三章三（三）〕，只是单纯地在程序上将审查制改革为登记制度，并未对起诉条件进行程序性修正，现行起诉受理制度将实体判决要件植入起诉条件之中，不可能真正实现立案登记制。④

2. 诉的利益

（1）诉的利益的内涵和功能

民国时期，有力说赞成采纳大陆法系有关诉的利益通说。⑤ 大陆法系民事诉

---

① 参见邵明：《民事诉讼法理研究》，50 页，北京，中国人民大学出版社，2004。

② 参见邵明：《民事诉讼法学》，2 版，50 页，北京，中国人民大学出版社，2016。

③ 该学者曾认为，与诉讼要件含义相同的说法即"实体判决要件"。参见张卫平：《起诉条件与实体判决要件》，载《法学研究》，2004（6）。

④ 参见张卫平：《民事案件受理制度的反思与重构》，载《法商研究》，2015（3）。

⑤ 参见石志泉：《石志泉法学文集》，邵明、周文、曹文华点校，255－256 页，北京，法律出版社，2014。

讼中，广义诉的利益包括：1）本案判决的一般资格（或称可诉性）；2）当事人适格；3）狭义诉的利益（或称权利保护必要、权利保护利益）。

在我国，通常从狭义的角度理解诉的利益，即诉的利益是当民事权益受到侵害或者与他人发生纠纷时需要运用民事诉讼予以救济的必要性和实效性；在"无利益即无诉权"的原则之下，"诉的利益"作为诉讼要件或者诉权要件，是法院作出本案判决的前提。①

有学者曾认为，与实体利益不同，诉的利益是因原告主张的实体利益受到侵害或者发生争议而产生的，我国应将其纳入诉讼要件并予以引进。② 该学者后来将诉的利益作为实体要件，因为诉的利益包含实体内容，我国虽无"诉的利益"之名但实体法中对其有规定，比如《合同法》第108条（现为《民法典》第578条）。③

诉的利益具有消极和积极两方面的功能。消极功能体现在，在当事人提起诉讼没有必要性和实效性即没有诉的利益时，法院可以驳回诉或起诉。积极功能主要体现在"对将来法律关系的裁判承认或者通过裁判促成权利的生成"，保障当事人接受裁判的权利和约束法院在受理案件时的恣意行为。④

下列原则、制度具有阻碍运用诉讼的作用，与诉的利益的消极功能相同："一事不再理"或者既判力（的消极效果）、法律规定在一定期限内不得起诉的案件⑤、当事人双方已有仲裁协议并申请或者正在仲裁或者已作出仲裁裁决、强制ADR（如我国劳动仲裁）等。

（2）认定诉的利益的标准

在民事可诉性的前提下，才能认定或者判断某个事项是否具有诉的利益。认定或者判断某个事项是否具有诉的利益，从肯定方面说，如果以"需要诉讼救济或者判决保护的必要性和实效性"为标准，则过于抽象，无多大的实用性，所以确定诉的利益的标准应当具体化，应当根据诉的类型来认定诉的利益。⑥

给付之诉的诉的利益根据现在给付之诉和将来给付之诉两种类型加以区分。现在给付之诉，原则上，清偿期一到即具有诉的利益。至于起诉前，原告是否催告被

---

① 参见邵明：《论诉的利益》，载《中国人民大学学报》，2000（4）；廖永安：《论诉的利益》，载《法学家》，2005（6）；张卫平：《诉的利益：内涵、功用与制度设计》，载《法学评论》，2017（4）。

② 参见邵明：《论诉的利益》，载《中国人民大学学报》，2000（4）。

③ 参见邵明：《民事诉讼法学》，2版，45页，北京，中国人民大学出版社，2016。

④ 参见邵明：《论诉的利益》，载《中国人民大学学报》，2000（4）；廖永安：《论诉的利益》，载《法学家》，2005（6）；张卫平：《诉的利益：内涵、功用与制度设计》，载《法学评论》，2017（4）。

⑤ 比如，《民事诉讼法》第127条第6、7项，《公司法》（2023年）第26条、第89条第2款等。

⑥ 参见邵明：《论诉的利益》，载《中国人民大学学报》，2000（4）；张卫平：《诉的利益：内涵、功用与制度设计》，载《法学评论》，2017（4）。

告履行，原、被告之间是否就履行给付义务发生争执等，均不影响诉的利益。不过，原告在被告未拒绝履行的情况下起诉的，虽然有诉的利益，但是若被告不加争议而即时承认原告的诉讼请求（即时认诺——据此法院作出原告胜诉的判决），则意味着原告毋庸起诉，所以有些国家和地区的法律规定诉讼费用由原告承担。①

将来给付之诉在原告有预先提出请求的必要情形下具有诉的利益，具体有两种情形：1）只有在原告与被告之间就将来要履行的义务已经发生争议，即被告已否定存在将来履行的义务时，原告提起的诉讼才具有权利保护利益；2）如果义务履行稍有迟延，就可能导致义务履行失去意义，或者迟延履行将进一步扩大损害的情形。② 有学者认为，根据《民法典》第 578 条的规定③，权利人满足义务人"明确表示或者以自己的行为表明不履行合同义务"之条件（具有诉的利益，对此应提供证据证明），就可在履行期限届满之前，提起将来给付之诉，要求义务人承担违约责任。④

确认之诉的诉的利益的认定标准存在两种观点。一种观点认为，确认利益的要件可以细化为三个方面：1）确认对象（本案诉讼标的）的选择对于该纠纷的解决是妥当的；2）选择确认之诉这种解决方法是妥当的；3）通过确认之诉所要解决的纠纷是现实且实际存在的。确认对象妥当这一要件，可以归纳为以下几个基本规范性命题：原则上不能就事实的存在与否提起确认之诉；不能就过去的法律关系要求确认；确认之诉作为解决纠纷的方法是妥当的；在实体法上有确认的必要；诉讼中附带的程序性问题没有确认之诉的利益。⑤

另一种观点认为，通常从下列方面来判断原告有无确认利益：1）就确认之诉的客体来看，通常是对现在⑥的民事法律关系或者民事权益提起确认之诉，在法律明文允许时可以对现存的特定法律事实提起确认之诉⑦；2）现在的民事法

---

① 参见《德国民事诉讼法》第 93 条、《日本民事诉讼法》第 62 条等。

② 参见廖永安：《论诉的利益》，载《法学家》，2005（6）。

③ 该条规定："当事人一方明确表示或者以自己的行为表明不履行合同义务的，对方可以在履行期限届满前请求其承担违约责任。"

④ 参见邵明：《现代民事之诉与争讼程序法理——"诉·审·判"关系原理》，145 页，北京，中国人民大学出版社，2018。

⑤ 参见张卫平：《诉的利益：内涵、功用与制度设计》，载《法学评论》，2017（4）。

⑥ 过去的民事法律关系可能发生了变动，没有必要对其作出确认判决；对将来的民事法律关系作出确认判决，可能阻碍将来的民事法律关系的合理变动。事实上，对过去的或者未来的民事法律关系可否提起确认之诉，取决于是否具有以现在确认之诉加以确认的必要，比如承租人可以请求法院确定其续租权。

⑦ 依据最高人民法院《民事案件案由规定》（法〔2020〕346 号），当事人对特定的法律事实存在争议的，也可提起确认之诉，比如确认证券发行失败之诉，确认不侵权纠纷案件（包括确认不侵害专利权纠纷案件、确认不侵害商标权纠纷案件、确认不侵害著作权纠纷案件）等。

律关系或者民事权益须是本诉的诉讼标的，即须是原告诉讼目的之所在而不是本案判决的先决事项，才能就此提起独立的确认之诉①；3）被告的行为使原告的实体权利或者原、被告之间的法律关系处于争议状态。例如，被告否认与原告存在着收养关系，原告有必要利用确认判决除去这种争议状态。②

只有同时具备法定性和现实性的形成权纠纷，才具有诉的利益。1）具备法定性要求。形成之诉，特别是有广泛效力的形成之诉，诸多国家和地区的法律明文规定仅在特定情形中才可提起（形成之诉明定原则）。③ 形成之诉的法定性还表现在法律往往对形成之诉的适格当事人作出明确规定，比如因受胁迫而提起撤销婚姻之诉的，原告只能是受胁迫一方的婚姻关系当事人本人④；离婚之诉的适格当事人是夫妻双方。2）具有现实性要求。只有现存的法律关系才能够成为形成之诉的诉讼标的。这是因为当事人对于现存的民事实体法律关系并无争议，有争议的是对现存的民事实体法律关系应否变更，原告提起形成之诉的目的是利用法院判决将现在的法律关系予以变更。形成之诉中因情事发生了变化而致诉讼继续进行、获得形成判决已无实际意义的，此时诉的利益消失，《民事诉讼法》规定"裁定终结诉讼"。⑤

---

① 事实上，法院对给付之诉和形成之诉作出本案判决前，均需确认作为本案判决先决事项的某项民事法律关系（或者民事权益）是否合法有效。就给付财产之诉而言，原告对该财产拥有所有权则不得提起独立的确认所有权之诉，即对作为给付前提的确认事项缺乏诉的利益。因为在给付之诉中，当事人的诉讼目的是获得给付判决，而确认民事法律关系（或者民事权益）之存在只是作出给付判决的前提，若允许就确认关系提起确认之诉则意味着为获得给付判决而应当提起两个诉，其结果是造成诉讼浪费。

② 参见邵明：《现代民事之诉与争讼程序法理——"诉·审·判"关系原理》，144 页，北京，中国人民大学出版社，2018。

③ 形成之诉大体上分为两类：（1）无广泛效力的形成之诉，即其形成判决的形成力主要存在于当事人双方之间而不具有对世效力（如合同撤销之诉、债权人撤销权之诉等）。（2）有广泛效力的形成之诉，即其形成判决的形成力不仅存在于当事人双方之间，而且具有对世效力。这类形成之诉集中于有关身份关系的人事诉讼（如撤销或者解除婚姻之诉、撤销或者解除收养之诉）、社团关系的公司诉讼（如撤销公司股东会决议之诉）等。

提起具有广泛效力的形成之诉的根据是原告享有"形成诉权"，由于此类形成权涉及人们基本的身份关系、涉及未成年人的保护或者众多人的利害关系，或者为使交易更加安全和清晰，以当事人个人意思表示来变动法律关系是不妥当的，所以许多国家的法律将此类形成之诉视为涉及公益之诉而加以明文规定，并要求由法院以形成判决作出统一变动。参见［德］卡尔·拉伦茨、曼弗瑞德·沃尔夫：《德国民法中的形成权》，载《环球法律评论》，2006（4）。

④ 参见《关于适用〈中华人民共和国民法典〉婚姻家庭编的解释（一）》（法释〔2020〕22 号）第 18 条第 2 款。

⑤ 参见邵明：《现代民事之诉与争讼程序法理——"诉·审·判"关系原理》，145－146 页，北京，中国人民大学出版社，2018。

二、诉讼标的论

有学者认为，我国诉讼标的的观点是从苏联引进的[①]；有学者则认为，我国诉讼标的的观点没有从苏联直接继承过来，而是对民国时期诉讼标的理论的承继。[②] 苏联的诉讼标的学说和民国时期的诉讼标的学说也均受西方诉讼标的理论（尤其是大陆法系诉讼标的理论）影响。

（一）有关诉讼标的学术观点

在清末和民国时期，普遍认为，诉讼标的是当事人主张的实体法上的权利或法律关系。[③] 中华人民共和国成立后，我国民事诉讼法学界延续了这一观点，该观点成为我国的通说，可纳入实体法说。[④]

20 世纪 90 年代之后，受域外诉讼标的理论的影响，我国有些学者为避免旧实体法说的弊端，主张诉讼法说。另有学者为了解决我国诉讼标的理论对司法实践供给不足的问题，支持操作性更强的诉讼标的相对说。[⑤]

关于我国适用何种诉讼标的理论，学界的意见尚未统一，始终没能形成体系性构建的理论目标，对实践的指引力也非常有限。有学者将我国诉讼标的理论研究的病症形象地概括为"内卷化"。[⑥]

1. 实体法说

在我国研究诉讼标的论之初，就将其作为诉的客体来讨论。[⑦] 在民国初期，受日本民事诉讼理论的影响，我国理论界和实务界将诉的客体称为"民事诉讼之

[①] 参见张卫平：《论诉讼标的及识别标准》，载《法学研究》，1997（4）。

[②] 参见李龙：《民事诉讼标的理论研究》，80-83 页，北京，法律出版社，2003。

[③] 参见邵勋、邵锋：《中国民事诉讼法论》（下），高珣、刘志欣、林虹勘校，183 页，北京，中国方正出版社，2004；［日］松冈义正口述：《民事诉讼法》，熊元襄编，李凤鸣点校，46-48 页，上海，上海人民出版社，2013；石志泉：《石志泉法学文集》，邵明、周文、曹文华点校，18 页，北京，法律出版社，2014。

[④] 参见常怡主编：《民事诉讼法教程》，125 页，重庆，重庆出版社，1982；柴发邦主编：《民事诉讼法教程》，184 页，北京，法律出版社，1983；刘家兴主编：《民事诉讼法教程》，29 页，北京，北京大学出版社，1994；田平安主编：《民事诉讼法》，4 版，59-60 页，北京，中国人民大学出版社，2013；赵钢、占善刚、刘学在：《民事诉讼法》，3 版，18-20 页，武汉，武汉大学出版社，2015；齐树洁：《民事诉讼法》，4 版，38-40 页，北京，中国人民大学出版社，2015；江伟、肖建国主编：《民事诉讼法》，9 版，28-31 页，北京，中国人民大学出版社，2023；等等。

[⑤] 该观点的系统论述，参见陈杭平、卢佩、巢志雄、史明洲：《新范式下的民事诉讼标的理论》，北京，中国法制出版社，2020。

[⑥] 参见吴英姿：《诉讼标的理论"内卷化"批判》，载《中国法学》，2011（2）。

[⑦] 参见邵勋、邵锋：《中国民事诉讼法论》，下卷，高珣、刘志欣、林虹勘校，183 页，北京，中国方正出版社，2004。

目的物",在"民事诉讼条例"起草时,方改称为诉讼标的。

民国时期,学者一直提倡旧实体法说:"民事诉讼之目的物,乃应执行或确定之私法的法律关系也。"[1] 彼时已经出现了较为科学的诉讼标的的定义:"当事人为确定私权之请求时所主张或不认之法律关系,欲法院对之加以裁判者,谓之诉讼标的。法律关系者,谓法律所定为权利主体之人对于人或物之关系。质言之,即权利义务之关系是也。法律上适于为诉讼标的者,通常为私法上之法律关系。"[2]

我国大陆传统的诉讼标的理论与民国学者保持一致,支持旧实体法说[3],其中的代表性观点认为,"民事诉讼的双方当事人,因为某种权利义务关系发生纠纷或者受到侵害,要求人民法院作出裁判或者调解,这种需要作出裁判或者调解的权利义务关系,就是当事人间争议所属的那个标的"[4]。我国台湾地区在 60 年代后期开始接触新诉讼标的理论(诉讼法说),但是实务界仍旧坚持旧实体法说。[5]

有学者认为,在"渐进式"改革道路的指引下,我国构建诉讼标的理论应当首先继承和发扬现有的理论观点(旧实体法说)中的合理部分,在不对现有理论体系作大变革的前提下,形成具有中国特色的、科学的、系统的诉讼标的理论。我国当事人的法律意识和法官素质不容乐观,如果既判力的遮断效太强,在当事人因法学知识欠缺或者诉讼技能不足,没有提出恰当诉讼标的的情况下,对当事人合法权益的保护会受到影响,因此,应当选择便于双方当事人起诉、防御和法院便于裁判的实体法说。至于旧实体法说的缺陷,该学者认为只存在于给付之诉中。因此,给付之诉中采用新实体法说,确认之诉和形成之诉中选择旧实体法说。[6]

2. 诉讼法说

随着我国民事诉讼法学界对域外理论理解的加深,有学者在综合考虑我国民事诉讼的目的、民事诉讼法的传统以及民事立法和司法实际的基础上,主张应该在我国适用新诉讼标的学说。该学者认为,就我国的民事诉讼目的来看,应当与

---

[1]　[日]松冈义正口述:《民事诉讼法》,熊元襄编,李凤鸣点校,46-48 页,上海,上海人民出版社,2013。

[2]　石志泉:《石志泉法学文集》,邵明、周文、曹文华点校,18 页,北京,法律出版社,2014。

[3]　参见常怡主编:《民事诉讼法教程》,125 页,重庆,重庆出版社,1982;刘家兴主编:《民事诉讼法教程》,29 页,北京,北京大学出版社,1994。

[4]　柴发邦主编:《民事诉讼法教程》,184 页,北京,法律出版社,1983。

[5]　参见杨建华:《民事诉讼法实务问题研究》,158-160 页,台北,三民书局有限公司,1985。

[6]　该学者认为,旧实体法说下,诉讼标的是限定具体且特定的实体法上的权利或法律关系,具有的理论优势是我国民事诉讼理论和实践不能缺少的:法院的审理范围明确且特定,便于法院的裁判,当事人攻击防御的目标集中,既判力的客观范围明确。参见李龙:《民事诉讼标的理论研究》,67-93 页,北京,法律出版社,2003。

改革开放后的政治、经济和文化发展方向相协调，在将保护公民私权作为首要目标的同时，还应当重视公民程序上的权益。因此，民事诉讼目的应当具有二元性，即强调对当事人实体利益和程序利益两种价值的追求。

与保护当事人实体利益一致，诉讼标的应为"实体权利或法律关系"。但是，在二元诉讼目的之下，民事诉讼更注重对当事人利益的实质保护而不再是单纯地为裁判去寻找实体法律依据，因此，民事诉讼不再仅关注当事人的实体权利主张，还关注诉讼的目的和效果，即诉讼标的的含义应为"原告诉的声明中表明的抽象的法律效果的主张"。

就民事诉讼的法系传统来看，我国民事诉讼具有大陆法系传统，其规范出发型的模式具有内在矛盾，对于某些纠纷缺乏规范调整，而对某些纠纷又存在重复的规范。将诉讼标的界定为诉的声明，可以解决这一问题。就我国的立法与司法实际来看，法律规范体系还未健全，实体法律不能够周延地保护当事人所有正当、合理的利益，将诉讼标的界定为诉的声明，可以弥补立法上的不足。[①]

3. 事件说

有学者从本土实际出发，探讨了我国目前司法实践中判断诉讼标的的传统路径及最新转向。从裁判文书的表述来看，传统路径将诉讼标的界定为"法律关系和实体权利"。最高人民法院在两起案件中的表述，则体现了司法实践中界定诉讼标的的新路径，即以"诉讼请求"是否相同或者是否同属一个"纠纷"为界定的基准。该学者将美国法的"诉因"（cause of action）、"请求"（claim）作为界定诉讼标的之第三条路径加以介绍，认为诉因或者请求作为诉讼的基本单位，是美国民事诉讼程序中的诉讼对象或者实体对象。美国对请求的界定，是以代表生活事实的"事件"为视角，包括"基于引发诉讼的事件或一系列关联事件的全部权利或救济"。该学者将这一路径命名为"事件说"。

4. 相对说

诉讼标的相对说试图跳出体系化和统一化的思维模式，而结合诉讼状态和诉讼种类对诉讼标的进行理解。此学说可以灵活地应对实践需求，增强诉讼标的理论对实践问题的解释力和解决力。这一学说在域外已经产生了一定影响，但其内部也存在分歧，主要体现在存在若干个不同的"相对性"方案。

20世纪90年代末，有学者主张采取相对的诉讼标的识别标准，即从我国民事诉讼的实际情况出发，不同类型的诉，其诉讼标的的识别标准就有所不同。依据诉的不同类型来界定诉讼标的具有理论根据和实践基础。（1）不同的诉，其目

---

① 参见段厚省：《民事诉讼标的论》，1页，北京，中国人民公安大学出版社，2004。

的、功能都有所不同，如何科学地界定诉讼标的与诉的目的和功能有密切的关联。（2）强求诉讼标的的识别标准的统一性往往导致顾此失彼，难以左右照应。（3）对诉的三种基本类型的划分已为我国民事诉讼实务界所接受，并长期在民事诉讼实务中具体适用。①

有学者将诉讼标的的定义由窄到宽分为三个版本：以当事人所主张的实体权利为衡量标尺的"1.0"版；以当事人的诉讼请求及对应的法律关系为标尺的"2.0"版；以诉讼指向的纠纷事件或生活事实为标尺的"3.0"版。同时，还从功能主义出发，将诉讼程序划分为诉讼标的发挥行为规范机能阶段（诉讼中）和发挥评价规范机能阶段（判决后）。前一阶段具体分为确定审判对象、诉的变更、诉讼系属三种场景。后一阶段分为五种场景：后诉旨在否定或架空前诉生效法律文书的主文；后诉旨在实现前诉未实现的法律效果或诉讼目的；后诉更改对法律关系性质的主张，意在实现前诉未实现的给付目的或抵消前诉判决的法律效果；后诉是原告基于新事实再次提起的，旨在实现同一给付目的；依据同一实体法律关系，原告通过后诉主张未被前诉判决涵盖的给付内容。

在此基础上，其梳理和分析了实务中不同场景采纳的不同的诉讼标的的内涵，结合我国相关法律及司法解释，对我国相对诉讼标的理论构建提出以下设想：

（1）在确定审判对象的场景下，为明确攻击防御的对象，避免对原告施加过重的主张负担，应以当事人主张的实体权利或者实体法律关系为衡量诉讼标的之标准。

（2）在诉的变更、合并和反诉的场景下，为了保障原告的起诉权和被告的抗辩权，严格遵守"不告不理"的原则，应当以当事人主张的实体权利为衡量诉讼标的的标准。

（3）在判断诉讼系属的场景下，为了有效节省司法资源，减轻当事人的诉累和防止矛盾裁判，以纠纷事实或者生活事实为判断的标尺。在例外情形下，为保障原告的管辖选择权或法定管辖利益，以当事人主张的实体权利为衡量诉讼标的的标准。

（4）在判断既判力遮断效范围的场景下，如果前后诉请求相同或趣旨一致，以当事人主张的实体权利为衡量诉讼标的的标准，尽可能使后诉不被前诉法律文书的既判力遮断。如果后诉请求实质上否定前诉裁判结果，则以纠纷事实或者生活事实为判断的标尺，防止矛盾裁判的发生。②

---

① 参见张卫平：《论诉讼标的及识别标准》，载《法学研究》，1997（4）。
② 参见陈杭平：《诉讼标的理论的新范式——"相对化"与我国民事审判实务》，载《法学研究》，2016（4）。

5. 综合说

有学者认为，由于我国采用成文法主义，民事诉讼基本上属于"规范出发型"诉讼①，其目的主要是保护民事权益、解决民事纠纷等，所以诉讼标的是指民事当事人之间争议的、请求法院审判的民事实体法律关系或者民事实体权利。② 对此，具体阐释如下：

（1）诉讼标的之"标的"是民事当事人之间存在的"民事实体法律关系"或者原告所主张的"民事实体权利"。民事实体权利可以指所有权、债权、人身权等实质权，更多的是指以权利作用为标准所划分的请求权、支配权和形成权。③ 比如，买方 A 与卖方 B 之间存在的货物买卖合同法律关系或者 A 所主张的请求 B 给付合格货物等的请求权、B 所主张的请求 A 支付货款等的请求权等。

（2）诉讼标的是民事当事人之间发生争议的民事实体法律关系或者民事实体权利。比如，买方 A 与卖方 B 均履行了各自的义务（履约），则无争议（无诉的利益）而无须解决，此时的买卖合同法律关系或者请求权还不能成为诉讼标的；若 A 与 B 有争议（违约），如因 A 没有按照合同支付货款而发生了争议（有诉的利益），才须解决，此时的买卖合同法律关系或者 B 所主张的请求 A 支付货款的请求权才可能成为诉讼标的。

（3）诉讼标的是请求法院审判的民事实体法律关系或者民事实体权利。比如，若买方 A 与卖方 B 通过和解、调解或者仲裁来解决争议，则 A 与 B 之间发生争议的买卖合同法律关系或者 B 所主张的请求 A 给付货款的请求权不是诉讼标的，只有当 B 提起民事诉讼、请求法院审判该争议时才能成为诉讼标的。

---

① 日本学者中村英郎先生经历史考察后指出：大陆法系民事诉讼制度的源头是古罗马民事诉讼，施行实体成文法主义和"规范出发型"诉讼，主要是从实体法规范出发以三段论来构造民事诉讼，即根据大前提［实体法规范（要件事实）］和小前提（符合实体法规范的直接事实），推导出结论（法院判决主义）。英美法系民事诉讼制度的源头是古日耳曼民事诉讼，施行实体判例法主义和"事实出发型"诉讼，主要是以（生活）事实为思考出发点来构造民事诉讼，主要表现为：根据纠纷事实所包含的规则或者传统来处理纠纷；或者找出与当下审理纠纷的事实相同或者类似的先例，根据先例中存在的规范解决当下纠纷。

"规范出发型"诉讼中，基于维护当事人实体权利和尊重当事人意思自治而按照当事人的意思来决定诉讼标的。由于从实体法出发来把握诉讼标的，即从实体法规范构成要件来确定诉讼标的，所以与英美法系不同，大陆法系基本上否认诉讼标的就是案件本身，而主张诉讼标的是原告在诉讼中提出的具体的民事实体权利义务关系，或者是原告提出的实体权利主张。参见［日］中村宗雄、中村英郎：《诉讼法学方法论》，陈刚、段文波译，168－219 页，北京，中国法制出版社，2009。

② 参见邵明：《民事诉讼法学》，2 版，43 页，北京，中国人民大学出版社，2016。

③ 依据《民事案件案由规定》，案由主要是根据诉讼标的来确定的。比如，依据当事人主张的民事法律关系的性质来确定（如变更扶养关系纠纷），依据民事实质权来确定（如人身自由权纠纷、探望权纠纷、股东知情权纠纷等），依据请求权、形成权或者确认之诉、形成之诉的标准进行确定（如票据付款请求权纠纷、确认合同无效纠纷等）等。

诉讼标的同时具有实体内容（实体性）和程序内容（程序性）。上例中，"货物买卖合同法律关系或者请求权"构成了诉讼标的之实体内容。诉的类型（给付之诉、确认之诉和形成之诉）实际上是根据诉讼标的的实体内容及性质来区分的，就各种诉的诉讼标的或者实体法基础来看，给付之诉是"请求权"，确认之诉是"支配权（或其确认权）"，形成之诉是"形成权"。上例中，"请求法院审判"体现出诉讼标的之程序内容，即实体当事人之间争议的"标的"在正当程序中须经当事人之间的"诉辩"并接受法院的"审判"。

关于诉讼标的，主要有"旧实体法说""诉讼法说""相对说""事件说""综合说"五种观点。基于我国国情，比如当事人熟悉法律的程度有限、法官的专业水准有待提高等，诉讼法说中"原告败诉后不可基于其他实体请求权就同一诉讼请求再诉"的要求过于苛刻，加之国内司法界仍不能接受竞合合并和诉讼理由的聚合，我国尚无法采用诉讼法说。事件说要求的条件比诉讼法说更高，因此也无法采用。退而求其次，我国目前只能够采用旧实体法说，为减少旧实体法说的缺陷，应该落实以下配套制度：法官应履行释明义务、快速驳回原告显无理由的再诉。在理解并接纳竞合合并、预备合并，允许当事人在诉的基础事实不变的前提下较自由地进行诉的变更的基础上，我国未来应朝着采用诉讼法说甚至事件说的方向努力。①

（二）识别诉讼标的与识别诉

在民事争讼程序中，所谓"一事多讼""一事不再理"中的"事"，实际上是"诉"或者"案件"。判断原告所提之诉是否属于"一事多讼"或者"一事不再理"的情形，需正确识别诉（诉的识别），即判断两个诉是否为同一个诉。

早期有关诉的识别，主要观点大致有：（1）诉的构成要素由主观要素（当事人）和客观要素（诉讼标的）构成，相应地，如果此二要素均相同，就构成重复诉讼；（2）应该以当事人、诉讼标的、诉讼请求、主要争点作为识别诉的标准；（3）我国台湾地区民事诉讼法学界，认为应当以当事人同一、诉讼标的同一和诉讼请求同一、相反或可互为代用作为同一诉的条件。该研究则主张，通常情形下，以当事人和诉讼标的两大要素来识别诉是否同一，特别情形下，可以将主要争点或诉讼请求的基础事实作为识别标准。②

依据《新解释》第247条的规定，同时符合以下三个条件的，构成重复起诉：（1）后诉与前诉的当事人相同；（2）后诉与前诉的诉讼标的相同；（3）后诉

① 参见严仁群：《诉讼标的之本土路径》，载《法学研究》，2013（3）。
② 参见柯阳友：《也论民事诉讼中的禁止重复起诉》，载《法学评论》，2013（5）。

与前诉的诉讼请求相同，或者后诉的诉讼请求实质上否定前诉裁判结果。

有学者认为，诉讼标的是诉讼请求的上位概念，因此，将诉讼请求与诉讼标的并列存在逻辑问题。① 有学者认为，无论在传统诉讼标的理论还是新诉讼标的理论中，诉讼请求都是诉讼标的的构成要素，因此，将诉讼请求与诉讼标的并列作为重复起诉的标准，不仅在理论上难以解释，实践中也会面临困境。② 还有学者认为，诉讼标的采旧实体法说和一分肢说，诉讼标的和诉讼请求为相同概念，在判断重复起诉时，没有必要加以区分。只有在二分肢说时，诉讼请求才为诉讼标的识别要件之一。按照我国现有规定，一方面在诉讼标的上坚持旧实体法说，另一方面将诉讼请求单列，这显然是矛盾的。③

上述三种观点虽然均对将诉讼请求作为诉的识别标准进行了批判，但是，三个理由中对诉讼请求和诉讼标的之间的关系的理解相互冲突。这进一步验证了我国学界对诉讼标的理论研究缺乏共识。

在上述批判的基础上，不同学者也给出了不同的诉的识别的方案。有学者主张，将诉讼标的和诉讼争点两个方面作为诉的识别标准即可。争点是相对于诉讼标的的概念，指诉讼理由层面所包含的内容。如果当事人之间的诉讼标的不同，但争点相同时，依然属于重复诉讼。④ 有学者在反对将诉讼请求作为诉的识别标准的同时，还质疑将当事人作为识别诉的标准的合理性。其认为，诉讼标的是确定当事人适格与否的依据，虽然表面将当事人和诉讼标的同时列为重复起诉的标准，但是实际上发挥基础作用的是诉讼标的。因此，该学者主张以诉讼标的作为诉的识别的唯一标准。⑤

还有学者认为，随着我国诉讼标的识别标准逐渐从民事法律关系回归民事权利主张，诉讼标的与诉讼请求的传统二元模式亟待转换为修正的一元模式。在坚持诉讼标的等于诉讼请求的同时，宜在诉讼请求变更及其释明以及诉讼时效中断事由的解释中发挥诉之声明的关键作用。⑥

诉讼标的之识别，亦称"识别诉讼标的"，是在诉的主体确定的前提下进行的，其目的是识别诉。有学者认为，一分肢说、（新旧）二分肢说等学说不易适用，合理的做法是根据诉的构成要素识别诉。首先根据诉的主体来识别；诉的主

---

① 参见张卫平：《重复诉讼规制研究：兼论"一事不再理"》，载《中国法学》，2015（2）。
② 参见段厚省：《重复诉讼判断标准检讨》，载《甘肃政法学院学报》，2019（5）。
③ 参见夏璇：《论民事重复起诉的识别及规制》，载《法律科学》，2016（2）。
④ 参见张卫平：《重复诉讼规制研究：兼论"一事不再理"》，载《中国法学》，2015（2）。
⑤ 参见段厚省：《重复诉讼判断标准检讨》，载《甘肃政法学院学报》，2019（5）。
⑥ 参见任重：《论我国民事诉讼标的与诉讼请求的关系》，载《中国法学》，2021（2）。

体相同，则须根据诉讼标的来识别①；在特定情况下，还须结合诉的原因（事实）来识别。但是，遇有请求权竞合、部分请求、后发性请求等特殊情况，尚需运用其他方法，才可达到合理的结果。②

三、民事诉权论

民事诉权实际上是关于民事之诉的权利，民事之诉的主要内涵构成了民事诉权的主要内涵，民事之诉的合法要件即民事诉权的合法要件。

关于民事诉权的属性众说纷纭，主要有私法诉权说、公法诉权说（抽象诉权说、具体诉权说、本案判决请求权说、司法行为请求权说、宪法诉权说和多元诉权说）。对于民事诉权合法要件（民事之诉合法要件）的构成，不同诉权学说下也不尽相同。

比较而言，保护诉权或司法救济权是主要方面，规制诉权滥用不应阻碍诉权的合法行使，所以滥用诉权的构成要件理当严格，否则会阻碍当事人正常行使诉权。

（一）民事诉权论发展概要

与其他民事诉讼基础理论一样，我国民事诉权学说同样深受国外学说的影响。在不同的社会历史背景下，国外产生了不同的诉权学说，主要有私法诉权说、公法诉权说、宪法诉权说、多元诉权说和诉权否定说。

民国时期，我国学者已经对诉权展开研究，其对诉权内涵和构成要件的论述具有深刻的西方学说的烙印。有学者对诉权进行了专门研究，认为诉权在法理上具有三种意义：抽象的诉权、形式的诉权和实质的诉权。③ 这与西方的公法诉权说有较为紧密的联系。还有学者在其著述里虽然没有明确表示支持具体诉权说，但其在对诉权的内涵阐释和要件分析上，无不体现了对具体诉权说的认可。④ 民国时期，我国诉权理论多是对西方某诉权学说整体的移植，既没有对国外诉权理

① 诉讼标的是诉的质的规定性，诉讼标的不同则是不同的诉。若诉讼标的没有变更，诉讼请求即便发生变更，诉仅发生量的变更，还是原来的诉。因此，识别诉、判断诉的客观合并或者变更，应当根据诉讼标的来进行。比如，B（卖方）诉 A（买方）买卖合同纠纷案中，诉讼标的是 B 对 A 所主张的请求权，请求权的具体内容构成诉讼请求（如请求支付价款 500 万元、利息 10 万元和违约金 5 万元等）；原告 B 舍弃支付违约金 5 万元的请求，本案诉讼标的没有发生变更，还是原诉。

② 参见邵明：《民事诉讼法学》，2 版，53－56 页，北京，中国人民大学出版社，2016。

③ 参见邵勋、邵锋：《中国民事诉讼法论》，下册，高珣、刘志欣、林虹勘校，368－369 页，北京，中国方正出版社，2005。

④ 参见石志泉：《石志泉法学文集》，邵明、周文、曹文华点校，255－256 页，北京，法律出版社，2014。

论的历史沿革进行梳理，也没有结合我国国情进行改造和发展。

我国诉讼法学界对西方诉权学说的引进和移植在新中国成立之后中断。1958年，通过翻译苏联学者顾尔维奇所著的《诉权》一书，我国学界曾接触到诉权学说在西方历史中的演进脉络。① 但西方学说并没有在我国引起反响，顾尔维奇的三元诉权说在当时被我国学者奉为圭臬。苏联学者多勃沃里斯基的二元诉权说被介绍到国内后，我国学者根据苏联的三元诉权说和二元诉权说并对之加以改造形成了自己的二元诉权说。支持二元诉权说的代表性学者有江伟、常怡、柴发邦和谭兵。

有学者质疑二元诉权说的合理性和科学性，并提出了一元诉权说，认为诉权是当事人进行诉讼所享有的程序性权利，是当事人的各项诉讼权利概括和集中的体现。但是，一元诉权说也承认诉权与民事纠纷和民事权益之间存在密切关联，即认为诉权是基于实体法律关系的争议而由国家赋予的权利，是当事人用以维护自己正当民事权益的权利。就此看来，一元诉权说所谓诉权并不是纯粹程序性的，也包含了实体内容。顾培东在其《诉权辨析》［载《西北政法学院学报》，1983（1）］中首次提出了这一观点。

进入 21 世纪之后，我国有学者开始从宪法的基本权利和人权理论的角度来理解和诠释诉权。这一学说首先被宪法学者和法理学者倡导，代表性著作有周永坤的《诉权法理研究论纲》［载《中国法学》，2004（5）］、莫纪宏的《现代宪法的逻辑基础》（法律出版社，2011）等。也有一些民事诉讼法学者将诉权引入宪法和人权领域，比如江伟、邵明和陈刚的《民事诉权研究》（法律出版社，2002）认为，民事诉权是宪法性权利，属于基本人权的范畴。吴英姿的《论诉权的人权属性》［载《中国社会科学》，2015（6）］以历史演进的视角揭示了时代变迁对诉权理论留下的深刻烙印，并对用人权理论来重构诉权理论进行了翔实论证。

总体来说，我国诉权理论研究着力于揭示实体法与诉讼法的关系。然而，由于我国民事诉讼理论研究长久以来缺乏体系意识，加之近年来民事诉讼法学界出现的务实的研究转向，诉权研究对我国民事诉讼理论的体系化供给不足。

（二）有关民事诉权的学术观点

在民事诉权学说史上，基于对诉权内涵和性质的不同理解，产生了不同的诉权学说。

1. 民国时期的公法诉权说

私法诉权说产生和存在的时代久远。我国的诉权理论在产生伊始，就受彼时

---

① 参见［苏联］M. A. 顾尔维奇：《诉权》，康宝田、沈其昌译，5－45 页，北京，中国人民大学出版社，1958。

在域外占主流地位的公权诉权说的影响。在民国时期，我国民事诉讼法学者已经对诉权展开了讨论，并且一致认为诉权的性质为公权。有学者支持具体诉权说，其认为，诉权是原告"依诉得求利己判决之权利"[1]。还有学者主张，诉权在法理上有如下三种意义[2]：

（1）抽象的诉权，是指"对于法院求为有私权保护之请求权存在与否之调查，并于调查后，求为裁判之权利也"。该学者指出，这一层次的诉权属于人格权的自由范畴，在当事人对司法机关要求保护私权之前就已经存在，对法院提出的调查要求，即是对抽象诉权的行使。

（2）形式的诉权，是指人民依抽象的诉权，要求保护私权时，对于国家求其审理判决的公权。该学者指出，形式的诉权是抽象的诉权具备行使条件时所发生的权利。如果不存在形式的诉权，法院即以私权保护请求不合法驳回；如果存在，则进一步对诉讼标的进行审查。

（3）实质的诉权（私权保护请求权），是指私人对国家要求利己判决的公权。该学者指出，实质诉权的性质为公权，与私法上的请求权完全独立，其实质在于私人可以要求利己判决：实质的诉权存在，则必能要求利己判决；反之，则不能要求利己判决。

基于以上介绍，可以看出该学者对诉权意义的理解其实与西方公法诉权说中的某些理论具有一致性。抽象的诉权其实对应抽象诉权说，权利保护请求权说则可以涵盖形式的诉权和实质的诉权。值得一提的是，该学者在当时已经意识到可以从宪法意义对诉权进行理解，但并未展开论述。

2. 中华人民共和国成立后至 20 世纪 80 年代的二元诉权说

在中华人民共和国成立之后，我国的诉权学说与苏联学者的观点保持一致。80 年代我国学者形成的二元诉权说认为，诉权具有程序意义的诉权和实体意义的诉权双重内涵。但是，对于诉权的权利主体，学者有不同的见解。有学者认为，原告享有诉权，而被告不享有诉权。相对应地，程序意义的诉权为起诉权，实体意义的诉权为胜诉权。1984 年出版的《中国大百科全书·法学》对诉权的定义，代表了这一部分学者的观点："向法院对一定的人提出诉这种请求的权利，叫做诉权。根据其法律性质，诉权可以分为程序意义上的诉权和实体意义上的诉权。前者又叫起诉权，它的内容即起诉要件，是请求法院对权益的争议进行审判

---

[1] 石志泉：《石志泉法学文集》，邵明、周文、曹文华点校，255 - 256 页，北京，法律出版社，2014。

[2] 参见邵勋、邵锋：《中国民事诉讼法论》，下册，高珣、刘志欣、林虹勘校，370 - 373 页，北京，中国方正出版社，2005。

的一种权利。后者是提请法院运用审判这一特殊手段，强制实现权益请求，即要求明确被告的义务和强制履行其义务的权利。权利主体从实体法律关系发生时起，享有实体意义上的诉权，但他要实现这一权利，还必须有程序意义上的诉权。"①

另一部分学者认为，在民事诉讼中，原告、被告和参加诉讼的第三人都享有诉权。在此基础上，其认为，程序意义上的诉权是原告向人民法院提起诉讼的权利和被告针对原告请求的事实和法律根据进行答辩的权利，通常称为起诉权和应诉权。实体意义上的诉权是指原告可以通过人民法院向被告提出实体上要求的权利和被告可以通过人民法院反驳原告提出的实体上的请求或提出反诉的权利。②

3. 20 世纪 80、90 年代的一元诉权说

虽然在我国二元诉权说占主流学说的地位，但仍然受到一些学者的质疑，并提出一元诉权说的主张，他们主张的共同之处是认为诉权只具有程序性。我国改革开放之后，随着民事诉讼理论的发展，程序的独立价值日益得到学者的认可和支持，在此背景下，强调诉权公法性质的一元诉权说在我国兴起。

在 20 世纪 80 年代，有学者率先对二元诉权说发起了挑战。该学者首先认为，二元诉权说的基本根据为"诉有双重内涵"（程序上的诉和实体上的诉）。在此认识之上，该学者对"诉的双重内涵"进行了批判，从而动摇了二元诉权的理论基础。其理由有三：（1）根据诉讼关系"两面说"，诉讼活动只存在于当事人与法院之间，"实体上的诉"将被告作为接受诉之请求的承受者有悖于诉讼法律关系的基本原则。（2）诉讼请求的内容只能是一个，即请求保护实体民事权益，二元诉权说人为地将诉讼请求肢解为两个方面背离了诉的本意。（3）在审判实践角度，将诉划分为实体诉和程序诉没有必要性和可能性。该学者进一步认为，二元诉权说缺乏科学性。在二元诉权说中程序意义上的诉权被界定为起诉权是狭隘的，其不仅不包括被告的诉权，也排除了原告除起诉外的其他权利。将实体意义上的诉权界定为胜诉权的认识是错误的，此种认识导致诉讼双方中必有一方因为败诉而没有诉权。该学者从权利发生和权利关系的主体两个方面分析，得出诉权是一项程序性权利，不包含实体意义上的权利的结论。值得一提的是，该学者认为诉权应是贯穿于诉讼一切活动的权利，即诉权是诉讼权利的总和，并强调诉权与实体权利具有必然的联系。③

---

① 《中国大百科全书·法学》，564 页，北京，中国大百科全书出版社，1984。
② 参见柴发邦主编：《民事诉讼法教程》，190～194 页，北京，法律出版社，1983。
③ 参见顾培东：《诉权辨析》，载《西北政法学院学报》，1983（1）。

有学者认为，诉权理论是实体法和诉讼法分离的重要裂变元素。二元诉权说忽视了诉权的历史作用，容易使已趋于合理的法律体系退步到公法与私法混沌不分的境地，应当摒弃。该学者认为，诉权是当事人可以基于民事纠纷的事实，要求法院进行裁判的权利。其具体有以下内涵：（1）诉权发生的根据是民事纠纷的事实存在；（2）诉权是程序权利（诉权只能在诉讼程序上行使，诉权只能向法院提出，诉权是诉讼程序启动的要素之一）；（3）诉权是当事人要求法院就争议的民事纠纷作出裁判的权利。①

4. 21 世纪的宪法诉权说

宪法诉权说是新近的一种学说，虽然在我国先前的学说中，有学者承认诉权是一种宪法上的权利，但是均没有进行充分的论证。2001 年，宪法学者从宪法角度论证诉权的人权性，其将人权区分为道德形态和法律形态，并认为人权的法律形态能够将人权的应然性和实然性进行有机结合。而诉权是法律保障的人权的实然形态，作为法律救济权，诉权是现代法治社会的第一制度性人权。因此，为保障人权，诉权应该被确认为绝对的宪法权利。②

有学者认为，"诉权是请求法律救济的权利，是一项启动与延续诉讼的权利"。在现代社会里，诉权是宪法权利，也是一项基本人权。其将诉权的起源和发展置于社会发展进程中考察，认为因为诉权的产生，才有了真正意义上的人类社会。社会的不断发展丰富了诉权的实质内容，分化和丰富了诉权形式，普及了诉权主体，实现了诉权面前人人平等，诉权属性也由普通法上的权利演变成为宪法上的权利，并进而发展为高于法律的基本人权。③

有学者充分借鉴了日本学者的理论，提出了独立于诉权的"裁判请求权"。裁判请求权是指任何人在权利受到侵害或与他人发生争执时都享有的请求独立的不偏不倚的司法机关公正审判的权利，包括诉诸司法的权利和公正审判请求权。在该学者的研究框架下，诉权与裁判请求权是既有区别又存在联系的。主要区别有：（1）两者的性质不同，诉权是民事诉讼法上的权利，裁判请求权是宪法权利；（2）诉权是一项具体的现实的权利，以发生民事纠纷为存在前提，裁判请求权是一项抽象的固有的权利；（3）诉权的行使是诉讼程序的启动要素之一，裁判请求权则不是；（4）诉权无法包含裁判请求权中的公正审判请求权；（5）两者产生的时间不同。该学者认为，诉权与裁判请求权的联系体现在两个方面：（1）裁

---

① 参见刘荣军：《程序保障的理论视角》，256-258 页，北京，法律出版社，1999。
② 参见莫纪宏：《现代宪法的逻辑基础》，301-312 页，北京，法律出版社，2001。
③ 参见周永坤：《诉权法理研究论纲》，载《中国法学》，2004（5）。

判请求权是诉权的宪法基础。裁判请求权在宪法上的确立是诉权宪法化的表现，从此，诉权得到了宪法的保障。（2）诉权是裁判请求权的实在化。诉权是公民的裁判请求权与公民使用诉讼制度、具体享有民事诉讼权利的中介。可见，该学者通过引介"裁判请求权"的概念将诉权宪法化，并认为只有通过宪法确认裁判请求权，诉权才能够得到宪法的保障。① 但是，正如其他学者的批判，由于该学者对诉权的法律属性和制度内涵的模糊化处理，使诉权和裁判请求权存在重合与交叉，没有在实质上厘清诉权与裁判请求权的关系，导致裁判请求权存在的必要性受到质疑。②

还有学者采取历史的、动态的、承继的研究方法，通过对各种诉权学说发展的历史背景进行分析，来透视各个诉权学说的时代价值和准确把握诉权的当代属性。该学者认为诉权理论是一个"走向人权的理论"，并从三个维度来证明人权理论对诉权理论的有效性：（1）权利哲学与人权理论发展维度。权利是否构成人权，应该符合四个标准：须是与生俱来的，具有不可转让性，具有可操作性，具有可救济性。诉权具备以上要件，即人权能为诉权理论提供道德基础和最大化理由。（2）司法制度发展历史维度。司法制度的变迁伴随着诉讼目的论不断变化，民事诉讼目的经历了从实现债权人权利到公正解决纠纷的变化，微观上的演变趋势是诉权力量的壮大，逐步成为制约审判权的力量；宏观方面反映的是诉权制度对公权力的约束和抗衡力量的增强。这两个方面都赋予诉权越来越明显的人权性质。（3）司法公正观念的演变维度。社会关于司法公正观经历了自然正义观、历史正义观、功利主义观、程序正义观和实质的程序正义观。实质的程序正义观力图实现诉权与审判权的平等制衡、沟通协商。这种正义观念为诉权人权理论描绘了光明的理论前景。③

（三）民事诉权的保护

我国早期研究者从立法和司法方面入手，认为从立法上健全和完善诉的制度，从司法上坚持执法必严和违法必究的监督制度，是保护诉权的基点和关键。④ 这种保护思路固然具有指导性，但是受限于当时诉权理论的研究水平，缺少具体的具有可操作性的内容。

新诉权学说的支持者从诉权的宪法属性以及具备的实体内涵和程序内涵出

---

① 参见刘敏：《裁判请求权研究——民事诉讼的宪法理念》，13 - 39 页，北京，中国人民大学出版社，2003。

② 参见吴英姿：《作为人权的诉权理论》，8 - 9 页，北京，法律出版社，2017。

③ 参见吴英姿：《作为人权的诉权理论》，11 - 13 页，北京，法律出版社，2017。

④ 参见柴发邦主编：《民事诉讼法新编》，67 - 68 页，北京，法律出版社，1992。

发，在宪法、民事实体法和民事诉讼法三个层次对诉权的规范保护进行了分析。① 宪法对诉权的明确，能够彰显诉权的宪法性地位。实体法自身的合理性和可操作性有助于诉权主体和法院对诉的利益的有无、当事人是否适格、诉讼请求的确定等实体内容进行判断，从而实现对诉权的保护。民事诉讼法对诉权的保障，是最直接和最具操作性的规范保护。民事诉讼法中的争讼程序启动要件、诉讼费用制度、司法救助制度等方面与诉权保护直接相关。② 我国曾经面临"立案难"的司法困境，诉权保障状况堪忧。为破解困境，我国近年来在民事诉讼程序中确立了立案登记制，引起学界对诉权保障的新一轮讨论。

21世纪初，裁判请求权的研究者就提出为保障当事人诉诸法院的权利，应当将起诉要件改为起诉必须符合法定程式，将立案机构改为民事案件登记性质的机构。③ 有学者在2005年首次提出立案登记的看法，即法院立法时，只要起诉文本达到相应要求，无须对其他条件进行审查，对起诉条件的审查应当在立案登记之后进行。④ 2014年，党的十八届四中全会确立了案件受理施行立案登记制。

有研究者认为，从立案审查制向立案登记制的转变，体现了立案职权模式向诉权保障模式的转向。⑤ 有学者认为，立案登记制的本质并非排除审查，而是在取得案号前进行形式审查，取得案号后进行实质审查，保证当事人参与案后的实质审查，从而使审查取得正当性，也保障了当事人诉权。⑥

有学者认为，我国现行法和司法实践通常要求原告在起诉时提供相关证据，但是其具体标准并不明确，而对立案证据的要求不符合民事诉讼中立案前后阶段的分工，应予反思，但涉及纯粹程序性事项和与公益相关的特别规则时除外。⑦

有人认为，我国目前将实体判决要件置于起诉条件的做法，导致法院在受理时不可避免地对实体判决要件进行实质审查，从而无法废除立案审查制，保护当事人诉权的目的也难以实现，因此，放弃立案管控理念，剔除起诉条件的实体因

---

① 参见江伟、邵明、陈刚：《民事诉权研究》，311－343页，北京，法律出版社，2002。

② 参见邵明：《现代民事诉讼基础理论——以现代正当程序和现代诉讼观为研究视角》，153－154页，北京，法律出版社，2011。

③ 参见刘敏：《裁判请求权研究——民事诉讼的宪法理念》，175－177页，北京，中国人民大学出版社，2003。

④ 参见江伟：《〈中华人民共和国民事诉讼法〉修改建议稿（第三稿）及立法理由》，240页，北京，人民法院出版社，2005。

⑤ 参见陆永棣：《从立案审查到立案登记：法院在社会转型中的司法角色》，载《中国法学》，2016(2)。

⑥ 参见许尚豪、瞿叶娟：《立案登记制的本质及其构建》，载《理论探索》，2015(2)。

⑦ 参见曹志勋：《反思民事诉讼中对立案证据的要求》，载《法学》，2024(1)。

素，完善配套制度，才是保护当事人诉权、推进法治现代化的出路。①

（四）滥用诉权和虚假诉讼的规制

一般来说，我国对滥用诉权情形的研究多采取首先界定其概念和构成要件，然后提出规制方法的研究路径。

1. 滥用诉权和虚假诉讼的含义

有学者认为，在恶意诉讼中，当事人的真实目的是将被告卷入诉讼中，并消耗被告的时间、精力，使之间接受到损害。这也是恶意诉讼与虚假诉讼（诉讼欺诈）的主要区别。②

有学者认为，恶意诉讼的概念比虚假诉讼要宽泛，包括双方当事人恶意串通获得法院裁判损害第三人利益的行为。③

在 2012 年《关于修改〈中华人民共和国民事诉讼法〉的决定》实施以后，立法上和相关司法解释中均使用"虚假诉讼"的表述。据此，有学者认为，虚假诉讼被限定为双方当事人、法院和案外第三人之间的四方关系。④

有学者指出，从我国现行法来看，"滥用诉讼""恶意诉讼""虚假诉讼"是一致的，其主要含义是当事人之间或者当事人与第三人之间恶意串通，或者当事人有主观故意，虚构案件事实或者伪造证据，运用民事诉讼程序以损害国家利益、社会公益或者案外人合法权益；我国现行法规定的恶意诉讼仅指滥用诉权和滥用执行申请权（参见《民事诉讼法》第 115、116 条）。⑤

2. 滥用诉权或虚假诉讼的构成要件

保护诉权是主要方面，所以滥用诉权或虚假诉讼的构成要件应当严格，否则会阻碍当事人正常行使诉权。⑥

滥诉的构成要件在学界存在二要件说和四要件说两种观点。二要件说主张，滥用诉权应该具备主观要件和行为要件；四要件主张，滥用诉权除了具备主观要件和行为要件，还应该具备存在滥用诉权的损害结果、滥用诉权行为与损害结果之间存在因果关系两个要件。在具体的主观要件中，还存在"故意说"和"过错

---

① 参见张卫平：《民事受理案件的反思与重构》，载《法商研究》，2015（3）。
② 参见汤维建、沈磊：《论滥用诉权及其法律规制》，载《山东警察学院学报》，2007（2）。
③ 参见肖建华：《论恶意诉讼及其法律规制》，载《中国人民大学学报》，2012（4）。
④ 参见任重：《论虚假诉讼：兼评我国第三人撤销诉讼实践》，载《中国法学》，2014（6）。
⑤ 参见邵明：《中国民事诉讼法学探析》，92 页，北京，中国人民大学出版社，2023。
有学者认为，"滥用诉权"作为一个可以被体系化的学术概念，能够避免碎片化术语的片面性和内涵之间的重叠交织，可以准确、完整地描述诉讼活动失范现象。参见王猛：《民事诉讼滥诉治理的法理思考》，载《政治与法律》，2016（5）。
⑥ 参见邵明：《滥用诉权及其规制》，载《政法论坛》，2011（6）。

说"的争论。

关于滥用诉权或虚假诉讼的主观要件，有学者主张，是指主观过错，包括故意和重大过失。故意即"明知"，明知不具备诉权行使要件或者明知没有事实证据，仍然行使诉权；重大过失是指一般人都能认识到不具备诉权行使要件和没有事实理由而该人没有认识到。根据一般人的法律常识和一般人对事实的判断，不应发生诉讼权利不当使用的情形。比如当事人不积极调查取证、盲目轻率行使诉权。[①]

有学者主张，滥用诉权的主观要件应指主观"故意"，即将原告意识到滥用诉权的非法后果作为故意的内容。[②] 其主要理由是：（1）当事人非法律专家，我国又不适用律师强制代理制度，现行律师制度和法律援助制度尚难以满足现实需求，何况人们对法律和事实的认识和解释存有差异，所以不能严格要求当事人必须在准确理解法律和事实的基础上行使诉权。（2）主观过错要件一定要严格掌握和规定，否则会阻碍当事人正常行使诉权。[③]

关于滥用诉权的行为要件，一般学者均认为，实施了滥用诉权的行为是滥用诉权的构成要件之一。但不同学者对诉权及其要件的理解不同，相应地对滥用诉权行为的理解也会有所不同。例如，本案判决请求权学说的支持者认为，滥用诉权的行为只存在行为人明知不存在权利保护要件而仍行使诉权这一种形式，实体权利要件存在与否，与滥用诉权无关。[④] 又如，有学者认为滥用诉权行为应当包括两种形式：

（1）"实施了滥用诉权行为"首先是指明知不具有起诉要件或诉讼要件，仍然行使诉权。例如，就当事人方面来说，由于民事诉讼以民事利害关系相互对立的当事人的存在为必要前提，因此一个人对自己提起诉讼、对于虚构的人和死者提起诉讼、冒名诉讼（不适格原告冒用适格原告的姓名提起的诉讼）等，都属于滥用诉权的范畴。

（2）"实施了滥用诉权行为"其次是指"原告"伪造事实证据或在毫无根据时实施了起诉行为。事实上，为达到滥用诉权的非法目的，许多滥用诉权的诉讼是多种非法手段的综合运用：虚构当事人，以满足当事人适格要件；虚设侵权事

---

①　参见郭卫华：《滥用诉权之侵权责任》，载《法学研究》，1998（6）。

②　参见邵明：《滥用诉权及其规制》，载《政法论坛》，2011（6）；参见张培：《民事诉权滥用界说》，载《湖北社会科学》，2012（1）。

③　参见邵明：《现代民事诉讼基础理论——以现代正当程序和现代诉讼观为研究视角》，158页，北京，法律出版社，2011。

④　参见张培：《民事诉权滥用界说》，载《湖北社会科学》，2012（1）。

实或违约事实或争议事实以及案情证据，以期具备诉的利益和胜诉事实理由等。[①]

关于滥用诉权或虚假诉讼的损害后果要件和因果关系要件，学界普遍认为，因滥用诉权或虚假诉讼侵害了受害人的合法权益，损害后果包括财产损害和非财产损害。

有学者认为，滥用诉权包括如下构成要件：（1）滥用诉权人存在主观上的故意；（2）滥用诉权人实施了滥用诉权行为。至于滥用诉权人是否已经获得确定判决等，并非滥用诉权的构成要件。至于存在损害结果、滥用诉权行为与损害结果之间存在因果关系，亦非滥用诉权的构成要件，与滥用诉权人存在主观上的故意、实施了滥用诉权行为，共同构成了滥用诉权所产生的侵权损害赔偿责任的构成要件。[②]

需要说明的是，根据《民事诉讼法》（第 115、116 条）、《新解释》（第 190、191 条）、《关于防范和制裁虚假诉讼的指导意见》（法发〔2016〕13 号）（第 1 条[③]）、《关于办理虚假诉讼刑事案件适用法律若干问题的解释》（法释〔2018〕17 号）等，虚假诉讼的构成要件是：恶意串通或者主观故意、实施了虚假诉讼的行为、存在损害后果、虚假诉讼行为与损害后果之间存在因果关系。

虚假诉讼要求双方当事人存在"恶意串通"或者"主观故意"，以"规避法律、法规或者国家政策谋取非法利益""逃避履行法律文书确定的义务"等为目的。

虚假诉讼的行为通常是"虚构事实或虚假陈述"或者"伪造证据"，捏造民事法律关系，虚构民事纠纷，向法院提起民事诉讼或者申请强制执行。[④]

损害后果主要是指虚假诉讼行为侵害了国家利益、社会公益或者案外人合法权益。"逃避履行法律文书确定的义务"使权利人的权利得不到及时实现，损害权利人相关权利。滥用诉权或虚假诉讼既侵害了国家的法律和审判权，又浪费了国家的审判资源。

[①] 参见邵明：《现代民事诉讼基础理论——以现代正当程序和现代诉讼观为研究视角》，158－159 页，北京，法律出版社，2011。

[②] 参见邵明：《滥用诉权及其规制》，载《政法论坛》，2011（6）；张培：《民事诉权滥用界说》，载《湖北社会科学》，2012（1）。

[③] 依据该条规定，虚假诉讼通常包含以下要素：（1）以规避法律、法规或者国家政策谋取非法利益为目的；（2）双方当事人存在恶意串通；（3）虚构事实；（4）借用合法的民事程序；（5）侵害国家利益、社会公共利益或者案外人的合法权益。

[④] 诉讼参与人或者其他人"冒充他人提起诉讼或者参加诉讼"，可以适用《民事诉讼法》第 114 条（参见《新解释》第 189 条）。

3. 滥用诉权或虚假诉讼的规制

对滥用诉权行为的规制，学界从实体法和程序法等角度进行了较为充分的讨论。

实体法规制方面，有学者提出应当把滥用诉权行为的侵权纳入民事侵权行为之中并明确规定其民事责任，包括财产方面的赔偿责任和人身性质的责任。① 此时，受害人可以提起损害赔偿之诉。② 在侵权责任的认定方面，应当符合一般侵权的四个构成要件：主观上须有恶意；行为人实施了滥用诉权的行为；发生了损害后果；损害后果与滥用诉权的行为之间存在因果关系。由于诉权是基本权利，为保护诉权，滥用诉权的侵权构成要件应当更加严格，具有特殊性。比如，有学者认为，行为人主观恶意，须是直接故意。③

还有学者从刑法角度来讨论对滥用诉权进行规制。有学者建议，对于当事人滥用诉权情节严重并产生严重后果的，可以考虑追究行为人的刑事责任，将其纳入"妨害司法罪"中。④ 有学者提出，鉴于民事或行政制裁无法有效预防和控制虚假诉讼，对严重的虚假诉讼行为进行刑法规制具有现实必要性，然而，彼时相关立法无法满足规制虚假诉讼的要求，应当在"妨害司法罪"中单独规定"虚假诉讼罪"。⑤

程序法规制方面，学界大致从识别程序和规制方法两个角度进行讨论：

（1）识别程序是指诉讼进程中对滥用诉权进行识别的方法和流程。有学者认为，识别滥诉程序的关键是完善审前程序，通过交换证据、归纳和整理案件的争议焦点，能够发现当事人明显缺乏事实和理由而提起的诉，对于这些诉，法官应当直接予以驳回，防止滥诉案件进入审理程序中。⑥

有学者认为，起诉要件和诉讼要件属于"法院职权调查事项"，法院应当主动调查其是否具备。当然，被告也有权主张不具备起诉要件和诉讼要件，请求法院驳回原告所提之诉。其间，对于被告的主张和法院的裁定，原告有权提出异议，以维护其诉权。⑦

---

① 参见郭卫华：《滥用诉权之侵权责任》，载《法学研究》，1998（6）。
② 参见肖建华：《论恶意诉讼及其法律规制》，载《中国人民大学学报》，2012（4）。
③ 参见于海生：《诉讼欺诈的侵权责任》，载《中国法学》，2008（5）。
④ 参见邵明：《滥用诉权及其规制》，载《政法论坛》，2011（6）。
⑤ 参见赵赤、李燕山：《论虚假诉讼的刑法规制》，载《江汉论坛》，2010（2）。
⑥ 参见张海滨：《滥用诉权及其法律规制研究》，《厦门大学法律评论》，第8辑，379－420页，厦门，厦门大学出版社，2004；汤维建、沈磊：《论滥用诉权及其法律规制》，载《山东警察学院学报》，2007（2）。
⑦ 参见邵明：《滥用诉权及其规制》，载《政法论坛》，2011（6）。

（2）规制方法是指对滥用诉权的情形作出的事后惩处，基本上存在承担诉讼费用、罚款等方式。对于原告滥用诉权的，法院应当驳回该诉（或认定滥用诉权为无效），若没有造成严重后果，应当让其承担诉讼费用及对方当事人的律师费，必要时作出训诫；若造成严重后果，法院还应当依法施以罚款等惩处。①

针对滥用诉权的形态多样、层出不穷，立法无法随时调整规制的问题，有学者提出可以利用诚实信用原则，克服法律文本滞后性的障碍，适时作出符合社会公正观念的裁决，适应社会生活不断发展变化的需要。②

---

① 法院对滥用诉权者依法施以罚款等惩处，实际上是对其侵害法律和审判权、浪费审判资源、剥夺他人合法利用诉讼机会等的一种惩戒，在性质上可以纳入妨害民事诉讼行为的范畴。

② 参见张海滨：《滥用诉权及其法律规制研究》，《厦门大学法律评论》，第 8 辑，379－420 页，厦门，厦门大学出版社，2004；肖建华：《论恶意诉讼及其法律规制》，载《中国人民大学学报》，2012（4）。

第四章

民事诉讼"过程""终结"
理论的发展

　　司法或者诉讼具有过程与结果的一体性。民事诉讼"过程"理论主要包括民事诉讼安定（性）、民事诉讼`（法律）关系和民事诉讼行为等基本理论。日本学者兼子一曾指出："诉权是诉讼理论的出发点，既判力是其终结点"[①]。民事诉讼"终结"理论实际上是指民事争讼程序"终结"理论，即法院确定判决既判力理论。

　　在遵循民事诉讼安定（性）原理的基础上，民事诉讼关系是以当事人与法院等主体所享有的民事诉讼权利和所承担的民事诉讼义务或责任来构造民事诉讼[②]，民事诉讼行为包括民事诉讼权利的行使和民事诉讼义务或责任的履行。

一、民事诉讼安定论

（一）民事诉讼安定的内涵

　　我国理论界对民事诉讼安定（性）内涵的分析和理解大致有两种路径：（1）从

---

　　① ［日］兼子一：《实体法与诉讼法——民事诉讼的基础理论》，140 页，东京，有斐阁，1957。

　　② 有学者认为，民事诉讼构造以诉讼过程中当事人与法院诉讼权限的配置关系作为内容，探讨当事人之间、当事人与法院之间围绕纠纷的解决所形成的相互作用关系。诉讼构造大体上可以分为两种基本类型：当事人主义诉讼构造和职权主义诉讼构造。两大法系主要国家不断调整、协调法官与当事人在诉讼中的权限分配，因而出现既重视当事人基本诉讼权利的保障，又强调法官对诉讼程序一定的控制权力，从而形成法官与当事人相互协同的构造关系，即协同主义诉讼构造。参见唐力：《民事诉讼构造研究——以当事人与法院作用分担为中心》，北京，法律出版社，2006。

　　民事诉讼法律关系的客体包括"当事人民事实体请求""要件事实和证据""诉讼程序事项"，解决此三类事项的基本方式和基本规范称为"民事诉讼基本模式"，体现法院与当事人之间民事诉讼法律关系的基本内容。参见本书第五章二（一）。

制度、适用或者运行和结果层面，分析和理解民事诉讼安定性的具体内涵；（2）为"安定性"设计了若干要素，以分析和理解民事诉讼安定性的具体内涵。事实上，按照这两种分析路径所得出的见解有着相通之处。

1. 第一种见解

有学者提出了诉讼程序可预测性的概念，与诉讼程序安定性异语同义。该学者指出，诉讼程序可预测性是宪法对诉讼程序的要求。诉讼程序可预测性包括两方面的内涵[①]：

（1）程序运行的稳定性。"程序稳定"是当事人在对程序结果有一定预知前提下的选择。诉讼法规定了程序操作顺序，一者避免法院随意改变程序，二者方便当事人选择程序和实施诉讼行为。程序法往往就程序行为及程序事项作出了要件化规定。要件化规定的优点在于法官适用简便，并且当事人可据此作出符合程序规定的诉讼行为。

以程序的相对固定性换取程序稳定的同时，法律并不排斥以灵活性和弹性来消除程序固定下的某些僵硬因素。但是，即便如此，程序的适当变动，也应该给当事人以一定的时间适应。诉讼法本身就程序可能变动事项作了规定，例如关于中止、终结、延期审理、证据调查等的规定，其目的仍然是保证在可预知的前提下的适当的程序变动。

（2）程序结果的安定性。既然由国家强制力来解决民事纠纷，就必须强调纠纷的一次性解决。国家强制力不仅在于强制当事人履行法院裁判确定的义务，还在于禁止当事人就同一案件重复诉讼，也禁止法院重复审判。前者称为实质上的确定力，后者称为形式上的确定力。法院判决的确定力关涉判决的既判力问题，是法律和判决安定性的内在要求和反映。

民事诉讼是国家为解决民事纠纷而设置的制度。解决民事纠纷，是为了当事人权利的实现和社会秩序的安定。从这一立场出发，由国家审判机关作出的裁判，只要是在公正程序进行下的产物，其终局性效力就应该得到保障。确定判决并非不能改变，但是改变必须遵循特定的诉讼程序。

2. 第二种见解

有学者认为，程序安定是指民事诉讼应依法定的时间先后和空间结构展开并作出终局决定，从而使诉讼保持有条不紊的稳定状态。程序的安定性包含两个不同层面的安定：程序规范的安定和程序运作的安定。其基本要素主要包括[②]：

---

① 参见刘荣军：《程序保障的理论视角》，81-83 页，北京，法律出版社，1999。

② 参见陈桂明、李仕春：《程序安定论——以民事诉讼为对象的分析》，载《政法论坛》，1999（5）。

（1）程序的有序性。程序的有序性首先要求程序保持一定的次序。程序是以法定时间和法定空间为基本要素的，因此，程序的有序性要求程序的每个环节有时间上的先后次序和空间上排列组合的秩序。程序的有序性还包括程序的连续性。这种连续性不仅要求程序中每个环节要相互衔接，不能任意停止，或者越过某个环节，还要求适用程序的同一性，即在诉讼中，尽量不混合或交叉使用不同性质的程序，以免引起程序上的混乱。

（2）程序的不可逆性。程序的不可逆性也可称为自缚性，是指程序中某一环节一旦过去，或者整个程序一旦结束，就不能再回复或者重新启动，这是程序有序性的必然延伸和逻辑归结。这种不可逆性表现在程序的展开对当事人和法官的拘束性上。程序开始于诉讼结果高度不确定的状态，随着诉讼的进行，起初的预期不确定性逐步被吸收消化，其结果形成高度确定化的效应。法官与当事人都要受过去言行的约束，也就是说，随着程序的展开，当事人与法官的操作越来越受限制。具体的言行一旦成为程序上的过去，就不能推翻。我国在证据制度上的随时提出主义的直接后果是破坏了程序的不可逆性。

（3）程序的时限性。程序的时限性不仅指诉讼中每一个环节都有时间上的要求，还指诉讼进程的及时性。民事诉讼法对诉讼中的许多阶段和环节都有一定的时间规定，对法院或当事人具体诉讼行为的时间作了设置，即期间和期日。程序的时限性克服和防止法官与当事人行为的随意性、随机性，克服了行为的个别化和非规范化，从而使诉讼行为在时间上连贯和衔接，避免行为各环节的中断。程序的时限性还要求审判活动不能急速地进行或过于缓慢地进行，即审判的及时性。

（4）程序的终结性。程序的终结性是指民事诉讼程序通过产生一项最终的裁判而告终结。程序的终结性总与程序的时限性联系在一起，但程序的终结性侧重于结果的终局性。违反程序的终结性通常表现为两种情形：1）决定迟迟没有作出而造成程序无法终结；2）判决虽已作出，但由于既判力弱而使程序在真正意义上无法终结。程序的终结性要求法院作出终审判决后，不能任意地重新启动程序，对该案件重新审理或撤销该判决。

（5）程序的法定性。狭义上的程序的法定性，是指民事诉讼程序的审理方法及顺序、期限等，均由法律加以规定。广义上的程序的法定性还包括程序的稳定性和程序规范的确定性。从立法政策的角度来看，程序的稳定性是指程序规范在一定期限内应保持固定；从实际操作来看，程序的稳定性还要求诉的要素一旦确定，就不能再让当事人在诉讼过程中随意地增加诉讼请求或变更诉讼请求，法官也不得随意依职权更换或追加当事人和第三人。程序规范应当尽量确定、具体和清晰，而不宜过多地存在不确定、抽象和模糊的规定，包括弹性条款。

程序的安定与否，以上述五项基本要素是否受到损害为标准。此五项要素相互联系，相互影响，紧密不可分。只要其中某一项要素处于危险之中，程序的安定就必须予以格外的关注和保护。

3. 第三种见解

还有学者认为：民事诉讼程序安定性或者程序安定原则的主要内涵是法官和当事人等应当按照法定程序有序地进行诉讼活动或者实施诉讼行为，其诉讼结果或者本案判决的确定力应当得到充分的程序维护或者保障；具体体现为诉讼程序制度的安定性、诉讼过程的安定性和诉讼结果的安定性。①

（1）民事诉讼程序制度的安定性（程序法定原则），即民事诉讼程序只能由国家立法机关预先制定或者授权预先制定，旨在禁止对特定案件或者特定人员事后设立特别的民事诉讼程序，以保证相同情形或者相似情形获得相同或者相似的对待。根据程序法定原则，行政机关、司法机关不得制定剥夺或者限制当事人程序基本权的规范，否则根据《立法法》、《各级人民代表大会常务委员会监督法》（第32、33条）及《法规、司法解释备案审查工作办法》来处理。

（2）民事诉讼过程的安定性（禁止任意诉讼），即禁止法官和当事人任意变更诉讼程序，应当按照法定的程序序位和行为要件来实施相应的民事诉讼行为。民事诉讼过程具有不可逆性（自缚性），即在民事诉讼中，法官和当事人均受其已经作出的合法诉讼行为的约束，诉讼行为的选择度随着程序的逐步展开而逐步降低，至判决确定之时（本案判决不得上诉之时）行为选择的自由基本上没有了。

（3）民事诉讼结果的安定性，包括维护确定判决既判力和司法最终解决原则。有关具体案件的民事诉讼程序不能无休止地进行，须得有个终结点即判决确定之时，此时的判决是确定判决而具有既判力。司法最终解决原则即由法院终局性（结论性）地解决案件，法院确定判决只能由法院通过法定程序（再审程序、异议之诉等）来撤销或者变更，其他国家机关、社会团体和自然人个人无权以其他程序来变更或者撤销。

该学者认为，民事诉讼安定性保障法官和当事人等对于诉讼的程序运行及其结果，作出合理的预见或者预测，避免诉讼程序或者诉讼活动的混乱。因此，民事诉讼程序的安定性又被称为民事诉讼的可预测性。

该学者还认为，虽然民事诉讼程序安定性包括诉讼"程序制度"、"过程"和

---

① 参见邵明：《论民事诉讼安定性原理》，载《中国人民大学学报》，2011（3）。

"结果"的安定性，但是考虑到既判力论和司法最终解决原则早已发展为一套比较成熟的诉讼理论，将对诉讼"结果"的安定性或者确定判决的既判力另行阐释。

（二）民事诉讼安定的基础或者根据

有学者认为，民事诉讼安定性的基础是多元的，不仅具有法理学基础，还具有哲学、人性和经济学基础。这些基础共同决定了安定性是民事诉讼程序的基本价值取向。①

（1）程序安定的法理学基础。法律的基本价值——秩序的实现合乎逻辑地要求法律秩序保持安定的状态，这样也就必然要求法律秩序的运动状态——法律程序的安定，自然包括民事程序的安定。从民事诉讼的目的来看，无论是权利保护、维护法律秩序，还是解决纠纷，都与法律的基本价值——秩序或安全相一致，民事诉讼程序对秩序的追求，必然要求程序自身的安定性。法的安定性必然包含程序法的安定性，即程序规范的安定和由程序规范运作所形成的程序的安定。司法程序的安定性给人们的生活带来稳定性和安全感，可见，程序安定也是"法治"的固有精神和实质需要。

（2）程序安定的哲学基础。程序法是法院解决私权纠纷所应遵循的形式规则，具有很强的形式性。在一定意义上，程序法与实体法可视为形式与内容的关系。唯物辩证法认为，形式相对于内容来说则显得比较保守，具有相对的稳定性。因此，相对于实体法，程序法或程序具有保守性和相对稳定性。形式对内容有巨大的反作用，形式具有相对的独立性。落实到程序上，就是指程序的相对独立性和程序的独立价值。程序能够安定的前提在于程序的相对独立性，即独立于实体法与具体个案的特征，有自己相对独立的发展规律和内在技术性机制。换言之，程序安定是程序的内在价值。

（3）程序安定的人性基础。根据某种规则生活，是人类的"本能愿望"，这要求程序必须有序、稳定和及时终结，使当事人获得安全感。任何一部法律或一项法律程序都应体现对人的终极关怀，尤其体现在安全价值上。安全价值要求民事诉讼程序的设计和运作应充分地、富有意义地保证程序的安定性，以期实现程序本身对人性的关注和对人权的保障。

（4）程序安定的经济学基础。程序安定在大多数的情况下，能满足效益最大化的要求。程序的时限性防止了诉讼在某一阶段无限期地延长，同时还要求法院及时审结案件。程序的不可逆性力求使程序一次性经过，减少不必要的程序重

---

① 参见陈桂明、李仕春：《程序安定论——以民事诉讼为对象的分析》，载《政法论坛》，1999（5）。

复。程序的终结性使法官摆脱了该案件的束缚，当事人也从被侵扰中重新获得自由。当然，程序安定并不必然意味着效益。相反，在某些场合，程序安定的维护需要一定的代价，比如对效益无止境的追求会使程序的安定性受到威胁。但是，总体上说，程序安定所带来的是正效益。

另有学者认为，民事诉讼安定（性）实际上是人类社会的安定要求和法律的安定价值在民事诉讼中的具体体现。在现代法治社会，确立和维护民事诉讼安定（性）具有以下主要根据或者积极意义[①]：

（1）民事诉讼安定（性）是"法治国家"和"国民主权原理"在民事诉讼领域的具体体现。法治国家的基本要求是，国家权力必须在作为民意代表的立法机关制定的法律所授权的范围内行使。基于公民获得正当程序司法之保护，诉讼安定性在制度层面要求建构符合正当程序保障的民事诉讼制度；诉讼安定性和严格法律规范性能够维护当事人平等参与权，实现民事诉讼公正性；要求法官必须遵循法律预先规定的程序，旨在以法定程序防止法官滥用职权，保证司法权合法行使，从而实现立法（权）对司法（权）的制约，形成"以权力制约权力"的现代法治结构。[②]

（2）民事诉讼安定性从技术层面要求法官和当事人遵守"正当程序"并保障"程序价值"的实现。法谚云"哪儿的法律模糊或者不确定，哪儿就有可悲的奴役"，故需在立法上要求民事诉讼遵循安定性要求。诉讼安定性主要是从"技术性"角度来体现诉讼程序的形式特性，而正当程序和程序价值既从"道德性"角度来体现诉讼程序的内涵要求（诉讼公正），又从"经济性"角度来体现诉讼程序的内涵要求（诉讼效率）。诉讼安定具有独特的内涵和功能，是一个与正当程序、程序价值相互区别而又相互关联的范畴。

（3）民事诉讼安定性要求诉讼程序有序顺畅地进行以避免程序混乱和诉讼迟延。面对无数民事案件需要处理，民事诉讼法不能不预先规定共同的处理步骤和行为要件。诉讼是由前后有序的诉讼程序和诉讼行为构成的，后面的诉讼程序和后行的诉讼行为是以前面的诉讼程序和先行的诉讼行为为基础而有序展开的。若允许任意诉讼，则有损诉讼程序的有序性和明确性，致使无数案件本应适用共同的诉讼程序而被变异，由此法官和当事人对诉讼程序如何运行无法作出及时预见或者合理预测而无所适从，从而必然导致程序混乱和诉讼迟延。

---

① 参见邵明：《论民事诉讼安定性原理》，载《中国人民大学学报》，2011（3）。

② 参见宋英辉、罗海敏：《程序法定原则与我国刑事诉讼法的修改》，载《燕山大学学报》，2005（1）。

（4）民事诉讼安定性要求维护和保障判决的权威与法律的安定。法院判决既然是国家法院按照正当程序对当事人之间的民事实体关系作出的最终结论，体现了国家法律和法院判决的正当权威，就得维护其确定力或者安定性。若允许任意变更或者撤销确定判决，则使该判决所确定的民事实体关系处于不安定或者不稳定的状态，也有损司法判决的权威和民事法律的安定。

由于诉讼安定（性）具有以上诸多积极意义，所以许多国家的宪法或者法律对诉讼安定性的保障作出了明确要求，或者将诉讼安定（性）纳入"法的安定性"而给予充分保护。比如，《西班牙宪法》第 9 条第 3 款对法的安定（性）作出了保障性规定。

（三）民事诉讼安定的具体化研究

运用民事诉讼安定性分析具体制度和程序的研究成果并不少见，比如常怡和唐力的《民事再审制度的理性分析》［载《河北法学》，2002（5）］、占善刚的《民事诉讼中的程序异议权研究》［载《法学研究》，2017（2）］等。但是，大部分相关研究成果中并未析明程序安定性的基础概念和利益指向，使安定性本身处于被模糊化的状态。有学者对这种现象提出了批评：一个模糊的概念就像一个口袋，人们可以根据不同需要赋予它不同含义，这种非确定性和任意性所带来的危害不言而喻。尤其当程序安定被作为程序法独立于实体法的必然时，程序安定就被置于更高的位置，基于程序稳定的需要而贯彻形式主义的话，就会强求当事人作出过度的牺牲。[1]

有学者认为，讼争一成不变原则、应诉管辖和管辖恒定原则、限制撤诉原则、禁止任意诉讼原则和诉讼契约、放弃责问权的处理都是以程序安定为价值理想而设计的。从程序安定的角度来说，我国民事审判方式改革应当完善以下几个重要问题：摈弃有错必究的原则，增强既判力，修改审判监督程序；将反程序的调解原则从民事诉讼中分离出去，进行调审分离改革；建立和完善举证时限制度；采取当事人主义与职权主义交错的诉讼模式，由法院负责程序安定性的保障。[2]

有学者揭示出民事诉讼安定性与民事诉讼（法律）规范之间的内在法律逻辑关系。民事诉讼安定性决定了民事诉讼规范主要是强行规范，由此民事诉讼法属于强行法。在民事诉讼程序方面，安定性和强行性是原则性要求，任意性和灵活

---

① 参见杨会新：《当事人诉讼行为的意思表示瑕疵——基于程序安定与意思自治双重维度的考查》，载《法律科学》，2017（4）。

② 参见陈桂明、李仕春：《程序安定论——以民事诉讼为对象的分析》，载《政法论坛》，1999（5）。

性则是例外。为维护民事诉讼安定性，只有民事诉讼法明确规定的任意规范或者选择事项，法院和当事人才可作出选择或处分，否则选择或处分行为无效，比如对于是否达成不起诉协议的规定属于双方当事人合意选择适用的"任意规范"，我国现行民事诉讼法和司法解释没有明文规定当事人可以达成不起诉协议，那么在我国当今民事诉讼实务中不应承认不起诉协议的有效性。①

在此文中，该学者还分析了民事诉讼安定性与民事诉讼行为之间的内在法律逻辑关系，即民事诉讼安定性决定了诉讼行为主要采取表示主义并且不得附条件和附期限（详见下文民事诉讼行为论部分）。还有学者从"对方当事人的利益""法院的利益""公共利益"三个视角，分析当事人诉讼行为的意思表示瑕疵与程序安定的关系②，其研究角度和研究进路具有合理性。

二、民事诉讼关系论

（一）民事诉讼关系论发展概要

在民国时期，民事诉讼法著作中对民事诉讼法律关系已作出阐释。比如，民国学者邵勋和邵锋合著的《中国民事诉讼法论》（1935年）专章讨论了民事诉讼法律关系。③ 中华人民共和国成立之后，在学习苏联民事诉讼法的背景下，对民事诉讼法律关系虽有所介绍，但当时并未引起我国民事诉讼法学界的关注。④

20世纪80年代以来，民事诉讼法律关系的研究逐渐被学界重视。有关民事诉讼法律关系的讨论最先集中在"存在与否"这一问题上。因为在相当长的一段时间内，一些学者对民事诉讼法律关系的存在持否定态度。民事诉讼是人民法院行使审判权的活动，是人民法院执行政策的法律问题，所以不能够将人民法院和当事人的关系作为法律关系。如果承认是法律关系，就是将人民法院置于与当事人"平等"的地位，有损国家审判权的权威。⑤

石宝山、江伟和常怡撰文肯定人民法院是民事诉讼法律关系的主体。其主要理由是：（1）民事诉讼被民事诉讼法规定和调整，人民法院依照法定程序审判民事案件，在诉讼过程中与一切诉讼参与人所产生的关系，其性质和内容都属于民事诉讼法律关系，这与法律关系的概念相吻合。（2）否定说片面强调民事诉讼中

---

① 参见邵明：《论民事诉讼安定性原理》，载《中国人民大学学报》，2011（3）。

② 参见杨会新：《当事人诉讼行为的意思表示瑕疵——基于程序安定与意思自治双重维度的考查》，载《法律科学》，2017（4）。

③ 参见邵勋、邵锋：《中国民事诉讼法论》，上卷，高珣、刘志欣、林虹勘校，43-45页，北京，中国方正出版社，2005。

④ 参见田平安：《民事诉讼法律关系论》，载《法学论坛》，1994（6）。

⑤ 参见石宝山：《论民事诉讼的法律关系》，载《现代法学》，1983（1）。

人民法院行使审判权的活动，忽略了当事人和其他诉讼参与人的活动。（3）法院同当事人一样，均享有诉讼权利、承担诉讼义务，这是社会主义法制要求。[①]

自此之后，我国民事诉讼法学界的观点逐渐统一，均承认民事诉讼法律关系的存在。早期出版的教科书中大多也对民事诉讼法律关系作专门讨论。其研究内容，概莫能超出民事诉讼法律关系的概念、主体、内容、客体四个方面。[②]

（二）一面关系说·二面关系说·三面关系说

诉讼法律关系说中还存在三种观点：（1）一面关系说认为，诉讼法律关系是原告与被告之间的关系，法官只起仲裁者作用。此说受到"私法一元观"的影响，实际上否定了民事诉讼的公力性、诉讼法律关系的公法性和法院的司法权。（2）二面关系说认为，诉讼法律关系仅是法院与原告、法院与被告之间的公法关系。（3）三面关系说认为，法院与原告、法院与被告以及原告与被告之间形成诉讼法律关系。

1. 二面关系说

民国时期，普遍坚持诉讼法律关系应为二面关系，其以民事诉讼法律关系的公法性质为根据，认为当事人之间的法律关系实为私法关系，不属于诉讼法律关系范畴内。[③]

中华人民共和国成立之后，我国民事诉讼法律关系理论基本上属于"二面关系说"的范畴，其主要内容是民事诉讼法律关系的一面是法院，而另一面除原告和被告以外还包括证人等其他诉讼参与人。[④] 二面关系说认为民事诉讼法律关系是公法关系，是以人民法院为主导的法律关系，具有一定权力性质；原告和被告之间没有直接的诉讼关系存在，诉讼关系只能发生在法院与原告、法院与被告之间。

我国传统民事诉讼法律关系理论认为，民事诉讼法律关系是指由民事诉讼法调整的在人民法院与当事人、其他诉讼参与人之间形成的诉讼权利义务关系；民事诉讼法律关系是诉权和审判权相结合所形成的关系，即在民事合法权益受到侵

[①] 参见石宝山：《论民事诉讼的法律关系》，载《现代法学》，1983（1）；江伟、常怡：《论民事诉讼法律关系》，载《法学杂志》，1984（1）。

[②] 参见柴发邦主编：《民事诉讼法教程》，53－63页，北京，法律出版社，1983；常怡主编：《民事诉讼法学》，18－20页，北京，中国政法大学出版社，1994。

[③] 比如邵勋、邵锋：《中国民事诉讼法论》，上卷，高珣、刘志欣、林虹勘校，44页，北京，中国方正出版社，2005。

[④] 也有学者认为，我国传统民事诉讼法律关系理论与"二面关系说"不同，除了原告与法院的法律关系和被告与法院的法律关系，还包括证人、鉴定人等其他诉讼参与人与法院之间的法律关系，因此应为"多面关系说"。参见田平安：《民事诉讼法律关系论》，载《现代法学》，1994（6）。

害或者与他人发生争议时，当事人行使诉权启动诉讼程序，法院通过行使审判权与当事人共同推进诉讼的进行。①

我国传统民事诉讼法律关系理论强调法院与原告、法院与被告之间的公法关系以及法院的主导地位，与我国当时民事诉讼制度和民事诉讼实务中突出的法院职权色彩有着因果关系。法院在民事诉讼法律关系中的主导地位，可以认为是民事诉讼法维护社会秩序之目的所使然。因为要实现维护社会秩序安定的目的，在民事诉讼法律关系主体中法院势必处于主导地位，方可引导民事诉讼程序步入合乎社会秩序安定需要的轨道。②

2. 三面关系说

民国时期，有学者则认为，民事诉讼程序中诉之变更、诉之撤回等必须经过对方当事人的同意，所以当事人之间也存在诉讼法律关系。据此可见，其坚持三面关系说。③

虽然有学者意识到在某种程度上"当事人之间也存在一定的诉讼法上的关系"，但是认为这种关系从属于法院与当事人之间的关系而已。④

1998年刘荣军的《民事诉讼法律关系理论的再构筑》为当事人之间也存在诉讼法律关系这一观点作出了有力的论证。此文在理论界产生了剧烈反响，引起了不少学者的跟踪研究，也逐渐改变了理论界对民事诉讼法律关系的界定，近来出版的教材基本采纳了诉讼参与人之间也存在民事诉讼法律关系的观点。⑤

该学者认为，民事诉讼法律关系是受民事诉讼法律法规调整的在人民法院、当事人及其他诉讼参与人之间存在的以诉讼权利和义务为内容的具体社会关系。其主要特征是：

（1）民事诉讼法律关系是由审判法律关系和争讼法律关系构成的特殊社会关系。审判法律关系和争讼法律关系构成了民事诉讼法律关系的两个不同的侧面，只有这两个法律关系交相作用，才能共同推进诉讼程序的顺利进行。

审判法律关系是指在人民法院与当事人、其他诉讼参与人之间形成的由民事

---

① 参见柴发邦主编：《民事诉讼法教程》，53-63页，北京，法律出版社，1983；常怡主编：《民事诉讼法学》，18-20页，北京，中国政法大学出版社，1994。

② 参见刘荣军：《民事诉讼法律关系理论的再构筑》，载梁慧星主编：《民商法论丛》，第9卷，北京，法律出版社，1998；江伟主编：《民事诉讼法学原理》，211-213页，北京，中国人民大学出版社，1999。

③ 参见张学尧：《中国民事诉讼法论》，6页，北京，中华法学社，1947。

④ 参见江伟：《市场经济与民事诉讼法学的使命》，载《现代法学》，1996（3）。

⑤ 比如，江伟、肖建国主编：《民事诉讼法》，9版，23-24页，北京，中国人民大学出版社，2023；张卫平：《民事诉讼法》，6版，27-28页，北京，法律出版社，2023；等等。

诉讼法、法院组织法等法律调整的以审判权利和审判义务为内容的社会关系。其核心内容是人民法院行使审判权，履行组织、指挥诉讼程序进行的义务，以及当事人请求人民法院进行审判的权利和服从人民法院对程序的控制、指挥的义务，审判法律关系内含职权主义因素。我国传统理论所谓的民事诉讼法律关系，主要是指审判法律关系，但不包括争讼法律关系。

争讼法律关系是指在当事人之间以及当事人与其他诉讼参与人之间形成的由民事诉讼法、律师法及其他诉讼法规调整的以诉讼权利和诉讼义务为内容的社会关系。其核心内容是当事人行使诉权，提出请求，进行抗辩，负担证明责任，以及其他诉讼参与人在特定情况下与当事人形成的诉讼权利义务关系。争讼法律关系充分体现了当事人在事实证明方面的主导地位，内含当事人主义因素。争讼法律关系的发展，既可以为法院进行司法判断提供事实基础，也可以为当事人处理诉讼权利和实体权利及解决他们之间的纠纷提供充分的契机。

（2）民事诉讼法律关系体现了人民法院审判权与当事人诉权的结合。审判法律关系和争讼法律关系分别以人民法院和当事人各自对权利的行使和对义务的承担为核心，体现了审判权和诉权的结合。审判权和诉权的有机结合，恰当地区分了法院和当事人在民事诉讼中的地位和作用。这将突破以往将民事诉讼视为纯粹由人民法院"包办"民事诉讼的观念，与我国司法改革的目标是一致的。

（3）民事诉讼法律关系是多个诉讼法律关系主体之间形成的多种社会关系。在审判法律关系中，人民法院与当事人、诉讼代理人、证人、鉴定人、翻译人、协助执行人、人民检察院等发生诉讼法律关系；在争讼法律关系中，当事人之间及当事人与诉讼代理人、证人、鉴定人、翻译人等也发生诉讼法律关系。

大陆法上的"诉讼契约"实际上反映了当事人之间存在某种诉讼关系，英美诉讼中当事人之间也存在大量诉讼上的合意，在我国民事诉讼（法）中，协议管辖、诉讼和解等制度的存在也说明当事人之间存在一定的诉讼关系。① 在将来的民事诉讼立法及司法中，当事人的程序主体地位会逐步提高，当事人的程序参与权也会逐步加强。若再坚持二面关系说就背离了现实，也限制了当事人的程序主体权。因此，应当采纳"三面关系说"，明确肯定法院与当事人之间、双方当事人之间均存在民事诉讼法律关系。

---

① 诸多国家的立法中，诉讼契约还有：（1）放弃型诉讼契约，如不起诉契约、不上诉契约、撤诉契约等。（2）程序选择契约，如合意选择简易程序、合意选择书面审理等。（3）证据方法契约，如限制或者排除证据方法的契约（如当事人约定对某项事实的证明只得采用书证等）、鉴定契约（约定将专门性事实交由第三人来鉴定，如约定第三人判定保险事故原因及损害额等）。参见张卫平：《论诉讼契约化》，载《中国法学》，2004（3）；汤维建：《论民事证据契约》，载《政法论坛》，2006（4）。

3. 三面关系和一面关系说

以前大陆法系关于民事诉讼关系的认识和探讨仅限于民事争讼程序领域，有学者考察了民事争讼（审判）程序、民事非讼（审判）程序和民事强制执行中诉讼关系问题。①

（1）民事争讼程序解决的是民事争讼案件（民事之诉），即存在相互对立的双方当事人（原告与被告）的民事案件。由此，民事争讼程序的基本构造呈"等腰三角形"（如图4-1），其基本构造原理是法官身为中立裁判者应当平等对待原告与被告、当事人为二元对立式的构造（原告与被告平等对抗）。

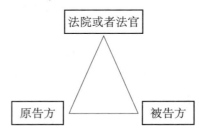

图4-1　民事争讼程序的基本构造

因此，在民事争讼程序中，基本诉讼关系是"三面关系"。第一面关系是"法官与原告（包括上诉人）"之间存在的诉讼关系。第二面关系是"法官与被告（包括被上诉人）"之间存在的诉讼关系。前两面关系体现为"法官审判权与当事人诉权、诉讼权利义务"之间的关系。第三面关系是"原告与被告"之间存在的诉讼关系，体现为对立的双方当事人之间的争讼关系，双方当事人之间平等对抗且又有合作。②

（2）由于民事非讼案件不具有争议性，只有一方当事人，没有对立的双方当事人或者不存在明确的双方当事人的对立状态，所以民事非讼程序的基本构造为"线型"构造（如图4-2）。因此，在民事非讼程序中，基本诉讼关系是"一面关系"，即"法官与申请人"之间存在诉讼关系，体现为"法官审判权与申请人申请权、诉讼权利义务"之间的关系。

（3）民事执行是法院以确定判决等执行名义为依据，强制义务人履行执行名

---

① 参见邵明：《民事诉讼法学》，105-107页，北京，中国人民大学出版社，2007。
② 民事诉讼当事人之间的诉讼关系，除原告与被告之间的争讼法律关系外，同一方当事人之间，如必要共同诉讼人之间也存在诉讼关系。根据《民事诉讼法》第55条的规定，必要共同人中一人或数人的处分行为，涉及共同诉讼人重大的实体利益和程序利益，如与对方当事人达成和解协议或调解协议、放弃或变更诉讼请求、进行诉的合并或变更、申请撤诉等，须经过其他共同原告的"同意"，其效力才及于其他共同原告。

图 4-2　民事非讼程序的基本构造

义所确定的民事义务,从事实上实现权利人的民事权益,自不宜使义务人与权利人处于平等程序地位,所以民事执行程序的基本构造是"不等腰三角形"构造(如图 4-3)。

图 4-3　民事执行程序的基本构造

因此,在民事执行程序中,基本的诉讼关系是"三面关系"。第一面关系是"执行法院与执行权利人"之间存在的诉讼关系。第二面关系是"执行法院与执行义务人"之间存在的诉讼关系。前两面关系体现为"法院执行权与当事人申请执行权、诉讼权利义务"之间的关系。第三面关系是"执行权利人与执行义务人"之间存在的诉讼关系,体现为对立的双方当事人之间既对抗又有合作。

(三)民事诉讼法律关系的要素

民事诉讼法律关系的要素是指民事诉讼法律关系必要的构成因素。民事诉讼法律关系与其他法律关系一样,也是由主体、内容和客体三个要素构成的。

1. 民事诉讼法律关系的主体

通说认为,民事诉讼法律关系的主体是指民事诉讼权利的享有者和民事诉讼义务的承担者[1],比如法院(审判人员、书记员、执行员、技术调查官[2]),当事人及其诉讼代理人,检察院,证人,鉴定人,专家辅助人,勘验人等。

在我国理论界,存在争论的是民事诉讼法律关系主体与民事诉讼主体的关系为何。少数学者曾主张两者实质上是同一的,即诉讼主体就是诉讼法律关系的实际参加者,两者没有不同。[3] 多数学者认为两个法律概念存在区别。

---

[1]　参见刘荣军:《民事诉讼法律关系理论的再构筑》,载梁慧星主编:《民商法论丛》,第 9 卷,273-277 页,北京,法律出版社,1998;江伟、肖建国主编:《民事诉讼法》,9 版,23 页,北京,中国人民大学出版社,2023。

[2]　参见《关于技术调查官参与知识产权案件诉讼活动的若干规定》(法释〔2019〕2 号)。

[3]　参见田平安:《民事诉讼法律关系论》,载《法学论坛》,1994(6)。

在德国、日本等大陆法系国家和地区的民事诉讼中，没有"民事诉讼法律关系主体"的概念，但有"诉讼主体"的概念。所谓诉讼主体，是指"构成诉讼，并使诉讼发展、进行的、具有主体性地位的关系人，就是法院与当事人"①。诉讼主体具有两个不同于诉讼法律关系主体的基本特征：（1）诉讼主体在民事诉讼中占有不可或缺的诉讼地位，表现为没有诉讼主体参加诉讼，诉讼将无法进行或失去进行诉讼的意义；（2）诉讼主体是诉讼的主要行为人，其诉讼行为对诉讼的发生、变更、终结起着决定性作用。

事实上，"诉讼主体"不是"诉讼法律关系主体"的简称，两者是不同的概念。诉讼主体一定是诉讼法律关系主体，但诉讼法律关系主体不一定是诉讼主体，比如证人是诉讼法律关系主体，但不是诉讼主体。诉讼主体是诉讼法律关系主体中能够引起诉讼程序发生、发展和终结的主体，比如法院和当事人；或者说，法院和当事人是民事诉讼的基本主体（诉讼主体），无诉讼主体则无诉讼。

有学者提出，我国民事诉讼法律关系理论与外国民事诉讼法律关系理论相比，最大的特点是关于诉讼主体和诉讼法律关系主体的阐述。我国民事诉讼法律关系理论中之所以并存这样两个概念，是因为这两个概念各自承载不同的理论体系：曾从苏联的诉讼理论中吸收了包容所有诉讼参与人的诉讼法律关系主体的概念，又从德国、日本等国的诉讼理论中吸收了仅指法院和当事人的诉讼主体的概念。②

2. 民事诉讼法律关系的内容

通说认为，民事诉讼法律关系的内容是指民事诉讼法律关系主体根据民事诉讼法所享有的诉讼权利和所承担的诉讼义务。

民事诉讼权利是民事诉讼法律关系主体所享有的、按照自己的意志可以行使也可以不行使的诉讼权能，具有可处分性（权利人可以选择是否行使其诉讼权利）。法院应当保障当事人和证人等顺畅行使诉讼权利，不得限制或者剥夺其诉讼权利。

民事诉讼义务是民事诉讼法强加于诉讼法律关系主体作为或者不作为的拘束，具有不可处分性（义务人应当为或者不得为某个行为，不得随意变更或者解除自己的诉讼义务）。法院不得阻碍当事人和证人等履行诉讼义务，也不得随意变更或者解除其诉讼义务。

---

① ［日］末川博主编：《法学词典》，648 页，东京，日本评论社，1987。

② 参见张卫平：《程序公正实现中的冲突与衡平》，69 页，成都，成都出版社，1993。

　　3. 民事诉讼法律关系的客体

　　民事诉讼法律关系的客体是指诉讼权利和诉讼义务所指向的对象。我国传统民事诉讼法律关系理论一般认为，法院与当事人之间的诉讼法律关系的客体是案件实体事实和诉讼请求。① 法院、当事人与其他诉讼参与人之间的民事诉讼法律关系客体仅是案件实体事实，并不包括程序事项。这种认识可以被视为"重实体、轻程序"在民事诉讼领域或民事诉讼法律关系中的一种表现，或许也是受到"私法一元观"的影响。

　　民事诉讼中，需要解决如下三类事项：（1）当事人民事实体请求或者民事权益主张，比如，诉讼标的和诉讼请求、申请自然人为失踪人、申请认定财产无主、债权人执行请求。（2）民事实体要件事实（或者直接事实）和证据。民事实体要件事实（或者直接事实）直接支持或者直接推翻实体请求或者权利主张。根据证据裁判原则，民事实体要件事实（或者直接事实）应当运用证据来证明。（3）民事诉讼程序事项。前两类事项在诉讼程序中解决。"当事人的民事实体请求""要件事实和证据""诉讼程序事项"构成民事诉讼法律关系的客体，即诉讼权利和诉讼义务所指向的对象（据此界分当事人主义和法院职权主义）。②

　　针对实体请求有无实体事实根据以及执行标的是否合法等，当事人行使诉讼权利和履行诉讼义务，法院行使审判权；至于有无实体法律根据，专属于法院或者法官适用法律的职权。针对实体要件事实是否真实、证据资格有无和证明力大小，原告和被告及证人、鉴定人等行使诉讼权利和履行诉讼义务，法院行使审判权。民事诉讼中，针对起诉、反诉、上诉等是否具备法定要件，诉讼程序如何进行，以及回避申请、诉讼期间顺延申请、管辖异议、管辖合意、执行措施的裁定和实施等诉讼程序事项，民事诉讼法律关系主体之间发生民事诉讼法律关系，显然诉讼程序事项应当属于民事诉讼法律关系的客体。③

　　（四）民事诉讼的法律事实

　　通说认为，民事诉讼法律事实是指能够引起民事诉讼法律关系或者民事诉讼程序发生、变更、消灭或者终结的事实，又称民事诉讼法律关系发生、变更、消灭或者终结的原因。根据是否包含行为人的意志，民事诉讼法律事实大致可分为客观事件和诉讼行为。

---

　　① 参见柴发邦主编：《民事诉讼法教程》，59页，北京，法律出版社，1983。

　　② 参见邵明、常洁：《民事诉讼模式重述——以公益和私益为论述角度》，载《中国人民大学学报》，2019（6）。

　　③ 参见邵明：《民事诉讼法学》，2版，76页，北京，中国人民大学出版社，2016。

客观事件是指不以诉讼法律关系主体的意志为转移的客观事实，如离婚诉讼当事人死亡能够引起诉讼法律关系消灭或者诉讼程序终结。广义的诉讼行为包括法院的司法行为、当事人的诉讼行为和证人等的诉讼行为。狭义的诉讼行为通常是指当事人的诉讼行为。

三、民事诉讼行为论

民事诉讼是当事人、法院及其他诉讼参与人根据民事诉讼法所实施的系统性、连续性的诉讼行为的外在表现。[①] 当事人主张事实、提供证据、进行辩论分别是事实主张权、证明权、辩论权（均属于诉讼听审权的内容）的行使，当事人对程序事项的处分行为或者选择行为实际上是程序选择权的行使，因此大陆法系将当事人诉讼行为纳入正当程序保障的范畴。

我国理论界在研究民事诉讼行为时，常常将其与民事诉讼法律关系联系起来。民事诉讼法律行为是引起民事诉讼法律关系发生、变更或消灭的主要原因。新诉讼法律关系说可以解释和分析诉讼中法院、当事人等之间的法律关系，即从静态上描述诉讼现象。以诉讼权利义务为内容的民事诉讼法律关系虽然可以解释大多数的诉讼问题或现象，但是，考虑到民事诉讼是动态发展的法律状态，诉讼行为理论就可以起到诉讼法律状态说的功能，从动态上描述诉讼现象，解释和分析诉讼中法院、当事人等之间的相互行为。

（一）民事诉讼行为论发展概要

在诸法合体的时代，实体法和诉讼法没有分离，诉讼行为的法律规范散见于诸法之中，理论化和体系化的民事实体法学和民事诉讼法学并未产生，诉讼行为理论也未形成。实体法和诉讼法在体系上的分离，使实体法上的法律行为具有了独自意义，由诉讼法规范的诉讼行为概念也得以成立。

随着社会和法律的发展，尤其公法及其观念和理论的发展，诉讼法被看作公法，与实体法相独立。这一时期的诉讼观是诉讼法一元观，基本上是从诉讼法的角度来理解和把握民事诉讼问题。诉讼法一元观和公法诉权说强调诉讼法的独立性，进而为独立的诉讼行为及其理论的生成创造了契机。自此，私法行为和诉讼行为成为两个性质不同的概念。早期的诉讼行为理论建立在诉讼法一元观和抽象公法诉权说基础之上，只强调诉讼行为的诉讼法性质或公法性质，而忽略了诉讼

---

① 参见［德］罗森贝克、施瓦布、戈特瓦尔德：《德国民事诉讼法》，李大雪译，10 页，北京，中国法制出版社，2007；［日］三月章：《日本民事诉讼法》，汪一凡译，309 页，台北，五南图书出版有限公司，1997。

法与实体法之间的合理关系，从而不能合理解释：为什么一些诉讼行为（如合法起诉行为等）可以产生实体法上的效果？

二元诉讼观是从实体法和诉讼法的联结点上来理解和考察诉讼问题（包括诉讼行为）。按照二元诉讼观的解释，诉讼行为是受诉讼法调整的，然而也存在能够引起私法效果发生，甚至包括了实体法内容的诉讼行为（诉讼法律行为）。至于诉讼法律行为的性质以及与私法行为之间的关系，在大陆法系主要有两性说、并存说和吸收说。两性说主张，诉讼法律行为同时是诉讼行为和私法行为。并存说主张，诉讼法律行为是诉讼行为和私法行为并存的行为。吸收说主张，诉讼法律行为是吸收了私法行为的诉讼行为。吸收说认为，诉讼法律行为会引起实体法上的效果，甚至包括了实体法的内容，这是因为诉讼法对实体法内容的吸收所造成的，但是并不影响诉讼行为的独立性质。

应当依据何种标准认定某项行为属诉讼行为抑或私法行为呢？大陆法系通说是主要效果说。此说认为，应视该项当事人行为的主要效果属于诉讼法或实体法的领域而定，若主要效果属于诉讼法的领域而实体法上的效果为次要的，即认定该项行为是诉讼行为。根据主要效果说，当事人行为即使是在诉讼开始以前或在诉讼外实施的，如果该行为的主要目的在于发生诉讼法效果，就认定其为诉讼行为。例如，起诉前当事人以书面形式授予诉讼代理权的行为、合意管辖的行为等。

我国对民事诉讼行为的研究肇始于民国时期。就现有资料来看，邵勋先生是民国时期为数不多的对诉讼行为作过系统研究的学者，他在 1929 年曾发表《何谓诉讼行为》一文，并将"诉讼行为"作为专门的一编在《中国民事诉讼法论》① 中进行了论述，其具体内容有诉讼行为之概念、要件、撤销与无效、种类、场所、日期、迟误等，可见其研究内容与现今诉讼行为理论研究体系已经非常接近，其观点也深受德日主流民事诉讼行为理论的影响。

中华人民共和国成立之后很长的一段时间里，民事诉讼行为理论的研究仍未从民事诉讼关系理论中分立出来。在理论体系上，民事诉讼行为论被安排在民事诉讼关系论下的"法律事实"中讨论；在研究内容上，学者着眼于民事诉讼行为的一般理论，却又浅尝辄止，只简单地对诉讼行为的概念、主体进行分析，而诉讼行为的要件、瑕疵、撤销等都未涉及。② 这一状况直到 20 世纪 90 年代末才有

---

① 参见邵勋、邵锋：《中国民事诉讼法论》，上卷，高珣、刘志欣、林虹勘校，233－308 页，北京，中国方正出版社，2005。

② 参见杨荣馨主编：《民事诉讼法教程》，39 页，北京，中国政法大学出版社，1991。

所转变。代表作有刘荣军的《德国民事诉讼行为论学说之展开》（载陈光中、江伟主编：《诉讼法论丛》，第 1 卷，北京，法律出版社，1998）、《民事诉讼行为瑕疵及其处理》［载《中国法学》，1999（3）］，陈桂明和李仕春的《诉讼契约论》［载《清华法律评论》，1998（2）］等。

进入 21 世纪后，诉讼行为理论备受学界关注，既有关于一般性原理的研究，又有具体化的研究，主要有张家慧的《当事人诉讼行为法律研究》（中国民主法制出版社，2005），邵明的《民事诉讼行为要论》［载《中国人民大学学报》，2002（2）］，廖永安的《法院诉讼行为要论》［载《法学家》，2003（2）］、《当事人诉讼行为与民事法律行为关系考》［载《法律科学》，2004（1）］，张卫平的《论民事诉讼的契约化》［载《中国法学》，2004（3）］，张嘉军的《民事诉讼契约研究》（法律出版社，2010），王德新的《民事诉讼行为理论研究》（中国政法大学出版社，2011）等。

（二）民事诉讼行为的概念

有人将民事诉讼行为界定为民事诉讼主体所实施的能够引起一定诉讼法上效果的行为。这一界定，强调诉讼行为的诉讼法上效果，称为"效果说"。传统学说和诉讼实务主张"要件与效果说"，即不仅其效果，其要件也由民事诉讼法规定的行为才是诉讼行为。[①]"效果说"有其正确的一面，不过此说有将诉讼行为范围扩大的倾向。"要件与效果说"的主要理由是，为保持诉讼程序的连续性，民事诉讼行为被赋予"自由"的内容和形式是不适当的，而应当遵循民事诉讼法的规定。

我国有学者认为，民事诉讼行为是指民事诉讼法律关系主体根据民事诉讼法（及民事实体法）所实施的，能够产生诉讼程序效果（及民事实体效果）的行为。这一定义符合法律规范的构成：民事诉讼行为的合法要件由民事诉讼法（及民事实体法）规定，此为行为模式部分；民事诉讼行为能够产生程序效果（及实体效果），此为法律后果部分。[②]

民事诉讼行为大体上包括两类：（1）仅有程序性的行为，是指民事诉讼法律关系主体根据民事诉讼法所实施的，只产生程序效果的行为。（2）兼有程序性和实体性的行为，比如，合法的起诉行为、法院的判决行为等，既能产生诉讼法效果又能产生实体效果；再如，舍弃（原告放弃诉讼请求）、认诺（被告承认诉讼请求）、诉讼抵销、达成诉讼和解协议与执行和解协议等与实体权利义务直接相

---

① 参见［日］三月章：《日本民事诉讼法》，汪一凡译，331 页，台北，五南图书出版有限公司，1997。

② 参见邵明：《民事诉讼法学》，2 版，77 页，北京，中国人民大学出版社，2016。

关的诉讼行为，在要件构成上除应当符合诉讼法规定还应当遵循实体法，既能产生程序效果还能产生实体效果。

以是否需要法院同意才能生效为标准，可将当事人诉讼行为分为：（1）取效（性）诉讼行为。它主要是当事人请求法院为特定审判执行和为形成裁判基础提供资料，包括请求①、主张事实和提供证据等。当事人涉及实体公益的诉讼行为原则上为取效诉讼行为。当事人取效诉讼行为必须向本案法官实施并由其裁判是否同意，法官裁判作出前，当事人可以撤回取效诉讼行为。（2）与效（性）诉讼行为。它只要符合法定要件或者法律规定，无须法院同意，就可发生行为人预期法律效果，法院裁判也只是对其效果的确认，比如达成管辖协议、不上诉等。根据民事诉讼安定性原理，当事人诉讼行为以取效性为常态。当事人取效诉讼行为以外的诉讼行为，多是与效诉讼行为，个别诉讼行为既是取效性的又是与效性的。②

一般说来，当事人实施诉讼行为不具备合法要件的，若是与效性的，则不能产生行为人预期的法律效果；若是取效性的，则法院不予同意，也不能产生行为人预期的法律效果。当事人不具备合法要件的诉讼行为，并非必然无效，适用法律规定的补正方法，即当事人或者其法定代理人在有效期间内作出补正的，能产生行为人预期的法律后果。③

（三）民事诉讼行为以表示主义为主

与民事法律行为有所不同，根据诉讼安定性原理，民事诉讼行为通常采取表示主义（客观主义或者外观主义）④ 而不采用意思真实主义⑤，并且通常不得附

---

① 包括当事人向法院提出的实体方面的请求（如原告的诉讼请求）和程序方面的请求（如申请回避、请求证据保全等）。

② 例如，原告的起诉行为既是与效性的（因为起诉行为能够产生特定的诉讼法和实体法两方面的效果），又是取效性的（因为根据"诉审判"关系原理，原告起诉须待法院审理并作出判决后，才能实现原告起诉的目的，产生相应的实体法效果）。

③ 比如，对原告起诉欠缺起诉要件、能够补正的（如原告起诉状中当事人基本情况记载不清的、没有诉讼请求或者诉讼请求不明确的、没有记载案件事实或者案件事实不清的、诉讼请求与案件事实相互矛盾的等），法院应当酌定期限让原告补正，立案期限自法院收到补正材料之日起算。再如，无诉讼行为能力的当事人实施诉讼行为对其可能是有利的，所以法院应当指定适当期限，由后来具有诉讼行为能力的当事人或者其法定代理人作出追认：合法追认的，溯及行为时有效；若无正当理由没有在指定期间追认，则行为无效。在法院指定的补正期间，如果遇有危及无诉讼行为能力的当事人的利益，可允许无诉讼行为能力的当事人在补正期间暂时为诉讼行为。

④ 与意思真实主义相比，表示主义重视表示行为。所谓表示行为，是指以书面、口头或者其他适当形式将意思外部化的行为，其表示的方式有明示和默示。

⑤ 意思真实主义有两个主要内涵：（1）以"意思真实"为法律行为的生效要件。若不具有则行为无效，通常是行为人故意作出内心效果意思与外在表示行为不一致（属于"故意的意思与表示不一致"情形，比如真意保留、虚假表示、隐藏行为等）。（2）行为人可以重大误解（属于"无意的意思与表示不一致"情形）、欺诈、胁迫、显失公平（属于"意思表示不自由"）为由请求撤销民事法律行为。

条件和附期限。

民事诉讼中，后行诉讼行为是在先行诉讼行为的基础上有序实施的，若采行意思真实主义，则每个诉讼行为是否有效均得审查行为人意思是否真实，如此必然拖延诉讼，并且行为人依法以意思瑕疵为由能够轻易撤销先行诉讼行为，后行诉讼行为则会随之被撤销，从而导致程序混乱和诉讼迟延。

后行诉讼行为建立在先行诉讼行为的基础上，所以诉讼行为之间关系应当确定。若诉讼行为以将来不确定的事项为条件，对方当事人或者法院则须等到该诉讼行为所附条件成就或者不成就之后才可实施后行诉讼行为，如此必定阻碍诉讼顺畅进行。若诉讼行为附期限，则须待到期限届至，对方当事人或者法院才可实施后行诉讼行为。如此也会阻碍诉讼顺畅进行。

立法上明文规定采取表示主义的诉讼行为，实务中应当严格遵行，比如起诉应当遵行起诉条件等。立法上明文规定采用意思真实主义的诉讼行为，实务中才可遵行。

有学者根据民事诉讼安定性原理和诉讼行为是否包含实体内容，分析民事诉讼行为如何遵行表示主义和怎样合理适用意思真实主义[①]：

(1) 纯粹程序性的单方诉讼行为应当采取表示主义。比如，只要存在法官应当回避的法定情形，当事人就可申请回避，不以申请人的意思真实为申请回避的合法要件。

纯粹程序性的双方当事人合意诉讼行为（诉讼契约），如双方当事人在诉前达成管辖协议，《民事诉讼法》并未采用意思真实主义。该学者认为，此类行为虽是诉讼行为，但因其是合意行为，故宜适用意思真实主义。

(2) 当事人直接处分实体权益或者直接承担实体义务的诉讼行为（认诺、舍弃、诉讼抵销、诉讼和解、执行和解等），应当采用意思真实主义。

对于上述特殊的民事诉讼行为，在法院同意的裁判作出前，行为人可以意思瑕疵为由直接向法院请求撤回；在法院同意的裁判作出后，行为人可以意思瑕疵为由，通过上诉或者再审请求法院予以撤销或者变更（按照我国现行法，执行和解除外）。

(3) 当事人间接处分实体权益或者间接影响实体义务的诉讼行为，或者虽不是处分实体权益但能产生实体效果的诉讼行为，一方面因其是诉讼行为并且具有间接性，不以"意思真实"为合法要件；另一方面因其间接包含实体权益或者能产生实体效果，可以重大误解、欺诈、胁迫或者显失公平为由请求撤销。

---

① 参见邵明：《民事诉讼法学》，2版，79-80页，北京，中国人民大学出版社，2016。

比如，"诉讼上自认行为"：一方面，它是在本案审判过程中当事人（自认人）对不利于己的要件事实向本案审判法官所作出的承认，属于当事人"事实主张"的范畴，并非直接处分其实体权益或者直接承担其实体义务，故不以"意思真实"为生效要件；另一方面，法院采用自认的事实所作出的判决，通常对自认人产生实体上的不利，所以自认人有充分证据证明其自认行为是在受胁迫或者重大误解情况下作出且与事实不符的，可以请求法院撤销自认。

除根据民事诉讼安定性原理和诉讼行为是否包含实体内容外，还得依据诉讼行为是取效性的还是与效性的，来处理当事人可否撤回或者撤销（法律没有明文规定可以撤回或者撤销的）诉讼行为这一问题。

（1）对于当事人取效性诉讼行为，由于须经法院同意后才能产生行为人预期的法律效果，所以在法院作出是否同意的裁判之前，当事人通常可以撤回。在法院作出同意的裁定或决定之后，当事人可否撤销还取决于案件性质。

私益诉讼中，对于当事人启动程序的请求行为，比如起诉、上诉、公示催告申请、执行申请、保全申请、调查证据申请等，基于尊重当事人意志或者遵循不告不理原则，即使在法院作出同意的裁定或者决定之后，也允许当事人撤销。

公益诉讼中，对于当事人启动程序的请求行为，在法院作出同意的裁定或者决定之后，为维护公益，不准当事人撤销，比如法院不准许撤诉（《新解释》第288、335条等）；此外，经查明属于虚假诉讼的，也不准许撤诉（《关于防范和制裁虚假诉讼的指导意见》第11条等）。

（2）对于当事人与效性诉讼行为，由于无须法院同意，一实施就生效，并且诉讼行为应当遵循诚实信用原则，所以没有法律明文规定通常不得随意撤销或者解除。

但是，对于在诉讼外实施的、对程序安定性影响不大的行为，应当允许当事人撤销或者解除，比如在法院裁定受理案件前，当事人可以合意解除管辖协议。

四、既判力论

（一）既判力论发展概要

既判力观念渊源于罗马法，德、日、法等国民事诉讼法都采用了这个概念，在民国时期，我国学者也将既判力作为判决效力的重要内容。

民国时期既判力研究的特点，可以从三个角度来进行把握：首先，既判力的研究是有其实定法上的依据的。彼时生效的民事诉讼法在第400条第1款规定，"诉讼标的于确定之终局判决中经裁判者，除法律别有规定外，当事人不得就该法律关系更行起诉"。其第2款规定，"主张抵销之对待请求，其成立与否经裁判者，以主张抵销之额为限，不得更行主张"。其次，无论是注释类的研究，还是讲义类的研究，既判力理论的体系化都达到相当高的程度。不管是既判力的概念界定，还是既判力在判决效力体系内的位置，抑或是既判力的客观范围、主观范围和既判力标准时，当时的著作内均有涉及。最后，在相对完整的理论架构下，研究者也兼顾到某些细节问题，比如针对既判力与"一事不再理"的关系，再如既判力主观范围扩张的具体事例和条文依据。

中华人民共和国成立后的一段时间内，既判力这一术语却被隐去了，既判力的实质内容被分散到其他概念名义下讨论。鉴于与大陆法系理论的亲缘关系，以及既判力理论在大陆法系民诉系统中的基础地位，我国学者很快还是回归到既判力的框架内，以之来理解判决的效力，构建民事诉讼的"终结"理论。这种转向并不是一蹴而就的，在20世纪80年代和90年代，学术界对既判力的理解经历了一个从模糊到清晰、从混乱到统一的过程。

2005年以后，既判力的范围成为民事诉讼法学者持续关注的问题，其中又以既判力客观范围的研究为重，而既判力主观范围、时间范围处于相对边缘的地带。整体观之，我国既判力理论的初始建构极大地依赖于比较法资料，这一点有其历史的、时代的原因。可既判力在我国的本土化、制度化情况并不理想，立法、司法与理论之间隔阂深重，已经被引入的域外学理在国内始终是一种"磁悬浮"的状态。[1]

按照目前的观点，既判力制度化包括五个方面的要素，即既判力客观范围的原则、既判力客观范围的扩张、既判力主观范围的原则、既判力主观范围的扩张、既判力标准时。考察既判力学术发展的脉络，也理当从这五个要素展开。近年来有关既判力的研究，在论题和方法上表现出一定的延展性，比如运用既判力理论分析刑事裁判与民事裁判的效力问题[2]、研究诉讼与仲裁关系中的既判力问题。[3]

（二）既判力的概念和本质

1. 民国时期既判力及其所处的概念体系

既判力是判决效力的下位命题，对判决效力的不同方面进行区分性的研究，是颇受理论界重视的。比如，有的学者将判决效力分为羁束力、既判力、创设力、执行力，其中，判决的羁束力与判决的既判力得到了明确的区分，这无疑有

---

[1] 参见张卫平：《既判力相对性原则：根据、例外与制度化》，载《法学研究》，2015（1）。
[2] 参见李哲：《刑民交叉案件中的既判力问题探析》，载《当代法学》，2008（4）。
[3] 参见高薇：《论诉讼与仲裁关系中的既判力问题》，载《法学家》，2010（6）。

助于划定既判力自身的概念范畴。

该项研究认为，判决的羁束力包括五种内容：（1）作出判决的法院受到羁束，法院不得自由废弃、变更其判决。（2）某一法院的判决可能对其他法院产生羁束力，比如宣告事物管辖错误的判决、发回之判决、创设判决等。（3）法院判决有时对行政机关产生羁束力，比如关于登记权利之民事判决、人事裁判、确定权利之裁判。（4）判决对当事人的羁束力，是指当事人不得以上诉的方式请求将判决变更、废弃，而是有服从之义务。（5）判决可以例外地对第三人产生羁束力，比如判决对从参加人有羁束力，人事判决对第三人也有羁束力。

如此，厘清了羁束力的涵摄领域之后再转向既判力，既判力的内容就被收缩进相对狭窄的空间内，其定义为："原诉讼标的之法律关系，依此判决已确定其存否，以后在新诉讼，当事人不得更为反对之主张，法院亦不得更为之裁判者是也。"[1] 按此说法，既判力的主旨是约束新诉。

另外，将既判力置于判决的确定力之下，区分形式确定力和实质确定力，也是当时普遍采用的学术分类。代表性观点指出，判决形式上的确定力是指判决确定之后，当事人不得以上诉之方法，求将该判决废弃或变更。至于实质上的确定力，也称既判力，是指确定的终局判决中已经裁判的诉讼标的之法律关系，除法律另有规定外，当事人不得再以该法律关系为标的而提起新诉讼，且于新诉讼用作攻击防御方法，亦不得为与确定判决意旨相反之主张。[2] 这里，既判力被认为有禁止重复诉讼和禁止矛盾主张两个方面的内容。

从前述观点中已经可以发现，民国时期对既判力含义的理解也不完全统一：第一种观点认为既判力是针对新诉讼的，体现为当事人不得在新诉中为矛盾主张，以及法院不得在新诉中为矛盾判决；第二种观点则把禁止重复起诉也作为既判力的内容看待。很明显，分歧主要在于如何处理既判力与"一事不再理"的关系，不过这一时期的不同观点并没有展开直接的交锋。而支持第二种观点的研究者，曾在一种比较法的视角下，简要论证了自己的立场。德、日等国将既判力内容仅仅限于拘束新诉讼系属之法院，其目的是避免矛盾裁判。若是当事人就同一事件提起新诉讼，德、日等国将认为不存在权利保护之利益，以其诉无理由而驳回。而在我国，此时应认为诉讼要件有欠缺而导致了诉不合法，因为已经经过确定判决之事件，不需要再开新诉讼来表现对当事人权利的保护，所以这里适宜比

---

① 邵勋述，袁家城、李良疏：《民事诉讼法》，中卷，载李秀清、陈颐主编：《朝阳法科讲义》，第7卷，洪冬英、沈伟点校，323－326页，上海，上海人民出版社，2014。
② 参见石志泉：《石志泉法学文集》，邵明、周文、曹文华点校，410－411页，北京，法律出版社，2014。

照当事人在诉讼系属中重复起诉的状况，使法院得以不开展本案言词辩论，径以裁定将当事人提起之新诉或反诉驳回，以期节省时间。①

2. 中华人民共和国成立以来对既判力的理解

中华人民共和国成立后，在建设社会主义民事诉讼理论的初始阶段，很少有人用既判力理论来解释判决的效力。到 20 世纪 80 年代初期，代表性观点认为，民事判决发生效力后发生五种法律效果——排除性、不可争辩性、执行性、预决性、约束性。但这五种法律效果只能部分囊括既判力的内涵：所谓排除性，是指判决发生法律效力后，就排除了当事人重新起诉和法院重新审理这一案件的可能；判决的不可争辩性，是说判决一旦发生法律效力，则不能提起上诉要求改变；执行性表示判决内容必须付诸实现；预决性旨在禁止法院重新判决；约束性意为判决对一切单位和个人都发生约束，他们有义务积极协助执行。② 如果和既判力的理论内容相比照，可发现既判力下的不可重新起诉和不可再行上诉，被分散到判决的排除性和不可争辩性之中，不过有关当事人不得在新诉中为矛盾主张、法院不得在新诉中为矛盾判决，这一层既判力效果还未得到明确的强调。

至于既判力理论在一定时期遭受冷遇的原因，我国也有多位学者进行了思考。有人指出，哲学意义上的绝对可知论被生搬硬套到诉讼法学，这又导致了对案件客观事实的过度追求，此种指导思想是既判力制度受到排斥的重要原因。并且，既判力制度只有在强调程序保障与自我责任的当事人主义诉讼构造下才能获得正当基础，而我们强职权主义的诉讼程序无疑与之格格不入。③ 还有一种见解是基于法律文化的角度，认为中国的诉讼传统往往提倡"不惮改错"，同一案件的审理判断被一再推倒重来的现象比比皆是，民众在观念上也普遍对此表示认同。④

不过另有学者以为，我国民事诉讼中虽无既判力之名，不代表没有既判力之实。首先，民事诉讼法中有不系统的关于"一事不再理"和既判力的内容，比如《民事诉讼法》（1991 年）第 111 条第 5 项、《关于适用〈中华人民共和国民事诉讼法〉若干问题的意见》（1992 年）第 75 条等。其次，在民事诉讼法学界，既判力和一事不再理的基本原则是普遍受到认同的。最后，在民事诉讼司法实践

---

① 参见石志泉：《石志泉法学文集》，邵明、周文、曹文华点校，413 页，北京，法律出版社，2014。
② 参见常怡主编：《民事诉讼法教程》，230－232 页，重庆，重庆出版社，1982；柴发邦等：《民事诉讼法通论》，352－353 页，北京，法律出版社，1982。
③ 参见林剑锋：《民事判决既判力客观范围研究》，2 页，厦门，厦门大学出版社，2006。
④ 参见王亚新：《对抗与判定——日本民事诉讼的基本结构》，2 版，258－259 页，北京，清华大学出版社，2010。

中，人民法院也基于维护法的安定性和法律和平性的考虑，承认确定判决的效力，排斥当事人的重复诉讼。因此，该学者得出的结论是：我国民事诉讼理论实质上并没有抛弃既判力，我国民事诉讼实践也无法离开既判力理论而运作。[①] 诚然，判决的稳定与不矛盾是民事诉讼一贯的追求，研究者即便不在既判力的名义下，也要在其他名义下处理类似的问题。因此，再度回归到大陆法系的既判力理论，在法学界也属于人心所向。

早在 20 世纪 80 年代，个别的著作中就出现了既判力的术语表达，但其架构中存在着概念的杂糅。当时有学者提出，既判力是指对案件已经作出判决之后，在法律上就不能再行审判，既判力分为形式上的拘束力和实质上的拘束力。形式上的拘束力，是指判决一经生效，当事人就不能再以争议的法律关系提起诉讼，也不能再以上诉的方式要求变更判决。实质上的拘束力，是指法院对当事人争议的法律关系一经作出最后的决定，争议即行消失，双方当事人不能再对此权利义务关系发生争议。[②] 这里，对既判力的实质含义已经表现出一定程度的把握，但却不甚准确。其中对"拘束力"概念的使用也很容易引发困惑，我国在 20 世纪 80 年代和 90 年代实际给判决的拘束力作出了多种定义，总体还是倾向于从非常宽泛的意义上来使用"拘束力"的措辞。[③]

20 世纪 90 年代初，开始有著作将既判力单独列为判决的效力之一，与判决的拘束力、判决的执行力并列构成判决效力的三大内容。其中，既判力是指判决在法律上的确定力，即判决在程序法上的效力，又分为形式上的确定力与实质上的确定力，也称形式意义上的既判力与实质意义上的既判力——前者是指判决一经生效，当事人就不得对判决认定的法律事实提起诉讼或者提起上诉；后者是指对判决确定的实体权利义务问题，不得争执，不容改变。[④] 不过在这种观点下，"确定力"的定义又与大陆法系国家的通说相去甚远，将既判力区分为形式上的确定力与实质上的确定力，也与后来通行的认识存在较大的差异。

20 世纪 90 年代末，我国学者对既判力概念的阐述还是回到了大陆法系主流观点的道路上，认可判决的确定力为既判力的上位概念，即判决的确定力有形式上的确定力与实质上的确定力，实质上的确定力就是既判力。形式上的确定力是指民事判决一经生效，受该项判决拘束的当事人即不得以上诉的方法要求法院将

---

① 参见李龙：《论民事判决的既判力》，载《法律科学》，1999（4）。

② 参见刘家兴主编：《民事诉讼教程》，260－261 页，北京，北京大学出版社，1982。

③ 关于对判决拘束力的不同理解，参见江伟、肖建国：《论判决的效力》，载《政法论坛》，1996（5）。

④ 参见柴发邦主编：《中国民事诉讼法学》，398 页，北京，中国人民公安大学出版社，1992。

该项判决予以变更或撤销。实质上的确定力是指作为诉讼标的的民事法律关系，如果在已经发生法律效力的民事判决中得到裁判，当事人即不得再以这一民事法律关系作为诉讼标的提起新的诉讼，并且当事人于别的诉讼中进行辩论时，也不得提出与此前生效民事判决内容相反的主张。①

确定判决具有"确定力"，包括形式确定力和实质确定力。所谓形式确定力，又称外部确定力、不可撤销性，是指判决所具有的不得以上诉来变更或撤销的效力。在通常情况下，判决确定之时，即形式确定力发生之时，就产生既判力、执行力、形成力或确认力等。

实质确定力（或称内部确定力）就是既判力。在大陆法系，既判力是指确定判决对诉讼标的之判断对法院和当事人等所产生的约束力，主要体现在以下两个方面：

（1）既判力的消极效果或消极作用，即"禁止反复"。其主要含义是当事人等对既判的案件不得再为争执。在制度上则体现为：禁止当事人等再行起诉（包括反诉），即当事人应当"一事不二讼"；若当事人等再行起诉（包括反诉），则法院应当"一事不再理"。

（2）既判力的积极效果或积极作用，即"禁止矛盾"。其主要含义是法院在处理后诉时应受前诉确定判决的拘束。在制度上体现为：法院应以前诉确定判决对诉讼标的之判断为基础，来处理后诉；若后诉判决与前诉确定判决相矛盾，则为对后诉判决的再审理由（除非前诉确定判决被依法撤销或被变更）。②

总之，对于既判力的消极效果（或作用），强调的是一事不再理的理念和意义，而对于既判力的积极效果（或作用），强调判决具有拘束后诉判决的积极作用。③ 在我国，"生效判决"的既判力也包含消极效果和积极效果，但是现行法未将"后诉判决与前诉确定判决相矛盾"作为对后诉判决的再审理由。

3. 既判力与一事不再理的关系

有关既判力与一事不再理的关系，在民国时期就存在分歧，直至今天有如下看法：

（1）同一说。此说认为，一事不再理原则属于既判力的概念范围，既判力当

---

① 参见江伟主编：《民事诉讼法学原理》，693-694 页，北京，中国人民大学出版社，1999。

② 参见邵明：《现代民事诉讼基础理论——以现代正当程序和现代诉讼观为研究视角》，229 页，北京，法律出版社，2011。

③ 参见［日］中村英郎：《民事诉讼法》，陈刚、段文波译，229 页，北京，法律出版社，2001；刘荣军：《程序保障的理论视角》，284 页，北京，法律出版社，1999。

属一事不再理原则在民事诉讼中的特殊表现，因为禁止法院就同一既判事项重复审理，这一效力的基础实际上贯彻了解决纠纷的一次性原则，亦即一事不再理精神，判决既判力则是一事不再理的理念在诉讼中的体现，即一事不再理是既判力的消极作用。一事不再理为既判力之性质，因其制度的本质和目的是一致的，故无区分的必要。①

（2）区别说。此说认为，既判力重视的是禁止法院就同一事件为前后矛盾的判决，并非一事不再理，而一事不再理是指判决一经确定，法院不得就同一事件再为审理。一事不再理是刑事诉讼制度中重要的审判制度，保护被告人的正当权益，符合法律正义。因为民事诉讼与刑事诉讼不同，作为民事判决对象的私法上的权利义务关系，即使已被确定，也有发生重复的可能性，所以如果考虑时间因素的话，从严格意义上说，不存在同一案件，而刑事裁判是以审判过去所为的具有可惩罚性的行为为目的，其同一性不变。②

（3）交叉说。有学者认为，既不能用一事不再理来概括既判力原则的全部内容，也不能把它视为既判力以外的一种独立制度。从历史沿革上讲，既判力是在一事不再理原则的基础上发展而来的、内容更为丰富的审判原则，但严格来说，一事不再理与既判力的作用是不同的——一事不再理是指判决一经被确定，同一案件的诉权被消灭，再诉通常因不合法而不被采纳；既判力则是对同一事项不允许作出不同的判断，其客观效果不仅针对诉讼当事人，同时约束法院的行为。③

有学者认为，禁止重复起诉（一事不二讼）或者一事不再理的效力主要有：（1）诉讼系属效力，即对于已经起诉或者正在审判中的案件，当事人不得重复起诉，法院也不得受理④；（2）既判力的消极效果，即对于确定判决所处理的案件，当事人不得重复起诉，法院也不得受理。"一事不再理"的诉讼系属效力不为既判力所包含，既判力的积极效果则是"一事不再理"所没有的；既判力与"一事不再理"的重合效力是既判力的消极效果。⑤

---

① 参见杨荣新、乔欣：《判决既判力理论》，载《中国法律年鉴》，1998（1）。
② 参见［日］兼子一、竹下守夫：《民事诉讼法》，白绿铉译，167-168页，北京，法律出版社，1995；江伟主编：《中国民事诉讼法专论》，169-170页，北京，中国政法大学出版社，1998。
③ 参见叶自强：《论判决的既判力》，载《法学研究》，1997（2）。
④ 从广义上来理解，具有"一事不再理"效力的案件还包括：已经申请仲裁或者正在仲裁的案件以及法院正在调解的案件等。
⑤ 参见江伟主编：《中国民事诉讼法专论》，170-171页，北京，中国政法大学出版社，1998；邵明：《现代民事之诉与争讼程序法理——诉·审·判关系原理》，147页，北京，中国人民大学出版社，2018。

4. 具有既判力的法律文书

有学者认为，哪些法律文书具有既判力，或者说当事人对哪些法律文书所处理的案件不得再起诉，应当采用法律明定原则。① 在我国领域内具有既判力的法律文书，主要有：

（1）人民法院确定判决和具有既判力的其他法律文书

法院确定判决是指确定的本案判决。"本案判决"是对案件的诉讼标的和诉讼请求是否具有实体事实和实体法律根据所作出的终局判定。法院（争讼）判决处于不得通过上诉来变更或撤销的状态，叫作"判决的确定"，此时的判决称为"确定判决"②。确定判决是国际上通行的概念，而我国实务称为"生效判决"③。

如今，既判力扩张化的一个表现是将既判力由法院确定判决扩张到其他特定的法律文书，如支付令、法院调解书、法院对调解协议的确认书、仲裁裁决书、仲裁调解书等。④ 之所以赋予以上法律文书以既判力，是因为既然民事纠纷已经得到了"终局性"的解决，并且这种解决获得国家法律的正式承认，此纠纷就不该再由民事诉讼来解决。这种做法既符合既判力的精神和降低纠纷解决成本的要求，又是法律对其他民事纠纷解决方式的尊重和支持。

如下法律文书虽未解决或者直接解决纠纷，但也能产生一事不再理或者既判力的效力，就此而言也可称其是具有既判力的法律文书：法院按照《民事诉讼法》第154条的规定，作出的终结诉讼的裁定；法律规定不得再起诉的撤诉裁定；被执行人对第三人拥有到期债权时，在强制执行中，法院依法裁定执行该到

---

① 参见邵明：《现代民事之诉与争讼程序法理——诉·审·判关系原理》，148页，北京，中国人民大学出版社，2018。

② 对此，国际社会也表述为"判决不能再作为普通程序的上诉标的"。比如，《海牙民商事案件外国判决的承认和执行公约》（1971年）第4条将"判决在请求国不能再作为普通程序的上诉标的"作为对另一个缔约国判决承认和执行的条件之一。

③ 我国用"生效判决"来指称"确定判决"是不合理的。因为任何本案判决一经宣告，就产生"羁束力"，就是生效判决，所以生效判决包括未确定判决和确定判决。所谓"羁束力"，是指判决对外宣告后，法院原则上不得任意撤销或变更该判决。这种羁束力对作出判决法院的约束力，又称自我拘束力、自缚力。作为判决首先产生的效力，羁束力的意义在于维持判决的安定性或权威性。在维护判决的安定性或权威性的前提下，作为羁束力的法定例外，如日本民事诉讼法规定的"判决变更"程序，一方面追求低成本地实现判决的合法性和正确性，另一方面缓和可能过于形式化的羁束力。除此之外，对已经宣告的判决，只能通过法定程序（上诉程序、再审程序、异议之诉等）对判决的实质内容作出撤销或变更。

④ 参见廖永安、胡军辉：《论法院调解的既判力》，载《烟台大学学报（哲学社会科学版）》，2009（1）；杨会新：《程序保障视角下诉讼调解既判力分析》，载《华东政法大学学报》，2017（5）；肖建华、杨恩乾：《论仲裁裁决的既判力》，载《北方法学》，2008（6）；傅攀峰：《仲裁裁决既判力问题研究》，武汉大学博士学位论文，2015；卜元石：《仲裁裁决既判力案例研究与中国民事诉讼法的精细化》，载《中国应用法学》，2017（1）；等等。

期债权的（《新解释》第 499 条），对该到期债权纠纷，被执行人没有诉权，即执行该到期债权的裁定具有既判力。

（2）人民法院承认的港澳台地区法院确定的终局判决和具有既判力的其他法律文书

在中国，根据"一国两制原则"和"各法域平等原则"，港澳台地区法院确定的终局判决和其他法律文书在大陆（内地）法域产生既判力，其前提是该判决和其他法律文书被人民法院所承认。

至于哪些法律文书具有既判力，主要取决于相关法律文件的具体规定，比如《关于内地与澳门特别行政区相互认可和执行民商事判决的安排》（法释〔2006〕2 号）、《关于内地与澳门特别行政区相互认可和执行仲裁裁决的安排》（法释〔2007〕17 号）等。

（3）人民法院承认的外国法院确定的终局判决和具有既判力的其他法律文书

根据国家主权独立原则，一国法院判决只能在该国主权范围产生法律效力（包括既判力等），所以，在涉外民事诉讼领域或者国际民事诉讼领域，外国法院确定的终局判决在我国若能够产生既判力，其前提是该判决被我国人民法院所承认。

目前，我国加入了多边的《承认及执行外国仲裁裁决公约》，并且签订了诸多双边司法协助条约。根据我国现行缔结的相关条约，相互给予承认的具有既判力的法律文书包括：1）司法裁判或者司法文书，主要有法院（财产性或者非财产性）民商事判决；2）司法外裁决或者司法外文书，主要有法院民事调解书、仲裁裁决、仲裁调解书等。

5. 既判力的本质

在积极厘清既判力概念之同时，我国学者还对既判力的本质产生了较大的研究热情。研究既判力的本质，是为了从理论上说明既判力的效果，回答为什么确定的判决具有对当事人和法院的拘束力，尤其是为什么不当或错误的确定判决仍然具有这种拘束力的问题。在此方面产生的研究成果，主要着重于对域外既有学说的评介，这包括旧、新实体法说，旧、新诉讼法说，权利实在说，综合既判力说，折中说，等等。[1]

在介绍评价诸学说之外，有学者从研究方法的角度切入，主张从既判力的根

---

[1]　详见王锡三：《民事诉讼法研究》，282-283 页，重庆，重庆大学出版社，1996；江伟主编：《中国民事诉讼法专论》，155-167 页，北京，中国政法大学出版社，1998；张卫平：《程序公正实现中的冲突与衡平》，352-358 页，成都，成都出版社，1992。

据和既判力的目的两个方面，来认识既判力的本质。研究认为，判决的既判力原则上属于诉讼法上的问题，判决具有既判力是国家审判权作用的结果。即使法院的确定判决出现误判，但是基于国家的审判权威，这种错误判决的效力仍须维持，不能轻易废止。当事人及法院之所以应受判决的拘束，原因在于法院作出的确定判决在诉讼法上产生一定的效力，必须从公共利益进行考虑，以限制当事人对诉讼制度的滥用。此外，研究既判力的本质不能脱离既判力的目的，因而不能完全离开实体法而采纳纯粹的诉讼法思维。在实体方面，判决所确认的权利或法律关系，当事人和法院须共同遵守，否则判决将无实际意义。基于此，研究者总结认为，既判力本质上是民事诉讼法上的效力，其依据在于国家的审判权，其目的首先是为了国家利益和社会公共利益，其次是为了当事人个人的利益。①

一种颇具代表性的意见指出，民事诉讼既然是实体法与诉讼法共同作用的"场"，那么在既判力本质问题上就没有理由坚持一元论立场。独立于诉讼法制度来考察既判力本质的新、旧诉讼法说过于极端，而新实体法说和综合既判力说又过于强调既判力的实体法属性，从而把既判力看成是实体法上的范畴。尤其是新实体法说，表面上同时强调既判力的实体法和诉讼法性质，实际上是把实体法属性看成既判力的根据或本源，而诉讼法性质居其次。从二元论出发，应当认为，既判力是判决的实体确定力在诉讼程序上对后诉法院的拘束力。既判力的本质首先是程序上的效力，应当把既判力主要看作是一种诉讼法上的制度或范畴，这种认识可称为"修正的诉讼法说"。按照"修正的诉讼法说"，诉讼程序之外存在着实体权利，这种实体权利是当事人基于自己的认识或法律观点而形成的权利关系。当双方的法律观点趋于一致时，诉讼之外的权利关系就按照当事人双方的意思产生、变更或消灭。当双方对事实的认识或法律主张相左时，便可能产生纠纷，需要由法院的权威性判断来解决争执。判决发生既判力后，当事人就应当放弃自己的法律观点和主张，而服从法院基于国家审判权所作出的判决。即使发生了误判，判决的既判力也应予以维持，除非当事人提起再审之诉排除既判力的遮断力。②

6. 维护判决既判力的意义和判决既判力的例外

（1）维护判决既判力的意义

有学者指出，按照正当程序作出的确定判决，其既判力应当获得尊重。维护

---

① 参见叶自强：《论既判力的本质》，载《法学研究》，1995（5）。

② 参见江伟主编：《中国民事诉讼法专论》，165－167页，北京，中国政法大学出版社，1998；江伟：《市场经济与民事诉讼法学的使命》，载《现代法学》，1996（3）。

确定判决既判力有着如下主要意义：

1）符合正当程序保障下自我责任原理。既然在诉讼中已从实质上保障当事人适时适式提出资料、陈述意见和进行辩论的机会，当事人就应承担判决结果，遵从判决既判力。

2）实现诉讼目的和法律安定。若允许任意变更或者撤销确定判决，将使确定判决所确定的当事人间的民事实体关系处于不安定状态，致使诉讼目的落空，无法实现法律安定。

3）通过个案确定判决来维护法律判决的正当权威。国家法院适用法律作出确定判决，若允许任意变更或者撤销确定判决，则必然损害法律判决的正当权威。

维护（诉讼安定性和）既判力实际上是人类社会的安定要求和法律的安定价值在民事诉讼中的具体体现。现代法治原则要求充分维护确定判决既判力。

（2）判决既判力的例外

维护既判力与再审和某些异议之诉的关系为"原则与例外"的关系。关于再审程序，将在第七章一（四）中阐释。在此，只阐释异议之诉。[①]

民事诉讼中，异议之诉包括当事人异议之诉和第三人异议之诉，请求变更或者撤销的法律文书包括具有既判力的法院判决、仲裁裁决、调解书和其他文书或者事项。"诉"（包括异议之诉）均是实体之诉，以此保护实体权益、解决实体纠纷。

当事人异议之诉包括当事人（原告）另诉提出后发性请求[②]、撤销除权判决之诉、债权人执行异议之诉、债务人执行异议之诉、对分配方案的异议之诉、参与分配异议之诉、撤销法院调解书之诉、撤销仲裁裁决书之诉、撤销仲裁调解书之诉等。[③]

---

① 参见邵明：《现代民事之诉与争讼程序法理——诉·审·判关系原理》，385-410 页，北京，中国人民大学出版社，2018。

② 在本案最后言词辩论终结后（既判力基准时后）或者本案判决确定后，因客观原因或者其他正当理由使原确定判决对当事人显著不公时，原案当事人可以就后发性实体请求再行起诉。对后发性请求提起之诉，《德国民事诉讼法》第 323 条和《日本民事诉讼法》第 117 条作出规定。依据《新解释》，裁判生效后，发生新的事实，当事人再次起诉的，法院应当依法受理（第 248 条）；赡养费、扶养费、抚育费案件，裁判发生法律效力后，因新情况、新理由，一方当事人再行起诉要求增加或者减少费用的，法院应当作为新案受理（第 218 条）。

③ 对生效的法院调解书，《民事诉讼法》规定通过再审程序予以纠正，实际上是按照争讼程序来处理。对法院调解书与仲裁调解书、仲裁裁决书的纠正或者救济原理是相通的，笔者认为，应当是按照"诉"和"争讼程序"来予以纠正或者救济。基于对仲裁性质和功能的尊重，法院应当通过比较慎重的法定程序来处理仲裁裁决的效力问题；同时，基于当事人程序保障原理，法律应依争讼程序解决双方当事人对仲裁裁决效力的争议。

第三人异议之诉包括狭义第三人异议之诉（参见《民事诉讼法》第59条第3款和《新解释》290～301条）、第三人执行异议之诉（参见《民事诉讼法》第238条）等。

当事人和第三人异议之诉中，有些直接目的是撤销或者变更具有既判力的法院确定判决和其他法律文书，因此当事人和第三人有权提起哪些异议之诉须遵行法律明定原则，并且有关异议之诉的理由应当是严格、确实和充分的。异议之诉判决撤销或者变更具有既判力的原法律文书的，该异议之诉通常是既判力的法定例外。

提起异议之诉的最终目的是维护实体权益，所以其实体理由应当是导致原确定判决或者原其他法律文书对当事人或者第三人在实体权益方面显著不公（不属于上诉理由和再审理由），当事人和第三人无法适用上诉程序和再审程序获得救济，所以另设异议之诉。

因此，异议之诉的标的是异议之诉原告对确定判决所判定的实体法律关系（原诉标的）享有独立的请求权、支配权或者形成权。所谓"诉讼上的形成权"，即请求撤销或者变更确定判决效力，是原告维护实体权益的前提，附随于确定判决而不能单独存在。

（三）既判力的效力范围

在既判力效力范围的问题上，民国时期的研究基本上采用德国、日本相关学理。比如，有学者将判决产生既判力的范围归纳为三点：（1）限于判决主文所包含者，故非其主文所由以生之判决理由，不生既判力；（2）限于本案之终局判决，故中间判决及不关于本案之终局判决，无既判力；（3）限于判决确定之时，故未确定之时，即无既判力。①

普遍认为，判决既判力的效力范围主要包括既判力的时间范围、空间范围、主观范围和客观范围。"诉与判"的关系在民事之诉的构成要素与既判力的效力范围方面既有一致性又有相异处，如既判力的主观范围除包括诉的主体外还包括当事人以外的主体和法院，其客观范围为诉讼标的但通常不包括判决理由。至于其他具有既判力的法律文书的效力范围，在遵循各自法律规定的前提下，比照判决既判力的效力范围来理解和适用。

1. 既判力的客观范围

（1）既判力客观范围的原则

国内主流观点认为，既判力原则上及于判决的主文，而判决的主文是判决书

---

① 参见邵勋述，袁家城、李良疏：《民事诉讼法》，中卷，载李秀清、陈颐主编：《朝阳法科讲义》，第7卷，洪冬英、沈伟点校，326页，上海，上海人民出版社，2014。

中对当事人诉讼请求的判断部分，即本诉的诉讼标的。这种观点也与大陆法系既判力客观范围的通说保持了一致，我国有学者曾将其概括为：请求→诉讼标的→判决主文→既判力的客观范围。[①] 有关既判力客观范围的例外，大陆法系通说认为，判决理由关于抵销抗辩的判断也具有既判力，我国学者对此基本采取肯定的态度。所以总体上，如何认识诉讼标的与既判力客观范围之间的关系，以及如何选择诉讼标的的识别理论，是既判力客观范围研究中的核心问题，也在国内引起比较多的讨论。

在研究的起步阶段，我国即有学者提出，理解诉讼标的与既判力客观范围之间的关系，必须与司法者对民事诉讼目的的认识和对当事人程序保障的程度联系起来。在学理上，如承认裁判标的（既判力的客观范围）与诉讼标的是不同概念，或者承认诉讼标的的概念的相对性，那么既判力的客观范围就受到限制，作为裁判基础事实关系以外的事实证据就为既判力所不及，当事人或法院可以另行主张或裁判，此为"独自的裁判标的说"。如采取统一的诉讼标的的概念，否认裁判标的与诉讼标的之差异，那么按照新诉讼标的理论，在所争执的范围内，不论法院是否已经查明事实，并于判决理由中明白表示意见，一切足以使其诉的要素正当化的情况，均应认为法院已作出法律评价而为既判力效力所及，此为"一致说"。至于采纳何种学说，实际取决于利益衡量的标准——是侧重于法安定性及法律和平的考虑，还是侧重于当事人的实体权利及案件实质真实的考量。该研究指出，我国目前应侧重于对当事人权利的保护，理论上更适合采"独自的裁判标的说"，承认诉讼标的的概念的相对性，而将来的趋势是在诉讼法上采新诉讼标的理论，亦即采"一致说"。[②]

识别诉讼标的的方法不同，既判力的客观范围也会产生差异，因此不少学者分别立足于不同的诉讼标的理论，试图对既判力客观范围作出全面的理论解读。此类研究以阐述、评价为主，其内容明显受到日本以及我国台湾地区的既判力理论的影响。[③] 通常，采新诉讼标的理论的，既判力的客观范围大；采传统诉讼标的理论的，既判力的客观范围小。就此方面，早期不少学者站在了传统诉讼标的理论的立场上，认为这一理论容易与我国现行的民事诉讼法所设计的其他制度相

---

① 参见王亚新：《对抗与判定——日本民事诉讼的基本结构》，369 页，北京，清华大学出版社，2002。

② 参见江伟、肖建国：《论既判力的客观范围》，载《法学研究》，1996（4）。

③ 代表性的研究包括：李龙：《论民事判决的既判力》，载《法律科学》，1999（4）；翁晓斌、宋小海：《既判力：理论解读与检讨》，载《南京大学法律评论》，2002（2）；翁晓斌：《我国民事判决既判力的范围研究》，载《现代法学》，2004（6）。

协调，可以避免诸多法律理论和概念的困扰，既便于当事人起诉防御，也便于法官作出裁判。①

不过，也有学者采用历史研究方法，从既判力客观范围变化的历史原因，来分析论证既判力客观范围的实体法标准。他指出，严格法时期，人类认识能力不足，既判力客观范围的确定具有形式化特征；自由法时期受自由资本主义的影响，既判力客观范围的确定采旧实体法说；成熟法时期受国家权力强化的影响，宽泛的既判力客观范围随之出现。我国确定既判力客观范围，也应以新实体法作为标准，并以这样的方法处理部分请求、对被告的效力等问题。② 此外，还有学者认为，新实体法说既能克服旧实体法说下请求权竞合时既判力客观范围过小的问题，又可以解决诉讼法说下既判力客观范围过大的问题。③

（2）既判力客观范围的扩张

就判决理由中的判断有无既判力，我国学理上也曾存在争论。就立法论而言，赞同既判力扩张者居多；就司法论而言，赞同判决理由无既判力者居多。当时的观点认为，在民事诉讼程序中缺乏充分的程序保障时，当事人不能尽攻击、防御之能事，若是在这种情况下肯定判决理由有拘束力，反而弊大于利。在某种程度上，赋予判决理由中的判断以拘束力还只是民事诉讼的理想，这一理想能否或何时在司法实践中变成现实，则取决于民事诉讼法对诉讼当事人程序保障的程度。④

然而，既判力不及于判决理由，带来的风险也是显而易见的，若是当事人就判决理由中的事项另行起诉，后诉的判决结果可能与前诉的判决理由相冲突。也正是为了解决这一问题，域外普遍探求了既判力客观范围扩张的路径。也就是说，当判决理由中所涉及的法律关系是作为判决诉讼标的的前提的法律关系时，该判决的既判力就应当及于作为前提的法律关系。有学者总结认为，既判力客观范围的扩张，实际就是突破既判力客观范围仅限于诉讼标的的原则。而既判力客观范围扩张最大的问题，是将双方当事人的诉讼标的也强制性地加以扩张，超出了当事人的意思范围。⑤ 因此，对既判力客观范围扩张的研究，主要是考察如何以最小的副作用、最恰当的逻辑，来维护判决的稳定一贯。

---

① 参见常怡、肖瑶：《民事判决的既判力客观范围》，载《甘肃政法学院学报》，2006（3）。
② 参见赵信会：《既判力客观范围的历史考察与现实定位》，载《理论探索》，2006（2）。
③ 参见林剑锋：《民事判决既判力客观范围研究》，54-55页，厦门，厦门大学出版社，2006。
④ 参见江伟、肖建国：《论既判力的客观范围》，载《法学研究》，1996（4）；邓辉辉：《论判决理由的既判力》，载《理论探索》，2006（6）。
⑤ 参见张卫平：《民事诉讼法》，6版，515页，北京，法律出版社，2023。

有研究将赋予判决理由以一定拘束力的众多学说，大致区分为三个方向：1) 通过法理解释或制度设置来修正"诉讼标的的界限＝既判力客观范围"之公式，进而达到扩张传统既判力客观范围之目的。其中，代表学说有既判力扩张说、统一请求权说和默示的中间确认之诉说。2) 摆脱了既判力的束缚而赋予判决理由中的判断以一种全新的、不同于既判力的判决拘束力，即判决的争点效。即在前诉中被双方当事人作为主要争点予以争执，而且法院对该争点进行了审理并作出了判断，那么当同一争点作为主要的先决问题出现在其他后诉请求的审理中时，前诉法院对于该争点作出的判断将产生通用力，这种通用力就是所谓的争点效。后诉当事人不能够提出违反该判断的主张及举证，同时后诉法院也不能作出与该判断相矛盾的判决。3) 完全否认诉讼标的在判决客观范围确定中的基准作用，而基于程序保障的视角，通过分析在前诉过程中当事人展开的诉讼行为来确定遮断事项的范围。这种学说从当事人的行为出发，以当事人对于某一事项是否负有"提出责任"来决定该事项是否应当受到遮断或产生失权效。此学说下的遮断效不是基于法院的判断机能，而是基于诉讼过程中当事人作用的分担来加以考虑的。①

虽然多数学者倾向于借鉴大陆法系相关理论，也有人将目光投向了英美法的制度。比如，有学者研究了美国民事既判力下的争点排除效，如果当事人已经就某一争点在前诉中进行过实质性地讼争，并且该争点已由法院作出定论，该争点对于前诉判决之作出确系必要，那么当事人就不得就上述同一争点再行讼争。在实践中，美国法院相当弹性地适用争点排除规则，其例外主要有因说服责任不同而产生的例外，因不可预见性而产生的例外，以及缺乏充分、公正的抗辩机会而产生的例外。②

比较国内对各个外来学说的接受程度，应当说争点效理论获得了相对多数的支持。有倡导者指出，争点效理论以诚实信用原则和公平原则为依据，认为当事人已经对前诉判决理由中的各争点进行了争辩，法院也经过了实质审理、判断，因此就不应当允许后诉当事人在诉讼中再行争议。争点效理论既可以保持既判力客观范围的原则，又能够防止重复诉讼和矛盾裁判，也能够避免新诉讼标的理论的缺陷。③ 与此同时，还应当看到，对争点效理论的怀疑从未完全消除。代表性观点认为，争点效理论在我国当下的理论贡献实际存疑，它虽从理论上加强了对

① 参见林剑锋：《民事判决既判力客观范围研究》，76－116页，厦门，厦门大学出版社，2006。
② 参见陈洪杰：《美国民事既判力之争点排除效规则述评》，载《阴山学刊》，2008 (1)。
③ 参见张卫平：《民事诉讼法》，6版，515页，北京，法律出版社，2023。

一次解决纠纷的追求，却又有标准模糊、缺乏可预见性以及可能无谓浪费诉讼资源的弊端。①

在评价与选择域外既有学说的过程中，我国学界对理论本土化进行了思考。比如，有研究指出，目前解决既判力客观范围的扩张以德国模式和日本模式为典型，其中，德国模式以既判力概念体系的稳定和理论体系的统一为基本前提，日本模式则是试图创设新的概念体系和研究范式。就我国而言，既要避免德国模式的墨守成规，又要避免日本模式的过度激进，为此可以采用预决效力和先决效力之制度构想，完成争点效理论的本土归化。这种构想包括：1）赋予判决理由中之事实判断以预决效力，即在判决确定后，以形式上之确定力为基础，其判决理由中就案件所涉及之主要事实争点的判断和认定结论产生预决效力；2）赋予判决理由中之法律判断以先决效力，即在判决确定后，以形式上之确定力为基础，其判决理由中就案件所涉及之主要法律争点的判断和认定结论产生先决效力。②

另一种立足于本土的方案，主张我国遵循既判力客观范围限于判决主文的判断，同时适当扩张判决主文内容，将与判决结论有直接因果关系的事实纳入判决主文。扩张判决主文的策略，直接针对的是既判力客观范围过窄的问题，该学者的意见是，既有的解决方案都存在着明显的缺陷，比如：赋予审判理由以既判力，混淆了判决主文和审判理由之间的基本区别，增加了当事人的诉讼负担；赋予审判理由以争点效，则不能有效防止当事人重复诉讼，且会增加当事人诉累，违背辩论主义的基本精神；若是依据诚信原则赋予审判理由以拘束力，也面临适用条件不明确的问题；引入默示的中间确认之诉来扩张既判力的客观范围，却又存在着产生前后矛盾判决的风险。③

2. 既判力的主观范围

既判力主观范围，是从诉讼主体角度分析既判力的作用范围，它解决的是哪些主体受既判力的拘束。若与既判力的客观范围相比较，我国对既判力主观范围的研究起步更晚，成果数量也相对单薄。虽说既判力主观范围的基本框架早已成型，但这种建设只是骨架意义上的，并且在一定时期内，对于既判力主观范围的原则及例外，各类著述中的表述差异不大，其内容也往往停留于简单的列举。后续，学术界逐渐有意充实既判力主观范围的理论，从根本上、原理上来揭示既判力主观范围的真实意涵，促进理论与制度的对接。尤其是在既判力相对性原则的

---

① 参见曹志勋：《反思事实预决效力》，载《现代法学》，2015（1）。

② 参见丁宝同：《论争点效之比较法源流与本土归化》，载《比较法研究》，2016（3）。

③ 参见胡军辉、刘佳美：《民事既判力客观范围扩张的理论及评析——兼论我国解决民事既判力客观范围扩张之路径》，载《湘潭大学学报（哲学社会科学版）》，2012（4）。

理论依据、既判力主观范围的扩张以及扩张的依据等方面，近些年出现了一些值得重视的研究，提出了一些可供后来学者持续研究的问题。

在 2010 年的一项体系化研究中，既判力主观范围的基本问题得到了一定的梳理。该项研究首先在既判力概念的基础上，分析了既判力主观范围、客观范围和时间范围之间的关系。其次，该项研究还阐述了既判力主观范围与反射效力、参加效力、执行力主观范围的区别和联系，认为既判力主观范围具有法定性、特定性和程序保障性等特征，包括了相对性、对世性和扩张性三个层次。最后，在既判力主观范围的理论价值方面，该项研究指出，明确哪些主体受既判力拘束，既是程序安定、提高诉讼效率、阻止缠绕性诉讼的要求，也有助于确保审判权威的提高、诚实信用原则的贯彻落实，进而确立良好的法律秩序。①

（1）确定既判力主观范围的原则

我国通说认为，既判力原则上只及于诉讼当事人，这也被称为既判力相对性原则。② 由于该原则在表述上比较简单，学术界对此也基本表示认同，所以专门以既判力主观范围之原则为对象的研究数量寥寥。

有学者认为，大陆法系主流国家的研究重点和兴趣放在既判力范围的扩张，也即放在例外情形，但是我国不应简单与之对标，因为我们对于许多原则问题还欠缺基本的概念和认识。所以，在中国语境下对既判力相对性原则进行研究，认识并解决我国民事诉讼语境下的理论和制度问题，解决立法和实务中的基本理念和原则问题，就显得尤为重要。③ 至于如何进行这种基础研究，该学者也作出了相应的示范。像是对既判力相对性原则的适用，其阐述细分为五个议题，包括原则适用的示例、既判力主观范围中"当事人"的含义、诉讼系属中当事人死亡的情形、共同诉讼人的情形、诉讼第三人的情形。这样的讨论明显是细节导向的，比如在解释"当事人"时，详细说明了既判力所及的本案当事人为什么被理解为形式上的当事人；再如在第三人的问题上，认为应当区分有独立请求权第三人和无独立请求权第三人的不同情形，来认识和理解既判力的相对性。④

另有学者主张，既判力相对性和既判力绝对性对当事人的态度是一致的，即判决结果都约束当事人。两者的差别只在于对案外人实体权利的程序保护上。若

---

① 参见常廷彬、江伟：《民事判决既判力主观范围研究》，载《法学家》，2010（2）。
② 值得指出的是，部分学者对"既判力相对性原则"作广义理解，认为"相对性"不仅仅是指既判力主观范围限于当事人，还包括了既判力客观范围的相对性、时间范围的相对性。参见林剑锋：《既判力相对性原则在我国制度化的现状与障碍》，载《现代法学》，2016（1）；任重：《论中国民事诉讼的理论共识》，载《当代法学》，2016（3）。
③ 参见张卫平：《既判力相对性原则：根据、例外与制度化》，载《法学研究》，2015（1）。
④ 参见张卫平：《民事诉讼法》，6 版，520－521 页，北京，中国人民大学出版社，2023。

既判力是相对的，案外人就有权通过另行起诉维护自己的实体权利。若既判力是绝对的，案外人则只能通过变更或撤销原判决维护自己的实体权利。既判力相对性是民事诉讼法的逻辑起点，是程序保障原则的最低要求，是实体权利程序保护的最优选项。《民事诉讼法》存在肯定既判力相对性的规范，不存在否定既判力相对性的规范。既判力相对性作为民事诉讼法的组成部分，是约束审判机关的法源。①

此外，与既判力相对性紧密相关的一项制度，是第三人撤销之诉。早先曾有学者将第三人撤销之诉看作是既判力主观范围扩张下的事后救济程序②，不过2012年《民事诉讼法》正式确立了第三人撤销之诉之后，不少学者认为这一立法对既判力相对性原则构成冲击，因为第三人撤销之诉与既判力相对性原则是难以相互协调的。具体来说，在设置第三人撤销之诉之前，我们还可以从正当程序与判决效力的正当化、纠纷的相对解决等而推导出判决效力的相对性。但2012年《民事诉讼法》在没有规定既判力制度的情形下预先设置了第三人撤销之诉制度，必然使处于制度化建构中的既判力相对性原则在观念上被排斥，而案外第三人的救济本来就更适合放在执行的框架下寻求答案。③ 面对这种情况，也有研究主张对第三人撤销之诉的适用予以限定性的解释，其核心在于将第三人撤销之诉置于既判力相对性原则的例外中，并从制度设计上统一纳入再审程序的范畴，将诸如"诈害"以第三人为主体的"再审事由"法定化、明确化。持此观点的学者同时认为，当我国最终建立既判力制度时，第三人撤销之诉就可能大受限制，甚至完全是多余的。④

（2）既判力主观范围的扩张

一般认为，出于对诉讼经济以及司法判断一致性等因素的考虑，在特殊情况下，亦有必要使判决对非当事人产生效果，即允许既判力主观范围的扩张。有关既判力主观范围扩张的基础，有学者补充提出，现代民事诉讼法的视角下，社会经济基础对更完善的救济效果的要求，是既判力主观范围扩张的动力基础；当事人适格要件的缓和，是既判力主观范围扩张的理论前提；对诉的利益理论的承

---

① 该学者认为：《民事诉讼法》存在肯定既判力相对性的规范，比如《民事诉讼法》第59条第1款、第127条第5项；《民事诉讼法》不存在否定既判力相对性的规范，比如《民事诉讼法》第59条第3款、第234条（现第238条）第二句第一分句不构成否定既判力相对性的规范。参见金印：《既判力相对性法源地位之证成》，载《法学》，2022（10）。

② 参见胡军辉：《民事既判力扩张问题研究》，64页，湘潭大学博士学位论文，2009。

③ 参见张卫平：《既判力相对性原则：根据、例外与制度化》，载《法学研究》，2015（1）。

④ 参见林剑锋：《既判力作用范围的相对性：法理依据与制度现状》，载《民事程序法研究》，第14辑，厦门，厦门大学出版社，2015；张卫平：《中国第三人撤销之诉的制度构成与适用》，载《中外法学》，2013（1）。

认，是判决效力扩张之法理前提。① 此外值得注意的是，还有学者从程序保障的角度来阐释既判力主观范围及其扩张的依据。也就是说，民事诉讼中当事人区别于其他诉讼参与人的核心要素，在于是否获得了应有的充分程序保障，通常，非当事人的主体未获得这样的程序保障，因此无法对其产生强制性的拘束力。但是在既判力主观范围扩张的场合，无论是口头辩论终结后的承继人、标的物的持有人，还是诉讼担当的被担当人（本人），既判力之所以能向其扩张，是因为相关主体已经无须再被赋予程序保障，他们的程序保障已经被当事人一方所替代获得。②

就既判力主观范围究竟应扩张至何者，我国学者的论述往往在分类方式上存在差异。20 世纪 90 年代末，有教科书将既判力主观范围的扩张区分为三类，也即口头辩论终结后的继受人、诉讼请求标的物的持有人以及既判力向一般第三人扩张的情况。③ 21 世纪初，有学者将既判力主观范围的扩张类型化为绝对扩张与相对扩张，前者是指离婚、解除收养关系等身份关系诉讼，后者则是指涉及当事人的承继人、占有支配人、公司诉讼、人数不确定的代表人诉讼、破产诉讼的情况。④ 后来，还有学者选择将既判力对一般第三人的效力剔除出主观范围扩张的范畴，将既判力的这种对世性视作与既判力相对性平行的属性。⑤

在分类列举的背后，对各类例外情况进行实质性的、具体性的解读，更能贴近我国的实际需要。在此方面，有学者专门考察了特定继受人受既判力拘束的依据，认为应当区分基准时点前发生的特定继受和基准时点后发生的特定继受，并分析比较了当事人恒定主义、诉讼承继主义下的不同结论。⑥ 还有学者广泛参考了德国、日本法上的教义理论，分别在诉讼担当人、诉讼承担人、对裁判标的有公共利益的所有人、有实体法上依赖关系的人、请求标的的持有人或占有人几种类别下，详细探讨既判力主观范围扩张的正当基础。⑦

在既判力主观范围扩张的研究中，我国学者较早就将其与执行力主观范围的扩张联系起来、一并讨论。传统上认为，既判力的主观范围就是执行力的主观范围，凡是受既判力拘束的主体，均可以对之进行强制执行。持此观点的学者表

---

① 参见胡云鹏：《既判力主观范围扩张的法理探析》，载《河南社会科学》，2009（5）。
② 参见林剑锋：《既判力相对性原则在我国制度化的现状与障碍》，载《现代法学》，2016（1）。
③ 参见江伟主编：《民事诉讼法学原理》，297-300 页，北京，中国人民大学出版社，1999。
④ 参见吴明童：《既判力的界限研究》，载《中国法学》，2001（6）。
⑤ 参见常廷彬、江伟：《民事判决既判力主观范围研究》，载《法学家》，2010（2）。
⑥ 参见常廷彬：《试论特定继受人与既判力主体范围扩张》，载《社会科学》，2010（8）。
⑦ 参见张晓茹：《论民事既判力主观范围的扩张范围及扩张基础》，载《河北法学》，2012（5）。

示，民事诉讼法及司法解释都没有直接规定既判力向第三者扩张的情况，有关生效判决执行力扩张的规定，可以同时视为既判力扩张的规定。执行力扩张，使法院有权要求第三者履行债务，并可对他们所有或占有的财产采取强制措施。在执行根据为生效判决的前提下，执行力的扩张同时意味着既判力的扩张。① 然而，后续有不少研究对此立场作出了反驳。他们主张区别对待既判力主观范围的扩张与执行力主观范围的扩张，认为既判力主观范围与执行力主观范围虽有一致之处，但有不同的本质和目的。执行力主观范围扩张的基础不是既判力主观范围的扩张，而是实体权利义务关系的存在、公平理念的贯彻、对效率价值的追求和责任财产的恒定性。②

有学者指出，无论是在理论上否定既判力相对性原则在我国的存在和作用，还是以盖然性等标准建立起既判力与执行力二元论，都是以大幅度扩张执行力主体范围，特别是径行变更和追加被执行人为初衷和目标，存在超越甚至背离民事实体权利保护的隐忧。既判力与执行力一元论不仅能科学解释司法实践中有益的扩张做法，而且将诉讼实施权赋予型执行力扩张限定在合理范围内，避免解决"执行难"的同时引发"乱执行"。③

3. 既判力的时间范围

既判力的时间范围主要包括：(1)"发生时"通常是在判决不得上诉之时，即"判决确定"之时。(2)"标准时"通常是本案最后言词辩论终结之时。(3)"存续时间"自既判力发生之时至其消失之时（确定判决通过再审、异议之诉等法定途径撤销之时）。④

学界讨论比较多的是既判力标准时。既判力标准时，是确定终局判决对当事人之间争议的事实状态和权利状态产生既判效果的特定时间点。有研究曾试图比较系统地阐释既判力标准时的基本问题，包括既判力的时间范围的界线性、既判力标准时的意义等。同时，该项研究还介绍了德国、日本有关既判力标准时的判例、学说，并简要论述了遮断效及提出责任。⑤ 在这种初步研究的基础上，伴随

---

① 参见翁晓斌：《论既判力及执行力向第三人的扩张》，载《浙江社会科学》，2003 (3)；翁晓斌：《我国民事判决既判力的范围研究》，载《现代法学》，2004 (6)。

② 参见常廷彬、江伟：《民事判决既判力主观范围研究》，载《法学家》，2010 (2)；肖建国、刘文勇：《论执行力主观范围的扩张及其正当性基础》，载《法学论坛》，2016 (4)。

③ 参见任重：《民事判决既判力与执行力的关系——反思穿透式审判思维》，载《国家检察官学院学报》，2022 (5)。

④ 参见邵明：《中国民事诉讼法学探析》，408 页，北京，中国人民大学出版社，2023。

⑤ 参见林瑞成：《民事判决既判力与程序保障原则的理论与实证研究》，110 - 118 页，中国政法大学博士学位论文，2000。

着对既判力整体理论的研究深入，学术界对既判力时间范围的认识亦有提高，其研究方式也不再是单纯的域外法考察。

直接从结论上看，我国学者在研究之初即接受了大陆法系国家的通说，认为既判力标准时是事实言词辩论终结时。就此，学术界也浮现出一种质疑，认为我国设定的既判力标准时应当与前述通说有所差别。首先，当事人在庭审阶段可以随时提出新证据，法庭辩论结束后，当事人有最后发言的权利，法院此时还可以进行调解。其次，我国的第二审既是事实审，也是法律审。所以基于我国的情况，该学者认为我国设定的既判力基准时点应有两种：（1）诉讼依第一审判决而确定的，既判力标准时为第一审法庭审理终结时；（2）在第二审经实体审理作出判决的，既判力标准时为第二审法庭审理结束时。① 不过，由于既判力时间范围整体研究力量不足，这样的"异见"在后续没有得到充分讨论。

在主流观点仍然坚持大陆法系通说的背景下，开始有学者将重心放在了结论的论证上。比如有学者从一则现实的案例出发，认为确定既判力时间范围的核心思想，是当事人于以后的诉讼中不能再提出新的证据和新的防御方法，所有的抗辩方法用尽之时为判决既判力确定之时。基于此，他们认为，以事实审言词辩论终结时为既判力标准时，才能给实践提供合乎逻辑的解释，因为，在事实审言词辩论终结前出现的事实和证据，当事人都可以提出主张。② 还有学者考察了既判力时间范围采纳不同标准可能带来的利弊得失。他首先认为，民事诉讼中标准时产生的原因在于民事法律关系的变动性，而确定既判力标准时，需要将四种因素纳入考虑：（1）已经赋予当事人在提出主张方面充分的程序保障；（2）案件事实已经尽可能地获得解明，判决内容也尽可能地接近案件的真实情况；（3）尽可能接近法官心证最后确定之时；（4）需要兼顾实体结果的妥当性与正义性。基于此，该学者分析比较了各个诉讼阶段的重要时点，并最终认可事实审的口头辩论终结时，是既判力标准时的不二选择，这也与德日的传统理论站到了相同的立场上。研究同时指出，这种传统的理论自身也存在缺陷，德日亦出现修正通说的努力，比较有代表性的学说有两种——基于可预料性来加以调整的学说和提出责任说。③

除了深入既判力时间范围的内部，还有些研究选择了一种外部视角，从既判

---

① 参见吴明童：《既判力的界限研究》，载《中国法学》，2001（6）。

② 参见杨秀清、李琳：《论判决的效力——从一起离婚案件看既判力的时间界限》，载《河北法学》，2004（8）。

③ 参见林剑锋：《民事判决的标准时与既判力的时间范围》，载《民事程序法研究》，第3辑，厦门，厦门大学出版社，2007。

力标准时的角度来看待既判力理论的其他部分。比如，有学者着重分析了"标准时"视角下的既判效力，并且逐一探讨了既判力时间范围理论下形成权行使的特殊问题，这包括撤销权的行使是否受既判力拘束的问题、解除权的行使是否受既判力拘束的问题、抵销权的行使是否受既判力拘束的问题。① 有学者主张，既判力标准时后的形成权行使属于"新事由"，不受既判力的遮断，然而当事人在后诉中行使撤销权或解除权，等于从实质上推翻了前诉判决。因此，有必要在依据形成权的行使效果、形成权人与对方当事人的利害关系等实体法因素进行价值判断的基础上，适用诚信原则，排斥相关形成权的行使，从而维护法的安定性。②

有学者认为，《解释》第 248 条在我国确立了既判力标准时制度，但在法理定位的论述上又将第 248 条作为第 247 条（一事不再理）的例外情形，即将第 248 条的适用范围限定在前后诉相同的情形，这显然对标准时制度作了限缩。该学者提出，前诉既判力影响后诉的形态不限于前后诉相同的情形，也同样存在于前后诉不同的情形，因此应当区别这两种情况，对既判力时间范围的适用进行类型化分析。至于既判力时间范围适用的例外，则可以借由可预料性理论，突破既判力时间范围中标准时后新事由的制约，赋予当事人提起后诉或在后诉中争执的机会。③

4. 人事诉讼和民事公益诉讼判决的既判力效力范围

在既判力作用范围的研究中，人事诉讼是一块比较特殊的领域。为保持身份关系的高度统一，实现社会秩序的和谐稳定，许多国家都赋予了人事诉讼判决的对世效力，使判决效力及于当事人以外的第三人，这构成既判力相对性原则的例外。

有学者研究了人事诉讼判决效力的扩张与第三人程序参与权的一般法理，分析了人事诉讼中第三人程序保障之学术论争，指出域外通过检察官参与人事诉讼、限制适用辩论主义、实行职权探知等特别"法则"，来提高裁判机关作出实体真实判断概率，也为人事诉讼判决效力扩张奠定基础。④

还有学者认为，离婚判决之特殊在于其判决内容的复合性、裁判价值取向的多元性、判决效力的扩张性、裁判法律效果的社会性；并且，离婚判决的既判力有多种下位效力，其中的再诉禁止效力、遮断效力和预决效力均较为特殊。因此，需要结合离婚判决的具体内容（婚姻关系、子女抚养、财产分割），来分别

---

① 参见王娣、王德新：《论既判力的时间范围》，载《时代法学》，2008（4）。
② 参见刘颖：《既判力标准时后的形成权行使的规制路径》，载《现代法学》，2022（2）。
③ 参见林剑锋：《既判力时间范围制度适用的类型化分析》，载《国家检察官学院学报》，2016（4）。
④ 参见郭美松：《人事诉讼判决效力的扩张与第三人程序保障》，载《现代法学》，2009（2）。

考察离婚判决既判力的作用范围，并有必要为受离婚判决效力影响的主体设置相应的程序保障措施。①

　　另一个引起较大研究兴趣的领域是民事公益诉讼中的既判力扩张，这一类研究建立在对民事公益诉讼与民事私益诉讼的差异认识的基础上。有学者考察了消费者团体公益诉讼的既判力，指出消费者团体公益诉讼具有维护公共利益、开展团体诉讼的特点，其既判力的主观范围应扩张至利益受损的消费者以及其他有诉权的组织或团体，其既判力客观范围则应扩张至裁判理由部分。② 还有学者认为，民事公益诉讼既判力主体范围延伸至有权提起诉讼的其他机关或者组织，客观范围拓展至裁判理由并赋予公益诉讼中认定事实的预决效力，时间范围则根据诉讼请求的类型进行相对扩张。③

---

① 参见胡军辉：《论离婚判决的既判力及其程序保障》，载《法学家》，2014（3）。
② 参见卢颖：《论消费者团体公益诉讼既判力的扩张》，载《上海对外经贸大学学报》，2017（5）。
③ 参见颜运秋、冀天骄：《论民事公益诉讼既判力范围的扩张——以生态环境保护和食品药品安全消费维权为例》，载《常州大学学报（社会科学版）》，2019（2）。

第五章

法院与当事人理论的发展

一、法院与当事人理论发展概要

法院主管这一论题探讨的是国家对民事审判权的空间范围所持的基本态度。从广义上来说，法院的民事主管问题，既可以从解释"民事"出发，以对民事主管与刑事主管、行政主管作出界分，也可以着眼于"法院"这一关键词，考察法院、其他国家机关和社会组织在解决民事纠纷上的权限分工。

事实上，采用主管概念是学习苏联民事诉讼法理论的结果，但早在民国时期，民事、刑事、行政案件的区分，就已经在"民事裁判权"的概念下进行了较为充分的探讨。有关法院与其他解纷主体对解决民事纠纷的分工，民国时期未将其作为一个理论议题，中华人民共和国成立后却成为研究的重点。解决"起诉难"或者保护"诉权"的现实需要使越来越多学者关注法院主管问题。

民国时期，研究者对管辖的理论体系性有着执着的追求。这种体系性追求与管辖制度密切相关。因管辖法律条文偏重于技术操作，且数量大、细节多，所以为了促进理解与适用，学术上必须尝试以科学的分类方法，将琐碎繁杂的管辖规则有逻辑、有条理地串联起来，再谋求细节的完善。即便是近年来对管辖的研究开始由整化零，但理论上但凡提出新问题、新意见，仍要将其置于整个管辖系统内。

在民事诉讼当事人领域，当事人基本程序权保障、当事人适格或者正当当事人的地位举足轻重。不管是当事人适格的基础研究还是前沿研究，比较法方法在我国都得到了科学的应用。在对待群体诉讼这样的棘手问题时，虽然我国学者极大程度地依赖比较法资料，甚至将域外诸多不同制度的解释与对比作为研究的起点，但在研究的落脚处，学术界对各类制度于我国的适用性保持了理性态度。尤其是公益诉讼当事人适格的研究，理论界在与我国本土的立法、政策与实践的磨合中，形成了具有中国特色的公益诉讼理论。

在对待当事人基本程序权的保障这一国际化问题时，学术界清醒地认识到，该问题在各国的共通性要远大于差异性，并且我国在此问题上也有与国际接轨的需要。为此，理论界积极吸收了国际上的成果，特别是在当事人程序基本权的范围问题上，充分参考外国的制度学说，以建构全面周延又符合国际共识的程序基本权保障体系。

二、法院民事主管法理与管辖法理研究

《联合国关于司法机关独立的基本原则》中要求："司法机关对所有司法性质的问题享有管辖权，并应拥有权威就某一提交其裁决的问题按照法律是否属于其权力范围作出决定。"前半句规定的是法院的司法权限，后半句规定的是司法案件的管辖权范围。

主管解决了哪些纠纷可以作为民事诉讼案件受理，而管辖要解决具体由哪个法院来受理该案件的问题。民国时期的讲义，就曾将管辖权与审判权的区别概括为两点：

（1）审判权为抽象的权能，而管辖权是就具体的诉讼案件，在一定范围内，得以行使审判权。故无审判权时，不得有管辖权，而无管辖权时，尚得有审判权（管辖错误之裁判，亦审判之一也）。

（2）审判权之问题，因法院与行政官厅或其他审判衙门之关系而生，而管辖权之问题因法院相互间之关系而生。[①]

及至现代，对管辖与主管的关系认识大体如前，只是往往侧重于揭示两者的紧密关联，而非揭示个中差异。比如，法院民事主管权和民事管辖权均属法院司法权的范畴，前者是后者的基础或者前提，后者是前者的具体实现。

法院民事司法权或者民事主管（权）是指法院作为国家司法机关在整个国家机构体系及民事纠纷解决机制中解决（审判和执行）民事案件的分工和权限，故称为抽象管辖权（民事诉讼法的对事效力）。

法院民事管辖权是指在法院民事司法权或者民事主管范围内，在整个国家的法院系统内（各级法院之间和同级法院之间）具体划分和规定民事案件的管辖范

---

① 参见李怀亮述、章一之疏：《民事诉讼法》，上卷，载李秀清、陈颐主编：《朝阳法科讲义》，第7卷，洪冬英、沈伟点校，41页，上海，上海人民出版社，2014。

围，实际上是划分和规定各法院间对民事案件的具体管辖权限，故称为具体管辖权。①

（一）法院民事主管法理研究

1. 民事主管的概念

就民事主管所容纳的实质议题来看，民国以来学术界围绕该问题的讨论，大致分为三个阶段——未设主管概念的阶段、建立主管概念的阶段、反思与替换主管概念的阶段。

（1）民国时期：不设主管概念

虽然民国的法律条文和学术专著中并不使用"民事主管"这一措辞，但是与之相关的民事裁判权，也被理论界视作基础研究的对象之一。当时的看法是，民事裁判权者，国家统治权之作用也，以实现私法法规为本质。私法者，所以规律吾人之生活关系也，即由生活关系上所生之权利义务关系。凡关于私人生活关系上所定之权利或法律关系之事项，即系民事诉讼之民事。依法院组织法，有就此民事为裁判之权限，即谓之民事裁判权。不过，若特别以明文规定属于民事裁判权以内者，虽系公法上之权利或法律关系之事项，例外地亦使其属于民事裁判权项下。② 可见，此一时期所谈的民事裁判权，重点在于界定"民事"，其中的问题意识，是要将民事诉讼与刑事诉讼、行政诉讼区分开来。

（2）中华人民共和国成立后至 20 世纪末：建立主管概念

中华人民共和国的民事诉讼理论开始普遍采用"民事主管"的概念。"主管"一词，通常是指国家机关的职权范围。如果说民国时期所研究的民事裁判权，还着眼于界分法院内部的民事、刑事与行政工作，那么"民事主管"概念下探讨的法院受案范围，则侧重于审判权与其他纠纷解决机制的外部分工关系。

在当时的通行观念中，究竟哪些民事纠纷由人民法院处理，哪些民事纠纷应由其他国家机关或社会团体处理，就是主管所要解决的问题。③ 或者说，法院民事主管问题之所以发生，根本原因在于民事性质的纠纷并非全都由法院处理，而是在法院主管的同时有多种途径或者手段，除法律有明确规定的以外，可以由纠纷主体从中选择。④ 可见，这一时期的问题，指向的是某些审判权、行政权、仲裁权发生冲突或交叉重叠的情况。在此基本点之外，亦有研究者意识到，我国的

---

① 参见邵明：《民事诉讼法学》，2 版，86 页，北京，中国人民大学出版社，2016。

② 参见邵勋、邵锋：《中国民事诉讼法论》，上卷，高珣、刘志欣、林虹勘校，88-89 页，北京，中国方正出版社，2005。

③ 参见常怡主编：《民事诉讼法学新论》，119 页，北京，中国政法大学出版社，1989。

④ 参见江伟主编：《民事诉讼法学原理》，335 页，北京，中国人民大学出版社，1999。

法院主管制度缺乏程序上的监督、制约机制，不利于当事人的诉权保障，主管制度的科学性和系统性还有待提高。①

（3）21世纪以来：反思与替换主管概念

到了21世纪头几年，向来平静的民事主管领域，也掀起了一轮反思性质的波澜。有学者从质疑"主管"这一措辞本身开始，对我国继受而来的民事主管理念进行了重新检视，形成了系统的、有影响力的研究成果。他们认为，"法院主管"这一术语带有浓厚的行政化色彩，具有主动性和强制性，其基本理念是国家本位和权力本位。这使我国的主管制度既与司法的被动性和消极性相悖，又不利于实现当事人诉权保护的最大化。②

有鉴于此，研究者为主管制度的改革完善提出了四点建议：1）必须革除权力本位的司法观，树立科学、正确的现代司法理念，司法机关不只是国家权力机关，更是维权机关。2）在宪法中明确确认裁判请求权，为当事人诉权保护提供宪法依据与理论支撑。3）用"民事审判权作用范围"之表述，取代传统的"民事诉讼主管"之概念，原因是前一种表述更科学，也更有助于当事人诉权的充分保护与实现。4）进一步明确审判权的界限，科学界定民事审判权的作用范围。③

受到这种"去行政化"的思想影响，后续不少教科书也开始弃用"民事主管"这一概念术语。比如有的教科书采用了"民事审判权的作用范围"一词④；再如，有的教科书使用了"受理范围"的说法，这就与立法上的语言保持了一致。⑤还有学者使用"民事裁判权的范围"这一词语，这是基于对审判权与裁判权的严格区分，审判权包括了法院审理和裁判两个方面的权力和权能；在法院"主管"的问题上，实质不是有无审理权的问题，而是法院有无裁判权的问题；在诉讼开始后，关于法院是否对当事人提起的争议拥有裁判权的问题，往往要经过审理后才能判断；即使法院对某项争议没有裁判权，也不否定法院审理该案件实体裁决要件（诉讼要件）的权力。⑥

总的来看，反思和替换主管概念，整体上比较深入人心，在立法和司法理念

① 参见蔡虹：《法院主管若干问题研究》，载《法商研究》，2001（5）。
② 参见江伟、廖永安：《我国民事诉讼主管之概念探讨与理念批判》，载《中国法学》，2004（4）。
③ 参见廖永安：《民事审判权作用范围研究：对民事诉讼主管制度的扬弃与超越》，43-46页，北京，中国人民大学出版社，2007。
④ 参见江伟主编：《民事诉讼法专论》，109页，北京，中国人民大学出版社，2005。
⑤ 参见王亚新、陈杭平、刘君博：《中国民事诉讼法重点讲义》，29页，北京，高等教育出版社，2017；王亚新、陈杭平、刘君博：《中国民事诉讼法重点讲义》，2版，34页，北京，高等教育出版社，2021。
⑥ 参见张卫平：《民事诉讼法》，6版，100页，北京，法律出版社，2023。

上倡导从"权力本位"转向"权利本位",从"国家本位"转向"当事人本位",也符合20世纪90年代以来我国民事审判方式改革的方向。"去行政化"的观点一经提出,收获了广泛的认可。经过此番思辨,民事主管的理论地位也获得了很大的提升,主管问题直接链接到审判权的行使、当事人的诉权保障等宏观图景,这极大拓宽了主管理论研究的视野和方法。

然而,21世纪之初的集中研究所遗留下的些许问题并未得到妥善解决。最明显的一点是,各类著述有关是否替换法院主管概念、如何替换法院主管概念的观点并不统一。措辞的分歧不仅容易引发沟通上的困惑,学者在自己的范畴界定下各行其是,也使学者互相之间就法院主管范围等具体问题的讨论产生隔阂。例如,有学者将诉的利益置于法院主管的内容中来讨论,但也有学者认为,"法院受理范围与当事人适格、诉的利益并列,被视为诉讼成立的三个条件之一。起诉不符合三个条件,原则上应当作出不予受理或驳回起诉的裁定"①。

2. 确定民事主管的原则

虽然法院主管的概念来自苏联,但我国理论界在处理法院主管与其他组织主管的关系时,明确以司法最终解决为基本原则。20世纪80年代初期的教科书曾明确指出:"我国在解决人民法院主管与其他组织主管的关系问题上,基本上是按司法最终解决原则行事,这在当前具有特别重要的现实意义。因为人民法院通过严格的诉讼程序进行审判,是一种最民主、最能查明事实真相的保护当事人合法权益的形式。由于我国具有长期封建统治的历史,缺乏民主传统,现在必须加强和扩大人民法院主管民事纠纷的权限范围。"② 通常认为,司法最终解决原则的加入,使我国的主管理论相比于苏联,更具进步意义。

学术界也将法治原则和私权保障原则纳入法院主管的原则之内。其中,法治原则是指法院应当依据宪法和法律规定的职责范围进行审判活动,在民事纠纷发生后,应从制度上提倡并保障冲突主体寻求法律途径解决。私权保障原则,是说国家应当最大限度地向当事人提供司法保护,充分保护民事主体的财产权、人身权,重视并加强对诉权的保护。③

以"保护"为关键词来设定法院主管的原则,在随后的理论与实践中也遇到过挑战。有种观点认为,法院民事主管应强调保护性原则与有限性原则并重。保护性原则要求尽可能扩大民事主管范围,而有限性原则对民事主管范围的扩张保

---

① 王亚新、陈杭平、刘君博:《中国民事诉讼法重点讲义》,30页,北京,高等教育出版社,2017;王亚新、陈杭平、刘君博:《中国民事诉讼法重点讲义》,2版,38页,北京,高等教育出版社,2021。
② 柴发邦等:《民事诉讼法通论》,82页,北京,法律出版社,1982。
③ 参见蔡虹:《法院主管若干问题研究》,载《法商研究》,2001(5)。

持了警惕。研究者从正反两个方面作出解释：一方面，单单强调保护性原则，可能使民事主管范围无限扩大，非理性的扩张很少甚至根本不会考虑司法权的特性和内在要求。这导致法院要面对那些完全不适宜由司法解决或者根本就无力解决的纠纷，法院实际上也无法承受主管范围一味扩张所带来的案件数量。另一方面，按照有限性原则，不符合司法解决纠纷特性的纠纷将被拒之门外，即使是符合司法特性的纠纷，也可能因为司法资源等方面的考虑而不予处理。归根结底，民众的司法需求与国家的司法供给之间存在着紧张关系，而保护性原则与有限性原则的并重，追求的是通过"保护"与"有限"的相互制衡，达到司法供求关系的相对平衡。①

现今，主流民事诉讼法学教科书对待法院民事主管的范围，所持的态度则更为全面，在坚持诉权保障的基准线时，多了一些理性和客观的角度。归纳起来，确定法院民事主管的原则主要有：保障当事人接近司法救济原则，兼顾公正与效益原则，实定法依据为主、衡平正义观念为辅原则。②

3. 确定民事主管的标准

以何种标准来确定民事主管，是受民事主管原则辐射的具体论题，两者也分享着相同的研究背景。上述主管原则的观点变化，同样映射在民事主管标准的问题上，使主管范围先经历了一定的扩张，又进行了些许的收缩。

（1）阶段一：传统立场

如前所述，民国时期确定民事主管，主要围绕着民事裁判权与刑事、行政裁判权的区分，所以理论着重界定的是"民事"的含义。当时的观点认为，"某诉讼，是否属于民事，应依原告诉之声明所求为判决之诉讼标的之权利或法律关系，是否属于私法上者，决定之"③。确定法院民事主管的标准在于法律关系，这种观点也一度在中华人民共和国成立后成为通说。比如，20 世纪 80 年代末的教科书指出，我国确定主管主要是根据案件的性质，凡是有关民事、经济权益方面的争议，均由人民法院依照民事诉讼法程序审理和解决，并且其他某些案件在法律明文规定由法院主管时，也由法院民事主管。④

有学者指出，作为确定法院民事主管范围的法律关系，必须具备两个要素：1) 该法律关系应当具有"民事性"，应当具有财产权或人身权关系的因素，并且

---

① 参见朱春涛：《试论确定民事主管范围的基本原则》，载《河北法学》，2006（12）。
② 参见江伟、肖建国主编：《民事诉讼法》，9 版，92-93 页，北京，中国人民大学出版社，2023。
③ 邵勋、邵锋：《中国民事诉讼法论》，上卷，高珣、刘志欣、林虹勘校，72 页，北京，中国方正出版社，2005。
④ 参见常怡主编：《民事诉讼法学新论》，120 页，北京，中国政法大学出版社，1989。

是发生在平等主体间的权利义务争议。2）该法律关系必须是依照民事实体法形成的社会关系，只有这样才能受相应法律的调整。现实生活中，某些涉及人身权、财产权的关系虽然具有民事法律关系的外表，但并未被国家法律纳入调整范围，当然也就不能纳入法院主管的范围。① 而"民事性"和"法定性"这两个要素，都在后来的学术界引起了一定的争议，尤其是理论上对主管范围的扩张主义立场，就是以打破"法定性"为出发点的。

（2）阶段二：扩张倾向

伴随着对当事人诉权保障的研究的深入，在界定民事诉讼主管范围时，学术界出现了一种主张扩大民事诉讼受案范围的声音。这种观点认为，《民事诉讼法》第3条的一般规定不足以涵盖对当事人各类合法权益的有效保护，并且随着私法的公法化以及公法的私法化，尤其是大量现代型民事纠纷的产生，其适用的局限性将日益明显。为适应社会的快速变化，法院的民事主管，除包括由民法、商法、经济法、劳动法调整的民事争议案件以及由法律特别加以规定的案件外，还应包括其他具有诉的利益的民事案件。基于此，我国应确立以诉的利益作为评判是否属于民事审判权作用范围的主要标准。当民事权利受到侵害或者与他人发生民事纠纷时，充分考虑运用民事诉讼予以救济的必要性与实效性，在衡量诉的利益时，兼顾社会主流价值取向和公共政策。②

以是否具有"诉的利益"作为衡量判断法院主管的标准，整体上站到了一种扩张性的立场上。持此观点者主张，法院受案范围的大小与法院在国家社会生活中的地位是相一致的，同时也是一个国家法治文明程度的重要标尺。我国民事审判权在社会生活中的地位还远不能适应对当事人权利救济的需要，民事审判权作为法院裁判"法律上争讼"的权限，原本意味着一定范围内的权利只要需要民事审判权的保护，审判权就应实效地提供司法保护。但落后的立法与司法理念、诉讼政策的不够合理、法院缺乏足够的独立性与权威性等，使得我国民事诉讼主管立法与司法实践离这一要求尚有一段比较长的距离。对此，在法院主管的范围上，不宜只限于对"财产权与人身权"的保护，而应扩张到对包括当事人宪法基本权在内的各种合法权益的保护，尽可能地扩大当事人诉权行使的空间。③

---

① 参见蔡虹：《法院主管若干问题研究》，载《法商研究》，2001（5）。
② 参见江伟主编：《民事诉讼法学》，141-142页，上海，复旦大学出版社，2002；廖永安：《我国民事审判权作用范围之重构》，载《法学论坛》，2005（3）。
③ 参见廖永安：《我国民事诉讼主管范围之问题评析》，载《现代法学》，2005（1）；廖永安：《民事审判权作用范围研究：对民事诉讼主管制度的扬弃与超越》，85-96页，北京，中国人民大学出版社，2007。

（3）阶段三：修正调整

如前所述，法院主管范围的扩张，在进入 21 世纪后受到了一定的遏制。从外部因素来讲，理论界曾经的共识，是我国法院中不予受理的规定和情况还是太多，但伴随着"案多人少"情况迟迟得不到缓解，"人案矛盾"的严重性在一定程度上遮蔽了曾经诉权保护不足的问题。也正是在这样的背景下，多元纠纷解决的观念在司法政策层面受到了极大的推崇，将不适宜法院审判的案件分流出去，成为各个法院积极追求的目标。在这一过程中，越来越多的学者深刻感到，法院主管既为法院在我国政治、社会体系所处的实际位置所决定，也深受有关司法权的观念及历史条件的变迁之影响。① 所以，修正和调整法院主管范围的标准，提上了研究的日程。

现今研究者认为，民事主管是多种因素综合作用的结果，对于我国来说，应考虑法院在国家政治生活中的地位、法院司法权的本质属性、司法干预社会生活的必要性与可能性、司法政策的调整等方面的因素。② 而受制于这种种因素，法院主管范围定然不能一味地扩张，认定主管范围需要更复杂的思考。这样的理性态度也体现在诉的利益的问题上：我国原有的研究，整体不太重视诉的利益的消极功能，对其限制原告起诉的作用很少论述，但对于诉的利益的积极功能明显偏重，也就是更希望突出诉的利益在"准入"方面的效果。③ 然而到晚近，也有不少学者对诉的利益的应用，抱有谨慎的态度，指出对诉的必要性和实效性的考量必须针对具体案件的具体情形，而诉的利益的判断具有相当大的自由裁量余地。④

4. 民事主管与可诉性

民事纠纷的可诉性（又称可司法性、本案判决的一般资格、权利保护资格）是指能由民事诉讼解决的民事纠纷所应具备的条件或者属性。民事纠纷因其可诉性，可以通过当事人行使诉权（起诉）进入诉讼程序，接受法院审判，成为民事之诉（民事争讼案件）。民事纠纷的可诉性同时界定了当事人行使民事诉权（获得司法救济）的范围和法院民事审判权的范围（法院对民事争讼案件的主管范

---

① 参见王亚新、陈杭平、刘君博：《中国民事诉讼法重点讲义》，29 页，北京，高等教育出版社，2017；王亚新、陈杭平、刘君博：《中国民事诉讼法重点讲义》，2 版，35 页，北京，高等教育出版社，2021。

② 参见江伟、肖建国主编：《民事诉讼法》，9 版，89 - 92 页，北京，中国人民大学出版社，2023。

③ 参见廖永安：《论诉的利益》，载《法学家》，2005（6）。

④ 参见张卫平：《诉的利益：内涵、功用与制度设计》，载《法学评论》，2017（4）。

围），因而具有浓厚的宪法上的意义。①

民事可诉性在大陆法系属于"诉讼要件"，我国《民事诉讼法》第122条将其规定为"起诉条件"②。"可诉性"是民事纠纷或者诉讼标的能够进入争讼程序的"一般"资格，具有"抽象性"，而"诉的利益"是具体的民事纠纷或者诉讼标的能够进入争讼程序的"具体"资格，具有"具体性"。可诉性是诉的利益之基础或者前提，在具有民事可诉性的基础上或者前提下，才能具体判断或者确定具体的民事纠纷有无诉的利益。

民事纠纷只有适应民事诉讼或者司法的功能和特征，才具有可诉性。民事诉讼或者司法的主要功能和基本特征是"依法""终局"解决"个案"或者"具体纠纷"。因此，可诉性的民事纠纷通常具备以下属性③：

（1）事件性（或称案件性），即纠纷主体应是具体的或者特定的，并且是关于具体的民事权益、义务或者责任的纠纷，纠纷事实或者诉因是具体的。有关一般性的、抽象性的法律法规的效力的争议，属于立法处理的事项，不具有民事可诉性。

（2）法律性，即该纠纷可由法院适用民事实体法以判决的方式终局性（结论性）地解决（司法最终解决原则）。一是有关民事法律关系或者民事权益（诉讼标的）④及法律明文规定的法律事实的争议，比如有关学术争议、是否解除朋友关系的争议等，没有民事可诉性。二是以判决方式终局性地解决的民事纠纷。由其他国家机关或者社会组织最终解决的事项，比如在我国，有关国防、外交等国家行为发生的争议等，不具有民事可诉性。⑤

---

① 与审判方式改革、提高审判质量、加强审判管理等相比较，法院的受案范围问题可能更具有本质意义。司法权的界限问题关注的是法院应（或者不应）审理的案件范围，它决定着某一案件能否进入诉讼渠道，某一权利能否通过诉讼获得救济；而审判方式改革、提高审判质量等问题更强调案件进入法院之后，如何提高案件审理水平，合理认定双方当事人的权利义务。因此，两者之间是质与量的关系，如果进入诉讼的通道被堵死的话，其他问题都无从谈起。就此而论，审判权界限问题，不仅仅是诉讼法的课题，更具有浓厚的宪治意蕴。参见刘风景：《界分审判权与团体自治权的理论模式》，载《河北法学》，2007（3）。
② 该条第4项中，"属于人民法院受理民事诉讼的范围"是起诉条件之一。
③ 参见邵明：《民事诉讼法学》，2版，4页，北京，中国人民大学出版社，2016。
④ 民事诉讼标的之界定方式，直接决定了民事裁判的边界。有学者以诉讼标的之界定为研究主线，借助类案分析、历史分析、比较分析和体系分析等方法，探讨了中国民事裁判的实有和应有边界。参见梁开斌：《民事裁判的边界》，北京，社会科学文献出版社，2018。
⑤ 民事可诉性作为决定民事审判权或者民事诉权行使界限的基本标准，还与"部分社会"理论有关。"部分社会"理论的主要含义是，在自治性或者自律性的社会团体内部的决定得到法律尊重的前提下，"部分社会"内部发生的纷争，与一般的民事实体法律秩序没有直接关系，应依据团体的自治性规则解决，司法权不宜介入。参见刘风景：《界分审判权与团体自治权的理论模式》，载《河北法学》，2007（3）。

《民法典》第 2 条规定："民法调整平等主体的自然人、法人和非法人组织之间的人身关系和财产关系。"《民事诉讼法》第 3 条对可诉性作出了一般性规定："人民法院受理公民之间、法人之间、其他组织之间以及他们相互之间因财产关系和人身关系提起的民事诉讼，适用本法的规定。"其第 124 条第 2 款列举了没有可诉性的案件或者法院不予受理的案件范围。其他法律和司法解释也规定了可以起诉的具体情形。①

虽然有些民事纠纷同时具备事件性和法律性，但是，立法者往往根据当时的社会发展状况或者民事纠纷的特殊性等而制定相应的政策，适当阻断某些特殊民事纠纷的可诉性。②

某个事项不具有民事可诉性，则不得通过民事诉讼处理；若对该事项提起民事诉讼，法院应当裁定驳回。不过，"可诉性"并不排斥以和解、调解和仲裁等非诉讼方式解决民事纠纷，非诉讼纠纷解决方式实际上是以民事可诉性为前提的。

（二）法院民事管辖法理研究

有关法院民事管辖学说的发展、观念的变迁大体可置于三个主题下分别叙述：一为管辖原则，二为管辖的逻辑体系，三为管辖的具体规则。

1. 管辖原则

在管辖问题上，民国时期的研究则无意归纳制度所秉承的或应当秉承的原则。受德日法学的影响，此时的法学著作更倾向于直接附于法条，进行概念上的、应用上的解释。中华人民共和国成立后的民事诉讼理论，由于受到立法论思维的深刻影响，学理研究时常以进一步完善法律为己任，所以，积极提炼"原则"以便纲举目张，是长期以来的研究特点。

在 20 世纪 80 年代末期至 90 年代前期，民事诉讼法学界普遍认为，我国民事诉讼法所确定的各种管辖，主要依据五个原则：（1）便于人民群众进行诉讼；

---

①　比如，《反不正当竞争法》（2019 年）第 17 条第 2 款规定："经营者的合法权益受到不正当竞争行为损害的，可以向人民法院提起诉讼。"《就业促进法》（2015 年修正）第 62 条规定："违反本法规定，实施就业歧视的，劳动者可以向人民法院提起诉讼。"《公证法》（2017 年修正）第 40 条规定："当事人、公证事项的利害关系人对公证书的内容有争议的，可以就该争议向人民法院提起民事诉讼。"

《民事案件案由规定》有关民事纠纷的案由包括人格权纠纷，婚姻家庭、继承纠纷，物权纠纷，合同、准合同纠纷，知识产权与竞争纠纷，劳动争议、人事争议，海事海商纠纷，与公司、证券、保险、票据等有关的民事纠纷，侵权责任纠纷。法院不得以当事人的诉请在《民事案件案由规定》中没有相应案由可以适用为由，裁定不予受理或者驳回起诉，影响当事人行使诉权。

②　比如，对于具有高度专业性的有关专利、商标等特定的民事纠纷，《专利法》《商标法》规定可由相关职能部门解决；破产案件不具有可诉性，只能适用破产程序；在我国，劳动争议没有走完仲裁程序的，通常不具有可诉性。

（2）便于人民法院行使审判权；（3）均衡各级人民法院的分工；（4）原则规定（法定管辖）与灵活规定（裁定管辖）相结合；（5）对涉外案件的管辖坚持维护国家主权。①

20 世纪 90 年代中后期，开始有学者结合实践的发展提出了一系列反思性的意见。比如针对"原告就被告"的原则，研究者指出，这虽然是确定地域管辖的最重要的原则，能够适应解决一般纠纷的需要，但也具有局限性，特别表现在三类情况中——当被告在国内没有住所或者住所不明确时；标的物为不动产，并且不在被告住所地或者经常居住地时；因事或行为发生纠纷提起的诉讼。②

到 21 世纪，对管辖原则的探讨已经不多了，偶有学者从单个原则出发，揭示现行管辖制度中的问题。比如，以法定法官原则为基础，有学者指出，法定法官要求法院按照预先设定的标准确定案件的管辖法院和审判法官，我国管辖权制度改革也应当贯彻此原则，规范管辖权转移、明确级别管辖标准、禁止随意分配案件的审判法官。③ 再如，针对管辖的"两便原则"（方便当事人、方便法院），有学者从事务管理、诉讼成本分配和实体正义的确保等方面，充实了"两便原则"的内容，较为完整地说明何为管辖的一般原理或基础。④

针对管辖恒定原则，有学者主张，在管辖恒定原则的作用下，受诉法院在地域管辖的意义上对案件确定有管辖权，不因作为管辖原因之当事人的"退出"、诉讼请求的变更而丧失管辖权；受诉法院在级别管辖的意义上对案件确定有管辖权，不因当事人增加、变更、撤回诉讼请求或提出反诉而丧失管辖权，即使诉讼标的额已超过或未达到其管辖标准。⑤

除了对个别的管辖原则进行扩充性质的阐发，还有研究者以特定的管辖制度为视阈，就该领域专门提出系列原则。比如，为更好地适用应诉管辖，有学者为之提出了三点原则：（1）位阶原则，即程序正义价值优先于司法效率价值，被告的管辖利益优先于原告的信赖利益，并对弱势群体的管辖利益予以特殊保护；（2）诚信原则，用以规制受诉法院与当事人在适用应诉管辖制度的过程中的行为；（3）谦抑原则，也就是说，应诉管辖制度仅适用于未设置为专属管辖的地域管辖及以诉讼标的额为划分标准的级别管辖，应诉管辖制度的适用并不免除受诉

---

① 参见柴发邦主编：《民事诉讼法学》，78 - 79 页，北京，北京大学出版社，1988；周道鸾主编：《民事诉讼法教程》，2 版，82 - 83 页，北京，法律出版社，1992。

② 参见刘家兴主编：《中华人民共和国民事程序理论与适用》，121 - 123、138 页，北京，中国检察出版社，1997。

③ 参见谢小剑：《法定法官原则：我国管辖制度改革的新视角》，载《法律科学》，2011（6）。

④ 参见王亚新：《民事诉讼管辖：原理、结构及程序的动态》，载《当代法学》，2016（2）。

⑤ 参见陈杭平：《论民事诉讼管辖恒定原则》，载《法律科学（西北政法大学学报）》，2023（2）。

法院依职权审查管辖权的义务。①

2. 管辖体系论

相对而言，管辖所涉的规则较为繁复，而如何将各类管辖规则分门别类地整合起来，形成有条理、合逻辑的管辖理论体系，是学术界未尝改变之追求。在具体的管辖方式基本不变的情况下，不同时期对管辖体系的构图却稍显不同，差异主要在于分类标准，以及如何解释不同类别的管辖之间的关系。就此而言，随着时间的推进、认识的加深，管辖体系的建构也从粗疏走向精细。

（1）民国时期的管辖理论体系

民国时期的民事诉讼理论，时常划分法院之内部编制与法院之外部编制：法院之内部编制是指法院及其职员之组织，而法院之外部编制，大体等同于法院管辖。理论上认为，管辖是关于各法院相互间事务分配以明其职务范围之规定。②而"凡以法令定官厅之职务权限，有二方法：一为分职制，一为分地制。前者就诉讼之标的以定官厅之职务权限，后者就土地之区域以定官厅之职务权限"③。

具体来说，事物管辖，是指一定之事件或一定之程序限于一种法院得以行使审判之权能。事物管辖又有两个种类：1）职分管辖，即依法院之审级或诉讼程序之种类而定之管辖；2）诉讼标的之管辖，即依诉讼标的之性质及价额而定之管辖。然而，仅仅有事物管辖，则多数诉讼尚不能为圆满分配，故法院之土地管辖不可以不定。土地管辖者，即依事物管辖得有审判权之同级法院中，从土地区域而限定行使审判权之范围也。理论上将土地管辖根据其发生的原因，分为普通人的审判籍、特别物的审判籍和特别人的审判籍三种。④

除了归类型研究，学者也对不同管辖之间的逻辑关系进行了阐述。⑤ 比如，普通审判籍与特别审判籍之关系，"法律于普通审判籍外，尚认多数之特别审判籍者，其理由要在于无碍被告利益之中，兼谋原告之利益，或图诉讼程序上之便利"。再如，关于专属审判籍与选择审判籍之关系，"惟是审判籍之数既多，自不可不更有规定以明其相互之关系，彼专属审判籍与选择审判籍之别，即本于多数审判籍间关系而生者也……如某诉有专属审判籍，则惟某法院就该诉有管辖权……凡非专属审判籍者，俱为选择审判籍"。

---

① 参见黄忠顺：《应诉管辖原则之制度展开》，载《东方法学》，2016（6）。

② 参见吴学义：《民事诉讼法要论》，18 页，台北，正中书局，1947。

③ 李怀亮述、章一之疏：《民事诉讼法》，上卷，载李秀清、陈颐主编：《朝阳法科讲义》，第 7 卷，洪冬英、沈伟点校，41 页，上海，上海人民出版社，2014。

④ 参见李怀亮述、章一之疏：《民事诉讼法》，上卷，载李秀清、陈颐主编：《朝阳法科讲义》，第 7 卷，洪冬英、沈伟点校，41-51 页，上海，上海人民出版社，2014。

⑤ 参见石志泉：《石志泉法学文集》，邵明、周文、曹文华点校，25 页，北京，法律出版社，2014。

（2）中华人民共和国成立后的管辖理论体系

通过类型化的研究促成管辖理论的体系化，同样是后续管辖研究中所秉承的思路。比如，在20世纪80年代，将我国民事诉讼法中的管辖，按不同的标准分为三类：1）以是否由法律直接规定为标准，可分为法定管辖和裁定管辖；2）以法律强制规定和任意规定为标准，可分为专属管辖和协议管辖；3）以诉讼关系为标准，可分为共同管辖和合并管辖。① 现今，不少教科书也坚持了这三种理论分类，不过对管辖规则的阐述，大多还是按照级别管辖与地域管辖两个大类进行，在地域管辖之下，区分为一般地域管辖、特殊地域管辖、专属管辖、共同管辖、选择管辖、协议管辖几部分内容。②

我国法院对其受理的诉讼案件拥有"民事管辖权"包括三个方面的内容：1）对我国大陆（内地）民事争讼案件，拥有民事管辖权。民事争讼案件管辖权包括级别管辖权和地域管辖权；2）对涉我国港澳台地区民事争讼案件，拥有区际民事管辖权；3）对涉外民事争讼案件，拥有涉外民事管辖权或者国际民事管辖权。在适用次序方面，即在确定具体案件的管辖法院时，首先确定级别管辖，之后确定地域管辖。在确定地域管辖方面，首先确定专属管辖；非专属管辖的，适用协议管辖；无协议管辖或者管辖协议无效的，适用特殊地域管辖；非特殊地域管辖的，适用一般地域管辖。这与立法上的次序往往是相反的。③

此外，还有学者从静态和动态两个方面对管辖制度进行了整体性的解释：首先，全面整合了现有立法中的管辖规则，为管辖的概念绘制了一个完整的结构框架；进而，用一个分阶段的流程图，涵盖了当事人与法院对管辖作出选择或进行调整的操作内容，并呈现出其相互作用的动态关系。④

当然，在整理管辖体系的过程中，学术界的思考也不完全被框定在既有的理论结构内，理论成熟的过程亦是孕育批判与对立的过程。针对管辖的理论体系，有不少研究者生发出宏观或者微观的质疑，这主要集中于以下两个方面：

其一，有关地域管辖体系的科学性。有学者指出，我国地域管辖条款逻辑混乱，对当事人程序性权利的保护欠缺周到，对弱势群体的倾斜性保护也不充分。故此，应当科学界分一般地域管辖、特殊地域管辖与专属管辖的关系，进一步完

---

① 参见柴发邦主编：《民事诉讼法学》，79－80页，北京，北京大学出版社，1988。
② 参见江伟、肖建国主编：《民事诉讼法》，9版，107－116页，北京，中国人民大学出版社，2023。
③ 参见邵明：《民事诉讼法学》，2版，85页，北京，中国人民大学出版社，2016。
④ 参见王亚新、陈杭平、刘君博：《中国民事诉讼法重点讲义》，54－55页，北京，高等教育出版社，2017。

善协议管辖制度，并且确立保护性管辖以加强对弱势群体的保护。① 有学者提出，我国民事地域管辖制度缺乏一种宏观的全局性思路，应当理性地看待不同地方的法院在审判能力和审判效果上会有客观的差异，人们应当结合案件的性质来考虑对这种差异的容忍度，即如果是当事人之间的私益纠纷，法律对差异的容忍度就要高于涉及公共利益的民事纠纷；考虑到当事人对私权纠纷有处分权，法律对因当事人行使处分权而产生的审判结果的差异，也应当允许。②

其二，围绕专属管辖的体系性地位。在 20 世纪 90 年代末，就有学者直接质疑专属管辖的单独设置，认为专属管辖在设定之目的、管辖性质、适用特点等诸方面已经与特别地域管辖趋同，失却了其与特别地域管辖相区别的质的规定性。故此，基于立法完善之考虑，提议将专属地域管辖并入特别地域管辖，使其成为特别地域管辖的一个组成部分。③ 与之相反，还有一种观点不仅主张要保留专属管辖，还主张进一步扩大专属管辖的范围。比如有学者细致地比对了专属管辖与协议管辖、专门管辖、一般（特殊）地域管辖的内容，指出专属管辖主要是基于公益目的而设置的，我国专属管辖制度的完善，要通过适当扩大专属管辖的范围和强化专属管辖的效力来实现。④ 还有学者提出，大陆法系国家和地区的民事专属管辖一般包括职能专属管辖、事物专属管辖与地域专属管辖三个方面。相比之下，我国的专属管辖则从属于地域管辖，实际将一些重要事项排除在专属管辖之外。由此，我国应考虑接受广义的专属管辖概念，并在此基础上合理设定专属管辖案件的范围、调整专属管辖与其他管辖之间的关系以求充分发挥专属管辖的作用。⑤

3. 有关管辖具体规则的论争

民国时期至 20 世纪 80 年代以前，半个多世纪的时间既经历了民事诉讼法的破旧立新，又经历了法治建设的整体中断，所以管辖实践与研究的时间均很有限，有关管辖具体规则的不足及完善，便未能形成研究的规模。自《民事诉讼法（试行）》（1982 年）开始，随着法律及司法解释的制定进入快车道，围绕具体管辖规则，逐渐有较为繁荣的理论产出。其中的热点主要是协议管辖、应诉管辖、管辖权异议，而每一次法律或司法解释的推陈出新，都将相应的研究推向更深的

---

① 参见廖永安：《我国民事诉讼地域管辖制度之反思》，载《法商研究》，2006（2）。

② 参见郭翔：《论我国民事地域管辖制度的完善——以〈民事诉讼法〉修改为背景展开》，载《清华法学》，2011（3）。

③ 参见赵钢：《专属管辖与特殊地域管辖趋同论》，载《法商研究》，1998（1）。

④ 参见李浩：《民事诉讼专属管辖制度研究》，载《法商研究》，2009（2）。

⑤ 参见王次宝：《我国民事专属管辖制度之反思与重构——以大陆法系国家和地区的一般规定为参照》，载《现代法学》，2011（5）。

层次。

（1）协议管辖研究

在协议管辖领域，民事诉讼学界看法比较统一，并且合力推动了协议管辖的制度化和完善化。

第一阶段是推动协议管辖入法的阶段。通常认为，《民事诉讼法（试行）》（1982 年）中并没有关于协议管辖的规定，其第 192 条第 2 款，允许在我国涉外仲裁机构仲裁和向人民法院起诉两者之间协议，这种协议并不是在人民法院之间进行选择达成协议，而协议管辖的实质在于通过当事人的协议使无管辖权的法院获得管辖。① 有鉴于此，在修改《民事诉讼法（试行）》（1982 年）的前夕，理论界多次发出了协议管辖写入民事诉讼法的呼声。比如，有学者从"原告就被告原则"在实践中产生的一些不便出发，建议修改民事诉讼法时增设协议管辖的规定。② 还有学者从经济体制改革的需要、审判制度改革的需要、贯彻"两便"精神和处分原则的需要，来论证增设协议管辖的合理性。③

第二阶段是解释和完善协议管辖条款的阶段。我国在 1991 年修改《民事诉讼法（试行）》（1982 年）时，在第 25 条确立了协议管辖制度。有学者依据对第 25 条的文义解释，将协议管辖的条件归纳为：1）在审级上，协议管辖仅适用于第一审民事案件；2）在管辖类型上，协议管辖限于非专属管辖的诉讼，且不得违反级别管辖的规定；3）在表现形式上，协议管辖必须以书面合同的形式约定；4）在案件类型上，协议管辖只限于因一般合同纠纷提起的诉讼；5）在选择法院上，协议管辖法院的选择范围仅限于被告住所地、合同履行地、合同签订地、原告住所地、标的物所在地的人民法院。④ 不难发现，法律对协议管辖的限制意味较重，由此引发了这种限制是否适当的讨论。整体上，学术界的主张是放松限制，并对如何扩大协议管辖的适用范围，为何取消法律对选择管辖法院的限制性规定，以及怎样放松协议管辖成立的形式条件，都给出了具体的论证。⑤

第三阶段是解释协议管辖条款的修改，进一步完善协议管辖制度的阶段。2012 年全面修改民事诉讼法，对明示的协议管辖的适用范围作了扩充，增加了可以选择的法院的范围，这可谓是上一阶段理论研究成果在立法上的直接体现。

---

① 参见林莉红：《试论协议管辖》，载《法学评论》，1987（6）。
② 参见林嘉：《对民事诉讼法中协议管辖的一点看法》，载《政治与法律》，1986（4）。
③ 参见鲁天文：《建议民事诉讼法增设协议管辖》，载《现代法学》，1986（1）。
④ 参见章武生：《论国内民事案件协议管辖的条件》，载《现代法学》，1994（1）。
⑤ 参见廖中洪：《协议管辖：问题、原因及其改革设想》，载《西南政法大学学报》，2008（1）；章武生：《论国内民事案件协议管辖的条件》，载《现代法学》，1994（1）。

于是，在肯定了本次修改的进步意义之同时，学术界的研究也理当进一步向前推进。站在这样的时间点上，有学者提出接下来的三点任务：1）明示协议管辖规则的再充实，包括合理扩充管辖法院范围、对格式合同协议管辖的规制；2）关注应诉管辖中的程序保障；3）科学地进行法律解释。① 后来的研究事实上遵循了这种思路：有学者运用法解释学方法，详细考察了 2012 年《民事诉讼法》第34 条（现为第 35 条）和第 127 条（现为第 130 条）第 2 款，以求阐释法条文意以及将存在分歧的司法实践统一起来。② 还有学者从解释论的角度提出了协议管辖再完善的建议，比如具体界定"有实际联系"这一法律概念、强化法院的依职权审查职责、重视对无独立请求权第三人协议管辖利益的保护等。③

（2）应诉管辖研究

民事诉讼法学界对应诉管辖（默示协议管辖）的研究，应以 2012 年的民事诉讼法修改为界点，分为入法前和入法后这两个阶段。

在 2012 年民事诉讼法增加应诉管辖条款之前，法学界从扩大当事人自主决定管辖的程序权利这一价值取向出发，一直呼吁在民事诉讼立法上确立应诉管辖。2012 年《民事诉讼法》在管辖领域强化当事人意思自治的方向上迈出了重要一步。对于这一规定的含义，还可解释为根据原、被告双方围绕管辖权异议的互动过程中实际的行动或操作来确定管辖，并且这样确定下来的管辖一定程度上能够优于法院的管辖移送等调整。通过这些程序设计，"应诉管辖"实质性地扩展或加强了当事人双方在选择管辖方面的权能。④

在 2012 年民事诉讼法增加应诉管辖条款之后，除了肯定立法的回应，学术界还要面对这一新设制度自身所引发的理论问题。相应的研究大体有以下三种类型：

1）以具体问题为导向的研究。文献中进行的设问，比如，应诉管辖的性质究竟是什么，是否需要修改、完善应诉管辖程序规则？⑤ 默示协议管辖的存在是否会导致法院在受理案件时放松对管辖权的审查？⑥ 如何理解应诉管辖的基本要

---

① 参见王福华：《协议管辖制度的进步与局限》，载《法律科学》，2012（6）。

② 参见周翠：《协议管辖问题研究——对〈民事诉讼法〉第 34 条和第 127 条第 2 款的解释》，载《中外法学》，2014（2）。

③ 参见胡晓霞：《民事诉讼管辖制度新变革——以法解释论为视角》，载《社会科学研究》，2014（2）。

④ 参见王亚新：《民事诉讼管辖：原理、结构及程序的动态》，载《当代法学》，2016（2）。

⑤ 参见吴英姿：《我国应诉管辖的法理重述——从"默示/推定协议解释论"批判开始》，载《法商研究》，2023（2）。

⑥ 参见李浩：《民事诉讼管辖制度的新发展——对管辖修订的评析与研究》，载《法学家》，2012（4）。

件，何谓"被告未提出管辖异议，并应诉答辩的"?① 如何在立案登记制改革的背景下看待应诉管辖制度落地的障碍?②

2）以宏观解释为内容的研究。比如，以历史发展的眼光，指出应诉管辖制度的确立，是从失权模式向推定模式的转型，不过却存在着向失权模式回归的趋向。研究者继而从运行者的原因和利用者的原因这两个方面，分析了这种司法嬗变背后的种种因素。③ 再如，剖析应诉管辖与立案登记的协作、应诉管辖与协议管辖的协作、应诉管辖与移送管辖的协作、应诉管辖与管辖恒定的协作、应诉管辖与级别管辖的协作、应诉管辖与答辩制度的协作、应诉管辖与保护性管辖制度的协作，以获得对应诉管辖更为深刻的理解。④

3）以比较法阐发为依托的研究。比如，有学者认为，理论上有必要讨论应诉管辖的具体适用条件，根据德国经验对我国法上应诉管辖制度的解释予以完善。而德国的经验，主要在于应诉管辖需要满足时间和辩论对象两方面的要件——时间方面限于"口头辩论中"，这样就排除了准备程序、和解辩论和准备性书面等程序产生应诉管辖权的可能；辩论对象方面则限于"本案"原告所要求的法律效果。于是，就排除了涉及诉的合法性和程序性的事项，只有本案诉讼标的实体问题的辩论意见才能产生应诉管辖权。⑤

（3）管辖（权）异议研究

相比于协议管辖与应诉管辖，管辖（权）异议问题在我国理论上受到的关注更高、引起的议题更多、产出的成果更丰富。20世纪80年代和90年代主要研究管辖异议的含义、类别、条件等基本问题。⑥

对管辖权异议，前期研究的重点是管辖权异议的主体。比较早进入研究者视野的，是有独立请求权的第三人可否提出管辖权异议的问题。持肯定意见者认为，有独立请求权的第三人有权就案件的管辖问题提出异议，其异议成立，而与原诉不一致的，另作处理。也有观点认为，有独立请求权的第三人无权提出管辖权异议，因为有独立请求权的第三人自愿参与到他人之间已经开始的诉讼中，其行为本身就表明其放弃了提出管辖权异议的权利。受理法院对参加诉讼和本诉讼

---

① 参见刘学在、孙曦晖：《合意管辖与应诉管辖之再探讨》，载《时代法学》，2013（6）。
② 参见张宇：《我国应诉管辖制度的反思与重构》，载《法学论坛》，2017（1）。
③ 参见黄忠顺：《论应诉管辖制度的司法嬗变及其规则构建》，载《中国法学》，2016（5）。
④ 参见黄忠顺：《应诉管辖原则之制度展开》，载《东方法学》，2016（6）。
⑤ 参见曹志勋：《民事地域管辖制度释疑——兼对〈民事诉讼法解释〉规则的述评》，载《法学家》，2015（6）。
⑥ 参见刘家兴主编：《中华人民共和国民事程序理论与适用》，134-138页，北京，中国检察出版社，1997。

进行合并审理，即便该法院对参加诉讼没有管辖权，也可以因为参加诉讼与本诉讼的牵连关系，对参加诉讼进行审理。如果有独立请求权的第三人不愿参与到已经开始的诉讼中，其还可以通过另行起诉的方式来维护权益。①

另一个问题是无独立请求权的第三人能否提出管辖异议。反对者主要认为法院的管辖权是依据原、被告之间的诉讼决定的，无独立请求权的第三人并非当事人，无权行使当事人的诉讼权利。② 肯定者则认为无独立请求权的第三人参加诉讼后形成了参加之诉，可能具有被告的诉讼地位，并且允许其提出管辖异议有助于防范地方保护主义。③ 不过，无论是对于有独立请求权的第三人，还是对于无独立请求权的第三人，其有无管辖异议权的争议整体停留在了 20 世纪。后续实践与理论的共识，是两者皆不宜作为管辖权异议的主体。

对于管辖权异议，后期研究的重点是管辖权异议的程序。在 20 世纪末，也曾有研究者敏锐地捕捉到管辖异议的程序论题④，但相应的观点既未得到充分的展开，也没有引发更多的学者关注。这种状况自 21 世纪以来则发生了很大的变化，可以说，近年对管辖权异议的研究，绝大多数都以管辖权异议的程序为对象。只不过，管辖权异议作为一种当事人的权利，是否应当从程序上加以强化，存在分歧。

一方面，不少研究者秉持最大限度保护权利的思维，对管辖权异议的程序扩张持积极态度。比如，有学者从模式论的思路入手，提出我国对管辖权异议的解决奉行的是行政化处理的模式，而为使管辖权争议的解决更加公正合理，实现行政化模式到附带诉讼模式的转换就成为必然。这种转向可采两种做法：一是以完善我国已有的事前处理机制为主，着重加强对当事人管辖权异议权利的保护；二是辅以事后审查体制，将管辖权错误没有得到正确处理作为当事人申请再审的理由之一。⑤ 同样是在增加或强化程序的立场上，有学者专门探究了级别管辖异议程序的应然设置。该学者结合最高人民法院对下级法院就级别管辖异议如何处理作出的两次答复，分析了其中处理级别管辖异议程序与通常处理地域管辖异议程序的差异，继而对这种差异的合理性进行了评估，并得出了应赋予对级别管辖异

---

①　参见刘家兴主编：《中华人民共和国民事程序理论与适用》，134 - 138 页，北京，中国检察出版社，1997。

②　参见章武生：《民事案件管辖权异议初探》，载《法学研究》，1993（6）。

③　参见朱丹等：《无独立请求权的第三人可以提出管辖权异议》，载《法学》，1995（6）。

④　参见杨路：《管辖权异议若干问题探讨》，载《法学评论》，1998（5）。

⑤　参见王福华：《解决民事管辖权争议的两种模式》，载《烟台大学学报（哲学社会科学版）》，2002（1）。

议裁定的上诉权的结论。① 此外，因最高人民法院指导案例强调了管辖异议的绝对失权（强制失权），还有学者为此主张管辖异议失权的相对缓和化，认为异议失权关系到当事人，特别是被告程序利益的保护，其适用必须要考虑当事人的自我归责性，以及怠于提出异议行为与失权结果之间的因果关系，并辅以合理的管辖异议期间。②

另一方面，在强化程序建设的声音中，学术界也开始有人从对立面提出质疑，直指我国现实中对管辖权异议存在的"渲染过重""程序过剩""保护过度"等问题，转而提倡程序的删繁就简。代表性观点指出，管辖权异议的现有讨论疏远了制度目的和价值，若回归此制度的原点，可知依据"审判公正假定"，管辖错误的实质是法院内部分工的错误，因此只要异议制度的设计能够平衡双方当事人的优势，异议制度的目的就算达到了，进一步的扩展则毫无必要。由此，该学者鲜明地反对管辖权异议的两审终审制，认为没有设置上诉程序的必要，并且对管辖权异议裁决的再审也是没有必要的。③ 除此之外，还有一种观点将程序的复杂拖沓归咎于管辖审查的构造。也就是说，我国对管辖权审查采用了立案庭前置审查为主，业务庭后置审查为辅的复式混合结构，但由于原告和被告可以各自通过起诉与管辖权异议启动审查程序，这种审查启动权的时空错位导致了管辖权审查程序的割裂与繁复。由此，程序简化以及协调化的路径，是以单一后置审查模式取代复式混合审查构造，即仅由业务庭根据案情裁量开庭审询双方当事人以增强程序保障，并增设非因错误而旨在避免迟延的移送。④

（4）新的领域

由于经济、科技的迅速发展，司法改革的深彻推进，管辖领域出现了一些崭新的议题。首先，在环境领域，比如，对环境民事公益诉讼的地域管辖研究⑤、围绕环境资源审判专门化而提出的管辖制度意见⑥、对跨行政区划的环境资源案件的管辖研究。⑦

---

① 参见李浩：《论级别管辖权异议制度的完善》，载《法学评论》，2009（3）。

② 参见王福华：《民事诉讼管辖利益保护论——评最高人民法院指导案例56号》，载《比较法研究》，2018（4）。

③ 参见张卫平：《管辖权异议：回归原点与制度修正》，载《法学研究》，2006（4）。

④ 参见段文波：《我国民事管辖审查程序的反思与修正》，载《中国法学》，2019（4）。

⑤ 参见郭翔：《论环境民事诉讼的地域管辖》，载《河北法学》，2008（2）。

⑥ 参见李宁：《环境诉讼管辖问题研究》，载《山东审判》，2016（6）。

⑦ 参见余德厚：《跨行政区划环境资源案件的司法管辖制度研究》，载《法学杂志》，2017（2）；徐胜萍、曾佳：《论环境资源案件跨区域集中管辖制度的完善》，载《华东师范大学学报（哲学社会科学版）》，2017（1）。

其次，涉网案件的管辖问题也引发了较大的关注，尤其是涉网案件地域管辖规则：有学者认为不需要也不能够针对互联网的特点去修改法典的规定，解决地域管辖规定适用困难的方向，应当是发展包括解释地域管辖法律和认定地域管辖事实在内的司法技术。①

另有学者认为，在传统的地域管辖规则的框架内，设立互联网专门法院管辖涉网案件、建立多元联结点下无顺位任意选择机制，并原则上否定当事人对互联网法院的程序选择权，系互联网法院涉网案件地域管辖规则构建的最佳模式。②

再次，对于区块链纠纷带来的新问题，有学者认为基于区块链自身的特性，一般法院管辖中的"原告就被告"原则难以适用，专属法院管辖于法无据。应重塑区块链纠纷管辖权配置理论，通过拓展原告所在地作为一般管辖连接点的适用标准、增加"数据实际影响地"作为一般管辖的连接点、创立区块链法院等措施，来逐步修正与完善传统的管辖权理论。③

最后，某些司法改革的新举措，也会给管辖权的研究带来新的议题。比如有学者专门探讨了司法确认案件的管辖问题④；还有学者在跨域立案的背景下，思考了民事案件受理权与管辖权的关系。⑤

三、当事人适格理论的发展

（一）当事人适格法理研究

当事人适格，与正当当事人同义。不过，正当当事人这个概念本身，在我国的发展并非一帆风顺，理论界对此概念的接受经历过中断。事实上，民国时期已经引入的正当当事人概念，在中华人民共和国成立后一度遭到抛弃，这导致了理论界在 20 世纪 80 年代和 90 年代花费了大量的精力和资源，再度树立起正当当事人的概念。我国对当事人适格基础的研究，虽自 20 世纪 90 年代中后期才开始，但发展迅速。

1. 当事人适格或者正当当事人概念的引进和发展

（1）民国时期：当事人适格或者正当当事人概念的引进

民国时期从大陆法系引进当事人适格或者正当当事人的概念，虽然仅限于概

---

① 参见郭翔：《涉网案件地域管辖规则修改问题刍议》，载《法学家》，2011（5）。
② 参见肖建国、庄诗岳：《论互联网法院涉网案件地域管辖规则的构建》，载《法律适用》，2018（3）。
③ 参见王淑敏、李忠操：《区块链纠纷的民事管辖权配置：法理创新与立法应对》，载《政治与法律》，2020（5）。
④ 参见刘加良：《解释论视野中的司法确认案件管辖》，载《政治与法律》，2016（6）。
⑤ 参见许少波：《论民事案件受理权与管辖权的统一与分开》，载《法律科学》，2019（3）。

念的界定和解释，但是已经达到了相当准确的程度。尤其是，学术理论上着重区分正当当事人与当事人能力这一对概念，认为前者具有特定性、具体性，后者则是一般的、抽象的，这种界分可谓是认识正当当事人概念的基本起点。

比如，《朝阳大学法科讲义》有云："民事诉讼上正当之当事人，亦称为当事人之适格，须有所谓实行诉讼之权利。此种权利之有无，依特定之诉讼事件而决，与当事人能力之一般存在者不同，盖正当之当事人属于保护私权之条件也……得为诉讼法上当事人云云，乃一般当事人之问题；得为某特定诉讼之当事人，乃正当当事人之问题。凡自然人均有一般诉讼当事人之能力，若法人则依法未成立之公司，尚不能认其有当事人能力之存在，此一般当事人之大概也。进一步而研究之，某种诉讼案件（特定）发生，得为该特定案件之当事人与否，尚有正当与否之问题也。"①

（2）中华人民共和国成立后至 20 世纪 90 年代：只余"当事人"概念

苏联和东欧国家的民事诉讼理论抛弃了正当当事人或当事人适格的概念，但同时将大陆法系当事人的概念予以改造，赋予了当事人概念以实体方面的要求。受此影响，我国社会主义民事诉讼法学在起步时期，只留有当事人的概念，而不再谈论正当当事人。80 年代的通行观点认为，民事诉讼的当事人有三个特征：1）以自己的名义进行诉讼；2）与案件有法律上的利害关系；3）受人民法院裁判的拘束。② 反过来说，"虽以自己的名义进行诉讼，但与案件没有直接利害关系，不受法院裁判约束的人，都不是民事诉讼的当事人"③。这种对当事人概念的理解，后来被称为"实体利害关系人说"。它既是承袭苏联当事人理论的产物，也与我国长期以来实体与程序的不分家有很大的关联。

（3）20 世纪 90 年代以来：当事人适格或者正当当事人概念的再建

站在 21 世纪之初，有学者回顾了我们为挣脱"实体利害关系人说"所作出的两种努力：一种观点主张当事人不仅指实体利害关系人，还包括权利保护人。这里，对传统利害关系人理论的修正，就是把利害关系作扩大解释，认为民事诉讼中无论是保护自己的权利还是保护他人的权利，只要以自己的名义进行诉讼，引起民事诉讼程序发生、变更或消灭的主体，都是民事诉讼的当事人。这一认识承认了纯粹的程序当事人，也将诉讼担当纳入了当事人适格的基础。另一种观点认为当事人应当满足程序适格与实体适格的双重适格。当事人程序适格是指具备

---

① 李怀亮述、章一之疏：《民事诉讼法》，上卷，载李秀清、陈颐主编：《朝阳法科讲义》，第 7 卷，洪冬英、沈伟点校，66-67 页，上海，上海人民出版社，2014。

② 参见柴发邦主编：《民事诉讼法学》，102 页，北京，北京大学出版社，1988。

③ 周道鸾主编：《民事诉讼法教程》，2 版，109 页，北京，法律出版社，1992。

诉讼权利能力，诉讼真正以其名义进行；实体适格当事人，是指有权以自己的名义支配讼争民事权利义务的主体。不过，后来认为，双重适格理论带来了更多的概念分歧，这也是其逐渐不被讨论的原因。[1]

一般认为，在第二次世界大战以后，民事纠纷的主体与民事诉讼当事人出现了一定程度的分离，形式当事人和实质当事人的区分是现代诉讼立法技术的基本要求。一般认为诉讼开始的当事人只能是形式上的当事人，他有要求法院对作为本案诉讼标的权利义务关系作出判决，并取得该案诉讼程序上主体地位的资格。在现实的诉讼中，发动诉讼的起诉及受理活动在先，通过诉讼程序作出裁判认定权利义务归属的活动在后。那么，在尚未开始诉讼程序的审查起诉时就衡量实体权利显然属于因果倒置，违背诉讼法理。[2]

在批评旧有的当事人概念、树立程序当事人概念之同时，正当当事人的概念也面临重建，否则，对当事人理论的理解应用，就缺少了一件重要的分析工具。为此，学术界首先要进行解释的，是为什么在既有的当事人概念之外，还要承认正当当事人的概念。这里，有学者着眼于现有理论的矛盾方面，指出若按照以往法理，民事诉讼中与案件没有实体利害关系的人，不能成为诉讼当事人。但问题是在诉讼一开始，无法查明也不应该查明当事人是否为正当当事人，而是要由法院和当事人等诉讼参与人在诉讼进行中，通过当事人举证、法院深入调查和当事人的法庭辩论，才能弄清楚。在查清楚之前，诉讼程序照样进行，事实上已经承认他是当事人而不是正当当事人。[3]

还有研究者从三个方面论证了正当当事人概念的功能：1）在纠纷的解决过程中，正当当事人概念有排除不适当当事人的功能。2）对于多数人诉讼的场合，正当当事人具有选定当事人或者代表人的机能。3）正当当事人概念的树立，也是为了实现当事人制度设计的合理性。这是因为实际存在着不完全依实体利害关系来确定适格当事人的情况，比如实体法上权利义务主体不能成为民事诉讼适格当事人，诉讼实施权由他人行使的情况；再如实体法上的利益主体自愿将诉讼实施权授予他人的情况。[4]

在当事人适格问题研究的早期，还有一项存在争议的问题是当事人适格的性质。有人主张当事人适格属于权利保护要件[5]，也有人认为当事人适格属于程序

---

[1]　参见肖建华：《寻求独立的诉讼主体地位——当事人概念的再认识》，载《现代法学》，2000（2）。
[2]　参见王福华：《民事起诉制度改革研究》，载《法制与社会发展》，2001（6）。
[3]　参见肖建华：《正当当事人理论的现代阐释》，载《比较法研究》，2000（4）。
[4]　参见江伟主编：《民事诉讼法学原理》，400-401页，北京，中国人民大学出版社，1999。
[5]　参见王锡三：《当事人的更换》，载《现代法学》，1989（2）。

意义上的诉权要件。① 有研究者综合分析了两种观点各自的妥当与不妥当之处，指出若从原告起诉即是诉讼系属于法院这一大陆法系的民事诉讼观念出发，把当事人适格的性质归于诉讼成立要件显得更为合理。只是在我国，由于存在着职权主义色彩，把当事人适格的性质归于诉讼成立要件，却对起诉进行了更为严格的限制，实际会损害权利保护的可诉性范围。②

与"正当当事人"这一概念相对，还有"非正当当事人"的概念，这主要关涉到更换非正当当事人的问题，也就是在诉讼过程中把不正当的当事人更换为正当当事人。我国早期的研究，主要还是以苏联的立法为参照，即《苏联民事诉讼纲要》第 26 条和《苏俄民事诉讼法典》第 36 条规定的非正当当事人的更换办法。③

然而，20 世纪 90 年代后期，传统的当事人理论已经受到冲击，并且已经在逐步更新，在此背景下，便有学者对传统的非正当当事人理论发起了挑战，进而否定传统的非正当当事人更换理论。其理由是：1）更换当事人有悖于"无诉即无审判"的诉讼原理；2）从某种意义上讲，更换当事人是对提起诉讼的原告的偏袒，同时是对诉讼中所列被告的诉讼利益的轻视；3）更换当事人是对原告举证责任的不当裁减，并容易造成滥诉；4）更换当事人对法院依法公正地行使审判权有不利的一面。④

另一种观点与之相对，认为更换不正当当事人的做法有其积极意义，民事诉讼法应继续采用。其理由是：1）在民事诉讼中，法院并不是完全不作任何调查，只管坐堂问案的"中立者"；2）我国司法实践具有程序简明、力求在一个诉讼中解决相关纠纷的特点，仅以裁定驳回或判决驳回，不利于发挥我国民事诉讼制度的特色；3）更换非正当当事人的做法，不仅维护了程序的安定性，而且考虑了纠纷中有关当事人的意志。⑤

2. 当事人适格基础研究

（1）基本认识的进阶

民国时期的理论往往从立法的规定来谈当事人适格的基础，代表性的观点是，当事人之适格应当依照实体法及诉讼法的规定决定。这具体包括三类情形：

---

① 参见张卫平：《程序公正实现中的冲突与衡平》，131 页，成都，成都出版社，1993。
② 参见肖建华：《民事诉讼当事人研究》，89-90 页，北京，中国政法大学出版社，2002。
③ 参见王锡三：《略论当事人的更换》，载《现代法学》，1989（3）。
④ 参见张晋红：《非正当当事人及其更换理论的再探讨》，载《现代法学》，1997（2）。
⑤ 参见肖建华：《当事人问题研析》，63-68 页，北京，中国法制出版社，2001；肖建华：《民事诉讼当事人研究》，154-155 页，北京，中国政法大学出版社，2002。

1) 凡就为诉讼标的之法律关系有实体法上之处分权或管理权者，通常就该法律关系有为诉讼之权能，而有当事人之适格。典型的例子，就是破产管理人对于破产财团之财产有为诉讼之权能。2) 实体法中亦有就特种诉讼之规定，可成为适格当事人的规范基础，比如《民法典》第 989～997、1052、1081、1090 条等。3) 民事诉讼法关于当事人之适格也存在特别规定，比如关于参加人承当诉讼之规定、诉讼标的之受移转人代当事人承当诉讼之规定、人事诉讼当事人之各规定、关于选定当事人之规定。①

不难发现，此时对当事人适格基础的认识，兼顾实体层面与诉讼层面，主要围绕法律规范来进行列举式阐明。若谈不足之处，则理论建设上仍显粗糙，比如上述的适格当事人有很大一部分是基于诉讼担当，但民事诉讼理论对于诉讼担当与诉讼承担、诉讼担当中的法定诉讼担当与任意诉讼担当等，都没有作出明确的区分。

如前所述，中华人民共和国成立后的一段时间内，学说上总体是以实体法为基准来看待当事人问题，认为凡实体法上的权利义务主体，都可以作为本案的当事人。但是，经历了程序当事人概念的洗礼，对当事人适格基础的研究开始走向了不断扩张的道路，原有的管理权或处分权理论很快受到质疑，因为单纯的管理权或处分权理论并不适用于确认之诉，对形成之诉也难以作出圆满的解释。②

当事人适格基础的扩张，被认为是一种国际趋势，也是应对现代型诉讼所必需的，但问题是要通过何种方式来实现适格当事人的扩张。当研究者试图进一步发展当事人适格理论时，有一种观点是以诉的利益为工具，来为正当当事人扩容。将诉的利益作为当事人适格的基础，并不是对管理权理论的完全否定，有研究者基于德国和日本民事诉讼法上的学说，指出了当事人适格理论有二元化与一元化的差异：二元论是以管理权和诉的利益共同作为诉讼实施权基础的学说；一元论则将诉的利益作为整体统摄，认为只要原告具有通过本案判决除去现已存在的危险或不安的法律上的利益，一般就享有受判决保护的实体法利益。该研究者认为，二元论的当事人适格理论在方法上有一定的可取之处，不过一元论的当事人适格理论在确立一般性的当事人适格理论方面有积极意义。这是因为，诉的利益理论虽然为解决确认之诉的基础问题而被提出，但它对于一般给付之诉、将来

---

① 参见石志泉：《石志泉法学文集》，邵明、周文、曹文华点校，60 页，北京，法律出版社，2014。
② 参见江伟、肖建国主编：《民事诉讼法》，9 版，131 页，北京，中国人民大学出版社，2023。

给付之诉和形成之诉中正当当事人的确定也具有一般意义。①

根据民事诉讼目的，实质当事人或者争讼实体法律关系主体当然属于适格当事人或者正当当事人，即实质当事人适格的基础是其享有实体权利或者承担实体义务。给付之诉中，当事人适格的基础是原告享有实体请求权，被告是满足原告请求权的义务方或者责任者。形成之诉中，当事人是否适格首先根据法律规定来确定；法律没有规定的，形成权人即正当原告，形成权的相对方为正当被告。确认之诉中，适格当事人是争讼法律关系的双方主体，支配权人即正当原告，相对方为正当被告。②

当事人适格及其基础对于形式当事人或者诉讼信托意义至巨。非争讼实体法律关系主体成为诉讼当事人，需要通过当事人适格的基础作出合理解释。诉权是实质当事人所固有的基本权利，没有法律的明文允许或者实质当事人的明确授权，任何人不得拥有该实质当事人的诉权。诉讼信托的意义在于，通过法律明文规定（法定诉讼信托）或者实质当事人的明确授权（任意诉讼信托），使第三人成为适格当事人。笔者认为，特殊案件中，实质当事人没有能力或者没有动力提起诉讼或者参与诉讼，第三人因其能力或者职责等（如专业性、公益性等）而更适合作为诉讼当事人，能够更有效地保护实质当事人私权或者维护公共利益，于是法律将适合的第三人规定为形式当事人。

20 世纪 90 年代以来，学术界的共识是仅仅从实体法角度去考虑诉讼问题尚不足够，把当事人适格基础完全归于管理权、处分权不符合诉讼的现实发展与诉讼目的。在学说中，应尝试通过扩大当事人适格的基础来解决诉讼担当和群体诉讼中当事人适格问题，并以此为契机重新确立当事人适格的基础，发展当事人适格理论。面对当事人适格范围的扩张，也有学者提到，这种扩张应当兼顾诉讼法上诸如"纠纷的划一解决"和"第三人程序保障"等其他基本要求。通常，意欲扩大当事人适格的范围以实现纠纷的一次解决，必须同时对判决效力的主观范围作一定程度的扩张，使诉讼担当人实施诉讼所得判决的效力，拘束被担当人及未起诉、未参与诉讼的其他适格当事人。但是，对于诉外第三人而言，应当确保判决效力的主观范围对其扩张的正当性；其与未参加诉讼的其他适格当事人对于诉讼的进行具有实体或程序的利害关系，应当被赋予

---

① 参见肖建华：《正当当事人理论的现代阐释》，载《比较法研究》，2000（4）。

② 参见李龙：《民事诉讼当事人适格刍论》，载《现代法学》，2000（4）；汤维建主编：《民事诉讼法学》，2 版，122 页，北京，北京大学出版社，2014；邵明：《民事诉讼法学》，2 版，106 页，北京，中国人民大学出版社，2016；张卫平：《民事诉讼法》，6 版，141 页，北京，法律出版社，2023。

相当的程序保障。①

（2）理论细节的深挖

民国时期乃至 20 世纪 80 年代，对当事人适格的理论基础虽有一定认识，但理论研究的积累不足，整体上徘徊于表面。在 20 世纪 90 年代以来民事诉讼法学繁荣的背景下，诉讼实施权理论或者诉讼担当理论得到了进一步发展。

1）有关诉讼实施权的具体研究。

诉讼实施权的概念随着当事人概念一并进入我国后，其独立的理论内涵起初并没有受到关注，对诉讼实施权的系统化研究于晚近才开始，目前就诉讼实施权的内涵、构成要件、类型化以及配置模式等，都取得了一定的成果。

在诉讼实施权与当事人适格的关系上，我国民事诉讼法通说本对两者不加区分，与日本的解释基本一致。但是，近年有研究者认为，日本以及我国学者在继受德国民事诉讼法学有关学说时出现了偏差，因为作为诉讼实施权概念的母国，德国民事诉讼法经典著作严格区分诉讼实施权与当事人适格——当事人适格属于诉讼正当性的要件，而诉讼实施权是诉讼合法性的前提条件。在比照德国、日本两国理论的基础上，该学者反对将诉讼实施权和当事人适格完全等同。其理由是：管理权或者处分权仅仅构成诉讼实施权的要件之一；诉讼实施权强调的是权能，当事人适格强调的是资格，而资格和权能之间存在着一定的区别，资格只是权能的众多属性之一。换言之，区分诉讼实施权和当事人适格的价值就在于诉讼实施权具有处分权能，而当事人适格不具备处分权能。②

在对诉讼实施权内涵进行准确把握的努力中，有学者将诉的利益纳入诉讼实施权的内核，并将诉讼实施权作为纠纷管理权的具体权能，使诉讼实施权进一步与诉权、纠纷管理权、诉的利益等概念区分开来。具体而言，诉讼实施权可从以下几个方面来理解：第一，诉讼实施权存在于特定案件中，与司法行为请求权脱离具体案件不同；第二，诉讼实施权人系以自己的名义提起诉讼，而与以他人名义提起诉讼的代理制度有别；第三，尽管诉讼实施权人通常为实质当事人，但非实体权利义务归属主体也可以基于法律规定或授权而获得诉讼实施权；第四，诉讼实施权仅适用于争讼程序，而与"当事人适格"概念的外延被拓展至其他民事程序法领域不同；第五，诉讼实施权以诉讼请求具备诉的利益为必要，这与日本将诉讼实施权等同于当事人适格不同；第六，享有纠纷管理权的人未必享有诉讼实施权，只有在其争议标的具备诉的利益的情形下，纠纷管理权人才享有诉讼实

---

① 参见陈贤贵：《当事人适格问题研究》，2 页，厦门，厦门大学出版社，2013。

② 参见肖建国、黄忠顺：《诉讼实施权理论的基础性建构》，载《比较法研究》，2011（1）。

施权。①

有研究者将诉讼实施权的配置类型化为四种模式，即实体法定赋权模式、实体意定赋权模式、程序法定赋权模式、程序意定赋权模式。他认为，诉讼实施权配置相关问题在传统民事诉讼法学理论上被人为拆开，分别在诉权理论、诉权要件、当事人适格、诉的利益、复杂诉讼、团体诉讼、集团诉讼、公益诉讼等不同领域中阐述。而将相关领域内的成果加以整合，由此构建起来的诉讼实施权配置理论，具有促进实体法与程序法相结合、个别诉讼与集体诉讼相协作、私益诉讼与公益诉讼相融合等价值。② 当然，诉讼实施权的配置理论，还可以结合类型化的案件为应用式的研究，比如以群体性诉讼中的当事人适格为目标问题③，再如就英烈权益诉讼中的诉讼实施权配置进行个别化的阐发。④

笔者认为，为解释或者论证当事人适格的基础，研究者创设诉讼实施权，或者说通过解释或者论证诉讼实施权，来解释或者论证当事人适格的基础，这种研究路径既人为增加研究环节、徒增研究成本，又为直接理解当事人适格基础增设不必要的障碍，实不足取！

2）有关诉讼信托和诉讼担当的范畴研究。

为实现他人权利而以当事人名义起诉或被诉的情况，在很早以前就已为法律所允许，但"诉讼担当"这一由欧陆国家所创造的概念术语，也是比较晚才进入我国研究者的视野。在民国时期，民事诉讼法中有选定当事人之规定，著述中也有"诉讼承当"之用语⑤，但在术语之外缺少了进一步的理论跟进。

早期研究主要围绕着诉讼担当的概念，尤其是诉讼担当人与直接利害关系人的区别，以及诉讼担当与诉讼信托、诉讼承担、诉讼代位之间的区别。这其中存在分歧的，是诉讼担当与诉讼信托的关系。起初，有学者对两者不作实质区分，认为诉讼信托这一称谓注重授予他人权利的内容，如果从受托的第三人取得权利的角度而言，则可谓之诉讼担当。⑥

但是，一些反对意见认为：诉讼担当是依据法律规定或当事人合意，诉讼实

---

① 参见黄忠顺：《再论诉讼实施权的基本界定》，载《法学家》，2018（1）。
② 参见黄忠顺：《诉讼实施权配置的基本范畴研究》，载《政法论坛》，2016（3）。
③ 参见黄忠顺：《诉讼实施权配置论——以群体性诉讼中的当事人适格问题为中心》，载《东方法学》，2014（6）。
④ 参见黄忠顺：《英烈权益诉讼中的诉讼实施权配置问题研究》，载《西南政法大学学报》，2018（4）。
⑤ 参见石志泉：《石志泉法学文集》，邵明、周文、曹文华点校，60页，北京，法律出版社，2014。
⑥ 参见王强义：《论诉讼信托——兼析我国民事诉讼法第54、55条》，载《中南政法学院学报》，1992（3）。

施权被授予实体法律关系当事人以外的他人，但是实际的权利义务主体仍然是原来的法律关系主体，诉讼担当人根据授权，可以以自己的名义进行诉讼并且可以享受诉讼判决利益。而诉讼信托完全是以维护公共利益为目的的，由法律赋予相应机构以当事人资格。①

还有学者将诉讼信托归纳为诉讼担当信托、公益诉讼信托、诉讼目的信托三种类型，同时分别说明了三种类型的渊源、基础，内容和功能，评价了不同概念可能带来的理论歧义。研究还指出，尽管我国较早的学术研究是以诉讼信托之名来讨论第三人实施他人诉讼的问题，但学界多以诉讼担当来指代这一问题。②

笔者认为，在用语上，我国应当采用诉讼信托而放弃诉讼担当。诉讼信托与实体信托的原理是相通的③，用诉讼信托一词更便于理解和接受，诉讼担当一词没有存在的必要，其存在反而增加研习负担。同时，笔者认为，法定诉讼信托是指法律明确规定了特定情形或者案件中的形式当事人，所以法定诉讼信托中当事人适格的基础是法律明文规定。④ 法律明确规定任意诉讼信托的适用范围。在法定的适用范围中，实体权利人或者实质当事人将某项纠纷的诉权明确授予第三人，从而使该第三人成为适格当事人。⑤

有关诉讼担当的分类，在法定诉讼担当与任意诉讼担当的分类下，任意诉讼担当的理论更为复杂。有学者把任意诉讼担当进一步分为两类：一是法律规定的任意诉讼担当，是法律明确允许一定类型案件可以由他人进行诉讼担当，典型的是日本的选定当事人、美国的集团诉讼以及我国的代表人诉讼。二是扩大适用的任意诉讼担当，则是解决多数人诉讼以外的其他形式的诉讼担当。⑥

有学者接受了上述的二分法，并参考了日本的学说，进一步将扩大适用的任意诉讼担当再区分为二类，即"为了诉讼担当人利益的扩大适用的任意诉讼担当"和"为了权利主体利益的扩大适用的任意诉讼担当"。他们还具体阐明了实定法中任意

---

① 参见肖建华：《诉权与实体权利主体相分离的类型化分析》，载《法学评论》，2002（1）。

② 参见汤维建、刘静：《为谁诉讼 何以信托》，载《现代法学》，2007（1）。

③ 《日本信托法》第 11 条、《韩国信托法》第 7 条等禁止任意诉讼信托。我国《环境保护法》第 58 条明文禁止形式当事人以诉讼为营利手段。

④ 我国法定诉讼信托主要有公益诉讼原告、集体合同纠纷诉讼原告工会（《劳动合同法》第 56 条和《工会法》第 21 条）、破产管理人（《破产法》第 25 条）、股东派生诉讼原告股东（代公司之位）（《公司法》第 189 条）、家庭暴力受害人的近亲属（可以提起侵权诉讼）（《反家庭暴力法》第 13 条第 2 款）、被侵害英雄烈士的近亲属及检察机关（可以依法向法院提起诉讼）（《英雄烈士保护法》第 25 条）等。

⑤ 参见邵明：《民事诉讼法学》，2 版，107 页，北京，中国人民大学出版社，2016。

⑥ 参见肖建华：《诉权与实体权利主体相分离的类型化分析》，载《法学评论》，2002（1）。

诉讼担当的类型，并就任意诉讼担当适用范围的限制提出了一些看法。①

有学者认为，我国对任意诉讼担当学理分类的分歧尚未解决，现行理解还有值得商榷之地。该学者建议，采用"与实体权一起进行诉讼追行委托的诉讼担当"与"仅仅就诉讼追行进行委托的诉讼担当"的分类，以达到诉讼担当内涵与外延的一致。②

另有学者从功能论视角对任意诉讼担当进行类型化研究，将任意诉讼担当区分为代理型任意诉讼担当、拟制型任意诉讼担当与代表型任意诉讼担当三种，分别对应任意诉讼担当的扩大适格当事人的范围、"拟制"新的诉讼主体与产生诉讼代表三种功能。③

3. 群体诉讼当事人适格研究

群体诉讼中的当事人适格与诉讼担当理论有着紧密的关联，我国学术界很早就认识到这一问题的重大性和棘手性。对确定群体诉讼中的适格当事人，相关研究持续了较长的时间，研究重点也从理论基础转向具体制度，最后又转向制度在类型化案件中的运用。

群体诉讼以及群体诉讼中的适格当事人问题，早在20世纪80年代末即获得了不小的关注，学者们在比较法资源相对有限的20世纪80年代和90年代，即为之付出了巨大的努力，以期摸索我国问题的解决之道。比如在20世纪80年代和90年代，有关日本选定当事人的研究④、美国集团诉讼的研究⑤、我国的代表人诉讼与选定当事人和集团诉讼之间的比较研究⑥就已经相对成熟。

相较而言，德国团体诉讼所关涉的当事人理论较晚才得到介绍。⑦ 但随着研究的深入，德国模式也在多数人诉讼问题上占据了重要地位。⑧ 结合现代型诉讼

---

① 参见肖建国、黄忠顺：《任意诉讼担当的类型化分析》，载《北京科技大学学报（社会科学版）》，2009（1）。
② 参见张晓茹：《再论诉讼担当——以担当人和被担当人在实体法和程序法上的关系为视角》，载《法学杂志》，2012（2）。
③ 参见纪格非：《功能论视角下任意诉讼担当的类型研究》，载《东方法学》，2020（2）。
④ 参见张卫平：《选定当事人制度初探》，载《现代法学》，1987（1）。
⑤ 参见王祺国：《论建立集团诉讼的必要性》，载《法学杂志》，1986（4）；赵钢：《我国应当确立集团诉讼制度》，载《法学评论》，1986（5）；江伟、贾长存：《论集团诉讼（上）》，载《中国法学》，1988（6）；江伟、贾长存：《论集团诉讼（下）》，载《中国法学》，1989（1）。
⑥ 参见江伟、肖建国：《关于代表人诉讼的几个问题》，载《法学家》，1994（3）；肖建华：《群体诉讼与我国代表人诉讼的比较研究》，载《比较法研究》，1999（2）。
⑦ 参见汤维建：《论团体诉讼的制度理性》，载《法学家》，2008（5）。
⑧ 比如，吴泽勇：《德国团体诉讼的历史考察》，载《中外法学》，2009（4）；刘学在：《团体诉讼制度概念辨析》，载《北方法学》，2010（1）；刘学在：《团体诉讼之当事人适格的类型化分析》，载《法学评论》，2010（2）。

的新发展，亦有研究着墨于集团诉讼、选定当事人、团体诉讼中的当事人适格要件的比较研究。① 在基础性研究开展了 20 余年后，将多数人诉讼中当事人适格问题置于类型化的案件中进行具体研究，比如著作权集体管理组织之当事人适格研究②、消费者团体诉讼的当事人适格研究③、请求损害赔偿之团体诉讼中的当事人适格研究④等等。

关注域外的群体诉讼类型，首先是为了解决多数人诉讼中的当事人适格问题，不过随着比较法资源的丰富，我国的学术研究从单纯的主体问题延伸到整个群体诉讼的制度，对包括程序设置、诉讼流程、程序运行环境等等问题作出了全面的展开。⑤

（二）民事公益诉讼当事人适格法理研究

正当当事人理论下，当事人范围扩张很大程度上是适应现代型民事诉讼的需要，现代公益诉讼又是现代型民事诉讼中影响最大的一类。公益诉讼所涉及的研究对象极广，其中，当事人适格问题既是公益诉讼研究的起点，也是该领域的研究爆点。而根据研究的目标取向和具体内容，可以把我国对民事公益诉讼当事人的研究划分为两个阶段：第一阶段是 2012 年民事公益诉讼写入民事诉讼法之前；第二阶段则是民事公益诉讼入法之后。

1. 2012 年民事诉讼法修改以前的相关研究

公益诉讼当事人提起诉讼的目的是维护公共利益，而我国研究者的一个基本出发点，就是"非直接利害关系人"可以为了维护公益而以自己的名义提起诉讼，成为合格的诉讼主体。在某种程度上，该论题的特异性，就在于结论先行，也就是说，需要有主体提起公益诉讼属于各界的共识，理论研究考虑的是如何为公益诉讼的原告提供论据支撑。

一般而言，我国学者是从法定诉讼担当的原理，来解释公益诉讼的当事人适

---

① 参见齐树洁、陈贤贵：《现代型诉讼中的当事人适格问题》，载《厦门大学学报（哲学社会科学版）》，2010（5）。

② 参见刘学在：《著作权集体管理组织之当事人适格问题研究》，载《法学评论》，2007（6）；沈玉堂、顾杰：《群体诉讼模式下的当事人适格问题研究——以著作权集体管理组织为视角》，载《河南省政法管理干部学院学报》，2008（4）。

③ 参见刘学在：《消费者团体诉讼的当事人适格问题之再探讨》，载《武汉大学学报（哲学社会科学版）》，2015（4）。

④ 参见刘学在：《请求损害赔偿之团体诉讼制度研究》，载《法学家》，2011（6）。

⑤ 代表性研究成果有：汤维建等著：《群体性纠纷解决机制论》，北京，北京大学出版社，2008；章武生、杨严炎：《我国群体诉讼的立法与司法实践》，载《法学研究》，2007（2）；薛永慧：《代表人诉讼抑或集团诉讼——我国群体诉讼制度的选择》，载《中国政法大学学报》，2009（5）；吴泽勇：《建构中国的群体诉讼程序：评论与展望》，载《当代法学》，2012（3）；等等。

格的。代表性观点指出，对作为制度瓶颈的当事人适格予以扩张并赋予其法定效力，对于我国显得尤为必要与迫切。将诉的利益作为当事人适格的衡量标准，并以此为基础构建诉讼信托制度，对于完善当事人理论，促进公益诉讼制度的合理化与合法化具有重要作用。①

在适格主体的选择上，我国学者从域外的相关制度中汲取了很大的灵感。比如有学者从美国的公民事诉讼制度中获取启示②，再如有学者看到了美国不断扩张环境诉讼原告资格的经验，主张在我国尽快建立检察机关提起公益诉讼制度和团体诉讼制度。③ 就此种种，有研究将关于环境公益诉讼主体的学说概括为三种：1）广泛主体说，即任何单位和个人都可以提起环境公益诉讼；2）相关团体、组织说，认为与环境保护相关的社会团体、民间组织、机关单位可以自己的名义提起环境公益诉讼。该学说以诉权有被滥用的可能，排除了个人提起环境公益诉讼的可能；3）公权机构说，认为只有行使相关公共权力的机关可以提起环境公益诉讼。④

群体性诉讼的当事人适格研究在一定程度上被搬到公益诉讼的领域。其实，公益受损虽然涉及多数人，但公益诉讼又与通常的多数人诉讼存在差异，这种差异起初并没有在理论上形成统一的认识。因此，我国起初对公益诉讼的原告资格的研究，一方面，确是从多数人诉讼的研究中衍生出来的，即群体诉讼中的当事人适格理论的积累，为探讨"公益诉讼存在适格原告"提供了充足的养料；另一方面，公益诉讼与通常群体诉讼的差异因为缺乏清晰的鉴别，也导致公益诉讼的当事人适格研究迟迟没有独立出来，未能自成一体。

2. 2012 年民事诉讼法修改以后的相关研究

民事诉讼法对民事公益诉讼作出规定之后，何为法律意义下的"公共利益"，就成为继续研究民事公益诉讼的前提，也是公益诉讼中适格当事人问题的前提。

有学者认为，公共利益包括社会公共利益（为社会全部或部分成员所享有的利益）和国家利益。⑤ 还有观点主张，公共利益的内容有三个层次，即国家利益、不特定多数人的利益、需特殊保护的利益（如老年人、儿童、妇女的利

---

① 参见齐树洁、苏婷婷：《公益诉讼与当事人适格之扩张》，载《现代法学》，2005（5）。
② 参见李艳芳：《美国的公民事诉讼制度及其启示——关于建立我国公益诉讼制度的借鉴性思考》，载《中国人民大学学报》，2003（2）。
③ 参见齐树洁：《环境公益诉讼原告资格的扩张》，载《法学论坛》，2007（3）。
④ 参见王灿发：《中国环境公益诉讼的主体及其争议》，载《国家检察官学院学报》，2010（3）。
⑤ 参见颜运秋：《公益诉讼法律制度研究》，26-27页，北京，法律出版社，2008。

益)。① 也有学者提出，只有不特定主体所享有的社会公共利益所引发的纠纷才能纳入公益诉讼的客观范围。② 这一立场成为后来的立法与理论的主流意见。

(1) 对民事公益诉讼当事人的解释性研究

在《民事诉讼法》(2012 年)增加民事公益诉讼的规定后，可以认为，民事公益诉讼原告采用法律明定原则，民事公益诉讼的原告以法定的诉讼担当为基础。③ 不过，立法上的措辞，依然给学术界留下了解释的空间，理论上将明确公益诉讼的启动主体，视为构建并运行该制度亟待解决的问题。④ 也有学者基于民事诉讼法条文中的"法律规定的机关和有关组织"这一短语，分别讨论了"法律规定的"之定语所限制的范围、"法律规定的"之限定语中的"法律"之理解、"机关"应作限缩性解释等问题。⑤

法律中所说的"机关""有关组织"包括了哪些机关和组织？ 有研究认为，检察机关属于法定的适格机关。⑥ 少数文章认为检察机关不适宜作为民事公益诉讼的原告。⑦ 有研究认为，应当明确规定有关行政机关提起公益诉讼的资格，因为行政机关掌握有关环境评价、环境监测、检验、评估报告、现场检查记录等方面的信息资料，行政机关收集证据的能力也比较强。此外，行政机关提起诉讼，在法院遇到的压力和阻力也相对较小。⑧ 也有学者从立法、行政和司法的基本功能定位出发，反对赋予行政机关公益诉权，认为行政机关成为公益诉讼原告，本质上是将原来的行政法律关系硬性扭转为民事法律关系，有违宪法的一般原理和制度框架。⑨

另有部分解释性质的研究以协调不同原告之间的关系为己任。比如，有研究认为，在公益诉讼个案中，机关提起公益诉讼应当优先，组织提起公益诉讼居

---

① 参见韩波：《公益诉讼制度的力量组合》，载《当代法学》，2013 (1)。

② 参见张卫平：《民事公益诉讼原则的制度化及实施研究》，载《清华法学》，2013 (4)。

③ 参见邵明：《民事诉讼法学》，2 版，120 页，北京，中国人民大学出版社，2016。

④ 参见齐树洁：《我国公益诉讼主体之界定——兼论公益诉讼当事人适格之扩张》，载《河南财经政法大学学报》，2013 (1)。

⑤ 参见刘学在：《民事公益诉讼原告资格解析》，载《国家检察官学院学报》，2013 (2)。

⑥ 参见何燕：《检察机关提起民事公益诉讼之权力解析及程序构建》，载《法学论坛》，2012 (4)；刘润发：《检察机关提起民事公益诉讼之构想》，载《人民检察》，2013 (10)；张峰：《检察机关环境公益诉讼起诉资格的法律制度建构》，载《政法论丛》，2015 (1)；等等。

⑦ 参见伊媛媛、王树义：《论中国环境公益诉讼制度之原告选择》，载《河南财经政法大学学报》，2012 (5)。

⑧ 参见肖建国：《民事公益诉讼制度的具体适用》，载《人民法院报》，2012 - 10 - 10。

⑨ 参见沈寿文：《环境公益诉讼行政机关原告资格之反思——基于宪法原理的分析》，载《当代法学》，2013 (1)。

次，并且具有提起公益诉讼资格的原告可以联合起诉、组成共同原告。① 还有人参考了欧洲委员会的《环境责任白皮书》，提出在环境民事公益诉讼中，环保组织更具有中立、公益的倾向，更适合作为第一顺位的原告，政府职能管理部门作为第二顺位原告，环保行政主管机关为第三顺位的原告，检察机关为第四顺位的原告。当第一顺位原告缺失或在合理期限内未能起诉，第二、三顺位的原告经检察机关督促起诉也未能在合理期限内起诉时，检察机关可作为原告直接提起环境民事公益诉讼。②

（2）对民事公益诉讼当事人的立法建议

民事诉讼法将民事公益诉讼的原告限定于"法律规定的机关和有关组织"，引发了学术界的一些质疑。最重要的是，不少学者先前呼吁赋予公民个人以公益诉权，但这一意见未被立法采纳。为此，部分学者仍坚持认为，应当基于我国实践，顺应国际趋势，将环境公益诉讼适格原告扩大至公民个人。③ 代表性意见认为，公民个人提起环境公益诉讼既有理论支撑，也有国内外司法实践探路。并且，赋予公民个人环境公益诉讼起诉资格，也具有完善公众参与制度和信息公开制度等现实意义。④

此外，在消费公益诉讼领域，扩大适格主体范围的声音也一直存在。因为《消费者权益保护法修正案（草案）》将消费公益诉讼积极适格主体，局限于中国消费者协会以及在省、自治区、直辖市设立的消费者协会，使得消费公益诉讼难以实现其私人执法的预期功能。所以，不少学者建议立法机关重新设计消费公益诉讼中的当事人适格规则。⑤ 就消费公益诉讼的主体资格是否要放宽至检察机关、公民个人和其他消费者权益组织，放宽与不放宽的各自利弊，也有学者进行了较为充分的探讨。⑥

四、当事人程序基本权论

有关当事人的程序权，我国学理上长期是通过研究"当事人诉讼权利"来加

---

① 参见郭雪慧：《论公益诉讼主体确定及其原告资格的协调》，载《政治与法律》，2015（1）。

② 参见宋宗宇、郭金虎：《扩展与限制：我国环境民事公益诉讼原告资格之确立》，载《法学评论》，2013（6）。

③ 参见王丽萍：《突破环境公益诉讼启动的瓶颈：适格原告扩张与激励机制构建》，载《法学论坛》，2017（3）。

④ 参见张峰：《我国公民个人提起环境公益诉讼的法律制度构建》，载《法学论坛》，2015（6）。

⑤ 参见肖建国、黄忠顺：《消费公益诉讼中的当事人适格问题研究——兼评〈消费者权益保护法修正案（草案）〉第十九条》，载《山东警察学院学报》，2013（6）。

⑥ 参见谢军：《论消费公益诉讼的起诉主体》，载《宁夏社会科学》，2015（5）。

以说明的。在 20 世纪，通行观点是当事人享有的诉讼权利主要有请求司法保护权、委托代理人权、申请回避权、提证权、辩论权、请求调解权、反诉权、自行和解权、上诉权、申请执行权、放弃或变更诉讼请求权等等。① 还有研究者从四个类别来看待当事人的诉讼权利：（1）保障当事人进行诉讼的诉讼权利，包括请求司法保护、委托代理人、申请回避等权利；（2）维护当事人民事权益的诉讼权利，包括收集和提供证据、申请财产保全、进行辩论等权利；（3）处分实体权利的诉讼权利，包括放弃或变更诉讼请求、和解、调解、上诉再审等权利；（4）实现民事权益的诉讼权利，主要是指申请执行的权利。②

不过，当事人的诉讼权利的基本定义，是民事诉讼法根据诉讼的特定需要而赋予当事人用以维护自己民事权益的诉讼手段，这与现代民事诉讼理论下的当事人程序基本权，还存在一定的差距。在我国，将宪法理念注入诉讼法学来理解当事人的程序权益，发端于 20 世纪 90 年代末。彼时已有学者将当事人的程序利益，界定为宪法和诉讼法共同规范的，在诉讼中产生并由诉讼当事人所享有的利益。③ 到了 21 世纪，当事人的程序基本权不仅得到了广泛的认可，其内容也经历了全面的发展。这既归功于我国本土学者孜孜不倦的探索，也是顺应"接近正义"的全球化浪潮的结果。

（一）当事人程序基本权的内容

当事人的程序基本权，有学者将其称为裁判请求权，是指任何人在其权利受到侵害或与他人发生争执时享有请求独立的司法机关予以公正审判的权利。以此为基准，程序基本权具体包括两方面的内容：（1）诉诸法院的权利，即任何人在其民事权利受到侵害或与他人发生争执时，有请求独立的合格的司法机关予以司法救济的权利；（2）公正审判请求权，即当事人在其权利受到侵害或与他人发生争执时有获得公正审判的权利，包括获得公正程序审判的权利和获得公正结果审判的权利，即有公正程序请求权和公正结果请求权。④

就上述程序基本权的第一层内涵，该学者进一步撰文指出：诉诸法院的权利首先意味着任何人在其权利受到侵害或与他人发生争执时，有权诉诸法院，要求法院行使审判权予以救济。其次，诉诸法院的权利意味着任何人有权获得独立的、合格的法院的审判。最后，诉诸法院的权利意味着任何人在其权利受到侵害

---

① 参见柴发邦主编：《民事诉讼法学》，105－106 页，北京，北京大学出版社，1988。

② 参见周道鸾主编：《民事诉讼法教程》，2 版，112－113 页，北京，法律出版社，1992。

③ 参见邵明：《当事人的程序利益》，载《法制现代化研究》，第 4 卷，南京，南京师范大学出版社，1998。

④ 参见刘敏：《论裁判请求权——民事诉讼的宪法理念》，载《中国法学》，2002（6）。

或与他人发生争执时，有排斥非司法机构对其民事权利义务争议作终局性决定的权利。[①]

该学者还在后续的研究中，详细解析了程序基本权的第二层内涵，也即公正审判请求权。有研究指出，公正审判请求权的要素包括五个——独立、不偏不倚的法庭，公平的听审（听审权），公开的听审，合理时间内的听审，附理由的判决。其中，公正审判请求权由平等审理权、听审请求权、公开审判请求权等程序基本权利构成。听审请求权是公正审判请求权的一项内容，甚至是核心内容。该研究者通过考察英国、美国、德国等域外制度中的法定听审权，结合我国的国情，提出了我国民事诉讼当事人的听审请求权应当包括五个要素——陈述权、证明权、到场权、辩论权、意见受尊重权。[②]

有关当事人程序基本权的分类，有学者通过梳理域内外有关程序权内容的研究，认为主要有以下四种观点：（1）五分法，即适时审判请求权、权利有效保护请求权、听审请求权、程序上平等、公正程序请求权和正当法律程序；（2）四分法，即有关人民权益的事项不得剥夺或限制其诉讼救济的机会、受宪法上法官审判的权利、诉讼程序应符合正当法律程序、审级救济应发挥实际效果；（3）三分法，即接受裁判请求权、适时救济请求权、接受公平法院的裁判；（4）二分法，即使用司法程序的权利、受公平审判的权利。[③]

还有学者根据宪法基本权或正当程序，认为当事人程序基本权包括：（1）当事人获得正当程序诉讼权，主要包括民事司法救济权、获得公正诉讼权、获得适时诉讼权。获得公正诉讼权和获得适时诉讼权是关于民事诉讼"过程"和"结果"的基本权。（2）当事人诉讼处分权，也有三项内容，即对实体请求（或实体权益）的处分权、对实体事实和证据的处分权、对诉讼程序事项的处分权。[④]

（二）当事人程序基本权的保护与限制

1. 当事人程序基本权的保护

有关当事人程序基本权的保护，我国学者的一个基本立场，就是呼吁当事人程序基本权的宪法化。代表性观点认为，在全球视野下，当事人程序基本权已经宪法化和国际化，并成为世界人权的一项国际标准，当事人程序基本权已经成为近现代民事司法的最高理念。我国宪法尚未确认当事人程序基本权，我国的民事诉讼制度的设计和运作也未以之作为最高理念。故尽快实现当事人程序基本权的

[①]　参见刘敏：《论民事诉讼当事人基本程序权利的宪法化》，载《团结》，2008（5）。
[②]　参见刘敏：《论民事诉讼当事人听审请求权》，载《法律科学》，2008（6）。
[③]　参见王锴：《论宪法上的程序权》，载《比较法研究》，2009（3）。
[④]　参见邵明、曹文华：《论民事诉讼当事人程序基本权》，载《中国人民大学学报》，2017（5）。

宪法化，通过宪法确认当事人程序基本权，这是加强人权保障、加强程序基本权保障以及与国际通常做法相适应的需要。①

有学者通过比较法研究，指出诉讼基本权建构包括两种路径：一者是经由基本权功能推导出，这以大陆法系的德国为代表；二者是由正当法律程序功能推导出，这则是以英美法系的美国为代表。而针对我国诉讼基本权的入宪，该学者提出了三个论证步骤：首先，要将一项权利纳入宪法，要考虑该项权利是否应当入宪，即该权利是否具有宪法上的重要性；其次，要考量的问题是某种权利是否需要进入宪法；最后，一项权利如何进入宪法还必须回答该权利以何种名目进入宪法的问题。②

有学者结合当事人程序基本权的具体类型，分别研究当事人程序基本权的保护。比如，为保障当事人的听审请求权，我国当前应当着重做到：在民事诉讼法中确立听审原则，加强法官的释明权，进一步公开法官的心证，完善当事人收集证据的保障机制，改进送达方式，等等。③ 再如，就普通程序而言，当事人的辩论权保障应当包括以下几个方面：（1）保障当事人知悉程序的开始、进行情况。（2）保障当事人答辩的权利。（3）保障当事人出庭参加诉讼进行辩论的权利。（4）保障当事人知悉案件审理过程中的法官心证的权利。（5）保障当事人的辩论意见受法院尊重的权利。④

有学者从权利救济的角度，主张对辩论权利的救济，应具体考虑书面辩论与言词辩论的差异，重视辩论的整体性与同值性，将必要性言词辩论作为救济重点。适用"剥夺当事人辩论权利"的再审事由，则应以功能性辩论、主要事实或严重程序瑕疵为基准进行严格解释，优先适用法定诉讼代理、遗漏诉讼请求等再审事由具体条款。在再审事由具体条款缺失的情况下，则可适用"剥夺当事人辩论权利"再审事由一般条款，通过上诉或再审程序为辩论权利提供救济。⑤

还有学者从起诉条件及受理制度的改革、主体制度的充实、多轨制程序选择的制度设置、司法信息化之技术保障、司法救助之完善等方面，来具体地考察当事人程序基本权的保障路径。该学者认为法院应从程序裁量的角度、释明义务的角度、程序扶助义务的角度和诉讼促进义务的角度，全面将自身职务与当事人程

---

①　参见刘敏：《论裁判请求权——民事诉讼的宪法理念》，载《中国法学》，2002（6）。

②　参见龙晟：《诉讼基本权及其入宪》，载《北方法学》，2011（4）。

③　参见刘敏：《论民事诉讼当事人听审请求权》，载《法律科学》，2008（6）。

④　参见刘敏：《民事诉讼中当事人辩论权之保障——兼析〈民事诉讼法〉第179条第1款第10项再审事由》，载《法学》，2008（4）。

⑤　参见王福华：《辩论权利救济论》，载《法学》，2020（10）。

序基本权的保障要求挂钩；法院违反程序法的强制规定，通常是转化为对当事人的程序救济权利，即通过异议、申请复议或者上诉等方式启动救济程序；对侵害当事人程序基本权的法院违法行为，应当本着及时、效率的原则，在各审级内加以消除，以免造成新的程序上的不利益。①

在《人民法院第四个五年改革纲要（2014—2018）》明确了推进法院人员分类管理制度改革的背景下，有学者认为，法院员额制改革必须与当事人的程序基本权保障关联起来，为保障公民的程序基本权，对民事纠纷案件的审理，必须配置入额法官。对非讼案件的审理、诉前或审前的法院调解以及立案登记等事项，应交由司法事务官处理，从而让法官专注于民事纠纷案件的审判，以更好地落实公民的裁判请求权保障之宪法理念。②

2. 当事人程序基本权的限制

当事人所主张的作为基本权利形态之一的诉讼基本权理应受到国家的保护，然而，这一权利并非绝对的，而是相对的。有宏观性的研究认为，在具有宪法正当理由的前提下，诉讼基本权可能被限制，但必须满足法律规定的要件；至于限制的方式，既可以由宪法直接限制即基本权本身存在的内涵性限制，也可以通过授权由法律间接进行限制。限制基准包括遵循法律保留原则、比例原则、正当程序原则、合宪性审查原则，正当理由包括不得侵害他人权利与自由、社会公共利益、公序良俗等。③

法律对当事人行使程序基本权或诉讼权利设置合法要件，应当遵循正当程序保障原理、安定性原理和比例原则等。当事人程序基本权行使的通常要件有：（1）权利行使主体须合格；（2）须符合法定方式；（3）须符合行为期间。④

保护程序基本权是主要方面，而滥用程序基本权的构成要件理当严格，规制程序基本权滥用不应阻碍程序基本权的合法行使。因此，应当将当事人滥用程序基本权的主观构成要件界定为"恶意"，但是滥用民事司法救济权的主观构成要件宜更严格些，即为"双方当事人恶意串通"。而当事人滥用程序基本权的客观构成要件，是"行使了程序基本权"，也即通过伪造事实、证据来满足权利行使要件，行使程序基本权或实施相应诉讼行为或"借用合法的民事程序"等。

对当事人滥用程序基本权的规制，可从以下几方面统筹设计和采取措施：

---

① 参见唐力：《司法公正实现之程序机制——以当事人诉讼权保障为侧重》，载《现代法学》，2015（4）。

② 参见刘敏：《裁判请求权保障与法院审判人员的优化配置》，载《北方法学》，2017（2）。

③ 参见龙晟：《诉讼基本权及其入宪》，载《北方法学》，2011（4）。

④ 参见邵明、曹文华：《论民事诉讼当事人程序基本权》，载《中国人民大学学报》，2017（5）。

（1）法院应当裁定驳回滥用行为或者认定其无效。（2）滥用程序基本权人承担诉讼费用和对方当事人的律师费。（3）作为妨害民事诉讼行为而处以罚款、拘留。（4）因滥用程序基本权受到损失的人有权要求赔偿并可提起侵权损害赔偿之诉。（5）对于当事人双方恶意合谋通过诉讼来侵害第三人合法权益的，在该诉讼中，第三人可以主诉讼参加第三人的身份提起参加之诉；若已经作出判决或判决在执行中，第三人可以提起异议之诉，请求法院撤销或变更原判决。（6）滥用程序基本权构成犯罪的，依法追究刑事责任。（7）将严重滥用程序基本权作为严重失信行为纳入国家征信系统。

第六章

民事诉讼证明理论的发展

一、民事诉讼证明理论发展概要

清末修律的过程中，经过沈家本、伍廷芳等修律大臣的努力，诸如辩论主义、自由心证等证据法上的重要价值理念得以写入法律，并开始在中国大地上传播。中国现代意义上的证据法学研究，发端于 20 世纪 20 年代。1929 年，杨兆龙在上海法政大学开设"证据法概论"课程，并于翌年出版了教材《证据法》。杨兆龙认为大陆法系的证据规定"述焉不详"，主张我国效仿内容上更为完善的英美法，其所书的教材也旨在介绍英美证据法的基本知识。

1936 年，周荣撰写的《证据法要论》是一部系统研究证据法学的专著，不仅涉及大陆法系及英美法系证据法的基础理论，而且对中国的判例作了初步的研究。该书较为全面地搭建起了证据法学的基本框架，全书包括 11 章，分别是证据之意义、系争事实与关系事实、举证责任、免证之事实、证据调查、人证、鉴定、书证、勘验、证之保全、证之评判。

1948 年，东吴大学法学院的盛振为编著并出版了《证据法学》一书，作为大学通用教材。全书分为证之通则、证之方法、证之保全、证之辩论。第一编包括举证责任、免证制度、证据调查三章。第二编包括人证、鉴定、书证、勘验、情状证五章。第三编包括民事上证据保全程序和刑事上证据保全程序两章。第四编包括讯证程序、证据辩论、评证标准、证供图解四章。全书体系完整，有诸多比较法的内容，并配有实例分析及法院民刑判决书。

以今日视角观之，无论是体系上还是内容上，民国时期证明理论的现代化程度均达到较高水平。这是因为自清末修律以来，我国法律制度和学理的发展更新主要依靠的是法律移植，直接汲取外国改革的最新成果，自然将一系列先进的证据法理念和规则引入国内。如此法律移植极大地丰富了民事证据法的学术理论，对于增加新认识、扭转旧观念意义非凡。当然，我们也应当认识到，民事证据理论的现代化进程并不是连续的、渐进的，而是跳跃的、激进的。在彼时中国的社会环境下，大幅度地照搬国外证据制度其实意味着国内理论与实践的断裂，法律观念与社会观念也会出现严重脱节。当法律文本及学术观点远远超前于一般的社会认知时，它们能在社会生活中收获多大的认同，又能在司法实践中发挥多大的实效，就必须打上问号了。

中华人民共和国成立后，民国时期基于外国证据立法形成的诸多学术观点遭到否定。在此后较长的一段时间内，受苏联的影响，我国法学研究将很大一部分的注意力放在批判资本主义法学上。改革开放以后，证据法学研究的局面才逐步打开。民事诉讼证明研究真正得到推进，始于 20 世纪 90 年代学者们要求差别对待民刑证明的努力。20 世纪 90 年代开始，审判方式改革的重点是弱化法院职权主义和增强当事人主义，从而导致民事诉讼证明经历了从观念到制度的深刻转型。为回应现实需要，学术界针对证明目的、证明标准、举证责任、证据规则、自由心证等诸多问题展开讨论，产生了诸多高水平的研究成果。

经过 10 余年的努力，学术界对民事诉讼证明领域内的重大理论问题已经达成基本的共识，不过民事诉讼证明研究的热潮并未褪去，研究者仍力图在通说创造的平台上进一步对话。与此前相比，事无巨细的铺陈式研究转变为集中式研究、具体型研究，其焦点主要在于证明责任分配领域、证明责任减轻领域等等。另外，学理研究的方法也从单一走向多元，价值分析、规范分析、实证分析以及法社会学分析等方法在近年研究成果中均有运用。当前研究亦反映出数字时代下人工智能、大数据等技术背景的渗透，如事实认定智能化、大数据证明等[1]，此外亦涉及证据调查阶段与争点整理等庭审技术问题。[2]

近些年来，学界开始进行民事诉讼证明体系化方面的研究。我国有关民事诉讼证明或者民事证据法的著述，多按照总论、证明论和证据论展开论述。有学者根据诉讼证明逻辑，按照民事诉讼证明总论、证明什么、用何证明、由谁证明和

---

① 参见王琦：《民事诉讼事实认定的智能化》，载《当代法学》，2021（2）；王燃：《大数据证明的机理及可靠性探究》，载《法学家》，2022（3）。

② 参见李凌：《集中审理视角下民事证据调查阶段化研究》，载《中外法学》，2023（2）；占善刚：《证据保全"保全化"之反思》，载《当代法学》，2022（2）；李凌：《论民事庭审证据调查范围之确定》，载《法制与社会发展》，2021（5）。

证明程序的基本构架展开论述，以此促成民事诉讼证明法理的体系化。[①] 证明程序大体包括严格证明程序与自由证明程序，在下文民事诉讼证明的分类、争讼程序和非讼程序部分均有阐释，在本部分不再赘述。

二、证明总论

（一）民事诉讼证明的分类

在现代民事诉讼中，根据证据裁判原则，证明就是用证据来明确、说明或表明，而司法证明就是司法人员或司法活动的参与者用证据说明和表明案件事实存在与否的活动。[②] 通常认为，民事诉讼证明包括证明的过程和证明的结果，是指在民事诉讼中依法运用证据来确认案件事实真伪的过程或者结果。

在大陆法系，就证明的过程和程序来说，将（广义的）民事诉讼证明分为严格证明与自由证明；就证明的结果和标准来说，将（广义的）民事诉讼证明分为完全证明与疏明。对此，下文根据相关著述综述如下。[③]

1. 严格证明与自由证明

以是否利用法定的证据种类并且是否遵循法定的证明程序为标准，诉讼证明分为严格证明与自由证明。

严格证明是指应当利用法定的证据种类并且应当遵循法定的争讼证明程序所进行的证明。"法定的证据种类"包括当事人的陈述、书证、物证、视听资料、电子数据、证人证言、鉴定意见和勘验笔录（《民事诉讼法》第 66 条）。严格证明程序（包含在争讼程序中）包括：提供与交换证据（主要存在于审前准备阶段）；当事人质证与法官认定证据（存在于法庭调查阶段）；当事人辩论与法官采信事实（存在于法庭辩论阶段）。

严格证明是以慎重的程序来确认案件事实的真实性，即在合乎法治原则的程序中发现真实。若未遵循公开审理、直接言词等原则，未保障原告与被告之间的平等对抗或者未经双方当事人质证与辩论程序（对审原则），则应当构成上诉和再审的理由。

---

① 参见邵明：《民事诉讼法学》，257-336 页，北京，中国人民大学出版社，2007；邵明：《正当程序中的实现真实——民事诉讼证明法理之现代阐释》，前言 3-4 页，北京，法律出版社，2009。

② 参见何家弘：《论司法证明的目的和标准——兼论司法证明的基本概念和范畴》，载《法学研究》，2001（6）。

③ 主要有：邵勋、邵锋：《中国民事诉讼法论》，下卷，高珣、刘志欣、林虹勘校，495 页，北京，方正出版社，2005；邵明：《民事诉讼法理研究》，236-238 页，北京，中国人民大学出版社，2004；占善刚：《论民事诉讼中之自由证明》，载《法学评论》，2007（4）；邵明：《正当程序中的实现真实——民事诉讼证明法理之现代阐释》，57-65 页，北京，法律出版社，2009；张卫平：《民事诉讼法》，6 版，276 页，北京，法律出版社，2023；等等。

与严格证明不同，自由证明无须运用法定的证据种类或者无须遵循严格证明程序，侧重于证明的快捷性以避免诉讼迟延。自由证明时，证据是否在法庭上出示，出示以后用什么方式调查，往往是由法院自由裁量。自由证明无须遵循如严格证明那样的程序，即自由证明无须遵循公开审理和直接言词等原则、证据交换规则、双方当事人质证与辩论程序等。自由证明虽无须运用法定的证据种类但也不排斥运用法定的证据种类，除证据证明外还有其独特的证明方式（比如宣告自然人死亡案件中，以公告方式确定自然人是否死亡的事实）。

2. 完全证明与疏明（或释明）

以是否需要使法官心证达到确信为标准，证明分为完全证明（狭义证明）与疏明（或释明），即广义证明包括完全证明和疏明（或释明）。对于日本和德国等国的"疏明"，我国台湾地区称为"释明"。完全证明与疏明（或释明）都属于证实行为，但完全证明标准高于疏明标准。

完全证明是指让法官"确信"案件事实为真的证明，其标准在我国和大陆法系民事诉讼中通常表述为高度盖然性。疏明（或释明）是指法官根据有限的证据可以"大致推断"案件事实为真的证明，采用优势盖然性标准（大致真实）。疏明（或释明）多使用立即利用的证据（例如申请正在法庭上的人作证，提出现在所持有的文书等）[1]，也可以运用法定种类的证据。

对于"疏明"或"释明"，我国现行法律和司法解释使用的是"说明"。比如，《民事诉讼法》第48条规定：当事人提出回避申请，应当说明理由。第68条规定：当事人逾期提供证据的，法院应当责令其说明理由。对于"疏明"或"释明"，我国现行法律和司法解释也有使用"证明"一词。比如，《民法典》第997条规定对"人格权侵害禁令"申请理由的"证明"。[2]

---

① 比如，《德国家事事件与非讼事件程序法》第31条规定："对事实主张应当疏明的人，可以使用一切证明手段，也允许使用代宣誓的保证。在疏明中，不允许无法即时进行的证据调查。"

《日本民事诉讼法》第188条规定："疏明，应以能即时调查的证据进行。"《德国民事诉讼法》第294条规定："（一）对于某种事实上的主张应该疏明的人，可以使用一切证据方法，也准许用保证代替宣誓。（二）不能即时进行的证据调查，不得采用。"

当疏明缺乏证据时，《德国家事事件与非讼事件程序法》第31条规定：法院根据情况允许当事人以寄存保证金或者宣誓替代自由证明或者释明，若以后发现其所主张的事实是虚假的，则没收保证金或者处以罚款。《日本旧民事诉讼法》第268～270条规定了以上做法。不过，在日本，由于实务中几乎不适用以上规定，所以在1996年予以废止。参见 ［日］新堂幸司：《新民事诉讼法》，林剑锋译，373页，北京，法律出版社，2008。

② 该条规定："民事主体有证据证明行为人正在实施或者即将实施侵害其人格权的违法行为，不及时制止将使其合法权益受到难以弥补的损害的，有权依法向人民法院申请采取责令行为人停止有关行为的措施。"

3. 严格证明和完全证明的适用

虽然严格证明与自由证明的分类指向证明的过程，而完全证明与疏明的分类指向证明的结果，但是，由于诉讼证明过程与结果之一体性要求，严格证明与完全证明的对象（证明责任的适用对象）基本一致（均为民事争讼案件的实体事实），从而决定了两者对证据种类、证明程序和证明标准的要求也基本一致。

争讼案件的实体事实真实与否直接决定当事人的实体权益能否得到保护，为慎重起见，采用严格证明和完全证明。严格证明程序构成争讼程序的主要内容，对审原则要求在双方当事人之间质证和辩论的基础上作出实体判决，又称"判决程序"。

4. 自由证明和疏明的适用

立法上，对疏明的对象作出具体明文规定（旨在防止法院随意降低证明标准）。下列事项多为疏明对象：回避事由、诉讼费用额、诉讼救助原因、期间迟误原因、证人拒绝作证理由、证据保全理由、假扣押和假处分理由、假执行理由、辅助参加诉讼理由、公示催告理由、第三者请求阅览法庭记录的条件（第三者与案件有法律利害关系）等。

不过，立法上对自由证明的对象多未作出明文规定。通说认为，自由证明的对象主要有：（1）法官职权调查事项（比如诉讼要件、上诉要件、再审要件，需查明的经验法则、地方习惯、行业习惯等）；（2）无须言词辩论的程序事实；（3）官方答复的证据手段；（4）司法救助的决定等。[①]

有学者考虑到自由证明和疏明的合理性，建议我国民事诉讼法将来应当规定自由证明和疏明或者说明的适用对象，主要有[②]：

（1）法院裁定事项和及时救济事项（适用自由证明和说明标准）。为避免诉讼迟延，对程序事项适用证明标准较低的说明。亟须处理事项（证据保全等）、临时救济事项（财产保全和行为保全）和及时救济事项（人身安全保护令和人格权侵害禁令等）具有紧迫性，故对其事由适用说明。

（2）非讼案件事实（适用自由证明和完全证明标准）。非讼案件中不存在争议，多数情况下案情比较简单，所以非讼程序多简易快捷；非讼程序中不存在双方当事人言词质证和言词辩论程序，通常只需书面审查。非讼案件的非争议性和

---

① 参见 Rosenberg-Schwab，*ZPR*14. Aufl. S. p. 658；[德] 奥特马·尧厄尼希：《民事诉讼法》，周翠译，259 - 261 页，北京，法律出版社，2003。

② 参见邵明：《民事诉讼法学》，2 版，135 页，北京，中国人民大学出版社，2016。法院裁定事项、法院决定事项一般不宜作为证明责任的对象，应当作为释明责任的对象，即由提出利己事实的当事人，对此类事实承担提供证据加以释明的责任。

简单性决定了其只能或者只需适用自由证明，但是应当适用完全证明标准，否则可能作出实体错误的裁判。

（3）要求快速处理的决定事项（适用自由证明程序和说明标准）。比如，申请延长期间的理由、申请回避的理由、证人拒绝作证的理由、第三者请求阅览法庭记录的条件（第三者与案件有法律利害关系）、妨害民事诉讼行为的事实[1]等。这些事项一方面需要快速处理，另一方面不存在争议的对方当事人，所以适用自由证明程序和说明标准。

（4）经验法则、地方习惯、行业习惯等作为实体争议事项，争议不大的，仅需自由证明（但应遵循完全证明标准）；争议较大的，应当适用严格证明和完全证明标准。

自由证明程序无须遵循对审原则，不以当事人言词质证和言词辩论为必要或者无法适用当事人言词质证程序和言词辩论程序，所以外国民事诉讼中又称之为"裁定程序"。

严格证明与完全证明的事项只能采用严格证明和完全证明标准，否则，将构成上诉和再审的理由；但是，对于自由证明和说明的对象，即使采用严格证明和完全证明标准，也不违法，不过，会产生诉讼迟延、提高诉讼成本。

（二）民事诉讼证明目的论

民事诉讼证明的目的与标准是两个密切相关的概念，何家弘曾撰文详述司法证明目的与司法证明标准，可以为理解民事证明目的与民事证明标准的关系提供参照。他指出，司法证明的目的是就行为过程而言的，而司法证明的标准属于衡量司法证明结果的准则。两者的关系表现为：首先，证明目的是确立证明标准的基础或依据；证明标准是证明目的的具体化。其次，证明目的是贯穿在整个诉讼过程中的，是证明主体始终要追求的目标；证明标准则主要是司法人员在作出判决等决定时考虑的问题。再次，在整个诉讼过程中，证明的目的应该是贯穿始终的，是不发生变化的；但是，在不同的诉讼阶段，证明的标准可以有所区别。最后，证明的目的在各种案件中都应该是一样的；但是，在不同种类的案件中，证明的标准可以有所不同。[2]

厘清民事诉讼证明的目的，对于制定和解释民事证据法具有非常重要的指导意义。有研究者将民事证据法的目的划分为两个层次：第一层次的目的是发现真

---

[1]　处以罚款或者拘留的，应当适用完全证明，通常是高度可能性标准。

[2]　参见何家弘：《论司法证明的目的和标准——兼论司法证明的基本概念和范畴》，载《法学研究》，2001（6）。

实，属于根本目的和主要目的；第二层次的目的包括了程序公正、诉讼效率、解决纠纷、保护其他权益，属于非根本目的或次要目的。当不同目的出现冲突时，一般应当把有利于发现真实作为首选价值来考虑，同时，应通过相互妥协和让步，求得多元目的的最佳实现。① 总的来说，发现真实是民事诉讼证明的根本目的乃至民事证据法的根本目的，并未引发争议，只不过我国的民事诉讼应采纳何种"真实观"，其答案既因时而异，又因人而异。

（1）相对真实观

民国时期，虽然未将"真实观"列为有待讨论的问题，但是基本采纳的是一种"相对真实观"的立场，并不主张将追求客观真实作为诉讼证明的目的。如石志泉在《民事诉讼法释义》一书中指出，"法院本于证据致某事项明显，谓之心证。法院之心证，只须为相对之真实，毋庸为绝对之真实；盖关于民事诉讼之证据，断难如数理上之证据，使得信为与客观之真实一致，仅可如历史上之证据，使得依普通之经验，主观信为真实而已"。而这种主观意义上的"信为真实"亦有强弱之别，法院通常须有强固之心证，但有特别规定时，只有薄弱之心证已足。这里，所谓的强心证，是法院依据普通经验判断某事项确系如此者；所谓的弱心证，则是就某事项怀一薄弱之观念，认为普通经验上大概如此者。② 由此可见，"相对真实观"是建立于法官的主观判断的基础上，而这种主观判断大体依靠社会普通经验作出。

有学者认为，从应然的角度来说，民事诉讼不应放弃"客观真实"（绝对真实）的理念；从能为或者实然的角度来说，法院判决所依据的真实事实是客观真实的"折扣"，属于与客观真实有差距的"法律真实"（相对真实），即法律上的真实，是"法律"（合法性）与"真实"（真实性）的整合。法律真实系指法院判决所依据的案件事实应当符合实体法和程序法的有关规定，达到从法律的角度来衡量为真实的程度。其主要根据有③：

1）认识论方面的根据。法院判决所依据的真实事实，是当事人证明的结果和法官认知的结果，是客观事实转化为当事人和法官主观认识的事实。法谚云："法律为未来作规定，法官对过去作判决。"诉讼证明属于历史证明，在证据裁判原则之下，是运用证据来证明过去发生的案件事实。

诉讼证明既然是主观认识和历史证明，就必然受到主、客观因素的制约，比

---

① 参见李浩：《民事证据法的目的》，载《法学研究》，2004（5）。
② 参见石志泉：《石志泉法学文集》，邵明、周文、曹文华点校，301 页，北京，法律出版社，2014。
③ 参见江伟、邵明主编：《民事证据法学》，2 版，8-10 页，北京，中国人民大学出版社，2015。

如认识主体的利益偏向、科技水平和认识能力、证据的灭失变异、证据遗存的偶然、语言的多义或者语义的模糊等，均能导致诉讼证明不能完全恢复案件事实的本来面目。即便是科学领域也只存在相对真理，更何况诉讼证明还受制于其他因素（比如法律规定和诉讼程序等）。

2）实体法方面的根据。法院判决所依据的事实是经过法律评价或者被"过滤"过的案件事实，即"裁判事实"或者"规范事实"。民事诉讼的严格规范性要求法官根据实体法规范构成要件，对错综复杂、繁多凌乱的客观事实进行整理，使其完整化、连贯化、条理化、明晰化而载于判决之中，从而作为法院判决当事人胜诉或者败诉的根据。

"法律不理会琐细之事。""法官不理会琐细之事。"这两句法律格言的意思是，法律不规定和法官不考虑过于轻微或者琐细的事项，而规定和处理法律价值和社会意义较为重大的必要事项。由此，实体法关注规范构成要件事实，比如对于一般侵权损害案件，法律和法官关注的是侵权损害赔偿的构成要件事实和抗辩事实。

3）程序法方面的根据。客观事实转化为裁判事实，应当经过诉讼证明的过程。在诉讼证明的过程中，当事人主张事实、证明事实与法官采信事实均受制于诉讼证明的价值、原则和规则。这些价值追求和原则、规则一方面维护真实的实现，另一方面为维护更高的价值利益而不得不放弃或者限制某种真实。

维护既判力原则和非法证据排除规则、证言豁免规则等，为实现更高的价值利益，而不得不在一定程度上牺牲真实。诉讼不能为实现真实而不计成本，这就需要谋求真实和效率之间的均衡。同时，虽然处理私人纠纷的民事诉讼，尊重当事人的处分自由，将主张事实和提供证据交由当事人负责和处分，但是当事人可能没有主张全部事实或者提供全部证据。

根据民事诉讼或者法院判决的正当性要求，作为判决依据的事实应当是值得当事人和一般人认为是真实的案件事实。在统计意义上，法律真实在多数情况下若不能与客观真实基本一致，判决所依据的法律真实标准就会失去正当性。从常识的角度来看，如果一种诉讼制度或证据制度不能保证大部分案件中所认定的事实是高度真实的话，那么该制度恐怕很难长久地存立下去。[1] 事实上，诉讼原则、证据规则、证明规则和证明程序，均是围绕着使裁判事实尽可能地接近客观真实来设立的。

（2）从客观真实观到法律真实观

自中华人民共和国成立以来，在实事求是的司法理念下，"客观真实观"在

---

[1] 参见王亚新：《社会变革中的民事诉讼》，55 页，北京，中国法制出版社，2002。

我国证据理论中长期占据主导地位，这既与超职权主义的诉讼模式相匹配，也是国家本位思想在民事诉讼中全面渗透的体现。直至 20 世纪 90 年代，我国的主流观点均认为民事诉讼和刑事诉讼都以查明案件客观事实为目标，也即"司法机关所确定的事实，必须与客观上实际发生的事实完全符合，确定无疑"[①]。具而言之，"客观真实观"首先要求据以定案的证据均已查证属实；其次，案件事实均有必要的证据予以证明；再次，证据之间、证据与案件事实之间的矛盾得到合理排除；最后，得出的结论是唯一的，排除了其他的可能性。[②] 就此，我国有学者评论指出，这种发现客观真实的价值在我国民事诉讼中具有特有的正当性。在 20 世纪后半叶，彻底查明案件真相以及该命题中包含的按照其本来面目认识反映客观真实的要求，是我国民事审判的理想，构成我国民事诉讼正当化机制中不可或缺的部分。只不过，围绕发现真实的问题，90 年代的审判方式改革已经在诉讼审判的实际运作中冲击了原有的正当化机制，并刺激理论界对于既成的正当性原理提出正面挑战。[③]

在质疑"客观真实观"的过程中，应运而生的"法律真实观"似乎具有更强大的解释力和包容力。所谓"法律真实"，"是指人民法院在裁判中对事实的认定遵循了证据规则，符合民事诉讼中的证明标准，从所依据的证据看已达到了可视为真实的程度"[④]。

（3）围绕法律真实观的争议

"法律真实观"是以诉讼证明传统的"反叛者"的面貌出现的，其在开始扎根之际便面临了较大的阻力，甚至有人直接质疑法律真实这一概念的真伪。[⑤] 在诸多反对"法律真实观"的论述中，有学者指出，"法律真实观"将其任务定位于操作性的层面，忽略了辩证唯物主义的反映论和可知论，容易陷入相对主义的泥潭。在此基础上，他们提出以辩证唯物主义来对"客观真实观"进行修正，修正后的"客观真实观"的内涵有三：首先，法官对案件的认识必须以案件事实为基础，而不可主观臆断；其次，在终极的意义上，承认案件事实是可以认识的，诉讼制度应以发现案件事实为基本目标；最后，在具体诉讼过程中，遵循法定诉

---

① 巫宇甦主编：《证据学》，78 页，北京，群众出版社，1983。

② 参见陈一云主编：《证据学》，117 页，北京，中国人民大学出版社，1991。

③ 参见王亚新：《民事诉讼与发现真实——基于一种法社会学视角的分析》，载《清华法律评论》，1998（第 1 辑）。

④ 李浩：《我国民事证明制度的问题与原因》，载王利明等编：《中国民事证据的立法研究与应用》，161 页，北京，人民法院出版社，2000。

⑤ 参见张继成、杨宗辉：《对"法律真实"证明标准的质疑》，载《法学研究》，2002（4）。

讼程序得出的符合法定证明标准的事实，应当作为法官裁判的基础事实。①

此外，不同于那些在客观真实和法律真实之间二选一的思维方式，何家弘则提出了"司法证明的目的是客观真实，司法证明的标准是法律真实"的论断，他将"客观真实观"和"法律真实观"的分歧主要归咎于概念使用上的不统一，即"事实"与"真实"的混淆以及"目的"和"标准"的混淆。②

针对"法律真实观"的争议集中出现在 2000 年前后，经过多回合的观点交锋，并且伴随着《证据规定》在 2002 年的出台，"法律真实观"的通说地位基本尘埃落定。此后，学术界依然有零星的声音为"客观真实观"辩护③，但其论据大体上没有超越先前论争的范围。

其中，引人注意的是，王福华在批评"法律真实观"下的证明标准偏低、缺乏普遍认同之后，继而以社会化的民事诉讼为框架，提出了"社会化真实观"。这就是强调案件的真实应当注重内在性和实体公正，在诉讼效率基础上追求实体事实，而不应在实体真实与程序真实④之间进行取舍，其实实体真实与程序真实标准根本难以区分。在此意义上，"社会化真实观"对实体真实标准和程序真实标准采纳了双双批判的立场，有学者认为：一方面，客观真实是无法达到的；另一方面，现今强调的"程序真实"又可能带来法官怠于查明事实、案件审理质量下降、司法权威受损、诉讼欺诈有机可乘等负面后果。由此，"社会化真实观"倾向于取消实体真实与程序真实的划分，并且认为我国在规范意义上没有实体真实与程序真实之分，只是笼统地强调了案件真实，这与"社会化真实观"是一致的。

比如，《民事诉讼法》及其司法解释没有确认证人享有证言拒绝权，这意味着，发现真实的目标比程序保障及某些社会价值更重要。再如，《证据规定》曾确立了严格的证据失权制度，但因为过于严苛而难以适用，《民事诉讼法》（2012年）则通过第 65 条加以缓和，这同样反映出我们对社会化真实观的需要——不能以纯粹的程序正义之名否定实体真实，发现实体事实相对于程序保障和诉讼效率更为重要。⑤ 不难发现，"社会化真实观"虽然否定实体真实与程序真实的标

---

① 参见江伟、吴泽勇：《证据法若干基本问题的法哲学分析》，载《中国法学》，2002（1）。

② 参见何家弘：《司法证明的目的是客观真实，司法证明的标准是法律真实》，载陈光中、江伟主编：《诉讼法学论丛》，第 7 卷，北京，法律出版社，2002。

③ 比如，汪祖兴、欧明生：《试论诉讼证明标准的客观真实与一元制》，载《现代法学》，2010（2）；张永泉：《客观真实价值观是证据制度的灵魂——对法律真实观的反思》，载《法学评论》，2012（1）。

④ 在社会化真实观的论证中，论者将"实体真实"与"客观真实"相等同，将"程序真实"与"法律真实"相等同，本文引用内容遵从其原文中"实体真实""程序真实"的表述。

⑤ 参见王福华：《民事诉讼的社会化》，载《中国法学》，2018（1）。

准，但自身似乎未能逃出实体真实的范畴，该观点实质上面临着与"客观真实观"类似的困境。与此同时，就如何落实"在诉讼效率的基础上追求实体事实"这一目标，如果"社会化真实观"不能进一步给出明确的解答，那么其对实体真实的推崇可能只会停留于口号式的倡导。

(三) 民事诉讼证明标准研究

1. 民事诉讼证明标准的含义

民事诉讼证明标准，也称民事诉讼的证明度，是指当事人提供证据对案件事实真实性的证明应当达到的程度或要求，也是法官确定案件事实是否真实的标准。证明标准既设定了当事人进行诉讼证明的目标，又代表了法院进行证据评价的依据，构成证据提出和事实认定两个阶段之间的"关节"，有承前启后的重要意义。

有学者将证明标准的基本特性概括为无形性、主观性与客观性、法律性、模糊性、最低性。具体来说：

(1) 无形性是指证明标准看不见、摸不着，人们虽然可以感觉它、分析它、研究它、根据司法实践的经验和不同诉讼的性质从理论上描述它，但无论如何都无法将其有形化。

(2) 主观性与客观性是指对证据的分析、评价、判断无论如何也离不开裁判者的认识活动，但是证明标准并非纯主观的，其形成与存在有其客观的基础，它来源于人们对诉讼活动中证明规律的认识，来源于审判实践，还来源于法律规定。

(3) 证明标准的法律性源于司法实务统一适用证明标准的需要。在诉讼中，必须有一个统一的标准来指导裁判者对事实的认定，来审查和检验裁判者对事实的认定是否正确。

(4) 证明标准不具有精确性。无论是"内心确信""无合理怀疑""确实、充分"，还是"高度盖然性""优势证据"，都是具有相当模糊性的标准，它们究竟是一种什么样的状态，怎样才算达到上述证明要求，以上种种标准本身并不能给出确切的答案。

(5) 所谓最低性，是指证明标准为法官在诉讼中认定事实设定了一条底线，若证据的证明力达到或高出这条底线，即便还未形成百分之百的确信，就可以认定负有证明责任的一方当事人所主张事实为真实，而如果低于这一底线，就需要把事实归入真伪不明状态。①

---

① 参见李浩：《证明标准新探》，载《中国法学》，2002 (4)。

由于证明标准的无形性、模糊性等特征，真正将证明标准的尺度描述清楚，属于证据法领域内公认的难题。所以，与如何建构证明标准的问题相平行，有关建构的可能性的疑问也被抛出，不同学科的学者围绕"证明能否标准化"曾展开了激烈的讨论。

以张卫平为代表的学者主张建构之不可能，他总结出"高度盖然性"标准使用的两个路径——细化（试图使盖然性这一抽象化标准能够具体化）或客观化（试图使证明度能够摆脱证明判断者的主观意识），但同时认为这些努力都只能归于失败。因为相对于个案而言，即使再细化的划分也都是抽象的和不确定的，而无论如何细化，确定盖然性处在何种层次仍然需要人们的主观判断。证明标准既然是主观的判断，就无法以外在的标准加以制约，否则就必须排除主观的认定。可是，证明标准之所以能成为标准，就是因为是具体的、外在的尺度。因此，作为一种确定的、统一的、具有可操作性的证明标准的建构只能是"乌托邦"。① 此外，由于坚信"不具体的标准，不具有可操作性的标准，就不是标准"，王敏远同样站在了否定"证明可被标准化"的立场上。②

也有不少学者专门撰文反驳"证明标准建构之不可能"。比如何家弘指出，标准是可以有不同层次的，标准的抽象和具体也是相对而言的，司法证明的标准也可以有不同的层次：（1）客观真实与法律真实所强调的是证明标准的性质，可以视为第一层次或最为抽象的标准；（2）证据确实充分、排除合理怀疑、高度盖然性、优势证据等是关于证明标准的不同表述，属于第二层次的证明标准；（3）具体的、明确的、可操作的标准属于第三层次的标准。与张卫平、王敏远的观点显著不同的是，何家弘认为第一层次、第二层次的标准也是标准，并且有其存在的必要性。至于第三层次的证明标准，既包含了单种证据的采信标准，也包括全案证据的采信标准。在具体案件中，无论是单个证据的采信还是全部证据的采信，都必须从证据能力和证明力两个角度进行考查。尽管我们还不能就所有证据采信问题都制定出具体明确的标准，但是分别或部分地建构第三层次的证明标准不仅可能而且必要。③

2. 独立的民事诉讼证明标准

民事诉讼证明标准和刑事诉讼证明标准在民国时期便已经得到差别对待。民

---

①　参见张卫平：《证明标准建构的乌托邦》，《法学研究》，2003（4）。

②　参见王敏远：《一个谬误、两句废话、三种学说》，载王敏远编：《公法》，第4卷，228－230页，北京，法律出版社，2003。

③　参见何家弘：《司法证明标准与乌托邦——答刘金友兼与张卫平、王敏远商榷》，载《法学研究》，2004（6）。

事诉讼中，"通常凡主张者，提供证料证明后，对造并无反证，法院应认主张之一造证明为确当，予以有利之裁判。倘对造提出反证，然其证力不若主张者强固，则主张者犹可胜诉；倘对造所提出之证据，其证力与主张者相等或较为强固，则法院应判主张者败诉。至反证案件中，两造证力强弱相差之数，初不限于巨量之分别，稍胜或稍弱即足矣"①。

至于刑事诉讼案件的证明标准，则总体上高于民事诉讼案件，也即"凡主张被告有罪者，其证力须极为强固。倘有罪之证力较无罪之证力为薄弱，或证力相等，或稍为优胜，则法院应认此有罪证据未足证至'使常情起信而远疑'也。盖刑诉上推定被告为无罪者，除主张有罪之一造，能确切证明其犯罪行为外，法院不得凭稍为较胜之证力而判为有罪也。此刑事与民事案件中证明程度之不同点也"②。

中华人民共和国成立后的大多数时间里，被法学界奉为定论的却是"一元证明标准"，即刑事、民事和行政案件的证明标准完全相同，都必须达到同一程度的"确实、充分"。实际上，确立这种"一元证明标准"与"客观真实观"的盛行有着密切联系，而在后续反思"客观真实观"的浪潮中，"一元证明标准"也遭受到实质性的质疑。

20世纪90年代中后期，理论上从刑事和民事诉讼的性质差异、刑事和民事证据的不同规定、审判实践中的区别对待以及外国的制度经验出发，论证了差别对待刑事和民事证明标准的理论依据、法律依据和实践依据等。③ 有学者指出，一概要求诉讼证明以客观真实为标准，是与我国强职权主义一脉相承的，建立二元诉讼证明标准是民事诉讼中加强当事人举证责任和促进庭审改革的必然要求，也是适应市场经济所必须。④

3. 民事诉讼的一般证明标准

即便"建构可能性"的问题一度处于争执中，更多的研究者早早开始摸索确定民事证明标准的依据或者方法。比如，有学者就影响和决定证明标准的因素作出了详细的分析：

（1）事实的重要程度，事实愈是重要，适用的证明标准就愈高。因此，实体法事实以及重要性高的程序法事实应当适用较高的证明标准，而重要性低的程序

---

① 东吴大学法学院编：《证据法学》，234 - 235 页，北京，中国政法大学出版社，2012。
② 东吴大学法学院编：《证据法学》，235 页，北京，中国政法大学出版社，2012。
③ 比如李浩：《差别证明要求与优势证据证明要求》，载《法学研究》，1995（5）。
④ 参见王圣扬：《论诉讼证明标准的二元制》，载《中国法学》，1999（3）；陈响荣等：《诉讼效益与证明要求——论在民事诉讼中应确立高度盖然性原则》，载《法学研究》，1995（5）。

性事实自然可以适用相对较低的证明标准。

（2）考虑诉权保障和防止滥诉，因为证明标准如果规定得过高，原告提起诉讼后常常因为不能够满足证明要求而被驳回诉讼请求，败诉的高风险会成为人们行使诉权的严重制约因素。但是，证明标准也不能定得过低，过低则可能诱发滥诉，原告能轻而易举地证明其主张的虚构事实，法官也不得不确认不真实的事实而满足原告的诉讼请求。

（3）诉讼效率因素，证明标准定得越高，真实的程度也越高，但诉讼成本也随之明显增加，因为为满足符合高度真实的证明标准，需要更多更充分的证据，而为了得到更多的证据需要投入更多的人力和物力。①

从更具体的层面上来看，民事证明应当采纳何种证明标准呢？20 世纪 90 年代中后期以来，主要存在以下几种观点：

（1）优势证据标准，即全案证据显示某个待证事实存在的可能性明显大于其不存在的可能性，法官应当根据优势证据认定这一事实。② 此外，还有学者基于民事诉讼的性质、目的论述了我国采用优势证据标准的原因，并且专门对优势证据标准的可行性进行了研究。③

（2）高度盖然性。有学者指出，优势证据标准虽然具有便于操作和运用的优点，但其不具有妥当性，因此主张以较高程度的盖然性作为民事诉讼的一般证明标准，这种标准如用百分比来说明，应当是 80％左右。④

（3）中等证明标准。有学者从民事证明标准与刑事证明标准对立的角度分析了民事证明标准的性质及英美法系国家的民事证明标准，指出我国民事证明标准改革的思路在于理性与现实性、应然与实然的统一，而证明标准的定位以盖然性权衡与排除合理怀疑标准之间的中等证明标准为妥。⑤

（4）多样的证明标准。还有研究者认为区分民事诉讼证明不应拘泥于某一证明标准，应结合案件的具体情况适用不同的标准。⑥ 持相似观点的学者认为，应考虑案件的性质、错误判定事实的社会后果、讼争利益的大小与司法资源和当事人诉讼成本的投入等因素，在不同类型的案件中适用不同的证明标准。⑦ 有学者

---

① 参见李浩：《证明标准新探》，载《中国法学》，2002（4）。

② 参见李浩：《差别证明要求与优势证据证明要求》，载《法学研究》，1995（5）

③ 参见王圣扬、孟庆保：《诉讼中"证据占优势"标准的可行性分析》，载《法学论坛》，2001（5）。

④ 参见陈响荣等：《诉讼效益与证明要求——论在民事诉讼中应确立高度盖然性原则》，载《法学研究》，1995（5）；李浩：《民事证据的若干问题》，载《法学研究》，2002（3）。

⑤ 参见牟军：《民事证明标准论纲》，载《法商研究》，2002（4）。

⑥ 参见郝振江：《民事诉讼证明标准》，载《现代法学》，2000（5）。

⑦ 参见赵钢、张永泉：《略论举证责任的适用条件》，载《现代法学》，2000（5）。

将案件的性质、重要性、发生的概率以及事实证明的难易程度等因素纳入考虑，其结论是一般的民事案件运用盖然性占优势证明标准；性质严重、重大和发生概率低的案件一般运用高度盖然性规则；某些特殊类型的案件（如医疗纠纷、交通事故和商品制作等的损害赔偿）可适用占优势标准。①

在 21 世纪初，学术界和实务界基本确定了"高度盖然标准"。将高度盖然性定位于"高"标准，充分尊重了中国法传统，毕竟"发现真实"在中国司法传统中地位至高无上，并成为中华人民共和国几十年民事司法最重要的正当性原理之一。② 相比较而言，英美法"优势证据"或"盖然性占优"的"低"标准，有深刻的对抗制诉讼文化背景。然而，中国传统上一直更强调法官发现真相的职责，在不具备英美法诉讼文化基础的情况下，优势证据或盖然性占优作为一般性标准很难被国人接受。③

就"高度盖然标准"的含义，学理上存在不同的表达。比如，有学者认为，它是指法官从证据中虽未形成事实必定如此的确信，但内心形成事实极有可能或非常可能如此的判断。④ 还有学者认为，"法官基于盖然性认定案件事实时，应当能够从证据中获得事实极有可能如此的心证，法官虽然还不能够完全排除其他可能性（其他可能性在缺乏证据支持时可以忽略不计），但已经能够得出待证事实十之八、九是如此的结论"⑤。此外，还有学者从概率的角度描述"高度盖然"的含义，也即接近真实的概率能达到 $85\%\sim95\%$。⑥

囿于证明标准本身的特性，要精确解释"高度盖然标准"中的尺度并不容易。近年来，也有学者转换了思考的角度，主张摒弃证明标准的客观化表述方式，回归大陆法系的"内心确信"模式，也即直接诉诸法官的内心感受。如此能够避开从外部视角界定证明标准的难题，至于由此留下的规范真空，则可经由司法判决的积累来逐渐填补。⑦

证明标准的研究不应以证明标准的规范表达为重点，而应考虑证明标准实际

---

① 参见江伟、吴泽勇：《证明标准》，载《中国法律年鉴》，2001（1）。

② 参见王亚新：《社会变革中的民事诉讼》，52 页，北京，北京大学出版社，2014。

③ 参见霍海红：《提高民事诉讼证明标准的理论反思》，载《中国法学》，2016（2）。

④ 参见江伟主编：《民事诉讼法》，4 版，225 页，北京，高等教育出版社，2013；张卫平：《民事诉讼法》，6 版，286 页，北京，法律出版社，2023。

⑤ 李浩：《民事诉讼证明标准的再思考》，载《法商研究》，1999（5）。

⑥ 参见王亚新、陈杭平、刘君博：《中国民事诉讼法重点讲义》，98 页，北京，高等教育出版社，2017；王亚新、陈杭平、刘君博：《中国民事诉讼法重点讲义》，2 版，129 页，北京，高等教育出版社，2021。

⑦ 参见吴泽勇：《中国法上的民事诉讼证明标准》，载《清华法学》，2013（1）。

呈现的制度功能。虽然证明标准旨在用客观标准指导主观活动，但在法官专司审判的民事诉讼中，真正能够制约法官事实认定的是判决书的事实说理，而不是某种证明标准的宣示。为此，研究者以德国法为范本展开了说明，指出德国法将民事诉讼证明标准定位于法官的内心确信，等于放弃了对证明标准进行精确化表述的努力。实际上，证据评价在德国证据制度中处于核心地位，而证明标准相对边缘，实际意义有限。其所谓的高度盖然，也并不是一个清晰、确定的概念，只是用来解释、说明内心确信的辅助性工具。与此同时，自由心证并非丝毫不受拘束，德国法又通过法官的事实说理义务来对事实认定过程施加约束。①

4. 民事诉讼的特别证明标准

虽然"高度盖然标准"作为民事诉讼的一般证明标准的地位已经得到承认，但这并不代表任何民事诉讼案件或者民事诉讼内的任何事项都适用该证明标准。比如，完全证明与疏明适用的证明标准理当有所差别，就此，民国时期的讲义中已有与现今理论论述相差无几的观点。也就是说，（完全）证明系指当事人提出关于实体法上系争事物之证据方法，使法院生强固心证之行为而确信其事物为真实者。疏明系指当事人提出关于程序法上系争事物之证据方法，使法院生薄弱心证之行为，仅大致信用该事物为真实者。② 具言之，降低程序事实证明标准是基于迅速处理特定的程序性事项、推进诉讼程序的内在要求所作的制度安排，对于与诉讼保全、回避等程序事项有关的事实，应适用疏明标准。③

通常认为反证的证明标准要低于本证的证明标准。本证当事人对利己案件事实的证明须使法官心证达到确信其主张事实为真的程度，但是，反证当事人推翻该案件事实的证明，使法官就对方主张事实的真实性的心证发生动摇，即致使该事实处于"真伪不明"状态，反证即告成功。④

我国民事诉讼司法解释还专门规定了适用"高证明标准"的情形，即针对欺诈、胁迫、恶意串通以及口头遗嘱或赠与的事实，适用"排除合理怀疑"的证明标准。但是，不少研究者对这种"排除合理怀疑"的证明标准表示了异议。有学者指出，这一规定错误理解了外国民事诉讼证明标准的层次化理论，混淆了民事诉讼与刑事诉讼的界限。拔高此类事实之证明标准的所谓"系根据实体法的立法

---

① 参见吴泽勇：《"正义标尺"还是"乌托邦"？——比较视野中的民事诉讼证明标准》，载《法学家》，2014（3）。

② 参见东吴大学法学院编：《证据法学》，5页，北京，中国政法大学出版社，2012。

③ 参见占善刚：《降低程序事实证明标准的制度逻辑与中国路径》，载《比较法研究》，2021（6）。

④ 参见邵明：《正当程序中的实现真实——民事诉讼证明法理之现代阐释》，79页，北京，法律出版社，2009。

意图""维护法律秩序的稳定、保障交易安全"等理由，实际上均难以成立。

在实践中，该标准的适用将会不适当地增加受害人或权利人的证明难度，并对相关民商事活动具有负面的导向功能。① 还有学者进一步指出，提高证明标准显示出对证明标准功能不切实际的期待，以规则提高标准的方式防范操作中的降低标准会引发规则指引的混乱。在高度盖然性的"高"标准确立并严格适用后，未来中国民事诉讼证明标准体系的作业应主要指向"降低"而非"提高"。②

5. 民事诉讼证明标准体系论

根据《民事诉讼法》第 177 条的规定，民事诉讼证明标准为"事实清楚"。至于"事实清楚"的具体判断标准，是由相关司法解释规定的。

有学者通过考察我国现行法律和司法解释的相关规定，认为我国已经建构起比较合理的证明标准体系，即不同的证明对象或者案件事实应当适用相应的证明标准，由高到低分别是排除合理怀疑、高度可能性、较大可能性、真伪不明和关联性。其中，高度可能性是民事诉讼通常证明标准，其他证明标准属于特殊标准，应由法律明文规定才能适用。③

（1）通常证明标准：高度可能性或者高度盖然性

《解释》和《新解释》第 108 条第 1 款规定："对负有举证证明责任的当事人提供的证据，人民法院经审查并结合相关事实，确信待证事实的存在具有高度可能性的，应当认定该事实存在。"该条款中，"确信"是指本案审判法官确信本案直接事实是"存在"或者"真实"的，"存在"或者"真实"的（最低）标准是"高度可能性"。

在我国和大陆法系，高度可能性或者高度盖然性是民事诉讼通常的证明标准。我国"高度可能性"相当于大陆法系"高度盖然性"，是指法官能够从证据中获得事实"极有可能如此"的心证，虽然还不能够完全排除其他可能性（其他可能性在缺乏证据支持时可以忽略不计），但是已经能够得出"待证事实十之八、九是如此"的结论。④

高度可能性标准适用于民事案件实体要件事实或者直接事实，既包括有利于原告（或上诉人）的民事权益产生的要件事实或者直接事实，又包括有利于被告

① 参见刘学在，王静：《民事诉讼中"排除合理怀疑"证明标准评析》，载《法治研究》，2016（4）。
② 参见霍海红：《提高民事诉讼证明标准的理论反思》，载《中国法学》，2016（2）。
③ 参见邵明：《民事诉讼法学》，2 版，137-138 页，北京，法律出版社，2016；邵明，李海尧：《我国民事诉讼多元化证明标准的适用》，载《法律适用》，2021（11）。
④ "可能性"与"盖然性"含义相同，"盖然性"是指某个事物存在或者发生的"可能性"，在英美法中均用 probability。

（或被上诉人）的民事权益妨害、阻却、消灭的要件事实或者直接事实。因为民事权益产生、妨害、阻却、消灭的要件事实或者直接事实均属法院判决的事实根据。从原告胜诉的角度来说，法院判决的事实根据包括民事权益产生的要件事实或者直接事实是真实的，并且民事权益妨害、阻却、消灭的要件事实或者直接事实不真实或者真伪不明。

高度可能性标准适用于要件事实或者直接事实的"本证"。"本证"是证明或者支持有利于证明责任承担者的案件事实，而"反证"是证伪或者反对有利于证明责任承担者的案件事实。通常情况下，原告提供本证证明权益产生事实（属于原告的证明责任），被告提供反证予以证伪（属于被告的权利）；被告提供本证证明权益妨害、阻却或者消灭事实（属于被告的证明责任），原告提供反证予以证伪（属于原告的权利）。当事人提供本证是其证明责任，而提供反证是其权利，由此决定了本证的证明标准高于反证（详见下文）。

对要件事实或者直接事实的证明，在高度可能性的范围内，还须根据案件性质的不同及证明难易程度的不同，合理调整证明标准。比如，人身权案件的证明标准通常高于财产权案件，因为从法律性质和意义上来说，人身权应比财产权受到更慎重的保护；为有效维护公共利益，对民事公益案件的要件事实或者直接事实，采取"实体真实主义"，其证明标准应当高于私益案件。[1]

通常情况下，用来证明要件事实或者直接事实的"间接事实"和本证的"辅助事实"应当适用与要件事实或者直接事实相同的证明标准。间接事实的主要作用是证明直接事实，本证的辅助事实是用来证明本证证据能力有无和证明力大小的事实，所以间接事实、辅助事实的证明标准唯有与其要件事实或者直接事实相同，才能保障要件事实或者直接事实的真实性达到证明标准。因此，高度可能性标准同样适用于用来证明要件事实或者直接事实的"间接事实"和本证的"辅助事实"。

（2）特殊证明标准一：排除合理怀疑

根据比例原则，涉讼民事权益的意义越重大，对其要件事实的证明标准就越高。许多国家和地区，对某些案件的证明标准要求高于通常的证明标准，比如我国确立了"排除合理怀疑"标准、美国确立了"明晰可信"（clear and convincing）标准等。

用以表述比高度可能性更高要求的证明标准，在可资参考的法律术语中，司法解释的制定者采用了"排除合理怀疑"。《解释》第 109 条规定："当事人对欺

---

[1]　参见邵明、常洁：《民事诉讼模式重述——以公益和私益为论述角度》，载《中国人民大学学报》，2019（6）。

诈、胁迫、恶意串通事实的证明，以及对口头遗嘱或者赠与事实的证明，人民法院确信该待证事实存在的可能性能够排除合理怀疑的，应当认定该事实存在。"《新证据规定》第 86 条第 1 款和《新解释》第 109 条均延用《解释》第 109 条的规定。

此外，《关于审理独立保函纠纷案件若干问题的规定》（法释〔2016〕24 号，现为法释〔2020〕18 号）第 20 条规定了"排除合理怀疑"标准，即"人民法院经审理独立保函欺诈纠纷案件，能够排除合理怀疑地认定构成独立保函欺诈，并且不存在本规定第十四条第三款情形的，应当判决开立人终止支付独立保函项下被请求的款项"。

在《解释》颁行之前，要求对某些特殊案件事实的证明应当达到排除合理怀疑程度的判例并不少见。① 比如，最高人民法院（2012）民提字第 153 号民事判决书表明：在本案中排除合理怀疑是对法官心证形成的要求。

在我国，对排除合理怀疑标准的规定和适用，虽有质疑②，但确有其合理之处，即一方面是出于证明标准规范与实体法规范相衔接的考虑，创设比高度可能性更高的证明标准，用以回应实体法对特殊要件事实真实性的更高要求；另一方面则是借鉴比较法经验，在我国民事诉讼中构建层次化的证明标准体系。

提高欺诈、胁迫、恶意串通事实的证明标准，反映了实体法相关规定的目的。发生了欺诈、胁迫、恶意串通的行为，就会产生相应的实体法效果，导致现有的法律关系被撤销或为无效，所以从维护法律秩序的稳定性、保障交易安全的民商事立法目的来看，需要对这些事实适用更高的证明标准。③ 此外，基于欺诈、胁迫、恶意串通的事实提起诉讼的，若法官对其真实性形成内心确信则判决撤销已经成立的民事法律行为或者判决其无效，被告可能面临更为严厉的刑事责任，所以应当对前述事实提出更高的证明标准。④

遗嘱对于家庭的重要性不言自明，而口头遗嘱往往是立遗嘱人在危急情况下

---

① 参见吴泽勇：《中国法上的民事诉讼证明标准》，载《清华法学》，2013（1）。

② 比如，霍海红：《提高民事证明标准的理论反思》，载《中国法学》，2016（2）；刘学在、王静：《民事诉讼中"排除合理怀疑"证明标准评析》，载《法治研究》，2016（4）；李益松：《论民事诉讼"排除合理怀疑"证明标准——以〈民事诉讼法解释〉第一百零九条为分析基础》，见贺荣主编：《深化司法改革与行政审判实践研究（上）——全国法院第 28 届学术讨论会获奖论文集》，北京，人民法院出版社，2017；李剑林：《提高民事证明标准正当性的经济学分析——以〈解释〉第 109 条为视角》，载《研究生法学》，2019（6）；等等。

③ 参见江必新主编：《新民诉法解释法义精要与实务指引》（上），231 页，北京，法律出版社，2015。

④ 参见牟军：《民事证明标准论纲——以刑事证明标准为对应的一种解析》，载《法商研究》，2002（4）。

口述的，往往没有事后可感知的载体以供确认，其真实性难以确定，所以口头遗嘱事实应当适用更高的证明标准以示慎重。口头赠与事实易于捏造，不可轻易认定；并且即使口头赠与事实未被法官认定，由于赠与这种无偿、单务的法律行为不需付出对价，对被赠与人来说损失的仅仅是期待利益和信赖利益，相对于赠与人来说，被赠与人的损失更容易接受。[1]

（3）特殊证明标准二：较大可能性或者优势盖然性

对事实真实性的要求，较大可能性或者优势盖然性比高度可能性要低。较大可能性标准在《新证据规定》第86条中表述为"（人民法院）认为有关事实存在的可能性较大的，可以认定该事实存在"。"较大可能性"相当于英美法系的"优势盖然性"，是指"事实的存在比不存在更有可能"，法官对事实的信任度达到或超过51％即可。

在英美法系，优势盖然性是普通民事案件要件事实（或者争点事实）的证明标准。在大陆法系，优势盖然性是疏明（或释明）的标准。根据我国现行法律和司法解释的相关规定和相关法理，较大可能性或者优势盖然性标准主要适用于说明对象（详见上文）和初步证明事项。下面简要阐释初步证明事项。

对于初步证据或者初步证明事项，我国现行法律和司法解释已有诸多明确规定。[2] 初步证据证明事项实际上就是初步证明事项，均应适用优势盖然性标准。其理由是适当减低原告（被害人）对民事权益产生的部分要件事实的证明标准或者证明难度，从而合理平衡双方当事人之间的利益分配。比如，《关于审理食品药品纠纷案件适用法律若干问题的规定》（法释〔2021〕17号）第5条第2款规定：消费者仅须初步证明损害与食用食品或者使用药品存在因果关系（但是食品、药品的生产者、销售者能证明损害不是因产品不符合质量标准造成的除外）。

通常，消费者很难证明"损害与食用食品或者使用药品存在因果关系"，所

---

① 参见江必新主编：《新民诉法解释法义精要与实务指引》（上），231-232页，北京，法律出版社，2015。

② 比如，《民法典》第1195条规定："网络用户利用网络服务实施侵权行为的，权利人有权通知网络服务提供者采取删除、屏蔽、断开链接等必要措施。通知应当包括构成侵权的初步证据及权利人的真实身份信息。网络服务提供者接到通知后，应当及时将该通知转送相关网络用户，并根据构成侵权的初步证据和服务类型采取必要措施；未及时采取必要措施的，对损害的扩大部分与该网络用户承担连带责任……"

有关初步证据或者初步证明事项，还有如下规定：《民法典》第831条和第1196条，《反不正当竞争法》（2019年）第32条，《关于审理侵犯专利权纠纷案件适用法律若干问题的解释（二）》（法释〔2020〕19号）第27条，《关于审理侵害信息网络传播权民事纠纷案件适用法律若干问题的规定》（法释〔2020〕19号）第6条和第13条，《关于适用〈中华人民共和国公司法〉若干问题的规定（四）》（法释〔2020〕18号）第7条第2款；等等。

以前款只要求消费者作出初步证明而无须达到高度可能性标准。作为实体判决的证明标准，"侵权行为与损害后果之间存在因果关系"通常应当适用高度可能性，但是这项标准对消费者来说较难达到，所以《关于审理食品药品纠纷案件适用法律若干问题的规定》第5条第2款规定仅须"初步证明"。不过，初步证明仅要求因果关系的真实性为较大可能性或者优势盖然性，则可能出现虚假因果关系的情形，所以《关于审理食品药品纠纷案件适用法律若干问题的规定》第5条第2款规定了除外情形。

法律和司法解释规定初步证据或者初步证明事项还有其他理由。比如，将"有公共利益受到损害或者具有损害公共利益重大风险的初步证据"作为提起公益诉讼的条件[①]，其主要理由是：应当慎重提起公益诉讼，防范滥用民事公益诉权。当然，"有初步证据"作为"起诉条件"，所应达到的标准即初步证明标准（较大可能性），应当不同于实体判决的证明标准（通常为高度可能性），否则会不当阻碍提起公益诉讼。

（4）特殊证明标准三：真伪不明

《解释》《新解释》第108条第2款规定："对一方当事人为反驳负有举证证明责任的当事人所主张事实而提供的证据，人民法院经审查并结合相关事实，认为待证事实真伪不明的，应当认定该事实不存在。"最高人民法院（2018）最高法民终37号民事判决书将该条款的规定作为举证责任的分配规则。不过，最高人民法院（2019）最高法民申5580号民事裁定书将该条款的规定作为反证的证明标准，实际上是反证成功的标准。反证的证明标准明显低于本证所应达到的标准（法官内心"确信"），条文用的是"认为"而非"确信"，并且条文明确规定反证的证明标准是"真伪不明"。

反证的证明标准为什么是真伪不明呢？民事权益产生要件事实是原告主张用来支持自己实体请求的。根据"谁主张谁证明"，对权益产生要件事实，原告承担证明责任，即不管被告是否反证，原告也应提供充足的本证，否则在案件审理终结时，其真实性没有得到证明（未达到证明标准）而处于"伪"或者"真伪不明"状态，法官就不予采信。若被告反证导致权益产生要件事实处于真伪不明状态，则反证成功，法官不予采信。

被告主张抗辩要件事实或者直接事实，以直接推翻原告的实体请求。根据"谁主张谁证明"，被告对其主张的抗辩要件事实应当提供本证，并且应当达到高

---

① 参见《解释》第284条、《新解释》第282条，《关于审理环境民事公益诉讼案件适用法律若干问题的解释》（法释〔2020〕20号）第8条，《关于审理消费民事公益诉讼案件适用法律若干问题的解释》（法释〔2020〕20号）第4条和《关于检察公益诉讼案件适用法律若干问题的解释》（法释〔2020〕20号）第14条等。

度可能性或者排除合理怀疑的标准，否则不被法官采信。如果原告反证使被告抗辩要件事实处于真伪不明状态，则原告反证成功，法官不予采信。

总之，承担证明责任的当事人对利己要件事实的证明（本证），应当使法官的心证达到确信其主张的事实为真实的程度，始属证明成功；不负证明责任的当事人为反驳对方事实主张所进行的证伪，只需使法官就对方所主张事实的真实性之心证发生动摇，导致该事实处于"真伪不明"的状态，则反证成功。可见，本证的证明标准高于反证。

（5）特殊证明标准四：关联性

根据《侵权责任法》第 66 条和《民法典》第 1230 条的规定，污染环境行为、破坏生态与损害之间存在因果关系，属于环境污染责任、生态破坏责任的构成要件，即属于原告请求权产生的要件事实，属于民事权益产生的要件事实。根据"谁主张谁证明"，前述因果关系应由原告主张并证明其存在，但是，《侵权责任法》第 66 条和《民法典》第 1230 条将因果关系倒置给被告证伪，即由被告证明"不存在"因果关系。

对《侵权责任法》第 66 条（现为《民法典》第 1230 条）因果关系举证责任倒置的规定，有"过分注重价值排序而忽略利益衡平"的质疑①，司法实务中也消极抵制适用。② 《关于审理环境侵权责任纠纷案件适用法律若干问题的解释》（法释〔2015〕12 号）第 6 条对因果关系证明作出了变通解释，即原告（被侵权人）应当提供证据证明"污染者排放的污染物或者其次生污染物与损害之间具有关联性"。③

上述第 6 条"关联性"的规定并未突破《侵权责任法》第 66 条和《民法典》第 1230 条对"因果关系"举证责任倒置的规定。此条规定旨在平衡原告与被告之间在因果关系上的证明负担，原告所要证明的"关联性"并非环境污染责任的独立构成要件，而是因果关系证明责任倒置规定的适用前提。因此，"关联性"的证明标准应当低于"因果关系"。"因果关系"的证明标准通常是高度可能性。为合理减轻原告（被侵权人）对环境污染责任、生态破坏责任构成要件事实的证明负担，平衡原告（被侵权人）与被告（侵权人）之间的利益关系，"关联性"

---

① 参见张宝：《环境诉讼侵权中受害人举证义务研究——对〈侵权责任法〉第 66 条的解释》，载《政治与法律》，2015（2）。
② 参见胡学军：《环境侵权中的因果关系及其证明问题评析》，载《中国法学》，2013（5）。
③ 《关于审理环境侵权责任纠纷案件适用法律若干问题的解释》（法释〔2015〕12 号）已被《关于审理生态环境侵权责任纠纷案件适用法律若干问题的解释》（法释〔2023〕5 号）废除。
《关于生态环境侵权民事诉讼证据的若干规定》（法释〔2023〕6 号）第 5 条第 1 款规定："原告起诉请求被告承担环境污染、生态破坏责任的，应当提供被告行为与损害之间具有关联性的证据。"

宜为低度盖然性。

一般认为，环境侵权中的因果关系可分为"常识型""科学确定型"和"科学不确定型"三种类型。对于第一种类型，如果原告完成对存在侵权行为和损害结果的证明，"关联性"的存在很容易确定，甚至已不证自明。① 对于后两种类型，"关联性"存在与否主要依靠鉴定意见来确定。② 如果依据鉴定意见中因果关系存在与否的结论来确定"关联性"，会导致对"关联性"的证明与对因果关系的证明完全混同，实际上是由原告承担对因果关系存在的证明责任。因此，对"关联性"的认定标准应当向原告适当倾斜，即除非鉴定意见以及环保机关的监测数据和检测报告等明确表明因果关系不存在，只要原告提供的证据指向因果关系有存在的可能，法官即可认定"关联性"的存在。

三、要件事实论

大陆法系和我国通常将案件事实分为要件事实（直接事实）、间接事实和辅助事实（补助事实）等，大体对应于英美法系的争点事实、与争点相关的事实和附属事实。间接事实或者与争点相关的事实、辅助事实或者附属事实均受直接事实或者争点事实支配。

（一）证明什么：要件事实或者直接事实

我国民事诉讼法学界关注到要件事实理论的时间较晚，这一概念实际上是伴随着证明责任分配的"法律要件说"进入研究者视野的。在民国时期的学术理论上，与要件事实有些许类似的概念叫作"系争事实"：一方面，一造当事人主张而对造当事人所否认或争执的；另一方面，如无书状辩论或为书状辩论所不详，则凡可认为构成请求原因或抗辩理由之事实，其请求或抗辩为一造所主张，对造所否认者，皆为系争事实。"系争事实"的概念主要来自确定证明对象的需要，不仅对于事实认定具有关键意义，而且得是双方争执之所在。③

要件事实论是以要件事实为基本分析概念的一套体系化的理论，是一套关于法官裁判、当事人攻击防御体系的知识，其逻辑起点在于大陆法系的实定法秩序。④ 还有学者指出，要件事实论本质上是民事实体法的解释论，其任务是从事实主张中提取诉讼标的，并以此为出发点将事实按照法律效果纳入请求原因事

---

① 参见陈伟：《环境侵权因果关系类型化视角下的举证责任》，载《法学研究》，2017（5）。

② 参见田亦尧、刘英：《环境侵权诉讼中关联性的证明责任》，载《法律适用》，2019（24）。

③ 参见周荣：《证据法要论》，12页，北京，中国政法大学出版社，2012。

④ 参见罗筱琦：《证明责任分配与要件事实理论——兼议我国传统民法规范的转换》，载《河北法学》，2006（9）。

实、抗辩事实、再抗辩事实等攻击防御体系中。因此，要件事实论所为的工作包括：抽出产生法律效果的法律要件、分配法律要件所对应的具体事实的主张责任和证明责任、规整主张的顺序（请求原因、再抗辩等等）。①

在要件事实的研究中，不仅有要件事实这个关键词，还时常会出现主要事实、直接事实、法律要件这三个概念，这在一定程度上造成了人们理解上的困难。本质上，理解中出现的不一致应当归结于各方给术语的定义不统一，更确切地说，在要件事实属于具体事实还是抽象要件这一问题上，存在着相反的观点。

第一种观点将要件事实看作具体的事实，同时将要件事实等同于主要事实。比如有学者认为要件事实的首要品格就是具体性，因为事实只有是具体的，才会对当事人或法官有实质意义，至于要件事实的具体程度，则根据事件的内容、性质不同而有所差异。② 有学者同样指出，法律要件必须是高度抽象化的，而要件事实是与法律要件相吻合的具体生活事实。例如在侵权关系中，法律要件细分为损害事实、加害行为、因果关系、过错四个方面，要件事实便是分别与这些要件相对应的事实。如此，鉴于要件事实与主要事实都是具体的生活事实，且两者都能够起到引起实体法上的权利发生、变更或消灭的效果，它们是对同一法律现象的不同称谓而已。③

第二种观点主张要件事实具有抽象性，这使其与带有具体特征的主要事实或直接事实区别开来。此一观点属于日本法学界的通说④，我国也有学者对其表示了认同，认为要件事实若是具体意义上的事实，则无法承载要件事实论指导当事人攻击防御的机能。实际上，作为法律构成要件被列举的事实（要件事实），有的是被抽象化的事实（在表述为"事实"的场合），有的则不是事实，而是一种评价性的概念（规范性的概念）。相较而言，主要事实是与作为法律构成要件被列举的事实（要件事实）相对应的事实，因为主要事实应当是能够称为审理对象的事实，而且必须是能够成为证明及直接调查对象的具体事实。⑤

从上述讨论中不难发现，这一系列的概念单单是为了给具体事实和抽象事实确定名义，术语的拥堵是引发概念混乱的重要原因之一。其实无论在哪种立场

---

① 参见段文波：《要件事实理论——兼论民事法学教育》，载《西南交通大学学报》，2012（3）。

② 参见段文波：《规范出发型民事诉讼判决构造论》，66－83页，北京，法律出版社，2012。

③ 参见李浩：《"直接证据"真的不存在吗？——与纪格非商榷》，载《中外法学》，2017（1）。

④ 不过，日本民事诉讼法学界对要件事实的认识，经历了从"主要事实说"到"构成要件说"的转变——以往将要件事实理解为主要事实，但现在的通说则对两者作出了区分。参见［日］高桥宏志：《民事诉讼法——制度与理论的深层分析》，林剑锋译，340页，北京，法律出版社，2003。

⑤ 参见章恒筑、夏瑛：《日本要件事实论纲——一种民事诉讼思维的展开》，载《法学家》，2005（3）。

下，都存在着概念的重叠：存在争议的是，要件事实到底等同于主要事实，还是等同于法律要件；而不存在争议的是，主要事实与直接事实完全同义。

事实上，在大陆法系和英美法系对要件事实或者直接事实早已形成高度共识。通常的理解是：要件事实或者直接事实直接导致某项民事权益产生、妨碍、阻却或者消灭；要件事实在案件中的具体化即直接事实（满足诉的具体化要求）[1]，比如环境侵权诉讼中，"加害行为"这一要件事实在本案中的具体化，即被告向外排放污水，为直接事实。[2]

通常，直接事实在起诉或答辩时主张，在法庭审理阶段可以适时补充。对直接事实通常应当采用严格证明（程序）和完全证明（标准）。对直接事实的证明途径主要有二：一是直接证明（利用直接证据来证明）；二是间接证明（通过间接事实来证明）。

间接事实是不能直接导致某项民事权利义务或者民事法律效果发生、妨碍、阻却或者消灭的事实，而是用来推导或者证明直接事实是否存在的事实。间接事实的主要作用在于，没有直接证据证明直接事实或者要件事实时，只得运用间接证据证明间接事实，多个相关的间接事实形成一个事实逻辑链，以证明直接事实是否存在。在民事诉讼中，利用间接证据认定案件事实的过程往往烦琐复杂。有学者认为可通过间接证明模型抑制事实认定者的主观随意性，同时促进诉审沟通，保障当事人充分行使其证明权。[3]

（二）当事人主张责任研究

民事诉讼中，原告（包括上诉人）或者申请人提出民事实体请求或者民事权益主张（比如，诉讼标的和诉讼请求、申请认定财产无主、债权人执行请求等）；于是，原告或者申请人主张（利己的）权益产生的要件事实或者直接事实，被告或者被申请人主张（利己的）权益妨碍（害）、阻却和消灭的直接事实或者要件事实；根据证据裁判原则，要件事实或者直接事实应当运用本证来证明，对方当

---

① 《民事诉讼法》第 177 条第 1 款第 3 项和第 207 条第 2 项等法律条文中有"基本事实"的名词。何谓基本事实，《解释》第 335 条和《新解释》第 333 条解释为："用以确定当事人主体资格、案件性质、民事权利义务等对原判决、裁定的结果有实质性影响的事实。"这一解释实际上不易理解，操作性也不高。《解释》和《新解释》第 91 条将基本事实与当事人之间民事法律关系的产生、变更、消灭或者权利受到妨害联系在一起，即基本事实是民事法律关系产生、变更、消灭或者权利受到妨害的事实；就内涵和效力而言，基本事实实际上就是要件事实。因此，笔者认为，应将"基本事实"理解为"要件事实"。

② 参见邵明：《正当程序中的实现真实——民事诉讼证明法理之现代阐释》，144 页，北京，法律出版社，2009。

③ 参见包冰锋：《民事诉讼间接证明的机理证成与模型应用》，载《法律科学（西北政法大学学报）》，2020（5）。

事人可以运用反证来证伪。

辩论主义与职权探知主义适用于（民事实体）要件事实或者直接事实及其证据，即法律通常是依要件事实在当事人之间分配主张责任和证明责任的。① 因此，要件事实及其理论发挥着沟通实体法与程序法的"桥梁"作用；同时，还能够发挥促进民事判决书改革、强化培养法律思维、推动我国民法典订立等积极作用。②

在大陆法系一些国家和地区，当事人双方主张事实和提供证据属于攻击、防御方法，均须受攻击、防御时限的制约，即当事人必须根据诉讼的进展状况适时主张事实和提出证据，但事实主张期限和证据提出期限并未被限制在起诉答辩（诉答）阶段。因此，立法上仅要求原告在诉状中载明使诉讼标的得以特定化或者能被识别出所需的最低限度的案件实体事实，与此相应的是理论上的"识别说"或者"具体化"理论。按照"识别说"或者"具体化"理论，原告在诉状中只需主张使本诉或者其诉讼标的得以特定化或者能被识别出所需的最低限度的权利产生直接事实，即原告在诉状中对诉的原因事实的记载可以具体地叙述原因事实，以至于可以与其他事实区别开来，并且该记载适合于用来说明原告诉讼请求的理由即可。此项要求与实体法说所理解的诉讼标的是一致的。至于原告支持其胜诉的案件事实或者说满足"事实主张充分性"或者"有理性"的事实，则可在以后的诉讼程序中适时主张。与"识别说"相对的是"理由记载说"，与"具体化"理论相对的是"实质性"理论。就"实质性"理论而言，要求原告在诉状中主张"能够推导出诉讼正当性结论所必需的"事实，即原告支持其胜诉的案件事实或者说满足"事实主张充分性"的事实。由于现行法通常允许原告补正其事实主张，所以"实质性"理论过激了。③

美国"通知起诉标准"仅需原告提出结论性主张，尽到对被告的公平通知义务即可，不需提供诉讼主张所依赖的具体事实。2007 年，联邦最高法院在 Twombly 案中首次提出合理起诉标准，要求原告起诉应提出具体事实，实现对诉讼主张的论证从"可能性"到"合理性"的转变。2009 年，Iqbal 案的判决主张将其适用于所有民事案件。合理起诉标准在美国的出现，虽具民事司法改革的

---

① 参见邵明、欧元捷：《论现代民事诉讼当事人的主张责任》，载《武汉大学学报（哲学社会科学版）》，2015（2）。

② 参见曾培芳、段文波：《要件事实论与民事判决书改革》，载《学海》，2007（1）；段文波：《要件事实理论——兼论民事法学教育》，载《西南交通大学学报》，2012（3）；罗筱琦：《证明责任分配与要件事实理论——兼议我国传统民法规范的转换》，载《河北法学》，2006（9）。

③ 参见占善刚：《主张的具体化研究》，载《法学研究》，2010（2）；段文波：《美日民事诉状比较及借鉴》，载《国家检察官学院学报》，2012（2）。

必然性和制度价值选择的合理性，但也造成当事人难以接近司法和规避联邦法院管辖等困境，应通过设定合理的标准将其适用范围限定在复杂民事案件中。所谓"合理起诉标准"，是指原告应当提出充分的事实表明其救济主张具有合理性，否则将被法院驳回。合理起诉标准的核心是原告主张事实的充分性和救济主张的合理性，即原告起诉时所提供的具体事实能够充分且合理地推导出其诉讼请求。在此意义上，"合理性"等同于"充分性"。按照合理起诉标准，原告应当主张的事实即为大陆法系中的要件事实。在美国，原告只有提出构成诉讼请求的所有要件事实，才能满足"充分性""合理性"的要求。如果该要件事实是抽象事实（如过错、不可抗力），还需原告提供能够推导出该抽象事实的间接事实。对于原告的起诉主张是否具有"合理性"的判断，本质上是一个法官自由裁量权的问题，且是一个在特定案件背景下实现的任务，法官需要运用利益衡平的分析方法，借助自身的司法经验和生活常识为之。①

作为诉的构成要素，起诉状应当载明诉因。至于被告，通常在答辩阶段主张抗辩直接事实。为保护当事人诉权并根据"先程序后实体原理"，在起诉阶段，我国应当采用大陆法系"识别说"或者"具体化"理论和美国的合理起诉标准，即原告在起诉状中主张的事实应当达到足以使诉特定的具体程度。② 在受理阶段，对于原告没有主张权益产生直接事实或者没有具体到"识别诉"的要求、显然违反主张一贯性要求等情形，经法院释明未予或者逾期补正的，为起诉条件不备。③

在审理阶段，当事人应当适时补足直接事实以满足"事实主张充分性或者合理性"的要求。当事人在审理阶段履行主张责任是为了赢得胜诉或者避免败诉，因此，在法庭最后言词辩论终结时，原告支持其胜诉的权益产生事实和被告推翻诉讼请求的抗辩事实应当满足"事实主张充分性或者合理性"的要求。满足此等要求的事实应当在审理阶段适时主张。在审理阶段，原告无正当理由未具体（或者充分）主张权益产生要件事实，且经法院释明仍未补正，则法院以无实体事实根据为由，判决驳回原告的诉讼请求。

---

① 参见张海燕：《"进步"抑或"倒退"：美国民事起诉标准的最新实践及启示》，载《法学家》，2011（3）。

② 诉因应当具体化，即权益产生的要件事实在特定诉或者具体案件中具体化为直接事实，才能使原告所提之"诉"与他诉得以区别。比如，原告起诉要求被告偿还借款，起诉时通常只需主张借款发生的事实和被告到期未偿还的事实；若原、被告之间的借贷往来较为频繁，则原告须得明确此笔借款产生的时间、地点等事实，从而与其他借贷关系相区分。

③ 参见邵明、欧元捷：《论现代民事诉讼当事人的主张责任》，载《武汉大学学报（哲社版）》，2015（2）。

关于事实主张具体化的范围或者主张具体化的缓和问题，我国可以借鉴德国的做法，即通常情况下，当事人应对发生于自己生活领域内的事实提出具体主张，而不能提出抽象的、缺乏根据的推测性的事实主张，但是以下情形除外：（1）行业隔离，即因欠缺只有专业人士才具备的知识而不能提供细节性事实的，可以在起诉时提出抽象的、推测性的事实主张；（2）事实隔离，即因事实发生于对方当事人或者第三人的支配领域而无法详尽知晓事实的经过，从而难以进行充分、具体的陈述的，可以在起诉时提出抽象的、推测性的事实主张。

总之，当事人的主张未达到具体化标准之时，法院应先行释明，给予当事人补正的机会；若该当事人主张虽不符合通常的具体化标准但属于具体化缓和的范围，则该抽象的主张已足够了。

（三）证据裁判原则研究

1. 证据裁判原则的主要内容

在证据裁判原则（证据裁判主义）之下，何项事实由谁负责提供证据由辩论主义和职权探知主义来解决。证据裁判原则要求当事人和法官应当运用物证、书证、证人证言和鉴定意见等具有"证据能力"的证据来证明或者认定案件事实。其主要内容如下[①]：

（1）原则上无证据不得认定事实，即应当运用证据来证明案件事实。准确地说，证据裁判原则主要适用于严格证明事项（争讼案件的实体事实）。证据裁判原则对法官心证构成一定的制约，"证据"是法官心证形成的主要原因，故被称为证据原因。

（2）作为法院认定事实的证据应当具有证据能力。通常情况下，同时具备关联性、真实性和合法性的证据才具有证据能力（可采性），才能作为法院认定案件事实的根据。

（3）法院违背证据裁判原则的，构成上诉理由和再审理由。法院违背证据裁判原则实际上是没有使用证据或者没有使用具有证据能力的证据来认定事实（不属于证据裁判原则的例外），其判决没有事实根据或者以虚假事实为根据，为上诉理由和再审理由。

《民事诉讼法》虽未有证据裁判原则之名，但实际上要求根据证据来证明案件事实。比如，证据必须查证属实，才能作为认定事实的根据（第 66 条）；当事人对自己提出的主张，有责任提供证据（第 67 条）；再审理由（第 211 条）包括"原判决、裁定认定事实的主要证据是伪造的""原判决、裁定认定的基本事实缺

---

① 参见邵明：《论民事诉讼证据裁判原则》，载《清华法学》，2009（1）。

乏证据证明的"。

我国相关司法解释也有证据裁判原则的内容。比如,《解释》《新解释》第90条第1款规定:"当事人对自己提出的诉讼请求所依据的事实或者反驳对方诉讼请求所依据的事实,应当提供证据加以证明,但法律另有规定的除外。"《证据规定》第63条和《新证据规定》第85条第1款规定:"人民法院应当以证据能够证明的案件事实为根据依法作出裁判。"

2. 证据裁判原则的例外

除自由证明外,证据裁判原则的例外还有相对免证事实。作为证据裁判原则和证明责任的适用例外,立法应当明文规定"相对免证事实",即无须证据证明或者说无须举证证明的事实。相对免证事实由于其真实性已被确定或者不存在合理争议而无须证据证明。

根据《民事诉讼法》(第72条)、《公证法》(第36条)、《解释》《新解释》(第92、93条)、《新证据规定》(第3~10条)等规定,民事诉讼中,无须证据证明的事实包括法院司法认知事实、推定事实、已决(或预决)事实、当事人诉讼上自认的事实。此四者有各自的规范内容、法律特征和适用规则。

无须证据证明的事实是证据裁判原则和证明责任的例外情形,不属于证明对象,并且考虑到防止法官随意将证明对象作为免证事实,有学者认为,对"免证事实"的范围应当采取"法律明定原则",由司法解释规定免证事实的范围有轻率之虞,没有具体规定免证事实适用的程序规则实为立法上的大漏洞。[1]

研究者指出,与刑事诉讼相比,民事诉讼中证据裁判原则的特点是其例外情形较为常见,因而,民事诉讼中具体证明对象的部分内容往往因为存在其他证明方法而不具有以证据证明的必要性,这削弱了证据裁判原则对事实认定的决定性作用。

3. 证据裁判原则的意义

当下,证据裁判原则的重要地位得到了普遍的认可。有学者指出,在现代证据制度中,证据裁判原则是所有证据法和诉讼法制度的核心原则,适用于所有的诉讼认识活动。首先,整个诉讼制度就是围绕如何正当地利用证据认定案件事实而设置的,离开这一点,诉讼制度将不会存在。其次,证据裁判原则与其他证据法原则相比,具有优先性,比如自由心证原则必须在优先适用证据裁判原则的前提下才能适用。[2] 此外,还有研究者指出,证据裁判与自由心证两大原则构成了

---

[1] 参见邵明:《诉讼中的免证事实》,载《中国人民大学学报》,2003 (5)。
[2] 参见樊崇义主编:《证据法学》,69页,北京,法律出版社,2017。

现代证据法的基石①，证据裁判原则是程序专业化、规范化、技术化、程序化的核心体现和具体标志。②

有学者总结了贯彻证据裁判原则的主要意义：（1）证据裁判原则是最为科学的认定案件事实的方法。司法审判中需要认定的案件事实是业已发生的事实，该事实的再现只能运用证据予以证明，故较之于其他方法，证据裁判原则是人类所发现的认定案件事实的最可靠、最科学的方法。（2）证据裁判原则为裁判者选择和适用法律提供了可靠的制度框架，有效地排除了恣意因素。（3）证据裁判原则有利于增强司法裁判的确定性、权威性和公信力。这是因为证据裁判原则使法官对案件的处理具有可靠的事实基础和制度支撑，可以吸收当事人对裁判结果可能产生的不满情绪，提升其对裁判结果的信服度、接纳度。③

4. 证据裁判原则与自由心证原则

证据裁判原则是对证据"质"的规定性的要求，即证据具有"证据能力"或者"可采性"。至于证据"量"的规定性（证明力的大小），属于自由心证原则的规范内容。证据裁判原则对法官心证构成一定的制约，"证据"是法官心证形成的主要原因，故被称为证据原因。④

研究者指出，两大原则适用的对象首先存在差异：证据裁判原则针对事实的判断，要求裁判者必须依据证据而非其他因素；自由心证原则是对于当事人提交的证据是否达到法定的证明度进行衡量。此外，两者还存在着一先一后的顺序，也即先有证据裁判原则再有自由心证原则，证据裁判原则要求事实的认定方面要有一定量的证据，而自由心证原则还要求达到一定质的证据。⑤ 然而，亦有学者指出，在民事诉讼中，对于事实认定而言，更重要的仍是自由心证原则，证据裁判作为原则的意义和地位远不如刑事诉讼。⑥

证据裁判原则对法官心证的制约作用表现为：（1）有关证据能力的规则，限定了法官可以采信的证据范围。（2）有关证据证明力的规则，对法官在认定不同证据的证明力时起到指导和限制作用。（3）举证责任分配的规则，对于自由裁量权的行使和案件事实的认定具有重要影响；关于审查判断证据的程序之规定，也

---

① 参见宋英辉、李哲：《证据裁判原则评介》，载《政法论坛》，2003（4）。

② 参见周洪江：《论我国民事诉讼中的证据裁判》，载《民事程序法研究》，第11辑，厦门，厦门大学出版社，2014。

③ 参见刘学在：《证据裁判之下的自由裁量权》，载《人民法院报》，2008-08-19。

④ 参见邵明：《民事诉讼法学》，2版，143页，北京，中国人民大学出版社，2016。

⑤ 参见周洪江：《论我国民事诉讼中的证据裁判》，载《民事程序法研究》，第11辑，厦门，厦门大学出版社，2014。

⑥ 参见张卫平：《"民事证据裁判原则"辨识》，载《比较法研究》，2021（2）。

会制约法官自由裁量权的行使。（4）审查判断证据和认定事实须公开理由之要求，对于法官自由裁量权的行使具有约束作用。①

四、证据论

（一）用何证明：证据

通常从可否作为法院认定事实的根据或者是否具有证据能力的角度，可将"证据"理解为证据材料和裁判证据。证据材料是指是否具有证据能力尚未确定的证据，尚需通过法定的证据调查程序来调查和确定其是否具有证据能力，所以尚无资格作为法院认定事实的根据。证据材料经过法定的证据调查程序的调查，法院确定其具有证据能力，能够作为认定事实的根据，即为裁判证据。将证据界定为能够证明案件事实真伪的根据，实际上揭示的是裁判证据的含义。

学界曾认为，将证据解释为证据方法、证据资料或证据原因，或者单以证据方法、证据资料或者证据原因来概括证据的内涵是有局限的，不能周延表达证据的内涵。事实上，应将证据方法、证据资料和证据原因联系起来理解。将"证据"理解为证据方法、证据资料和证据原因，有其合理之处，首先是证据方法、证据资料和证据原因大体上对应于证据调查的环节或程序（提供交换证据、当事人质证、法院判断证据）；据此，揭示证据方法、证据资料和证据原因之间的内在关系。②

将证据界定为"证据方法"，便于当事人或法院依凭证据的存在形式，来收集和提供证据，即当事人或法院会根据"人证"和"物证"来收集和提供证据。当事人通过"证据方法"将"证据资料"（证据的内容）向法官展示、向对方当事人开示，使法官知悉证据的内容，使双方当事人相互知悉对方证据的内容。

对证据方法和证据资料进行质证和判断，以确定证据能力之有无和证明力之大小。证据存在的具体形式决定了应当采用相应的质证和判断的方式。③ 在质证的基础上，法官判断和确定证据方法和证据资料是否具有证据能力和证明力之大小，据此法官形成"心证"（内心确信案件事实的真实性），此际将促使法官心证形成的证据称为"证据原因"。

普遍认为，证据能力（证据资格、证据的适格性）是指能够作为法院认定事实根据的证据（裁判证据）所应具备的属性、要件或者资格，通常要求同时具备

---

① 参见刘学在：《证据裁判之下的自由裁量权》，载《人民法院报》，2008-08-19。

② 参见邵明：《正当程序中的实现真实——民事诉讼证明法理之现代阐释》，207-208页，北京，法律出版社，2011。

③ 比如，对人证的质证和判断通常采用询问方式，物证则需采用辨认、勘验和鉴定等方式。

关联性、真实性和合法性。大陆法中的证据能力与英美法中的可采性（admissibility）实际上是相通的。

在具有证据能力的基础上，才需要考量证明力的大小。证明力（证据力、证据价值）是裁判证据对案件事实证明的价值大小或者影响程度。通常有证据能力即有证明力，证明力之大小取决于关联性之强弱、真实性之高低、违法性之大小。[1]

裁判证据"质"的规定性是证据能力，"量"的规定性是证明力。区分证据能力和证明力，旨在确定调查证据的合理顺序，即先解决证据能力有无问题（"入门"资格），若有则处理证明力大小问题。

（二）事实和证据共通性原理或者原则研究

事实和证据共通性原理或者原则，有广义、狭义两种。[2] 就狭义而言，该原理或者原则的含义主要是：（1）在对立的双方当事人之间，不论何方当事人提出的案件事实，若法院认为是真实的，对于他方当事人亦为真实，均为法院判决的根据。（2）不论何方当事人提出的证据资料，若具有证据能力，则既可证明利己的案件事实，又可证明有利于对方的案件事实，并均可作为法院认定事实的根据。[3]

广义的事实和证据共通性原理，不仅适用于对立的双方当事人之间，而且适用于其他情形（如共同诉讼等），两者虽有不同之处但无本质区别。对于同一事实，作为法官心证形成原因的证据亦必同一。证据同一或者共通性是指作为法官心证形成原因的证据调查结果是同一的或者具有共通性。

在客观上数诉的案件事实或者证据存在着同一性或者共通性，需要法官根据事实和证据共通性原理并依据自由心证原则，对证据作出同一判断，对事实作出同一认定，否则会产生矛盾裁判，造成诉讼浪费。比如，甲、乙二人在旅店房间，房间天花板突然掉下来，把二人砸伤。甲、乙以该酒店为被告提起诉讼，是基于同一事实而发生的普通共同诉讼。对于天花板落下的事实，法院应当作出同一认定。诉讼中甲提出了天花板落下的证据，乙未作反对表示的，应当适用事实

---

[1]　比如，通常情况下，直接证据的证明力大于间接证据（直接证据与案件主要事实的关联性强于间接证据）、原始证据的证明力大于派生证据的（原始证据的真实性高于派生证据）。

[2]　相关成果主要有：邵明、卢正敏：《证据共通原理在普通共同诉讼中的适用》，载《甘肃社会科学》，2006（2）；奚玮、余茂玉：《论证据共通原则在民事诉讼中的适用》，载《山西师大学报（社会科学版）》，2007（5）；戴晨逸：《论证据共通原则与争点效的制度对接问题——围绕共通性争点的认定问题展开》，载《东南大学学报（哲学社会科学版）》，2010（1）；等等。

[3]　比如，甲诉乙借款合同纠纷案中，被告提供的"收据"，作为本证用来证明权利消灭的事实，同时具有共通性，即可以证明权利产生事实（存在借款的事实）。

和证据共通性原理。再如，甲将某商品分别零售给乙、丙二人，甲将乙、丙的赊账情况记录于一张纸上，并由乙、丙签名。后来，甲将乙、丙作为共同被告提起了诉讼。此案例是基于相同种类的诉讼标的而发生的普通共同诉讼，即"甲与乙之诉"与"甲与丙之诉"合并。诉讼中，甲与乙、丙就赊账记录纸的真伪产生争执，赊账记录纸作为证据在两诉及乙与丙之间具有共通性，在此就有必要适用事实和证据共通性原理。

普通共同诉讼人之间的利益可能不一致，对同一事实或者共通证据往往有不同的主张或者看法，所以在程序上应当保障其他共同诉讼人对此原理的适用可以提出异议，没有提出异议或者异议不成立的才能适用此原理。此原理适用错误导致案件事实没有得到证据证明，则为上诉或者再审的理由。

事实的真实性和证据的关联性决定了该原理的适用。案件事实只要是真实的，证据只要与案件事实存在内在关联，不论对何方当事人有利，均得作为法院判决或者认定事实的根据。真实事实和关联证据是否具有共通性，是一种客观存在，不能随意排除。

法官中立原则和自由心证原则决定了该原理的适用。根据法官中立原则和自由心证原则，法官应当中立、自由地判断证据和采用证据调查的结果，而不管该结果有利于何方当事人。换言之，法官采用证据和认定事实应当遵循事实和证据共通性原则。

事实和证据共通性原理使法官可以综合评价证据调查的全部结果并据此自由形成心证，进而作出更为接近客观真实的事实认定。不仅如此，遵行该原理还有助于节约诉讼成本，因为适用该原理则意味着无须重复调查具有共通性的事实和证据。

事实和证据共通性原理与辩论主义并不发生冲突。根据辩论主义，事实的主张和证据的提供由当事人负责，所以只要当事人主张了事实和提供了证据，辩论主义所规定的当事人的任务即告完成。至于如何将证据调查的结果用于对事实的认定，专属于法院的审判职责，主要是自由心证原则的内容并非辩论主义的内容。

（三）证据规则研究

证据规则包括有关证据能力、证明力和提供证据、质证和判断证据的规范。不过，在现代民事诉讼证明领域，自由心证原则将证明力和判断证据交由法官自由判断，证据规则主要是就证据能力和证据提供作出规范。学界比较关注证据能力规则、证言豁免规则、最佳证据规则、证据失权规则等，同时，亦对证据"三性"与"两力"之间的关系问题进行了反思，指出应结合中国立法表达对"三性"与"两力"之间的关系进行立体化构建。①

1. 证据能力规则研究

（1）关联性规则

关联性规则是指只有与案件事实具有内在或客观关联性的证据，才可作为认定事实和作出判决的证据。

民国时期虽未见证据的"三性"理论，但当时的证据法教材中肯定了证据应当具有的关联性，指出"诉讼当事人提出之证据，应以有关本案者为限"②。

20 世纪 90 年代以来，对关联性规则的讨论首先集中于关联性的含义上，也就是作为证据内容的事实与案件事实之间的联系是何性质。有人认为，诉讼证据必须与所要证明的案件有内在联系；有人认为，这种联系须是客观的，能证明案件的真实情况；有人认为，只有和案件有紧密联系的证据才能作为诉讼证据；有人认为，证据的关联性就是看证据事实对证明案件有没有作用，并不需要是内在的、必然的联系；还有人认为，诉讼证据不仅与案件有内在联系，还有必然联系。③

而后，我国法学界对关联性的认识逐渐趋向一致，认为关联性是实质性和证明性的结合。所谓实质性，是指证据将要证明的问题属于依法需要运用证据加以证明的待证事实。所谓证明性，是指所举证据依据事物间的逻辑或经验关系具有使实质性问题可能更为真实或不真实的能力。④ 证明性涉及的是逻辑问题，实质性涉及的是实体法问题，证明性和实质性相结合，证据才具有关联性。⑤

如何判断证据有无关联性，通常认为其依赖于人们的常识与经验，而没有固定的标准。如果提出的证据使其欲证明的事实主张的成立更为可能或者更无可能，那么该证据就具有证明性；而判断某项证据是否具有实质性，其关键就在于考察证据欲证明的是不是案件待证事实。⑥ 此外，应当完善判决书说理制度，要求审判人员在判决书中载明认定案件事实的证据及其与所认定之事实间存在的关

---

① "三性"是指证据的关联性、真实性、合法性；两力，指证据的证据能力和证明力。参见郑飞：《证据属性层次论——基于证据规则结构体系的理论反思》，载《法学研究》，2021（2）；龙宗智：《论我国诉讼证据审查要素及审查方法的调整改革》，载《法学研究》，2023（4）；陈学权：《诉讼证据属性的中国表达》，载《法制与社会发展》，2024（1）。

② 周荣：《证据法要论》，12 页，北京，中国政法大学出版社，2012。

③ 参见胡锡庆主编：《诉讼证据学通论》，60-61 页，上海，华东理工大学出版社，1995。

④ 参见卞建林主编：《证据法学》，469 页，北京，中国政法大学出版社，2000。

⑤ 参见汤维建、卢正敏：《证据"关联性"的涵义及其判断》，载《法律适用》，2005（5）。

⑥ 参见汤维建、卢正敏：《证据"关联性"的涵义及其判断》，载《法律适用》，2005（5）。

联性，以便于对具体承办案件的审判人员进行监督。①

无关联性的证据无可采性，应当予以排除。在我国，对于下列证据，应当根据关联性规则和利益衡量原理，判断是否具有证据能力：

1）"品格证据"通常不得用于证明该人在特定场合的行为与其品格特征相一致，因为有关某人的品格证据与某案件事实并不存在必然关联性。②

2）"当事人的事后行为"并不必然能够作为证据来证明其事前有过错或者应承担责任。比如，当事人事后实施补救行为、承诺支付或者已经支付医疗费的证据，不得用来证明该当事人对伤害有过错。

3）"有关拥有责任保险的证据"不得用来证明该人存在过错。这是因为这种证据与行为过错之间没有合理的关联性，并且此项规定鼓励人们积极参与责任保险。

4）"有关习惯性或者日常性的证据"可以用来证明当事人在特定场合或者特定时期的行为与其习惯或者日常相一致。但是，该当事人可以提出有根据的异议。

有些证据材料虽有相关性，但若采用可能产生严重的不利后果（如导致严重偏见、显著妨害效率等），则应将其排除。比如，当事人为达成调解协议或者和解协议作出妥协而认可的事实，在后续的诉讼中原则上不得作为对其不利的证据；"太遥远的（间接）证据"或者"关联性不足的证据"在诉讼中往往被排除（符合比例原则）。③

（2）真实性规则

相对于关联性规则、合法性规则，证据是否应当具有真实性这一问题，引发了较多的争议。有观点认为，证据本质上并非事实，其只是证明案件待证事实的根据，是事实的载体。证据既可以是一种客观存在，又可以是某种反映人的思想、认识、知识、经验的主观形态；既可能真实地反映事实，也可能虚假地反映事实。因此，不应当以真实性来要求证据，证据的属性只包括关联性与合法性。④

不过现今来看，真实性规则基本已经得到了学术界的普遍认可。真实性被理

---

① 参见汪海燕、张小玲：《论证据的关联性规则与关联性法则》，载陈光中、江伟主编：《诉讼法论丛》，第10卷，北京，法律出版社，2005。

② 当事人的品格成为案件争点时，如被告以其品格端正来证明其不可能实施违法行为，那么原告就可以品格证据来证明被告的品格不端正，从而推翻被告的抗辩。诉讼中，对证人的可信性往往发生争议，关于证人的可信性或者其品格的证据具有可采性。

③ 参见邵明：《民事诉讼法学》，2版，161-162页，北京，中国人民大学出版社，2016。

④ 参见熊志海：《论证据的本质》，载《现代法学》，2002（4）；谌东华：《证据的客观真实性质疑》，载《中国刑事法杂志》，2007（6）。

解为一种可靠性、可信性。有学者指出：一是从"证据载体"的角度来说，证据本身必须是真实存在的，而不能是伪造、变造的，如物证必须是真实存在过的物品或痕迹，其真实来源有所印证；二是从"证据事实"的角度来说，证据所记录或反映的证据信息必须是可靠和可信的，而不能是虚假的，如书证所记录的内容和思想应反映案件的真实事实。①

法律对证人能力和鉴定人资格的要求，对证人、鉴定人和当事人真实义务的规定，对优先提供原件、原物的要求，对补强证据的规定，对证据的交换、质证和判断的规定等，均在于保障裁判证据的真实性。② 伴随区块链技术的发展，借助哈希校验、时间锁定与节点印证等技术特点，区块链证据辅助电子证据真实性得到增强。③ 区块链技术亦对电子数据的最佳证据规则，以及区块链存证的自我认证和公证产生影响。④

（3）合法性规则

对裁判证据的合法性要求，即合法性规则。从广义上说，证据合法性规则要求作为判决依据的证据在形式、取得等方面必须合于实体法和程序法中的强行性规范或禁止性规范。

有学者从三个方面讨论证据合法性：1）从证据形式的角度，坚持证据必须具有法定形式才具有合法性的做法是不恰当的，也与各国在证据法领域尽量避免形式主义倾向的趋势不符；2）从收集证据的主体的角度，提供证据的主体是否合法应当成为判断某一证据是否具备合法性的因素，这是在证据法领域明确区分当事人与法院在诉讼中的不同作用的必然要求；3）从收集证据的程序的角度，法律并不明确规定合法的证据应当具备的条件，而是通过非法证据的排除来达到保证取证行为合法性的目的。⑤

我国传统民事诉讼就未存在过对非法收集的证据予以排除的程序规则，与之相关，也曾拒绝接受"证据必须具有合法性"这样的观念。研究者将其原因归结为两点：一方面，我国民事诉讼制度长期以来高度重视证据的认识论属性，忽略或轻视其法律属性。另一方面，民事司法实践中长期主要由法院依职权收集证据

---

① 参见陈瑞华：《关于证据法基本概念的一些思考》，载《中国刑事法杂志》，2013（3）。
② 参见邵明：《正当程序中的实现真实——民事诉讼证明法理之现代阐释》，235 页，北京，法律出版社，2009。
③ 参见刘品新：《论区块链证据》，载《法学研究》，2021（6）。
有关电子证据的系统深入研究，参见刘品新：《电子证据法》，北京，中国人民大学出版社，2021。
④ 参见罗恬漩：《民事证据证明视野下的区块链存证》，载《法律科学（西北政法大学学报）》，2020（6）。
⑤ 参见陈桂明、纪格非：《民事诉讼证据合法性的重新解读》，载《国家检察官学院学报》，2005（2）。

调查案件事实，法院收集证据的方法手段即便不太妥当，至多通过党纪政纪来处理。只要收集到的证据本身有助于查清案件真相，在追求客观真实的压力下，这些证据就不可能被排除。①

即便上述两个方面的民事传统已经被颠覆，就民事诉讼中是否要确立非法证据排除规则，我国曾存在否定的声音。否定论者通常从刑事诉讼与民事诉讼的差异为切入点，认为民事诉讼内的取证由双方当事人进行，不存在非法证据排除的前提。② 还有学者以英美法为参照阐述了证据法的体系与精神，在此基础上同样指出非法证据排除规则基本上只适用于刑事诉讼，其在本质上属于刑事诉讼中人权保障的内容，与民事诉讼、行政诉讼没有关系。③ 还有观点认为，非法证据排除规则与我国偏重实质正义的法律文化不相契合，且民事诉讼私人取证主体违法取证行为制裁措施的可替代性，民事诉讼制度的分段式审判和法庭结构的一元性，民事诉讼证据和事实认定机制的灵活性，也决定了我国民事诉讼既无实行非法证据排除规则的必要，也无有效实施的条件。考虑到非法证据排除规则在设置和操作上的困难，它还可能造成民事诉讼的不经济。④

与之相对，主流观点基本肯定了非法证据排除规则在民事诉讼中的适用性。就其立论的法理依据而言，有学者认为，"无论在刑事诉讼还是民事诉讼中，都存在发现真相与保护公民基本权利的问题，所以非法证据排除并非是刑事诉讼领域独有的理论问题"⑤。有学者从加强人权保障的要求、实现宪法规定的要求和促进程序公正的需要等方面进一步论证了民事诉讼非法证据排除的理论基础。⑥ 另有学者则全面阐述了非法证据排除的六种学说——诚信原则说、法秩序统一性说、阻却违法收集证据说、法院利用证据有害说、举证权偏移说、个案据情考量说——并主张限缩非法证据排除规则的适用范围，以便在更为广阔范围内承认证据在法律上的合法性。⑦ 还有学者从"制裁"与"救济"两种规范原理的角度剖析非法证据排除规则，认为与制裁原理相比，救济原理可以为我国证据排

---

① 参见王亚新、陈杭平、刘君博：《中国民事诉讼法重点讲义》，73-74页，北京，高等教育出版社，2017；王亚新、陈杭平、刘君博：《中国民事诉讼法重点讲义》，2版，95-96页，北京，高等教育出版社，2021。

② 参见郑旭：《非法证据排除规则》，116、202页，北京，中国法制出版社，2009。

③ 参见易延友：《证据法的体系与精神——以英美法为特别参照》，95页，北京，北京大学出版社，2010。

④ 参见张立平：《中国民事诉讼不宜实行非法证据排除规则》，载《中国法学》，2014（1）。

⑤ 陈桂明、相庆梅：《民事非法证据排除问题初探——兼评〈关于民事诉讼证据的若干规定〉第68条》，载《现代法学》，2004（2）。

⑥ 参见李祖军：《论民事诉讼非法证据排除规则》，载《中国法学》，2006（3）。

⑦ 参见毕玉谦：《民事诉讼上的非法证据排除：理论学说与认定标准》，载《证据科学》，2012（4）。

除的存在意义、范围限制、裁量标准等提供更为妥当的解释，但仍应基于原理协同的立场，制裁原理补充并修正部分解释结论。①

关于非法证据排除的具体标准，通说认为对该规则的适用应予一定限制，其判断标准是重大违法性和利益衡量性。② 有学者认为，利益衡量是将非法证据排除规则建立在各种冲突的最佳平衡点上，这包括实体公正与程序正义的冲突、目的合法与手段违法的冲突、保护自己合法权益与侵犯他人合法权益的冲突、保护合法权益与维护法律秩序的冲突。③ 针对重大违法性，有学者对违反管理性禁止性规范的秩序破坏型非法证据的适格性问题展开研究，认为应视国家是否充分保障当事人可以通过不违反管理性禁止性规范的方法收集相关证据之情形，分别运用绝对排除规则与相对排除规则。④

另有学者更进一步地总结了利益衡量需着重考虑的价值层面和环境因素，这包括该证据的重要性及必要性、举证人涉讼案件的性质、举证人取证行为违法性的严重程度、非法取证行为所造成的个体损害情节及社会危害性、侵权受害人在法律上是否存在证明协力义务、该取证手段或方式是否具有可替代性（其中包括是否存在具有更低程度违法性或危害性的证据收集方式）、采纳该证据可能会导致的预期法律效果或者社会效果如何、有关当事人利益所涉及法律的规范目的与价值取向、涉及法政策层面的一般预防目的及诚信原则的维护、取证行为是否存在正当防卫、紧急避险等阻却违法事由等。⑤

还有学者认为，在针对取证方式和相关待证事实的利益衡量特别困难，得出明确结论极不容易的情况下，还有一种因素可以斟酌，即能否使用其他办法追究和惩罚非法取证行为，比如重新分配相关费用在双方之间的负担，或者另行提起侵权损害赔偿诉讼。不过，这种替代性方法只能理解为一种辅助性对策，由于民事诉讼实践的种种限制，期望采用这种方法来取代对非法证据的排除并不具有普遍适用的现实性和可行性。⑥

---

① 参见赵常成：《非法证据排除的规范原理新论——以"制裁—救济"为分析框架》，载《中外法学》，2023（1）。

② 参见汤维建：《民事诉讼非法证据排除规则刍议》，载《法学》，2004（5）。

③ 参见李浩：《民事诉讼非法证据排除规则探析》，载《法学评论》，2002（6）。

④ 参见黄忠顺：《规范配置论视阈下的民事诉讼非法证据排除规则研究》，载《政治与法律》，2024（2）。

⑤ 参见毕玉谦：《民事诉讼上的非法证据排除：理论学说与认定标准》，载《证据科学》，2012（4）。

⑥ 参见王亚新、陈杭平、刘君博：《中国民事诉讼法重点讲义》，76 页，北京，高等教育出版社，2017；王亚新、陈杭平、刘君博：《中国民事诉讼法重点讲义》，2 版，99 页，北京，高等教育出版社，2021。

2. 证言豁免规则·最佳证据规则·证据失权规则研究

（1）证言豁免规则

实现真实并不是诉讼的唯一目的，法律将诉讼证明限制在合理的限度内（比如证言豁免规则等），虽有碍于实现真实，但能够维护更高的价值或者实现更大的利益。证言豁免规则是指法律规定具有特定身份的人，在诉讼中享有不提供证据或不出庭作证的权利，侵犯证言豁免权而获得的证据为非法证据。

在民国的法律制度和理论上，证人得拒绝为证言的情形主要有：1）证人为当事人之配偶、前配偶、未婚配偶或四亲等内之血亲、三亲等内之姻亲或曾有此亲属关系者。2）证人所为证言，于证人或与证人有第一项所列关系之人足生财产上之直接损害者。3）证人所为证言，足致证人或与证人有第一项所列关系或有监护关系之人受刑事诉追或蒙耻辱者。4）证人就其职务上或业务上有秘密义务之事项受讯问者。所谓职务上或业务上之秘密义务，如公务员、律师、会计师、宗教师、医师、药师、药商、助产士等或曾居此等地位之人，依法令之规定委托之意旨或交易上之惯例所负之秘密义务是也。5）证人非泄露其技术上或职业上之秘密不能为证言者。所谓技术上或职业上之秘密，如关于制造方法之秘密与关于货物来源或买进价额之秘密是也。虽所泄露者非属自己之秘密而为受雇人对于主人应守之秘密者，亦在其内。[①]

现代民事诉讼法理下，证言豁免规则主要来源于三类关系：1）公务或者职务关系。因公务关系知悉国家秘密的人，对其所知悉的国家秘密，有权拒绝作证，法律另有规定的除外。因职务关系知悉职务秘密的人，对其所知悉的职务秘密，有权拒绝作证，但是经供职单位许可的可以作证。2）业务关系。证人为律师、医生、公证人、会计师等时，对于因业务而知悉其当事人、病人或者客户等相关秘密事项的，除了当事人、病人或者客户允许等，有权拒绝向法庭提供该秘密事项。3）亲属关系。诉讼中，配偶之间和特定亲属之间关于对配偶和特定亲属不利的案件事实，有权拒绝提供证言。但是，此规则往往不适用于配偶之间的诉讼、特定亲属之间的诉讼。[②]

（2）最佳证据规则

英美法中，最佳证据规则主要适用于文书证据（书证），即优先采用原件。可见，此项规则并非证据排除规则，有人称之为"优先规则"（Preferential

---

① 参见石志泉：《石志泉法学文集》，邵明、周文、曹文华点校，331－332页，北京，法律出版社，2014。

② 参见邵明：《正当程序中的实现真实——民事诉讼证明法理之现代阐释》，242－244页，北京，法律出版社，2009。

Rule)。相对于派生证据，原始证据真实性较高和证明力较大，在此种意义上称原始证据为最佳证据。[①]

有学者从《美国联邦证据规则》及域外的判例出发，揭示和评价了该规则的具体内涵。在参照域外制度的基础上，有学者指出了我国最佳证据规则有如下特点[②]：

1）英美最佳证据规则仅适用于广义的文书证据，即传统意义上的文书和作为现代科技产物的照片、X光片、录音录像资料及其他视听资料等。我国将最佳证据规则或者优先规则的适用范围扩张到实物证据，即原始证据优先于派生证据被提供和被采用。

2）英美最佳证据规则仅适用于证明文书所包含的内容的场合，而不适用于其他虽然与文书有关但却并非证明文书内容的情形。中国的法律在这方面则缺乏具体规定。

3）英美对于文书、照片、记录、原件、副本等概念的界定都比较明确，从而使相应的规则比较明晰，也比较具有可操作性。而中国的最佳证据规则在相关概念上并不清晰，实践中的适用几乎完全取决于法官的执法水平和经验。

4）英美法系对于原件要求的例外规定得比较细致，更多地涵盖社会生活的方方面面，法律的形式理性化色彩比较浓厚。中国的最佳证据规则在这方面则比较欠缺。

5）英美的最佳证据规则基本上是着眼于证据的可采性，中国的最佳证据规则却同时侧重于证据的证明力。

有学者曾对最佳证据规则进行了梳理，并结合司法实践的具体案例，说明了最佳证据规则的复杂性和重要意义。[③] 还有研究表明，随着现代科学技术手段的发展，许多复印件的制作已经达到了相当的精确程度，同时，现代科学辨别文书真伪的能力也大幅提高了。在此背景下，过于严格贯彻最佳证据规则有可能给举证方增加较大难度，导致收集证据的成本升高。因此，证据立法上针对最佳证据规则的例外也应有增加的趋势。[④]

（3）证据失权规则

"举证时限制度"和"证据失权规则"存在着法律逻辑关系，均属于"证据

---

① 参见邵明：《正当程序中的实现真实——民事诉讼证明法理之现代阐释》，244页，北京，法律出版社，2009。

② 参见易延友：《最佳证据规则》，载《比较法研究》，2011（6）。

③ 参见陈界融：《最佳证据规则若干法理探析——原件与复制件的对撞：由案例引出》，载何家弘主编：《证据学论坛》，第14卷，北京，法律出版社，2008。

④ 参见江伟、邵明主编：《民事证据法学》，2版，96页，北京，中国人民大学出版社，2015。

适时提出主义"的内容。"举证期限"即要求当事人在一定期限内向法院提供证据。当事人无正当理由超过举证期限所提供的证据，将不被采纳，即该"证据失效"。从权利的角度来说，证据失效就是"丧失证明权"或"丧失举证权"，即丧失提出该证据的权利，属于"失权（效）"的范畴，所以"证据失效"又称为"证据失权"。

在证据随时提出主义之中，当事人在法庭上可以不受限制地提出新的证据和要求重新进行调查、鉴定或者勘验。其不利后果是，新证据的随时提出，使得（对方）当事人没有充足的时间采取对策，往往形成诉讼上的突然袭击，有违诉讼公正；多次重开法庭调查和法庭辩论，难以确定案件争点致使审理模糊或失却中心，从而可能拖延诉讼且产生不当裁判。为避免证据随时提出主义的弊端，许多国家和地区采用证据适时提出主义。我国司法改革的成果之一就是开始确立"证据适时提出主义"，即《证据规定》首次确立举证时限和证据失权制度，《民事诉讼法》（2012 年）第 65 条确立举证时限和证据失权制度。

至于如何建构举证时限制度，有学者提出如下具体的构想：1）负有举证责任的当事人一般应在第一审程序开庭审理前提出证据。2）法院受理案件后，应根据原告的起诉及被告的答辩，确定并告知双方当事人开庭的日期，通知当事人在开庭审理前举证。3）逾期举证的，法院可不采纳。对于确有理由的逾期举证，法院可以酌情采纳，但该当事人应支付因逾期举证产生的诉讼费用。4）在第二审程序中，对当事人确有理由在一审中未举证而需要在第二审中举证的，法院可酌情指定合理的举证期限。逾期举证的，按上述第三点规定处理。5）法院可以根据案情，在开庭审理前通知并主持双方当事人进行会商，明确争点，告知当事人就案件争点进行举证。[1]

建立证据失权制度必须首先完善庭前准备程序，庭前准备程序宜由与审判庭相分离的立案庭的法官来控制，由其自由裁量双方当事人提供证据的时限。[2] 有学者认为，可以采取合同约定的方法来将举证时限引入诉讼过程中。这就是在庭审的事实调查阶段即将结束的时候，法院可以与当事人就受举证时限拘束的问题达成合意，这种合意从根本上说是为了节省诉讼成本、提高诉讼效率，是有利于诉讼当事人双方的。当然，当事人也可以拒绝接受该举证时限的规定，在此情况下，对当事人依然适用证据随时提出主义。[3]

---

[1] 参见陈桂明、张锋：《民事举证时限制度初探》，载《政法论坛》，1998（3）。
[2] 参见廖中洪、李学经：《关于民事证据失权制度的思考》，载《西南政法大学学报》，2001（3）。
[3] 参见王利明：《审判方式改革中的民事证据立法问题探讨》，载《中国法学》，2000（4）。

证据失权规则的原理其实不难理解，理论上面对的后续问题主要在于规则应当严格化还是宽松化。对此，有学者指出，举证时限制度的依据主要在于提高诉讼效率而非防止证据突袭，但我国当下是否需要迅速建成证据失权制度，则须谨慎对待，因为某些情况下实行举证时限反而构成了诉讼效率的阻碍。以失权为核心的举证时限制度正面临着困境，证据失权与实体公正存在不可调和的矛盾，甚至也不符合程序公正的要求。在设置逾期举证的后果时，应设置可供选择的多元后果，证据失权并非唯一的和最佳的制裁方法，相比较而言，费用制裁应当是一种更恰如其分，更具有衡平感的处置方法。① 有学者对举证时限制度的否定态度更为彻底，即认为举证时限制度不仅偏离实体公正，而且不可能真正提高诉讼效率，同时也不能真正体现和实现程序正义。②

尽管面对质疑，设置举证时限以及证据失权的正当性还是受到普遍认可。为缓和制度目标和现实环境之间的紧张关系，有学者基于现实主义的考量主张对举证失权持宽松态度，只要当事人在主观上不属于故意迟延提出证据的情形，当事人都可以在其规定或约定的期限届满后提出证据。当事人在诉讼中举证超过时限的，法院应询问当事人超限的理由，在无正当理由时，方可裁决拒绝接纳该证据。③

五、证明责任论

"由谁证明"包括两方面内容：（1）当事人证明责任（或者举证责任）。审判民事私益案件采行辩论主义，将主张事实和提供证据交由当事人负责完成，即当事人应当承担主张责任和证明责任，两者通常的关系是"谁主张谁证明"。（2）法院职权探知。民事公益案件采取职权探知主义，案件事实和证据不能任由当事人处分，法院应当承担职权探知的责任，以发现真实，维护公共利益〔详见本书第一章四（三）2（3）〕。

（一）当事人证明责任的内涵

民国时期证据法教材中已经搭建起了较为完备的证明责任理论框架，就举证责任的含义、主张责任的含义、举证责任分配的规则、民事举证责任与刑事举证责任的区别等问题均有阐述。但是，有关证明责任减轻、主观证明责任等方面，仍存在理论的空白。20世纪80年代，我国学术界重拾证明责任的研究后，其话

---

① 参见李浩：《论举证时限与诉讼效率》，载《法学家》，2005（3）；李浩：《举证时限制度的困境与出路——追问证据失权的正义性》，载《中国法学》，2005（3）。
② 参见田平安、马登科：《举证时限制度的冷思考》，载《河北法学》，2006（2）。
③ 参见张卫平：《民事诉讼中举证迟延的对策分析》，载《法学家》，2012（5）。

题热度一直持续至今。

通说认为，"证明责任"（burden of proof，Beweislast）包含两个相区别的概念：行为证明责任和结果证明责任。证明责任是一种通过"辩论主义"反映出来的当事人"行为责任"，又是一种"自由心证完结时"（或者审理终结时）才能产生功能的"法条适用规则"，以实现"法官不得拒绝审判的宪法职责"①。《解释》第90条"举证证明责任"实际上区分"举证责任"（行为证明责任）和"证明责任"（结果证明责任）。

1. 从"举证责任"到"证明责任"

长期以来，我国通用"举证责任"一词，将举证责任与证明责任在含义上等同看待。据学者考证，"举证责任"作为法律术语最早出现在清政府1910年起草的《大清民事诉讼律草案》，"举证责任"一词是对日本法"举证责任"或"立证责任"的直接援用，是指提供证据责任，而没有现今所说的客观证明责任的含义。②

虽说理论上迟迟没有提出以"事实真伪不明"为基础的客观证明责任的概念，但诸多研究者也指明未完成举证责任者应承担的不利后果。比如石志泉指出，民事诉讼法采辩论主义，故当事人为得有益于己之裁判计，须主张必要之事实，并就其事实声明必要之证据，即主张事实之责任与举证责任是已。如当事人不能尽其责任者，虽法院不得拒绝裁判，然其裁判难望有利于该当事人也。③

从20世纪80年代开始，我国逐渐接受了大陆法系的证明责任理论，将证明责任分为行为责任和结果责任两种。行为责任又称为主观证明责任，即当事人有提供证据的责任；结果意义上的证明责任也称客观证明责任，是指在案件真伪不明时，由负担提供证据责任的当事人承担败诉的结果。④

由此，我国传统上所使用的"举证责任"由于仅包含行为意义的责任而遭到摒弃。⑤ 在从举证责任转向证明责任的过程中，学者间就证明责任的本质也产生了分歧：

---

① See *Black's Law Dictionary*，Tenth Edition，burden of proof，Thomson Reuters，2014；［日］中野贞一郎「要件事実の主張責任と証明責任」法學教室3号（2004年）；［德］罗森贝克、施瓦布、戈特瓦尔德：《德国民事诉讼法》，李大雪译，848页，北京，中国法制出版社，2007；［日］三月章：《日本民事诉讼法》，汪一凡译，440－443页，台北，五南图书出版公司，1997；［日］新堂幸司：《新民事诉讼法》，林剑锋译，392页，北京，法律出版社，2008；李浩：《民事证明责任研究》，18页，北京，法律出版社，2003；等等。

② 参见陈刚：《证明责任概念辨析》，载《现代法学》，1997（2）。

③ 参见石志泉：《石志泉法学文集》，邵明、周文、曹文华点校，303－304页，北京，法律出版社，2014。

④ 参见杨荣新、谭秋桂：《民事诉讼法学的20年》，载《政法论坛》，1998（5）。

⑤ 参见田平安：《论民事诉讼中的证明责任》，载《政治与法律》，1985（6）。

第一种观点可称为"结果责任说"，认为现代证明责任的本质是结果意义上的证明责任，而提供证据责任只是证明责任派生的方面。① 具体地，对行为责任的履行，其目的是防止结果责任的出现，而承担结果意义上证明责任的可能性，又是促成当事人必须履行行为意义上的证明责任的原因。②

第二种观点则属于"双重含义说"，比如有学者就对行为意义上的证明责任何以能够与结果意义上的证明责任相并列，作出了较为详尽的说明。③ 总体来看，这两种学说虽然各占一定的市场，但并未进行正面的论辩与交锋。

有研究者认为，"结果责任说"在我国刚引入结果证明责任概念的时期似乎占据通说地位，但是如今看来，"双重含义说"更具有解释力，也更符合我国处理问题的习惯。④

2. 客观证明责任的地位

客观证明责任就是为了解决法官在事实真伪不明时的裁判困境而产生的。所谓事实真伪不明，是指法官在穷尽了所有的证明手段之后，依然就某一要件事实的存在或不存在无法达到内心确信，既无法认定事实为真，也无法认定事实为伪。然而，法律适用三段论要求小前提的确定性，于是法官在小前提真伪不明时面临着法律适用的难题。

有学者对各种事实真伪不明的处置办法进行了逐一比较，包括调解、按心证的比例作出裁判、降低证明标准、运用举证责任作出裁判等，结论是其他方法尽管也具有一定的合理性，但它们都不具有普遍意义，无法与证明责任制度相比拟。⑤ 因此，证明责任的功能也被定位为了一种裁判功能——要件事实真伪不明时，证明责任为法官提供了将不利的诉讼结果判决给某一方当事人承担的法律依据，以实现"法官不得拒绝审判的宪法职责"。

不过，事实真伪不明时适用客观证明责任的观点，也遭到了一定的质疑。比如，有学者认为，法官必须根据案件的实际情况，将真伪不明拟定为"真"或"伪"，判决才符合证据裁判主义的诉讼原理。⑥ 另有学者吸纳了德国的莱波尔特提出的"特别规范说"和普维庭的"操作规则说"，经由逻辑分析、价值分析和比较法分析，否定了事实真伪不明时直接以证明责任分配规则裁判的做法，指出

---

① 参见陈刚：《证明责任概念辨析》，载《现代法学》，1997（2）。
② 参见毕玉谦：《证明责任与证明责任分配规则》，载《法律适用》，2002（4）。
③ 参见李浩：《民事证明责任研究》，20-22页，北京，法律出版社，2003。
④ 参见许可：《要件事实论的实体法基础：证明责任理论》，载张卫平主编：《民事程序法研究》，第4辑，厦门，厦门大学出版社，2008。
⑤ 参见李浩：《事实真伪不明处置办法之比较》，载《法商研究》，2005（3）。
⑥ 参见李汉昌、刘田玉：《统一的诉讼举证责任》，载《法学研究》，2005（2）。

证明责任分配的功能是使三段论中的小前提得以具备，即拟制出要件事实或者其他事实的"真"或"伪"，进而适用实体法律规范。如此一来，证明责任的关注范围就可扩大至要件事实以外的其他事实，证明责任规范便是独立于实体法而存在的、用来克服真伪不明的辅助性规范。①

还有学者直接提出"真伪不明在我国民事诉讼制度中是否真的存在"的问题，通过比较两大法系的证明责任模式，指出大陆法系的事实认定表现为事实存在、不存在和真伪不明三种可能（"三分式证明责任模式"）；在普通法系则只有事实存在与不存在两种情形，事实"未说服即不存在"（"二分式证明责任模式"）。我国理论上虽然认可"三分式证明责任模式"，但是无论在立法、司法解释还是司法实践上，都可能从未采纳理论界的通说，而是采取了一种折中办法，即在本证方未提出足够证据时，直接认定事实"不存在"而适用法律，却不是将事实判定为真伪不明继而适用证明责任规范。②

3. 主观证明责任的地位

主观证明责任是指行为意义上提出证据的责任。有学者将主观证明责任界定为相对必然的行为责任，主观证明责任是双方当事人为获得有利的裁判结果所应当承受的提供证据的负担，它是因双方当事人均提出事实主张而在程序上所应当负担的一种举证上的必要。此外，主观证明责任的产生取决于当事人的主张责任及其性质。在证明责任整体架构下，主观证明责任与客观证明责任在不同的领域和范畴内发挥着不同的功能与价值，两者之间既不存在孰优孰劣的问题，也不存在支配与被支配或者决定与被决定这样的关系问题。③

虽说将客观证明责任作为证明责任的本质的传统观点依然根深蒂固，但近些年来，主观证明责任的独立地位及其重要性也日益受到关注。主张主观证明责任独立的观点，源自对"谁主张谁举证"这一规则自立性的认可，或者说，主观证明责任逻辑下可以省略"事实真伪不明"问题，脱离"真伪不明"来看待当事人举证的动力。为了避免主张的利己事实不被采纳而必须对其进行证明的负担就是主观证明责任，而承担不利后果正是对提供证据之必要的有力说明。当事人如果仅提出事实却不能向法官证明该事实，法官仍旧不会认定该事实，当事人的诉求也不会被采纳，因此当事人需要履行主观证明责任。④

---

① 参见张永泉：《论诉讼上之真伪不明及其克服》，载《法学评论》，2005（2）。
② 参见曹志勋：《"真伪不明"在我国民事证明制度中确实存在么?》，载《法学家》，2013（2）。
③ 参见毕玉谦：《关于主观证明责任的界定与基本范畴研究》，载《西南政法大学学报》，2008（3）。
④ 参见谢文哲、宋春龙：《论主观证明责任的独立品格》，载《天津法学》，2014（2）；霍海红：《主观证明责任逻辑的中国解释》，载《北大法律评论》，2010（2）。

至于客观证明责任，只是作为主观证明责任未履行的后果之一而已，与主观证明责任之间并不存在必然的联系，因为当事人未能成功地履行主观证明责任并不必然地导致客观证明责任的产生。在许多情形下，法院可基于提出权利主张的一方当事人未能成功地履行主观证明责任，以至于无法从该方当事人所主张的权利形成要件事实中获得积极的确信效果，而作出对其不利的裁判；法院也可基于提出抗辩主张的一方当事人未能成功地履行主观证明责任，以至于无法从该方当事人所主张的权利妨碍要件事实、权利消灭要件事实或者权利阻却要件事实中获得积极的确信效果，而作出对该方当事人不利的裁判。此际，即使一方当事人未能成功地履行主观证明责任，也不至于导致事实真伪不明及客观证明责任问题。① 由是观之，主观证明责任具备独立的品格，而非单纯地附从于客观证明责任。

主张主观证明责任的独立，主要目的在于促成证明责任理论重心的转移。有学者认为，"客观证明责任主要属法官的裁判规则，其对当事人举证行为的调整功能是附属性的，而且主要是从防范出现事实真伪不明的角度进行的消极规制。惟有具体举证责任机制才能积极引导当事人的举证与证明活动，并尽可能地促成案件事实的查明"②。该学者通过比较德、日民事证据法研究，认为德国、日本民事证据法的发展沿革及最新趋势显示，客观证明责任的主导地位正在被能更好解释诉讼证明实践的具体举证责任概念所取代。这一趋势启示我国民事证据法的研究重心也应转移到以表见证明、摸索证明、事实推定、释明义务、证明妨碍等制度为主要论题的具体证明责任领域，这一理论指导司法实践以实现案件事实认定过程中的信息最大化与诉讼公正。③

4. 运用法律规范逻辑结构原理来解释证明责任的内涵

由于民事证明责任问题属于法律问题，民事证明责任规范属于法律规范，所以有学者运用法律规范逻辑结构原理解释民事证明责任的内涵，认为：（1）举证责任即证明责任，是提供本证的责任（反证只是权利）；（2）不同意将"证明责任"理解为包含两个不同的概念（行为证明责任和结果证明责任），同意将两者理解为证明责任的两个内涵；（3）无须通过结果证明责任，为法院在要件事实或者直

---

① 参见毕玉谦：《民事证明责任研究》，153 页，北京，法律出版社，2007。

② 胡学军：《我国民事证明责任分配理论重述》，载《法学》，2016（5）。

③ 参见胡学军：《从"抽象证明责任"到"具体举证责任"——德、日民事证据法研究的实践转向及其对我国的启示》，载《法学家》，2012（2）。

《证据规定》第 4～7 条规定了若干类案件中举证责任的分配规则，不过《新证据规定》删除了前述规定，有关举证责任在民事案件中的分配问题由民事实体法律规定。

接事实真伪不明时如何判决提供根据。①

　　法律规范是由行为要件、行为模式和法律后果构成的。据此，举证责任和证明责任均包括行为模式和法律后果两方面的内容或内涵。据此，当事人"主张责任（主张利己要件事实）""行为证明（责任）（提供本证责任）""证明后果（责任）"是三位一体的，存在内在的法律逻辑关系（见图6-1）。

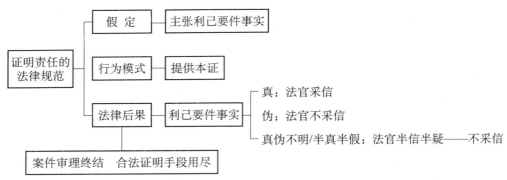

图6-1　证明责任的内涵

　　证明责任的内涵之一是行为内涵，即行为模式的内容（"举证"或者"提供本证"），亦即要件事实或者直接事实由谁提供本证来证明，通常是权利产生事实由原告负责证明，权利妨害、阻却和消灭事实由被告负责证明。通说将此部分内容称为"行为证明责任"。

　　证明责任的内涵之二是法律后果的内容。有两种法律后果：（1）本案要件事实或者直接事实"真"（达到证明标准）则法院予以采信②；（2）本案要件事实或者直接事实"伪"或者"真伪不明"（均未达到证明标准）则法院不予采信。

　　"诉讼证明"包括诉讼证明的过程和结果且有"一体性"。在法律规范层面，"有行为则有后果"，"举证"（作为法律行为）必然产生相应的法律后果（法官是否采信）。作为"行为模式"的内容，"举证"存在于证明的过程（如当事人应当在举证时限内提供本证），"举证"的后果在审理终结时发生。因此，在法律规范层面，"举证责任"即"证明责任"，"谁主张谁举证"即"谁主张谁证明"。

---

　　① 参见邵明：《民事诉讼法一本通》，2版，693-695页，北京，法律出版社，2018。
　　② "采信"的内涵是"相信（某种事实）并用来作为处置的依据"。参见《现代汉语词典》，7版，120页，北京，商务印书馆，2017。
　　法官采信要件事实包含两项内涵：（1）相信或者确信该项要件事实是真实的；（2）将作为判决的根据。

通说认为，案件审理终结时要件事实"真伪不明"的，对该项要件事实负证明责任的当事人承担的"不利后果"是"败诉"，即将"（必然）败诉"作为"结果证明责任"的内容。笔者认为，"不利后果"应当是"法官不采信该项要件事实"；该当事人通常败诉或者可能败诉但是"不必然败诉"。具体分析如下。

在日常生活中，对"半真半假"的"事实"，人们也"不信"是真实的。法谚有云："对存疑事项与其肯定不如否定。"真伪不明的要件事实或者直接事实因其真实性没有达到证明标准，故法院不予采信。

就原告方而言，民事权益产生要件事实真伪不明的，法官不予采信（原告诉讼请求没有事实根据），原告通常败诉但不必然败诉。因为法院作出判决除了根据证明结果，还得综合考虑本案其他情况（如被告认诺原告的全部诉讼请求，则被告败诉）。

就被告方而言，民事权益妨害、阻却或者消灭的要件事实真伪不明的，法官不予采信（被告抗辩失败），被告可能败诉但不必然败诉（如原告舍弃全部诉讼请求，则其败诉）。

总之，案件审理终结时，民事权益产生要件事实和被告抗辩要件事实"真伪不明"的，法官不予采信，并应根据本案其他情形（认诺、舍弃等）作出相应判决。因此，没有必要将"法官不得拒绝审判的宪法原则"作为"结果证明责任"的主要根据，也没有必要通过"结果证明责任"来解决要件事实真伪不明时法院如何判决的问题。

（二）证明责任的分配论与减免体系论

1. 民国时期的举证责任分配论

针对证明责任的分配标准，盛振为先生曾指出，当事人主张利己事实者，就其事实应负证明责任，换句话说，原则上由主张责任之当事人负担证明责任。他还区分了权利证明和事实证明，分别叙述了其证明责任分配的规则，并且就实体法上特定事实之证明责任作出分析，这包括法律行为、法律明定问题、除外规定、声请事项、权利行使问题、债之发生与给付、损害赔偿问题、雇佣赔偿问题、代理权及所有权问题、亲属关系问题、继承关系问题、票据法上问题、公司法上问题、海商法上问题等等。[1]

周荣先生就抗辩事实的举证责任以及举证责任的转移作出论述。他指出，被告对于原造之主张，业已承认，并另主张新事实而为本案之抗辩者，关于其抗辩事实，应负举证之责。此外，负举证责任之一造当事人，关于其主张之事实，已

---

[1] 参见东吴大学法学院：《证据法学》，15-17页，北京，中国政法大学出版社，2012。

有相当之证明，其举证责任即转移与对造当事人；非经对造当事人提出有效之反证，即应推定原举证人一造所主张为真实。①

2. 20 世纪 80 年代后对证明责任分配的讨论

大陆法系通行的证明责任分配制度是以"规范说"为理论基础的，其核心观点是：不适用特定的法规范其诉讼请求就不可能有结果的当事人，必须对法规范要素在真实的事件中得到实现承担主张责任和证明责任。不过，"规范说"也存在一定的弊端，这一点也早已为学者们所熟知，主要包括难以区分权利产生规范与权利妨碍规范、需以完备的实体法律规范为基础、未重视法律规范中的实质公平等等。

基于对"规范说"的批判，新的证明责任分配主张也争相涌现，毕玉谦在《民事证明责任研究》一书中介绍了多种有一定影响力的学说，即危险领域说、盖然性说、损害归属说、利益衡量说、证明说、特别规范说、消极规则说、操作规则说之一、操作规则说之二、危险提升说。② 其认为，在理论上，无论是批评者对于"规范说"提出的改造举措，还是一些新型学说缔造者大刀阔斧地对"规范说"作出颠覆性背离的阐释，都是以"规范说"为坐标的产物，故均可被称之为修正规范说。鉴于"规范说"目前尚不能为其他任何一种有力的学说所完全替代，并且传统的"规范说"与这些修正规范说之间仍存有协调、互补的余地和空间，从而铸成了当前"一强多元"证明责任学说体系。③

罗森贝克法律规范要件分类说适应民事实体成文法体系（属于规范出发型诉讼的内容），能够实现民事实体成文法律规范所包含的价值。可以说，否定法律规范要件分类说实际上就在否定民事实体成文法体系。"谁主张谁证明"分配规则的合理性首先在于其体现了"常理"，即社会生活中，提出主张者应就其利己主张提供充足的根据，否则该主张将不被人们承认和接受。同时，通常情况下，提出利己事实的当事人，距离证据更近，更易于收集证据；让距离证据更近、收集证据能力更强的当事人承担证明责任，既是公平的又是经济的，并且有助于保护权益和解决纠纷。④

有学者总结道："规范说"是其他各主要学说继受或批判的对象，其作为基础性学说的地位不可动摇。"法律要件分配说"在维持"规范说"主要观点的基础上，提出了实质性考量法则，并且经过实务界的努力不断得到细化。"修正的

---

① 参见周荣：《证据法要论》，23 - 24 页，北京，中国政法大学出版社，2012。
② 参见毕玉谦：《民事证明责任研究》，89 - 105 页，北京，法律出版社，2007。
③ 参见毕玉谦：《"一强多元"模式下的证明责任学说》，载《政法论坛》，2011（2）。
④ 参见邵明：《民事诉讼法学》，2 版，185 页，北京，中国人民大学出版社，2016；邵明：《民事诉讼法一本通》，2 版，692 页，北京，法律出版社，2018。

法律要件分类说"在维持法律要件分类说基本框架的同时，拒绝把条文的表现形式作为实体法规范分类的基础。与上述学说不同，"利益衡量说"的基础不是实体法规范的基本分类而是立法旨趣及某些实质性考量，其合理性因子逐渐被法律要件分类说及其修正学说所吸收，所以逐渐丧失独立性，目前基本无人支持。上述各学说所涉及的证明责任的分配标准可以分为三类：实体法条文结构、实体法立法旨趣以及证据法层面的因素（证据距离等）。各学说间的差异也主要表现为对这三类分配标准的重视程度不同。然而，由于学说之间的相互借鉴和某种程度的融合，学说间的差异已经不是非常明显，这一课题的研究短期内很难有太大的突破。①

有学者认为，民事举证责任分配是由民事实体法、民事诉讼法和诉讼政策三方因素共同作用的产物。其中，结果责任主要由民事实体法预先静态地配置，反映实体法的价值目标；行为责任由民事诉讼法概括地规制，体现程序公正和诉讼效益的要求；而法官在个案中审时度势，依法律的精神、公平正义的基本观念对预置的举证责任分配规则作出微调。②

另有学者主张采用英美法系的"举证责任分层理论"，其基本框架为：（1）举证责任是指发动诉讼的一方当事人，应当依法提供证据证明其主张，并说服法院接受其证据的证明力，否则就要承担败诉的风险责任；（2）举证责任的本质是如果承担举证责任的一方当事人不能依法履行该责任，就要承担败诉的危险负担；（3）举证责任具有两个基本特征，即时效性和不可转移性。这其中所谓的举证责任分层，大体是指举证责任分为提供证据的责任和说服责任两个不同的层次。③

综合各类证明责任分配的学术观点，有学者曾概括地指出，新的证明责任分配学说的致命弱点是分配标准的多元化，虽有助于在个案中实现实质的公正，但也意味着缺乏统一的分配标准，而由法官根据具体情形来决定适用何种分配标准，会使证明责任分配失去安定性和可预见性。④

利弊权衡之下，我国多数学者坚持以"法律要件分配说"为基础，同时使用例外规则以缓和证明责任分配可能存在的僵化。⑤ 在此基础上，有学者把证明责

---

① 参见许可：《要件事实论的实体法基础：证明责任理论》，载《民事程序法研究》，第 4 辑，厦门，厦门大学出版社，2008。

② 参见肖建国：《论民事举证责任分配的价值蕴涵》，载《法律科学》，2002（3）。

③ 参见叶自强：《英美证明责任分层理论与我国证明责任概念》，载《环球法律评论》，2001（3）。相关研究还有：张弢、王小林：《论我国证明责任理论与制度之重构——评英美证明责任理论和制度的借鉴价值》，载《现代法学》，2005（2）；等等。

④ 参见李浩：《民事证明责任研究》，128-129 页，北京，法律出版社，2003。

⑤ 参见张卫平：《诉讼构架与程式》，312-314 页，北京，清华大学出版社，2000；邵明：《论现代法治视野中的民事举证责任》，载《中国人民大学学报》，2005（6）。

任分配的一般原则归纳为两个基本步骤：第一步是根据权利根据事实、否认和抗辩各自的特征，将当事人主张的事实分为权利根据事实和抗辩事实，形成证明责任分配的初步方案；第二步，从实体法的角度分别确定权利根据事实和抗辩事实各自的范围和内容，进一步落实证明责任的分配。①

3. 证明责任减免体系论

对民事证明责任减免问题作"体系化"研究属于世界前沿问题。如何构造民事证明责任减免的体系性规则应当成为我国当下和今后的重要研究课题。②

证明责任的减免属于证明责任分配的特殊规则，应有法律明文规定才可适用。证明责任分配和承担的前提是能够收集到证据，证明责任的减免则是对难以或者无法运用证据证明的实体要件事实，特别是在公害案件、产品损害案件、医疗损害案件等现代民事案件中，往往应当采取合理的法律替代方法，减轻或者免除原告或者受害人对加害行为与损害后果间之因果关系和加害人过错的证明难度或者证明责任。③

证明责任减轻不是对证明责任分配一般规则的否定，而是在认可一般规则作为证明责任分配基本规则的前提下的例外规则，两者定位为"一般与例外"。有学者认为：可从规则体系（一般与例外）、减轻前提（证明困难）、证明进程（动态证明）方面设计我国证明责任减轻的制度模型。④

证明责任的减免规则既有实体法确立的又有诉讼法确立的，比较常用的或者比较成熟的规则有当事人以证据契约减轻证明责任，申请法院收集证据，证明责任倒置，法律推定和事实推定，诉讼上的拟制自认，降低证明标准，估算损害，运用社会调查方法、统计方法、概率论等来证明或者认定案件事实⑤等。

若按照证明责任分配规范对"事实真伪不明"作出判决，有时不能满足个案判决的妥当性要求或者不能实现当事人之间的实质正义，所以有必要开发一些尽

---

① 参见翁晓斌：《论我国民事诉讼证明责任分配的一般原则》，载《现代法学》，2003（8）。

② 参见邵明：《试析民事诉讼证明的减轻技术》，载齐树洁主编：《东南司法评论》，厦门，厦门大学出版社，2009；胡学军：《从"证明责任分配"到"证明责任减轻"——论证明责任理论的现代发展趋势》，载《南昌大学学报（人文社会科学版）》，2013（2）。

③ 比如，大规模侵权案件中，基于一个不法行为或者多个具有同质性的事由给大量的受害人造成损害，往往采取责任加重的方式保护受害人，如在因果关系认定上采取推定方式等。参见朱岩：《大规模侵权的实体法问题初探》，载《法律适用》，2006（10）。

④ 参见王刚：《证明责任减轻制度研究》，载《比较法研究》，2021（6）。

⑤ 相关文献有：何家弘主编：《证据法学研究》，北京，中国人民大学出版社，2007；袁卫：《统计方法在法律和法庭审判中的应用》，载《在人大法学院听讲座》，第1辑，北京，中国法制出版社，2007；[美]约翰·莫纳什、劳伦斯·沃克：《法律中的社会科学》，何美欢等译，北京，法律出版社，2007；等等。

可能使案件"避免通过证明责任作出判决"（使案件事实尽可能少地处于真伪不明状态）的法律规则，比如不负证明责任当事人的事实解明义务、证明度降低、合比例的认定、真伪不明判决等。①

---

① 在德国和日本等国，具备以下四个要件时，不负证明责任的当事人产生事实解明义务：（1）负有证明责任的当事人出示能够明确表明自己对权益主张具有合理基础的线索；（2）该当事人客观上处于无法解明事实的状态（与事实隔绝）；（3）要求对方当事人解明事实不存在责难的可能；（4）该对方当事人具有能够易于解明事实的可期待性。若该对方当事人没有履行事实解明义务，法院就可认定负有证明责任当事人的事实主张为真实。参见姜世明：《举证责任与真实义务》，103－184 页，台北，新学林出版股份有限公司，2006；吴泽勇：《不负证明责任当事人的事案解明义务》，载《中外法学》，2018（5）；陈杭平：《"事案解明义务"一般化之辨》，载《现代法学》，2018（5）。

第七章

民事争讼程序理论的发展

一、民事审级程序法理论

（一）民事审级原理论

"民事纠纷"因当事人行使"民事诉权"（其方式是"起诉"）进入"民事争讼程序"接受法院审判，而成为"民事之诉或民事争讼案件"。解决民事之诉的程序即民事争讼程序。民事争讼程序包括审级程序（初审程序和上诉审程序）与再审程序。审级程序是一件争讼案件完整的程序，包括前后两个部分：（1）初审程序，即第一审程序；（2）上诉审程序，是对未确定裁判的审理程序，即第二审程序和第三审程序。

所谓"审级制度"，是指法律规定的审判机关在组织体系上的层级划分以及诉讼案件须经几级法院审判才告终结的制度。

我国民事诉讼实行两审终审制，即一个民事案件经过两级法院审判就告终结。由于我国人民法院共分为四级，故我国民事案件的审级制度也可以称为四级两审制。许多国家和地区采取"三级三审制"，"审"与"级"之间存在着对应关系，比如起诉于第一级的地方法院，适用第一审程序；对第一审裁判不服上诉于第二级的高等法院，适用第二审程序；对第二审裁判不服上诉于第三级的最高法院，适用第三审程序。

法院上下级关系具有非行政性，虽然上级法院有权依据法定程序改变下级法院的判决，但是这只能理解为分工上的一种差异。设置不同审级的法院是为当事人提供再次诉讼救济的机会和为解决纠纷提供一个纠误渠道，使法院判决更加审慎，并且通过上诉审程序来力求司法标准的统一和对司法进行政策导向上的调整。

初审程序是每个争讼案件必经的第一审程序。初审程序通常包括普通程序和简易程序。普通程序是基础性程序，民事诉讼法系统规定其具体程序内容。上诉审程序的目的直接决定其性质和程序构成。上诉是当事人对于未确定且对己不利益的法院裁判，请求上级法院通过审理而予以变更或者撤销。立法上，通常就上诉审程序的特殊问题作出规定，没有规定的则适用初审程序的相应规定。

根据程序比例原则，立法上根据民事判决错误或者违法严重程度设置了相应的纠正程序或者救济程序：（1）简便的纠正程序或者救济程序，主要有判决更正①和判决补充②等，对此，我国现行法尚且缺乏具体合理的规定；（2）慎重的纠正程序或者救济程序，主要有上诉、再审、异议之诉等，适用于民事判决存在着重大或显著程序违法或者实体错误的情形。③

维护既判力与再审、某些异议之诉为"原则与例外"的关系。再审的本质是对既判案件的再次审判。民事再审程序的设置体现了诸程序价值追求之间一种特定的平衡和妥协：为实现实体正义和某些重大程序正义的价值目标，程序安定性

---

① 根据《民事诉讼法》第 157 条，法院裁定补正判决书中的笔误。"笔误"是指法律文书误写、误算、诉讼费用漏写、误算和其他笔误（《解释》第 245 条）。该错误仅属于书写、计算上的差错，并不涉及当事人实体权利和诉讼权利，所以可通过裁定补正。若是涉及改变判决的实质内容（如改变法院对诉讼标的之判断），则通常的纠正途径为上诉或者再审。一般说来，能够运用判决更正的事项，就不能上诉或者再审来纠正；法律规定以上诉或者再审程序纠正的事项，就不能采用判决更正方式。

相关研究成果，比如占善刚：《民事判决中的表示错误及其更正》，载《法学》，2017（8）等。

② 法院判决遗漏了应予判决的诉讼标的或者诉讼请求，为判决脱漏（我国实务中称为"漏判"）。对此，大陆法系国家和地区对判决脱漏的通行救济制度是判决补充。我国现行法则主要是通过上诉和再审机制予以纠正（参见《民事诉讼法》第 211 条第 11 项、《新解释》第 390 条）。笔者认为，现行做法不符合程序比例原则，不当增加了补救成本，且有背离法院不得非法拒绝审判之虞。

由于原判决本就没有对被遗漏的诉讼请求作出判定，我国上述救济路径实则背离了制度自身的内在逻辑和基本法理。我国已有学者充分论证了对判决脱漏不应发回重审和撤销原判，当事人申请再审的做法也基于缺乏再审对象等原因有悖于民事诉讼法理。对判决漏判的纠正程序，学界和实务界多主张采取补充判决。参见曹书瑜：《论民事瑕疵裁判的补正程序》，载《人民司法》，2006（6）；杜睿哲：《补充判决制度的法意及问题探讨——兼与曹书瑜法官商榷》，载《人民司法》，2007（11）；占善刚、阮志勇：《漏判及其救济刍议》，载《海南大学学报（人文社会科学版）》，2007（4）；占善刚：《我国民事判决脱漏应然救济途径之探究》，载《法商研究》，2009（3）；张靖波、郑磊：《民事裁判遗漏救济程序的重整与优化》，载《人民司法》，2014（9）；曹志勋：《论民事一审漏判的更正》，载《法学》，2017（7）；等等。

③ 参见邵明：《民事诉讼法学》，2 版，256 页，北京，中国人民大学出版社，2016。

有学者将通常再审程序、案外人申请再审程序、第三人撤销之诉作为一个具有整体性的程序构造来研究民事诉讼判决生效后救济程序的结构逻辑。参见韩波：《民事诉讼判决生效后救济程序研究》，北京，商务印书馆，2019。

价值和程序效益性价值应当作出一定程度的牺牲。①

民国时期有学者从司法效率、人才、经费成本，司法统一和起诉便宜的角度对审级制度的改良提供智慧。② 我国目前实行两审终审制。学者在论述两审终审制的合理性时，一般认为存在以下几个因素：（1）我国地域辽阔，很多地方交通不便，两审终审便利当事人诉讼；（2）审级多，导致案件可以多次提起上诉，浪费人财物，也不利于社会的安定团结；（3）避免使当事人陷入诉讼泥沼，及时确定当事人的民事权利义务；（4）将最高人民法院从繁多的具体案件中解放出来，专注于指导、监督和审理在全国有重大影响的案件。③

我国目前实行两审终审制，第二审程序担负着实现上诉审程序的私益目的和公益目的。在我国，很多情况下，第二审法院是中级法院，以至于第二审法院级别较低，难以维护法律适用的统一。从这个意义上说，设立第三审还是具有重大意义的。④ 主张三审终审制的学者一致认为，我国改革后的审级制度，应当是有限的三审终审制。对三审终审制最主要的限制为审理范围的限制，即当事人只能就原判决中的法律问题提起第三审上诉。⑤ 有学者认为，政策形成型飞跃上诉有助于最高人民法院通过亲历审判形成政策，克服现行法律统一与发展机制的不足，亦能避免对我国两审终审制过度冲击，是向有限三审制改革的妥适过渡。⑥

审级制度在配置上诉程序具体功能时，必须在服务于个案当事人的私人目的

① 从诉讼制度的本质来看，一方面，应当尽量维持发生法律效力裁判的稳定性、强制性和权威性，"因为如果允许败诉的当事人对已被法院生效裁判解决的纠纷进行争执，允许他挑战生效裁判，纠纷就会没完没了地继续下去，国家通过诉讼制度强制性地解决纠纷的目的就会落空"。另一方面，"若其判决存在重大瑕疵，还承认其既判力并依国家司法权加以保护，这必是违背正义之举"。参见杜闻：《民事再审程序研究》，1 页，北京，中国法制出版社，2006。

② 参见张秉钺：《改良审级制度意见书》，载何勤华、李秀清主编：《民国法学论文精粹》，第 5 卷，170-173 页，北京，法律出版社，2004。

③ 参见柴发邦主编：《民事诉讼法教程》，79-80 页，北京，法律出版社，1983。

④ 有关我国审级制度或者第三审建构方面的专著和博士学位论文，主要有：陈桂明：《诉讼公正与程序保障——民事诉讼程序之优化》，123-127 页，北京，中国法制出版社，1996；齐树洁：《民事上诉制度研究》，西南政法大学博士学位论文，2003；廖中洪：《中国民事诉讼程序制度研究》，西南政法大学博士学位论文，2004；傅郁林：《民事司法制度的功能与结构》，北京，北京大学出版社，2006；等等。

⑤ 虽然各位学者的表达方式不同，有学者认为应建立"有限的三审终审制度"，有学者则主张"以两审终审制为基础，以有条件的一审终审制和三审终审制为其必要的补充"，还有学者主张建立"多元的审级制度"，但本质上都认为不应该将三审终审作为一个不受限制的普遍做法。参见陈桂明：《诉讼公正与程序保障——民事诉讼程序之优化》，124-127 页，北京，中国法制出版社，1996；杨荣新、乔欣：《重构我国民事诉讼审级制度的探讨》，载《中国法学》，2001（5）；章武生：《我国民事审级制度之重塑》，载《中国法学》，2002（6）；等等。

⑥ 具体而言，应将试点范围限定在最高人民法院各巡回区，以当事人合意作为启动要件，以一审法院的前期审核为基础，由最高人民法院根据系争法律问题的典型性和重要性裁量受理。参见方斯远：《我国飞跃上诉的制度构建：兼论有限三审制的改革路径》，载《中国法学》，2020（5）。

和服务于社会公共目的两者之间权衡和妥协。其设计的一般原理是，越靠近塔顶的程序在制定政策和服务于公共目的方面的功能越强，越靠近塔基的程序在直接解决纠纷和服务于私人目的方面的功能越强。审级制度的构建应当贯彻维护司法统一，保障司法正确，以及协调司法的终局性与正确性理念。为实现以上理念，需要遵循以下技术原理：终审法院保持较小规模并实行集体主义决策机制；各级法院实行职能分层；最高人民法院排除对事实问题的考虑，划分权利性上诉与裁量性上诉，建立终审上诉许可制。①

在采行集中审理原则和举证期限制度的民事诉讼中，第一审是事实审和法律审，由于第一审基本将案件事实和证据问题审理完结，所以第二审应当采用续审制②并主要是法律审，第三审则应采用事后审制和法律审。③

为维护当事人上诉权或者审级利益，最高人民法院不应审判第一审案件。由于我国幅员辽阔，各地的发展水平参差不齐，而一省范围内在风土人情、发展水平等方面具有一定的均质性，所以应当加强高级人民法院在其本辖区内统一法律适用的责任。最高人民法院巡回法庭在其巡回区内担负着统一法律适用的责任，最高人民法院则应承担维护全国统一法律适用的职责。④

---

① 参见傅郁林：《审级制度的构建原理——从民事程序视角的比较分析》，载《中国社会科学》，2002 (4)。

② 上诉审程序的性质有：(1) 复审制（更新主义），即上诉法院全面审理初审中的事实和证据，并且当事人可以在上诉审中无限制地提出初审中没有提出的事实和证据。复审制不区分初审审判的程序和结果是否合法、正确，就案件全部事实和证据重新审理，事实上取消了初审或者混同初审与上诉审，浪费了诉讼资源，所以现代诉讼中复审制已不复存在。

(2) 事后审制（限制主义），即上诉法院仅根据初审或者第二审中的事实和证据，审理初审或者第二审裁判的实体内容和程序事项有无违法之处；并且上诉审中对初审或者第二审中没有提出的事实和证据，既不允许当事人提出又不允许法院采用。事后审制虽避免了复审制的弊端，但走向了另一个极端，即有正当理由在初审或者第二审中无法提供的新证据和新事实，在上诉审中也不得提出和采用，有违诉讼公正，所以现代诉讼中事后审制仅适用于三审。

(3) 续审制（续审主义），即上诉法院根据初审中的事实和证据审理初审裁判，但是，对初审中没有提出的事实和证据，若有正当理由则既允许当事人提出又允许法院采用。续审制是复审制和事后审制的折中，避免了两者的弊端，所以现代诉讼中多适用于第二审。我国上诉审采取续审制，因为《民事诉讼法》和《解释》确立了举证期限制度或者证据失效制度。

③ 在大陆法系，对判决的首次上诉（第二审上诉）称为控诉，对判决的第二次上诉（三审上诉）称为上告。第二审为法律审和事实审，即从法律和事实两方面审判"诉"及其一审判决。三审是法律审，仅从法律方面审判原审判决。在英美法系，一审法院称为审理法院（trial court），是从事实和法律两个方面审判案件。对上诉的限制，英美法系要比大陆法系严格得多，并且上诉审法院一般不进行事实审，主要是法律审，所以第二审程序与三审程序的区别没有大陆法系的那样明显。参见苏力：《上诉法院与级别管辖》，载《在人大法学院听讲座》，第 1 辑，北京，中国法制出版社，2007。

④ 参见邵明：《现代民事之诉与争讼程序法理——"诉·审·判"关系原理》，299 页，北京，中国人民大学出版社，2018。

为实现现代法治，我国应当加强法律审，以统一法治。通过上诉审统一司法的途径或者做法如下：（1）有限的"三审终审制"，主要是第三审为"法律审"。（2）"协作型"审判模式，即通过法官之间、法官与上诉律师之间对案件适用法律问题展开互动"对话"，形成具有法律效力的"判决理由"。（3）甄别"法律问题"和改革裁判文书格式内容，法律审原则上只审法律问题，并通过判决书阐述裁判理由和论证过程，以此形成具有指导性的规范命题。（4）控制法律审法院案件负荷，其路径有二：抑制当事人的上诉动机，设置受案标准和进行程序分流。（5）有限的"遵循先例"。①

（二）民事争讼程序基本原则论

1. 民事争讼程序基本原则的构成

民事诉讼基本原则可以保障民事诉讼程序运作通畅，以实现民事诉讼的目的。因此，诸多国家对民事诉讼程序设置若干基本原则。② 民国时期民事诉讼法学专著均将民事诉讼基本原则作为重要的内容加以介绍，并强调争讼程序与非讼程序适用的基本原则不同。

比如，熊元襄在其《民事诉讼法》一书中，专章讨论了"诉讼手续之主义"，阐释如下"主义"：口头审判主义及书面审判主义、公开审判主义及不公开审判主义、直接审理主义及间接审理主义、不干涉审理主义及干涉审理主义、当事者诉讼进行主义及职权诉讼进行主义、当事者处分主义及裁判所职权主义、当事者双方审理主义及一方审理主义、当事者同等主义及当事者不同等主义、口头辩论一体主义及诉讼行为同时主义、证据分离主义及证据结合主义、自由心证主义及法定证据主义。③

新中国较早的民事诉讼法教科书根据《民事诉讼法（试行）》（1982年），将民事诉讼基本原则归纳为：民事案件的审判权由人民法院行使原则，人民法院依照法律规定对民事案件进行审判原则，以事实为根据、以法律为准绳原则，对于诉讼当事人在适用法律上一律平等原则，保障当事人平等地行使诉讼权利原则，着重调解原则，巡回审理、就地办案原则，两审终审原则，公开审判原则，合议原则，回避原则，民族语言文字原则，辩论原则，处分原则，人民检察院对民事

---

① 参见陈杭平：《统一的正义——美国联邦上诉审及其启示》，235-246页，北京，中国法制出版社，2015。

② 参见邵勋、邵锋：《中国民事诉讼法论》，上卷，高珣、刘志欣、林虹勘校，46页，北京，中国方正出版社，2004。

③ 参见熊元襄编：《民事诉讼法》，松冈义正口述，李凤鸣点校，155-172页，上海，上海人民出版社，2013。

审判活动实行法律监督原则，支持起诉原则，法院调解原则，民族自治地方制定和补充规定原则。① 以上原则中，有的原则具有鲜明的时代特征，比如巡回审理、就地办案原则；有的原则实质上混淆了民事诉讼的基本原则与基本制度，诸如两审终审原则、合议原则、回避原则等；还有的原则与民事诉讼活动没有直接联系，诸如支持起诉原则、法院调解原则等。②

现今大多教材将民事诉讼基本原则分为共有原则与特有原则两类。不过，着重阐释特有原则，比如平等原则、辩论原则、处分原则、诚实信用原则等。③

对民事诉讼基本原则体系的理解是我国民事诉讼法学理论上最为混乱的问题之一。④ 由此，有学者对民事争讼程序基本原则作出如下体系化研究：在遵循程序参与原则、比例原则、诚实信用原则和诉讼安定原则的基础上，民事争讼程序还应遵行自身的基本原理和基本原则。由于双方当事人之间存在平等争议，所以争讼程序应当遵循对审原则和平等原则；对审程序中，应当遵行公开审判原则、集中审理原则、直接言词原则；法庭最后辩论终结后，法官按照自由心证原则采信要件事实，适用实体法律作出本案判决。对审原则和平等原则主要关涉"诉讼程序构造"。公开审判原则、集中审理原则、直接言词原则主要关涉"诉讼程序过程"。自由心证原则主要关涉"诉讼证明结果"。⑤

2. 对审原则与平等原则

（1）对审原则（或称对审主义、双方审理原则、双方审理主义）

民事纠纷的实体争议性和民事诉讼的争讼性在制度上体现为对审原则，是民事争讼程序的一项"自然原则"和首要正当性原理，对立双方当事人之间的平等对抗构成民事争讼程序的核心。⑥ 我国《民事诉讼法》第12条规定的辩论原则（辩论权主义）适用于争讼程序，宜纳入程序参与原则或者对审原则。⑦

---

① 参见柴发邦主编：《民事诉讼法教程》，66 - 67页，北京，法律出版社，1983。
② 参见陈桂明：《诉讼公正与程序保障——民事诉讼程序之优化》，63 - 64页，北京，中国法制出版社，1996。
③ 参见宋朝武主编：《民事诉讼法学》（马克思主义理论研究和建设工程重点教材），2版，55页，北京，高等教育出版社，2018；江伟、肖建国主编：《民事诉讼法》，9版，55 - 56页，北京，中国人民大学出版社，2023；张卫平：《民事诉讼法》，6版，51 - 67页，北京，法律出版社，2023；等等。
④ 参见陈桂明：《诉讼公正与程序保障——民事诉讼程序之优化》，61页，北京，中国法制出版社，1996。
⑤ 参见邵明：《民事争讼程序基本原理论》，载《法学家》，2008（2）。
⑥ 有关对审原则，主要参考邵明：《民事诉讼法理研究》，299 - 300页，北京，中国人民大学出版社，2004；杨剑：《民事诉讼对审原则论要》，载《邯郸学院学报》，2007（2）；刘燕军：《民事对席审判原则研究》，载《研究生法学》，2009（5）；等等。
⑦ 参见邵明：《民事争讼程序基本原理论》，载《法学家》，2008（2）。

对审原则保障双方当事人的程序参与权，即保障双方当事人共同参加诉讼，就本案诉讼标的和诉讼请求、实体事实和证据充分表达意见，在此基础上法院作出判决。对于实体事实，采用严格证明程序，构成争讼程序中的事实证明部分。

对审原则同时保障法庭中和法庭外双方当事人的程序参与权。比如，在法庭外进行证据保全或者现场勘验时，法院应当通知双方当事人到场；当事人无正当理由不到场的，证据保全或者现场勘验照常进行。

虽然简易程序是通过限制甚至取消当事人部分诉讼权利来获得"效率"的，但是应当重视程序自身所应具有的最低限度公正性的保障，即简易程序应当符合最低限度的程序公正要求，应当平等保障双方当事人的辩论权或者陈述权（《民事诉讼法》第 162 条）。

民事争讼程序中，作为对审原则的法定例外，缺席审判的适用要件应当严格明确。虽然争讼程序采行对审原则，但是，为及时维护对方当事人权益，避免诉讼拖延，一方当事人无正当理由不出庭的，诉讼照常进行。[①]

法院违反对审原则，如对双方当事人没有合法送达、剥夺或者限制当事人质证权和辩论权，属于严重的程序违法，作为上诉理由和再审理由。国际和区际司法协助中，"败诉当事人未经合法传唤而缺席判决"是拒绝承认其他国家或者地区法院判决的重要理由。

（2）平等原则（或称当事人平等主义）

平等原则是指所有当事人均具有平等的诉讼地位，具体表现为：1）享有平等的诉讼权利；2）承担平等的诉讼义务；3）当事人相同的诉讼行为，应当适用相同的诉讼法规范，并产生相同的诉讼法效果；4）平等维护所有当事人的实体利益和程序利益。[②]

---

① 我国有学者曾提出，完备的缺席审判制度应实现三方面的功能：鼓励当事人积极参加诉讼并完成包括出庭辩论等各种诉讼行为，有效地控制缺席情形的发生；在相对意义上尽可能地实现客观真实；最大限度地保护当事人的诉讼权利，充分赋予当事人攻击防御的手段和机会。通过对一方辩论主义与缺席判决主义的立法比较和对我国现行缺席审判制度的剖析，结合我国的国情，该学者认为我国的缺席审判制度宜兼采一方辩论主义和缺席判决主义，以前者为基本原则，而在特殊情形下采用缺席判决主义和限制异议制度。参见陈桂明、李仕春：《缺席审判制度研究》，载《中国法学》，1998（4）。

② 当事人程序利益既包括如审级利益等程序利益，又包括节约当事人的诉讼成本。民事诉讼法应当重视平等维护双方当事人的程序利益。比如，我国民事诉讼法未把被告同意作为撤诉的条件；原告申请撤诉，被告已经提出答辩状或者参加言词辩论的，诸多国家和地区将征得"被告同意"作为法院同意撤诉的要件，这是尊重被告已经付出的诉讼成本和对诉讼结果的期待利益。参见李浩：《民诉制度的改革与处分原则的强化和完善》，载陈光中、江伟主编：《诉讼法论丛》，第 1 卷，北京，法律出版社，1998；占善刚：《诉讼权利平等原则新论》，载《法学评论》，1999（2）。

《新解释》第 238 条第 2 款规定："法庭辩论终结后原告申请撤诉，被告不同意的，人民法院可以不予准许。"

平等原则，从权利的角度说即平等权。"人皆平等"的自然正义和"法律面前人人平等"的宪法原则，在民事诉讼中体现为当事人平等原则。这也是民事诉讼法"宪法化"的具体体现。同时，当事人平等原则是正当程序的应有内涵和必然要求。"平等创造了司法和构成了司法。"① 民事争讼程序中，"平等"使当事人双方能够平等地主张事实、提供证据、质证、辩论，从而实现程序正义和实体真实。

在司法实践中，当事人各方实际诉讼能力的强弱悬殊，必然使形式上平等的诉讼权利义务处于实际上不平等的状态，使立法上的平等在具体案件中被打破甚至丧失。因此，为了实现实质意义上的平等，立法应当给予弱者一定的关照，这似乎有违"同样情况同样对待"的平等原则，但事实上这种"差别对待"正是体现了法学上的自然正义精神。②

有学者认为，在我国当下，面对职权进行主义、诉讼促进义务、法院释明权、真实义务、事案解明义务、证明责任分配特殊化等一系列以强化法院职权介入与当事人义务为表征的制度及理论，若简单地以民事诉讼公共性或社会性为解释论根据，有可能使我国民事诉讼体制复归职权主义模式；若以提升司法效率为出发点，也易于侵害当事人的程序权利。因此，须激活平等原则的解释论功能以厘清上述制度的定位与运行界限。③

对于裁定处理的事项，通常适用自由证明，不以"对审"为原则（但也不排除适用）。民事非讼程序中，不存在对立的双方当事人或者不存在明确的双方当事人对立状态，所以双方当事人平等原则的适用受到限制。民事执行程序中，在执行权利人与义务人之间采行不平等主义。④

3. 公开审判原则·集中审理原则·直接言词原则

（1）公开审判原则

公开审判属于司法公开的范畴，是指法院应当依法公开审理和公开宣判民事案件。公开审判既要求形式上的公开，即公开案情、审判人员、审理过程和判决结果，又要求实质上的公开，即在判决中公开法官作出判决的思维过程和论证根据（附判决理由义务）。

"正义不仅应当得到实现，而且应以人们看得见的方式实现。"审判公开，从

① ［法］皮埃尔·勒鲁：《论平等》，王允道译，21页，北京，商务印书馆，1994。
② 参见李祖军：《简论诉讼权利平等原则》，载《西南政法大学学报》，2002（2）。
③ 参见林剑锋：《当事人平等原则解释论功能的再认识》，载《法律科学》，2020（3）。
④ 参见邵明：《现代民事诉讼基础理论——以现代正当程序和现代诉讼观为研究视角》，77-78页，北京，法律出版社，2011。

权利的角度来说，是指人们享有获得公开审判的权利。此项程序基本权利或称程序性人权包含在《世界人权宣言》第 10 条的规定中。该条规定："在确定当事人的民事权利与义务或审理对被告人的刑事指控时，人们有权充分平等地获得独立、公正的法院进行的公正、公开的审理。"

公开的主体范围主要是：1）社会公开，即允许公民旁听、允许新闻报道、在互联网公布裁判文书。2）当事人，即保障当事人的程序参与权，其基本含义是法庭应当给予诉讼当事人各方充分的机会来陈述本方的理由，严格适用缺席审判。①

公开的客体范围主要是：审判庭组成人员和书记员，案情，立案，庭审，宣判，裁判文书（包括在互联网公布裁判文书，公众可以查阅发生法律效力的判决书和裁定书，查阅和复制庭审笔录等诉讼材料）。

诉讼具有过程与结果的一体性，据此司法管理既是"过程管理"又是"目标管理"。审判公开既包括审理过程公开又包括判决结果公开。全国各级法院依托中国庭审公开网直播案件庭审属于审理过程公开，依托中国裁判文书网发布裁判文书属于判决结果公开。

民事争讼程序中，"对席言词辩论"因其使用言词形式使其能够在公开场合进行②，可见公开审判与对审审理和言词审理之间有着内在的关联性（书面审理则无须公开），并且法庭公开集中审理使审判过程得以全程观看和传播，便于国民监督审判。③

公开审判和审判独立之间会产生紧张关系，如社会对司法行为的自由批评与法庭威信之间的冲突，或者案件终审前媒体的报道和社会的评论与当事人获得公正审判权利之间的冲突。④ 对于仅涉及当事人之间私权争议的纠纷案件，当事人在诉讼中应享有程序上的权利，是否允许群众旁听、新闻记者采访，亦应属于当事人有权决定的范围。⑤ 因此，必须在公开审判制度的确立与其他价值的实现之

---

① 综观各国的立法状况，民事审判公开制度具有双重内涵：一是公开审判的形式内涵，即审判面向诉讼以外的系统开放，强调对民事案件的审理，向群众、社会公开。二是公开审判的实质内涵，即案件对系统内当事人的公开，诉讼程序面向当事人的开放以及诉讼资料向当事人的公开，强调在诉讼中保障当事人的诉讼参与权和审判知情权。参见王福华：《民事审判公开制度的双重含义》，载《当代法学》，1999（2）。

有学者认为，对当事人程序公开的规范内容，以纳入程序参与原则或者对审原则为宜。参见邵明：《论民事诉讼程序参与原则》，载《法学家》，2009（3）。

② 参见王亚新：《论民事、经济审判方式的改革》，载《中国社会科学》，2000（2）。

③ 参见邵明：《现代民事之诉与争讼程序法理——"诉·审·判"关系原理》，232 页，北京，中国人民大学出版社，2018。

④ 参见侯建：《传媒与司法的冲突及其调整》，载《比较法研究》，2001（1）。

⑤ 参见韩红俊：《民事公开审判》，载《当代法学》，2002（7）。

间寻求协调与平衡。

正当程序既是一种公开的程序，又是一种能够保守国家秘密、当事人隐私和商业秘密的程序。公开审判是一项原则性的规定，其例外必须由法律明确作出规定以严格限制其适用范围，以免对"例外"滥用而招致侵损公开审判制度。为了维护更大权益或者基于审理事项特殊性的考虑，我国现行法律和司法解释明文规定了不公开审理的案件和情形（法院应当当庭宣布不公开审理的理由）。

公开审判原则要成为名副其实的"公开"，还需制定完备而合理的审判新闻报道规则和旁听保卫制度等，特别是使法庭辩论程序得以真正实在化，应当确立具有真正约束力的辩论原则①，通过辩论原则和直接原则的实施来实现②，并且充分"沟通"集中审理与公开审判之间的关联性和互动性③；同时，应当将法院违背公开审判原则（及其例外），作为提起上诉和再审的法定理由。

（2）集中审理原则

民事诉讼审理方式有并行审理（分割审理），是指法官在一段时期内并行审理数个案件。比如，在本周内，今天审理甲案件、明天审理乙案件、后天审理丙案件，未审结的案件需择日继续开庭审理。采用并行审理主义，一个案件往往需要多次开庭方可审结。

民事诉讼审理方式还有集中审理（持续审理），是指法官集中或者持续审理一个案件，待该案审结再审判其他案件（"各个击破"）。根据集中审理原则，审理一个案件应当尽可能减少开庭次数，若某个案件需要多次开庭则应连续不间断地审理直至作出判决。

集中审理能够避免并行审理的弊端。采取并行审理，多次改期审理而造成程序重复、浪费，加之同一案件审理期日间隔长而数个案件在同一段时期内并行审理，致使法官对数个案件记忆不清、错乱，依赖书面材料作出判决，直接言词和公开审判等原则因此被架空。

采行集中审理，有个重要前提是法庭审理前就应当做出充足准备，为此应当实行举证时限或者证据失效、交换证据等配套制度，整理争点，此后法庭只审理

---

① 参见张卫平：《我国民事诉讼辩论原则重述》，载《法学研究》，1996（6）。
② 参见王福华：《民事审判公开制度的双重含义》，载《当代法学》，1999（2）。
③ 通常，相较于并行或分割审理而言，在法庭上公开集中审理的场合，一般国民（旁听者）常常更可能直观地理解案情全貌及审判的全过程，借以督促法官进行更公正的审判。尤其是，在集中审理时，大众传播媒体更可能对审判过程全幕报道，此项报道在无碍于审判独立的范围内，可促使公开原则的运用更有利于国民监督审判。参见邱联恭：《程序制度机能论》，242-244页，台北，三民书局有限公司，1996。

争点。① 集中审理原则在上诉程序中体现为上诉理由强制提出制度。②

集中审理主义的建立、审前准备程序的塑造、证据适时提出主义的确立必然引起诉讼程序结构的系统调整。在英美法系，对上诉的限制要比大陆法系严格得多，并且上诉审法院一般不进行事实审，主要是法律审，因此，第二审程序与第三审程序的区别没有大陆法系那样明显。个中缘由是采用陪审团制，由于遴选和召集陪审员很费周折，所以审前需做充足的准备，采取集中审理主义。其结果是，第一审中基本上将案件事实问题审理完结。

而大陆法系，历史上并不存在英美法系式陪审团制，证据的调查和事实的认定属于法官的责任。而职业法官也会发生事实认定方面的错误，加之无须考虑陪审团制所带来的成本，所以第二审程序虽是法律审但不完全拒绝事实审，即采取续审制。第三审则采取事后审制，其重点在于审查第一审或者第二审判决的合法性问题。③

（3）直接言词原则（或称直接言词审判主义）

直接言词（审判）原则包括直接原则和言词原则，两者有着内在关联性，均以发现真实和提高效率为目的。

直接原则是指审判同一案件时，判决法官应当亲自参加法庭审理，即强调审理法官与判决法官的一体化。与此相对的是间接审判，是指审判同一案件时，审理法官与判决法官可以分立，即判决法官可以根据其他法官审理的结果作出判决。

言词原则要求当事人、证人等在法庭上应用言词（口头）形式质证、辩论。与此相对的是书面审理，是指根据书面的诉讼资料来认定事实和作出裁判。言词原则是程序公开、程序参与和直接审判等原则实施的必要条件。

诉讼或者司法是察言观色和亲历性的活动，"五声听狱讼"即是直接言词审判主义在我国西周时期中的体现。魏晋时期审判心理学的发展进一步凸显了当庭审判的重要意义，如律学家张斐主张，人的外部表情、动作与人的心理活动存在

---

① 参见汤维建：《论民事诉讼审前程序的模式转变》，载《河南政法管理干部学院学报》，2005（4）；杨会新：《集中审理模式下证据失权制度重构》，载《现代法学》，2018（4）；苏隆惠：《论民事集中审理之发展趋势》，中国政法大学博士学位论文，2006；刘萍：《民事诉讼集中审理原则研究》，中国政法大学博士学位论文，2009；等等。

② 即上诉人应于上诉状中载明上诉理由，否则法院限期补充，逾期没有补充的，遗漏的上诉理由将不得提出，法院也不予采纳。

③ 参见邵明：《现代民事之诉与争讼程序法理——"诉·审·判"关系原理》，248-249 页，北京，中国人民大学出版社，2018。

着某些必然的联系，所以这些均可被用来判断犯罪者的主观心理状态。①

在法官、双方当事人和证人"面对面"的活动中，当事人和证人的肢体语言（如陈述事实时所体现出的坐姿、语调、眼神、情绪等）均能够传达出语言文字所无法传递的案情信息②，从而影响到法官的心证。③ 这是采行直接言词原则和强调司法亲历性的经验上和心理学上的根据。

直接言词原则体现了诉讼过程与诉讼结果的一体性，即判决是听审过程中主、客观因素累积的结果。直接言词原则要求法官亲自聆听当事人言词辩论和证人言词作证，直接观察当事人和证人的肢体语言，直接查看证据实际状况，从而易于准确掌握案件事实。因此，直接言词原则被喻为自由心证原则的一个"支柱"。同时，言词传达信息简捷，法官、当事人和证人直接见面，有助于法官和当事人及时发现争议并能尽快解决，促进诉讼。

直接言词原则已被大多数国家民事诉讼立法或判例确立，我国制定和完善民事证据法同样应当以这一原则为指导思想。④ 直接言词原则是实行公开审判原则与反对任何"暗箱操作"行为的根本要求。⑤

有学者通过分析民事电子庭审与直接言词原则在真实性、同时性、模拟性和证据方面产生的冲突，认为正确处理电子庭审和传统庭审的关系，应当明确在线视频的要求，构建起相应的配套制度，从而使其与现有民事诉讼制度有机契合。⑥

直接言词原则的适用例外，主要有：1）根据直接言词原则，审判过程中本案法官有变更的，诉讼程序应从头进行，但是，这样做有违诉讼经济，所以当事人应当在新法官面前陈述以前言词辩论的结果，诉讼程序不必从头进行。2）言词原则适用于开庭审理阶段，而诉讼程序的启动（如起诉书、申请书等）和终结（如判决书、裁定书等）原则上要求采取书面形式。此外，民事私益案件中，原告舍弃的、被告认诺的，此后程序无须言词审理。3）根据言词原则，证人应当

---

① 参见江必新：《中国法文化的渊源与流变》，109 页，北京，法律出版社，2003。

② 这正体现了波普尔所言的"无意识的知识"、波兰尼所言的"不可言传的知识"（Michael Polany, *Personal Knowledge*, Chicago, The University of Chicago Press, 1958, pp. 62-64）。

③ 研究表明，人与人之间的沟通有 50%以上是靠肢体语言。参见 ［美］盖瑞·史宾塞：《最佳辩护》，魏丰等译，36-41 页，北京，世界知识出版社，2003。

④ 参见刘敏：《论直接言词原则与民事证据制度的完善》，载何家弘主编：《证据学论坛》，第 3 卷，北京，中国检察出版社，2001。

⑤ 参见毕玉谦：《直接言词原则与证据辩论主义——〈最高人民法院关于民事诉讼证据的若干规定〉主要问题透视之二》，载《法律适用》，2002（5）。

⑥ 参见姜丽萍、黄亚洲：《民事电子庭审与直接言词原则的冲突与协调》，载《沈阳大学学报（社会科学版）》，2019（6）。

出庭口头作证，但有正当理由无法出庭的，法院可以允许其提交书面证言或者通过双向视听传输等技术手段作证。4）对裁定处理的程序事项，通常采取自由证明，无须法庭言词辩论，书面审理即可，无适用言词原则的必要，但也并不排斥采用言词审理方式。①

有学者对民事二审不开庭审理的现象进行反思，认为根据直接言词原则，二审仍应贯彻开庭审理原则，仅限欠缺上诉要件或就裁定提起的上诉案件可不开庭；二审作为一审的延续，仍然包括法庭调查与口头辩论两部分，其诉讼资料和证据资料构成二审判决基础。②

4. 自由心证原则

自由心证原则属于公法上的强行规范，不许法官和当事人合意变更或者排除适用。其主要含义是：法律不预先设定机械的规则来指示或者约束法官，而是由法官针对具体案情根据经验法则、逻辑规则和自己的理性、良知，独立自由地判断证据并据此认定事实。

自由心证原则要求：（1）对于证据的证明力，由法官根据经验法则、逻辑规则和理性、良知作出自由判断；（2）法官内心对案件事实的真实性形成"确信"，即法官对案件事实真实性的心证程度达到完全证明标准。③

民国时期，我国法官对证据的判断就已经采取自由心证主义，这符合认知的一般规律。但是，自由并不是恣意，它还需要完善的约束机制。为此，民国政府通过司法解释的方式构建了一系列的制度，其中具有直接约束力的即为证据调查制度、直接言词制度和证据推定制度。④

自 20 世纪 80 年代到 21 世纪初，我国诉讼法和证据法学者内部对于是否应当承认自由心证属于证据判断的原则和标准产生了分歧，持"否定说""肯定说""折中说"的学者都撰文对此进行了专门探讨。

"否定说"认为：自由心证原则的本质是唯心主义，与我国证据制度上强调

---

① 参见邵明：《现代民事之诉与争讼程序法理——"诉·审·判"关系原理》，251－252 页，北京，中国人民大学出版社，2018。

② 参见段文波：《民事二审不开庭审理的反思与修正》，载《中国法学》，2021（6）。

③ 《解释》《新解释》直接使用"确信"。其第 108 条第 1 款规定："对负有举证证明责任的当事人提供的证据，人民法院经审查并结合相关事实，确信待证事实的存在具有高度可能性的，应当认定该事实存在。"第 109 条规定："当事人对欺诈、胁迫、恶意串通事实的证明，以及对口头遗嘱或者赠与事实的证明，人民法院确信该待证事实存在的可能性能够排除合理怀疑的，应当认定该事实存在。"

④ 如 1932 年司法行政部颁布的训令称：证据的取舍可以由法官自由判断，但是必须以证据为前提，不得任意或凭空而为判断。参见李凤鸣：《论民国证据制度对自由心证的限制——以司法解释为视角》，载《中南大学学报（社会科学版）》，2017（6）。

调查研究、实事求是的精神不相符合。自由心证原则并不能使审判员正确发挥在判断证据中的作用。若是证据材料不足，致使案件事实没有完全清楚，审判员在审判案件时"犹豫不决"，此时应当继续进行周密的调查研究、掌握必要的材料，对证据进行查证属实，才能下决心作出判断。如果没有这个前提条件，硬要加以"确信"，也是盲目的，无助于问题的解决。①

"肯定说"认为：自由心证与主观主义、唯心主义没有必然联系，自由心证更不等于自由擅断。现代自由心证已经克服了传统自由心证擅断的弊端，既强调法官的自由判断，也强调法官应遵守法律的规定以及判决结果和理由的公开，是法官在遵守法律规定的前提下，依据良知和理性行使自由裁量权，从而形成法官内心确信的过程。具有中国特色的法官依法独立审查判断证据的原则，吸收了现代自由心证的合理因素，体现了主客观的统一，符合现代民事诉讼的发展方向。②

"折中说"提出自由心证原则是客观规律的必然要求，就是否承认自由心证原则而纠缠不休并无实际意义。当务之急是对如何贯彻自由心证原则加以深入研究。我们需要在理念上为自由心证原则正名，然后根据这项原则的要求，改革现行制度，使这项原则的精神在一个和谐的环境中发挥作用。至于是否在法律中形成文字，其实并不重要。相反，如果认为仅仅把自由心证原则写入法律条文便万事大吉，那只会带来更为严重的后果。③

在自由心证原则下，大陆法系的法官自由裁量的内容包括证据能力和证明力。在大陆法系，认定案件事实是作为法律专家的法官的职责，没有必要如英美法系为适应陪审员制度而制定大量的有关证据能力的规则，并且大陆法系很强调法官自由判断证据的证明力以发现案件真实④，所以法官心证的"自由"是就证据能力和证明力的判断而言的。在我国，应当遵行证据裁判原则，通过有关证据能力的证据规则指导和约束法官，并可排除外部对审判法官的非法干预，由此法官"自由"心证主要是对"证明力"的判断。⑤

---

① 参见徐益初：《自由心证原则与判断证据的标准》，载《法学研究》，1981（2）；霍震：《"自由心证"不是我国判断证据的原则》，载《现代法学》，1982（4）。

② 参见李祖军：《自由心证与法官依法独立判断》，载《现代法学》，2004（5）；叶自强：《从传统自由心证到现代自由心证》，载陈光中、江伟主编：《诉讼法论丛》，第3卷，北京，法律出版社，1999。

③ 参见汪建成、孙远：《自由心证新论——"自由心证"之自由与不自由》，载何家弘主编：《证据学论坛》，第1卷，328－364页，北京，中国检察出版社，2000。

④ 参见毕玉谦：《民事证据法及其程序功能》，380页，北京，法律出版社，1997。

⑤ 参见邴博：《现代民事之诉与争讼程序法理——"诉·审·判"关系原理》，253－254页，北京，中国人民大学出版社，2018。

自由心证虽属于法官自由裁量的范畴，但该原则并非容许法官恣意判断，而是要求法官作出合理的心证。为此，法律一方面保障法官心证形成的自由，另一方面制约法官恣意判断，从而在制度上对法官自由心证的形成设置了充足的保障措施和合理的制约措施。

关于法官自由心证的保障和制约，有学者区分心证形成前、形成过程中和形成后等不同阶段来采取相应措施。首先，法官心证形成前的保障和制约措施，主要包括司法独立和法官资格限制。其次，法官心证形成过程中的保障和制约措施，主要包括回避制度、审判公开制度、程序参与原则、证据裁判原则、合议制、直接言词原则、证据规则、逻辑规则、经验法则和诚实信用原则等。最后，法官心证形成后的保障和制约措施，主要包括判决理由制度和事后审查制度。①

有学者认为，法官心证形成的制约包括外部制约（如法定证据、证据契约）和内部制约（如经验法则），程序制约（如辩论原则等程序原则）和实体制约（如证据调查的结果和辩论全趣旨）等各个方面。同时，自由心证原则的制度基础还来自两方面：一个是现代法官制度，一个是体现审判公正的原则体系。②

另有学者认为，我国建设自由心证制度应当从建设更适宜自由心证制度发展的诉讼程序、完善制约机制、明确证明标准作为自由心证的尺度三个层面出发，同时注意控制高度盖然性标准的消极影响系数，以防止因单一限制自由心证的程度而忽视个案正义。③

（三）审前准备程序原理论与繁简分流论

1. 审前准备程序原理论

有学者认为，西方各国的审前准备程序值得我国借鉴，我国审前准备程序改革的基本思路是：在审前阶段设立准备程序，给予当事人充分提出主张和证据的行为空间，由当事人确定争点，决定审判内容，法官则进行适当的引导。④ 我国在借鉴外国审前准备程序来重构自己的审前准备程序时，应当明了外国审前准备程序本身所存在的不足和引发的不利后果，以及外国对这些不足如何矫正和对这

---

① 参见王亚新：《社会变革中的民事诉讼》，318-344页，北京，中国法制出版社，2001。
② 参见张卫平：《自由心证原则的再认识：制约与保障——以民事诉讼的事实认定为中心》，载《政法论丛》，2017（4）。
③ 参见相庆梅：《两大法系民事诉讼自由心证的司法适用及其启示》，载《江西社会科学》，2017（3）。
④ 参见陈桂明、张锋：《审前准备程序比较研究》，载陈光中、江伟主编：《诉讼法论丛》，第1卷，北京，法律出版社，1998。

些不利后果如何避免。①

建构合理的民事诉讼制度和运行机制，必须在制度层面合理界定审前准备程序与开庭审理程序的中心内容以及两者之间的衔接程序。② 审前准备程序的主要功能是为顺利进行庭审或者集中审理做出比较充分的准备，使在有限的开庭时间内能够充分审理争点并及时结案。因此，审前准备程序所要处理的中心问题是通过证据交换或者庭前会议整理争点。③

证据交换大体上有三项内容：（1）使当事人能够从对方获得信息，了解对方掌握的证据和对案件事实的看法、观点；（2）法官适时可进行调解；（3）通过对争点和证据进行整理，促使法官和当事人双方对开庭时如何审理形成一定共识。④

在法院主持下，通常采用庭前会议的方式，组织各方当事人相互交换证据。证据交换以"当面交换"为原则。原则上，双方当事人应当将本案证据资料进行交换。但是，包含国家秘密、个人隐私和商业秘密等内容的证据，虽应提交法院，但可以不交换；若是本案主要或者唯一证据而应当交换，则应让对方当事人承担保密义务。

争点整理程序主要是指在正式开庭之前，双方当事人在法官的主持下，对案件的争点及相关证据进行整理，以明确争点及法庭调查的证据。为体现当事人的主体地位，争点的范围应包括事实争点、证据争点、法律争点及诉讼程序事项争点。⑤

关于证据交换与争点整理的关系，有学者指出，争点整理与证据交换的关系是密不可分、互相交融的。争点整理实际上就是双方证据交锋的过程，争点从多到少直至固定，是案件事实渐明的过程。⑥ 证据交换是争点整理的前提和手段，而争点整理是证据交换的目的。⑦ 可见，争点的整理是通过证据交换实现的。

---

① 以证据开示（discovery）程序为主要内容的美国审前准备程序来说，就存在着诸多缺陷并产生许多弊端。从提起诉讼到正式审理，诉讼主要围绕着证据开示程序进行，并且由于开示范围扩大和程序复杂，再加之证据开示的时间和次数法律规定的较松，一些当事人和律师利用重复开示阻挠诉讼进程，费时耗财，拖累对方当事人，从而诉讼被变成不是追求真实而是当事人之间的耐性较量，同时也导致了诉讼偏离审理而偏向证据开示的不正常展开。对此，美国自20世纪70年代中期开始，修改和完善证据开示程序和审前准备程序，譬如，增设了当事人自主开示（disclosure）义务及违背此义务的制裁、增加法官的职权处理、限定证据开示的时间和次数等。参见刘荣军：《美国民事诉讼的证据开示制度及其对中国的影响》，载梁慧星主编：《民商法论丛》，第5卷，北京，法律出版社，1996。
② 参见王亚新：《民事诉讼准备程序研究》，载《中外法学》，2000（2）。
③ 参见吴泽勇：《民事诉讼审前准备程序的正当化》，载《法学》，2005（1）。
④ 参见王亚新：《民事诉讼准备程序研究》，载《中外法学》，2000（2）。
⑤ 参见熊跃敏：《民事审前准备程序研究》，240页，北京，人民出版社，2007。
⑥ 参见许尚豪、蔡卫忠：《对审前程序几个问题的再认识》，载《浙江工商大学学报》，2004（6）。
⑦ 参见熊跃敏：《民事审前准备程序研究》，240页，北京，人民出版社，2007。

审前准备程序的另一个功能是尽量把纠纷解决在审前准备阶段以提高诉讼效率。① 在发挥审前准备程序"准备"功能的同时，应当建立自足性审前程序，即我国民事诉讼程序结构应当改变绝对的庭审中心主义，而将法院实体审判权前移至审前程序，彰显审前程序所具有的化解纠纷和分流讼源的功能。具体而言，应当着重注意以下几个方面：建立互动性的诉答程序、完善时效性的证据交换、构建协同性的审前主体、构建化解纠纷的多重机制。②

审前准备程序的构造原理不同于庭审程序，对公开性、直接性和言词性等要求弱于庭审程序，不具备作出判决的正当程序基础，所以在审前准备程序中不得对纠纷强制性解决（如作出判决），但是不妨碍当事人合意解决纠纷。从正当（争讼）程序保障原理的角度来说，审前准备程序并不能取代庭审程序。换个角度来说，若审前准备程序取代庭审程序而成为诉讼程序的中心，则实际上取消审前准备程序而只有庭审程序，并回到并行审理主义。③

我国特定的历史时期出现了"先定后审"的庭审形式化现象。因此，在我国构建审前准备程序，除了衡量效率价值，还应将公正放在一个突出的位置来考虑。有鉴于此，我国应采纳预审法官模式，即是将法官分为审判法官与预审法官，由预审法官负责实施审前准备，由审判法官负责对案件进行审理和裁判。④

形成的共识是：审前准备程序应当能够维护诉讼公正和促进诉讼效率。审前准备程序中，以程序规范和强制措施保证双方当事人之间能够充分地交换证据、知悉对方掌握的证据事实、确定案件争点，从而在一定程度上能够避免诉讼上的突然袭击，实现诉讼公正。经过审前准备程序，确定了争点，开庭审理阶段针对争点展开，而无须审理无争议的诉讼请求和事实证据，有利于法庭集中审理、减免重复开庭、推进诉讼进程和节约诉讼成本。

2. 繁简分流论：普通程序与简易程序

从法院的视角来看，繁简分流、程序分化与司法效率紧密相关，在案件数量快速增长、法院负担沉重的背景下，程序分化有利于法院便捷迅速、成本低廉地处理大量简单纠纷。⑤ 从当事人的视角来看，繁简分流和程序分化是基于司法大

---

① 参见李浩：《民事审前准备程序：目标、功能与模式》，载《政法论坛》，2004（4）。
② 参见汤维建：《论构建我国民事诉讼中的自足性审前程序》，载《政法论坛》，2004（4）。
③ 参见邵明：《现代民事之诉与争讼程序法理——"诉·审·判"关系原理》，311页，北京，中国人民大学出版社，2018。
④ 参见李浩：《民事审前准备程序：目标、功能与模式》，载《政法论坛》，2004（4）。
⑤ 参见王亚新：《司法效率与繁简分流》，载《中国审判》，2010（12）。

众化的追求，能够适应多层次的法律需求，便利当事人诉讼。①

按照程序比例原则，在维护诉讼公正的前提下，通过适用普通程序与简易程序，实行繁简分流。简易程序的适用范围应当明确规定，否则可能导致简易程序的过分扩大适用而侵害当事人获得普通程序公正审判的权利。简易程序虽然通过限制甚至取消当事人的部分诉讼权利来获得"效率"，但是应当符合最低限度程序公正的要求，即平等保障双方当事人的辩论权等程序参与权。同时，通过维护当事人的上诉权，也可限制法官的恣意。②

有学者主张，初审程序分化的根据或基础可从两个方面去把握：（1）案件标的额大小、案情复杂的程度以及争议性的强弱；（2）纠纷发生的领域或其种类。循此，该学者提出以下程序分化方案：保留"简易—普通"的基本分类，现有的简易程序在"更加迅速、便捷、节约成本地处理大多数案件"的宗旨下进一步分化为"小额"、"速裁"和"简易"程序。③

有学者主张解除"简易程序＝独任制""普通程序＝合议制"的"捆绑式"关系。其建议是：（1）一审普通程序可以适用合议制，也可以适用独任制，基层法院的一审案件原则上适用独任制，但是否适用简易程序，由立法根据案件的性质和类型确定。中级法院一审案件原则上适用合议制普通程序，当事人合意选择简易程序的除外。（2）法官层次多元化，设立专门的小额法官和小额诉讼程序。④ 如此一来，进入法院的一审诉讼案件，在基层法院便可能分别进入速裁程序（调解＋速裁）、简易程序（独任制）、普通程序（独任制）三种轨道；在中级法院则只能进入普通程序，但普通程序在审判组织上仍有分别，包括独任制普通程序、合议制普通程序乃至联合审判庭或审判委员会主持的普通程序。

我国小额诉讼程序长期处于法官不敢用、当事人不愿用的状态，有学者指出一审终审后败诉方只能以申请再审的方式寻求救济是造成该程序被虚置的主要缘由，宜将申请再审的救济方式改为赋予不服裁判的当事人向原审法院提出异议的

---

① 参见范愉：《小额诉讼研究》，载《中国社会科学》，2001（3）；章武生：《简易、小额诉讼程序与替代性程序之重塑》，载《法学研究》，2000（4）；傅郁林：《小额诉讼与程序分类》，载《清华法学》，2011（3）；齐树洁：《构建小额诉讼程序若干问题之探讨》，载《国家检察官学院学报》，2012（1）。

② 参见邵明：《现代民事之诉与争讼程序法理——"诉·审·判"关系原理》，349－350页，北京，中国人民大学出版社，2018。

③ 参见王亚新：《司法效率与繁简分流》，载《中国审判》，2010（12）。

④ 参见傅郁林：《繁简分流与程序保障》，载《法学研究》，2003（1）；傅郁林：《小额诉讼与程序分类》，载《清华法学》，2011（3）。

权利，由原审法院组成合议庭适用普通程序对案件重新审理并作出裁判。① 此外，我国小额诉讼程序适用率低，亦是源于简案难以得到有效识别的问题。②

有学者指出，区分案件繁简的标准有形式性标准和实质性标准之分，我国采用的是实质性标准。2012 年《民事诉讼法》第 133 条要求法院通过审前准备程序区分案件的繁与简，并在此基础上作出适用不同程序的决定，但司法实务采用的做法是在起诉与受理阶段就对案件的繁简进行区分。在起诉与受理阶段进行区分与实质性标准并不匹配，由此造成了难以准确区分的困境。我国法院应在分流过程中认真对待法院依职权转换程序的权力，充分保障当事人对程序适用的异议权。③

就速裁程序而言，有学者认为：当前改革思路未能跳出简易程序的框架，尚未证成速裁程序的独立性。速裁程序与略式程序有很高的适配性，宜运用略式程序基本原理，以当事人对实体问题没有争议为前提，在审理程序、裁判效力性质、程序保障及救济途径等方面构建独立的速裁程序规则。④

（四）上诉利益与再审事由研究

1. 上诉利益研究

上诉是当事人对于未确定或者未生效且对己不利益的法院裁判，请求上级法院通过审理而予以变更或者撤销。上级法院有权改变下级法院的判决，一方面使获得上诉法院审判成为当事人的一种权利，另一方面维护裁判合法性和统一法律适用。前者是为当事人再次提供权利救济机会的"权利保护型"上诉，所以当事人提起此种上诉不应受较多的限制，较多地体现在第二审程序中。后者是"公益维护型"上诉，所以当事人提起此种上诉应受到较多的限制，较多地体现在第三审程序中。⑤

上诉要件包括上诉理由，上诉理由又包括原审判决存在"实体错误"和原审判决存在"程序违法"。"实体错误"是指不具备本案判决实体要件（诉的实体要件），体现为原审判决认定实体事实错误或者适用实体法律错误。上诉人认为原审判决因存在"实体错误"而对己方产生实体方面的"不利益"，有通过上诉除

---

① 参见李浩：《小额诉讼程序救济方式的反思与重构》，载《法学》，2021（12）。
② 参见刘加良：《小额诉讼程序适用的改进逻辑》，载《法学论坛》，2020（1）。
③ 参见李浩：《区分民事案件繁简的标准与方法——繁简分流基础性问题研究》，载《法制与社会发展》，2022（5）。
④ 参见吴英姿：《民事速裁程序构建原理——兼及民事诉讼繁简分流改革的系统推进》，载《当代法学》，2021（4）。
⑤ 参见邵明：《现代民事之诉与争讼程序法理——"诉·审·判"关系原理》，328-333 页，北京，中国人民大学出版社，2018。

去此种不利益的必要，即上诉人对上诉有利益。外国有关学说及判例均承认，上诉利益是上诉的合法要件，若不具备上诉利益，法院则驳回上诉而不予作出本案判决。

上诉利益是诉的利益在上诉审程序中的体现。① 对上诉利益概念的认识，主要存在三种见解：（1）"裁判不利益说"。该说把上诉利益视为一审法院对于当事人裁判的不利益。② （2）"救济必要性说"。该说认为，上诉利益应当是指当事人在原判法院受到了不利裁判，上诉审法院对不利裁判进行救济的可能性和必要性③；或认为，上诉利益是指一审裁判否定了当事人在一审中所诉求的利益之一部分或全部，为了使这些被否定的利益获得救济，法律才有必要为当事人提供声明不服而提起上诉的机会。④ （3）"更高利益追求说"。该见解将上诉利益视为当事人通过上诉审程序可能获得的更多有利结果。⑤ 三种见解中，"裁判不利益说"是多数学说。

关于上诉利益的性质，存在"合法要件（形式要件）"与"有效要件（实质要件）"两种观点。有学者认为上诉利益是上诉的形式要件，即上诉利益是指按照民事诉讼法的规定，上诉所必须具备的程序性条件。⑥ 还有学者坚持上诉利益属于实质要件，即上诉利益是指在上诉中要取得胜诉所必须具备的条件。⑦

关于上诉利益的识别标准，大陆法系国家和地区的主要学说有"实体不服说"、"形式不服说"和"折中说"。不同的上诉审程序构造，对上诉利益的识别会存在差异。由于我国第二审采取续审制，"形式不服说"更适宜作为我国法院判断当事人上诉是否具备上诉利益的基准。⑧

实质不服说主张，上诉人在上诉审中有可能在实体法上获得较初审判决更有利的上诉判决，即有上诉利益，那么上诉人是否真正拥有上诉利益，须在第二审言词辩论终结时才能作出判断。根据此说，上诉人即使在初审程序中获得全部胜

---

① 参见邱星美、唐玉富：《民事上诉审程序中的利益变动》，载《法学研究》，2006（6）。
② 参见廖永安：《民事诉讼理论探讨与程序整合》，332 页，北京，中国法制出版社，2005。
③ 参见胡军辉：《论民事上诉利益要件》，载《法学杂志》，2009（6）。
④ 参见洪浩、杨瑞：《论民事上诉立案的实质性要件——从上诉利益的角度分析》，载《法律科学》，2007（1）。
⑤ 参见廖中洪：《"上诉利益"若干问题研究》，载《河北法学》，2007（9）。
⑥ 参见黄宣：《民事上诉利益研究》，西南政法大学博士学位论文，2015。
⑦ 参见廖中洪：《"上诉利益"若干问题研究》，载《河北法学》2007（9）。
⑧ 因为从"续审主义"上诉审构造之裁判自身来看，尽管二审法院以一审之诉讼资料和上诉审中新收集的诉讼资料为基础作出独立的判断，但其对一审法院作出的判决予以维持或者撤销，一定是基于两者之比较，所以从上诉审裁判这一实质意义来讲，"形式不服说"上诉利益有无之识别标准更为恰当。参见唐力：《论上诉利益》，载《华东政法大学学报》，2019（6）。

诉判决，为了追求较初审判决更为有利的判决，也可以提起上诉。实质不服说建立在德国普通法时期两裁判不一致的上诉制度思想之上，认为第二审系复审，所以主张上诉利益之有无应依第二审言词辩论终结时的全部诉讼资料进行判断。但是，如今许多国家和地区的第二审弃复审而采续审，所以实质不服说失却了论理根据。

形式不服说主张，根据初审判决主文与上诉人初审诉讼请求，来判断上诉人有无上诉利益，具体说，初审判决主文在质或者量方面少于上诉人初审诉讼请求，或者说上诉人初审诉讼请求的全部或者一部分未被初审判决承认。形式不服说注重第二审的续审性质，主张上诉人在初审中获得全部胜诉，则无上诉利益，若是为了扩张诉讼请求而提起上诉则不被准许。有学者明确指出，通过比较判决主文与初审的诉讼请求，来判断有无上诉利益。[①] 还有学者认为，判断有无上诉利益时，不仅应衡量一审裁判的胜负，还应充分考虑和利用诉讼中原、被告双方在诉讼程序以及实体利益上的对立性，对原告之有利者则对被告之不利，对原告之不利者则对被告之有利的特征，来识别和判断有无上诉利益。[②]

折中说介于前两说之间，原则上系采形式不服说，即对原告上诉利益的判断采取形式不服说，对被告则采实质不服说。形式不服说根据初审判决主文与上诉人初审诉讼请求来判断上诉利益之有无，而被告在初审中并未提出诉讼请求，所以对于被告而言，形式不服说存在着适用上不周延的弊端，若绝对采用此说则实际上剥夺了被告的上诉权。德国、日本等国家的判例实务中，大都在原则上采形式不服说，但例外情形以实质不服说为补充，并未一律采用形式不服说或者一律采用实质不服说。

有学者认为，以上三种见解对上诉利益的识别都是从实体利益出发的，并未涉及程序利益，程序利益的保障程度也应成为判断是否具备上诉利益的内容。[③] 有学者认为，现行民事诉讼法将"严重违反法定程序"作为撤销原判决的程序违法事由，侵蚀了当事人的上诉利益，撤销原判决的程序违法事由应回归"原判决违反法定程序，可能影响案件正确判决"之立法设计。程序违法与判决结论之间因果关系的认定采"可能性"标准，《解释》中规定的"严重违反法定程序"具有不可反驳地推定程序违法与判决结论之间有因果关系之意义。[④]

---

① 参见洪浩、杨瑞：《论民事上诉立案的实质性要件——从上诉利益的角度分析》，载《法律科学》，2007（1）。

② 参见廖中洪：《"上诉利益"若干问题研究》，载《河北法学》，2007（9）。

③ 参见胡军辉：《论民事上诉利益要件》，载《法学杂志》，2009（6）。

④ 参见占善刚：《民事诉讼撤销原判决之程序违法事由》，载《法学研究》，2021（1）。

2. 再审事由研究

再审事由或者再审理由决定了再审程序的定位，决定再审程序能否有效实现其基本价值。① 学界对再审事由的讨论主要集中在以下几个方面：

（1）再审事由的法定化

关于再审事由的法定化，我国学者主要从判决的既判力，以再审的有限性来论证。作为维护确定判决的法定例外，再审事由应当是严格且由法律作出明确规定，才能据此对判决进行再审；否则，频繁适用再审会破坏既判力。②

一般来讲，已经确定的终局判决具有了形式确定力和既判力这样的双层保护，就使得被判决的法律关系处于一种稳定状态。再审的启动无疑将打破这种双层保护，是对裁判既判力的突破。因此，为了保持确定判决的稳定性和权威性，作为一种事后的补救程序，就要求该程序的启动应有严格的限制，并且应当在法律上予以明确的规定。③

再审事由的法定化应当注意以下几点：法定的再审事由应当是具体和明确的；再审事由的规定与再审的客体有直接关系，明确可再审裁定的范围；无论是法院依职权启动再审、检察院通过抗诉启动再审，还是当事人申请再审，再审事由应当是统一的。④

（2）再审事由的具体化和体系化

我国立法曾经对再审事由只作出非常概括和抽象的规定。宽泛和笼统模糊的再审事由，导致了再审频发。当事人对裁判不满时总能从中找到申请再审或申诉的理由，使法院进退维谷。如此一来，确定裁判的权威性受到了挑战。有学者断言，解决这一问题的技术路径便是明确和细化再审理由。⑤

有学者根据再审制度的目的、有效运作、成本，借鉴国外法律中对再审事由的规定，认为我国再审事由应当从以下几个方面进行规定：裁判主体不合法，裁判根据（事实根据和法律根据）不合法，法院严重违反法定程序。再审程序是成

① 参见张卫平：《再审事由规范的再调整》，载《中国法学》，2011（3）。

② 参见邵明：《现代民事之诉与诉讼程序法理——"诉·审·判"关系原理》，370 页，北京，中国人民大学出版社，2018。

③ 参见张卫平：《民事再审事由研究》，载《法学研究》，2000（5）；张卫平：《再审事由构成再探讨》，载《法学家》，2007（6）；陈桂明：《再审事由应当如何确定》，载《法学家》，2007（6）；李浩：《再审的补充性原则与民事再审事由》，载《法学家》，2007（6）；汤维建，季桥龙：《论民事申请再审诉权保障与司法既判力的价值平衡》，载《山东警察学院学报》，2008（1）；江必新：《民事再审事由：问题与探索》，载《法治研究》，2012（1）。

④ 参见张卫平：《民事再审事由研究》，载《法学研究》，2000（5）；张卫平：《再审事由规范的再调整》，载《中国法学》，2011（3）。

⑤ 参见陈桂明：《再审事由应当如何确定》，载《法学家》，2007（6）。

本很高的救济手段，在实现程序正义时，应考虑实现成本与实现价值的均衡比例。因此，只有严重违反法定程序时，才构成启动再审的理由。

裁判主体不合法具体包括：裁判机构不合法，主要指合议庭组成不合法；法官对本案没有审判权，既包括审理和判决的法官本身不是合议庭的法官或不能成为独任法官，也包括应当回避而没有回避的法官；本案法官在审理本案中实施了职务上的犯罪行为。

裁判根据不合法包括两个方面：事实根据不合法和法律根据不合法。事实根据不合法方面包括：作为裁判基础的证据材料是虚假或不真实的，原判决、裁定认定事实的主要证据不足，应裁判的重要事项有遗漏，当事人的自认是在他人实施违法行为的情况下被迫作出的。法律根据不合法方面包括：作为原判决、裁定依据的判决和裁定已经被撤销或变更，作为原判决、裁定依据的行政处分被撤销，原判决、裁定无明确的法律根据。

法院严重违反法定程序包括：违反民事诉讼法的规定，没有给予当事人陈述或答辩的机会；违反专属管辖；无诉讼行为能力的当事人没有通过法定代理人直接进行诉讼；当事人有新的证据，足以推翻原判决、裁定。

此后，该学者认为，再审事由的范围不应该包括案件事实的认定。因为我国在初审和上诉审均涉及事实问题，所以通过再审程序予以救济的必要性已降低，加之再审距离案件发生的时间较远，难以探究案件真实。[①]

有学者从再审的功能出发，论证再审事由应该排除实质事项，限于外在的形式上的法律瑕疵。再审的功能是明确再审事由的基础。立法上将再审的功能和目的定位于"纠错"。但是，在再审启动之前，确定判决是否错误无从得知，只能推定经过法定程序作出的裁判是正确的，因此立法对再审的功能定位是错误的。再审功能应当是恢复裁判的公信力，再审理由则是动摇裁判公信力的法律上的瑕疵。这种瑕疵应当是外在的形式上的瑕疵。所谓外在的形式上的瑕疵，是指通过诉讼程序以外的途径（形式审查）就可以确定的裁判存在的瑕疵。所谓实质上的"错误"，是指无法通过诉讼程序以外的途径（形式审查）确定的裁判错误，包括认定事实和适用法律的错误，不能作为再审事由。因为实质上的"错误"无法在再审前作出先入为主的认定。[②]

有学者认为，设定再审事由的范围应当遵循补充性原则。再审的补充性原则

---

① 参见张卫平：《民事再审事由研究》，载《法学研究》，2000（5）；张卫平：《再审事由构成再探讨》，载《法学家》，2007（6）；张卫平：《再审事由规范的再调整》，载《中国法学》，2011（3）。

② 参见陈桂明：《再审事由应当如何确定》，载《法学家》，2007（6）。

是指相对于上诉、申请复议等救济途径，再审是一种补充性的救济方式。这是维护生效裁判既判力的需要，也是处理上诉程序与再审程序关系（穷尽常规救济手段仍未得到救济，才允许适用再审这一特殊救济手段）的应有之义。该学者遵循补充性原则，对再审事由进行了审视和批判。比如，有关"法院未依申请调查取证"的再审事由，当事人调查取证的申请在一审被法院拒绝后，不申请复议和提起上诉，在判决生效后申请再审，不符合补充性原则。①

有学者对民事再审事由的体系化作出研究。从裁判形成过程来看，可分为三个方面：1）谁来形成裁判，即诉讼主体，包括裁判者的合法性要求、当事人能够充分提出攻击防御方法并能参加庭审。2）依据什么裁判，即裁判的基础材料，包括证据、自认和攻击防御方法。3）裁判本身，包括超出诉讼请求、遗漏诉讼请求、既判力抵触、实体法适用错误、事实认定瑕疵等。以上三方面的瑕疵当以存在影响裁判结论的可能为再审事由。②

（3）设定再审事由的根据

维护既判力为原则要求，作为其法定例外，再审事由应当是严格的、明确的，应该限于严重程序违法（严重违背程序公正）和严重实体错误（严重违背实体公正），并应具体化为可操作性的具体理由。再审理由的具体确立有其根据或者内在逻辑；事实上，《民事诉讼法》第211条也是据此来明确规定再审理由。③

按照法治原则，依据积极意义或者正面价值的大小，人们作出如下排序："法定法官（原则）""法官中立（原则）""程序参与（原则）"。长期以来，人们常将"法官中立"作为自然正义的第一个原则，将"程序参与"作为自然正义的第二个原则。④ 违反上述三原则的，当属严重程序违法，为法定再审理由。

因此，根据法定法官原则，确立如下再审事由："审判组织的组成不合法的""审判人员审理该案件时有贪污受贿，徇私舞弊，枉法裁判行为的"。根据法官中立原则，确立"依法应当回避的审判人员没有回避的"再审理由。根据程序参与原则，确立如下再审事由："原判决、裁定认定事实的主要证据未经质证的""对审理案件需要的主要证据，当事人因客观原因不能自行收集，书面申请人民法院

① 参见李浩：《再审的补充性原则与民事再审事由》，载《法学家》，2007（6）。

② 参见翟志文：《日本民事再审事由研究——以判例分析为中心》，353 - 354 页，北京，法律出版社，2019。

③ 参见邵明：《现代民事之诉与争讼程序法理——"诉·审·判"关系原理》，370 - 371 页，北京，中国人民大学出版社，2018。

④ See *Black's Law Dictionary*, tenth edition, Thomson Reuters, 2014, p. 1267.

调查收集，人民法院未调查收集的""无诉讼行为能力人未经法定代理人代为诉讼或者应当参加诉讼的当事人，因不能归责于本人或者其诉讼代理人的事由，未参加诉讼的""违反法律规定，剥夺当事人辩论权利的""未经传票传唤，缺席判决的"。

实体公正的主要内容是判决结果公正，即法院判决认定事实真实（真实性）和适用法律正确（合法性）。据此，作为再审理由，"严重实体错误"即法院判决严重违背真实性或者合法性的要求，亦即判决事实根据是虚假的或者判决适用法律是错误的。

因此，根据"真实性"或证据裁判原则，确立如下再审事由："有新的证据，足以推翻原判决、裁定的""原判决、裁定认定的基本事实缺乏证据证明的""原判决、裁定认定事实的主要证据是伪造的"。根据"合法性"，确立如下再审事由："原判决、裁定适用法律确有错误的""原判决、裁定遗漏或者超出诉讼请求的"[①]"据以作出原判决、裁定的法律文书被撤销或者变更的"。

有学者认为应区分再审诉权与再审监督权，明确二者在性质、目的、行使的逻辑上的差异性，关注再审监督权在行使中对政治性、社会性因素的考量，避免误以再审诉权的逻辑理解再审监督权的行使，从而更充分、合理地达成再审制度设置的目的。[②]

再审当事人不得根据同一再审理由，对同一确定判决再次提起再审之诉。由于再审案件的诉讼标的是原审案件的诉讼标的，所以当事人提出数个再审理由的，并不构成诉的客观合并；当事人变更再审理由的，也不构成诉的客观变更。

我国法律应当明确规定如何证明再审理由。根据维护判决既判力和再审公益目的，并且考虑到再审理由发生缘由，对再审理由真实性的证明，当以实体真实主义为要求，采取职权探知主义，特别是运用法院审理笔录（包括庭审录像资料）来证明审理程序是否违法，不能完全交由当事人负责，也不能任由当事人处分，可以鼓励当事人提供相关证据。

许多国家规定，虽然具备再审理由，但是，在上诉中当事人已经主张再审理由或者尽管知道再审理由却不主张的，不得就该理由提起再审。[③] 在上诉审中对案件已经作出本案判决的，不得对初审判决而只得对上诉判决提起再审。

---

① 此项理由不合理和须完善之处有：（1）删去"裁定"。（2）原判决遗漏诉讼请求的，理当通过补充判决来纠正。（3）公益案件中，适用职权干预主义，法院为维护公益能够超出或者变更诉讼标的和诉讼请求而作出判决。

② 参见张卫平：《再审诉权与再审监督权：性质、目的与行使逻辑》，载《法律科学（西北政法大学学报）》，2022（5）。

③ 意图是，尽量使当事人运用上诉程序这种正常的途径，相应减少适用再审程序。

二、诉审判关系原理论·法院判决基本模式论·判决正当性原理论

（一）诉审判关系原理论

"民事纠纷·民事之诉·民事诉权·民事争讼程序"关系原理，可以概括为"诉审判"关系原理。"诉"是指原告的"诉"；"审"是指法院和当事人共同进行"事实审"和"法律审"；"判"是指法院的"判"。"诉审判"关系原理是对原告的"诉"，经"必要的口头辩论"，法院才能以"本案判决"作出应答。解决民事之诉应当遵循"对审原则"，对其要件事实或者直接事实应当适用"严格证明程序"和"完全证明标准"，在此基础上适用民事实体法律规范作出"本案判决"。通常，"争讼程序"又称"判决程序"。[①]

通常情况是：（1）原告决定或者确定"诉讼标的"和"诉讼请求"（两者构成实体权益主张）。（2）当事人履行"主张责任"，即对诉讼标的和诉讼请求，原告应当主张诉的原因（简称诉因）予以支持，被告主张抗辩直接事实予以直接推翻。（3）当事人履行"证明责任"，即对诉因（通常是权益产生直接事实），原告应当提供本证来证明（被告可以反证推翻）；对被告抗辩直接事实，被告应当提供本证来证明（原告可以反证推翻）。对权益产生直接事实和被告抗辩直接事实适用严格证明（程序）和完全证明（标准）。（4）案件审理终结后或者法庭言词辩论终结后，法官判断本案全部证据并据此认定直接事实真伪，之后适用实体（法律）规范作出判决。前述内容，如图 7-1 所示。

民事争讼（审判）程序基本阶段有三，大体上可以表述为"诉·审·判"，分别对应于争讼程序的"开始·续行·终结"。

在程序构成方面，普通程序大体上可分为以下阶段：程序开始阶段［包括起诉、受理和答辩，相当于美国民事诉讼中的"诉答"（Pleading）][②] →程序续行阶段［包括审前准备和法庭审理（质证和辩论）］→程序终结阶段［包括判决终结和非判决终结（裁定撤诉、裁定诉讼终结、法院调解成功等）］。在实体形成方面，普通程序大体上可分为以下阶段：提出或者确定诉讼标的和诉讼请求→形成或者整理争点→证明直接事实→法院判断诉讼标的和诉讼请求（有无事实根据和法律根据）。前述内容，如图 7-2 所示。

根据"先程序后实体原则"和"正当程序保障原理"，起诉要件、诉讼要件

---

① 参见邵明：《民事诉讼法学》，2 版，40、53 页，北京，中国人民大学出版社，2016；邵明：《现代民事之诉与争讼程序法理——"诉·审·判"关系原理》，自序，北京，中国人民大学出版社，2018。

② 在普通程序的开始阶段，就突出民事争讼程序的对审性或者双方当事人之间的对抗性。

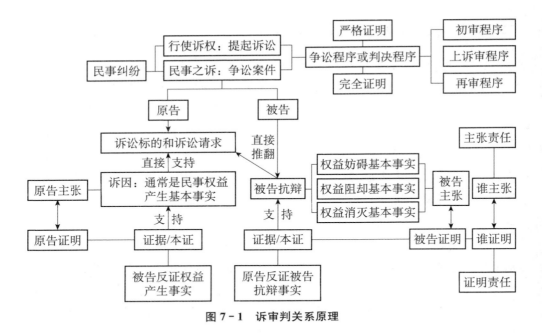

图 7-1　诉审判关系原理

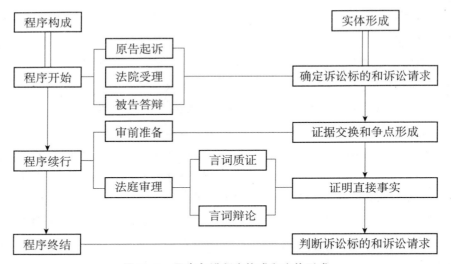

图 7-2　民事争讼程序构成和实体形成

和实体要件的审理裁判顺序通常是：（1）起诉要件是争讼程序的启动要件，所以法院首先调查起诉要件是否具备，若起诉要件具备则受理起诉。此后，（2）法院调查诉讼要件是否具备，诉讼要件是争讼程序的续行要件，若诉讼要件具备则诉讼程序继续进行直至作出本案判决。其后或者同时，（3）实体要件则须在法庭上按照言词方式进行审理，然后作出本案判决。

"诉不合法"和"诉无理由"有着比较明确的区分。"诉不合法"是指诉不合程序性要件（主要是起诉要件，其次是诉讼要件），法院用"裁定"驳回诉讼。不过，考虑到"诉讼要件"兼具程序内容和实体内容，德国和日本等对不具备"诉讼要件"的采用"诉讼判决"驳回诉讼。"诉无理由"是指诉不合实体要件，即没有实体根据（实体事实根据和实体规范根据），对此，法院作出原告败诉的"本案判决"。

起诉要件的审理和裁定通常在法院受理阶段完成。不过，受理后，发现原告所提之诉不具备起诉要件的，也得裁定驳回起诉。至于判断诉讼要件是否具备的时间，原则上至（初审、上诉审、再审）言词辩论终结之时。由于诉讼要件中兼具程序内容和实体内容，所以须在程序启动以后的审理程序进行审理，特别是实质当事人适格、诉的利益等更具实体内容，往往需到言词辩论终结时才能判断其是否具备。

起诉要件和诉讼要件是否具备决定争讼程序是否启动和续行。若原告所提之诉不具备起诉要件或者诉讼要件，则争讼程序没有必要启动或者续行，法院应当直接驳回诉讼，避免无益的诉讼，以节约司法资源，专力解决需要诉讼救济的案件。正因为如此，在诸多国家和地区，起诉要件和诉讼要件（相对诉讼要件除外）被作为包含公益内容的事项而作为强行规范，纳入法院职权调查事项。对于职权调查事项，法院得主动依职权调查并作出处理，通常仅需"自由证明"而适用"裁定程序"。对于法院以裁定或者决定处理的事项等，法院可以自由裁量是否实施"任意的口头辩论"，任意的口头辩论具有补充"书面审理"的意义。相比于实体要件，起诉要件和诉讼要件由于其程序性而较能及时查明，并且为避免诉讼迟延，审理起诉要件和诉讼要件应当适用自由证明程序或者裁定程序。

至于实体要件的审理，必须在开庭审理阶段完成，在审理程序上必须遵行对审、公开、直接言词等原则，在言词辩论终结时法院按照处分原则或者职权干预主义作出判决。民事争讼案件的实体要件事实或者直接事实应当采用"严格证明"并遵循"对审原则"，即保障双方当事人平等的质证权和辩论权是严格证明程序或者民事争讼程序的必要阶段和基本内容。对当事人的"诉"，法院应当通过"终局判决"作出应答，并且旨在作出终局判决的审理原则上须经"必要的口头辩论"①。

开庭审理的主要内容是当事人质证（存在于法庭调查阶段）和当事人辩论

---

① 法律也会规定一些例外情况，如原告没有履行主张责任、原告舍弃诉讼请求、被告认诺诉讼请求、缺席审判、上诉审法院以裁定处理上诉等，无须经"必要的口头辩论"就可作出相应裁判。

（用经过质证后的具有证据能力的证据来证明要件事实或者直接事实之真伪）；法官审查核实证据和决定是否采信要件事实或者直接事实。开庭审理在外观上应该达到以下条件：依法定程序进行了事先的送达和为了实现公开审判原则而提前公告，合议庭成员全体到庭主持审理，由书记员做正规的庭审笔录，在法院内的法庭上进行审理，审理原则上按法定的顺序进行，法官身着制服或法袍就座。①

就法庭审理方式而言，主要有对抗式②和询问式两大类。对抗式的基本内容是交叉询问式。③法官询问式和交叉询问式充其量是两种技术规范，并无优劣之分，不受当事人主义和职权主义的制约。若当事人双方都具备辩论能力，则可以交叉询问为主，辅以法官询问；若当事人一方辩论能力明显不足，法官应当确保双方当事人询问的机会，同时通过法官释明或者法官询问来维护双方当事人之间质证的均衡；若双方当事人辩论能力都较差，无法进行交叉询问，则以法官询问为主，当事人也可发问。④

法庭口头辩论具有一体性，案件口头辩论虽然分成若干期日进行，但是观念上应将其视为一体，阶段性辩论所获得的判决资料具有同样效果。同时，法院审理实行"整体审理原则"，即审前准备和法庭审理中形成的有关本案事实的证据资料均为本案判决资料。

"适合于裁判时"⑤是指审理到了可作本案判决的状态。法院在认为到达适合于裁判时，就可以宣告终结口头辩论。不过，在宣告终结口头辩论后，法院认为辩论或者证据调查不充分或者存在其他必要的，只要还未宣告本案判决，就可以依职权命令再展开辩论。对于"（是否）适合于裁判时"，至少应同时从两

---

① 参见王亚新：《实践中的民事审判——四个中级法院民事一审程序的运作》，载《现代法学》，2003（5）。

② 有学者指出，中国要适应对抗制，必须：（1）把法官数量限制在合理规模之内，提高其素质，隆其地位，同时以严格的司法道德规范约束法官；（2）改进法官选任制，目前我国尚不能从优秀的律师中选任法官，但是可以借鉴大陆法系国家的经验，即法学院优秀毕业生参加国家统一的司法考试，合格者再接受专门的司法训练，结束后方有资格被选任为法官；（3）改变现行司法判决风格，强化判决书对法律原理的阐述。此外，在适当的时候，亦可以引入判决书民议制度。

③ 参见毕玉谦：《试论民事诉讼上的主询问规则》，载《法律适用》，1999（12）；张卫平：《交叉询问制：魅力与异境的尴尬》，载《中外法学》，2001（3）。

④ 参见王亚新：《民事诉讼中质证的几个问题》，载《法律适用》，2004（3）。

⑤ 证明度和解明度与适合于裁判时紧密相关，实为同一问题正反两个方面的概念。证明度是指案件事实达到了"证明"的程度，即达到了证明标准。解明度是指证据调查的结果被新证据推翻的可能性小，即"审理结果具有确实性"，亦即已经调查了大多数证据。从原告的角度来说，同时达到解明度和证明度，即对证据的提供或者证据调查的结果达到解明度，对案件事实的证明达到证明度，则意味着履行了证明责任。

个方面来判断：（1）在审理结果方面，已经处于充分收集到本案判决所需信息的状态（信息量的问题）；（2）通过法院妥当释明，使诉讼已经处于充分赋予当事人提出攻击、防御方法的机会的状态（程序保障的问题）。对此，法官有自由裁量权。[①]

（二）法院判决基本模式论与判决正当性原理论

民事诉讼以"作出判决"为逻辑趋向，所以民事诉讼结果的正当性在很大程度上表现为民事判决的正当性。世界范围内的判决基本模式可划分为包含性模式和讨论性模式[②]，这两种判决模式决定着各自判决正当性的来源或根据。[③] 我国有学者认为，包含性模式和讨论性模式大体上分别对应于规范出发型诉讼和事实出发型诉讼。[④]

大陆法系民事诉讼制度的源头是古罗马民事诉讼，其基本思维或基本逻辑是规范出发型的。规范出发型诉讼形成于实体成文法主义的国家和地区，主要是从实体法规范出发，以三段论来构造民事诉讼，即民事诉讼主要处理大前提和小前提与结论问题。三段论式民事诉讼可被描述为：根据大前提（实体法规范）和小前提（符合实体法规范构成要件的案件事实），推导出结论（法院判决主文）。规范出发型诉讼和包含性模式强调法官依法审判，属于法律适用型诉讼。[⑤]

英美法系民事诉讼制度的源头是古日耳曼民事诉讼，施行判例法主义。与古罗马大体同期的古日耳曼社会，处于原始社会末期，诉讼之前不存在明确的成文法规范，裁判所适用的"法"是内含于案件事实中的传统和规范。其判决模式和诉讼模型是以事实为思考出发点的诉讼思维模式，即事实出发型诉讼，于是逐渐形成了陪审团制和对抗制，法官相当于一个公断人，由双方当事人及其律师主张

---

① 参见邵明：《正当程序中的实现真实——民事诉讼证明法理之现代阐释》，417-419 页，北京，法律出版社，2009。

② 与之密切相关，有学者将判决的证明模式区分为三种：简单归摄模式、复杂归摄模式和对话选择性模式，前两种相当于包含性模式，后一种相当于讨论性模式。参见张志铭：《法律解释学》，130-133 页，北京，中国人民大学出版社，2015。

③ 有关包含性模式中的判决正当性原理和讨论性模式中的判决正当性原理的论述，参见周永胜：《法官思维方式研究》，中国人民大学博士学位论文，2000。

④ 参见邵明：《正当程序中的实现真实——民事诉讼证明法理之现代阐释》，5 页，北京，法律出版社，2009。

⑤ 有学者认为，民事裁判过程的结构实质上分为民事裁判的发现过程与民事裁判的证立过程。民事裁判的发现过程是一个由"案件信息输入—案件信息加工—民事裁判输出"所构成的审理者对当事人诉讼请求予以认知的内在的动态心理过程。民事裁判的证立过程则是一个由内部证成与外部证成所构成的完整的民事裁判的外在的理性重构过程。参见杨秀清：《民事裁判过程论》，北京，法律出版社，2011。

事实、提供证据和进行辩论，在此基础上法官作出判决。这种判决模式被称为讨论性模式。①

在包含性模式和规范出发型诉讼中，法院判决是严格按照三段论的逻辑形式，三段论的逻辑原理起着"保障具体判决与实体法规范相一致"的功效，所以，可以说，若实体法规范是正当的或合理的，则判决在很大程度上就是正当的或合理的。在成文法主义国家，实体法规范是由人民代表通过法定程序制定的，所以至少在形式上能够认为，实体法规范已经得到了人民的认同、信任、接受或支持。根据国家权力分工制衡原理，作为司法机关的法院，其基本职责是依法审判，即在诉讼程序中适用法律处理具体案件。因此，正当的或合理的实体法规范就成为判决正当性的来源或根据。

根据三段论逻辑原理，法官通过将本案的实体（直接）事实与实体法律规范构成要件（事实）相比较，认为前者符合后者的，通过判决将该实体法律规范所规定的实体效果赋予该案当事人。在三段论式的法律适用过程中，法官能够宣称：虽然判决是由法官作出的，但是判决的内容是实体法律规范已经规定的内容，并非自己的个人偏见。

在包含性模式中，判决正当性原理体现了在具备相应法律规则的条件下寻求判决正当性的一般情况。事实上，实体法规范作为判决正当性的来源或根据是有限的。不仅如此，判决在事实上还具有不确定性的一面。实体法规范也有是恶法的时候，即有违背社会普遍遵行的公平正义或者违背社会发展历史趋势的时候。以这样的实体法规范作为判决正当性的来源或根据，就失去了积极意义。同时，成文法具有天然的或固有的局限性，即不周延性或滞后性，由此导致司法审判中对于某些案件缺乏可予适用的实体法规范，而法院承担着"不得非法拒绝审判"的职责，于是，人们创造性地运用诸多法解释学的方法予以弥补。就此看来，将实体法规范作为判决正当性的来源或根据是有局限的。

美国法官和学者波斯纳的研究成果使人相信判决具有不确定性。波斯纳主要探讨了审判中所运用的"规则、逻辑和经验科学"之外的几种实践理性方法，比如权威、类比推理、无言之知等。② 就"权威"来说，人们承认作为审判者的法

---

① 大陆法系和英美法系民事诉讼存在诸多相同原理、规则，比如都遵循法官中立原则、当事人程序参与原则和平等原则、公开审判主义、直接言词主义、辩论主义和处分主义等。但是，两大法系民事诉讼制度构造和理论理念间存在着差异。对此差异形成的原因，中村英郎先生归结为法的渊源是否属于成文法，或者归结为对诉讼的认识是以规范为出发点还是以事实为出发点。参见［日］中村宗雄、中村英郎：《诉讼法学方法论》，陈刚、段文波译，168-219页，北京，中国法制出版社，2009。

② 参见［美］理查德·A.波斯纳：《法理学问题》，苏力译，90-156页，北京，中国政法大学出版社，2002。

院和法官是有权威的。当事人将纠纷交由法院和法官来审判，是由于当事人已经预先承认了法院和法官具有对案件作出判决的权威。波斯纳的上述研究成果说明：仅以三段论逻辑原理和作为大前提的实体法律，为判决的正当性提供来源或根据，是有局限的。审判活动是在遵行程序规则和实体规范下的人的活动，其间必然含有人的感性的内容，或者说人的感性必然会在一定程度上影响到审理过程和判决结果，从而使判决具有某些不确定性。

于是，接受和适用包含性模式和规范出发型诉讼的人们，开始探寻不确定性的判决被人们认同、信任、接受和支持的根据，即为判决的正当性寻求其他的来源或根据。

在讨论性模式和事实出发型诉讼中，法院判决被作为诉讼主体充分讨论而形成的结果，诉讼主体间充分讨论的过程即构成诉讼程序的展开过程，所以诉讼过程或判决形成过程和诉讼整体制度均被纳入考察的范围。同时，程序正义理论得到重视，而法律讨论理论与程序正义理论在内容上有着相当大的一致性。"法律讨论理论"构筑了不同于包含性模式中法官的思维方式，而"程序正义理论"为讨论性模式下判决正当性原理提供了新的理论根据。

民事纠纷的双方当事人为维护各自的利益进行平等对抗，即双方当事人均有权平等利用证据来支持自己的事实主张，从而维护自己合法的实体权益。在诉讼过程中，双方当事人主张事实、提供证据，展开质证和辩论，既相互对抗又相互说服，并且各方当事人试图说服法院作出利己裁判。法官根据经过双方当事人充分表达过意见的事实、证据作出判决。由此要求审判法官必须根据经过正当程序审理的事实、证据，并且合理运用逻辑原理和经验法则等，形成富有说服力的判决。由上看来，讨论性模式实际上是为双方当事人之间、当事人与法官之间提供相互讨论、说服的诉讼场域。有学者认为，此种正当性的证成应当满足诉讼程序的四个纯粹正当性构成要素，即言语行为的可领会性、陈述的真实性、表达的真诚性和言语行为的合法性，法官亦应受诚实信用原则拘束，避免突袭性裁判。①

在讨论性模式和事实出发型诉讼中，当事人的诉讼权利与诉讼责任是对应的。当事人的程序参与权，在事实和证据方面，表现为主张（事实）权、举证权、质证权和辩论权；与主张权和举证权相对应的是当事人所承担的主张责任和证明责任。当事人没有履行主张责任和证明责任则承担不利后果，即当事人没能够通过事实和证据来说服法官同意自己的诉讼请求和事实主张。既然在诉讼中已从实质上保障当事人适时适式主张事实、提供证据和进行辩论的机会，那么当事

---

① 参见段厚省：《论诉讼程序的纯粹正当性》，载《西南政法大学学报》，2023（2）。

人在已经获得充分程序保障之下所得到的判决结果理应由其承担。这就是当事人"在正当程序保障下的自我责任",由此法院判决获得正当性。

虽然说正当程序不能够完全达到"只要经过了该程序,所有结果都是正当的"这样的效果,但是在产生实体公正或判决公正的概率上正当程序毕竟高于非正当程序,因为在正当程序中,当事人能够平等和充分地陈述诉讼请求、主张事实、提供证据和进行辩论,从而能够最大限度地再现案件真实。根据"诉讼过程和诉讼结果一体性"原理,判决是诉讼过程中主客观因素累积的结果,亦即民事诉讼法规定的诉讼形式与民事实体法规定的裁判标准共同决定着当事人双方的法律地位和法院裁判的内容。① 因此,不可否认,遵行正当程序进行诉讼能够为判决正当性提供来源和根据。

在包含性模式中,判决的正当性体现为符合实体法,所以非法律因素在审判过程中的作用受到排斥,否则不足以证明判决来自法律。事实上,任何审判都离不开非法律因素的作用,从而包含性模式的正当性理论与审判实践发生了矛盾,这种矛盾在包含性模式中无法得到解决。在讨论性模式中,判决的形成过程就是当事人之间运用事实、证据进行相互说服的过程,在此基础上法官适用法律作出判决,经过这样的过程所形成的判决,既可以从正当程序处又可以从非法律因素处获得正当性的来源和根据。

诸多国家民事诉讼或判决模式既非单纯的包含性模式又非单纯的讨论性模式,而是根据本国的国情,整合包含性模式与讨论性模式中合理的程序因素或程序规则,形成本国的诉讼构造和诉讼制度。比如,在规范出发型诉讼和包含性模式中,法院判决除了从三段论逻辑原理和实体法律规范处寻找正当性的来源或根据,还从判决形成的程序过程寻找正当性的来源或根据,即在当事人获得充分的正当程序保障的基础上法院作出判决。采取包含性模式的国家和地区,因吸收"讨论"或"说服"的程序内容而使其诉讼模型或判决模式具有讨论性因素。

不管是采取包含性模式的国家和地区,还是采取讨论性模式的国家和地区,都很重视从法官职业资格制度和司法权独立行使原则等方面为其判决的正当性寻求来源和根据。有理由认为,作为职业法律专家的法官比普通人能够更好地表达法律的要求和正义的诉求。"唯法律是从"是司法的本质,以法官的职业化和身份上的平等性等为基础所确立的司法权独立行使原则,旨在通过禁止外部的非法干预以保证法官按照法律进行审判,以实现司法公正。在自由心证原则中,法官

---

① 参见汤维建:《市场经济与民事诉讼法学的展望》,载《政法论坛》,1997 (1);邵明、周文:《民事诉讼直接言词原则研究》,载《山东警察学院学报》,2007 (4)。

职业资格制度和司法权独立行使原则在法官心证形成前能够起到制约法官作出恣意判断和保障法官形成合理心证的功效。

三、法院民事判决的合法要件论·基本内容论·法律效力论

在我国，民事判决既适用于争讼案件和争讼程序（争讼判决），又适用于非讼案件和非讼程序（非讼判决）。比较法中，判决主要适用于争讼案件和争讼程序，所以争讼程序又称判决程序；而非讼案件和非讼程序以裁定为之，所以非讼程序属于裁定程序。

我国民事争讼判决均为终局判决和本案判决。终局判决是指终结审级程序所作出的判决，包括一审终局判决和二审终局判决。本案判决是指对案件的诉讼标的和诉讼请求是否具有实体事实根据和实体法律根据所作出的终局判定。

"民事判决"是法院对"民事之诉"的回答。争讼案件实体事实应用严格证明和完全证明。"判决"除法律特别规定外，应当经过法庭言词辩论、说明理由、依照法定格式制成判决书并以正本送达当事人。

（一）民事判决的合法要件论

民事判决的合法性包括判决成立和判决生效等问题。法院民事判决应当具备成立要件和生效要件，否则，法院判决不成立（非判决）或者为无效（无效判决）。根据诉讼安定性原理，民事诉讼行为通常无须区分成立要件和生效要件，但是，如民事判决这类的行为，应当分别设置成立要件和生效要件，作区别对待。[①] 笔者认为，我国现行法对判决成立和判决生效没有作出规定，实务做法各不一致，亟须弥补这一立法漏洞。

1. 判决的成立要件论

判决的成立要件是指一切判决依法成立所必须具备的共同要件。判决的成立要件是判决得以成立在形式上和程序上的要求。判决的成立与否属于事实判断问题，其成立规则属于事实构成规则，这一事实构成规则解决的问题是某一判决是否已经真实存在。[②]

我国有学者认为，判决成立需满足的要件为：（1）从主体上看，必须由有权代表法院的"审判组织"作出判决；（2）从内容上看，必须为解决真实的诉讼事件而制作；（3）从形式上看，必须对外公开宣告判决的内容。[③]

[①] 参见邵明：《论民事诉讼安定性原理》，载《中国人民大学学报》，2011（3）。

[②] 参见邵明：《民事诉讼法学》，2 版，252－254 页，北京，中国人民大学出版社，2016。

[③] 参见王德新：《民事诉讼行为理论研究》，282 页，北京，中国政法大学出版社，2011。

我国另有学者认为，判决的成立要件首先是判决应当由法定的法院和法官作出。此项要件与"诉""诉权"的本质（请求国家法院给予诉讼救济）和有关法院的诉讼要件相一致，并且根据"法定法官原则"①，判决应由根据宪法或者基本法律而预先设立的法院和任命的法官作出，若由警察、检察官等非法官作出则不是判决，同时根据直接言词原则，判决原则上应由本案审理法官作出。

其次是须制作判决原本且须合法宣告和送达。判决书是法官表达审判过程和内容的正式形式，使当事人能准确知悉法官审判的内容和过程，为当事人提起上诉提供了资料，也为上诉法院提供了审查下级法院审判的资料，并且使社会能够通过判决书了解法官如何认定事实、适用法律，同时通过判决书还能够形成法的体系。②

该学者认为，不具备成立要件的"判决"，则为非判决。非判决根本不能产生判决的效力，包括不能终结审级程序。由于法院承担"不得非法拒绝审判"的职责，所以当事人可以申请且法院应当重新作出判决，并应合法宣告和送达。③

即便判决不成立，从表面上看具备判决的外部特征，即构成表见判决。在德国法上，若是表见判决产生了有效裁判的法律表象，并且已经送达当事人，则此时当事人也可以对它提起上诉。但是"非判决"不能成为本案裁判的基础，上诉审法院应当将其予以撤销，并将案件发回原审法院重审。④

2. 判决的效力要件论

判决即便在程序上成立，符合形式要求，但是若不具有效力要件，通常也会归于无效。与判决的成立要件相比，判决的生效要件主要是判决得以生效在实质

---

① "法定法官原则"的主要内容有：（1）法院和法官必须根据宪法和基本法律预先设置。同时，职业法官的职位和权利也必须是法定的，职业法官必须是经过法定的选举或者任命等程序而产生的。（2）对具体个案进行审判的法官应当根据关于法院组织、诉讼程序之法律规定及法官事务分配等一般规范而产生。换言之，在构成法律要件的事实具体化之前，必先为了处理多数案件，而在法律上预先对审判法官作出一般性的、永久性的规定。参见姜世明：《民事程序法之发展与宪法原则》，2 版，12-13 页，台北，元照出版有限公司，2009。

法定法官原则源自司法职能的不偏不倚的要求和信念，其宗旨在于法官必须由法律根据合理标准预先设立而非临时挑选，以避免法官在个案中受到不适当的操纵与干预。在现代法治社会，法院是国家根据宪法或者基本法律的规定而设立的，并且应当受到整个社会的认同或者许可，这就是"法院"存在的合法性和正当性，那种随意、秘密设立的"法院或者法庭"均是非法的和不合理的。

② 参见王亚新：《对抗与判定》，2 版，213-214 页，北京，清华大学出版社，2010。

③ 参见邵明：《现代民事之诉与争讼程序法理——"诉·审·判"关系原理》，269 页，北京，中国人民大学出版社，2018。

④ 参见［德］罗森贝克、施瓦布、戈特瓦尔德：《德国民事诉讼法》，李大雪译，423 页，北京，中国法制出版社，2007。

内容或者实体内容（"判决事项"）上的要求。

由于判决生效与否属于价值判断问题，判决生效要件所要解决的问题是法院判决能否产生法律所认可的相应效力，所以不同国家对于该价值判断问题的规制往往存在一定差异，通常体现为无效事由的差异。[①] 不过，也存在一些普遍认可的判决无效事由或者判决效力要件，诸如将有关审判主体、法院管辖权、起诉条件和诉讼要件、判决内容和形式、当事人恶意欺骗法院获得判决等因素，纳入判决无效事由或者判决效力要件。[②]

我国有学者认为，判决的效力要件包括：（1）本案判决应是在当事人起诉或者上诉后并且未撤回起诉或者未撤回上诉的情况下作出的[③]；（2）本案判决应是在具备起诉条件的前提下作出的[④]；（3）判决具有判决事项，即应当对诉讼标的和诉讼请求作出终局判定。[⑤]

该学者认为，生效要件不具备的，法院本不该作出判决。无效判决是严重的判决瑕疵，自始不产生判决的效力，但能终结审级程序。无效判决虽然不必经过撤销程序，但是因其具有判决形式而可能发生争议（如执行时可能发生争执），所以基于法律明确性的考虑，可以通过上诉或者再审、第三人异议之诉等法定程序予以撤销。至于判决没有判决事项的，可以补充判决。[⑥]

（二）民事判决的基本内容论

根据判决的成立要件和生效要件，并且与诉的构成要素、起诉状的主要内容相对应，本案判决的基本内容应当包括当事人及诉讼代理人、案件事实、判

[①] 德国通说认为，严重的瑕疵情形可以导致裁判无效。对于不存在的法律关系或者在发生既判力时已经不再存在的法律关系进行调整的形成判决没有效力，如判令不存在的婚姻关系解除等。参见［德］罗森贝克、施瓦布、戈特瓦尔德：《德国民事诉讼法》，李大雪译，423－424 页，北京，中国法制出版社，2007。美国学者也认为，在有效判决与无效判决之间，有非常重要的区别。一般说来，只有当作出判决的法院不具有管辖权或诉讼之中有欺诈行为时，判决才归于无效。参见［美］杰弗里·C. 哈泽德、密歇尔·塔鲁伊：《美国民事诉讼法导论》，张茂译，197 页，北京，中国政法大学出版社，1998。

[②] 参见王德新：《民事诉讼行为理论研究》，285－290 页，北京，中国政法大学出版社，2011。

[③] 法院在当事人未起诉（或者未上诉）的情况下或者在合法撤回起诉（或者撤回上诉）后所作出的无效判决为"诉外判决"。

[④] 不具备起诉条件的，法院作出的本案判决是违法判决，通常按无效判决处理。大陆法系民事诉讼中，本案判决还应是在具备诉讼要件的前提下作出的。不具备绝对诉讼要件的，通常为无效判决。不具备相对诉讼要件的，若当事人没有提出异议，则视为法院合法审判；法院不顾当事人合法异议所作出的判决应为无效判决。

[⑤] 这是因为民事判决的目的是适用实体法规范以明确特定当事人之间的民事权益、义务、责任的最终归属。

[⑥] 参见邵明：《现代民事诉讼基础理论——以现代正当程序和现代诉讼观为研究视角》，270 页，北京，法律出版社，2011。

决理由和判决结果等。① 本案判决的基本内容应当能够清晰地表明既判力的效力范围。② 判决和判决书所包含的最低限度的内容或者要素，应当是让受过法律训练但不熟悉案情的人，能够无须借助判决书以外的材料而评估判决在法律上的正确性。③

有学者认为，裁判文书的内容首先由诉讼标的和诉讼客体所确定的"裁判事项"决定，一审、二审和再审裁判文书应体现不同程序功能设置和裁判事项的差异。裁判文书的繁简、长短应符合当事人追求利益最大化的诉讼目的并应允许当事人参与决定，直接影响当事人实体权利实现的裁定书也应说明理由。④

根据法治国家原理，法院担负附判决理由的义务。对此，有些国家（如意大利等）在宪法中作出了规定。许多国家民事诉讼法规定：判决未附理由或者理由相矛盾的，构成上诉的理由。⑤ 判决理由主要包括得出判决结论的事实上和法律上的依据，即根据法庭认定的案件事实及法律规范为什么得出这样的判决结论，其论证模式通常是三段论式的。不过，有学者认为，判决理由主要包括法官对案件法律问题的论证。⑥

民事判决理由的可接受性已成为衡量司法裁判正当性的内在品格，是指和判决相关的主体即当事人、社会民众以及法律职业共同体等，对法院制作的判决理由的认可、赞同和接纳。判决理由的可接受性不仅要求法官对判决理由的阐释需符合法律的规定，而且须依凭司法者的理性、良知和社会公认的价值规范去作出裁判，实现息诉服判的社会效果，从而维护司法解决纠纷的公信力。⑦

判决结果即判决主文，是法院根据法律规范和要件事实，对诉讼标的和诉讼

---

① 参见邵明：《现代民事之诉与争讼程序法理——"诉·审·判"关系原理》，269 页，北京，中国人民大学出版社，2018。

② 《人民法院民事裁判文书制作规范》、《民事诉讼文书样式》、《关于加强和规范裁判文书释法说理的指导意见》（法发〔2018〕10 号）和《关于民商事案件繁简分流和调解速裁操作规程（试行）》（法发〔2017〕14 号）等，体现了以审判为中心，突出了不同审级判决书的特点：一审判决书应当把重点放在认定案件事实和确定法律适用上，二审判决书应当把重点放在解决事实争议和法律争议的说理上，再审判决书应当把重点放在依法纠错、维护司法裁判权威上。

③ 参见张志铭：《法律解释学》，130 页，北京，中国人民大学出版社，2015。

④ 参见傅郁林：《民事裁判文书的功能与风格》，载《中国社会科学》，2000（4）。

⑤ 比如《日本民事诉讼法》第 312 条、《德国民事诉讼法》第 551 条。

⑥ 参见苏力：《判决书的背后》，载《法学研究》，2001（3）。

⑦ 参见王合静：《论民事判决理由的可接受性》，载《法学评论》，2012（4）。相关系统深入研究，详见王合静：《民事判决理由可接受性研究》，北京，法律出版社，2018。

请求是否合法或者有无根据作出的终局判定。① 判决结果是审判法官一致或者大多数的处理意见。我国的判决书通常不记载少数意见。②

（三）民事判决的法律效力论

1. 民事判决法律效力的构成

关于民事判决的效力，我国学界早期认为民事判决的法律效力主要体现为民事判决的排除性、不可争议性和执行性。③

有学者分析了现代大陆法系国家民事判决效力体系的基本构成。该学者指出要在理论层面对民事判决效力有一种体系化的把握，须以"判决的确定"为界限将民事判决的效力体系划分为两个阶段——判决确定前产生的效力和判决确定后产生的效力；亦须对判决的各种具体效力类型的法律属性进行定位，即将之分为程序法上的效力和实体法上的效力。判决确定前产生的效力是对法院的拘束力，例外体现为法定情形下对判决的更正、补充和变更。判决一经确定，即产生形式确定力。以确定判决形式确定力为基础，判决的既判力（实质上确定力）、形成力和执行力即行产生，这些均是确定判决效力的主要体现。此外，判决还有可能在一定程度上产生非规范性效力，如证明效、波及效和裁判程序效力等。④

有学者结合法系意识，来研究民事判决的效力。该学者在考察我国民事诉讼的法律效力制度之演进基础上，提出我国应当考虑在保留已移植的苏联法形式法律效力的基础上，注重参考德日法的既判力理论以完善我国民事诉讼的实质法律效力制度。其中，民事裁判的形式法律效力自裁判确定时发生，非经再审程序不得予以撤销；实质法律效力的内容由其客观范围、主观范围和对时范围组成。⑤

有学者认为，我国民事判决法律效力体系应当包括形式法律效力和实质法律效力。形式法律效力包括判决的拘束力、形式确定力和一般约束力。实质法律效

---

① 在直观上，判决主义是对"诉讼请求"的判断。比如，"王某诉李某人身损害赔偿纠纷案民事判决书"在其判决主文部分写明：被告李某于本判决生效后 7 日内向原告王某支付医疗费人民币 30 000 元等。此为法院经过审理判决原告胜诉，即同意原告的诉讼请求：被告赔偿原告医疗费人民币 30 000 元等。

实质上，判决主文是指判决中对"诉讼标的"之判断部分。就上例来说，法院经过审理，认为原告王某之诉具备实体要件，即有实体要件事实和相应实体规范来支持原告王某之诉的诉讼标的（原告拥有请求被告承担人身损害赔偿责任的请求权），那么原告基于该诉的诉讼标的所提出的请求必然获得法院支持。

② 《关于设立国际商事法庭若干问题的规定》（法释〔2023〕14 号）第 5 条中规定："少数意见可以在裁判文书中载明。"

一般说来，判决书不记载法官个人意见或者不同意见（包括与多数意见相同而理由不同的意见），目的在于使法官不必担心而能够独立、充分、真实地表达自己的意见，有助于作出公正的判决。

③ 参见柴发邦主编：《民事诉讼法教程》，342－344 页，北京，法律出版社，1983。

④ 参见丁宝同：《大陆法系民事判决效力体系的基本构成》，载《学海》，2009（2）。

⑤ 参见陈刚、程丽庄：《我国民事诉讼的法律效力制度再认识》，载《法律科学》，2010（6）。

力包括判决的既判力（吸收确定力）、形成力和执行力。这两大部分效力构成了完整的判决法律效力的体系框架。此外，我国民事判决还具有某些事实效力，主要是判决的预决效力。①

有学者根据大陆法系判决效力理论，将判决效力分为三类：1）判决的原有效力，是指判决从本质上本身所具有的效力，包括判决的既判力、执行力和形成力。2）判决的附随效力，又可分为法定的附随效力和法理上的附随效力。法定附随效力是相对于判决本身原有效力而言的，是指法律规定的以确定判决作为构成要件而发生一定的法律效果的效力，即学理上的构成要件事实效力；法理上的附随效力是相对于法定的附随效力而言的，是指法律虽然没有规定但是学理上主张判决所附带的效力，具体表现为争点效和反射效力等。3）判决的事实效力，主要是指判决的证明效力，即确定判决在前诉中所认定的事实在后诉中具有类似证据的作用，亦即前诉判决中所认定的事实影响到法官对后诉事实的认定。②

通常情况下，民事判决具有羁束力、确定力（形式确定力和实质确定力）、（给付判决）执行力、（形成判决）形成力、（确认判决）确认力、已决效力（或者预决效力）、反射效力、参加效力、构成要件事实效力③等。

2. 民事判决的羁束力

判决羁束力是判决宣告后，法院原则上不得任意撤销或者变更该判决。这种羁束力对作出判决法院的自我约束力，称为"自缚力"。判决是法院运用审判权的判断，一旦对外宣告，就不得任意撤销或者变更之。作为判决首先产生的效力，羁束力的意义就在于维持判决的稳定性、权威性和安定性。

与羁束力和确定力密切关联的问题是，我国将"确定判决"称为"生效判决"是不合理的。因为任何本案判决一旦宣告，首先具有的即羁束力，也就是判决生效，生效判决包括未确定判决和确定判决，而确定判决当然是生效判决，并且是不得上诉的判决。④

在诉讼公正的前提下低成本地维护判决的正确性和妥当性，将"判决变更"作为羁束力的法定例外，以缓和可能过于形式化的羁束力。比如，根据《日本民事诉讼法》第356条，法院发现判决违反法律的，可以在宣告判决后1周内变更判决，

---

① 参见杨小利：《民事判决法律效力研究》，187-195页，北京，人民法院出版社，2012。
② 参见张卫平：《民事诉讼法》，6版，508-511页，北京，法律出版社，2023。
③ 构成要件事实效力，是指在一定情形中，以确定判决的存在事实为实体法律构成要件事实，此种以确定判决为实体法律构成要件事实而发生实体法及其他法律上一定法律效果的效力，理论上称为构成要件事实效力。比如，确定判决有使中断的消灭时效重新起算的效力；确定判决能使保证人向主债务人请求除去其保证责任的效力等。
④ 参见邵明：《中国民事诉讼法学探析》，359页，北京，中国人民大学出版社，2023。

但是判决已确定或者对案件有必要重新辩论的不在此限（参见下文）。

对于判决的羁束力，我国民事诉讼法没有作出规定，这是立法上的漏洞。依据《解释》第 242 条的规定，第二审中，原审法院可以将原判决有错误的意见报送第二审法院，由第二审法院按照第二审程序审理；没上诉的，按照审判监督程序处理。

3. 民事判决的确定力

判决的确定力包括形式确定力和实质确定力。"形式确定力"（"外部确定力""判决的不可撤销性"）是判决对当事人的效力，即当事人不得以上诉方法请求撤销或者变更判决。形式确定力发生之时，即"判决确定"之时。通常情况下，判决一确定（具有形式确定力），就产生既判力、形成力、执行力或者确认力等。

"实质确定力"（"内部确定力""既判力"）是指"确定判决"对"诉讼标的"之判断，对法院和当事人等所产生的约束力。其约束力主要体现在以下两个方面：

（1）既判力的消极效果或者消极作用是"禁止反复"。其内涵是当事人等对既判的案件或者纠纷不得再为争执。其在制度上体现为禁止当事人重复起诉（"一事不二讼"）；若当事人重复起诉（"一事二讼"），则法院"一事不再理"。

（2）既判力的积极效果或者积极作用是"禁止矛盾"。其内涵是法院在处理后诉时，应受前诉确定判决的拘束；其在制度上体现为法院应以前诉确定判决对前诉诉讼标的之判断为基础来处理后诉[1]，若后诉判决与前诉正确的确定判决相矛盾，则为再审理由（我国民事诉讼法未将其作为再审的理由）。

4. 给付判决的执行力

只有给付判决才有执行力。给付判决的执行力是指给付判决所具有的利用国家强制执行权实现其内容的法律效力。

执行力的存续时间为执行力产生时至其消失时。判决一确定通常就发生执行力，不过将来给付判决的执行力发生在判决确定之后，附条件或者附期限的执行依据须待条件成就或者期限届至才产生执行力。在我国，执行力消失的主要情形有申请执行期限届满、执行完毕或者执行终结等。

执行力的客观范围主要是判决所确认的执行债权和被执行人所应履行的债务及其客体（这些客体即"执行标的"）。执行力一般只及于本案当事人的财产和行

---

[1] 有学者指出，在前诉判决发生效力后，当事人又通过后诉主张行使撤销权、解除权与抵销权等形成权，可能导致矛盾判决及前诉判决遮断形成权通过后诉行使的问题。因此"旧实体法说"的既判力客观范围识别方式无法满足维护裁判同一性的要求，需要以判决的遮断效力阻断后诉请求与事实主张，起到扩大既判力客观范围之效果。该学者认为，撤销权、解除权原则上应受前诉生效判决遮断，而抵销权原则上不应受前诉生效判决遮断。参见王福华：《论民事判决的遮断效力》，载《中国法学》，2021（3）。

为，但是被执行人不能清偿债务但对第三人享有到期债权的，法院根据申请执行人或者被执行人的申请，强制执行该第三人的财产。

执行力的主观范围主要是判决所载的债权人和债务人，判决执行力与既判力的主观范围是一致的。但是，有执行力却无既判力的公证债权文书等，其执行力的主观范围与既判力的主观范围没有关系；被执行人不能清偿债务但对第三人享有到期债权的，法院根据申请执行人或者被执行人的申请，将该第三人追加为被执行人。

至于执行依据对于非当事人的效力，是指在特定情况下，需要由判决中指明的当事人之外的人作为执行当事人，目的是避免就产生同一结论的法律关系重复诉讼，减轻当事人的诉累，这被称为判决执行力的主观扩张，是既判力主观范围扩张的结果。而可以作为执行当事人的非判决当事人，被归纳为三种：（1）当事人的承继人；（2）为当事人或其承继人而占有系争物的人；（3）判决当事人是为他人而进行诉讼时，该他人作为执行当事人。①

后来也有观点认为，执行力主观范围的扩张与既判力主观范围的扩张并不相同。执行力主观范围的扩张应考虑执行债权实现的迅速经济、实体权利义务关系的依存性、实体利益归属的一致性、第三人的程序保障、权利人对特定债务人享有权利的高度盖然性。执行力主观范围的扩张包括执行债权人主观范围的扩张和执行债务人主观范围的扩张两大基本类型，两者的正当性基础存在差别。②

还有学者主张，经申请执行人申请的执行力主观范围包括"承继型"和"责任型"两种，须满足必要性、正当性和妥适性三个要件。"承继型"第三人兼具必要性和正当性。对"责任型"第三人而言，必要性即被执行人的财产不足以清偿债务，正当性依赖于实体法的规定或第三人的意定。妥适性指的是变更、追加的争议适合通过内嵌于强制执行的略式程序进行审查判断。③

笔者认为，执行力主观范围的扩张实际上与执行当事人变更和追加存在内在关联［参见本书第九章三（三）］。

5. 形成判决的形成力

形成判决具有形成力，即对已成立或者既存的民事法律关系产生变动的效力。非讼案件的判决通常无既判力，但有形成力。

无广泛效力的形成判决，其形成力在判决确定时溯及形成权人意思通知到相

---

① 参见孙加瑞：《强制执行实务研究》，122-136 页，北京，法律出版社，1994。
② 参见肖建国、刘文勇：《论执行力主观范围的扩张及其正当性基础》，载《法学论坛》，2016（4）。
③ 参见陈杭平：《再论执行力主观范围的扩张》，载《现代法学》，2022（4）。

对人时。《民法典》第 565 条第 1 款规定，"任何一方当事人均可以请求人民法院或者仲裁机构确认解除行为的效力"。若法院或者仲裁机构认为解除的意思表示有效，则合同解除的效力于解除的意思表示通知到相对人时产生，并非自判决或者裁决确定时始产生。

有广泛效力（对世效力）的形成判决，无须强制执行就自动产生法律关系变动的效果，其形成力于判决确定时发生，其效力可能溯及既往，例如婚姻无效、收养关系无效等判决的效力溯及行为发生之时；也可能向将来发生，比如解除婚姻关系的判决等。具有对世效力的形成判决和确认判决是就其实体形成力和实体确认力而言的。

6. 确认判决的确认力

长期以来有个错误认识，即确认判决的确认力被既判力包含而无须独立化。事实是确认力不同于既判力。确认判决具有确认力，即确认原告主张的民事法律关系或者民事权益是否存在或者是否合法有效的法律效力，与既判力迥然不同。

确认判决的确认力，在判决确定时，通常溯及民事法律关系或者民事权益存在或者成立之时，比如无效的合同自始没有法律约束力。[1]

在定义上，婚姻关系无效之诉、收养关系无效之诉、确认股东大会决议无效之诉等不是形成之诉而是确认之诉，不过这些诉与形成之诉确有相同之处，即这些诉的确认判决也具有对世效力。

7. 确定判决的已决效力或者预决效力

依据《新证据规定》第 10 条第 1 款第 6 项，"已为人民法院发生法律效力的裁判所确认的基本事实"属于"已决事实"或者"预决事实"，当事人无须举证证明。其中的"裁判"，主要是指法院判决。法院裁定所确认的事实通常不应有预决效力[2]，法院调解书中的事实也没有预决效力。

已决事实在后案中能够产生如下"已决（效）力"或者"预决（效）力"：（1）对已决事实，主张者虽应主张但无须举证，并且无正当理由不得提出与其相矛盾的事实主张；（2）对已决事实，对方当事人没有反证或者反证失败的，法官应当采用，并且不得作出与其相矛盾的判断。

已决事实具有已决效力是因为：（1）已决事实在前案中已获严格证明，其真

---

① 合同部分无效，不影响其他部分效力的，其他部分仍然有效。合同无效的，不影响合同中有关解决争议方法的条款的效力（参见《民法典》第 507 条）。

② 主要理由是，法院裁定所处理的程序事项和临时性救济事项（如财产保全、行为保全等）多具有紧迫性，通常采用快捷的自由证明和释明，裁定的效力通常仅存在于本案的诉讼程序中，并且处理临时性救济事项的裁定具有临时性和附属性，即本案终局判决可以变更或者撤销此类裁定。

实性已为法院判决或者仲裁裁决所确认；（2）已决事实在前案中经当事人主张和证明，在后案中，该当事人应禁反言（属于诚实信用原则的范畴），即无正当理由不得提出与其相矛盾的事实主张；（3）根据"判决统一性原理"，对同一事实真实性的认定，不同判决应当是一致的。

有学者认为，与已决效力相通的是大陆法系的"争点效（力）"和英美法系的"争点排除效力"（issue preclusion）。① 诸多学者不同意前述看法，比如有学者认为，"已确认事实的预决力"既不同于既判力，也有别于争点效及司法认知，应理解为"我国民事诉讼法确立的一项具有独特内涵的制度"。②

确定判决和确定裁决均有已决力和既判力，已决力和既判力的时间范围是一致的，却是两种不同的效力：（1）在客观范围或者客观对象上，已决力的客观对象是实体事实，既判力的客观范围是诉讼标的或者仲裁标的；（2）已决事实在后案中可以再行提供采信却无须证明，既判力禁止就既判案件再行起诉和再行审判。③

有学者分析认为，我国实际承袭苏联法的"预决性"概念，"预决性"以免证效力为内容，本质上系法定证明效。现行规定弊端丛生，损害了法官认定事实的独立性，褫夺了后诉当事人的接受裁判权且有违程序保障的基本要求。就利用方法而言，判决书可作为书证，对后诉法官认定事实理应产生一定影响，但不宜由法律硬性规定其证明力强弱。从立法论上来说，今后应当废除已决事实免证效力规定，将已决事实评价放归法官自由心证评价。④

8. 确定判决的反射效力

反射效力（或称波及效力）是指确定判决对本案以外的第三人的实体权益义务所产生的影响。反射效力及于本案判决主文和判决理由，不直接决定第三人的

---

① 参见邵明：《论法院民事预决事实的效力及采用规则》，载《人民司法》，2009（15）。

在英美法中，issue preclusion，又称 collateral estoppel，collateral issue，estoppel by judgment，estoppel by record 等。See *Black's Law Dictionary*，Tenth Edition，Thomson Reuters，2014，p. 318。

争点效力或者争点排除效力大体是指法院确定的终局判决对案件事实的判断具有约束后案法院和当事人的效力，即后案法院应当采用已决事实或者不得作出与已决事实相矛盾的事实认定；后案当事人无正当理由不得提出与前诉或者前案判决确认的事实相矛盾的事实主张。相关系深入研究，详见郭翔：《民事争点效力理论研究》，北京，北京师范大学出版社，2010。

② 参见江伟、常廷彬：《论已确认事实的预决力》，载《中国法学》，2008（3）。其他代表性成果，比如，李浩：《〈证据规定〉与民事证据规则的修订》，载《中国法学》，2011（3）；纪格非：《"争点"法律效力的西方样本与中国路径》，载《中国法学》，2013（3）；等等。

③ 参见邵明：《论法院民事预决事实的效力及采用规则》，载《人民司法》，2009（15）；王亚新、陈晓彤：《前诉裁判对后诉的影响——〈民诉法解释〉第93条和第247条解析》，载《华东政法大学学报》，2015（6）。

④ 参见段文波：《预决力批判与事实性证明效展开：已决事实效力论》，载《法律科学》，2015（5）。

实体权益义务，但对与本案当事人存在一定实体关系的第三人或者从诉讼参加人具有意义，并需由后诉当事人（前诉的第三人或者从诉讼参加人）主张，法院才予援用。例如，债权人与债务人之间的诉讼，债务人胜诉判决（如债务不存在）确定后，若债权人对债务人的保证人起诉请求履行保证债务，保证人可基于保证债务的从属性，引用该胜诉判决，请求法院驳回债权人的请求。这种前诉判决效力反射到后诉而影响后诉当事人胜败的作用，即判决的反射效力。

在日本，反射效力说为主流，但是还存在既判力扩张说、否定反射效力说和无区别必要说等。然而，在德国，反射效力说和既判力对第三人效力说则将通说地位让与既判力扩张说。既判力扩张说认为，第三人与诉讼当事人之间在实体法上既然有依存关系，应类推适用既判力基准时以后当事人的承继人继受的规定，将既判力扩张及于第三人，无须判决的反射效力来说明。[①]

有学者认为，反射效力与既判力存在以下主要区别：（1）既判力系诉讼法上的效力，仅能在诉讼法上为抗辩，但是反射效力不仅能在诉讼法上为抗辩，而且能在实体法上为实体抗辩，从而能够产生实体法效果。（2）既判力属于职权调查事项，而反射效力须由当事人主张援用。（3）在第三人参加诉讼中，既判力及于独立诉讼参加人而不能及于从诉讼参加人，反射效力却仅及于从诉讼参加人。（4）给付判决的既判力伴有执行力，而反射效力不伴有执行力。（5）既判力及于判决主文，而反射效力及于判决主文和判决理由的判断。[②]

---

①　参见廖浩：《论判决的反射效力》，载《研究生法学》，2011（6）。
对于判决反射效力的系统研究，详见廖浩：《民事确定判决反射效力研究》，北京，中国社会科学出版社，2018。
②　参见邵明：《现代民事之诉与争讼程序法理——诉·审·判关系原理》，287页，北京，中国人民大学出版社，2018。

第八章

民事非讼程序理论的发展

大体上说，与争讼程序理论研究相比，我国民事非讼程序理论研究比较单薄，对非讼事件和非讼程序还缺乏系统深入的研究。虽然我国对民事非讼程序的研究开展得较晚，但是近十多年来取得巨大进步，既重视非讼基础理论研究又重视其立法和司法问题研究。

我国有关民事非讼程序的研究尚须在以下方面作出努力：（1）在基础理论和主要制度方面，比如程序保障、自由证明、裁判效力和救济程序等方面，加强研究。（2）在比较法研究方面，对于有代表性国家和地区有关民事非讼程序的立法和司法，加强研究。（3）从民事实体法与非讼程序法的内在联系上，研究我国民事非讼程序的法理与制度建构，提升民事非讼程序的适用性。[①]

一、民事非讼事件[②]与民事非讼程序的功能论·目的论·立法论

（一）民事非讼事件

一般认为，对于民事争讼（案件）和民事非讼（事件）相区别始自奥地利法，后为大陆法系国家所普遍接纳。19 世纪后半期，为摆脱和去除国家消极的"守夜人"身份和作用，欧洲大陆诸国逐渐扩大和增强国家权力对市民生活和社会诸领域的干预，其中国家通过处理民事非讼事件进入私人生活，以实现国家的意志。在现代社会，国家处理民事非讼事件，利用司法的权威性和裁判的统一

[①] 参见郝振江：《中国非讼程序年度观察报告（2016）》，载《当代法学》，2017（4）；赵蕾：《中国非讼程序年度观察报告（2017）》，载《当代法学》，2018（6）；等等。

[②] 在大陆法系，通常将未进入法院争讼程序的称为"事件""非讼事件"。在我国，不管是争讼案件还是非讼案件，凡由法院处理的，习惯上均称为"案件"。为统一称谓，对我国"非讼案件"，本章均称为"非讼事件"。

性，对涉及民事权益的重要事实作出权威和统一的确认，这对于慎重保护民事权益和维护社会安定实属必要。

"非讼"一词在拉丁语中称为 jurisdictiovoluntaria 或 jurisdictiogratiosa，德语为 freiwilligenGerichtsbarkeit，法语是 juridictiongraiense，procedures non contentienses。一般认为，日语中的"非訟"一词，来自法语 procedures non contentienses。① 我国使用的"非讼"一词来自日语中的"非訟"一词，立法上最早见诸 1910 年 2 月 27 日颁行的《法院编制法》第 19 条。②

我国对于非讼事件概念的界定，通常采用王强义的表述：非讼事件，是指利害关系人在没有民事权益争议的情况下，请求人民法院确认某种事实是否存在，从而使一定的法律关系发生、变更或消灭的案件。③ 关于非讼事件的本质，通说是对象说，即判断非讼事件的显著特征即为没有对立的双方当事人且不存在民事权益争议。由此，在民事诉讼中，"非讼"与"争讼"相对，"非讼"有其特定的内涵，即"无争议"。人们通常将"非讼事件"与"诉讼案件"对称，将"非讼程序"与"诉讼程序"对称，其中"诉讼案件"实指"争讼案件"，"诉讼程序"实指"争讼程序"。

有学者认为，以上定义使非讼事件的范围非常狭窄，限定于无争议的案件，对于构建解决争讼事件的多元化程序不具有开拓性。非讼程序有助于弥补争讼程序的缺陷，解决部分不宜采用争讼程序解决的争议。大陆法系各国及地区民事诉讼法通常是以德国民事诉讼法为蓝本而制定或发展而来。后者受近代自由主义思潮影响，贯彻对抗主义、当事人主义以及程式主义，但同时也产生了无法克服的缺陷。比如，强调对抗可能对当事人造成第二次伤害，纠纷解决缓慢、诉讼成本过高，过分限制法官的自由裁量权而忽视其在纠纷解决中的主动性，等等。由于采用职权主义的非讼程序可以部分克服这些缺陷，大陆法系国家及地区就陆续将

---

① 在欧洲，"非讼"这一用语的背后有着悠久的传统，其概念自然而然显得比较统一，便于理解。而日本并无这种传统，用"非讼"一词与"诉讼"相对，就特别容易造成一种误解：只要是法院管理的但又不是诉讼的活动，均可对其冠以"非讼"一词，以致于在日本非讼事件的内涵十分混乱而流于形式。参见［日］三月章：《日本民事诉讼法》，汪一凡译，19 页，台湾，五南图书出版公司，1997。

② 该条规定："初级审判厅管辖第一审民事、刑事诉讼案件，并登记及其他非讼事件。"王士林编纂、罗筱琦点校："法院编制法释义"，载陈刚主编：《中国民事诉讼法制百年进程（清末时期）》，第 1 卷，462 页，北京，中国法制出版社，2004。

③ 参见王强义：《民事诉讼特别程序研究》，12 页，北京，中国政法大学出版社，1993。此后，学者多援引此一定义，比如江伟：《市场经济与民事诉讼法学的使命》，载《现代法学》，1996（3）；刘海渤：《民事非讼审判程序初探》，载《中国法学》，2004（3）；蔡虹：《非讼程序的理论思考与立法完善》，载《华中科技大学学报（社会科学版）》，2004（3）；李建伟：《公司非讼程序之适用研究》，载《中国法学》，2010（5）；邵明：《民事诉讼法学》，2 版，301 页，北京，中国人民大学出版社，2016；等等。

适宜非讼程序解决的争议调整到它的审理范围内。①

有学者认为非讼事件一般在下列情况下成立：特别需要赋予法官广泛裁量权的事件，公益性较浓厚的事件，特别需要在程序上简易、迅速解决的事件，没有对立当事人要求法院依实体法确定实体权利存否的事件等。② 一般认为，我国民事诉讼法上规定的宣告公民失踪、死亡案件，认定公民限制（无）民事行为能力案件，认定财产无主案件为非讼事件，而督促程序、公示催告程序和破产程序为广义的非讼程序。③

结合我国目前的司法实践，有观点提出将已有法院按非讼程序处理的指定和撤销监护案件列入非讼事件的范围。④ 有观点认为应当将失踪人财产管理事件、变更监护人的案件、婚姻和亲权事件、收养事件、遗嘱验证事件、夫妻财产登记事件、家庭财产分割事件、家事调解事件纳入非讼事件的范围。⑤ 有观点提出我国需要规定的公司非讼事件包括股东查阅权纠纷、股东会的司法召集、部分的董事司法任免案件、异议股东评估权中股价的司法确定、部分的公司清算事件、部分的公司解散纠纷等。⑥ 对于目前由行政机关处理的法人变更、商业登记等事件，有学者认为采用行政干预手段解决既不符合法治原则，又难以保障实体法宗旨和公平正义的实现，将其纳入非讼程序的调整范围应当是最佳的设计。⑦

非讼程序的聚合性特点决定了它的体系性显然要弱于争讼程序。⑧ 不过，也正是基于它的这种形成特点，各类非讼事件的功能就构成了非讼程序的功能。统合规定于非讼程序法典的非讼事件可区分为两种类型：一类是无任何争议的非讼事件；另一类是包含争议的非讼事件，即立法者基于合目的性⑨考量规定运用非讼程序审理的争讼事件。

---

① 这种现象在大陆法系国家和地区被称为"诉讼事件非讼化"。参见郝振江：《论非讼程序在我国的重构》，载《法学家》，2011（4）。

② 参见江伟：《市场经济与民事诉讼法学的使命》，载《现代法学》，1996（3）。

③ 参见江伟：《市场经济与民事诉讼法学的使命》，载《现代法学》，1996（3）；江伟主编：《民事诉讼法学原理》，714－717页，北京，中国人民大学出版社，1999。

④ 参见蔡虹：《非讼程序的理论思考与立法完善》，载《华中科技大学学报（社会科学版）》，2004（3）。

⑤ 参见邓辉辉：《非讼案件本质和范围的域外考察及启示》，载《吉首大学学报（社会科学版）》，2009（3）。

⑥ 参见李建伟：《公司非讼程序之适用研究》，载《中国法学》，2010（5）。

⑦ 参见蔡虹：《非讼程序的理论思考与立法完善》，载《华中科技大学学报（社会科学版）》，2004（3）。

⑧ 参见郝振江：《论非讼程序的功能》，载《中外法学》，2011（4）。

⑨ 所谓合目的性，就是指运用非讼程序更有利于保护权利人的利益，实现实体法目的。

（二）民事非讼程序的功能论和目的论

国外民事非讼程序法典中的非讼事件通常包括两大类：无任何争议的非讼事件和包含争议的非讼事件（实属争讼案件）。据此，有学者认为，民事非讼程序的功能包括基本功能与扩展功能。①

1. 民事非讼程序的基本功能

鉴于没有争议的非讼事件审理程序是构成非讼程序初始的内容，将这部分非讼程序功能称为基本功能，主要有：

（1）监护功能。大陆法系各国及地区民法典中设立的监护制度，属于该功能的典型体现，非讼程序在某种意义上就是以其审理程序为范本进行设计的。不过，监护并不限于该事件类型，还具有更宽泛的适用，法院基于公益目的对民事主体进行的监督与保护均应属于监护。具有该功能的事件类型众多，比如清算人、失踪人财产管理人的选任和监督等。

（2）确认功能，即法院运用审判权确认或者认可某项法律事实或者法律关系，使由该项法律事实或者法律关系所形成的法律关系顺利展开。比如宣告失踪程序、宣告死亡程序等，对于下落不明的人，其失踪或者死亡是一种事实，只有在法院确认后才会发生相应的法律后果。再如法国协议离婚制度，双方当事人协议离婚的，还必须经法院确认后才发生离婚的法律效果。

（3）证明功能。即在法官面前进行某种行为或者将某种事实登记于法院，由法院对查实后的结果承担证明作用。例如法院公证与登记两类事件，均属于古典非讼事件的典型。② 公证和登记事件在大陆法系国家及地区虽已主要不由法院承担，但广义上仍把它纳入非讼程序范畴，法律明确规定证明要件，承担证明职责的机构只需依照法律程序履行职责即可。

（4）许可功能。即民事主体的法律行为必须获得法院的许可才能成立、有效，其目的是防止该权利的发生损害公共利益，以形成正确的法律关系。比如收养许可程序，大陆法系通常做法是收养方与被收养方达成协议后，尚需双方共同申请法院按照非讼程序裁判许可收养。该裁判许可构成了收养的合法要件。③

---

① 参见郝振江：《论非讼程序的功能》，载《中外法学》，2011（4）。

② 通常认为，古典非讼事件的典型事件包括监护事件、公证事件、继承事件和登记事件。[日] 伊东幹＝三井哲夫ほか编『注解非訟事件手続法』（青林書院，1986 年）3 頁参照。

③ 既保护了被收养人及其生父母和其他利害关系人的利益，又维护了人伦秩序，增进了社会福祉。参见葛义才：《非讼事件法论》，210 页，台北，三民书局有限公司，2006。

2. 民事非讼程序的基本功能与司法权配置

非讼程序的上述基本功能是由法院通过行使审判权方式实现的。但这种审判权在诸多方面均异于我国目前对审判权的通常理解，即审判是指以调整和解决社会关系上的利害冲突及纠纷为目的，由具有法律上权威的第三人依法作出的具有约束力的判定。据此，审理事件的争议性和审判权待争议发生后介入民事法律关系的事后性构成了审判权的基本特征。

但是，非讼程序内的审判权完全与此不同：（1）它所审理的事件并不包含争议；（2）非讼程序中审判权运用的时间主要集中于权利或法律事实形成过程。法院只是在审查关系人申请后或者直接依据职权作出裁断，这种审判权与其说是一种司法权，不如说是一种行政权或者决定权更为妥帖。

罗马法以来通说均一直认为非讼程序的审判权也属于审判权的组成部分。依照这种观点，审判权包括诉讼审判权与非讼审判权，非讼审判权为审判权下的一项独立权力。诉讼审判权用于审判争讼案件，非讼审判权则用于审判非讼事件。但这里不免容易产生一种疑问：为什么要将这种类似行政权却与诉讼审判权性质完全不同的权力纳入审判权范畴，交由法院行使？其原因主要有：

（1）私法自治原则上排斥行政权对民事事件的干预。私法自治原则是近代以来民事活动领域内遵循的基本准则。依照该原则的要求，原则上排斥行政权力的介入和干预。除非在私法秩序与行政利益有关联时，行政机关可以为了私法秩序自身的目的完成这些私法行为。知识产权法上的特许权即为典型例。其他情况下，作为公权力直接介入私法领域的唯一途径就是通过司法权。以命令公司解散事件为例，我国法院在行政机关依法吊销营业执照、责令关闭或者公司被撤销后可以命令公司解散。吊销营业执照、责令关闭或者撤销这些情形在性质上都是行政机关进行社会管理的行政行为。

（2）法院在近代形成的良好形象有利于它行使该权力。在专制国家体制下，司法权和行政权不分，两者均是统治者便利统治的工具。但在现代民主政体下，宪法明确规定了民众应当享有的基本权利，法院充当了民众基本权利的保护者。它一方面防止国家公权力对民众权利的侵害，另一方面要对受侵害的权利进行救济。由此，法院作为民众权利维护者、社会正义最后一道保障线的形象逐步得以确立。非讼程序中，审判权虽然具有积极、主动的特点，但基于良好社会形象基础和司法者对自我权力的严格约束，其职权行使行为更易于获得民众的信任与认可。

（3）法院相对消极的特征使它能够处理好监督与裁判的关系，而行政机关的社会管理特征使它难以保持中立地位。运用非讼程序审理的非讼事件大多没有争议，仅基于关系人的申请进行审查后法院就可以作出裁判。尽管如此，它们都可能存在着潜在的争议，例如若干同序列的监护候选人都表达了监护意愿的情形。此时由谁作监护人需要由法院裁断，法院往往是在斟酌、判断各方理由后作出衡平判断。但如果由行政机关行使该项职权，行政行为的各项特点就会显现出来，很容易把被监护人或者关系人作为社会管理客体并依此作出决定，社会中立性就相对较弱。因而，相对于行政机关而言，法院更注重当事人利益的保护和平衡。

　　3. 民事非讼程序的扩展功能

　　诸多国家和地区民事非讼程序法典的开放性[①]使被纳入其调整范围的争讼案件逐步增多，非讼程序也逐步演变为另外一种纠纷解决方式，成为争讼程序的有效补充。当然，非讼程序的这种功能并非存在于所有大陆法系国家和地区，只是在德国和日本表现得尤为突出，法国则一直将非讼程序的调整对象限定于不存在任何争议的非讼事件。

　　非讼程序的扩展功能虽然都体现为解决纠纷，但各国法在扩展方向上有所差异。整体而言，扩展方向有两种：（1）针对特别类型事件的扩展，具体表现为逐步规定某些类型事件适用非讼程序法审理与裁判；（2）一般性扩展，即法律并不将非讼程序适用对象限定于某一类事件，而是将某种纠纷规定为非讼事件，使其采用非讼程序的法理。

　　1）大陆法系国家和地区非讼程序功能扩展的主要方式。由于采用这种方式纳入非讼程序调整范围的事件众多，这里仅举一些典型例予以说明。《德国住宅所有权及长住权法》（1951 年）第 43 条规定，因共有及共有物管理所产生的住宅所有人相互间的权利义务、管理人管理共有物的权利与义务、选任管理人上的争执、住宅所有人会议决议是否有效产生的争议事件由法院运用非讼程序审理。根据《德国股份公司法》（1965 年）第 35、98、132、142 条的规定，检查人与发起人之间的争议、监事会组织的争议、出席股东大会股东与董事间关于告知权的争议、特别检查人对年度结算确定的争议、不执行业务股东对红利分配的争议等，由联邦法院商事庭或者民事庭依据非讼程序进行审判。

　　2）将非对抗性纠纷规定为非讼事件，典型表现就是日本把调停规定为非讼事件。调停在日本虽久已存在，但在日本从欧洲继受的法律框架中并没有正式的地位或者说并非正式的制度。1951 年日本制定了统一的《民事调停法》，其第 22

---

　　①　以德国法为例，德国 1898 年《非讼程序法典》第 1 条规定：德国法委诸法院的非讼事件，只要没有特别规定，适用本法的共通规定。日本法也参考德国法，规定了类似的条款。这种规定方式意味着在不修改法典的情况下，立法者就可以将各类事件规定为非讼事件，纳入该法典的调整范围。

条明确地将调停规定为非讼事件。将调停作为非讼事件，是非讼事件概念在日本的扩大也是日本在法制移植过程中吸收本国传统要素的产物。

关于非讼程序功能扩展的原因在大陆法系国家及地区民事程序理论上存在着各种分析。有学者认为，其原因在于实体法一般条款的增加、法官裁量的必要性、职权主义的强化以及纷争的社会化；有学者认为，随着集团意义纠纷类型不断增多，纠纷已并不完全是当事人的个人问题，而是与社会存在着关联性，所以司法仅仅是回顾性的判断是不充分的，应当采用展望性的判断来规制或者预防纠纷的发生，从纠纷的定型化处理转向非定型化、个别化处理。其实，这些分析都包含着同样的前提性判断：制度的功能扩展很大程度上取决于它相比相关制度更能满足利用者的某种需求。非讼程序是与争讼程序相对应的民事程序，在运用争讼程序实现纠纷解决无法满足立法者预期目的时，自然易于推动其功能扩展。

我国有学者认为，非讼程序功能扩展的原因首先是近代民事争讼程序在纠纷解决上存在着自身难以克服的缺陷。① 近代民事争讼程序是受自由主义思潮影响，在克服职权主义基础上建立的。以 1793 年《普鲁士民事诉讼法典》为例：该法典就是一部典型以职权主义为内核的法典。这部法典规定探知事实是法官的义务，当事人的作用只是保障法官探知事实。法官仅仅依据当事人对事件的说明，就可以按照自己对事件的理解，独自整理、收集能够得出结论的构成事件裁判基础的事实。由此带来的后果是法官必须为事实查证的错误承担各种名誉上的不利评价。当错误累积到一定程度时，难免会引起民众对法官的怀疑，最终丧失民众的信赖。19 世纪后半期古典自由主义盛行欧洲，也影响到各国民事诉讼立法，1877 年《德国民事诉讼法典》受其影响更深。该法典贯彻当事人主义、奉行程式主义；强调公开主义、口头主义及证据的自由评价等；严格排除法官的自由裁量权，法官只享有确认权利的权能，完全不享有变更或者创设新权利的权能②。

然而，由于民事纠纷类型以及民众司法需求的多样性，这种彻底的当事人主义自产生之时就已蕴含了诸多自身无法克服的缺陷：（1）纠纷解决缓慢，当事人及法院诉讼成本支出过高，无法满足民众及时、迅速、节约的司法需求；（2）注重纠纷的解决，忽略纠纷的预防，致使诸多事件在纠纷发生之后才以诉的方式请求国家公权力的介入；（3）过分限制法官的裁量权，忽视其在纠纷解决中的主动

---

① 参见郝振江：《论非讼程序的功能》，载《中外法学》，2011（4）。

② 德国民事诉讼法制定时，形成之诉尚没有作为独立的概念产生，形成权能也尚未为立法所重视，仍然为确认权能所包含。

性；等等。尤其在诉讼是解决民事纠纷的唯一正统性途径这一观念为民众普遍接受后，所有民事纠纷会同时涌向法院，近代民事诉讼程序的缺陷也暴露无遗。考虑到程序的多样性，立法者当初在民事程序中设立了证书诉讼与票据诉讼①、督促程序、婚姻事件与禁治产事件②等特别程序，但这些都属于民事诉讼程序自身内的调整，基本原则和制度并没有太大的变化。以职权主义为基本原则的非讼程序在一定程度上满足了民众迅速解决社会纠纷的需要，尤其是当社会危急性纠纷出现时，它的优势愈加明显。

其次是民事实体权利的内在要求。民事实体法与民事诉讼法是相互依存的关系，民事诉讼法设定程序时必须整体上考虑民事实体法的特点及内在要求。民事实体法的以下内容决定了民事诉讼并不是完全妥当的实现民事权利的方式：

（1）民法的一般性条款。德国民法典出自奉行自由主义的法律家阶层之手，贯穿了自由主义思想。该思想体现为合同自由、土地所有自由、营业自由、继承法中的遗言自由等。进入现代社会后，基于维护公共利益的需要，这种完全自由受到限制。民法典固有的诚实信用原则、善良风俗等一般性条款发挥作用，司法者开始从这些一般性条款上寻找平衡的途径。由于一般性条款很难通过对抗方式获得一致性法律适用，法院在很多情况下不得不运用非讼程序作出裁断。德国二战期间的增值评价法即为典型例。二战期间，德国金融改革导致纸币急剧贬值，由此直接影响到以抵押权为基础的消费借贷债务。为此，德国颁布了增值评价法，规定关系人可以请求进行增值评价，以此来平衡各方的利益。

（2）民法典中诸多须借助法院职权才能实现的形成权。形成权指由一个特定的人享有的、通过其单方行为性质的形成宣告来实施的，目的在于建立一种法律关系、确定一个法律关系的内容、变更一个法律关系或者终止一个法律关系而导致权利关系发生变动的权利。③ 但形成权行使通常有两种方式：1）以当事人单

---

① 证书及票据诉讼是以纠纷迅速解决为目的，当事人对所主张的事实也不需要尽严格证明责任，并且只需疏明即可；诉讼中亦以口头辩论为原则，证据只能采用书证及当事人询问，不允许运用其他证据形式。

② 婚姻事件与禁治产事件程序是1877年德国民事诉讼法所采用的标题。1896年《德国民法典》制定后，该编标题调整为"婚姻事件、确定亲子间的法律关系与禁治产事件"，分为婚姻事件的争讼程序、确定亲子间法律关系的争讼程序以及禁治产事件的争讼程序。关于婚姻争讼案件主要包括离婚之诉、婚姻无效之诉、婚姻不成立之诉、同居之诉，还有别居之诉。1997年该编标题修改为家事事件程序。该编在内容上包括人事诉讼事件和家事诉讼事件（关于德国民事诉讼法该编的沿革，参见《德意志联邦共和国民事诉讼法》，谢怀栻译，151页注①，北京，中国法制出版社，2001）。2008年《德国家事事件与非讼事件程序法》将之纳入调整范围。

③ 参见 ［德］卡尔·拉伦茨、曼弗瑞德·沃尔夫：《德国民法中的形成权》，孙宪忠译，载《环球法律评论》，2006（4）。

方行为的方式；2）借助法院形成裁判的方式。作出形成裁判的程序既包括争讼程序也包括非讼程序，不过主要是非讼程序。原因在于形成要件的规定相对弹性化，需要法官运用自由裁量权予以裁断，而非讼程序内注重法官职权主义的特点更能满足这种需求。

（3）民事实体权利实现方式的区别。民事权利各类救济途径中，民事诉讼一般被认为是最有效的但并非最合理的方式。它是通过让双方以对抗方式参与到程序中去解决争议的，为了在对抗中获得有利于自己的结果，双方都需要举证证明自己的主张。对于某些继续性法律关系或者家事关系的当事人而言，这种方式不仅无助于问题的解决，反而会造成第二次伤害。以家庭暴力事件为例，受害方在力图维持婚姻关系的前提下向法院提出救济，如果一律采用对抗式诉讼方式裁判，将可能会严重损害婚姻关系。相较而言，采用非对抗性结构、非公开原则的非讼程序，更有利于在不伤害彼此感情的环境下平和地解决争议。

上述因素只是非讼程序功能在大陆法系扩展的一般性原因，具体到国家，还存在一些不容忽视的特殊原因。在德国，主要是律师强制代理制度的存在。由于德国法规定在地方及以上法院进行民事诉讼时实行律师强制代理制度，当事人自己不能进行诉讼，这就难免造成当事人无端增加不必要的诉讼成本。采用非讼程序后当事人就可以自己进行诉讼，避免实行律师强制代理制度，节省额外的诉讼成本负担。

在日本却是为了解决法律移植中的水土不服问题。日本移植德国民事诉讼法时正是日本急速近代化时期。社会转型中的矛盾与民事诉讼法水土不服所产生的矛盾混合在一起，使该法典在日本引入之初就受到强烈的批判。民事诉讼法实施后的第四年虽已开始着手修订，但没来得及修订之前就爆发了激烈的社会问题。日本不得不考虑以"和"作为解决社会纠纷的目的，引入调停制度。调停的理念是人情、恩惠，它不允许主张可能对共同体秩序产生破坏的权利，由此使社会矛盾以相对缓和的方式得到了解决。

日本学者佐上善和这样来解释调停制度在日本的引入："民事诉讼自身并不能作为充分解决这些纠纷的手段，除了强化调停制度之外别无他法。为什么这样说，各种调停法各自承担着固有的政治目的，依照这个路径解决纠纷是民事诉讼法从来不敢期待的事情。即使可以这样，但由于程序需要很长时间所以也被认为是不合适的。既然民事诉讼不能满足这些要求，那么自然要强化在纠纷上有一定效果的调停制度，并加强它的妥当性。"①

---

① ［日］佐上善和「我國における真正訴訟事件の展開（1）」龍穀法學 6 巻 2 号（1976 年）。

综上所述，非讼程序的基本功能表现为监护、确认、许可及证明等，旨在通过司法权对民事权利或者法律关系形成阶段的介入来预防纠纷；扩展功能是运用职权主义和非对抗方式来解决纠纷。非讼程序功能扩展的一般原因在于弥补民事争讼程序的不足以及实体法的要求，但在各国及地区具体法制环境下仍存在着各自的特殊理由。

4. 民事非讼程序的目的

另有学者分别从制度设计的目的和非讼程序关系人的具体目的分析非讼程序的目的。① 就制度设计的目的来说，争讼程序的目的在于保护及确定，非讼程序的目的在于预防、形成和实现。具体来说：

（1）预防纠纷和疏减讼源。非讼程序通过法院行使审判权处理民事非讼事件，确定法律事实，恢复可能或者即将失衡的权利义务结构体系，从而预防纠纷，确保交易安全。比如，法人登记事件、夫妻财产制契约登记事件、法人监督维护事件、证书保存事件等，均具有预防纠纷功能。简言之，非讼程序是预防纠纷与形成私权的调节器。②

（2）形成权利。民事非讼程序产生的主要原因是国家以私法秩序监督者的身份或者是维护公共利益的身份，适用民事非讼程序，通过确定的事实使当事人之间形成新的私法秩序，即创设、变更、终止一定的私权关系。

（3）解决纠纷和实现权利。传统观念认为，非讼程序无解决纷争之功能，但有预防纷争之功能。但随着诉讼非讼化的发展，非讼程序也具有了解决纠纷的功能。例如法院处理指定夫妻住所事件、裁判离婚酌定、改定或变更监护人事件、许可终止收养事件等，亦有解决纠纷的功能。③ 非讼裁判也因有执行力而可以使得关系人的权利获得较为便利地实现。

对非讼程序关系人来说，民事非讼程序还有如下具体目的：1）要件事实形成。民事主体的权利义务内容发生了变更，需要司法的力量对变更的状态加以确认，以产生相应的法律后果，如确认无民事行为能力事件。2）简速裁判的达成。当事人对于双方之间的权利义务的内容没有争议，但对于作为权利义务内容基础的事实存在争议，需要法院对此事实加以确认，比如确定股票价格事件。3）执行名义的获取。当事人向法院申请通过非讼程序发给执行名义，比如支付命令、确认调解协议裁定等。

---

① 参见张自合：《非讼程序研究》，65-67页，中国人民大学博士学位论文，2011。
② 参见杨荣馨主编：《民事诉讼原理》，652页，北京，法律出版社，2003。
③ 不过，非讼程序往往是阶段性解决而非最终解决纠纷，非讼裁判往往没有既判力，并不能阻止案件关系人另行起诉。

（三）我国民事非讼程序的立法论

由于非讼程序具有前述基本功能与扩展功能，往往是争讼程序无可替代的，所以大陆法系比较重视非讼程序的研究和立法，德国、奥地利、日本均制定了单独的非讼事件程序法典，法国虽无单独的法典，但也在民事诉讼法典中专门规定了非讼事件审理的一般规则（第一编第一章第二节）。①

如今，我国逐渐重视民事非讼程序的研究工作和立法事宜，在专门的立法论方面取得一些有价值的成果。② 同时，诸多学者对现行非讼程序作出了研究。③

关于我国民事非讼程序法的立法体例，主要有两种思路：一种是单独制定非讼程序法典；另一种则采用现行体例，但章名应改为"非讼程序"。④ 教育部社科研究基地重大项目"我国民事非讼程序法理与立法研究"（15JJD820010）⑤ 主张采取第一种思路。根据所处理的案件属性之不同，我国将来民事诉讼立法体系应当包含三大基本程序：（1）"民事诉讼法"规范"争讼（审判）程序"；（2）"民事非讼法"规范"非讼（审判）程序"；（3）"民事执行法"规范"强制执行程序"。

若制定"民事非讼程序法"，则应当规定总则（一般规则）和分则（具体程序）。换言之，应以列举式规定为主，辅之以概括式规定，目的是既为准确适用非讼程序提供明确的依据，同时又为进一步扩大非讼程序的适用范围留下发展空

---

① 大陆法系国家和地区非讼程序法典均以 1898 年《德国非讼事件程序法》为蓝本发展而来。该法典制定之前，有关非讼事件的审理程序以民商事实体法的组成部分或者其他单行法典（比如 1875 年《普鲁士监护法》）的形式散布于各个法典中。法典化运动中，基于民法典的体系性考虑，立法者发现以权利或事实形成或确证为主体的非讼事件的审理程序很难规定于民法典。与物权法实施相伴的不动产登记程序就是其中典型一例。于是，决定将这些事件的审理程序集合于一部法典中，由此形成了 1898 年《德国非讼事件程序法》。日本亦采用了相同的立法模式。参见郝振江：《论非讼程序的功能》，载《中外法学》，2011（4）。

② 比如，蔡虹：《非讼程序的理论思考与立法完善》，载《华中科技大学学报（社会科学版）》，2004（3）；廖中洪：《制定单行〈民事非讼程序法〉的建议与思考》，载《现代法学》，2007（3）；汤维建、王鸿燕：《我国非讼程序的立法问题及解决建议》，载《广东行政学院学报》，2008（1）；陈桂明、赵蕾：《中国特别程序论纲》，载《法学家》，2010（6）；章武生：《非讼程序的反思与重构》，载《中国法学》，2011（3）；郝振江：《论非讼程序在我国的重构》，载《法学家》，2011（4）；等等。

③ 比如，潘剑锋：《论司法确认》，载《中国法学》，2011（3）；占善刚：《人民调解协议司法确认之定性分析》，载《法律科学》，2012（3）；郝振江：《论人民调解协议司法确认裁判的效力》，载《法律科学》，2013（2）；刘加良：《司法确认程序的显著优势与未来前景》，载《东方法学》，2018（5）；程啸：《论抵押权的实现程序》，载《中外法学》，2012（6）；张自合：《论担保物权实现的程序》，载《法学家》，2013（1）；任重：《担保物权实现的程序标的：实践、识别与制度化》，载《法学研究》，2016（2）；章武生：《督促程序的改革与完善》，载《法学研究》，2002（2）；周翠：《再论督促程序电子化改革的重点》，载《当代法学》，2016（6）；李建伟：《公司非讼程序之适用研究——公司纠纷解决的民事行政路径分析》，载《中国法学》，2010（5）；陈爱武：《论家事案件的类型化及其程序法理》，载《法律适用》，2017（19）；等等。

④ 参见郝振江：《论非讼程序在我国的重构》，载《法学家》，2011（4）。

⑤ 课题组主持人邵明，成员郝振江、任重、张自合、赵蕾、薛峰等。

间，毕竟哪些案件应作为非讼事件处理，在相当程度上取决于民商法内容的不断丰富和更新。

我国"民事非讼程序法"总则应当包括一般规定、通常审理程序、非讼执行程序和非讼涉外程序等。"一般规定"包括本法适用范围、基本原则，审判组织、回避、管辖，诉讼参加人，期间、送达，保全，强制措施，诉讼费用、费用救助等事项。

我国"民事非讼程序法"分则包括如下三类程序：（1）狭义的民事非讼事件程序，主要有认定自然人无或限制民事行为能力、宣告公民失踪或死亡、失踪人财产管理、认定财产无主、担保物拍卖、申请支付令等事件程序。至于调解协议司法确认案件宜放在"调解法"中。（2）商事非讼事件程序，主要有公司股东账簿查阅、股东会和股东大会会议司法召集事件、核定收购股权价格、公司清算、公司解散、公示催告等事件程序。（3）家事非讼事件程序，主要有监护、探望子女、指定遗产管理人、遗产分割、家事人身安全保护令等事件程序。其中与未成年人有关的家事非讼事件，根据儿童最大利益原则，设置有关未成年人特别非讼程序。[①]

二、民事非讼程序的基本原理论

（一）民事非讼程序的基本构造与基本原理

1. 民事非讼程序的基本构造

民事非讼程序由多个不同非讼程序组成，各非讼事件采用一审终审制。民事非讼程序中，基本的诉讼关系是"一面关系"，即"法官与申请人"之间存在的诉讼关系。

民事非讼程序的基本构造被喻为"线型"［参见第四章二（二）3（2）］：法官是中立的裁判者；只有一方当事人（通常称为申请人），不存在当事人之间的平等对抗。由于只有一方当事人，无法展开言词辩论，所以审理民事非讼事件不以言词辩论为必须或必要。[②]

外国民事诉讼中，"判决"主要适用于争讼案件和争讼程序，所以争讼程序又称"判决程序"（包括初审程序、上诉审程序和再审程序）；但是，非讼事件和非讼程序以裁定为之，所以非讼程序又称"裁定程序"。比较而言，争讼程序或

[①] 参见周文：《我国涉未成年人家事事件程序研究》，中国人民大学博士学位论文，2017；何燕：《家事诉讼中未成年人利益最大化原则研究》，南京师范大学博士学位论文，2016；罗清：《我国治疗性家事司法制度的构建》，载《法商研究》，2023（2）。

[②] 参见邵明：《民事诉讼法学》，2版，12页，北京，中国人民大学出版社，2016。

判决程序偏向于"慎重",而裁定程序侧重于"快捷"。

争讼程序或判决程序中包含了严格证明程序,以双方当事人的质证和辩论为必要程序阶段。与此不同的是,裁定程序处理的事项通常采用自由证明,不以"对审"为原则(但也不排除适用),不必遵循证据交换规则,也无须遵行双方当事人言词质证和辩论程序。[①]

2. 民事非讼程序的基本原理

民事非讼程序首先应当遵行程序参与原则、比例原则、诉讼安定原则和诚实信用原则等民事诉讼通行原则。同时,"程序分化、功能分治"在民事法领域,体现在"程序法理二元分离适用论",即争讼案件应当适用争讼程序的原理(争讼法理),非讼事件则应适用非讼程序的原理(非讼法理)。

《民事诉讼法》第十五章第一节规定特别程序的共同规则,基本上符合非讼事件和非讼程序的非讼性,但是对非讼程序基本原理并未作出全面合理规定。处理非讼事件应当适用相应的非讼程序及其基本原理。非讼程序的具体构造应当遵行非讼事件的非讼性。普遍认为,民事非讼程序的基本原理或者基本原则,不包括对审原则,主要包括职权主义、书面审理主义、不公开审理主义、适用自由证明等,统称为非讼法理。

(1)非讼程序对私益案件和公益案件分别适用当事人主义和职权主义。由于有些非讼事件包含公益因素(比如有关未成年人家事非讼事件等),并且处理非讼事件要求快捷和经济,所以非讼程序在原则上采取职权主义。

但是,也不排除必要时要求或鼓励申请人收集证据和提供事实,特别是有关私益的非讼事件(法院确认调解协议案件、法院实现担保物权案件、督促案件、公示催告案件等),申请人应当主张事实和提供证据。

(2)非讼程序不以言词审理为原则而适用书面审理。非讼事件和非讼程序中,由于不存在争议,无对立的双方当事人而只有申请人一方,所以对审原则没有适用的可能性和必要性,不可能也无须法庭言词辩论,法官通常是对事实证据进行书面审查。既然以书面审理为主,就无须审理法官与裁判法官的一体化,即不以直接审判为原则。

当然,在非讼程序中,并不排除直接言词审理。为查明案情,法官也可以口头询问申请人或证人,申请人或证人也应口头陈述或口头作证。在非讼程序中,审理法官与裁判法官的一体化,也有利于及时裁判。

(3)非讼程序不以公开审理为原则而适用不公开审理。一般来说,公开审理

---

① 参见邵明:《论民事诉讼证据裁判原则》,载《清华法学》,2009(1)。

与言词审理紧密相关，而不公开审理与书面审理密切相联。由于非讼程序无须法庭言词辩论而多采用书面审理，所以对非讼事件原则上无须公开审理。

事实上，非讼程序无须利用公开审理就能够正确认定案件事实。当然，在审理非讼事件时，若适用公开审理更有助于查明事实、正确裁判，则由法官自由裁量是否公开审理；申请人认为公开审理有助于制约法官滥用职权的，也有权请求法院公开审理。

（4）非讼事件不适用严格证明而采取自由证明。非讼事件中不存在争议，多数情况下案情比较简单，强调及时、经济地处理案件，所以非讼程序多是简易快捷的程序。比较而言，非讼程序更强调"简捷"，即更强调诉讼经济方面的程序保障，而争讼程序更强调"慎重"，即更强调诉讼公正方面的程序保障。

非讼程序的证明程序不同于争讼程序，不存在双方当事人质证或辩论程序，法官通常进行书面审查或者采用比较独特的证明方式。比如：宣告公民死亡以公告方式确定公民是否死亡的事实；督促程序以支付令异议方式进一步确定债权债务关系是否明确、合法；公示催告程序以公告和申报权利方式确定申请人对票据是否拥有权利。

非讼程序采取书面审理主义和不公开审理主义，适应非讼程序的简捷性或经济性，有助于实现非讼程序的效率价值。与此相一致的是，对于非讼事件事实采取证明程序比较简捷的自由证明和证明标准比较低的疏明或者说明。①

非讼事件的非讼性和简单性决定了只需适用简易快捷的非讼程序，就能实现正确裁判。虽然法律不允许对非讼裁判提起上诉和再审（符合非讼程序的简捷性或经济性要求），但是规定了其他的救济途径。

在非讼程序进行中，若发现本案属于民事争讼案件，则应裁定终结非讼程序，按照争讼程序来解决；若出现对民事权益等实质事项的争议，也应适用争讼程序来解决，以满足纠纷解决的适当性要求。

（二）民事争讼与非讼程序法理适用论

1. 民事争讼程序法理与民事非讼程序法理的分离适用

传统民事诉讼理论和制度采行"程序法理二元分离适用论"，即争讼案件应当适用争讼程序原理（争讼法理），非讼事件则应适用非讼程序原理（非讼法理）。一般认为，争讼程序与非讼程序在审理原则上存在以下差异（争讼法理与非讼法理之差异）：

---

① 参见邵明：《正当程序中的实现真实——民事诉讼证明法理之现代阐释》，57-65 页，北京，法律出版社，2009。

（1）争讼程序为对审构造，采行双方审理原则（对审原则），而非讼程序只有一方当事人，无须采行双方审理原则。

（2）解决民事私益纠纷的争讼程序采行处分主义、辩论主义，而非讼程序采行职权干预主义、职权探知主义。

（3）争讼程序采行直接言词审判原则、公开审判原则，而非讼程序不进行言词辩论，以书面审理主义为主，不以直接言词审判、公开审判为原则。

（4）对争讼案件的实体事实采用严格证明，保障双方当事人的质证权和辩论权，而对非讼事件的实体事实采用自由证明，无须双方当事人之间的质证和辩论。

（5）由于非讼事件程序的非讼性和简捷性，非讼裁判一般没有既判力，法律不允许对非讼裁判提起上诉和再审。

非讼程序中，若出现民事权益责任争议，则应适用争讼程序，以满足纠纷解决的适当性和正当性要求。

2. 民事争讼程序法理与民事非讼程序法理的交错适用

在传统民事诉讼理论和制度中，争讼法理与非讼法理截然分离、互无联系。如今，在民事审判程序中，争讼法理与非讼法理界限愈加模糊，大体表现为：（1）非讼事件诉讼化，即运用争讼法理处理非讼事件，赋予非讼事件当事人以慎重方面的程序保障；（2）诉讼案件非讼化，即为迅捷、经济地解决民事纠纷，在争讼程序中引进非讼法理。①

有学者认为，民事争讼程序法理与民事非讼程序法理的交错适用这种说法是有问题的。对此，具体分析如下②：

（1）传统意义上的"非讼法理"，如职权干预主义和职权探知主义，在争讼程序中也有适用性，用来解决民事公益案件或者其他公益事项，比如婚姻纠纷案件、亲权纠纷案件等人事争讼案件，以及公害纠纷案件、消费权纠纷案件等现代民事公益案件。③

（2）争讼程序虽采行直接言词审判原则和公开审判原则，但是也有一些法定

---

① 参见［日］三ヶ月章「訴訟事件の非訟化とその限界」鈴木忠＝三ヶ月章ほか編『実務民事訴訟講座（7）』（評論社，1969 年）；邱联恭：《诉讼法理与非讼法理之交错适用》，载民事诉讼法研究基金会编：《民事诉讼法之研讨》（二），台北，三民书局有限公司，1987；江伟主编：《民事诉讼法学原理》，730 - 738 页，北京，中国人民大学出版社，1999；杨荣馨主编：《民事诉讼原理》，656 - 662 页，北京，法律出版社，2003；等等。

② 参见邵明：《民事诉讼法学》，2 版，303 - 304 页，北京，中国人民大学出版社，2016。

③ 参见邵明：《民事诉讼法学》，2 版，234 - 238 页，北京，中国人民大学出版社，2016；邵明编：《民事诉讼法一本通》，2 版，669 - 683 页，北京，法律出版社，2018。

的适用例外。传统民事诉讼理论将职权主义、书面审理主义和不公开审理主义称为"非讼法理",但是,这些主义或者原则在争讼程序中也有适用性,还将其称为"非讼法理",在现代诉讼中已是不准确的了。

(3) 非讼程序虽以职权主义、书面审理主义和不公开审理主义为主,但是,有关私益的非讼事件应当要求申请人提供事实和收集证据,必要时也可采用直接言词审判和公开审判。与非讼程序不同的是,争讼程序中,违反对审、处分、公开审判等原则属于严重程序违法,通常作为上诉或再审的法定理由。

(4) 非讼程序中,若出现民事权益责任争议或者发现本案属于民事争讼案件,则应裁定终结非讼程序,适用争讼程序,以满足纠纷解决的适当性要求,并给予双方当事人充分的程序保障。比如,公示催告程序中,利害关系人申报合法的,意味着申请人与申报人对该票据可能存在争议,应当裁定终结公示催告程序,适用争讼程序。

(5) 在我国,争讼案件采用两审终审制,确定争讼判决具有既判力,而非讼事件采用一审终审制,并且生效非讼判决多无既判力(生效的支付令和除权判决除外)。

"争讼法理与非讼法理交错适用"的主张和做法主要存在于将包含公益的争讼案件纳入非讼程序法而适用法院职权干预主义和职权探知主义,由于存在实体争议(有关民事实体权利义务的争议),所以适用对审主义和争讼程序(包含初审程序、上诉审程序和再审程序),使当事人获得正当程序保障和满足民事纠纷妥当性解决的要求。

应当根据案件是否存在民事实体权利义务等争议,划分争讼案件与非讼事件。民事争讼程序与民事非讼程序因解决或处理的案件不同而具有不同的程序构造和适用相应的基本法理,不能因为所谓"争讼法理与非讼法理的交错适用"而模糊或忽略民事争讼程序与民事非讼程序之间的基本差异。比如,审判民事争讼案件必须适用争讼程序,遵循对审原则和言词辩论程序等。

不管是民事争讼案件还是民事非讼事件,仅包含私益的适用当事人处分主义和辩论主义,包含公益的适用法院职权干预主义和职权探知主义。传统民事诉讼理论将法院职权干预主义和职权探知主义称为"非讼法理"在现代民事诉讼中是不准确的。

(三) 民事非讼程序保障原理论

民事非讼(审判)程序中强化程序保障是现代民事法领域的一个重要课题,比如确立现代程序参与原则或者保障当事人诉讼参与权。当然,民事非讼程序应存在着不同于争讼程序的程序保障,主要理由是:(1) 非讼事件没有争议决定了它的保障目的不同于争讼程序，后者是以保障对抗制框架下当事人主体地位为目的的制度设计；（2）非讼程序在注重程序保障的同时必须维持程序的简易、迅速及经济，后者是非讼程序价值的基础定位。

审理非讼事件时，合理的程序保障能够对审判权形成有效制约、有利于发现事件真实并增强公众对审判的认同。但这种程序保障应当与非讼程序的简易、迅速及经济等特点实现良好平衡，因此通常仅限于最低限度程序保障。程序保障的对象包括申请人和其他各类关系人，内容则包括陈述权、获悉通知权、笔录阅览权、申请调查证据权、法院的斟酌义务等，关系人的协助义务性质上也可以视为程序保障的一个方面。①

1. 非讼事件审判的程序保障及其动态发展

在民事诉讼中，关于程序保障的依据有两种观点：（1）传统程序保障论。该论认为程序保障旨在保障当事人在审判中有充分进行主张和举证的机会，同时法院也应当认真听取双方当事人的意见，并根据事件事实作出判断。（2）审判正统论。该论认为程序保障是保障双方当事人作为对等主体平等参与争讼程序，并在程序中能够提出有利于自己的证据；它要求当事人与法官共同支配程序的进行。② 以上观点均是以对立的诉讼构造为前提，旨在使诉讼双方当事人能够形成平等的对抗。

作为非讼事件审理程序的非讼程序遵循的却是非对抗主义，不以双方当事人对立构造为前提。它体现的是国家对私法领域的一种监护，贯彻职权运行主义和职权探知主义，法院可以基于维护社会公益的目的启动调查程序；可以基于探求真实目的，探清事件审理的一切资料。所以，为了程序的简易、迅速及经济，大陆法系国家及地区在非讼程序形成之初并无程序保障的考量。这种历史状况与我国对非讼程序的认识是相吻合的，至今理论研究对此较少触及，特别程序"一般规定"也没有涉及该内容，这导致理论界逐渐形成了非讼事件审理时无须程序保障的错误认识。

20世纪50年代之后，大陆法系确立了非讼事件审理时当事人程序保障理念和制度。其主要原因如下：

（1）非讼程序功能的扩大。非讼程序不仅审理没有争议的一般非讼事件，而且审理部分争讼案件③，这对部分争讼案件摆脱对抗制争讼程序下产生的纠纷解

_____

① 下文主要内容，参见郝振江：《论非讼事件审判的程序保障》，载《法学评论》，2014（1）。
② 参见刘荣军：《程序保障的理论视角》，343-344页，北京，法律出版社，1999。
③ 这种现象被称为"诉讼事件非讼化"，是大陆法系国家及地区非讼程序审理对象的扩大。参见郝振江：《德日非讼程序审理对象介评》，载《国家检察官学院学报》，2012（5）。

决成本过高、迟缓及过分重视形式主义等弊端发挥了重要作用。但是，古典非讼程序过于强调法院在程序中的主体地位，把当事人置于客体地位，很可能会产生秘密审判的危险，使这些国家和地区不得不加强当事人的主体地位。

（2）人权保障观念的确立。大陆法系国家和地区吸收两次世界大战的教训，纷纷在宪法和基本法中确立了人权保障的理念。如，《德国联邦宪法》第 103 条第 1 款规定，任何人都有在法院面前的审问请求权（VorGericht hat jedermannAnspruch auf rechtlichesGehör）。《日本宪法》第 32 条规定，任何人都不能被剥夺在法院接受裁判的权利。第 82 条第 1 款规定，裁判的对审与判决必须在公开的法庭上进行。这些理念最初虽不适用于非讼程序，但后来均逐渐渗透并在非讼程序中得到确立。2011 年日本非讼事件法修订也完全在立法上落实了程序保障的内容。[①]

我国理论界在研究非讼程序时忽略了如上所述的程序保障动态发展。但随着我国非讼事件的增加，特别程序调整范围进一步扩展，非讼事件审理的程序保障亦应引起足够的重视。强化非讼事件审判中的程序保障在我国目前情况下具有如下现实意义：

（1）有助于有效制约审判权。所有审判程序均以法官权力与当事人权利分担的结构形式存在。[②] 非讼事件为当事人没有处分权，或者虽有处分权但须国家行为认可才能实施的私法领域事件。以担保物权实现事件为例，担保物权性质上属于附条件的处分权，法院的作用在于代表国家审查这种条件是否成就。经审查，符合法律规定的，裁定拍卖、变卖担保财产；不符合法律规定的，裁定驳回申请（参见《民事诉讼法》第 208 条）。"审查"的性质决定了这类事件审理时法院势必居于主导地位，可以不受当事人提供裁判资料限制，运用包括职权调查在内的各种手段查清所附条件是否成就。由此，当事人权利会被过分挤压，也为法院滥

[①] 《德国联邦宪法》实施之初，通说认为非讼程序中当事人是否享有审问请求权属于法官的职权裁量事项。在民事诉讼程序中审问请求权则被认为是当事人的当然权利，法官有义务保障该权利实现。但随着时间的推移，德国宪法法院最终作出判例，认为宪法第 103 条第 1 款规定目的在于保护第 1 条第 1 款所确立的人的尊严。换言之，是防止给当事人作出包含着强权主义的处分。因而，无论在什么场合，裁判可能侵害当事人权益时，都应当给当事人提供参与程序、表明意见及陈述主张这些可能影响裁判的机会，即使不对当事人进行询问也能够就裁判基础事实形成心证。日本是在新制定的单个非讼事件法中逐步确立程序保障的，如日本家事审判法 1947 年制定时就规定证据调查依据民事诉讼法惯例、当事人的记录阅览权等。2008 年德国非讼程序法修订时，落实审问请求权就是这次法律修订的主要目标之一。关于德国非讼程序法的修改，参见郝振江：《德国非讼事件程序法的新发展》，载《河南省政法管理干部学院学报》，2011（2）。

[②] 参见唐力：《民事诉讼构造研究——以当事人主义与法院作用分担为中心》，39 页，北京，法律出版社，2006。

用权力提供空间与可能。那么，通过程序保障，一方面赋予当事人充分的程序权利，另一方面可以制约审判权之滥用。

（2）有利于发现事件真实。法官应当依据事实作出裁判，这种事实就是通过程序重塑转化而来的事实上的过去，也被称为程序上的过去。① 争讼程序中，这种事实是通过双方当事人平等对抗的方式展现出来的，所以程序保障的目的是竭力实现程序自身的中立性。但对于调解协议司法确认、担保物权实现这类事件而言，它们并不存在争议，自然无法运用这种对立的结构来查清事件事实。法官获知程序上过去的方式只能通过职权探知，法官职权探知过程中当事人及其他关系人的配合无疑具有重要作用。合理的程序保障不仅可以增加他们参与程序的积极性和主动性，协助法官查清事实真相，而且有利于降低程序成本。

（3）有助于增强公众认同裁判。在我国，非讼事件的裁判形式既包括判决，也包括裁定。尤其是裁定，并没有如判决那样具有严密的事实论证，很容易让人们怀疑其权威性。再者，非讼事件还多具有未来指向性特点②，涉及的实体法规范只提供一种指导性判定，缺乏明确规范，这就需要法官结合相关情况进行综合平衡后才能作出裁判。以选任监护人为例，人民法院选任监护人时往往遵循"有利原则"考虑监护人是否能够很好地保护被监护人的利益。关于何为"有利"，与其说它是一个事实判断，不如说它属于价值判断。因此，很难用是否真实这种事实判断标准去衡量它。判断裁判是否正当往往基于两个方面：1）裁判结果是否真实；2）自己心中的程序权利是否得到充分实现。既然诸多非讼事件的裁判真实无法实现，那么程序权利是否得到满足作为判断依据却是非常有效的。程序权利存在法律规定时，公众会依照法律规定进行判断；没有法律规定时，公众会依照自己对程序正义的认知思考裁判的正当性。程序保障能够更好地把公众所期待的程序权利用法律形式确立下来，由此来提高公众对裁判的认同。

当然，尽管从《民事诉讼法》第184条的文义来看非讼事件审理时似乎可以准用争讼程序保障内容，但是非讼事件的程序保障并不须达至争讼程序同等程度。主要理由如下：（1）非讼事件的程序保障只是在职权主义下，保障对人尊严的尊重及排除秘密审判，以促进裁判形成的合理化；（2）非讼事件性质决定了非讼程序必须是简易、迅速和经济的。在我国，非讼事件均为不含争议的事件，是国家对私法领域法律关系的创设、变更及消灭进行事前干预，所以裁判必须迅速作出，否则就会使干预的目的落空，并且过度的程序保障会损及非讼程序简易、

---

① 参见季卫东：《法治秩序的重构》，25页，北京，中国政法大学出版社，1999。
② 参见郝振江：《德日非讼程序审理对象介评》，载《国家检察官学院学报》，2012（5）。

迅速及经济的价值，甚至导致其丧失自身的优势和运用价值。

2. 程序保障的主体

程序保障的主体是指应将哪些主体作为程序保障的主体。在民事争讼程序中，这自然不会成为一个问题，程序保障的对象仅限于当事人。但在我国特别程序下，非讼事件的多样性、审理中主体的多元性及利益的复杂性决定了其程序保障主体亦相对复杂。比如，在宣告失踪、宣告死亡事件中，《民事诉讼法》采用了"利害关系人"的用语，但在担保物权实现事件中，采用了"当事人"的用语。

这种复杂性决定了特别程序下程序保障的主体不应仅限于申请人或者当事人，还可能会涉及相应的未参加程序的利害关系人。比如，《民事诉讼法》第207条规定："申请实现担保物权，由担保物权人以及其他有权请求实现担保物权的人依照民法典等法律，向担保财产所在地或者担保物权登记地基层人民法院提出"。但是，《民法典》第410条第1款又规定："债务人不履行到期债务或者发生当事人约定的实现抵押权的情形，抵押权人可以与抵押人协议以抵押财产折价或者以拍卖、变卖该抵押财产所得的价款优先受偿。协议损害其他债权人利益的，其他债权人可以请求人民法院撤销该协议。"这就意味着在审理担保物权实现事件时，它的程序保障主体既应包括作为申请人的担保物权人，还包括债务人和其他债权人。尤其是其他债权人，法院裁判之后应当告知这些主体，使他们能够判断担保物权实现裁判是否侵害了自己的权益。

非讼事件程序保障主体包括如下几类：

（1）申请人，即依照法律规定，有权就法律事实、权利形成及纠纷解决请求司法权介入的主体。非讼事件不同，其申请主体亦有所区别。比如，根据《民事诉讼法》，认定公民无民事行为能力事件中，申请人为利害关系人或者有关组织（第198条）；确认调解协议事件中，申请人则为双方当事人（第205条）。前者是基于法定权利，后者是基于双方当事人约定。申请人属于特别程序的基本主体，程序因其申请而启动，他们理应获得充分的程序保障。

（2）必要关系人，虽非申请人但法院必须通知其参加程序的主体，主要指程序直接影响到其权利的人，包括形式关系人和实质关系人。形式关系人是指为保护实体利益参加程序的所有主体。实质关系人指实体法地位为已决裁判或者待决裁判所影响或者可能受其影响的主体，比如担保物权实现事件中的债务人、认定无民事行为能力或限制民事行为能力事件中的本人等，裁判的结果均会直接影响他们的利益，所以即便他们不是当事人，也应当给予其相应的程序保障。在大陆法系其他国家和地区，必要关系人还包括虽非直接影响其权利，但是依照法律必须让其参加程序的人。例如，检察官为维护公益性，应当在开庭当日出庭陈述自己的意见。[①]

（3）任意关系人，是指为了审理事件的需要，法院可以通知其参加程序的人。不同于上述两类主体，这类主体是否参加特别程序主要取决于法院的裁量，法院裁量的依据是这类主体的参与是否有利于推动程序的进行。如确认调解协议事件中的调解委员会。调解协议是双方当事人在调解委员会的主持下所达成的调解协议，因而调解委员会对于调解协议的形成过程相对更加熟悉。法院在必要时，可以通知其参加程序，一方面以更好地审查调解协议的合法性和真实性，另一方面也使调解委员会更好地了解调解协议的动态，及时地总结调解经验。当然，任意关系人由于同事件没有直接利害关系，所以不受确认裁判的拘束。在司法确认的调解协议履行过程中，当事人再次共同申请调解的，调解委员会仍然可以调解，但基于"一事不再理"的效力[②]，当事人不能再申请司法确认。

上述只是非讼事件程序保障的大致对象，至于在各类事件中应当将哪些主体作为程序保障的对象，还需要结合具体事件状况进行甄别。为了叙述方便，下文采用"关系人"代指以上三类程序保障对象。

3. 程序保障的内容

程序保障的内容是指在非讼事件审理过程中包括申请人和其他关系人在内的程序主体应享有的权利或者法院应承担的义务。既然我国特别程序在提供程序保障的同时还必须维持程序本身简易、迅速及经济的特点，那么程序保障只能维持在最低限度水平。所谓最低限度程序保障，须呈现两个基本性：（1）它应当涵盖审判程序中当事人的基本权；（2）它还须是现代文明司法审判制度的基本、必要组成部分。这种最低限度程序保障即当事人及利害关系人的程序参与权。

为充分保障关系人的程序地位，有学者认为，"当事人陈述意见权利"不能简单地理解为让当事人进行陈述，应该是一个权利义务体系，它应当包含如下内容[③]：

（1）狭义陈述权。它不同于《民事诉讼法》第162条的"陈述"，是指对于足以影响裁判结果的重要事项（包括事实、证据或法律上的见解）必须使申请人和其他关系人有充分陈述自己意见的机会。例如，在担保物权实现事件中，法院不能仅仅审查申请人提出的材料，还应当给抵押人、出质人等相对方提供机会，

[①] 比如，《日本非讼事件法》第40条规定："检察官可以就非讼事件陈述意见，以及在程序的期日出庭；非讼事件系属后，法院必须通知检察官并告知程序期日。"

[②] 参见郝振江：《论人民调解协议司法确认裁判的效力》，载《法律科学》，2013（2）。

[③] 参见郝振江：《论非讼事件审判的程序保障》，载《法学评论》，2014（1）。

使他们能够对债务确实发生、债务数额是否有异议、担保物权是否生效、债务是否已经履行等表达自己的意见。如此可以防止突袭判决的发生，避免在相关主体不知情的情况下抵押财产被拍卖或者变卖。为保证申请人和其他关系人的充分陈述，法院在必要时可以进行释明。释明既可以针对事实也可以针对法律：前者主要限于要求申请人和其他关系人就不充分的事实作出补充；后者主要指法院与申请人和其他关系人就法律适用上存在不同评价，并且法院要以该法律观点作为自己裁判基础时，应当向这些主体指明该观点，以使他们能够及时作出解释和说明。如果申请人和其他关系人仍然不能全面陈述、反映自己的见解，法院可以考虑采用询问的方式直接听取他们的陈述。除非询问可能对关系人的健康造成重大损害，或者关系人明显不能明确自己意思。例如，关于认定公民无民事行为能力或者限制民事行为能力的事件，《民事诉讼法》第 200 条第 1 款明确规定，"该公民健康情况许可的，还应当询问本人的意见"。

（2）获悉通知权。获悉通知权是指法院必须将事件审理状况及时告知申请人和其他关系人。由于非讼事件审理多数采用审查制，所以使法院承担这一义务就是保障关系人知悉事件情况的重要途径。获悉通知不同于释明，释明侧重于向关系人的解释和说明，获悉通知则是事件审理状况的告知。广义陈述权包含这项内容缘于非讼程序不采用辩论原则，其他关系人是无法充分了解申请方的主张及证据资料的，唯有借助法院的告知才能知晓这些内容。仍以担保物权实现事件为例，法院受理抵押权实现申请后，就应当告知包括抵押人在内的必要关系人。告知的内容包括申请方主张的内容、提供的书证，法院依职权调查的证据及第三方提供的有关事件信息。原则上来说，没有向关系人告知的资料不能作为裁判的基础。考虑到非讼程序的特殊性，法院的告知义务应该延伸到可能受裁判影响或者有利害关系的所有主体。当然，在告知义务与个人隐私保护发生冲突时，法院可以仅就重要的事项告知相关主体。例如，在申请认定无民事行为能力或者限制民事行为能力事件中，为避免对本人产生刺激就可以筛选性地告知相关事项。

（3）笔录阅览权。笔录阅览权与特别程序的"审查"存在着密切联系。非讼程序的非对立性决定了"审查"某种意义上就是运用书面形式进行审理，法院侧重于对申请人提交的各类书面材料进行审理。书面审理时关于审理的经过只能通过笔录反映出来，这就要求法院必须制作笔录，相应地，是否能够阅览审理笔录就成为关系人了解事件情况的重要途径。《民事诉讼法》第 150 条第 2 款规定，"法庭笔录应当当庭宣读，也可以告知当事人和其他诉讼参与人当庭或者在五日内阅读"。这一规定笔录阅览权的条款也应当准用于特别程序，并且考虑到特别程序书面审理的性质，其中的"阅读"应当作广义理解，即允许申请人和其他关系人阅览、摘抄或复制审理记录。这种权利在可能对非讼事件申请人或第三人生活、名誉造成损害时，可以受到限制；但是由于依据不为关系人知悉的资料作出裁判有突袭裁判、秘密裁判之嫌，所以即便依据为保守申请人或第三人秘密不能查阅的证据资料，也应当以某种方式使相关关系人知悉。当然，这种情形下申请阅览笔录的关系人有必要释明非讼事件申请人或第三人的有保护价值的利益不会因此受到侵害。

（4）申请调查证据权。基于程序的非对抗性和非讼事件的公益性，特别程序中申请人原则上不应当承担证明责任，而由法院依职权进行证据调查或事实探知。为了使申请人和其他关系人也参与到程序性事实形成过程中来，赋予申请人和其他关系人申请调查证据权是必要的。申请人和其他关系人认为法院应当予以调查的事实没有调查时，可向法院提出申请，法院应当予以调查。当然，由法院依职权调查证据并不意味着申请人提出申请时不需要提供任何证据，它只是强调法院调查不受申请人申请或主张的限制。申请人作为程序的启动者，他仍然必须提供申请的理由、所依据的事实及证据。在法律明确规定必须提供相应证据时，他还必须提供这类证据。例如，申请宣告失踪或者宣告死亡事件中，依照《民事诉讼法》第190条的规定，申请人必须提供公安机关或者其他有关机关关于该公民下落不明的书面证明。

（5）法院的斟酌义务。斟酌义务是广义陈述权的应有之义，指法院裁判时必须斟酌、考虑申请人和其他关系人的陈述。由于实行职权主义，非讼程序中法院不受申请人和其他关系人陈述的限制，可以依照事件审理需要探明事件真实，这就可能将关系人的陈述与主张置于无效用的地位，一方面会削弱他们参与程序的积极性，另一方面也影响到陈述权的实现。斟酌义务的存在就可使法院裁判时充分考虑到这些主体的陈述。关于法院是否履行了斟酌义务，可以从以下方面进行判断：1）法院在裁判理由中作为裁判基础的事实是否提及了申请人和其他关系人所陈述的事实及提供的证据；2）法院基于关系人运用书面形式提供的本案陈述进行审理时，是否运用了足够的时间。斟酌义务与法院的职权主义并不矛盾，它只是要求法院必须对关系人的主张及提供的主要证据给予充分的思考、参考，并给予认真、慎重的答复。

4.程序保障与协助义务

协助义务是指在职权主义下，申请人和其他关系人应当向法院提供裁判所必要的证据资料。这种义务在我国民事诉讼法中虽然没有直接规范的存在，但是诚实信用原则要求程序主体应当促进诉讼和查明事实，其中包括申请人和其他关系人的协助义务。此种协助义务的内容通常包括：（1）在法院证据调查和查明事实时，申请人和其他关系人应当作出必要的协助；（2）申请人和其他关系人应当完全且真实地陈述事实。

上述内容并不具有完全的强制性，但在某些情况下可以具有一定的强制力。比如，法院命令必要关系人到场接受询问，必要关系人拒绝到场的，可以准用《民事诉讼法》第112条拘传到庭；必要关系人伪造、毁灭重要证据的，法院可以依照《民事诉讼法》第114条根据情节轻重予以罚款或者拘留。

表面而言，程序保障是通过赋予有关主体相应权利来提升其在程序中的主体性，协助义务是关系人的义务承担，两者并无太大关联。但是，其实质是：

（1）程序保障与协助义务往往是同一事物的两个方面。程序保障的优劣直接影响申请人和其他关系人协助义务履行的效果。以狭义陈述权为例，它是向法院作出陈述的权利，协助义务是提供证据的义务。提供证据某种意义上也是陈述的一种方式，不同的是，前者是从权利角度所进行的描述，后者是从义务角度作出的强调。

（2）协助义务可以进一步充实程序保障的内容。协助义务与程序保障有着相同的出发点，根本目的都是保障事件公平、公正的审结，裁判所依据的事实真实、可靠。从这个意义上说，履行协助义务可以更好地保障申请人和其他关系人在特别程序中实现各种基本权利。尤其在调解协议司法确认、担保物权实现这类事件中，申请人和必要关系人的潜在纠纷是存在的，完全依靠法院的作用可能会使利益对抗公开化。通过协助义务的承担，可以在申请人和必要关系人之间形成事实上的辩论关系，从而促使法院更积极地保障他们的程序利益，以确立裁判的正当性。因此，协助义务可以被称为另一个角度的程序保障。

非讼程序虽不遵循双方审理主义但也须遵行程序参与原则。民事非讼程序中，无须平等保障双方当事人的质证权和辩论权，即非讼程序中不存在双方当事人的言词质证程序和言词辩论程序，法官虽然只是根据申请人提供的事实、证据作出裁判，但是在作出裁判之前应当保障申请人对作为裁判基础的事实、证据表达意见。法院审理非讼事件的过程中，若发现本案存在实体争议，则应裁定终结非讼程序，适用争讼程序，采行对审原则。①

三、民事非讼裁判的效力论和纠正论

民事非讼裁判和民事争讼判决的效力差异很大。不仅如此，因实体法目的

---

① 参见邵明：《论民事诉讼程序参与原则》，载《法学家》，2009（3）。

不同，不同类型非讼事件的裁判效力也有所差异。裁判变更程序虽很好地解决了非讼事件须因应情势变化不断调整裁判的需要，但同时它也影响到裁判效力的稳定性，所以对之应规定严格的适用条件及救济程序。非讼裁判一般不具有既判力，虽然不能适用再审程序，但是应当规定相应的救济程序或纠正途径。①

（一）民事非讼裁判的效力论

大陆法系国家与地区对诉讼裁判与非讼裁判并没有严格的区分，争讼程序采用的判决、裁定、决定等裁判形式亦被适用于非讼程序。我国亦是如此。不过，大陆法系诸多国家与地区在非讼程序中均采用了相对固定的裁判形式，例如，德国采用的是决定（Beschluss）形式，日本采用的也是决定形式。② 我国则相对混乱，即便是民事诉讼法典特别程序章内非讼事件所采用的裁判形式也不一致。如宣告失踪、宣告死亡等采用的是判决形式，《民事诉讼法》（2012 年）新增的确认调解协议和实现担保物权两类案件采用的却是裁定形式。为了便于分析，这里采用"非讼裁判"统一指代我国非讼事件的裁判形式，意指非讼事件审理终结时法院就其实体问题所作的权威性判定。

诉讼裁判与非讼裁判形式上的一致性很容易让人认为两者效力亦是一致的。受非讼程序法理研究薄弱、法典规定粗疏等因素影响，我国理论上至今也未就两者的效力进行区分，研究者在论及民事裁判时往往以诉讼裁判的特点概括所有裁判的特点。③ 但争讼程序与非讼程序性质和制度设置上存在着差异，比如争讼案件均存在着争议，非讼事件均无争议；争讼程序采用两当事人对立结构，而非讼程序不采用对立结构，裁判只是法院对当事人申请的一种许可或确认；等等。这些差异于裁判效力上亦必定有所体现。

非讼程序是各类非讼事件审理程序的聚合。不同非讼事件裁判形式亦未必相同，这意味着针对这类非讼事件的裁判效力要求也未必相同。例如，宣告失踪判决只是具有一种证明效果，完全不会产生执行力；但具有给付内容的调解协议确认裁定会产生执行力。④ 基于这种复杂性，这里主要从共通效力上进行探讨。

---

① 参见郝振江：《非讼裁判的效力与变更》，载《国家检察官学院学报》，2014（2）。
② 参见《德国家事事件与非讼事件程序法》第 38 条，《日本非讼事件法》第 54 条。
③ 例如，我国通说把裁判解释为"法律规定行使审判权的机构为解决法律上的纠纷所作出的有关实体问题和程序问题的具有公权性质的判断或表示"（江伟主编：《民事诉讼法学》，334 页，北京，高等教育出版社，2007）。这种解释显然并未包含以非争议事件为主要裁判对象的非讼裁判。
④ 关于调解协议司法确认裁判的效力，参见郝振江：《论人民调解协议司法确认裁判的效力》，载《法律科学》，2013（2）。

1. 形式确定力

形式确定力包括（当事人）不可抗争性和（法院）不可撤回性。① （当事人）不可抗争性是当事人用尽了上诉或提出异议等通常救济途径后，裁判所产生的确定效力，它意味着裁判在通常救济程序内失去了申请变更的可能性。因而，如果裁判允许当事人在一定期间内上诉或提出异议，那么该期间届满前裁判就不会产生形式确定力；期间届满当事人没有上诉或申请异议的，该裁判就会产生形式确定力。（法院）不可撤回性要求即便当事人没有申请变更，法院也不能依职权主动对裁判进行变更。虽然当事人用尽了通常救济方式，失去了申请变更的可能性，但如法院仍然能够依职权变更裁判，那么裁判也不具有形式确定力。关于再审，无论是法院因职权启动或者当事人申请启动，由于均不是通常救济方式，是否允许再审并不影响裁判形式确定力的发生。

大陆法系国家与地区通常运用"确定裁判"来表达裁判是否具有形式确定力。《德国家事事件与非讼事件程序法》第 45 条规定，决定在适法上诉或申请异议期间届满前，不属于确定裁判；决定的确定因规定期间内的上诉或异议申请而受到遮断。《日本非讼事件法》第 56 条第 4 款规定，终局决定在即时抗告期间届满前为不确定；第 5 款规定，终局决定的确定因即时抗告期间提出的抗告而被遮断。这些条款均规定了非讼裁判在提起上诉或申请异议期间届满后即发生形式确定力。

在我国，具有形式确定力的非讼裁判主要有三类：（1）驳回申请的裁判。关于确认调解协议案件、实现担保物权案件，申请被驳回后当事人仍然可以向法院起诉，该类裁判不具有形式确定力；但是宣告失踪、宣告死亡等其他几类案件的驳回裁判应具有形式确定力。（2）实现担保物权的给付裁定。该裁定一旦生效即发生强制执行效力，当事人唯有通过再审的方式才能获得程序上的救济。（3）调解协议确认裁判。为了体现对案外人程序利益的保护，法律对这类裁判设定了异议期间，异议期间经过后确认裁判即发生形式确定力。②

2. 非讼裁判没有既判力

其主要理由有：

（1）既判力与非讼程序的基本价值追求完全相悖。既判力以避免法院作出前后相矛盾的裁判来实现法律关系的稳定。非讼程序注重社会公益保护，是国家基

<hr>

① ［日］鈴木正裕「非訟事件の裁判の既判力」鈴木正裕＝三ヶ章ほか編『実務民事訴訟法（7）』（評論社，1969 年）。

② 比如，《关于人民调解协议司法确认程序的若干规定》（法释〔2011〕5 号）第 10 条规定："案外人认为经人民法院确认的调解协议侵害其合法权益的，可以自知道或者应当知道权益被侵害之日起一年内，向作出确认决定的人民法院申请撤销确认决定。"

于监护目的对私法领域的积极介入①，所以它追求的不是单纯的裁判稳定，而是国家能够根据情势变化适时调整自己的监护行为，以履行自己的监护职责。任何时候在发现裁判内容与事实不符时都可以变更裁判。

（2）既判力以双方当事人对立或者私法上权利或法律关系的争执为前提，但非讼裁判缺少这一前提②，它的审理对象是法律事实存在与否。由于双方当事人对立关系的存在，既判力就成为国家强制解决纠纷后赋予裁判的稳定效力。非讼裁判仅是一种确认、证明或许可，目的是预防纠纷的发生。关于调解协议司法确认，它虽然具有解决纠纷的特点，但它的效力基础或者说效力根据在于非讼裁判权的运用和当事人的合意③，所以仍然缺乏既判力的前提。

（3）现行非讼程序中不存在既判力产生的根据。关于既判力的根据，理论上有三种观点：1）民事诉讼为保障权利安定而设置的制度；2）民事诉讼制度自身的内在要求和程序保障的要求；3）程序保障下的自我责任承担。④ 这些观点虽然差异很大，但均重视程序保障对既判力产生的影响。从大陆法系国家及地区的经验来看，非讼程序并不能提供类似争讼程序的程序保障，它只是在维持程序快捷、迅速的前提下设定一些基本的程序保障。具体到我国的情况，也并没有为非讼程序设置独立的程序保障体系，只是依据《民事诉讼法》第184条规定准用争讼程序的程序保障。⑤ 这些程序保障只是最低限度的程序保障，它并不足以为当事人自我责任承担提供依据。所以，即便是实现抵押权裁定这类具有形式确定力的裁判也不存在既判力产生的根据。

否认非讼裁判的既判力并不意味着它不具有任何拘束力。那些具有形式确定力的非讼裁判应受一事不再理效力的拘束。其理由在于：1）就法院而言，已经审理的案件因别人再次主张而审理对关系人而言是不必要的负担，同时也侵犯了健全的司法利益。例如，在担保物权实现案件中，申请人的申请一旦被驳回，就应当产生拘束力，申请人及其他有权请求实现担保物权的人就不得再次基于完全相同的事实主张及证据提出担保物权实现申请。2）应当排斥法院干涉民众的私益。程序终结后民众存在着要求休息的私益，已经审理过的案件法院再次审理势必侵犯民众的这种私益。

---

① 参见郝振江：《论非讼程序在我国的重构》，载《法学家》，2011（4）。
② ［日］铃木忠一『非訟事件の裁判の既判力』（弘文堂，1961年）42頁参照。
③ 参见郝振江：《论人民调解协议司法确认裁判的效力》，载《法律科学》，2013（2）。
④ 参见［日］新堂幸司：《新民事诉讼法》，林剑锋译，474-475页，北京，法律出版社，2008。
⑤ 《民事诉讼法》第184条最后一句规定："本章没有规定的，适用本法和其他法律的有关规定。"

3. 形成力

形成力是形成裁判所发生的改变法律关系状况的效力。这种效力呈现出一种对世效力，不同于既判力是一种仅发生于当事人间的效力，它还波及任何不特定的第三方。进言之，对裁判所形成的法律上的状况，只要该状况存在，每个人均应尊重。这一效力主要体现于宣告失踪、宣告死亡、认定无民事行为能力、认定限制民事行为能力等赋予主体法律行为能力或某种权能的非讼裁判上。以认定公民无民事行为能力案件为例，经审理法院作出被申请人为无民事行为能力人的判决后，如有涉及该公民的诉讼，他的监护人就应当作为他的法定代理人代为诉讼；无民事行为能力人订立民事合同时，亦应当由法定代理人代理。除此之外，认定财产无主、部分调解协议确认等案件的裁判也具有形成力。部分调解协议确认裁定具有形成力的原因在于：运用人民调解解决的民事争议包含着诸多形成争议，形成争议中法律关系是否发生变化取决于形成要件或形成原因是否具备，如果当事人双方对形成要件或者原因先形成合意，然后再由法院对之进行审查确认，这并不违背形成权的实体法目的，也符合《人民调解法》的立法目的。①

4. 执行力

执行力是对于裁判记载的给付内容能够通过强制执行程序实现的效力。具有执行力的非讼裁判包括具有给付内容的调解协议确认裁定和实现担保物权裁定。这两类非讼事件采用裁定形式符合裁定在我国民事诉讼法典中个别情况下可用于处理实体问题的一般机理。不同的是，其他裁定处理的实体问题侧重于实体的暂定状态，如保全和先予执行；调解协议确认和实现担保物权两类裁定却具有终局处理实体问题的特点。因此，这两类裁定的加入实质上扩大了裁定在我国民事诉讼法中的功能。

不过，无论是调解协议确认裁定还是实现担保物权裁定，执行力都来自裁定本身，而非裁定确认的调解协议或者担保物权协议。调解协议或者担保物权协议并不会产生强制执行力，执行力来源于确认调解协议或拍卖、变卖财产的裁定。执行的内容是调解协议和担保物权协议中被上升为裁定的内容。比如，《民事诉讼法》第208条规定，"人民法院受理申请后，……裁定拍卖、变卖担保财产，当事人依据该裁定可以向人民法院申请执行"。它明确了执行根据为拍卖、变卖担保财产的裁定，而非担保物权协议。

（二）民事非讼裁判的纠正论

追求稳定是所有裁判的共性。非讼程序基于快捷、迅速、便利等价值考量，

---

① 参见郝振江：《论人民调解协议司法确认裁判的效力》，载《法律科学》，2013（2）。

较少采用再审这种相对烦琐方式保障关系人权利的实现，而是设置了裁判变更程序。非讼裁判变更程序是指非讼裁判生效后原审法院认为该裁判不当或裁判基础发生变化时，可依申请变更或撤销该裁判的一种程序。这种制度也是大陆法系国家及地区非讼程序中的基本制度。与再审这种适用严格的非通常救济途径相比较，裁判变更程序显得更为宽松。据此，可以使法院灵活地应对新情况，及时调整裁判行为，以保持程序的快捷、便利和经济。

1. 我国非讼裁判纠正的特点

适用特别程序作出的判决、裁定虽然不能适用上诉审程序和再审程序，但是《民事诉讼法》（第 193、197、201 条）和《新解释》（第 372 条）等规定了相应的救济程序或者纠正途径。与大陆法系国家及地区相比，我国非讼裁判现行变更程序具有如下特点：

（1）由原审人民法院变更。非讼裁判变更程序性质上并不是新程序，而是一种附随程序，是原审人民法院发现裁判不当或裁判基础变化时的一种自我调整程序。裁判不当是裁判生效后因法律变动、一般判例的变更、对同一事实关系在事后因新事实的出现作出了与判决时完全不同的评价所形成的。比如，认定财产无主案件中，判决之时并没有所有人或继承人，但判决后原财产所有人或继承人在法定期间内出现的，就属于原事实的重新评价。裁判基础变化指构成裁判基础的事实于裁判后发生情势变更。这种情况主要发生在继续性法律关系中。《德国家事事件与非讼事件程序法》（第 48 条）中的裁判变更仅适用于这种情形。我国法中的无民事行为能力和限制民事行为能力认定案件亦属于这类案件。自然人无民事行为能力或限制民事行为能力的原因消除即为情势变更。由于原审法院对裁判相对更加熟悉，基于程序迅速、经济及便利的考量，所以在上述情形出现时由原审法院进行变更更符合非讼程序的目的追求。

（2）适用于部分非讼事件。在现行法中，并非所有的非讼裁判都适用裁判变更程序。特别程序规定的宣告失踪、宣告死亡、失踪人财产管理人的指定和变更、认定无民事行为能力、认定限制民事行为能力、认定财产无主、确认调解协议、实现担保物权等案件中，实现担保物权裁判是排除裁判变更程序适用的。关于这一点，我国对裁判变更限制适用的方式与大陆法系国家及地区略有不同。《德国家事事件与非讼事件程序法》第 48 条第 4 款规定，法律行为许可或拒绝的裁判对第三人生效后不允许变更。理由是这类裁判在对第三人生效前可以通过上诉的方式予以审查，判决生效后保护第三人对判决的永久有效信任远比保护关系人的利益更为重要。《日本非讼事件法》第 59 条第 1 款规定，对于仅依申请的裁判，驳回申请的决定和能够即时抗告的裁定不能进行变更。可以看出，大陆法系国家及地区多从裁判类型来限制是否能够变更。由于我国非讼程序采用一审终审制，不允许当事人上诉，所以主要运用案件类型来限制裁判变更的适用范围。

（3）须依申请才能变更。裁判变更程序的启动须关系人申请。这里的关系人包括原裁判的申请人、被申请人及其他利害关系人。尤其是利害关系人，是指直接影响其权利的主体，或者虽非直接影响其权利但依照法律可以申请变更的人。前者如认定无主财产案件中的财产所有人或继承人；后者如申请变更代管人的失踪人财产管理人。不过，关系人申请只是法院职权启动的因素，是否进行变更要取决于法院的决定。

2. 非讼裁判效力与非讼裁判纠正程序的关系

裁判变更程序的存在并不意味着非讼裁判完全丧失稳定性。从非讼裁判的性质而言，它是法官进行的一种创设性、展望性裁判，目的是通过国家对私法领域的积极干预来形成某种新的法律状态[①]，所以应当根据情势变更适时调整裁判才能充分实现这种目的。但是，它还应当保持裁判的稳定性，避免裁判随意变化而增加当事人的负担和造成司法资源的浪费。这样，一方面它基于各类非讼事件的具体性质保持相应效力的存在，以充分实现该类案件的目的；另一方面也如前所述对裁判变更程序的适用附加严格的条件限制。

（1）形式确定力与裁判变更程序。形式确定力产生的前提在于裁判为确定裁判。由于诸多非讼裁判可由法院基于关系人申请依裁判变更程序予以撤销或变更，所以这些裁判皆属于不确定裁判，不具有形式确定力。进言之，可适用裁判变更程序的非讼裁判均不具有形式确定力。不过，两者关系并非如此简单，非讼事件的多样性决定了非讼裁判的复杂性，两者关系于某些裁判上仍存在着特殊体现。典型例如调解协议确认裁定：这类裁定是法院审查调解协议后，认为它符合法律规定时作出的。该裁定一经作出，即对双方当事人产生拘束力，当事人应当履行裁定确定的权利义务。仅从申请人角度而言，裁定已经属于确定裁定。但为了保障案外人的程序利益，《解释》第374条中规定了案外人申请撤销制度。这种撤销已经不属于大陆法系国家与地区裁判变更制度的范畴，后者是基于基础事实或法律状况发生实质变化，法院的一种自我纠正程序，强调未来性；但案外人申请撤销强调的是法院对自己过去不当行为的纠正，注重溯及性。考虑到撤销本身亦是一种变更，司法确认裁判撤销可以视为我国法对裁判变更程序的扩张性运用。由此，司法确认裁判的形式确定力只能延至撤销期之后才能发生；而且，不同于其他非讼裁判变更，调解协议确认裁定被撤销后，还应具有溯及效力，即该

---

① 　参见郝振江：《德日非讼程序审理对象介评》，载《国家检察官学院学报》，2012（5）。

裁判自始没有发生法律效力。

（2）"一事不再理"与裁判变更程序。"一事不再理"在非讼程序下亦是解决关系人基于同样事实提出申请时法院如何应对问题的。它与裁判变更程序同时作用于裁判效力领域，但与后者为适应新情势出现而追求裁判可变性不同，它追求的是裁判的稳定性。所以，在相互冲突的可能下如何厘清它们相互的关系以发挥各自的功能是实践中应当面对的问题。对此，可以区分驳回裁判与确认（或许可）裁判予以具体分析：

1）关于驳回裁判。因案件类型不同裁判效力有所区别，两者关系体现也不同。就确认调解协议案件、实现担保物权案件而言，当事人在申请被驳回后仍然可以向人民法院起诉，驳回裁判不会发生"一事不再理"效果，另行起诉后的程序属于诉讼，与裁判变更程序没有关联。就宣告失踪、宣告死亡等其他几类非讼事件来说，一旦申请被驳回，同一主体或者其他主体再基于同一事实向法院提出申请的，法院理应依据"一事不再理"驳回该申请；但同一主体或者其他主体基于不同事实再次提出申请的，这种事实可视为裁判基础事实的变化，法院应在撤销驳回判决基础上重新作出判决。例如，申请认定无民事行为能力案件中，近亲属申请被法院以没有事实根据驳回一段时间后，利害关系人又重新申请认定，并且提交了被申请人的民事行为能力鉴定，法院经审理如认为被申请人确实无民事行为能力的，即可撤销驳回判决并作出认定无民事行为能力的新判决。

2）关于确认或许可裁判。[①] 这类裁判是法院对当事人申请的肯定性评价。蕴含的难题是申请人获得确认裁判之后，其他关系人又基于同一事实申请裁判变更时应当如何处理。典型例如，公民因意外事故下落不明满两年后，相关利害关系人申请法院作出了宣告死亡的判决；判决生效后，该公民近亲属又基于同一事实提出了宣告失踪的申请。宣告失踪和宣告死亡虽是两种功能不同的制度，但由于两者在认定时基础事实存在着重合部分，难免会出现前述情形，即近亲属申请将宣告死亡变更为宣告失踪。这种情况下应受"一事不再理"原则的拘束，因为如果允许关系人运用裁判变更程序不断变更裁判，不仅损害裁判的稳定性，也不利于相关主体的权利保障。当然，如果是基于已经变化的事实请求变更裁判是应当允许的。例如，精神障碍患者在被确定为无民事行为能力后，精神状况好转，利害关系人申请作出限制民事行为能力裁判变更的。

（3）其他效力与裁判变更程序。至于裁判形成力和执行力，虽也面临着是否

[①] 就民事诉讼法特别程序章而言，关于肯定性裁判应包括确认裁判和许可裁判。前者如宣告失踪判决，后者如拍卖、变卖担保财产裁定等抵押权实现裁定。

变更的问题，但整体处理原则是相对清晰的。就形成力而言，形成力旨在羁束第三人与作出裁判之外的其他法院，它并不阻碍以一个新的、不同的裁判改变第一个裁判所创设的状况。① 因此，法院随时可依情势变化而变更裁判，但是，形成力原则上不溯及既往。以宣告死亡判决为例：宣告死亡具有与自然死亡同等的法律效力，被宣告死亡人与配偶的关系自宣告之日起消亡，其子女可被他人依法收养，其遗产可以发生继承。但如宣告死亡判决后因被宣告人重新出现而被撤销时，包括我国在内的大陆法系国家及地区均规定配偶再婚的不得认定夫妻关系自行恢复，子女被收养的亦不得主张无效，财产已被第三人合法取得时第三人不负返还义务。这里显然遵循的是不溯及既往原则。如此处理的理由在于，形成力旨在使裁判获得不特定第三人的尊重，但如果第三人基于对裁判的信赖而与裁判的当事人发生相应法律关系后，法律亦应维护第三人对裁判的这种信赖而维持法律关系的稳定。

执行力与形成力不同，它产生于具有给付内容的生效裁判，本身并无阻碍裁判变更的可能性。一旦裁判被变更后，它也就丧失了存在的基础。已经执行的，当事人可依据新的裁判申请执行回转；正在执行的，停止执行。

综上所述，（1）非讼裁判与诉讼判决之间存在着巨大差异，两者虽然都是对实体问题的终局判定，但是诉讼判决具有的形式确定力、既判力、形成力、执行力等效力内容实难完全复制于非讼裁判。（2）非讼事件类型不同其裁判效力内容上亦有不同体现，这种差异源于各类非讼事件迥异的实体法目的设定。它们只是因可以适用相同的审理原则而被聚合在一起，但由此并不能抹除它们实体法目的差异。从另一个角度而言，这也为立法者于同一程序下追求不同实体法目的提供了空间和可能。

---

① 参见刘初枝：《论非讼法院之裁判》，载《辅仁法学》，1986（5）。

第九章

民事执行程序理论的发展

一、民事执行程序理论发展概要

清代以前，我国采取刑民不分的立法体例，没有现代意义上的民事执行法。清末修订法律馆曾制定民事执行法草案，北洋政府于 1920 年公布《民事诉讼执行规则》，1933 年国民政府又厘订《补订民事执行办法》（共 34 条），1936 年颁立《强制执行法》（1940 年实施）。在此制度流变背景下，清末民国初年对强制执行法的学术研究实际以 1936 年为界，应区分成两个阶段来解读。

1936 年以前，学术界既有对外国强制执行制度的翻译介绍①，也有围绕 1920 年及 1933 年的执行规定所作的专著。② 此一时期颇具分量的成果，是为教学研究需要而编写的强制执行讲义，从中我们得以窥见当时理论上的不同观点及思想体系。③ 1936 年单独颁立《强制执行法》，激发了学术界更大的研究热情。受欧陆及日本法学研究方法的影响，其时法律人士（比如瞿曾泽、余觉、韦步青等）比较重视对《强制执行法》的逐条注疏。以注疏为任的专著中，不仅有对规范内容本身的解说，还有对规范所涉法理的延伸解读，有时还包括列国立法例、适用要点、实践疑难等。有的书中还补充了解释例、裁判例、部令、公函等其他

---

① 比如，［日］高木丰三：《民事诉讼法论纲》，陈与年译，北京，商务印书馆，1913/中国政法大学出版社，2006。

② 比如，查良鉴：《民事诉讼强制执行法》，北京，商务印书馆，1936。

③ 比如，曹祖著：《强制执行实用讲义》，民国（1912—1949）铅印本；曹杰：《强制执行法讲义》，上海，上海法学编译社，1934/1937；等等。后者内容更为充实，并点评了尚未颁发的"强制执行法"草案。

相关规范的内容，对于全方位理解强制执行立法与司法大有助益。① 不过，逐条注疏难免欠缺整合。另一些学术专著则脱离了法条的顺序，依理论逻辑将强制执行划分为几大板块，进而层层细分、循序渐进地展开论述。②

总体上说，清末民国初年的民事执行研究以解释学为主，侧重于阐述立法理由、法条含义等内容，这种研究思路放在法律制度的初创阶段，无疑是正确且具有重大意义的。此外，由于立法者本身注重域外法律移植，所以对执行制度的比较研究乃至他国在具体论题上的不同学说，均在该时期的执行研究文献中有所反映。由于法律实施时间较短，文献中也很少对国内的司法实践表达关切。总之，论及基本理论结构的创建与基础知识的积累，民国初年的执行程序研究在短时间内取得如此成果殊为不易。至于学术创新及理论与实践的结合，因有赖于充足的学术储备和稳定的外部环境，实不可苛求。

中华人民共和国成立后，直至《民事诉讼法（试行）》（1982 年）实施，受社会大环境影响，民事执行研究在绝大部分的时间内是无人问津的。在《民事诉讼法（试行）》（1982 年）颁行前的 30 年间，民事诉讼方面的论著都极少，几个政法院校编写的教材讲义代表了民事执行乃至民事诉讼学科整体的研究成果。老一辈民事诉讼法学家出版的民事诉讼法教科书和专著具有奠基意义，初步搭建起民事执行的基本理论架构。

自 20 世纪 90 年代以来，民事执行研究迈入了良性发展的快速轨道，执行理论的体系化基本完成。③ 进入 21 世纪后，更多研究者对民事执行专题作出更深入研究。④ 近年来，留德背景、留日背景的青年学人也崭露头角，开始为执行领

---

① 比如，郑兢毅：《强制执行法释义》，北京，商务印书馆，1937/2014。

② 比如，康焕栋：《强制执行法通义》，上海，上海法学编译社，1937。

③ 比如，孙加瑞：《强制执行实务研究》，北京，法律出版社，1994；谭秋桂：《民事执行原理研究》，北京，中国法制出版社，2001；江必新主编：《强制执行法理论与实务》，北京，中国法制出版社，2014；肖建国主编：《民事执行法》，北京，中国人民大学出版社，2014；谭秋桂：《民事执行法学》，3 版，北京，北京大学出版社，2015；董少谋：《民事强制执行法学》，2 版，北京，法律出版社，2016；等等。

④ 比如，童兆洪：《民事执行权研究》，北京，法律出版社，2004；严仁群：《民事执行权论》，北京，法律出版社，2007；谭秋桂：《民事执行权配置、制约与监督的法律制度研究》，北京，中国人民公安大学出版社，2012；宋汉林：《民事执行请求权研究》，北京，法律出版社，2017；王娣：《强制执行竞合研究》，北京，中国人民公安大学出版社，2009；王娣、王德新、周孟炎：《民事执行参与分配制度研究》，北京，中国人民公安大学出版社、群众出版社，2019；廖中洪主编：《民事间接强制执行比较研究》，北京，中国检察出版社，2013；毋爱斌：《民事执行拍卖制度研究》，厦门，厦门大学出版社，2015；肖建国、黄忠顺：《中国网络司法拍卖发展报告》，北京，法律出版社，2018；翁晓斌：《民事执行救济制度》，杭州，浙江大学出版社，2005；朱新林：《论民事执行救济》，北京，中国政法大学出版社，2015；朱腾飞：《案外人异议之诉研究》，北京，中国政法大学出版社，2016；孙加瑞：《执行检察制度新论》，北京，中国检察出版社，2013；肖建国：《中国民事强制执行法专题研究》，北京，中国法制出版社，2020；等等。

域注入新的活力。①

比较法研究方面，20 世纪 50 年代和 80 年代有关域外民事诉讼制度的译著，均包含了执行程序部分，比如中国人民大学审判法教研室翻译的《苏维埃民事诉讼法》（下）（1957 年）含有苏维埃政府的民事执行法，中国政法大学民事诉讼法教研室所编的《外国民事诉讼法参考资料》（第二册）（1984 年）包括日本1979 年的民事执行法译本。90 年代后，域外资料开始在民事执行的研究中占据越来越重要的地位，一批编写、翻译域外执行制度及理论的作品应运而生②，当然，采用比较法视角写就的专题论文更是众多。如果说早期的比较法考察主旨是学习模仿，常常将国外相关制度作为模板或论证依据，那么后期的研究明显以本土为中心、以国外为镜鉴，换言之，是以"知彼"促进"知己"。

民事执行研究主要表现出三个特点：（1）研究主题方面，学界早先倾向于抽象宏大的选题，后续研究趋向于精细化，往往显得是"螺蛳壳里做道场"。细碎的论题再加上有限的研究力量，执行领域内引发多人关注及观点论争的题目也相对较少。同样与论题特点相关，执行领域中的论证性研究偏少，而更多的是体系化梳理或者实践问题应对。（2）研究方法方面，比较法方法可以说是执行领域的传统研究方法，尤其是在执行权配置、执行救济等领域得到了充分的运用。不过，因为主流学者的倡导，也因为德日学科背景的学人增多，解释论方法有占据主导地位的趋向。（3）执行领域理论与实践的关联尤为紧密，不少学者偏爱实证考察，其问题意识往往源自本土实践，并且实务部门自身基于业务需要，也产出了丰硕的、值得称道的理论成果。

二、民事执行程序的基本原理论

（一）民事执行程序目的论

有关民事执行程序之目的，民国时期认识比较统一。代表性观点是："强制执行程序之设，其唯一目的乃在于使人民业已确定之私权，于不满足之状态中，依国家之强制力使其获得现实之满足，换言之，即在于贯彻人民对于私权之现实

---

① 比如，金印：《执行时效的体系地位及其规制方式》，载《法律科学》，2017（5）；史明洲：《执行和解的法解释论展开》，载《当代法学》，2017（1）；刘颖：《分配方案异议之诉研究》，载《华东政法大学学报》，2019（2）；等等。

② 比如，沈达明：《比较强制执行法初论》，北京，对外贸易教育出版社，1994；[法]让·文森、雅克·普雷沃：《法国民事执行程序法要义》，罗结珍译，北京，中国法制出版社，2002；江必新主编：《比较强制执行法》，北京，中国法制出版社，2014；张永红：《英国强制执行法》，上海，复旦大学出版社，2014；[德]奥拉夫·穆托斯特：《德国强制执行法》，2 版，马强伟译，北京，中国法制出版社，2018；等等。

的享有，而使其发生实行之效果为目的也。"① 还有人指出：确定私权之民事诉讼程序，其目的在于确定当事人权力请求之当否；实行私权之强制执行程序，其目的在于回复依法律而成立之状态。②

不过，学术思想在后续的发展中产生了分岔：20 世纪 90 年代的著作中，有一种观点是，"强制执行是以强制实现民事、经济法律和行政法律、法规上的强制执行请求权为目的的活动"③。也有学者区分了目的的主次位序，认为强制执行是债权人取得执行根据，请求国家运用强制执行力以实现其权利的程序，所以保护私权是强制执行制度的首要目的；由于强制执行排除了债权人的自力救济而进入公力救济，以国家的强制力来实现私权，因此维护社会公共秩序是强制执行制度的次要目的。④ 另有研究认为，民事执行的目的既不同于民事诉讼的目的，也要与民事执行的功能相区分，执行制度的目的就是要实现债权人的债权。⑤ 最后还有一种观点，指出民事执行的目的在于实现法的安定，这既包括权利的安定，即法律关系的安定，又包括程序的安定，即解决民事权利义务关系争议的过程的安定。⑥ 基于该目的，应坚持基于比例原则的"善意执行"，统筹兼顾执行当事人、利害关系人乃至社会的利益，导向整体利益的最大化，防止执行人员以善意执行为名滥用行政性裁量权。⑦

总的来说，目的论的不同学术观点并行存在，各方也未过多地进行立论与驳论，专门性的研究更是难寻。其实，目的论不仅仅是基础理论的重要构成，更能够成为一种研究的视角，为解决民事执行中的其他疑难问题提供工具。在这个意义上，单纯就目的言目的，争辩何者为正解，恐怕实际价值有限，而将来的研究可能需要转向目的论的具体化。

（二）民事执行程序基本原则论

1. 认识的发展

在民国时期，当事人不平等主义在民事执行中的原则地位已经得到明确的认可，即由于民事诉讼与民事执行的目的不同，两者所采之主义亦不必一致，"在

---

① 郑竞毅：《强制执行法释义》，3 页，北京，商务印书馆，2014。
② 参见曹杰：《强制执行法讲义》，6 页，上海，上海法学编译社，1935。
③ 常怡主编：《强制执行理论与实务》，2 页，重庆，重庆出版社，1990。
④ 参见江伟主编：《中国民事诉讼法专论》，267 页，北京，中国政法大学出版社，1998。
⑤ 参见李浩主编：《强制执行法》，111 页，厦门，厦门大学出版社，2005；孙加瑞：《强制执行实务研究》，2 页，北京，法律出版社，1994。
⑥ 参见谭秋桂：《民事执行法学》，3 版，31 页，北京，北京大学出版社，2015。
⑦ 参见陈杭平：《"善意执行"辨》，载《华东政法大学学报》，2021（2）。

诉讼法采用当事人同视主义，而执行法则采用当事人异视主义"①。

对于执行的启动，采取处分主义。"不干涉主义者，即不由国家干涉而由自己处分，所谓处分主义是也。处分主义：一、为执行基本之私权；二、权利之范围；三、执行之目的物；四、执行程序之开始、续行及中止、终结。此四者均依债权者之所主张，故谓处分主义。"② 还有观点认为，应当采纳申请兼职权主义，除依权利人之要求始得开始者外，执行机关自身亦可依职权发动。像是假扣押、假处分及假执行之裁判，有迅速执行的必要，故兼采职权主义。③

20 世纪 80 年代以来，学界开始有意识地归纳民事执行程序的基本原则，各方的认识却不完全一致：1982 年有论文把执行原则概称为"社会主义原则"，实际内容包括四点——全面保护当事人利益、申请执行与移交执行相结合、执行有限、法院执行与有关单位个人协助执行相结合。④ 后续，有人总结了"五原则说"，即执行应当以生效法律文书为依据、强制执行与说服教育相结合、保护双方当事人合法权益、迅速及时、法院执行与协助执行相结合。⑤ 还有人归纳得出的是"四原则说"，即强制执行与说服教育相结合、人民法院执行与有关单位协助执行相结合、保护当事人合法权益、执行标的有限。⑥

不难发现，早期研究对民事执行基本原则的认识还是存在一定的偏差：首先，对基本原则之"原则性"的把握不甚准确，比如"执行应当以生效法律文书为依据"，与其说是执行的原则，不如说是申请执行的前提条件。其次，对基本原则之"基本性"的认识也不完全正确，致使有些执行具体制度的原则误入，比如"执行标的有限原则"。当然，在立法上未对强制执行原则作出规定的情况下，先行者的摸索总是开拓性的。并且，一个时期的学术观点既映照出当时学术界对民事执行程序寄予的期望，比如"保护双方当事人合法权益原则"被着重强调；同时也带有鲜明的时代印记，比如"人民法院执行与有关单位协助执行相结合原则"受到普遍的认可。

有鉴于此，一些学者认为有必要回到问题的原点，先讨论以何种标准来确定强制执行法的基本原则。比如基本原则首先得反映我国强制执行的性质、目的、

---

① 曹杰：《强制执行法讲义》，6－7 页，上海，上海法学编译社，1935。

② 曹祖蕃：《强制执行法》，载李秀清、陈颐主编：《朝阳法科讲义》，第 7 卷，洪冬英、沈伟点校，782 页，上海，上海人民出版社，2014。

③ 参见郑兢毅：《强制执行法释义》，3－4、8 页，北京，商务印书馆，2014。

④ 参见成城、刘家兴、程延陵：《关于我国民事执行中的几个问题》，载《法学研究》，1982（1）。

⑤ 参见柴发邦主编：《民事诉讼法学》，352－355 页，北京，北京大学出版社，1992。

⑥ 参见常怡主编：《民事诉讼法学》，385 页，北京，中国政法大学出版社，1999。

理念，还要与历史文化传统、现行法律制度（特别是民事实体法）相协调。① 现今的局面，是对执行基本原则不再进行过多的争论，各家基于不同视角所得出的观点并行存在。比如，"七原则说"包括了执行合法、执行当事人不平等、执行适度、执行及时、执行穷尽、执行比例、执行检察监督。② 再如，有学者根据民事执行所处理的事项、民事执行的目的和性质，主张从合法执行、公开执行、当事人不平等、优先执行四个方面把握民事执行的特有原则，并认为民事执行还应当遵循程序参与原则、比例原则、检察监督原则、诚实信用原则和诉讼安定原则等。③

有学者探讨"二阶层"民事执行基本原则的构造问题。一方面，以处分原则为代表的民事诉讼基本原则应一体化执行基本原则，此外还有辩论原则、诚信原则和法律监督原则（第一阶层），"审执分离"不能自动导出理论体系的二元化。另一方面，以执行形式化原则④、效率原则和债务人保护原则为导向重塑或整合后，可规定为民事执行的特有原则（第二阶层）。⑤

2. 相关争议

（1）平等原则还是优先原则

国外民事执行立法中既有采纳平等原则，也有采纳优先原则。民国初期的立法者和理论家显然也注意到了这种差异，但总体还是基于一种朴素的公平观而支持平等原则。有学者论证说："自始本无优先权，而因先为扣押之故，对于嗣后为再扣押之债权人，即能取质权于配当上殊感不公便之结果，所以不取德国立法例也。扣押之效力唯一在禁止债务人处分……故就扣押手段言，既经实施，扣押后并不因法律上规定有质权效力而能增加效力，可以格外巩固债权人之债权耳，是就效力一点言，亦无规定有质权之必要。扣押质主义之弊在破坏信用制度，使各债权人怀不安之念；分配主义之弊在于保护最先实行权利者之精神，然二弊相衡以前弊为大，故本案不取德例。"⑥

---

① 参见李浩主编：《强制执行法》，37－57 页，厦门，厦门大学出版社，2005。

② 参见江伟、肖建国主编：《民事诉讼法》，9 版，485－486 页，北京，中国人民大学出版社，2023。

③ 参见邵明：《民事诉讼法学》，2 版，337－338 页，北京，中国人民大学出版社，2016。

④ 有学者对大陆法系执行形式化原则进行研究，通过对执行形式化与执行债权的识别判断、执行形式化与执行当事人适格的审查判断、执行形式化与责任财产的权属判断以及不予执行对执行形式化原则的冲击等方面的探讨，将执行形式化放在我国特有的集中式执行体制、执行裁决与执行实施分权以及集约化执行的背景下展开，对执行形式化原则进行本土体系化阐释与重构。参见肖建国：《强制执行形式化原则的制度效应》，载《华东政法大学学报》，2021（2）。

⑤ 参见任重：《我国民事执行基本原则：功能重塑与系统整合》，载《中国应用法学》，2022（5）。

⑥ 曹祖蕃：《强制执行法》，载李秀清、陈颐主编：《朝阳法科讲义》，第 7 卷，洪冬英、沈伟点校，812 页，上海，上海人民出版社，2014。

20 世纪后期，学术界就强制执行法采纳平等原则还是优先原则，却有一番论争。主张平等原则的理由主要有：1）一概以申请执行的先后判断是否积极行使债权，是有失公允的，时间的先后带有较大的偶然性；2）优先原则下，由于债权人查封后就可以受到优先受偿的保障，可能反而不急于结束执行程序，故不能达到提高执行效率的初衷；3）优先原则容易促使债权人竞相申请执行，债务人也可以与他人串谋，先行查封、扣押，致使真正的债权人难获清偿。[①]

相比之下，优先原则获得了更多的支持，不过支持者有不同的侧重点——有学者虽认同优先原则，但同时主张配之以民事实体法上的债权平等原则和一般破产主义。[②] 有学者倡导的是适当优先主义，要求根据公平原则、权利义务相一致原则以及债权人平等原则，对先申请人多付出之物力、人力予以适当补偿，让先申请人在平均份额的基础上获得一定的补偿份额。[③] 还有学者坚持了绝对的优先原则，认为适当优先原则存在许多难以解释和克服的问题，不仅不能简化执行程序，还会人为造成执行程序的复杂化。[④]

还有研究者指出，优先原则和平等原则自身难以区分优劣，采取何者取决于立法者的价值观、一国法律传统、相关法律部门的配套以及对民事诉讼制度目的的认识等。在我国现阶段，平等原则虽说能弥补现行破产制度的不足，但本质上，民事执行适用平等原则将造成其与破产程序在价值功能上的重复——破产制度旨在使所有普通债权人受同等待遇，而民事诉讼本不以分担损失为目的。[⑤]

有学者主张相对平等主义。相对平等主义旨在改善参与分配对执行效率的负面影响，认为应严格限制参与分配期限，奖励对财产查封作出实质贡献的债权人，从而既使参与分配团体内部平等受偿，又限制参与分配团体的规模，从而更合理地平衡公平与效率。[⑥]

（2）强制执行与说服教育相结合原则

在革命根据地时期，说服教育是贯穿整个纠纷解决过程的工作原则，所以中华人民共和国民事诉讼实践中，强制执行与说服教育相结合也被作为一种传统，被视作民事执行的基本原则之一。[⑦] 20 世纪 50 年代，这项原则在实际应用中暴露了种种问题，有人反思认为，片面强调说服教育的方法，强调执行问题是人民

① 参见李浩主编：《强制执行法》，58 页，厦门，厦门大学出版社，2005。
② 参见江伟主编：《中国民事诉讼法专论》，266－283 页，北京，中国政法大学出版社，1998。
③ 参见苏全生：《论我国强制执行之原则》，载《中国法学》，1992（3）。
④ 参见肖建国：《我国强制执行平等与优先原则论纲》，载《法律科学》，1996（2）。
⑤ 参见李浩主编：《强制执行法》，59 页，厦门，厦门大学出版社，2005。
⑥ 参见陈杭平：《执行价款分配模式转型之辨》，载《中国法学》，2023（5）。
⑦ 参见来盛等：《民事执行工作的几点经验》，载《人民司法》，1958（11）。

内部纠纷，既混淆了法律的"强制性"与工作作风的"强迫命令"，也忽视了法院判决的严肃性。① 在此角度上作出检讨，尤其是提出"说服教育"只属于执行工作方法，本可以引发更多的讨论，只不过后因故搁置。

在恢复法制之初，我们看到，理论上反而对强制执行的"强制性"采取非常谨慎的态度，认为将执行程序简单说成是强制程序，可能会导致对当事人权利的漠视；强制与说服是分不开的；社会主义法制对广大人民具有一种巨大的教育作用，这是同剥削国家法律制度的显著区别之一。② 直到 20 世纪 90 年代初，主流观点还是主张执行人员首先对当事人进行深入的思想工作，只有在说服教育无效时，才可依法采取强制执行措施。③ 其理由有三：1）说服教育与强制执行相结合体现了我国社会主义强制执行法的特点；2）只强调执行工作的"强制性"可能引发被执行人的抵触情绪，增加执行工作的难度；3）在"执行难"的情势中，实践中运用说服教育可以灵活处理矛盾，达到良好的社会效果。④

20 世纪 90 年代的诉讼模式转型，使人民司法传统普遍受到冲击，不少诉讼法学者也开始强调执行程序"强制"的一面，也有学者明确否定"强制执行与说服教育相结合"的基本原则地位。⑤ 面对这种局面，有研究者详细分析了该原则的产生背景和实质内涵，并基于历史的和现实的环境，分析了该原则的积极面和消极面：一方面，说服教育原则扩大了执行程序的容量，通过加强法院裁量的因素和引入当事人同意的契机，有助于减轻执行制度的负担；另一方面，说服教育原则使强制执行在相当程度上回到"伦理、素质、技巧"的问题处理模式上，于是强制执行制度的透明度和专门性降低，法律性、程序性的判断基准向道德性判断基准转移。⑥ 实际上，不论是认同说服教育原则的人，还是认同强制性的人，都会诉诸"执行难"的现状：前者认为说服教育具有灵活性，有助于执行工作的开展；后者则认为说服教育带来的是执行的软化，不利于维护执行权威。

是否将强制执行与说服教育相结合列为执行的基本原则，至今仍有分歧。有论者以为，通知被执行人自觉履行仍是强制执行通常的前置程序，这就表明强制

---

① 参见江浩：《民事执行中的几个问题的研究》，载《政法研究》，1957（1）。

② 参见成城等：《关于我国民事执行中的几个问题》，载《法学研究》，1982（1）；唐德华：《我对民事执行中几个问题的认识》，载《人民司法》，1980（2）。

③ 参见柴发邦主编：《民事诉讼法新编》，430 页，北京，法律出版社，1992。

④ 参见李浩主编：《强制执行法》，60 - 61 页，厦门，厦门大学出版社，2005。

⑤ 参见孙加瑞：《强制执行实务研究》，49 页，北京，法律出版社，1994；李浩主编：《强制执行法》，62 页，厦门，厦门大学出版社，2005。

⑥ 参见王亚新：《强制执行与说服教育辨析》，载《中国社会科学》，2000（2）。

执行和说服教育相结合将继续作为我国民事执行的基本原则而存在。① 还有人指出，虽然《民事诉讼法（试行）》（1982 年）删掉了执行阶段"说服教育"的表述，但却通过"执行和解"将执行实务中无处不在的调解工作（"说服教育"）与结案方式对接起来，平添一种终结执行的"出口"式制度供给。② 这样来看，该原则无论在不在法律文本中，其精神都实际地存在于制度、实践里。

（三）审执关系原理论

审执关系是民事执行基础理论中极具分量的部分，如何认识审执关系，牵涉到民事执行立法体例、执行权的配置、执行机构设置等诸多论题。本部分聚焦对审执关系及执行立法体例的基本认识的发展，而执行权、执行机构的内容将在本章三中详述。

1. 清末民国初年的审执关系原理论

早在《大清民事诉讼律草案》的制定过程中，当时的研究者就已经清晰表明了"审执分立"的立场，也即鉴于诉讼关系与执行关系的旨趣、程序均各不同，"如强合为一，揆诸法理，实所未安"③。所以，清末立法没有采取德日民事诉讼法将两者合编的编纂体例，而是于民事诉讼律外，另行制定执行律。这种体制在民国初年得到沿用，时人解释道："关于我国强制执行法之制订，乃采单行法主义，与奥匈二国立法例相同，此系以强制执行为非讼事件之结果。诚以强制执行乃诉讼判决后之行为，纯为对于私权之实行，与对于私权之确定显有区别。唯德日及法国等之立法例，则将强制执行程序规定于民事诉讼法法典之内；但仍分诉讼程序，为审判程序与执行程序二种，彼国学者所以均主张强制执行实为诉讼事件者，职是故也。"④

还有研究者主要从审判与执行的异同来认识两者并分别立法。持此观点的研究者认为，执行机关与审判机关不同，执行程序与诉讼程序繁简亦异，故强制执行律与民事诉讼律，可各编为独立法典。不过，两者同以保护私权为目的，则程序上类似之点亦不少，这也是执行事件有时得准用民事诉讼律规定的原因。至于强制执行程序与诉讼程序的区别，相关研究者认为两种程序因目的不同，故采用不同主义：诉讼程序应当采用当事人平等主义，方能各尽攻击防御之能事；执行

---

① 参见汤维建主编：《民事诉讼法学》，2 版，396－397 页，北京，北京大学出版社，2014。

② 参见陈杭平：《论民事"执行和解"制度——以"复杂性"化简为视角》，载《中外法学》，2018（5）。

③ 修订法律大臣沈家本等奏为民事诉讼律草案编纂告竣折，转引自陈刚主编：《中国民事诉讼法制百年进程（清末时期·第 2 卷）》，5 页，北京，中国法制出版社，2004。

④ 郑兢毅：《强制执行法释义》，4 页，北京，商务印书馆，2014。

程序采用当事人不平等主义，因经判决则权利义务业已分明，当然不能平等。此外，确定私权的诉讼程序，因期公平无偏颇，故采用当事人双方审理主义；在实行私权的执行程序中，权利之所在业已明确，故采用当事人一方审理主义。①

既然理论和立法都选择将民事执行程序独立看待，而不是作为诉讼程序的附属，自立的民事执行程序当然获得比较高的地位，受到比较大的重视。正如民国时期的代表性观点指出的："民事判决贵在执行，执行又贵有结果。如执行不得结果，则判决债权人不能收判决之效。不但判决等于废纸，且债权人反受废时耗财之累。"②

2. 中华人民共和国成立初期到 20 世纪 80 年代的审执关系原理论

中华人民共和国成立之初，"审执分开"曾因属于"旧法观点"而受到批判，所以有一个时期各地人民法院大都实行的是"审执合一"——审判人员自己判的案子，自己去执行。支持者提出了"审执合一"的两点好处：（1）审判人员更熟悉案情和当事人，可以克服执行员对案情不了解的缺点；（2）"审执合一"的制度下，案件承办人员在判决时就能照顾到执行的实际情况，避免了案件承办人员只求事实确定，不结合当事人具体情况就下判决，造成执行不通和审执互不通气、互相推诿的情况。然而，也有人对"审执合一"的上述"优点"提出了异议：因为判决本就不应该以被告有实际履行能力为依据，审判人员在判决时不必照顾执行，而只需根据事实和法律；此外，审理、执行不通气是审理人员、执行人员没有密切配合造成的，并不是审执分开后的必然结果。③

有研究者指出，不仅要看到我国的"审执合一"的主观习惯因素，也须看到其客观原因。这就是说，我国长期法制不健全，执行具体程序等缺乏依据，并且执行人员很难配齐，有些原来做执行工作的人员，因为审判人员少也转做审判工作。④ 另外还可发现，这一时期虽有对"审执分立"的论证，但却不是基于审执关系的原理，而更像是现实工作视角下的利弊分析。他们认为，审判人员与执行人员各自集中于自己的任务，互相配合、互相制约，既有利于严格依法办事，也有利于提高工作质量，避免"重审轻执""量执为判"。⑤

有关执行的立法，主流观点却坚持了"合一"的立场。对此，有论文是以审

① 参见曹祖蕃：《强制执行法》，载李秀清、陈颐主编：《朝阳法科讲义》，第 7 卷，洪冬英、沈伟点校，782、785 页，上海，上海人民出版社，2014。
② 《中国法学杂志》1933 年第 4 卷第 1 期之"专件"，转引自刘玉华：《民国民事诉讼制度述论》，134 页，北京，中国政法大学出版社，2015。
③ 参见江浩：《民事执行中的几个问题的研究》，载《政法研究》，1957（1）。
④ 参见成城、刘家兴、程延陵：《关于我国民事执行中的几个问题》，载《法学研究》，1982（1）。
⑤ 参见周道鸾、洪霞、孙秀卿：《民事诉讼法问题解答》（六），载《法学杂志》。1983（4）。

判与执行有密切联系为理由的，即"审判程序是确认民事权利义务的程序，执行程序是实现民事权利的程序。两者虽有不同，但经审判程序确认当事人的权利义务之后，义务人拒不履行义务时，权利人就有权依照执行程序的有关规定，申请人民法院执行。因此，执行程序是相对于审判程序的一种独立程序，但与审判程序又有密切的关系。这种解决案件的同一性，决定了执行程序与审判程序同属于民事诉讼法律规范"①。此外，也有学者表示，执行程序是保证给付判决得以实施的必要程序，所以须列入民事诉讼法，作为民事诉讼法的特定程序之一。②

3. 20世纪90年代之后的审执关系原理论

进入20世纪90年代以来，随着更多研究力量的加入，学界对审执关系有了更充分、更深入的认识。审判与执行的区别得到了特别的注意，比较早的文章认为，审判与执行在权源、目的、程序宗旨、机关、适用范围这五个方面有所不同。③此后，有研究者主张从共性和差异两个方面来看待审执关系：一方面，"审执分立"并不否定民事执行与民事审判的同质性。在执行法律关系中，用于调整申请执行人与执行法院、申请执行人与被执行人之间关系的法律规则，与审判法律关系中调整原告与法院、原告与被告之间关系的准则，具有高度的一致性，所谓审执关系的共性原理即建立在这两层关系之上。另一方面，执行法律关系中法院与被执行人之间关系的准则，却与审判法律关系中法院与被告之间关系的准则有天壤之别，所谓"审执分立"的原理即与这一层关系的法律规制有关。④

及至21世纪，民事诉讼法或民事执行法的教科书内普遍对审执关系作出了归纳。有教科书指出，执行程序与审判程序的主要联系有三个方面：（1）最终目的相同，均为了保护民事权益、解决民事纠纷、维护私法秩序；（2）相互交叉，当事人不履行民事审判程序所确定的权利义务，最终要走向执行程序，而审判程序之中有时也会涉及执行问题（如采取财产保全措施和先予执行）；（3）都属于广义的民事诉讼程序。

至于执行程序与审判程序的区别，也可从三点来加以认识：（1）直接目的不同。审判程序主要是为了解决当事人之间的民事权利义务争议；执行程序则是为了保证生效法律文书所确定的民事权利得到实现。（2）基础不同。审判程序是以法院的审判权和当事人的诉权为基础构建的，执行程序是以国家的民事执行权和当事人的执行申请权为基础构建的。（3）适用范围不同。只有当事人不主动履行

---

① 成城、刘家兴、程延陵：《关于我国民事执行中的几个问题》，载《法学研究》，1982（1）。
② 参见刘家兴、邹世杰、潘剑锋：《民事诉讼法学概要》，208页，北京，光明日报出版社，1985。
③ 参见张子学：《论我国民事执行法的编制》，载《河北法学》，1994（1）。
④ 参见肖建国：《审执关系的基本原理研究》，载《现代法学》，2004（5）。

生效法律文书所确定的义务的案件，才会经过民事执行程序，民事审判程序所解决的都是民事权利义务争议；通过民事执行程序还执行刑事裁判中的财产内容以及行政机构可以申请法院强制执行的行政处罚决定。①

还有学者认为，与民事审判程序不同，民事执行程序处理的是"执行案件"，并非确定当事人之间有争议的民事法律关系，其目的是适当和迅速、经济地实现债权人的债权，强调效率和遵循优先原则，不必采行言词辩论；并且，民事证明责任是民事审判争讼程序中重要的正当性原理，并不适用于民事执行程序。②

因为对审执关系的理解加深，"审执分离""审执分立"逐渐成为理论界的共识。有学者以执行机构与被执行人之间的关系为切入点，归纳出了审执分立的八种决定性因素：民事执行的单向性与民事审判的多向性、互动性；民事执行的不平等性与民事审判的平等性；民事执行主体的主动性与民事审判主体的中立性；民事执行的形式化与民事审判活动的实体判断性；民事执行的强制性与审判的和平性；民事执行的职权主义与民事审判的当事人主义；民事执行的效率取向与民事审判的公正取向；民事执行的时间、场所、环境不同于民事审判。③ 另外有研究细化了审执分离的多种维度，包括执行人员与审判人员分离、执行机构与审判机构分离、执行程序与审判程序分离、执行裁决与执行实施分离。④

有学者认为，鉴于民事执行程序与民事审判程序存在构造和原理等方面的差异，我国应当采取审执分立的立法体例，参考德日式构造体例，制定单行民事执行法，即我国应当根据民事执行目的（实现债权），依据实体请求权，设置相应的执行程序和执行措施。⑤

三、执行权·执行机构·执行当事人法理研究

民国时期所谓强制执行权，"乃债权人就执行名义所确定之权利，依国家保护权利之制度与手段，而对于执行审判衙门请求适用国家强制力之公权也"⑥。

---

① 参见张卫平：《民事诉讼法》，6 版，609－610 页，北京，法律出版社，2023。
② 参见邵明：《民事诉讼法学》，2 版，337 页，北京，中国人民大学出版社，2016。
③ 参见肖建国：《审执关系的基本原理研究》，载《现代法学》，2004（5）。
④ 参见肖建国、黄忠顺：《论司法职权配置中的分离与协作原则——以审判权和执行权相分离为中心》，载《吉林大学社会科学学报》，2015（6）。
⑤ 以妥当实现实体债权为宗旨，以债权人的实体请求权为主线，按照实体法规定把实体请求权分为金钱债权请求权（或者金钱给付债权）、物之交付请求权（或者物之给付债权）、作为或者不作为请求权（或者行为给付债权）等类型，将执行措施等内容分别置于不同类型的实体请求权的执行程序之中。参见江伟、肖建国：《论我国强制执行法的基本构造》，载《法学家》，2001（4）。
⑥ 曹祖著：《强制执行法》，载李秀清、陈颐主编：《朝阳法科讲义》，第 7 卷，洪冬英、沈伟点校，782 页，上海，上海人民出版社，2014。

依此可见，彼时所言"执行权"，在语义上相当于现今所说的"执行申请权"。

我国自 20 世纪 90 年代末开始的对执行权的大讨论，针对的却是执行行为的实施权，其背景是民事执行的改革要求从"审执合一"走向"审执分离"。理论上往往以执行权的性质为起点，来认识和探讨执行权配置、审执分立的改革走向、执行机构的设置等。

由于长期对执行权的性质无法达成共识，所以对执行权配置的模式选择存在争议，即存在执行机构的"内部分立说"与"外部分立说"两种看法。后来，"内部分立说"获得较多支持。至于具体如何内分改革，以及对内分改革实践的评估反思，主要依靠的是实践部门的探索总结，相关理论创新的空间并不大。

（一）执行权的性质研究

执行权性质的主要观点有"司法权说""行政权说""独立说""二重权力说"等。

1. 司法权说

（1）早期司法权说

不管是《民事诉讼法（试行）》（1982 年），还是《民事诉讼法》（1991 年），民事执行与民事审判在原理上、机构上都没有得到彻底的区分，受此影响，将执行权看作司法权一度是国内的通行认识。[①] 早期司法权说主张者常围绕行使执行权的主体来展开分析，指出民事强制执行是国家司法机关（也即法院）所实施的，民事执行权又是国家赋予司法机关职能的一部分，故执行行为应属于一种司法行为。[②]

这种认识在后续遭到越来越多的批评，因为仅凭强制执行由法院实施便认定其为司法行为，总是流于表面，欠缺深层次的说服力。[③] 给早期司法权说造成致命一击的，是来自方法论角度的质疑。这就是说，判断某一权力的性质应当以某一权力形成的机理为依据，而不能以某阶段的制度现实为依据，也不能以行使该权力的主体性质为前提。[④] 正确的研究思路，是先讨论民事执行权的性质，然后再考虑我国将此权力分配给法院行使是否适当。[⑤]

（2）司法强制权说

在早期司法权说所采纳的实然视角频频遭到质疑后，部分研究者转而从一种

---

① 参见江伟、赵秀举：《论执行行为的性质与执行机构的设置》，载《人大法律评论》，2000（1）；牟逍遥：《民事执行权的性质》，载《法学论坛》，2005（3）。

② 参见孙加瑞：《强制执行实务研究》，6 页，北京，法律出版社，1994；江伟：《民事诉讼法专论》，492 页，北京，中国人民大学出版社，2005。

③ 参见常怡、崔婕：《完善民事强制执行立法若干问题研究》，载《中国法学》，2000（1）。

④ 参见最高人民法院执行办：《论执行局设置的理论基础》，载《人民司法》，2001（2）。

⑤ 参见严仁群：《民事执行权论》，36 页，北京，法律出版社，2007。

应然的角度来论述执行权的司法性，他们的观点可称为"司法强制权说"。这种主张虽关注到执行权的强制性特点，但本质依然属于司法权说。

司法强制权说的主张者认为：一方面，如以权力在社会秩序形成中所起的功能和作用为根据，国家权力是由立法权、行政权、司法权组成的分类系统，基于此来分析民事执行权，可发现其具有矫正正义功能的性质，应被定位为司法权。另一方面，如以权力的运行方式和结果为根据，则国家权力是由创设权、判断权、强制权组成的另一个分类系统，由此分析民事执行权，可发现其具有在法律事实上实现国家权力的性质，应被定位为强制权。[①]

有研究者通过扩张司法权内涵来论证司法强制权说，明确否定了司法权等于审判权的认识，转而把司法权看作是一个复合性的权力体系，其中包括审判权和与审判权相关的一系列权力。[②] 至于民事执行权，就是司法权范畴下的、独立于审判权的司法强制权。"诚然，与审判权行使中的司法强制的潜在性和预备性不同，执行权的强制性是显在的、直接的、赤裸裸的。正是因为执行权具有鲜明的强制性，人们容易将其与行政权混淆。"[③]

批评者指出，司法权概念变动的一个基本趋势便是它的内涵分化以及逐步纯粹化，而不是扩张。将执行权界定在司法权的范围内，采纳一种大司法权的概念，固然有其合理的功利目的，可在当时的中国，将执行权从司法权的概念中分化出来，恐怕更符合司法权发展的内在规律和执行权的实践理性。[④]

2. 行政权说

在反思"审执合一"的过程中，早先出于拉开审判与执行距离的考虑，理论上就有人提出执行权性质的行政权说。[⑤] 后来有学者以行政权说为基础，构建出了与司法权说迥异的执行理论体系。

行政权说的主要论据有三点：（1）执行权的性质界定在时点上应当从执行命令的获得开始，执行根据就是执行权的基础。（2）执行法律关系也属于行政法律关系的范畴，执行法律关系中的执行机构站在执行权利人的立场，对执行义务人

[①]　参见童兆洪：《论民事执行权的性质》，载《法律适用》，2003（10）；童兆洪：《民事执行权性质再认识》，载《浙江学刊》，2005（3）。

[②]　参见肖建国：《民事执行权的司法权本质之我见》，载《人民法院报》，2008-10-31。

[③]　肖建国：《民事审判权与执行权的分离研究》，载《法制与社会发展》，2016（2）。

[④]　参见汤维建：《关于破解"执行难"的理性反思——以执行体制的独立化构建为中心》，载《学习与探索》，2007（5）。

[⑤]　比如，孙小虹：《体制突破：执行工作新思路》，载《云南法学》，1999（1）；孙小虹：《克服执行难是社会系统工程》，载《人民日报》，1999-03-10；张志铭：《民事执行权的制度安排》，载《人民法院报》，2002-05-17。

发号施令，强制实现执行根据中记载的权利内容。（3）执行权的属性固然展示于执行过程中，但在执行过程中出现的未必都是执行权。执行过程中虽然存在需要法院行使裁判权加以判断的情况，但需要法院行使裁判权判断的部分应当被划归于裁判权，而不能仅因为其时点位于执行过程中，就笼统将之界定在执行权的范围内。①

行政权说与司法权说的针锋相对是显而易见的，其根本差异可归纳为两个方面：（1）从论证起点上讲，司法权说的主张者往往更关注审判与执行密切联系的一面，他们认为行政权说是出于论证"审执分立"的功利需要，但其结论太过激进，实际割断了历史，割裂了审执关系。② 而行政权说的论证，着眼于执行程序解决事项的实质内容，故认为执行期间并不存在如同审判那般的事实判断和价值判断，而仅仅是单向地将国家的强制性意志施加于被执行人。（2）从价值认知上看，行政权说以效率为执行程序的最大价值追求，认为执行中的公正只在于责令债务人履行债务、满足债权人的权利要求，这样执行程序就明显区别于以公正为最高价值取向的审判程序。而司法权说虽肯定执行中的效率要求，但同时强调执行裁判权所针对的事项，往往关系到当事人或案外人的重大实体、程序权利，故应当给予正当程序的保障，纳入审判的框架下。

3. 独立说

独立说认为，执行权是处于司法权与行政权边缘的一种相对独立的、完整的国家权力，它不依附于行政权或司法权，而是由分别具有司法权特征和行政权特征的权能构成的整体，其具体应定位于司法权与行政权的"交叉地带"。③ 独立说的论证基点，是执行权既不适合放在行政权下，也不能归于司法权。因为一方面，执行权与行政权是有差异的，执行权具有被动性、终局效力，其内部运行模式是层级独立制；另一方面，执行权与司法权又存在不同，表现在执行权往往是单向性的、不完全中立的且不是解决纠纷的权力。④

独立说的创造性首先是值得肯定的，相比之下，司法权说、行政权说都有意让执行权比附既有的权力类别，将执行权纳入现成的权力框架。而独立说使执行权摆脱了对司法权或者行政权的依附，便可以依据自己的特异性独自为建构。然而，这种"大跨步式"的理论创造，须以充分的论证为根基，否则要面临外界可

---

① 参见汤维建：《关于破解"执行难"的理性反思——以执行体制的独立化构建为中心》，载《学习与探索》，2007（5）。
② 参见肖建国：《审执关系的基本原理研究》，载《现代法学》，2004（5）。
③ 参见谭秋桂：《民事执行法学》，3版，111-112页，北京，北京大学出版社，2015。
④ 参见谭秋桂：《民事执行权定位问题探析》，载《政法论坛》，2003（4）。

接受度的问题。有怀疑者就提出，独立说实际主张在立法权、司法权、行政权之外还有第四种权力，但证明权力"四分法"的合理性以及"三分法"的不足本就十分艰巨，且这一宏大的工作似乎难以放在——也不应该放在——执行领域来解决。①

4. 二重权力说

如果说独立说侧重于"求异"，那么二重权力说是以"求同"为主旨。其基本观点是：民事执行权属于一种综合性（二重性）权力，其中部分是行政性的，部分是司法性的，不过司法权与行政权并没有融合成一个不可分割的有机体，民事执行权只是两种权力在同一执行程序中的聚合而已。

二重权力说中最为关键的一点是，否认在传统"三权"之外存在第四种权力，故不认可执行权能够独立出来或者作单一化处理。所谓的"二重"，就是司法权与行政权在执行程序中既不改变各自的性质，也没有相互吸收、有机结合的情况发生。以此为视角，执行过程中的不同工作可归为不同的权力——执行实施权属于本原意义上的行政性执行权，而执行裁判权是本原意义上的司法性执行权。②

5. 小结

十余年前，有学者指出，我国学界有关"执行难"问题的对策思考，已基本形成一种思维定式：从实践中出现的各种问题推导出执行措施以及配套措施上存在问题，然后由此反溯到执行机制和执行体制，最后归结为执行权的性质归属问题。③ 有疑问的是：这一思维定式是具有约束力、不容突破的吗？

关于执行权性质讨论的价值主要体现在体系化的理论建构层面，也就是以性质作为起点性的命题，统摄后续对于执行机构、执行行为等问题的讨论。比如，若是采纳司法权说，则执行程序按照司法权固有的质的规定性予以安排，执行行为依据司法权行使的一般规律进行调整。

执行权性质的基础性地位是否具有决定性，有不少学者表达了怀疑。比如，有人发现，执行改革初期理论界对执行权性质虽有激烈讨论，但改革实践似乎并没有对此给予回应。④ 还有人表示，由于权力性质界定存在"剩余性范畴"以及

---

① 参见严仁群：《民事执行权论》，41-42 页，北京，法律出版社，2007。
② 参见严仁群：《民事执行权论》，32-35 页，北京，法律出版社，2007；严仁群：《民事执行体制设计的理论基础——执行程序中权力的性质、分配与控制》，载《法学评论》，2003（5）。
③ 参见汤维建：《关于破解"执行难"的理性反思——以执行体制的独立化构建为中心》，载《学习与探索》，2007（5）。
④ 参见赵秀举：《论现代社会的民事执行危机》，载《中外法学》，2010（4）。

不确定法律概念，民事执行权无论被定位为司法权还是行政权，都不能决定民事执行权配置模式。①

有学者主张跳出给执行权直接定性的惯性思维，提出执行功能视角更能准确定位执行权；按照执行权的具体运行环节进行分解，细化到执行权的具体权能，分析每一执行权能的运行特点和权能配置要求。②

（二）执行机构设置法理研究

清末民国初年，执行机构的设置并未引发显著争议，从各方对立法的解读来看，研究者就此问题所为的思考，既参照了德国、法国等域外先例，也顾念本国的实际情况。比如，清末修订法律馆所编订之强制执行律草案，将执行机构分为第一审受诉法院、执行法院、执达员三种，其中执达员实施执行行为虽为原则，但执达员受执行处的推事、书记官督导。

有学者指出，执达员之所以未被认可为独立执行机构，是因为与我国的现实情况：（1）执达员的任职门槛不高，需要防范其职权滥用；（2）执达员的地位并不高，若许其独立执行，可能遭到当事人比较大的抗拒。③

还有学者指出："关于办理强制执行事务之机关，东西各国制度互异。吾国强制执行律草案规定强制执行以依承发吏（后称'执达员'）实施为原则，此系采用外国之成例；然在吾国执行事件，由推事负责办理，较为适当……按执行事件，程序既繁复，进行又须敏捷，实以设置专任人员为当，故本案规定民事强制执行事务，于地方法院设民事执行处办理之，并以设置专任之推事及书记官为原则。"④

在我国现代民事诉讼理论中，围绕执行机构的设置主要有两派观点："内部分立说"主张将民事执行权划分为若干权力，并在法院系统内部设置不同的机构分别行使；"外部分立说"主张在全国范围内建立独立于人民法院的执行机构。⑤在此之外，也有人跳出了内分说、外分说的对峙，转而考虑执行权向民间分配的可能性与现实性。

（1）执行机构的"内部分立说"

执行机构在法院内部分立的思路，是先将民事执行权分为执行裁决权、执行

---

① 参见童兆洪：《改革语境中的民事执行权配置理论》，载《法制与社会发展》，2005（2）。
② 参见马登科：《审执分离运行机制论》，载《现代法学》，2019（4）。
③ 参见曹杰：《强制执行法讲义》，10-11页，上海，上海法学编译社，1935。
④ 郑竞毅：《强制执行法释义》，7-8页，北京，商务印书馆，2014。
⑤ 最高人民法院经过深入调研，还提出了"深化内分、适当外分"的观点，认为这应当是我国审判权和执行权相分离的体制改革的最优模式。参见江必新、刘贵祥：《审判权和执行权相分离的最优模式》，载《法制日报》，2016-02-03。

命令权、实施事务权，再将三种权能依性质分别配置①；或者是基于执行权性质的"二重性质说"，在法院系统下区分法官与执行员，由前者行使执行中的司法权，后者行使执行中的行政权。②

有学者认为不应笼统地将执行裁决权等同于审判权，并指出执行裁决权的行使对象中关于实体权利义务争议的审理和裁决才属于审判权，而由于异议的原因与执行机构及其行为有关，涉及执行程序违法和手段违法的异议事项属于执行权行使的范畴。③

内分模式的主要理由在于，执行事务内置于法院更有利于提高执行效率，有利于减轻当事人负担，另外，该方案还有论证难度低、改革成本小、改革效果好、改革条件成熟等优势。④ 另有人认为，内分模式有利于实现审判与执行相互监督、相互制约，因为执行机构与审判机构是人民法院内部彼此相互独立的业务部门。⑤ 除此之外，还有研究者从内部分立对司法系统目的的正功能，说明了该配置模式在我国既属合理，也属最优。⑥

（2）执行机构的"外部分立说"

坚定提倡外部分立的研究者，认为彻底的改革应当将执行权从法院权力结构中剥离出去，若只是在法院内部增加一个专司执行之职的机构，不足以根除执行机构层次低、执行管理疲软化、审执分立不彻底、执行方法单一化等弊病。⑦"外部分立说"提出了执行改革的三项原则——执行体制上的独立性原则、执行机构上的统一性原则、执行管理上的行政性原则。⑧

还有学者表示，我们已经进行的内分改革实践并没有从根本上解决"执行难"和"执行乱"，那么外分的思路就应当被认真对待。就其可行性而言，外分的制度设计与迄今为止法院所推行的内分改革是可对接的，执行制度从组织构造、职能担当到程序操作上相对于审判制度的独立，显然为进一步的分离提供了

---

① 参见肖建国：《民事审判权与执行权的分离研究》，载《法制与社会发展》，2016（2）。

② 参见严仁群：《民事执行体制设计的理论基础——执行程序中权力的性质、分配与控制》，载《法学评论》，2003（5）。

③ 参见张卫平：《"审执分离"本质与路径的再认识》，载《中国法学》，2023（6）。

④ 参见肖建国、黄忠顺：《论司法职权配置中的分离与协作原则——以审判权和执行权相分离为中心》，载《吉林大学社会科学学报》，2015（6）。

⑤ 参见常怡、崔婕：《完善民事强制执行立法若干问题研究》，载《中国法学》，2000（1）。

⑥ 参见童兆洪：《改革语境中的民事执行权配置理论》，载《法制与社会发展》，2005（2）。

⑦ 参见汤维建：《执行体制的同一化构建——以解决民事"执行难"为出发点》，载《现代法学》，2004（5）。

⑧ 参见汤维建：《关于破解"执行难"的理性反思——以执行体制的独立化构建为中心》，载《学习与探索》，2007（5）。

可能。从合理性的角度来看，域外的类似实践首先说明了外分设置并非游谈无根，而是有现实合理性；其次，生效执行文书的执行属于行政权性质的活动，行使裁判权的法院没有必要亲自操刀；再次，司法在作为与不作为之间，应当有自我节制的倾向；最后，迄今为止的事实可能已经说明，以中国法院在权力架构内的地位以及所拥有的司法资源，是无力承担解决"执行难"的重任的。①

（3）外部分立与内部分立的论证差异

基于双方代表性的著述，外分立场与内分立场的主要论证差异可被归纳为以下三点：

1）双方对执行难的原因理解不同。"外部分立说"将执行难归结于执行体制不顺，认为执行机构隶属于法院这一执行体制存在结构性的缺陷。② "内部分立说"却指出，执行机构脱离法院并不利于解决目前的执行难，当前执行难的原因之一是地方政府干涉执行，如果执行机构成为行政机关的下属部门，这种干涉还将愈发严重。③

2）双方对执行规律的把握不同。"外部分立说"主张独立化，很大程度上是基于执行权性质的"行政权说"，希望保障执行管理的垂直型、一体化、行政化和集权化的特征，那么执行机构受审判机构的制约，被视为其良好履职的重要障碍。④ "内部分立说"强调执行机构与审判机构的协作，而这种协作关系之所以成立，又缘于执行权性质的"司法权说"。⑤

3）双方对改革难度的认识不同。"外部分立说"认为，独立化的改革或许在眼下比较繁难，但是从长远来看是值得尝试的，且相对于改革收益而言，其改革成本也不算高。⑥ 而"内部分立说"认为机构内部分立的改革更为通顺，有降低当事人的权益实现成本以及节约改革成本的优势。⑦

---

① 参见张志铭：《执行体制改革的想象空间》，载《人民司法》，2008（21）。

② 参见汤维建：《执行体制的同一化构建——以解决民事"执行难"为出发点》，载《现代法学》，2004（5）。

③ 参见谭秋桂：《执行机构脱离法院违反民事执行基本规律》，载《人民法院报》，2014-12-03。

④ 参见汤维建：《执行体制的同一化构建——以解决民事"执行难"为出发点》，载《现代法学》，2004（5）。

⑤ 参见肖建国、黄忠顺：《论司法职权配置中的分离与协作原则——以审判权和执行权相分离为中心》，载《吉林大学社会科学学报》，2015（6）。

⑥ 参见汤维建：《关于破解"执行难"的理性反思——以执行体制的独立化构建为中心》，载《学习与探索》，2007（5）。

⑦ 参见肖建国、黄忠顺：《论司法职权配置中的分离与协作原则——以审判权和执行权相分离为中心》，载《吉林大学社会科学学报》，2015（6）。

（4）执行权向民间分配的可能性

早先时候，民间为执行工作这一选项，并没有被研究者纳入考虑的范围。民国时期的文献指出，"执行机关者，即实施强制执行之国家机关也"①。受到欧陆实践的影响，我国有学者开始思考执行权能否向民间分配。

有一种立场是先肯定执行权向民间分配的可能，但强调只在少数情况下才去践行。究竟能否将权力配置给民间机构，取决于国家有没有这方面的管理能力；如果国家众多的公共机构运行的健康状况已经很差，那么向民间机构配置权力，恐怕会引起更大的混乱。②

另一种立场是积极支持将执行权分配到民间。因为不受限制的执行权垄断不足以长期维持法院的司法权威，也不足以有效应对数量庞大的执行案件，而把存在风险的执行行为放权给民间机构或组织，可以节约有限的司法资源，突破执行困境。我们应当追求的是一种执行指导权、执行实施权和市场监管权三权分立、相互制衡的实效机制。③

有学者指出，从域外发展看，执行体制走向市场化、扩大市场化、深化市场化，已成为不少国家民事执行体制发展的共同趋势。应设立作为自由职业者的执行律师，先由其负责金钱债权"终本"案件的执行，再扩大其执行权能范围，通过市场化改革，弥补财政资源的不足。④

《关于人民法院网络司法拍卖若干问题的规定》（法释〔2016〕18号）第7条规定，实施网络司法拍卖的，人民法院可以将部分拍卖辅助工作委托社会机构或者组织承担。对此，有学者认为，我国网络司法拍卖并非向外部分配执行权，而是将部分并非必须由法院完成的工作，委托给有能力、专业化的社会机构来完成。⑤

欧洲存在着执行机构的"私有化"趋势，在执行改革的合法、合用和合理这三方面因素的较量中，合用似乎占据了优势。我国目前日益强调执行机构的行政化管理，希望通过外在的业绩量化考核来促使执行员恪尽职守，这种路线是否合乎实践的需要有待反思。⑥

（三）执行当事人法理研究

相对于执行机构，执行当事人自身作为一个研究主题，并未引发不同学说交

① 曹杰：《强制执行法讲义》，10页，上海，上海法学编译社，1935。
② 参见严仁群：《民事执行权论》，53~56页，北京，法律出版社，2007。
③ 参见栗峥：《中国民事执行的当下境遇》，载《政法论坛》，2012（2）。
④ 参见陈杭平：《道路通向市场——民事执行体制改革新论》，载《政治与法律》，2024（5）。
⑤ 参见肖建国、庄诗岳：《论民事执行实施权的优化配置——以我国的集约化执行改革为中心》，载《法律适用》，2019（11）。
⑥ 参见赵秀举：《论现代社会的民事执行危机》，载《中外法学》，2010（4）。

相争鸣的局面。从清末民国初年的文献来看，学者在执行当事人方面，所关注的也无非是概念、特征这些基础点。① 20世纪80年代和90年代，民事执行专著中对执行当事人的研究也是基础意义上的，这包括：执行当事人的概念、称谓、特征，执行当事人在执行中的权利能力和行为能力，执行当事人的权利义务，执行当事人与第三人的关系。②

执行当事人应当遵行诚实信用原则，不得滥用执行申请权、执行异议权等诉讼权利，不得妨害执行。债务人比债权人履行更多的程序义务（比如适时、真实申报财产，不得妨害执行等）。当事人不履行义务的，将产生诉讼行为无效、承担诉讼费用等法律后果，并被施以妨害民事诉讼的强制措施等。

许多情况下，执行当事人即审判当事人。但是，审判当事人以外的主体也可能成为执行当事人，比如本案言词辩论终结后审判当事人的承继人、被追加的被执行人③，仲裁当事人、公证当事人等。执行当事人原则上依执行依据来确定。若执行当事人是本案言词辩论终结后审判当事人的承继人，应由相关证据来说明或者疏明。④

执行当事人变更属于民事诉讼当事人变更的范畴，包括法定的当事人变更和任意的当事人变更。执行中，执行当事人的姓名或者名称发生变更的，法院可以直接将姓名或者名称变更后的主体作为执行当事人，并在法律文书中注明变更前的姓名或者名称，不属于执行当事人变更。法定的当事人变更（或称执行承受、执行承继）主要是因为本案最后辩论终结后或者本案判决确定后，执行当事人实体权利、义务合法转移给"他人"。任意的当事人变更，即将无当事人资格或者不适格的"当事人"更换为有当事人资格或者适格的当事人。"债权人"申请执行，法院认定其无当事人资格或者不适格的，应当裁定驳回申请。"被执行人"无当事人资格或者不适格的，法院应当根据执行依据或者法律规定裁定更换为有当事人资格或者适格的债务人。

执行当事人的追加是指在执行过程中，在原当事人不变的前提下，依法将其他特定的自然人、法人或者非法人组织追加为当事人。追加执行当事人的主要原因是：被执行人没有履行债务能力的，由与被执行人有着民事利害关系的其他主体来履行该债务。

民事执行当事人变化的正当性，只有通过程序运行才能最终实现，而我国因

---

① 参见康焕栋：《强制执行法通义》，13页，上海，上海法学编译社，1937。

② 参见孙加瑞：《强制执行实务研究》，74-83页，北京，法律出版社，1994。

③ 参见肖建国、刘文勇：《论执行力主观范围的扩张及其正当性基础》，载《法学论坛》2016（4）；翁晓斌：《论既判力及执行力向第三人的扩张》，载《浙江社会科学》，2003（3）；等等。

④ 参见邵明：《民事诉讼法学》，2版，341-342页，北京，中国人民大学出版社，2015。

为没有规范变更与追加的具体程序才导致了实务的困境，需要解决如下四个具体问题：（1）明确执行当事人变化的主体范围；（2）规范执行当事人变化的启动程序；（3）确定执行当事人变化的审查制度；（4）完善相关的救济程序。①

在当事人变更与追加的程序上，有研究指出，如果以不采用执行文制度为讨论前提，那么目前有两套可选择的设计方案：一是"执行机关＋形式审查"（书面审查＋单方审查），后续采取"执行异议＋执行复议"的双层程序救济；二是"执行机关＋实质审查"（言词辩论＋双方参与），后续采取执行复议的单层程序救济。② 针对执行当事人变动的救济手段，还有人提议在我国建立签发许可执行文制度和许可执行之诉制度。③ 这种观点以域外制度为蓝本，也获得了不少支持。

政府等公法人作为被执行人的民事执行案件，涉及对公益保护与私权实现之间的权衡。为实现私权与保护公益，有学者认为应对政府等公法人的执行遵循限度，给予其"规则礼遇"。例如，对公法人财产的执行，应以不影响公务推行为限度；对公法人执行程序的适用，应维护其良好的信用和权威，限制适用间接强制执行措施等。④ 对于间接强制执行措施则应当立足"公法人"的本质属性，并结合行政诉讼执行司法实践，明确对公法人适用的间接强制执行措施只包括延迟履行利息、对"公法人"负责人的逾期罚款以及向监察机关或者该"公法人"的上一级行政机关提出司法建议三种类型。⑤

四、执行名义·执行标的·执行措施法理研究

（一）执行名义法理研究

1. 执行名义的含义及要件

民国初年的强制执行法讲义中有言："执行名义者，乃确定债务人担负得为

---

① 参见谭秋桂：《论民事执行当事人变化的程序构建》，载《法学家》，2011（2）。
最高人民法院于2016年颁行了《关于民事执行中变更、追加当事人若干问题的规定》（法释〔2016〕21号，现为法释〔2020〕21号）。

② 参见肖建国：《执行当事人变更与追加的程序研究——基于德、日、韩执行文制度的比较研究》，载《法律适用》，2011（9）；肖建国：《执行当事人变更与追加的救济制度研究——基于德、日、韩执行文制度的比较研究》，载《法律适用》，2013（7）。

③ 参见马登科：《民事执行的现代转型与制度创新：以威慑机制和人权保障的冲突与融合为背景》，268-301页，厦门，厦门大学出版社，2014。

④ 参见唐力：《论对"公法人"民事强制执行的限度》，载《法律科学（西北政法大学学报）》，2020（1）。

⑤ 参见高星阁：《对"公法人"民事执行立法论》，载《法律科学（西北政法大学学报）》，2023（6）。

强制执行之债务之公正证书也。"① 名义即所谓债务名义，可从三个方面来分析：
（1）债务名义者，使私权明确存在之公正证书也。（2）债务名义者，法律上认为
强制执行之根据之公正证书也，这包括了确定判决或宣示假执行判决、本于外国
法院判决之执行判决、本于支付命令之执行命令、依民事诉讼法规定之和解、公
证人于其权限内作成关于法定请求之公正证书、假扣押假处分命令、依民事诉讼
法规定之裁判但以只得依抗告声明不服者为限。（3）债务名义者，其内容有适于
执行之债务存在之公正证书也。像是以权利关系之成立与否为内容的判决，或者
以变更已经存在之法律关系为内容的判决，依其判决本体已足以完成效果，不必
有待于执行机关的助力。②

民国时期的执行理论中，强制执行的要件不仅有实体要件，即证明执行权存
在之执行名义，还须有形式要件，乃据以开始强制执行时之执行正本及执行开始
前应尽之程序也。③ "列国立法例如德日两国关于声请强制执行，除须获得执行
名义外，尚须付与执行文。我国强制执行律草案亦同，惟民事诉讼执行规则及本
法（指 1936 年公布之《强制执行法》）则不予采用，仅须获得一定之执行名义为
已足，此皆因兼采声请主义与职权主义之故也。"④ 因此，执行名义的研究与执
行正本的研究通常密不可分，由此牵连出有关执行正本的性质、付与执行正本之
程序、请求付与执行正本之诉等研究主题。⑤

在 20 世纪 80 年代，国内主流观点认为，作为执行根据的法律文书基本上可分
为四类：（1）发生法律效力的民事判决书、裁定书、调解书；（2）发生法律效力而
具有财产内容的刑事判决书、裁定书；（3）经公证机关证明并赋予执行力的债权文
书；（4）依法由人民法院执行的仲裁裁决书。作为执行依据的法律文书，还应当符
合一定的条件：（1）具有执行内容；（2）在执行期限内；（3）义务人拒不履行。⑥

理论界还将执行依据要件区分为形式要件与实质要件两个方面。执行依据的
形式要件包括：（1）须为公文书；（2）须指明债权人与债务人；（3）须表明应执

---

① 曹祖蕃：《强制执行法》，载李秀清、陈颐主编：《朝阳法科讲义》，第 7 卷，洪冬英、沈伟点校，
785 页，上海，上海人民出版社，2014。

② 参见曹杰：《强制执行法讲义》，10－13 页，上海，上海法学编译社，1935。

③ 参见曹祖蕃：《强制执行法》，载李秀清、陈颐主编：《朝阳法科讲义》，第 7 卷，洪冬英、沈伟点
校，785 页，上海，上海人民出版社，2014。

④ 郑竞毅：《强制执行法释义》，44 页，北京，商务印书馆，2014。

⑤ 参见曹祖蕃：《强制执行法》，载李秀清、陈颐主编：《朝阳法科讲义》，第 7 卷，洪冬英、沈伟点
校，790－795 页，上海，上海人民出版社，2014。

⑥ 参见刘家兴、邹世杰、潘剑锋：《民事诉讼法学概要》，209－210 页，北京，光明日报出版社，
1985。

行的事项；（4）须法律文书已生效。执行依据的实质要件则有：（1）给付内容应当明确；（2）给付内容应当合法；（3）给付内容须具有可能性；（4）给付内容适于强制执行。①

理论上普遍认为，执行依据应当具备明确性，即权利义务主体明确、给付内容明确。其中，给付内容明确，是指执行依据所确认的给付内容应当具体、确定。② 然而，这种明确性要求，在现实中不总是得到满足，由此引发的一个讨论较多的问题是执行依据不明时如何处理。对此，有观点认为，首先应交由当事人协商，协商不能时中止执行并交由作出生效判决的法院，用"补充判决"或"判决更正"的方式处理。③ 还有观点认为，法院应通过召集当事人协商或者征求执行依据作出机构的意见等方式确定执行内容；确实无法执行的，再裁定驳回执行申请或裁定终结执行程序。④ 另有观点认为，对于因既判力确定后发生新事实而导致的次生性给付内容不明确，应综合运用债权人确认之诉和债务人异议之诉加以应对。⑤

2. 执行名义的审查

执行程序开始前，民事执行机关是否应该对执行名义进行实体审查，如今的理论界有两种不同的观点：一种意见否定实体审查，主张基于抽象的执行请求权说，只对债权人的执行请求作形式审查；另一种意见肯定实体审查，是基于具体的执行请求权说，认为只有在确信债权人具有实体法上的请求权时，才能启动民事执行程序。⑥

上述两种观点实际各有利弊：具体的执行请求权说造成民事执行机关与民事审判机关职能上不必要的重叠与冲突，且妨害执行名义的安定与民事执行的效率，实不可取；抽象的执行请求权说则可能造成错误执行，最终违背民事执行程序实现私权的初衷。⑦ 还有学者提出，在执行文制度缺位的语境下，承载执行力的文书只能是执行名义本身，而债权人据以申请强制执行的生效法律文书是否可以充当执行依据，需要执行法院进行审查。这就是说，执行力及其主客观范围均

---

① 参见肖建国主编：《民事执行法》，117-119页，北京，中国人民大学出版社，2014。

② 参见江伟、肖建国主编：《民事诉讼法》，8版，442页，北京，中国人民大学出版社，2018。

③ 参见杨春华：《论判决执行依据瑕疵的处理》，载《法学杂志》，2008（2）。

④ 参见赵晋山、葛洪涛、乔宇：《民事诉讼法执行程序司法解释若干问题的理解与适用》，载《人民司法》，2016（16）。

⑤ 参见刘鹏飞：《执行依据给付内容不明的类型检视及程序应对》，载《法律科学（西北政法大学学报）》，2022（5）。

⑥ 参见郭毓洲：《强制执行法实务问题研究》，5-6页，台北，司法周刊社，1993。转引自谭秋桂：《民事执行法学》，3版，100页，北京，北京大学出版社，2015。

⑦ 参见谭秋桂：《民事执行法学》，3版，100页，北京，北京大学出版社，2015。

需要通过执行法院的职权审查及必要调查予以确定。①

(二) 执行标的法理研究

民国时期的学术理论上,通常将强制执行之行为区分为直接执行与间接执行:直接执行者,即对物执行,以债务人之财产为执行之标的;间接执行者,即对人执行,以债务人之身体为执行之标的,如管收制度。② 现今,能否将人身(自由)作为执行标的却是存在不同意见的,这也影响了对执行标的的概念的界定。概括起来,执行标的的理论领域内的主要争议,在于人身(自由)能否成为执行标的、财产类执行标的的如何查明和识别。

1. 执行标的的概念和属性

执行标的的概念和特征,曾在 20 世纪 90 年代引起过短暂关注③,2000 年后基本难以见到专门以此为题的文章。有关执行标的的概念,可能的分歧有三:执行标的是否应当为债务人所有、执行标的的种类、执行标的的所满足权利是否仅限于债权。④ 当然,即便对执行标的的概念、特征的表述不完全一致,学术界的基本认识也大致统一。

执行标的的概念,有学者认为其与执行客体、执行对象同义,是指按照执行程序,用以实现债权人债权的,债务人有权处分的财产(权)或其应履行的行为。构成执行标的之财产(权)或行为应当是:(1)债务人有权处分的财产(权)或其应履行的行为;(2)被记载在执行名义之中,或者法院合法裁定为执行标的;(3)用以履行执行债权。⑤

执行标的的属性有三:(1)执行标的的范围之有限性,这主要对执行机关的执行程序和执行行为提出了要求;(2)执行标的之确定性,即指执行机关应当严格按照执行名义对执行标的实施执行;(3)执行标的之非抗辩性,即执行程序中,执行标的由执行机关适用通常的权属判断标准进行识别和认定,无须当事人举证证明,更无须进行言词辩论。⑥

2. 人身(自由)能否作为执行标的

无论是民国时期还是中华人民共和国成立初期,为了从规范上和实践上彻底废

---

① 参见黄忠顺:《执行力的正当性基础及其制度展开》,载《国家检察官学院学报》,2016 (4)。

② 参见康焕栋:《强制执行法通义》,3 页,上海,上海法学编译社,1937。

③ 比如,肖建华:《执行标的若干问题研究》,载陈光中、江伟主编:《诉讼法论丛》,第 2 卷,北京,法律出版社,1998;刘永琴:《对执行标的几个法律问题的探讨》,载《法律适用》,1999 (10);王红岩、张文香:《论执行标的》,载《政法论坛》,2000 (3)。

④ 参见肖建国主编:《民事执行法》,92-93 页,北京,中国人民大学出版社,2014。

⑤ 参见邵明:《民事诉讼法学》,2 版,339 页,北京,中国人民大学出版社,2016。

⑥ 参见谭秋桂:《民事执行原理研究》,204-209 页,北京,中国法制出版社,2001。

止管收制度，学界付出了不少的努力。后来，就人身是否可以作为执行标的这一问题，依然存在不同的解答，但不同观点的差异似乎又仅限于概念、文字层面。

（1）民国初年管收制度存废之争议

管收制度是传统社会以刑罚措施处置民事案件这一惯性思维的反映，清末《各级审判厅试办章程》便有此规定。南京国民政府初期，司法部通令施行《管收民事被告人规则》，规定了法院在诉讼中知晓债务人有逃匿企图，应将其管收，以防止诉讼终结后执行困难。其后强制执行法的起草者承袭了这一思路，在法律草案中表示管收制度为债权人利益保障而有存在必要。

学界也有观点认为，现今法治国为保障人权，多采用直接执行，但间接执行之方法并不是完全被废弃，而仍在有限范围内采用。首先，间接执行"收效颇易"。因为当债务人不履行时，若拘束其身体、限制其自由，债务人必应感受痛苦，若不是确无履行能力，当不愿自毁其社会地位。其次，考虑到财产登记制度尚未普及，债务人隐匿或处分应供执行财产或者企图逃匿者，往往有之。所以，"为排除执行程序之妨碍计，除直接执行外，尤不能不斟酌采用间接执行之方法，以济其穷也"[1]。

1936年"立法院"第四届第66次会议审议"强制执行法（草案）"时，是否废除草案中有关管收的规定，成为委员们的争议焦点之一。有的委员认为该规定流弊过大，实践中恐被扩大化使用，而中国习惯上以被押为辱，当事人强烈倾向于谋求释出，便又会给法官以要挟之机。有的委员认为管收于债务清理无济于事。有的委员亦认为，如果债权人向法庭呈文，债务人即被管收，但管收期间不超过6个月，期满之后债务人仍可能逃匿，法院无其他救济办法。最终经表决，管收条款被删除。[2]

（2）中华人民共和国成立后人身执行之认识

在中华人民共和国成立后的一段时间内，因为传统观念根深蒂固的影响，也因为全国统一民事诉讼立法的缺位，一些地方司法实践中保留了管收手段的使用。对此，理论上早有人对这种执行人身的做法提出批驳，认为这是严重侵犯公民人身自由、违反宪法对人身自由保护规定的行为，应当坚决反对、禁止采用。[3] 还有研究者指出，之所以把人身排斥在执行对象之外，是由民事案件的性质决定的，因为民事案件是当事人之间的民事权益争议，无须拘押被执行人，只

---

[1] 康焕栋：《强制执行法通义》，3-4页，上海，上海法学编译社，1937。

[2] 参见郑兢毅：《强制执行法释义》，14页，北京，商务印书馆，2014。

[3] 参见江浩：《民事执行中的几个问题的研究》，载《政法研究》，1957（1）。

需执行特定的财产或行为。① 《民事诉讼法（试行）》（1982 年）明确排除了管收制度，《关于贯彻〈民事诉讼法（试行）〉若干问题的意见》（1984 年）也强调强制执行标的只能是物和行为。

晚近，保障人权、尊重人格已经成为共识，但关于人身可否作为执行标的，还是有正反两个方面的意见。② 有研究者指出，两方分歧的根本在于解释路径：（1）是否承认间接执行这一概念，或者说，如何看待间接执行与法律上的"妨害执行的强制措施"的关系，双方的理解不同；（2）在要求交出未成年子女的某些案件中，是否允许直接针对子女的身体采取执行措施，存在对立的观点。③

3. 财产类执行标的的理论问题

有关财产类执行标的，首要的一个问题在于债务人财产的查明。早些时候，我国民事诉讼法仅规定了搜查制度，而对债权人调查财产的途径、债务人的财产申报义务以及不申报的后果等均未作出明确规定，这对执行效果造成了很大的影响。

有学者提出三点建议：（1）强化债权人提供债务人财产状况或财产线索的义务，同时赋予其更多的调查债务人财产的手段和途径；（2）进一步强化债务人及有关单位和人员的申报义务，明确规定相应的制裁措施；（3）执行法院在必要时也可以依职权进行调查，应明确规定法院在调查债务人财产时，可以采取的手段和途径以确保调查的实际效果。④

设立债务人财产发现制度的意义得到了学者的普遍肯定⑤，也有不少研究着力于我国财产发现机制的完备化，它们或者从财产查明的主体关系角度提出分析⑥，或者从他国制度内提取可用的经验。⑦

除了财产的查明，财产的识别也可能构成理论议题。对于执行当事人、第三人主张的实体权利，尤其是对于执行标的——被执行人责任财产的权利归属，执行法院是否有权判断以及依据何种标准进行审查判断，是民事执行理论和实务中亟待解答的问题。

① 参见周道鸾编：《民事诉讼法问题解答》，208 页，北京，法律出版社，1984。
② 持肯定说的有：王红岩、张文香：《论执行标的》，载《政法论坛》，2000（3）；赵钢：《对人执行之辨析与执行立法完善》，载《法学评论》，2001（5）；等等。持否定说的有：谭秋桂：《民事执行法学》，3 版，164-166 页，北京，北京大学出版社，2015；等等。
③ 详见肖建国主编：《民事执行法》，104-106 页，北京，中国人民大学出版社，2014。
④ 参见肖建国、赵晋山：《民事执行若干疑难问题探讨》，载《法律适用》，2005（6）。
⑤ 参见李浩：《论民事执行中债务人财产的发现》，载《法学》，2007（12）。
⑥ 参见朱森蛟、唐学兵：《查明被执行财产路径之改良——申请执行人、被执行人与执行法院在查明被执行财产中的关系论纲》，载《法律适用》，2003（12）。
⑦ 参见吴凡、马婷婷：《域外民事被执行人财产查明及借鉴》，载《广西政法管理干部学院学报》，2005（4）；常廷彬：《论被执行财产的查明制度》，载《法学杂志》，2009（3）。

有学者认为，案外人异议中执行法官的权利判断所遵循的程序、适用的法律、判断标准和效力均有别于审判法官的判断，权利判断的性质为形式物权、权利表象，而非实质物权、真实权利。在有体物作为执行标的之案外人异议的审查中，执行法官的权属判断标准是物权公示原则；在有体物以外的其他权利和利益（如股权、知识产权等）作为执行标的之案外人异议的审查中，执行法官的权属判断标准则为权利外观主义。[①]

（三）执行措施法理研究

在民国的强制执行法理论中，执行措施主要分为四大类：关于金钱权利之强制执行、关于交回人物及作为或不作为之强制执行、关于分割共有物之强制执行、关于假扣押假处分之强制执行。理论研究既涵盖了扣押、拍卖等执行措施的适用，也包括参与分配异议诉讼、抗告程序等救济机制。[②]

现代对执行具体措施的研究以应用型、应对型研究为主，也就是实务部门人士就实践中的个案、类案情况提出解决方案，其中往往不涉及理论的驳与立，而是以化解个别性问题为目标。至于学术理论上，研究者的目光集中在查封与拍卖两个主题，本部分对执行具体措施的观点梳理也着墨于此。

1. 控制性执行措施研究

控制性执行措施主要包括查封、扣押、冻结。早先有学者主张，三种措施应当合并为一个概念，作为金钱债权强制执行限制性处分措施的总称。[③] 现今主流教科书主张淡化甚至消弭三者在适用上的区别，统一称之为查封。这是因为三者的目的都是禁止处分，严格区分在法律效力上没有实质意义，在实践中也属于徒增烦琐。[④] 控制性执行措施所引发的理论探讨不多，并且主要集中于查封，这包括超额查封、重复查封以及查封效力等问题。

（1）超额查封与重复查封

有关超额查封、重复查封，我国学术界总体采纳的是禁止性立场，这与法规范上的价值相当原则保持了一致。通说认为，超额查封和超额扣押在实践中导致被执行人自由处分的财产的减少，影响被执行人的生产和经营，因此禁止超额查封、超额扣押，有助于更好地维护被执行人的权益[⑤]；禁止重复扣押有利于遏制

---

① 参见肖建国：《执行标的实体权属的判断标准——以案外人异议的审查为中心的研究》，载《政法论坛》，2010（3）。
② 参见曹祖薖著：《强制执行法》，载李秀清、陈颐主编：《朝阳法科讲义》，第7卷，洪冬英、沈伟点校，810-852页，上海，上海人民出版社，2014。
③ 参见蒋笃恒、周孟炎：《略论金钱债权之执行措施》，载《法学评论》，2001（2）。
④ 参见肖建国主编：《民事执行法》，227页，北京，中国人民大学出版社，2014。
⑤ 参见江伟主编：《民事诉讼法学原理》，859页，北京，中国人民大学出版社，1999。

地方保护主义，有利于防止执行竞合现象的发生。① 不过在较早时候也存在不同观点，认为是否禁止超额查封、重复查封，要基于强制执行的价值取向具体分析，在平等原则或优先原则下会有不同的答案。②

在重复查封的领域，还有一颇有争议的问题，即轮候查封的性质。一种观点认为，轮候查封是对已经查封财产的再次查封，突破了重复查封之禁止。另一种观点认为，轮候查封并不是对禁止重复查封原则的否定，而是对其的完善。主流教科书认可了后一种观点，指出轮候查封是让解除查封与再行查封之间形成"无缝对接"和"自动对接"，有利于节约司法资源和成本。③

（2）查封的效力

学理中存在查封效力的绝对性与相对性之争。前者是指债务人于查封后对查封物的处分行为不仅对执行债权人或参与分配债权人无效，而且对于债务人的所有债权人而言，均不发生法律效力；后者是指对于实施查封的债权人而言，债务人的处分行为不发生效力，对于其他参与分配的债权人而言，债务人的处分行为仍然有效。

有学者认为，查封效力的绝对性理论是与强制执行平等原则相配合的。在强制执行优先原则下，查封债权人因查封而取得优先受偿的权利，债务人事后的处分不能对抗查封债权人；而对于其他债权人而言，不妨使债务人的处分行为有效。这就是说，查封效力的相对性与强制执行优先原则具有理论上的一致性。④

《民法典》允许抵押财产自由转让则为查封相对效的现实适用提供了实体基础，统一登记系统亦为查封相对效提供了支持。基于查封相对效，对债权人而言，只要债务人的处分行为有碍执行，其就可以主张该行为对其不生效力。对相对人而言，在区分原理下，其与债务人间的债权合同有效，但在程序实现上要在法院作出除权裁定后始行变价；相对人要取得查封财产之物权，则要肯认查封对物权处分的影响只涉及处分禁止，并允许相对人办理物权登记，采取查封公示生效主义，而不适用善意取得。⑤

2. 处分性执行措施研究

现今所说的处分性执行措施，包括拍卖、变卖和以物抵债。根据拍卖优先原

---

① 参见田平安：《民事执行措施论》，载《时代法学》，2007（1）。
② 参见肖建国：《我国强制执行优先原则的制度运行分析》，载《甘肃政法学院学报》，1997（1）。
③ 参见肖建国主编：《民事执行法》，228页，北京，中国人民大学出版社，2014。
④ 参见肖建国：《我国强制执行优先原则的制度运行分析》，载《甘肃政法学院学报》，1997（1）。
⑤ 参见毋爱斌：《民事执行查封相对效的体系展开》，载《法律科学（西北政法大学学报）》，2022（6）。

则，查封或扣押后，被执行人在指定期间没有履行债务的，进行拍卖或变卖，但以拍卖为先。理论上对处分性执行措施的研究，也集中于拍卖领域。

（1）强制拍卖的性质研究

在 20 世纪 50 年代，强制拍卖这一执行措施即见诸最高人民法院和各地方人民法院发布的指导民事审判和执行的文件中。当时法院可以委托拍卖行拍卖，也可以自行拍卖。随着 1958 年拍卖行在中国大陆消失，法院的强制拍卖也逐渐销声匿迹。到《民事诉讼法（试行）》（1982 年）颁行时，法院执行过程中的变价方式仅有变卖一种，直至《民事诉讼法》（1991 年）才确立了法院的强制拍卖权，但是给强制拍卖的性质、效力、程序留下了立法空白，由此带来激烈的讨论。

诸多学者支持强制拍卖私法说，以债权人对债务人的责任财产所享有的变价处分权为中心来构筑私法化的强制拍卖理论；而民事诉讼法学者和司法部门倾向于公法处分说，有研究者特地选取了利益衡量法来为论证，对强制拍卖程序中的不同利益关系的冲突和协调作出评价。①

经过早期的辩论，对于将强制拍卖定性为"公法行为说"，已经少有异议。不过诚如研究者所言，拍卖的性质在理论上是一至关重要的前提性问题，这体现在第三人财产查封拍卖时，拍定人可否取得拍定物所有权，同时牵涉到拍卖物真正所有权人应向何人主张其权利，应以何种法律关系请求保护；执行债权人实体上的请求权实际上不存在时，查封拍卖的效力如何；拍定人、执行债权人和执行债务人三者之间的利益应如何在学理上加以调整。这些问题的解决以及学理上说明，应当以澄清法院拍卖的性质为前提，然后才能建立前后一致的理论，不致使理论和实务脱节。②

（2）司法拍卖的规则研究

在强制拍卖的性质问题之外，早期的研究也会涉及一些对拍卖细节的规制。比如，有研究者对强制拍卖的运行提出了三点意见：1）人民法院是强制拍卖之拍卖人，人民法院采取查封后取得对查封物公法上的变价权，可以依公权力独立为强制拍卖行为，独立承担拍卖责任后果；2）拍定人可原始取得拍卖物所有权，其不承受拍卖物之负担，亦无瑕疵担保请求权；3）拍卖物为第三人所有时，第三人可向债务人请求赔偿；如果执行机构执行行为违法，亦可对其请求国家赔偿。③

---

① 参见江伟主编：《民事诉讼法专论》，497－506 页，北京，中国人民大学出版社，2005。

② 参见蒋笃恒、周孟炎：《论金钱债权强制执行立法中的几个问题》，载《法学论坛》，2001（1）。

③ 参见陈桂明、侍东波：《民事执行法中拍卖制度之理论基石——强制拍卖性质之法律分析》，载《政法论坛》，2002（5）。

最近几年的研究中，不少学者专门针对司法拍卖无效的论题刊发论文。有人指出，认定司法拍卖无效应仅限于拍卖严重违反程序的情形，应以执行标的执行终结前、执行标的执行终结后至执行程序结案前和执行程序结案后为时间节点，分别确立不动产拍卖成交审查裁定程序、通过执行异议撤销拍卖程序和拍卖裁定审查程序。① 还有人提出了确定拍卖无效事由的三点考虑：1）不宜将民事法律行为的效力标准作为强制拍卖效力的评判标准；2）严格限缩强制拍卖无效事由的范围；3）可通过执行救济制度补正的瑕疵，应排除在拍卖无效事由之外。②

另一个研究主题是司法拍卖的市场化改革。有研究者指出，我国经历了从法院自行拍卖到法院委托拍卖、从拍卖权力的集中行使到拍卖权力的分离与制衡、从拍卖场所的分散化到拍卖场所的统一化、从现场拍卖到网络拍卖，而司法拍卖的市场化改革是司法拍卖制度改革的基本方向。③ 还有学者分析了我国司法拍卖市场化面对的种种困境，认为根本性的战略任务是理顺司法拍卖中相关主体之间的法律关系。具体地，法院与拍卖公司之间的关系应被界定为一种特殊的委托合同关系，即公法上的委托合同关系，而不是协助执行关系。④

司法拍卖也激发了一些学者系统化研究的热情。比如，《民事执行拍卖制度研究》一书是为数不多的全景式研究，在澄清民事执行拍卖内涵、法律性质的基础上，本着"权利—权力"制约和"权力—权力"制衡的基本原理，剖析"由谁主持拍卖"这个事关执行拍卖实施的主体问题，并建构起完整的民事执行拍卖程序。⑤

有学者以程序运行者、程序利用者、程序辅助者之间的博弈关系为主线，梳理了中国网络司法拍卖产生和发展的过程，对网络司法拍卖形态进行类型化分析，充分展现网络司法拍卖制度的实施状况，真实揭示网络司法拍卖改革中面临的新问题，并在立法论与解释论上探索应对策略，并对中国网络司法拍卖的发展前景进行了展望。⑥

3. 执行威慑机制研究

执行威慑机制这一概念的提出相对较晚，它是"执行难"问题发展到一定阶

---

① 参见毋爱斌：《司法拍卖无效认定程序体系论——从最高人民法院指导案例 35 号谈起》，载《法学》，2017（1）。

② 参见卢正敏：《论法院强制拍卖无效的事由》，载《法学家》，2019（1）。

③ 参见汤维建：《论司法拍卖市场化改革及其完善》，载《中国法学》，2015（1）。

④ 参见百晓峰：《新民事诉讼法第 247 条与面临"十字路口"的司法拍卖改革》，载《华东政法大学学报》，2013（2）。

⑤ 参见毋爱斌：《民事执行拍卖制度研究》，厦门，厦门大学出版社，2014。

⑥ 参见肖建国、黄忠顺：《中国网络司法拍卖发展报告》，北京，法律出版社，2018。

段后，开始从理论上、制度上寻求外部支援的表现之一。相关学理研究首先集中于机制的正当性论证，而后开始围绕执行威慑的具体手段方法以及需要配备的资源；与此同时，实践经验的理论化总结也构成颇具价值的研究成果。

司法实务部门首先对执行威慑机制进行了系统化考察。有文章指出，作为民事强制执行的威慑应当有四个要义——更加严重的后果、可预见的后果、现实的损害、可实现的途径。而执行威慑机制的目标有三点，即重塑法律的权威、再构社会的信用体系和促进社会和谐。国家执行威慑机制的手段亦被区分为三个方面，即人民法院的强制执行措施、行政制裁和行政限制措施、社会公众对被执行人的负面评价和交易活动的拒绝。①

理论界给执行威慑措施的定义，是民事执行中用于使债务人感到压力和不安而自动履行义务的手段与方法。有学者认为，执行威慑主要是基于经济人假设，威慑的效果应当是债务人意识到不履行债务不仅无利可图，而且要面对额外的不利益，甚至陷入某种困境。现今法律上的执行威慑包括了责令支付迟延履行期间的债务利息或者迟延履行金、限制高消费、限制出境、记入征信系统以及通过媒体公布失信信息。②

除此之外，有学者从博弈论和信息经济学的角度，对执行威慑机制缓解"执行难"问题的机理进行了分析论证，为我们打开了理解威慑机制的另一种视野。③ 另有研究将民事执行威慑的特点概括为六点，即目的的敦促性、攻略的威慑性、本质的对人性、着眼的全局性、对象的唯一性、效力的前置性。④ 有人提出可以从信息共享、心理威慑和制度惩戒这三个基本要素出发，来构建完善的执行威慑机制和进一步铺筑社会信用体系。⑤ 还有人考察了韩国民事执行威慑机制，认同其中的"以债权实现为中心、兼顾程序利益保障"的基本理念，主张我国将增强条文的确定性和可操作性作为首要任务，并在加强执行威慑功能的同时，兼顾当事人程序利益之保障。⑥

实际上，执行威慑机制的现实合理性并不难理解，实务部门频繁强调的多方协同合作的工作机制，也有待于在实践中检验。在民事诉讼学理层面上，可能更要侧重执行威慑机制程序的正当性，以及具体实施中的程序保障、程序救济，而

---

① 参见黄年：《论国家执行威慑机制》，载《人民司法》，2007（1）。
② 参见谭秋桂：《民事执行法学》，3版，254-259页，北京，北京大学出版社，2015。
③ 参见黄年、王一鸣：《国家执行威慑机制的经济学透视》，载《中国审判》，2009（3）。
④ 参见广东省珠海市中级人民法院课题组：《论执行威慑机制的特点》，载《法律适用》，2007（11）。
⑤ 参见童心：《执行威慑机制要素论》，载《法律适用》，2009（12）。
⑥ 参见刘福泉：《韩国民事执行威慑机制及其启示》，载《唐都学刊》，2011（3）。

这些内容尚未引起足够的关注。

五、执行救济论与执行检察监督论

（一）执行救济论

在清末民初，执行立法较大程度地模仿和吸纳了域外的既有规则，执行救济在规范层面上显得体系化较强、整合度较高，理论研究主要是解释论。与之不同，在中华人民共和国成立之后，甚至在《民事诉讼法（试行）》（1982 年）颁布后的相当长时间内，学者对执行救济的研究还是建构论性质的。又因为理论上的呼声迟迟没有在法律文本上得到回应，所以执行救济的学理长时间徘徊在旧有论题上，其发展的步伐相对缓慢。以下对于执行救济的理论发展过程，按照如下四个阶段阐述。

1. 清末民初

民国初年的著作内有言道："强制执行之救济者，谓因强制执行所发生之危害，影响及于债权人、债务人或利害关系人之权利而设之救济方法也。其方法分为声请、声明异议、抗告及异议之诉。"① 而当时研究的首要任务，就是厘清这几种机制的含义：声请为请求执行机关应为某行为之方法，声明异议为对执行机关已为之某行为，施以攻击之方法。抗告者，即对于执行法院，就声请或异议所为之裁定声明不服之方法。异议之诉，为债务人及有利害关系之第三人排除强制执行之方法。此外，相关概念的界分也殊为重要，比如有研究者就从当事人、异议原因、为异议原因之事实、提起的时间等角度，仔细甄别了债务人异议之诉与第三人异议之诉的不同。②

由于执行救济的种类较多，这一时期对执行救济的研究多采用类型化方法，比如将强制执行异议分为两对类型来分别考察——当事人之异议与第三人之异议，程序上之异议与实体上之异议。③ 另外，案例研究方法的应用也较为普遍。比如，为了澄清对概念的理解而援引大量法院判例，甚至与日本的学说观点相链接。再如，在对相关条文的逐条解读中，亦采用解释例、裁判例和格式化的书状（比如债务人异议之诉状、第三人异议之诉状等），鲜明地展示了执行救济各机制的运行机理。④

---

① 康焕栋：《强制执行法通义》，78 页，上海，上海法学编译社，1937。
② 参见康焕栋：《强制执行法通义》，79、84、86－108 页，上海，上海法学编译社，1937。
③ 参见曹杰：《强制执行法讲义》，28－35 页，上海，上海法学编译社，1935。
④ 参见郑兢毅：《强制执行法释义》，58－80 页，北京，商务印书馆，2014。

2. 中华人民共和国成立后至 20 世纪 80 年代

中华人民共和国成立以来，理论与实务上对强制执行规律的把握长期偏重于职权性、效率性因素，而给予当事人以救济手段是比较边缘的话题，即便是在《民事诉讼法（试行）》（1982 年）实施之后，对执行救济的忽视依然普遍存在。当然，彼时对执行救济自有一套特别的理论解释。就执行异议的制度目的，有观点认为在于保障案外人的合法权益，保证执行标的的准确性与执行工作的正确性，避免案外人的财产被误认为义务人所有。

我国该阶段执行异议制度与他国异议之诉，有三点不同：（1）我国的执行异议只能由案外人提出，未规定案件的当事人可以提出异议；（2）我国只规定案外人对执行标的提出异议，而未规定义务人及利害关系人还可对执行措施及方法提出异议；（3）我国提出异议只是作为一项民主权利加以规定的，处理的办法是由人民法院对法律文书认定的事实和所作的决定进行审查，而不是作为诉权来加以规定的，不因提出异议而成为异议之诉。①

学者们最终还是对本国的规则采取了肯定性的立场。代表性观点认为："我们的审判与执行工作，都是通过依靠群众，调查研究来进行的，都是建立在实事求是基础之上的，既保护权利人的权利，又保护社会和他人合法权益。因此，即使在执行中出现异议，也不难解决，不一定设异议之诉，增多不必要的程序和方式。"②

3. 20 世纪 90 年代至 2007 年《民事诉讼法》修改前

到 20 世纪 90 年代，"执行难"开始被作为一项有待攻克的社会治理任务，如果不是诸多学者的呼吁，执行救济问题可能还将处于众人视野的边缘。在2007 年修法前，学术界重点关注的是我国执行救济制度的漏洞，并摸索执行救济体系化建设的脉络。起初，理论界论及执行救济，还时常与正当程序、当事人利益保障等抽象原则作关联研究，尔后才出现更为细致的考察，尤其是对德国、日本等国的比较法考察，甚具启发意义。

《民事诉讼法》（1991 年）规定的执行救济方式仅有执行异议（第 208 条）。对此有人指出，单纯以第 208 条为依托的执行救济制度有四个特点：（1）救济方法上的程序救济和实体救济合一；（2）救济程序上的审判监督和执行监督并行；（3）救济途径上的依申请为原则，依职权为例外；（4）救济方式上的过程矫正和事后补救兼用。③ 有研究者认为执行异议不同于国外民事诉讼法中的异议之诉，

---

① 参见刘家兴等：《民事诉讼法学概要》，216－217 页，北京，光明日报出版社，1985。
② 刘家兴等：《民事诉讼法学概要》，217 页，北京，光明日报出版社，1985。
③ 参见童兆洪、林翔荣：《民事执行救济制度刍论》，载《比较法研究》，2002（3）。

因为执行异议既用以排除强制执行行为,又用于排除犯错误的执行方法或者程序。①

对于这一时期的执行救济制度存在的缺陷,我国学者比较统一的意见是:(1)强制执行法律制度没有规定对程序上违法或不当的执行行为的矫正方法;(2)没有规定对被执行人实体上的救济措施;(3)执行异议对第三人实体权利的保护很不充分。② 学界一般是在考察大陆法系相关制度的基础上提出完善建议,代表性看法是将执行救济区分为执行异议和异议之诉,将前者作为程序事项之救济,后者用以解决实体法律关系之争执③;赞同者间仅对具体制度构建有些不同看法而已。

有种观点是用异议之诉解决实体法律关系的争执,并将异议之诉的主体限于有利害关系的案外人。然而,更多学者不仅认可案外人异议之诉,同时也主张建立债务人异议之诉,赋予债务人以诉讼程序解决实体争议的机会。④ 也有学者从三个类别来认识和提倡实体上的执行救济,即第三人异议之诉、债务人异议之诉和参与分配之诉。⑤

除了给出抽象的体系框架,更具体的建构方案也被提出。比如,有研究详细考察了执行异议和执行异议之诉的区别,认为法理基础的差异决定了制度样态的差异。相关研究者认为,执行异议和执行异议之诉之不同,表面上体现为争议对象不同,但实质区别在于争议的属性不同。在执行异议中,争议是执行机构的公权力与执行相对人的私权之间的争议,是权力与权利之间的争议;而在执行异议之诉中,争议是私权与私权之争,即权利与权利之争,不涉及执行机构的公权力。所以,从两个制度的构建上说,对公权力侵害私权利进行救济的法理基础在于权力制约和权利救济;而私权利之间的民事纠纷,构成独立的民事诉讼。以此为根据,执行异议和执行异议之诉的主体、事由和程序等要素也须进行区分。⑥

在比较法考察中,德国、日本等大陆法系国家执行救济中比较显眼的一个制度,是执行抗告制度。我国也有学者建议在程序性执行救济的框架下建立抗告制

---

① 参见马原主编:《民事诉讼法的修改与适用》,227-228页,北京,人民法院出版社,1991。

② 参见马登科:《程序上的执行救济与实体上的执行救济》,载《湖北社会科学》,2001(8);童兆洪、林翔荣:《民事执行救济制度刍论》,载《比较法研究》,2002(3);肖建国、赵晋山:《民事执行若干疑难问题探讨》,载《法律适用》,2005(6)。

③ 参见江伟、肖建国:《民事执行制度若干问题的探讨》,载《中国法学》,1995(1)。

④ 参见常怡、崔婕:《完善民事强制执行立法若干问题研究》,载《中国法学》,2000(1);童兆洪、林翔荣:《民事执行救济制度刍论》,载《比较法研究》,2002(3)。

⑤ 参见肖建国、赵晋山:《民事执行若干疑难问题探讨》,载《法律适用》,2005(6)。

⑥ 参见洪浩:《论我国民事执行救济法律制度之重构》,载《法学》,2005(9)。

度，认为其在提高民事执行效率的同时，也保障了当事人的合法权益。①

4. 2007 年《民事诉讼法》修改后

《民事诉讼法》（2007 年）新设了执行行为异议和案外人异议制度，事实上我国现行执行救济制度内容比较丰富但也存在不足。在执行救济方面，除了解释论方面的论文②，更为重要的是对执行救济作出体系性研究。

我国现行执行救济制度主要有：（1）程序救济包括执行异议、责令限期执行或者变更执行法院、财产保全执行程序救济等；（2）实体救济包括案外人（排除执行）异议、案外人执行异议之诉和申请再审、债权人执行异议之诉（许可执行之诉）、参与分配方案异议之诉、变更追加执行当事人执行异议之诉、公证债权文书执行异议之诉和执行回转等。③

针对《民事诉讼法》（2007 年）修正内容，有研究者提出了质疑，指出我国的立法者最初希望借鉴德国的执行救济制度体系框架，但却创设出了比德国还要复杂而且一定程度上非常混乱的执行救济制度。其根本原因，是未从程序法的基本原则和精神中来认识和界定执行救济，结果导致了执行救济制度的建构，最终被转化成如何完善对民事诉讼中的第三人保护的问题。然而，执行救济就是针对执行纠纷而提供的救济手段，它不可能承担普通民事诉讼的功能。这种具有"中国烙印"的执行救济制度，将给司法实践带来很大难题。④

有学者在系统化考察执行救济之后，指出了我国民事执行救济制度体系的缺漏：（1）就程序性执行救济而言，通过执行复议制度维护当事人、利害关系人的

---

①　参见谭秋桂：《民事执行原理研究》，393 页，北京，中国法制出版社，2001。

②　参见肖建国：《〈民事诉讼法〉执行编修改的若干问题探讨——以民事强制执行救济制度的适用为中心》，载《法律适用》，2008（4）；赵晋山等：《民事诉讼法执行程序司法解释若干问题的理解与适用》，载《人民司法》，2016（16）。

③　执行异议之诉是以"诉"和"争讼程序"审判执行中产生的实体争议。国外，执行异议之诉还包括债务人执行异议之诉，是以排除执行依据执行力的方式，即主张有足以排除执行的原因而请求不予执行或者撤销已执行部分，其实体事由应发生在执行依据确定之后，主要是存在执行债权消灭、阻却或者妨碍的事由（抗辩事实），比如债务人已清偿了执行债权、执行债权的解除条件成就、债务人有解除权或者同时履行抗辩权、执行债权的消灭时效届至、债务人对执行标的物有留置权、执行债权不合法等。依据《关于人民法院办理执行异议和复议案件若干问题的规定》（法释〔2020〕21 号）第 7 条的规定，被执行人以债权消灭、丧失强制执行效力等执行依据生效之后的实体事由提出排除执行异议的，人民法院应当参照《民事诉讼法》第 236 条规定（执行异议）进行审查（第 2 款）；除本规定第 19 条规定的情形外，被执行人以执行依据生效之前的实体事由提出排除执行异议的，法院应当告知其依法申请再审或者通过其他程序解决（第 3 款）。该规定第 19 条规定："当事人互负到期债务，被执行人请求抵销，请求抵销的债务符合下列情形的，除依照法律规定或者按照债务性质不得抵销的以外，人民法院应予支持：（一）已经生效法律文书确定或者经申请执行人认可；（二）与被执行人所负债务的标的物种类、品质相同。"

④　参见赵秀举：《论民事执行救济——兼论第三人执行异议之诉的悖论与困境》，载《中外法学》，2012（4）。

进一步救济权，既过于强调了民事执行权的行政权属性，又不利于发挥上一级民事执行机关的制约功能。（2）就实体性执行救济而言，当事人、第三人因生效法律文书的执行力及其扩张形成的争议，缺乏有效的救济程序。（3）就程序性以及实体性执行救济来说，《民事诉讼法》中都没有规定具体的审查、处理程序。基于以上三点，应当针对性地考虑一些完善之法，比如废弃执行复议制度，建立抗告；再就是建立债务人异议制度，以及完善许可执行之诉。①

还有学者将民事执行救济体系分为两个层次：（1）从制度上看，民事执行救济的内涵包括哪些部分，也就是对于哪些执行侵害行为提供何种形式的救济制度；（2）从结构上看，这些制度之间有何关系，是否处于同一位阶。② 如此，研究既论述了各制度自身的基础与实践，又在体系化视角下兼顾了各机制的联系与联动。

另有学者认为，体系化建构执行救济制度的关键在于执行实体救济与执行程序救济的界分。明确了执行救济的基本框架——按照实体与程序分离的架构，就可以更深入地思考还有哪些执行救济制度需要完善。在分离的架构思路之下，确定执行中存在着哪些因为实体争议而产生的问题，并需要通过设置"诉"的方式予以救济。根据执行行为基本类型和内容的不同，采取"移审异议＋原审异议"的二元分立结构："移审异议"是指对当事人或利害关系人权益有重大影响的执行裁决行为，当事人不服的，可以请求上一级法院撤销或变更法院的执行裁定。"原审异议"的方式是当事人或利害关系人对于移审异议之外的执行行为的异议只能向实施该执行行为的法院提出，并由原执行法院进行审查并判断。③

此外，研究者针对执行救济机制具体方面，提出了具有解释力或建设性的意见。比如，对案外人异议之诉的功能、价值、性质和程序作出讨论④；对第三人异议之诉的提起、审理、判决、利益平衡等事项提出建议⑤；对案外人实体救济设置执行异议前置程序提出质疑，认为徒增环节，建议取消⑥；建议废弃案外人异议制度，确立第三人执行异议之诉制度⑦；建议取消案外人（第三人）申请再

---

① 参见谭秋桂：《民事执行法学》，3 版，314－317 页，北京，北京大学出版社，2015。
② 参见朱新林：《论民事执行救济》，25 页，北京，中国政法大学出版社，2015。
③ 参见张卫平：《执行救济制度的体系化》，载《中外法学》，2019（4）。
④ 参见张卫平：《案外人异议之诉》，载《法学研究》，2009（1）。
⑤ 参见唐力：《论民事执行的正当性与程序保障——以第三人异议之诉为中心》，载《法学评论》，2009（5）。
⑥ 参见赵信会：《论民事执行异议之诉——对〈民事诉讼法〉关于执行异议之诉改革的评价》，载《政法论丛》，2009（3）。
⑦ 参见刘学在、朱建敏：《案外人异议制度的废弃与执行异议之诉的构建——兼评修改后的〈民事诉讼法〉第 204 条》，载《法学评论》，2008（6）。

审的规定，案外人（第三人）可以根据《民事诉讼法》第59条第3款提起异议之诉，或者提起执行异议之诉①；等等。

（二）执行检察监督论

民事执行检察监督也是我国民事诉讼理论上颇受关注的话题，早期研究主要是在呼吁建立执行检察监督机制②，《民事诉讼法》（2007年）的修改虽然未涉及执行检察监督，但是修法前后，围绕执行检察监督是否应当入法有热烈讨论。这种热度并没有持续很长时间，一方面，因为反对立场的力量本就薄弱，讨论执行检察监督很大程度上是在讨论该制度的证成有哪些角度；另一方面，《民事诉讼法》（2012年）设置了民事执行检察监督。执行检察监督入法之后，学术界在此领域只倾注了很少的精力。

1. 执行检察监督的入法与否

（1）不主张引入

对于我国立法中是否要设置民事执行检察监督，明确表达反对立场的文章是极少数的。代表性观点认为，检察机关的介入将使执行程序难以正常运行。因为检察机关通过抗诉手段实行监督，将使执行程序过于复杂化；若是允许检察机关建议法院暂缓执行，也难以保证其暂缓执行的建议基于正确的判断；若是按照对审判活动监督的思路来构造对执行活动的监督，不符合执行程序本身的规律。③

还有人质疑执行检察监督的引入，是缘于对制度预期效果的悲观。因为引入执行检察监督是为了解决"执行难""执行乱"，而我们实际有执行救济这一办法

---

① 再审案件是原诉，案外人不是原判决当事人或者原审言词辩论终结后的诉讼承继人，不能成为再审当事人。第三人异议之诉与再审之诉（原诉）是两个完全不同的诉：（1）诉的主体不同：第三人所提之诉的原告是第三人，而被告原则上应当是原诉的原告和被告。（2）诉讼标的不同：第三人所提之诉的诉讼标的是第三人所拥有的实体请求权、形成权或者支配权，并非原诉原告的实体请求权、形成权或者支配权。（3）诉的原因事实不同，即原诉判决直接影响或者侵害其合法权益，或者原诉判决将第三人的合法权益确定给原诉的原告或者被告。

案外人或者第三人没有参加到原诉审判中，无法行使程序参与权，让其承受原诉判决既判力的约束，严重违背正当程序原理。再者，若允许案外人或者第三人提起再审之诉，实际上增加其获得诉讼救济的难度，因为再审要件比通常的起诉要件要严格得多。若允许案外人或者第三人另行提起异议之诉，则其还有权上诉和提起再审。参见邵明：《民事诉讼法学》，2版，294-295页，北京，中国人民大学出版社，2016。

有学者认为，只要案外人对执行标的主张足以排除执行的实体权利，不论其是否认为原判决、裁定错误，亦不论案外人的请求是否与原判决、裁定有关，均由案外人异议之诉调整。参见金印：《案外人对执行标的主张实体权利的程序救济》，载《法学研究》，2021（5）。

② 比如，杨立新：《中华人民共和国民事行政检察发展前瞻》，载《河南省政法管理干部学院学报》，1999（2）；汤维建：《检察机关应有权对民事执行程序进行法律监督》，载《检察日报》，2002-07-17；等等。

③ 参见赵晋山、黄文艺：《如何为民事执行监督开"处方"》，载《人民法院报》，2007-08-16。

来应对这两个问题，所以解决执行检察监督问题的关键或先决条件，便在于执行救济制度的完善，并且在功能等价的意义上，执行检察监督可以构成执行救济的一部分。如此，执行检察监督自身成立与否、正当性基础如何等问题被绕过，而通过扩张执行救济的含义，执行检察监督也被放在完善执行救济的框架下讨论。①

上述研究思路或许比其具体观点更能引发讨论。因其论述并不是站在一种"本质论"的立场上，而是把"究竟有哪些方案能够解决问题"放在首位，再从这样的方案出发来讨论其理论基础，或者其如何跟现有的法律体系或制度互相兼容。如此"提出问题—方案选择—理论选择—理论调试"的流程，确实与惯常的学术写作思路有所差异。它相当于是先根据问题的需要得出了结论，再选取能够作为论据的理论来支撑其论证过程，假若现有的理论不能完全合适于对既有结论的论证，那就对现有的理论作出改造——扩张"执行救济"的定义，以便将执行检察监督容纳进来。

（2）主张引入

回到执行检察监督制度本身，由于我国民事诉讼法迟迟未将其合法化，所以即便存在反对该制度的声音，但理论界与实务界（尤其是检察部门）为了推动立法，还是持续不断地产出支持性的研究成果。诸多学者从法理基础、规范基础、制度兼容性等方面，论证了我国设置执行检察监督的必要性及合理性。②

还有一种观点是，只要大体能够证成执行监督对于"执行难""执行乱"的解决具有价值，执行监督的必要性就可成立。因为对于立法层面的目标来说，权力的宪法基础或法律基础问题在中国并不那么困难——宪法基础问题也可以通过重新解读宪法来解决，法律基础问题则可以成为立法修改本身的目标。③ 有学者针对反方的论据作出回应，认为法院已经建立的内部监督机制，并不能否定检察院对执行活动的监督，因为内部监督既有其自身的问题，也与执行监督在性质、形式和功能上都存在重大差别。④

总体上，根据"引入说"的不同理由、目标和价值取向及政策倾向，有学者将其进一步区分为"支持说"、"制约说"和"混合说"。具体来讲，"支持说"将

---

① 参见王亚新：《执行检察监督问题与执行救济制度构建》，载《中外法学》，2009（1）。
② 参见彭世忠、郭剑：《民事执行的检察监督》，载《现代法学》，2003（5）；孙加瑞：《我们需要怎样的执行检察监督立法》，载《法制日报》，2007-09-20；肖建国：《民事执行中的检法关系研究——民事执行检察监督法理基础的另一种视角》，载《法学》，2009（3）；等等。
③ 参见傅郁林：《民事执行权制约体系中的检察权》，载《国家检察官学院学报》，2012（3）。
④ 参见廖中洪：《关于强制执行立法几个理论误区的探讨》，载《现代法学》，2006（3）。

执行监督的重点放在支持执行机关、监督干扰执行的行为、解决"执行难"问题上；"制约说"将执行监督的重点放在监督执行机关滥用执行权和治理"执行乱"问题上；"混合说"则将治理"执行难"与"执行乱"问题的价值目标不加区分地混在一起。①

2. 执行检察监督的基础研究

（1）基本原则

从现有文献来看，理论界对待执行检察监督的基本态度趋向于谨慎。就执行检察监督的原则，代表性的意见指出了五点：1）明确检察监督仅是实现司法公正的补充性手段；2）在程序自足性解决与检察监督的关系上奉行程序自足性解决优先原则；3）对法院审判权和执行权的法律监督，应当根据轻重缓急，适度采取监督措施；4）遵循检察建议优先于抗诉而适用的原则；5）遵循有限监督、适度监督原则。学界认为，执行检察监督的克制，既是出于检察监督整体的谦抑性要求，也是考虑到法治国家中行使公权力的比例原则，更是为了维护民事诉讼自身规律和基本构造。②

（2）目的界定

传统观点认为执行监督只针对"执行乱"，而将"执行难"也列入检察监督的范围，原是种颇具创新意义的提法；这一观点经过了法理论证，便逐渐成为一种有力的学说。③

1）一元目的说。

"一元目的说"将民事执行检察监督的目的界定为解决"执行乱"，其主张者通常把"执行难"的原因归为外因，是执行法院或执行法官在现行法律框架下难以克服的。因之，检察监督的重心应放在公权力的行使上，放在对法院"执行乱"问题的监督上，毕竟"执行难"根源于综合性的社会问题，就不适宜对之施加法律监督。④

不同于上述思路，还有学者是出于对执行监督的概念划分，才站到了"一元目的说"的立场上。具体来说，执行监督既区别于执行协助，也区别于执行救济。虽然都是基于宪法规定的"法律监督权"，但针对外部干扰执行导致的"执行难"问题，进行的检察监督是守法监督，性质属于检察执行协助权或检察支持

---

① 参见傅郁林：《民事执行权制约体系中的检察权》，载《国家检察官学院学报》，2012（3）。
② 参见肖建国：《民事强制执行与检察监督》，载《国家检察官学院学报》，2013（1）。
③ 参见李浩：《目的论视域中的民事执行检察监督对象解读》，载《法商研究》，2011（2）。
④ 参见国家检察官学院课题组：《民事诉讼检察监督的职权配置和程序设计》，载《国家检察官学院学报》，2008（5）。

执行权的范畴；针对法院滥用执行权导致的"执行乱"所为的检察监督，才是真正意义上的执行监督。①

2）二元目的说。

"二元目的说"把解决"执行乱"和解决"执行难"均作为执行检察监督的目标。这一学说脱胎于《略论强制执行的检察监督》一文，文中提出民事执行检察监督制度有支持、纠错和共进三项目的——支持是帮助法院解决"执行难"；纠错是监督法院的违法执行或者执行不作为行为，亦即解决"执行乱"；共进是通过支持与纠错，检察院和法院取得双赢、实现共同进步。②

值得注意的是，即便是在"二元目的说"内部，不同的研究者的具体立场也存在差异，这主要来源于对"执行难"原因的把握不同。

有一种观点是将法院的消极执行行为视为引起"执行难"的主要原因之一，因此执行检察监督不仅要关注"执行难"，而且要将消极执行行为作为监督的重点，例外情况下才监督被执行人、案外人。③

另一种观点认为，"执行难"主要是被执行人、案外人逃避、妨碍执行的行为引起，这些行为妨碍了民事执行中法律的实施。在当前语境中，执行检察监督中更重要的内容是检察院给予法院支持与合作。④

3. 执行检察监督的范围·方式·程序

（1）监督范围

理论上有关检察监督的范围的讨论较多，一种范围最广的观点，是主张民事执行活动中的检察监督不仅针对法院执行部门，而且应该接受检察监督的主体可以包括执行活动中的当事人，如被执行人、申请执行人，此外还有其他的关系人，如跟执行有关联的单位或者个人等等。另一种观点则把执行监督的范围定得稍微狭窄，认为检察院作为一种公权力机关或国家权力的代表，发挥的应该是对公务员进行监督的专门机关作用。总体而言，后一种观点似乎显得更普遍或更有力一些。⑤

执行检察监督的目的定位，直接关系到民事执行检察监督的对象和范围。监督的范围与监督的对象有着极为密切的关系，监督对象的确定直接影响监督范围

---

① 参见傅郁林：《民事执行权制约体系中的检察权》，载《国家检察官学院学报》，2012（3）。

② 参见杨荣馨：《略论强制执行的检察监督》，载《人民检察》，2007（13）。

③ 参见李浩：《目的论视域中的民事执行检察监督对象解读》，载《法商研究》，2011（2）。

④ 参见肖建国：《民事执行中的检法关系研究——民事执行检察监督法理基础的另一种视角》，载《法学》，2009（3）。

⑤ 参见王亚新：《执行检察监督问题与执行救济制度构建》，载《中外法学》，2009（1）。

的设定，监督范围的大小取决于监督对象的多少。如果我们把民事执行检察监督的对象仅仅限于法院的民事执行行为，监督的范围就只是法院在执行程序中所实施的行为，包括执行的裁决行为和执行的实施行为；而如果监督的对象除了法院的民事执行行为，还包括执行当事人，尤其是执行债务人的行为、案外人在执行中的违法行为，监督的范围就会明显地扩大。①

（2）监督方式

如何进行执行检察监督，也就是执行检察监督可以采取哪些方式的问题，一般来讲，执行检察监督的方式取决于监督的对象。② 《关于民事执行活动法律监督若干问题的规定》（法发〔2016〕30 号）设定了三种民事执行检察监督方式，即"书面了解情况""民事执行监督检察建议""移送侦查监督部门处理"。对此，有人认为三种监督方式太过狭窄，多样的民事执行检察监督方式才可以对执行活动中可能出现的违法行为进行无缝隙监督。实践中已经出现且行之有效的经验做法应该得到认可，比如发送纠正违法通知书、执行中的检察和解、加强执行责任追究等。③

还有研究指出，民事执行检察监督首先是事中监督和事后监督的结合。其次，以检察建议作为民事执行监督的方式并不妥当，应采用"民事执行检察监督意见书"，这样既体现出监督的强制性，又能确保人民检察院不直接介入执行程序。最后，为了确保监督的效力，还应当明确三点规则：1）民事执行机关应当充分重视监督意见并作出书面答复；2）尽量避免因为监督意见正确与否的争执，而拖延正常的执行进程；3）确保执行检察监督与民事执行机关内部监督的有效结合，以实现公权力之间的协调配合。④

（3）监督程序

执行检察监督应依何种程序进行，现已经积累了一些系统化的研究：有的结合执行检察监督试点的情况，基于对执行对象、措施等方面的调研，对立案、管辖、启动、审查调查等程序问题，给出了较为详细的意见。⑤ 还有的是从启动程序、调查程序、实施程序和终结程序四个方面，阐释民事执行检察监督程序的主要内容。⑥

---

① 参见李浩：《目的论视域中的民事执行检察监督对象解读》，载《法商研究》，2011（2）。
② 参见赵信会：《民事执行检察监督的程序设计》，载《国家检察官学院学报》，2009（5）。
③ 参见杜承秀：《论民事执行检察监督制度之目的的理性界定》，载《法学论坛》，2017（5）。
④ 参见谭秋桂：《民事执行法学》，3 版，327－328 页，北京，北京大学出版社，2015。
⑤ 参见孙加瑞：《执行检察制度新论》，北京，中国检察出版社，2013。
⑥ 参见李菊明：《民事执行检察监督制度研究》，北京，中国政法大学出版社，2015。

个别化的讨论，比如针对民事执行检察监督的启动，学界的观点主要有"职权启动说""当事人申请说""原则上当事人申请说"。有学者认为，"职权启动说"无法处理检察机关的职权介入与当事人、利害关系人私权处分之间的关系，不能为检察机关救济当事人、利害关系人提供依据。"当事人申请说"虽能体现检察机关的被动性，但是无法体现民事执行检察监督的补充性原则，在当事人、利害关系人舍弃系统内救济渠道，直接诉诸检察机关的情况下，影响纠纷解决资源的合理配置，加剧检法之间的冲突。

因此，在民事执行检察监督的启动方面，不仅应当以当事人申请为原则，还应当要求当事人、利害关系人穷尽系统内的救济制度，即以在系统内利用执行救济制度作为启动民事执行检察监督程序的前置程序。①

---

① 参见赵信会：《民事执行检察监督的程序设计》，载《国家检察官学院学报》，2009（5）。

一、民事诉讼法体系教科书·教学参考书·综合著作

吴学义. 民事诉讼法要论. 南京：正中书局，1947

张学尧. 中国民事诉讼法论. 北京：中华法学社，1947

邵勋，邵锋. 中国民事诉讼法论. 高珣，刘志欣，林虹，勘校. 北京：中国方正出版社，2005

熊元襄. 民事诉讼法. 上海：上海人民出版社，2013

石志泉. 石志泉法学文集. 邵明，周文，曹文华，点校. 北京：法律出版社，2014

李怀亮述，章一之疏. 民事诉讼法//李秀清，陈颐主编. 朝阳法科讲义：第7卷. 洪冬英，沈伟，点校. 上海：上海人民出版社，2014

常怡主编. 民事诉讼法教程. 重庆：重庆出版社，1982

刘家兴主编. 民事诉讼教程. 北京：北京大学出版社，1982

柴发邦，等. 民事诉讼法通论. 北京：法律出版社，1982

柴发邦主编. 民事诉讼法教程. 北京：法律出版社，1983

常怡主编. 民事诉讼法学新论. 北京：中国政法大学出版社，1989

江伟主编. 中国民事诉讼法教程. 北京：中国人民大学出版社，1990

杨荣馨主编. 民事诉讼法教程. 北京：中国政法大学出版社，1991

柴发邦主编. 民事诉讼法学新编. 北京：法律出版社，1992

---

① （1）此处所列的是中国文献，至于外国文献参见正文脚注；（2）由于论文数量众多，为节省篇幅，在此不予列出，参见正文脚注。

柴发邦主编. 中国民事诉讼法学. 北京：中国人民公安大学出版社，1992

周道鸾主编. 民事诉讼法教程. 2 版. 北京：法律出版社，1992

常怡主编. 民事诉讼法学. 北京：中国政法大学出版社，1994

刘家兴主编. 民事诉讼法学教程. 北京：北京大学出版社，1994

常怡主编. 民事诉讼法学. 北京：中国政法大学出版社，1996

谭兵主编. 民事诉讼法学. 北京：法律出版社，1997

张卫平主编. 民事诉讼法教程. 北京：法律出版社，1998

江伟主编. 民事诉讼法学. 上海：复旦大学出版社，2002

邵明. 民事诉讼法学. 北京：中国人民大学出版社，2007

宋朝武，杨秀清，韩波，等. 民事诉讼法学. 3 版. 北京：中国政法大学出版社，2012

江伟主编. 民事诉讼法. 4 版. 北京：高等教育出版社，2013

汤维建主编. 民事诉讼法学. 2 版. 北京：北京大学出版社，2014

邵明. 民事诉讼法学. 2 版. 北京：中国人民大学出版社，2016

邵明. 中国民事诉讼法学探析. 北京：中国人民大学出版社，2023

李浩. 民事诉讼法学. 3 版. 北京：法律出版社，2016

张卫平. 民事诉讼法. 6 版. 北京：法律出版社，2023

王亚新，陈杭平，刘君博. 中国民事诉讼法重点讲义. 2 版. 北京：高等教育出版社，2021

刘家兴，潘剑锋主编. 民事诉讼法学教程. 5 版. 北京：北京大学出版社，2017

江伟，肖建国主编. 民事诉讼法. 9 版. 北京：中国人民大学出版社，2023

宋朝武主编. 民事诉讼法学. 3 版. 北京：高等教育出版社，2022

张卫平. 民事诉讼法. 4 版. 北京：中国人民大学出版社，2019

齐树洁主编. 民事诉讼法. 13 版. 厦门：厦门大学出版社，2019

田平安主编. 民事诉讼法原理. 6 版. 厦门：厦门大学出版社，2019

张卫平. 程序公正中实现中的冲突与衡平：外国民事诉讼研究引论. 成都：成都出版社，1993

王洪俊主编. 中国审判理论研究. 重庆：重庆出版社，1993

王锡三. 民事诉讼法研究. 重庆：重庆大学出版社，1996

陈桂明. 诉讼公正与程序保障：民事诉讼程序之优化. 北京：中国法制出版社，1996

刘家兴主编. 中华人民共和国民事程序理论与适用. 北京：中国检察出版

社，1997

江伟主编. 中国民事诉讼法专论. 北京：中国政法大学出版社，1998

江伟主编. 民事诉讼法学原理. 北京：中国人民大学出版社，1999

陈桂明. 程序理念与程序规则. 北京：中国法制出版社，1999

张卫平. 诉讼架构与程式. 北京：清华大学出版社，2000

章武生，等. 司法现代化与民事诉讼制度的重构. 北京：法律出版社，2003

杨荣馨主编. 民事诉讼原理. 北京：法律出版社，2003

张卫平. 转换的逻辑民事诉讼体制转型分析. 北京：法律出版社，2004

邵明. 民事诉讼法理研究. 北京：中国人民大学出版社，2004

廖中洪. 中国民事诉讼程序制度研究. 北京：中国检察出版社，2004

张卫平. 民事诉讼：关键词展开. 北京：中国人民大学出版社，2005

江伟主编. 民事诉讼法专论. 北京：中国人民大学出版社，2005

赵钢. 民事诉讼法学专题研究（一）. 北京：中国政法大学出版社，2006

唐力. 民事诉讼构造研究：以当事人与法院作用分担为中心. 北京：法律出版社，2006

王福华. 民事诉讼专题研究. 北京：中国法制出版社，2007

何文燕，等. 民事诉讼理念变革与制度创新. 北京：中国法制出版社，2007

江伟. 探索与构建：民事诉讼法学研究. 北京：中国人民大学出版社，2008

常怡. 民事诉讼法学研究. 北京：法律出版社，2010

郭小东. 民事诉讼侵害阻断制度研究. 北京：知识产权出版社，2010

张卫平. 民事诉讼：回归原点的思考. 北京：北京大学出版社，2011

季卫东. 法治秩序的构建. 增补版. 北京：商务印书馆，2014

王福华. 民事诉讼基本结构. 北京：中国检察出版社，2002

江必新. 程序法治的制度逻辑与理性构建. 北京：中国法制出版社，2014

王亚新. 社会变革中的民事诉讼. 增订版. 北京：北京大学出版社，2014

张嘉军. 政策抑或法律：民事诉讼政策研究. 北京：法律出版社，2016

江必新. 民事审判的理念、政策与机制. 北京：人民法院出版社，2019

二、民事诉讼制度史·学术史·方法论·基本理论著作

张晋藩. 中国古代民事诉讼制度. 北京：中国法制出版社，2018

徐朝阳. 中国古代诉讼法 中国诉讼法溯源. 北京：中国政法大学出版社，2012

陈刚主编. 中国民事诉讼法制百年进程. 北京：中国法制出版社，2014

付春杨. 权利之救济：清代民事诉讼程序探微. 武汉：武汉大学出版社，2012

李青. 清代档案与民事诉讼制度研究. 北京：中国政法大学出版社，2012

尤陈俊. 聚讼纷纭. 北京：法律出版社，2022

刘玉华. 民国民事诉讼制度述论. 北京：中国政法大学出版社，2015

张希坡编. 革命根据地法律文献选辑. 北京：中国人民大学出版社，2017—2019

李喜莲. 陕甘宁边区司法便民理念与民事诉讼制度研究. 湘潭：湘潭大学出版社，2012

张卫平，等. 改革开放 40 年法律制度变迁：民事诉讼法卷. 厦门：厦门大学出版社，2019

李欣荣编. 中国近代思想家文库：沈家本卷. 北京：中国人民大学出版社，2015

何勤华，李秀清主编. 民国法学论文精萃：诉讼法律篇. 北京：法律出版社，2004

常怡主编. 新中国民事诉讼法学研究综述（1949—1989）. 长春：长春出版社，1991

田平安，肖晖. 民事诉讼法学改革开放三十年. 北京：法律出版社，2010

徐卉. 民事诉讼法学的新发展. 北京：中国社会科学出版社，2015

韩波. 当代中国民事诉讼思潮探究. 武汉：华中科技大学出版社，2015

中国政法大学民事诉讼法研究所. 民事诉讼法学的发展与走向：重点与展望. 北京：中国政法大学出版社，2018

张卫平. 法学研究与教育方法论. 北京：法律出版社，2017

傅郁林. 民事司法制度的功能与结构. 北京：北京大学出版社，2006

段厚省. 诉审商谈主义：基于商谈理性的民事诉讼构造观. 北京：北京大学出版社，2013

段文波. 规范出发型民事判决构造论. 北京：北京大学出版社，2012

周永胜. 法官思维方式研究. 中国人民大学博士学位论文，2000

苏力. 送法下乡. 修订版. 北京：北京大学出版社，2011

王亚新. 民事诉讼与法律服务. 北京：法律出版社，2015

王亚新等. 法律程序运作的实证分析. 北京：法律出版社，2005

冉井富. 当代中国民事诉讼率变迁研究. 北京：中国人民大学出版社，2005

唐力等. 新民事诉讼法实施状况评估与对策建议. 北京：中国法制出版社，2018

苟鹏. 经济公共政策与司法裁判的互动机制研究. 厦门：厦门大学出版社，2012

王亚新. 对抗与判定：日本民事诉讼的基本结构. 北京：清华大学出版社，2010

陈慰星. 选择中的正义：民事诉讼当事人行为选择的法经济分析. 北京：社会科学文献出版社，2015

胡亚球. 民事诉讼制度的理论基础. 厦门：厦门大学出版社，2008

刘荣军. 程序保障的理论视角. 北京：法律出版社，1999

邵明. 现代民事诉讼基础理论：以现代正当程序和现代诉讼观为研究视角. 北京：法律出版社，2011

肖建国. 民事诉讼程序价值论. 北京：中国人民大学出版社，2000

王学棉. 特殊类型诉讼中的司法正义. 北京：人民法院出版社，2003

李祖军. 民事诉讼目的论. 北京：法律出版社，2000

段厚省. 司法的困惑：程序法的双重张力. 北京：中国法制出版社，2018

江伟，邵明，陈刚. 民事诉权研究. 北京：法律出版社，2002

相庆梅. 从逻辑到经验：民事诉权的一种分析框架. 北京：法律出版社，2015

吴英姿. 作为人权的诉权理论. 北京：法律出版社，2017

张晓薇. 民事诉权正当性与诉权滥用规制研究. 北京：法律出版社，2014

段厚省. 民事诉讼标的论. 北京：中国人民公安大学出版社，2003

李龙. 民事诉讼标的理论研究. 北京：法律出版社，2003

陈杭平，卢佩，巢志雄，史明洲. 新范式下的民事诉讼标的理论. 北京：中国法制出版社，2020

张家慧. 当事人诉讼行为法律研究. 北京：中国民主法制出版社，2005

杨会新. 当事人诉讼行为论. 北京：法律出版社，2018

郑世保. 电子民事诉讼行为研究. 北京：法律出版社，2016

张嘉军. 民事诉讼契约研究. 北京：法律出版社，2010

丁宝同. 民事判决既判力研究. 北京：法律出版社，2012

邓辉辉. 民事诉讼既判力理论研究. 北京：中国政法大学出版社，2014

胡军辉. 民事裁判既判力问题新探索. 北京：法律出版社，2018

林瑞成. 民事判决既判力与程序保障原则的理论与实证研究. 中国政法大学博士学位论文，2000

傅攀峰. 仲裁裁决既判力问题研究. 武汉大学博士学位论文，2015

林剑锋. 民事判决既判力客观范围研究. 厦门：厦门大学出版社，2006

常廷彬. 民事判决既判力主观范围研究. 北京：中国人民公安大学出版社，2010

胡军辉. 民事既判力扩张问题研究. 湘潭大学博士学位论文，2009

三、民事纠纷解决机制和民事诉讼法总则著作

范愉. 纠纷解决的理论与实践. 北京：清华大学出版社，2007

蔡虹. 转型期中国民事纠纷解决初论. 北京：北京大学出版社，2008

顾培东. 社会冲突与诉讼机制. 3 版. 北京：法律出版社，2016

蔡虹. 中国民事诉讼法的鼎新逻辑. 北京：法律出版社，2021

梁开斌. 民事裁判的边界. 北京：社会科学文献出版社，2018

宋旺兴. 民事案由制度研究. 北京：法律出版社，2014

廖永安. 民事审判权作用范围研究. 北京：中国人民大学出版社，2007

刘学在. 民事诉讼辩论原则研究. 武汉：武汉大学出版社，2007

徐汉明，等. 中国民事法律监督程序研究. 北京：知识产权出版社，2009

廖永安，等. 民事诉讼监督制约机制研究：以法院诉讼行为为研究对象. 湘潭：湘潭大学出版社，2011

杜丹. 诉讼诚信论：民事诉讼诚实信用原则之理论及制度构建. 北京：法律出版社，2010

唐东楚. 诉讼主体诚信论. 北京：光明日报出版社，2011

胡萌. 诉讼法中禁止反言规则研究. 北京：法律出版社，2019

张力. 阐明权研究. 北京：中国政法大学出版社，2006

韩红俊. 释明义务研究. 北京：法律出版社，2008

孙邦清. 民事诉讼管辖制度研究. 北京：中国政法大学出版社，2008

郭翔. 民事地域管辖研究. 北京：中国政法大学出版社，2015

郭晓光. 民事诉讼管辖实证研究. 北京：中国政法大学出版社，2016

肖建华. 民事诉讼当事人研究. 北京：中国政法大学出版社，2001

陈贤贵. 当事人适格问题研究. 厦门：厦门大学出版社，2013

黄忠顺. 公益性诉讼实施权配置. 北京：社会科学文献出版社，2018

黄娟. 当事人民事诉权利研究. 北京：北京大学出版社，2009

刘敏. 裁判请求权研究. 北京：中国人民大学出版社，2003

任凡. 听审请求权研究. 北京：法律出版社，2011

刘显鹏. 民事诉讼当事人失权制度研究. 武汉：武汉大学出版社，2013

田海鑫. 民事诉讼失权理论研究. 北京：中国政法大学出版社，2017

徐德臣. 民事诉讼程序性制裁机制研究. 北京：中国政法大学出版社，2018

范愉. 集团诉讼问题研究. 北京：北京大学出版社，2005

汤维建，等. 群体性纠纷解决机制论. 北京：北京大学出版社，2008

王福华. 变迁社会中的群体诉讼. 上海：上海世纪出版集团，2011

蒲一苇. 民事诉讼第三人制度研究. 厦门：厦门大学出版社，2009

张丽丽. 第三人撤销之诉研究. 北京：知识产权出版社，2016

徐一楠. 第三人撤销诉讼制度研究. 北京：人民法院出版社，2018

高路. 民事行为保全制度研究. 南京：南京大学出版社，2017

刘春玲. 家庭暴力民事诉讼保护令制度. 北京：法律出版社，2019

廖永安，等. 诉讼费用研究：以当事人诉权保护为分析视角. 北京：中国政法大学出版社，2006

廖永安，等. 诉讼费用制度专题实证研究. 北京：法律出版社，2016

四、民事诉讼证明著作

周荣. 证据法要论. 北京：中国政法大学出版社，2012

东吴大学法学院编. 证据法学. 北京：中国政法大学出版社，2012

巫宇甦主编. 证据学. 北京：群众出版社，1983

陈一云主编. 证据学. 北京：中国人民大学出版社，1991

胡锡庆主编. 诉讼证据学通论. 上海：华东理工大学出版社，1995

毕玉谦. 民事证据法及其程序功能. 北京：法律出版社，1997

叶自强. 民事证据研究. 北京：法律出版社，1999

卞建林主编. 证据法学. 北京：中国政法大学出版社，2000

叶自强. 民事证据研究. 2版. 北京：法律出版社，2002

肖建华主编. 民事证据法理念与实践. 北京：法律出版社，2005

何家弘主编. 证据法学研究. 北京：中国人民大学出版社，2007

邵明. 正当程序中的实现真实：民事诉讼证明法理之现代阐释. 北京：法律出版社，2009

占善刚. 民事证据法研究. 武汉：武汉大学出版社，2009

江伟，邵明主编. 民事证据法学. 2版. 北京：中国人民大学出版社，2015

李浩. 民事证据规定：原理与适用. 北京：北京大学出版社，2015

张卫平. 民事诉讼法. 北京：法律出版社，2016

张卫平. 民事证据法. 北京：法律出版社，2017

樊崇义主编. 证据法学. 北京：法律出版社，2017

李浩. 民事证据立法前沿问题研究. 北京：法律出版社，2007

汤维建，等. 民事证据立法的理论立场. 北京：北京大学出版社，2008

易延友. 证据法的体系与精神：以英美法为特别参照. 北京：北京大学出版社，2010

纪格非. 民事诉讼中的真实：路径与限度. 北京：中国政法大学出版社，2013

毕玉谦. 证据制度的核心基础理论. 北京：北京大学出版社，2013

段文波. 要件事实的基础. 重庆大学博士学位论文，2007

许可. 侵权责任法要件事实分析. 北京：人民法院出版社，2018

闫庆霞. 当事人民事诉讼主张研究. 北京：法律出版社，2013

张海燕. 民事诉讼案件事实认定机制研究. 北京：中国政法大学出版社，2012

纪格非：证据能力论：以民事诉讼为视角的研究. 北京：中国人民公安大学出版社，2005

宋朝武，纪格非，韩波. 民事证据规则研究. 北京：首都经济贸易大学出版社，2010

郑旭. 非法证据排除规则. 北京：中国法制出版社，2009

毕玉谦. 民事诉讼电子数据证据规则研究. 北京：中国政法大学出版社，2016

刘品新. 电子证据法. 北京：中国人民大学出版社，2021

叶自强. 法庭审判中的科学证据. 北京：中国社会科学出版社，2012

奚玮. 民事当事人证明权保障. 北京：中国人民公安大学出版社，2009

肖晗. 民事诉讼证明权研究. 北京：知识产权出版社，2013

李浩. 民事举证责任研究. 北京：中国政法大学出版社，1993

陈刚. 证明责任法研究. 北京：中国人民大学出版社，2000

李浩. 民事证明责任研究. 北京：法律出版社，2003

叶自强. 举证责任及其分配标准. 北京：法律出版社，2005

毕玉谦. 民事证明责任研究. 北京：法律出版社，2007

叶自强. 举证责任. 北京：法律出版社，2011

段文波主编. 要件事实理论视角下民事案件证明责任分配实证分析. 厦门：厦门大学出版社，2014

刘显鹏. 环境民事公益诉讼证明责任分配研究. 北京：社会科学文献出版社，2019

占善刚. 证据协力义务之比较法研究. 北京：中国社会科学出版社，2009

毕玉谦. 民事诉讼证明妨碍研究. 北京：北京大学出版社，2010

包冰锋. 民事诉讼证明妨碍制度研究. 厦门：厦门大学出版社，2011

肖建华主编. 诉讼证明过程分析. 北京：北京大学出版社，2018

占善刚. 民事诉讼证据调查研究. 北京：中国政法大学出版社，2017

赵言荣. 审前证据收集与案件事实发现. 北京：北京大学出版社，2019

马龙. 民事诉讼中逾时提出攻击防御方法之规制研究. 北京：社会科学文献出版社，2018

夏璇. 民事诉讼举证时限制度研究. 厦门：厦门大学出版社，2015

韩波. 民事证据开示制度研究. 北京：中国人民大学出版社，2005

丁宝同. 民事诉讼审前证据交换规则研究. 厦门：厦门大学出版社，2013

张永泉. 民事证据采信制度研究. 北京：中国人民大学出版社，2003

张榕. 事实认定中的法官自由裁量权：以民事诉讼为中心. 北京：法律出版社，2010

五、民事审判程序著作

张晋红. 民事之诉研究. 北京：法律出版社，1996

邵明. 现代民事之诉与争讼程序法理："诉·审·判"关系原理. 北京：中国人民大学出版社，2018

张永泉. 民事之诉合并研究. 北京：北京大学出版社，2009

崔玲玲. 诉的类型研究. 北京：法律出版社，2018

廖中洪. 中国民事诉讼程序制度研究. 北京：中国检察出版社，2004

张旭东. 民事诉讼程序类型化研究. 厦门：厦门大学出版社，2012

杨瑞. 民事审级制约机制研究. 北京：中国政法大学出版社，2012

唐力. 民事诉讼构造研究：以当事人与法院作用分担为中心. 北京：法律出版社，2006

杨军. 诉的利益研究. 北京：北京交通大学出版社，2014

熊跃敏. 民事审前准备程序研究. 北京：人民出版社，2007

王琦主编. 民事诉讼审前程序研究. 北京：法律出版社，2008

齐树洁主编. 民事审前程序新论. 厦门：厦门大学出版社，2011

赵泽君. 民事争点整理程序研究：以我国审前准备程序的现状与改革为背景. 北京：中国检察出版社，2010

杨秀清. 民事裁判过程论. 北京：法律出版社，2011

刘秀明. 民事缺席审判制度研究. 北京：中国人民公安大学出版社，2010

章武生. 民事简易程序研究. 北京：中国人民大学出版社，2002

刘秀明，骆军. 小额诉讼程序研究. 北京：法律出版社，2015

齐树洁. 民事上诉制度研究. 北京：法律出版社，2006

陈杭平. 统一的正义：美国联邦上诉审及其启示. 北京：中国法制出版社，2015

黄宣. 民事上诉利益研究. 西南政法大学博士学位论文，2015

韩波. 民事诉讼判决生效后救济程序研究. 北京：商务印书馆. 2018

杜闻. 民事再审程序研究. 北京：中国法制出版社，2006

孙祥壮. 民事再审程序：从立法意图到司法实践. 北京：法律出版社，2016

翟志文. 日本民事再审事由研究：以判例分析为中心. 北京：法律出版社，2019

杨小利. 民事判决法律效力研究. 北京：人民法院出版社，2012

王合静. 民事判决理由可接受性研究. 北京：法律出版社，2018

郭翔. 民事争点效力理论研究. 北京：北京师范大学出版社，2010

廖浩. 民事确定判决反射效力研究. 北京：中国社会科学出版社，2018

胡思博. 民事裁定研究. 北京：社会科学文献出版社，2014

陈浩. 民事令状研究. 北京：中国政法大学出版社，2015

肖建华，唐玉富. 新型民事诉讼程序问题研讨. 北京：中国人民公安大学出版社，2018

张艳蕊. 民事公益诉讼制度研究：兼论民事诉讼机能的扩大. 北京：北京大学出版社，2007

徐卉. 通向社会正义之路公益诉讼理论研究. 北京：法律出版社，2009

徐祥民，胡中华，梅宏，等. 环境公益诉讼研究：以制度建设为中心. 北京：中国法制出版社，2009

潘申明. 比较法视野下的民事公益诉讼. 北京：法律出版社，2011

刘学在. 民事公益诉讼制度研究. 北京：中国政法大学出版社，2015

傅贤国. 环境民事公益诉讼制度研究. 北京：法律出版社，2016

张旭东. 环境民事公益诉讼特别程序研究. 北京：法律出版社，2018

颜运秋. 公益诉讼理念与实践研究. 北京：法律出版社，2019

郝银钟，王轶，等. 公益诉讼前沿问题研究. 北京：法律出版社，2024

陈爱武. 人事诉讼程序研究. 北京：法律出版社，2008

张晓茹. 家事裁判制度研究. 北京：中国法制出版社，2011

俞亮. 未成年人民事诉讼专门程序研究. 北京：法律出版社，2018

何燕. 家事诉讼中未成年人利益最大化原则研究. 南京师范大学博士学位论文，2016

周文. 我国涉未成年人家事事件程序研究. 中国人民大学博士学位论文，2017

叶永禄. 票据诉讼制度研究. 北京：法律出版社，2008

最高人民法院. 中国法院的互联网司法. 北京：人民法院出版社，2019

杨临萍主编. 司法体制改革与智慧法院的实践与探索. 北京：法律出版社，2019

张悦. 网络庭审直播问题研究. 北京：中国法制出版社，2019

冯洋. 智慧法院建设：诉讼平台与规则. 北京：法律出版社，2023

彭中礼. 司法裁判过程中的人工智能应用研究. 北京：法律出版社，2024

王强义. 民事诉讼特别程序研究. 北京：中国政法大学出版社，1993

张自合. 非讼程序研究. 中国人民大学博士学位论文，2011

赵蕾. 非讼程序论. 北京：中国政法大学出版社，2013

郝振江. 非讼程序研究. 北京：法律出版社，2017

六、民事执行程序著作

曹杰编述. 强制执行法讲义. 上海：上海法学编译社，1935

查良鉴. 民事诉讼强制执行法. 北京：商务印书馆，1936

郑竞毅. 强制执行法释义. 北京：商务印书馆，2014

康焕栋. 强制执行法通义. 上海：上海法学编译社，1937

肖建国主编. 民事执行法. 北京：中国人民大学出版社，2014

曹祖蕃. 强制执行法//李秀清，陈颐主编. 朝阳法科讲义：第7卷. 洪冬英，沈伟，点校. 上海：上海人民出版社，2014

谭秋桂. 民事执行法学. 3版. 北京：北京大学出版社，2015

常怡主编. 强制执行的理论与实务. 重庆：重庆出版社，1990

杨荣馨主编. 强制执行立法的探索与构建. 北京：中国人民公安大学出版社，2005

江必新，贺荣主编. 强制执行法的起草与论证（三）. 北京：中国法制出版社，2014

马登科. 民事执行的现代转型与制度创新. 厦门：厦门大学出版社，2014

人民法院出版社编. 最高人民法院司法观点集成：执行卷. 3版. 北京：人民法院出版社，2017

李浩主编. 强制执行法. 厦门：厦门大学出版社，2005

董少谋. 民事强制执行法论纲. 厦门：厦门大学出版社，2009

孙加瑞. 强制执行实务研究. 北京：法律出版社，1994

孙加瑞. 中国强制执行制度概论. 北京：中国民主法制出版社，1999

谭秋桂. 民事执行原理研究. 北京：中国法制出版社，2001

童兆洪. 民事执行权研究. 北京：法律出版社，2004

严仁群. 民事执行权论. 北京：法律出版社，2007

谭秋桂. 民事执行权配置、制约与监督的法律制度研究. 北京：中国人民公安大学出版社，2012

孙加瑞. 执行检察制度新论. 北京：中国检察出版社，2013

李菊明. 民事执行检察监督制度研究. 北京：中国政法大学出版社，2015

翁晓斌. 民事执行救济制度. 杭州：浙江大学出版社，2005

朱新林. 论民事执行救济. 北京：中国政法大学出版社，2015

朱腾飞. 案外人异议之诉研究. 北京：中国政法大学出版社，2016

童兆洪主编. 民事执行调查与分析. 北京：人民法院出版社，2004

王娣. 强制执行竞合研究. 北京：中国人民公安大学出版社，2009

王娣，王德新，周孟炎. 民事执行参与分配制度研究. 北京：中国人民公安大学出版社，群众出版社，2019

廖中洪主编. 民事间接强制执行比较研究. 北京：中国检察出版社，2013

毋爱斌. 民事执行拍卖制度研究. 厦门：厦门大学出版社，2015

肖建国. 中国民事强制执行法专题研究. 北京：中国法制出版社，2020

图书在版编目（CIP）数据

中国民事诉讼法学术史/邵明，康健，欧元捷著．
北京：中国人民大学出版社，2025.1. --（中国法学学
术史丛书）. -- ISBN 978-7-300-33433-2

Ⅰ.D925.102

中国国家版本馆 CIP 数据核字第 2024WW5705 号

国家出版基金项目

中国法学学术史丛书

中国民事诉讼法学术史

邵　明　康　健　欧元捷　著

Zhongguo Minshi Susongfa Xueshushi

出版发行	中国人民大学出版社				
社　　址	北京中关村大街 31 号		**邮政编码**	100080	
电　　话	010 - 62511242（总编室）		010 - 62511770（质管部）		
	010 - 82501766（邮购部）		010 - 62514148（门市部）		
	010 - 62515195（发行公司）		010 - 62515275（盗版举报）		
网　　址	http://www.crup.com.cn				
经　　销	新华书店				
印　　刷	涿州市星河印刷有限公司				
开　　本	720 mm×1000 mm　1/16		**版　　次**	2025 年 1 月第 1 版	
印　　张	25.25		**印　　次**	2025 年 1 月第 1 次印刷	
字　　数	461 000		**定　　价**	168.00 元